U0553349

华荣科技股份有限公司
WAROM TECHNOLOGY INCORPORATED COMPANY

地址: 上海市嘉定区宝钱公路555号　邮编: 201808
电话: 021-59999999　传真: 021-39977000
邮箱: warom@warom.com　网址: www.warom.com
Address: No. 555, baoqian road, jiading district, Shanghai
Zip code: 201808　Telephone: 021-59999999　Fax: 021-39977000
E-mail: warom@warom.com　http://www.warom.com

" 2020年1月，菲尼克斯电气提出'赋能全电气社会（AES）'的使命宣言。在全电气社会，可再生能源作为世界上主要的能源形式，供应充足且价格实惠。这一目标的实现，基于工业和基础设施各行业的全面电气化、网络化和自动化。菲尼克斯电气凭借在产品、解决方案和数字化方面的专业知识，致力于赋能全社会各行业，加速向可持续发展世界的转型。"

扫码了解更多

Empowering the All Electric Society

引领数字工业　赋能全电气社会

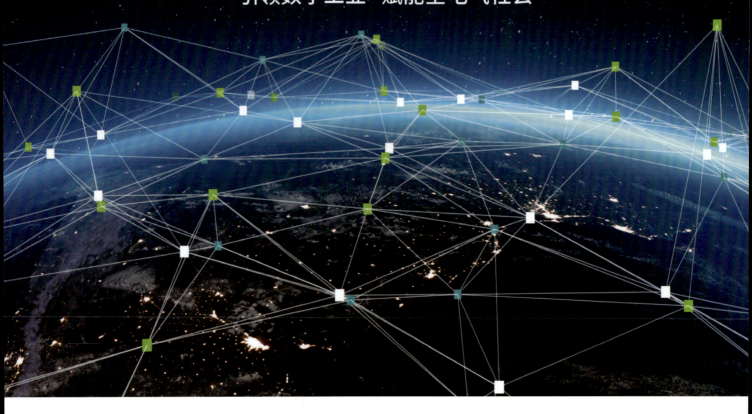

"PLCnext Technology连接IT与OT世界，打造满足工业物联网和工业4.0的应用，开放、具有互操作性应用，同时提供安全的IT与OT融合的解决方案，帮助用户迎接未来世界的各种挑战，并打造了全新的合作模式。借助PLCnext Technology，来自不同领域的开发人员可协同开发同一项目，增强创新能力，节约资源。PLCnext Technology是应对现代自动化技术挑战的理想生态系统。"

扫码了解更多

PLCnext Technology

Designed by PHOENIX CONTACT

PLCnext Control

PLCnext Engineer

PLCnext Store

PLCnext Community

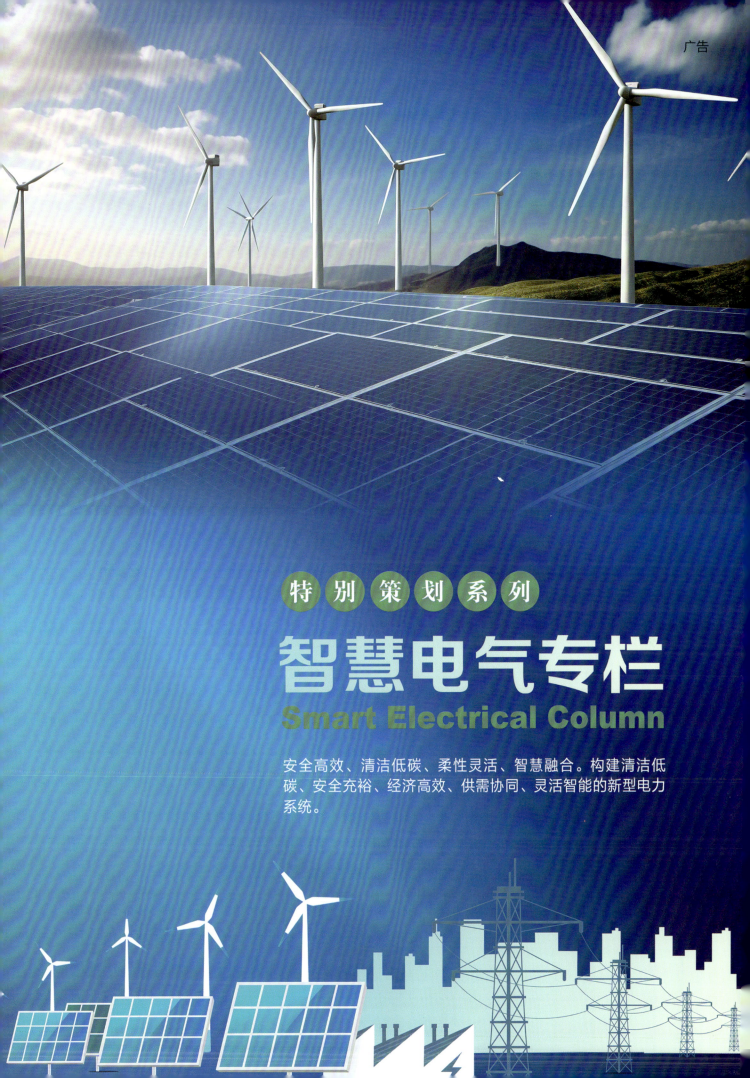

特 别 策 划 系 列

智慧电气专栏
Smart Electrical Column

安全高效、清洁低碳、柔性灵活、智慧融合。构建清洁低碳、安全充裕、经济高效、供需协同、灵活智能的新型电力系统。

江苏上上电缆集团
JIANGSU SHANGSHANG CABLE GROUP

丁山华
江苏上上电缆集团董事长，高级经济师

　　1983年至今一直担任企业负责人，他以超前的思维、先进的管理理念，把一个无名小厂发展成为中国电缆制造业的引领者。其敬业精神、为人品德赢得了社会的广泛赞誉。

　　近年来，在他的带领下，上上电缆取得了令人瞩目的业绩。2022年，集团完成销售超340亿元，连续三届荣获"中国质量奖提名奖"。上上电缆自主研发的核电站用电缆、港口机械用电缆先后被评为"制造业单项冠军产品"。

　　2018年，丁山华被评为全国"诚信之星"，他还先后荣获2015中国十大经济年度人物、中国工业十大影响力人物、全国质量管理先进个人、全国质量管理突出贡献者、全国机械工业明星企业家、中国优秀企业家、江苏省省长质量奖提名奖、江苏省劳动模范、"十二五"·受尊敬的苏商领袖、十大风云苏商等荣誉称号。

　　在"十四五"开局之际，面对经济发展由高速度发展向高质量发展的转变，市场也在向"讲诚信、重质量、重品牌"的优势企业集聚，丁山华坚持"精、专、特、新"的发展战略，追求卓越化、专业化的生产，围绕高质量、高效率、高效益，不断扩大企业优势，提升企业综合竞争力，在新常态下电缆行业整体需求下降之际，上上电缆厚积薄发，逆势而上，带领企业攀上新的高峰。

诚信之星　　　　　　　　江苏省省长质量奖

上上电缆　上上品质

江苏上上电缆集团（简称上上电缆）创建于1967年，拥有国家认定企业技术中心和博士后科研工作站，入选首届"中国线缆行业具有竞争力企业"，全球绝缘线缆企业规模排名中国前列，全球第七。荣获"中国工业大奖"。连续三届荣获"中国质量奖提名奖"，董事长丁山华被评为全国"诚信之星"。

"上上"品牌当选为"新中国成立70周年中国工业影响力品牌"。上上电缆获得装备中国功勋企业、中国质量诚信企业、中国出口质量安全示范企业、国家技术创新示范企业、国家知识产权优势企业、中国工业榜样企业、全国守合同重信用企业、全国质量管理先进企业、全国卓越绩效模式先进企业等称号。

上上电缆专注于电线电缆产品的研发、制造和服务，产品涉及新能源、输配电、海工及船舶、建筑工程、矿用、工业制造、轨道交通、汽车、机场等领域。为天安门城楼及广场改造、北京奥运会、北京冬奥会、北京大兴国际机场、港珠澳大桥、京沪高铁、核电工程、苏通GIL综合管廊工程等国家重点项目选用，并出口全球80多个国家和地区。

企业现已具备从220V直至50万V全系列电力电缆及各类特种电缆的生产能力，年生产能力超400亿元。上上电缆自主研发的核电站用电缆、港口机械用电缆等先后被认定为"制造业单项冠军产品"。三代核电壳内电缆开创了世界核级电缆领域先河，华龙一号壳内电缆达到国际领先技术水平。与此同时，新能源汽车用电缆、港口机械用卷筒电缆、柔性防火电缆、风能用耐扭电缆、光伏电缆、轨道交通用机车电缆等一大批新型特种电缆引领中国电缆技术进步。

近年来，上上电缆的专注赢得了人民日报、新华社、央视新闻联播、焦点访谈、经济半小时等国家主流媒体的关注和争相报道，上上品牌影响力与日俱增。

50多年来，上上电缆坚守主业、实业实干。今后，上上电缆继续实施"精、专、特、新"发展战略，站在新起点，迈向新高度，坚持"改革、创新、争先"，以"高质量、高效率、高效益"为目标，加快"智改数转"步伐，创新发展，不断提高企业核心竞争力，向着全球电缆制造业的引领者不断迈进。

江苏上上电缆集团
JIANGSU SHANGSHANG CABLE GROUP

坚持"精、专、特、新"战略
推动企业高质量发展

新时代创造新机遇，新征程注入新动能。高质量发展是全面建设社会主义现代化国家的首要任务。国家提出了一系列新思路、新战略、新举措，擘画了新时代强国之路。下一步，上上电缆将切实统一思想和行动，始终扎根电缆制造，坚持"精、专、特、新"战略，实业实干、踔厉奋发、勇毅前行。

唱响"质量"主旋律，深耕主业精益制造

国家提出坚持把发展经济的着力点放在实体经济上，加快建设制造强国、质量强国，为防止经济脱实向虚搭建了牢固的防火墙，新时代制造业大有可为。改革开放以来，党和国家为民营企业发展和企业家成长创造了良好条件，上上电缆正是乘着好政策的东风，专注电缆制造，取得了一系列成绩。几十年来，上上电缆始终坚持"质量兴企"，视产品质量为"企业的生命、员工的饭碗"，围绕"质量第一"狠抓质量。上上电缆引入卓越绩效管理模式，通过科学手段确保产品质量，将质量与每位员工切身利益紧密挂钩，推动员工从"要我做好"变为"我要做好"。对于产品高质量的坚守，上上电缆也得到了社会和政府的认可，2016年、2018年、2021年连续三届荣获"中国质量奖提名奖"。

专注之外，还有专业。走专业化道路，每个车间只生产一类产品，批量化生产形成规模效应，依靠持续不断地

投入更新设备、改造技术，这成为上上电缆夯实核心竞争力的"密钥"。投入不是盲目冒险、并非简单扩能，而是为了更具专业化、规模化生产能力，更大程度上满足用户需求，更好服务用户。上上电缆从来没有刻意去追求规模，发展至今，完全是市场拉动的结果。今后，上上电缆也将坚持"不求规模大，但求综合素质佳"的发展宗旨，坚持绿色发展，以"人诚"铸"品优"，推动企业高质量发展。

打好"创新"持久战，不负时代光荣使命

加快实施创新驱动发展战略，加快实现高水平科技自立自强。科技是第一生产力，人才是第一资源，创新是第一动力。上上电缆"精、专、特、新"发展战略的核心就是持续创新。

一直以来，上上电缆对研发创新孜孜以求，不断攻坚克难，彰显出蓬勃向上的创新力量。1984年，上上电缆自主开发了矿用通信电缆，在当时"市场需求强烈，开发难度高、风险大，大企业不愿干，小企业不敢干"的环境下，新产品一炮走红，尝到了技术创新的"甜头"。之后，上上电缆一直保持着创新致胜的态势与决心，潜心钻研核电缆二十余年，先后开发了二代、二代半核电缆，开拓了国内该产品领域，三代核电AP1000壳内电缆更是实现了世界领域的突破创新。凭借先进的研发硬件设施条件和

上上电缆 上上品质

高素质研发人才队伍，上上电缆建成了紧紧围绕"一站三中心"（博士后科研工作站、国家认定的企业技术中心、江苏省特种电线电缆工程技术研究中心、江苏省新能源用特种线缆工程研究中心）创新平台展开的创新体系，获评国家技术创新示范企业、国家知识产权优势企业，自主研发的核电站用电缆和港口机械用电缆先后于2020年和2022年被认定为"制造业单项冠军产品"。

路虽远行则将至。上上电缆将坚持科技创新、技术进步，以国家重点发展的新能源、轨道交通、船舶、海工和港口等领域用的新一代线缆为目标，不断加大研发投入，加强技术人员团队建设，积极推动线缆行业技术进步，努力在线缆行业"卡脖子"技术、国产替代方面贡献更多"上上方案"。

谱好"两化"协奏曲，深化转型先行探索

要加快建设数字中国，没有信息化就没有现代化。早在2001年，上上电缆就在行业内率先探索，导入OA、ERP信息系统，实现了管理的精细化、扁平化，连续7年被评为"企业信息化500强"、荣获"ERP应用奖"。2011年上上电缆又在世界上率先建成用于电缆行业的现代集成制造系统——超高压CIMS集控中心，实现了超高压电缆生产全过程的质量控制、分析和追溯。超高压电缆制造能够"在线直播"，客户在家就能看到自己订单的生产情况，同时做到每根电缆都有自己的电子档案。为此，超高压车间收获了江苏省智能车间、中国标杆智能工厂称号，2019年企业也入选了江苏省五星级上云企业。

如今随着"两化融合""智改数转"深入推进，全力打造现代化智能管理工厂（透明工厂）成为上上电缆发展的"大势所趋"，"小、轻、薄"等工序被机械臂、AGV等替代，"有物必有码、有码必能扫"加上大量"防呆防错"技术应用，流程流转将更高效、更准确；数据实时采集、分析、应用加上协同创新生态系统的打造，"大质量"管理将从目标变为现实。"智改数转"是时代交给企业的"必答题"，更是交给传统制造业的"大考题"，对此，上上电缆坚持"早改早主动，早改早受益"，主动转型，努力答题，力争在"智改数转"的新赛道上点燃高质量发展的新引擎，实现企业研发、制造、管理和营销模式的创新与突破。

新时代的蓝图已经绘就，新征程的号角已经吹响。上上电缆将引领全体员工立足岗位作贡献，履职尽责争先进，真正用党和国家的科学理论与精神武装头脑、指导实践，推动企业"高质量、高效率、高效益"发展，为实现"中国梦"贡献力量。

中国东方电气集团有限公司
DONGFANG ELECTRIC CORPORATION

邮箱：dongfang@dongfang.com
电话：028-87898111
地址：中国四川省成都市高新西区西芯大道18号 邮编：611731

公司简介

　　中国东方电气集团有限公司（简称东方电气集团）是国有重要骨干企业，秉承"求实、创新、人和、图强"的企业精神，历经65年的发展已成为全球重要的高端能源装备研究开发制造商和工程承包特大型企业之一，也是率先实现发电设备产量超6亿千瓦的企业。

　　东方电气集团坚持科技自立自强，完整、准确、全面贯彻新发展理念，瞄准"碳达峰、碳中和"目标，大力发展高端能源装备、绿色低碳装备、尖端智能装备，形成了"六点并举、六业协同"的产业格局。作为国内早期"走出去"的企业之一，积极拓展海外市场，参与"一带一路"建设，创造了中国发电设备出口历史上多项纪录。

　　展望未来，东方电气集团将积极践行"绿色动力、驱动未来"的使命，加快打造世界一流装备制造集团，以绿色动力驱动中国和世界经济发展。

1958年 东方电气
在四川创立

6.7亿 +千瓦
累计发电设备产量国内领先

经营情况 2022年同比2021年

营业总收入 同比增长 **20.4**%	利润总额 同比增长 **14.5**%	净利润 同比增长 **13.2**%	总资产 同比增长 **23.0**%

六电并举

水电

高端水电

世界超大容量1000兆瓦——白鹤滩水电全部机组投产发电，以不辜负"1号"机组的信任和品质交上了一份精彩答卷。

国内高水头756米——长龙山抽水蓄能电站全部机组投产发电，着力研制具有完全自主知识产权、性能世界一流的抽水蓄能机组。

持续创新——参建的三峡枢纽工程荣获国家科学技术奖特等奖，自主研制溪洛渡770兆瓦混流式机组和世界单机容量超大的巴西杰瑞75兆瓦灯泡贯流式机组。

大功率冲击式150兆瓦——自主研发的国内单机大容量功率150兆瓦冲击式转轮成功下线并实现工业应用，是我国高水头大容量冲击式水电机组关键核心技术国产化从无到有的历史性突破。

燃机

高效气电

国之重器——我国全国产化F级50兆瓦重型燃气轮机商业示范机组率先实现满负荷商业运行，两次获评"国之重器"。

从0到1——解决"卡脖子"关键核心技术难题，实现"0"到"1"的突破，全面攻克燃气轮机自主研制、试验全过程技术。

自主可控——获得授权发明专利136项，参与制定国家/行业标准6项，形成燃机设计/制造标准1000项，率先建成行业清洁高效透平动力装备全国重点实验室。

风电

绿色风电

海拔最高——西藏措美县哲古分散式2.X MW风电机组成功投运且运行良好。

机型齐全——同时具备直驱、双馈、半直驱三种主流技术路线及其配套叶片、发电机、控制系统等关键核心部件研制能力。

超长叶片——自主研发B1260A型叶片，高效率、低载荷、轻量化，适配16～18兆瓦等级海上风电机组。

自主赋能——具有完全自主知识产权IPACOM智慧风电系统全维度赋能。

国产PLC——突破风机主控制器"卡脖子"技术，采用4核2.0GHz高性能CPU，适用风电严苛的运行环境。

产业链自主可控——拥有主机、叶片、电机、电控、塔筒、导管架、升压站及树脂材料等全产业链装备。

中国东方电气集团有限公司
DONGFANG ELECTRIC CORPORATION

太阳能

先进太阳能

24h不间断发电——提供核心系统与设备的哈密50兆瓦熔盐塔式光热发电项目实现夜间无光稳定并网发电。

型式丰富——投运种类包括槽式、塔式、菲涅尔式以及湿冷、空冷。

"光热+"——完成50兆瓦光热耦合超临界二氧化碳循环技术研究和试验机组开发。

核电

安全核电

国内许可——率先获得国内核蒸汽供应系统设备制造许可证，具备批量化核岛、常规岛主设备成套供货能力。

性能优异——全面具备"国和一号""华龙一号"核岛、常规岛主设备研制能力，主要性能指标达到世界领先水平。

"华龙一号"全球首堆——作为"华龙一号"大型设备供应商，助力"华龙一号"成功商运，巨龙腾飞插上有力翅膀。

全球超大——参与研制的全球单机容量超大的1750兆瓦核电机组站成功投运。

煤电

清洁煤电

世界先进——630℃百万千瓦二次再热、66万千瓦超临界CFB厂内生产制造中。

世界领先——60万千瓦超临界CFB成功投运并荣获国家科技进步奖一等奖；100万千瓦空冷机组成功投运。

世界超大——100万千瓦超超临界CFB研发全力推进中。

许继集团有限公司
许继电气股份有限公司

科技创新能力

核心技术能力

掌握信息化自动化控制技术、电力电子技术、一次设备设计制造技术三大核心基础技术，可为能源互联网提供感知、网络、平台、安全等系列产品。

特高压直流输电仿真研究系统

创新平台能力

现有国家企业技术中心、国家高压直流输变电设备工程技术研究中心、国家能源主动配电网技术研发中心和国家工业设计中心 4 个国家创新平台；是国际电工委员会（IEC/TC85）、全国电工仪器仪表标准化技术委员会（SAC/TC104）、IEEE PES 中国区标准委员会等 5 个标准化组织秘书处承担单位，IEC/TC85 及 IEC/TC13 国内技术归口单位；建有省级创新平台 18 个；拥有 ±1100kV 特高压直流绝缘试验大厅等世界领先的实验室。

±1100kV特高压直流绝缘试验大厅

特高压交流仿真测试系统

技术创新能力

参与完成各级标准制修订 900 余项，其中国际标准 100 项（主导 9 项）、国家标准 362 项（主导 113 项）、行业标准 245 项（主导 62 项）。 先后荣获省部级以上科学技术奖励 410 余项。

智能制造能力

智能化制造能力

依托国家智能制造专项和 2 个省级示范工厂，建成了国际先进的智能电表数字化车间、预制舱自动化智能生产线，牵头创建了河南省电力装备智能制造创新研究院，实现了标准、技术、产品和方案的国内和海外输出。

预制舱自动化智能生产线

大规模制造能力

主要生产线超过 100 条，具备保护监控、智能配电终端、智能电表、充电桩、智能变压器、智能开关柜、风电机组等大规模制造能力，ERP 系统实现全覆盖，制造执行系统 MES、仓储条码系统 WMS、供应商管理系统 SRM、产品管理系统 PLM 等广泛应用，自动化生产水平处于同行业领先水平。

充电桩产品生产线

全平台制造能力

自主可控的全平台制造体系，包括电子元件贴装、插装和钣金激光切割、数控冲折、自动焊接、智能水性涂装与屏柜装联等自动化生产线，拥有单板、装置、屏柜、舱房及系统级的电力设备全平台设计与生产制造能力，处于行业内钣金制造先锋梯队，是华中地区规模领先的电子制造服务供应商。

SMT生产线

许继集团有限公司
许继电气股份有限公司

系统集成能力

全领域产品能力

核心业务产品贯穿电力系统的发电、输电、变电、配电、用电等各环节，横跨一次及二次装备、交流及直流装备领域，覆盖电网、发电、轨道交通、工业供用电等多个能源电力领域，拥有上千种规格，是国内影响力和竞争力领先的电工装备制造商和电力系统服务商。

资质能力

通过持续培育资质和优化布局，具备电力工程设计、工程总承包、运维检修、检测计量、信息系统集成、特种行业许可、国际出口等各类专业资质，实施了国内外一大批重点工程项目。

湖北随县万福店20MW光伏电站项目EPC总承包

整体解决方案能力

具备特高压直流输电、柔性直流输电、智能变电站、智能配电、智能用电、风电、光伏发电、电动汽车智能充换电、轨道交通牵引供用电、工业智能供用电、综合能源服务、先进储能、能源互联网等领域整体解决方案能力。

青海海西州多能互补集成优化示范工程储能系统

肯尼亚阿西河81MW重油发电厂

客户服务能力

一站式服务能力

许继打造覆盖全国、辐射海外的营销服务网络体系。2600 余名营销服务人员，致力于为客户提供 7×24 小时"一站式""零距离""全方位"优质服务。

零距离服务能力

以信息化为支撑，打造了以线上化、数字化、互动化为特征的敏捷响应服务平台，为客户提供多样化客服入口，并准确预测客户需求提供主动服务，实时倾听客户声音，灵敏感知客户体验，持续改善服务质量。

全方位服务能力

具备电力设备检测试验、工厂化检修、特高压区域运维、输电通道可视化监测、电力管廊监测、变电站整站集成、二次设备综合治理、配电运维、不停电作业、多表集抄、新能源运维、充电网络建设运维等全方位服务能力。

客户服务中心

换流站现场服务

乌东德特高压混合直流输电工程常规换流阀现场安装

白云电气集团作为广东改革开放的排头兵，从 1979 年打铁起步，历经三代人、六个阶段、四十多年的转型升级，探索出了一条传统电力装备制造企业充分利用"云、大、物、智、移"技术，转型为绿色智慧能源的践行和引领者的民营企业绿色发展之路，能为客户提供源、网、荷、储一体化绿色智慧能源和节能降碳解决方案。集团及旗下企业是中国机械工业百强、中国电气行业排头兵、国家技术创新示范企业，核心企业已在上交所主板上市。

广州神山生产基地

广州从化生产基地

江苏南京生产基地

广西桂林生产基地

山东锦州生产基地

浙江绍兴生产基地

辽宁鞍山生产基地

北京国际工程中心

白云电气集团于 1988 年开始专注于电力装备制造领域，以民族电力装备振兴为己任，以广州为总部，在广州、南京、桂林、锦州、鞍山、杭州等 14 个城市建有 17 个产业基地，产品及服务涵盖清洁能源发电、柔性输电、智能变配电、智慧用电等环节，以及智慧城轨、智慧水务、智慧医疗、智慧冶金、智慧能源、数字工业、港口岸电、智能低碳楼宇、智能低碳工厂、绿色低碳园区等领域，电压等级覆盖 0.4～1100kV，是国内同行业产品链齐全的企业，并成为国家电网、南方电网、城市轨道交通、核电、国防军工、数据中心等国家重大行业项目的核心电力装备及控制系统供应商。

作为国家创新型企业，白云电气集团及旗下企业设有国家认定企业技术中心、国家认定检测中心、博士后科研工作站等核心机构，研发多项关键技术解决电力能源、电力装备制造领域"卡脖子"难题。先后获得了国家科技进步奖特等奖 2 项、一等奖 1 项、二等奖 1 项，中国专利奖 4 项，被国家电网授予"特高压特殊贡献单位"。

绿色智慧能源的践行和引领者

　　白云电气集团下属及关联企业的产品广泛应用于各类发电工程、各种电压等级送电线路、变电站工程、重大市政工程及各类用户工程，如国家电网、南方电网、城市轨道交通、大型工业企业及机场、核电站、北京奥体中心等国家重大工程项目，并出口加拿大、印度、巴西、南非、印度尼西亚、越南、巴基斯坦等国家。

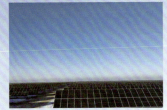

新疆奇台县50MW光伏发电项目　　山西天镇县环翠山风电项目　　港珠澳大桥供配电项目　　广东韶关明德屋顶光伏项目

昌吉-古泉±1100kV特高压直流输电工程　　新疆五彩湾750kV变电站项目　　昆柳龙±800kV特高压多端柔性直流输电示范工程　　向家坝-上海±800kV直流输电工程

广州地铁供电系统项目　　中山大学肿瘤医院智慧机电项目　　韶钢变配电系统智能集控项目　　广汽能源管理项目

　　白云电气集团正以坚实的产业、完善的产品链为根基，以"绿色能源、美好生活"为使命，聚焦数字化、电力电子、新服务、新能源、材料及材料应用、成套设备六大业务板块，助力人类社会可持续发展。

数字化重塑助力绿色智慧能源高质量发展

走进白云电气集团的数字化工厂，映入眼帘的是由数块大屏幕组成的数字化综合监控调度中心，屏幕上实时跳动的能源管理、设备状态、生产调度等数据直观地展示着工厂的运转状态；在钣金柔性自动化生产线，各种加工中心和工业机器人被连接成一条全自动化的柔性生产线，实现工件的"取料、冲、剪、折、弯、焊、打磨、码垛、入库"全过程自动化，即使夜间工人下班后，机器人仍能不间断工作，实现了"黑灯工厂"；在总装生产线上，立库林立，AGV车与RGV车来回穿梭，实现了从原材料入库、发料、装配、质检、入库等厂内物料的全自动化；在厂房屋顶上，铺设了6.3MW光伏系统，发电量不仅可以满足工厂全部用电量，还能余电上网，实现了低碳生产。

仍旧是原来的行业，但产品已经变得越来越安全、高效、低碳，生产的效率和过程更是发生了翻天覆地的变化，而这样的变化仅仅只是白云电气集团数字化重塑的一个缩影。

一、坚守电力能源装备不动摇

1979年白云电气集团打铁起步，历经三代人、六个阶段、四十多年的转型升级，逐步从一个乡镇的小民营企业发展为跨区域的电力能源装备产业集团。作为中国改革开放的亲历者、受益者和见证者，"没有改革开放，就没有白云电气，也没有白云电气的今天。"从打铁创业开始，四十多年来白云电气集团始终以"百年老店"的目标为引领，以振兴民族电

力能源装备的责任为鞭策，坚信"打铁还需自身硬"。

改革开放头三十年，社会主要矛盾是"人民日益增长的物质文化需要同落后的社会生产之间的矛盾"，这给"赚辛苦钱"的电力装备制造业带来发展机遇，但同时也面临着多元化经营等众多"赚快钱"的诱惑。白云电气集团坚守初心，扛住了诱惑，三代人始终专心专注于电力能源装备制造毫不动摇，"低头拉车"把产品质量做好，终于在行业内建立了优良的口碑。

20世纪90年代中期到2013年期间，白云电气集团不断从低压电气领域往技术含量更高的高压、超高压、特高压领域延伸，经过近20年的延链、强链、补链，终于构建起完整的电力能源装备产业链。2013年后，白云电气集团深感自己即将进入"无人区"，需要用更大的决心和勇气去探索，不仅要"低头拉车"，更要"抬头看路"，做到"春江水暖鸭先知"，必须始终以客户需求为导向，以坚实的产业、完整的产品链为基础，充分利用"云计算、大数据、物联网、人工智能、移动互联网"等技术，实现企业高质量发展。

随着国家"双碳"目标的提出，能源是主战场，电力是主力军，"安全、高效、低碳"成为电力能源行业发展的必然趋势。实现"双碳"目标，核心是构建以新能源为主体的新型电力系统，而数字化、电力电子、定制化解决方案在新型电力系统建设中发挥着非常重要的作用，白云电气集团也因此开启了全新的数字化重塑之路。

二、持续数字化重塑创造价值

白云电气集团的数字化转型的探索之路始于对用户需求的思考。集团从城市轨道交通供电系统入手，针对地铁运营"安全性要求高、备品备件过多、非标程度高、运营维护复杂"的痛点，与广州地铁联合研发了基于大数据的城市轨道交通供电设备全生命周期管理系统，提高了地铁运营的安全可靠性，使供电系统检修的综合成本降低30%、设备使用寿命延长

绿色智慧能源的践行和引领者

30%。项目成果经院士专家鉴定为"城市轨道交通供电系统领域行业率先创造、技术先进、功能齐全、达到国际领先水平"，被认定为国家工业互联网试点示范项目、广东省第一批工业互联网应用标杆项目。该项目成果已应用于国内多个轨道交通线路，并向工厂、水务、医疗、学校等应用场景进行能力复制。

通过在客户端的数字化探索，白云电气集团积累了大量经验，同时在企业端开始了数字化转型的探索实践。面对电力装备制造行业"订单批量小、交货急、非标程度高、复杂程度高"的典型离散型制造特点，集团在广州神山生产基地建设了数字化工厂，逐步实现生产的自动化、柔性化、智能化，彻底改变了过去"铺地摊式"的粗放、低效生产模式，生产效率提高50%以上。该项目通过了国家智能制造新模式项目和标准化项目验收，被认定为国家智能制造示范工厂、制造业与互联网融合试点示范，并正在进行5G+智能制造的示范应用探索。

了绿色智慧能源管理系统平台，是广州市首批"四化"赋能重点平台，可提供电力设备的状态监测、能效监测、能效分析比对、异常报警、用电负荷预测、智慧节能优化调控、电能质量分析等服务，目前已在工业制造、轨道交通、智能楼宇等场景应用，可实现降低企业综合能耗成本，提升运维效率，延长设备寿命，减少能源管理及设备维护人员配置，赋能制造业数字化转型、网络化协同、智能化改造和绿色化提升。

三、助力产业生态高质量发展

白云电气集团基于自身数字化探索实践，打造了拥有自主知识产权的 Agile 一体化系统平台，孵化了一支有丰富数字化工厂实施经验的队伍。从2020年开始陆续为上下游的企业赋能，承接外部生态圈企业的数字化业务，致力于推动制造型企业数字化转型，提供以数字化工厂、智能制造、智能物流等领域为核心的数字化一站式服务和解决方案，并凭借在数字化工厂和智能制造领域的专业能力和丰富经验，以高质量、个性化、聚焦价值的解决方案服务客户，将帮助更多企业加速数字化转型，逐步实现智能制造的目标，推动中国工业高质量发展。

通过建设数字化工厂，白云电气集团实现了从"生产驱动"向"数据驱动"的转型升级，同时，工厂也成为白云电气集团的数字化能力孵化场，以此形成了一整套离散型制造数字化工厂建设的解决方案，并将经验在南京、绍兴、韶关等基地进行复制。

白云电气科技大厦作为白云电气集团总部，是广州市甲级商务写字楼以及全国零碳数智楼宇试点单位。自大厦落成以来不断进行数字化改造升级，在完成电力扩充改造、风光互补系统升级等基础建设之外，还通过创新研发电力设备健康寿命评估系统、透明供电系统，建设了零碳数智楼宇创新中心，自主研发建设了智能楼宇系统平台，将多系统深度集成统一管理，建立了从消防到安防的智能安全防范体系、全面覆盖的商务楼宇配套服务应用场景、光储直柔一体化的智慧微网，并实现了精准的负荷控制。

基于电力设备的数据采集驱动、节能检测、节能分析等模型，白云电气集团自主开发

白云电气集团将坚持进行数字化的探索和实践，充分利用数字虚拟空间和物理空间的交融，实现能源供应、传输、转换、使用的多样性和高效性，成为绿色智慧能源的践行和引领者，助力人类社会可持续发展。

华荣股份：
用匠心撑起中国防爆工业的脊梁

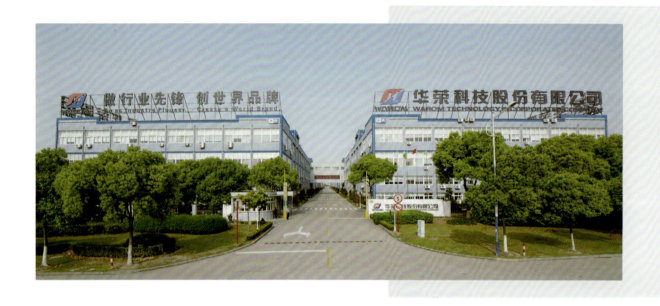

华荣科技股份有限公司系全国无区域性股份制企业。公司聚焦防爆电器、能源电气、专业照明三大核心业务的同时，向核电、海工、光伏等新兴领域拓展，产品被广泛运用于石油、化工、天然气、海洋平台、食品工业、核电、粮油、煤矿、铁路、港口等行业，以连续十多年稳居国内防爆行业销售前列的骄人业绩，立足国内行业龙头，跻身全球行业前三甲。2017年5月24日，华荣股份（股票代码：603855）在上交所主板上市，运用产业与资本的双轮驱动，开启稳健发展、创新发展、优质发展的新征程。

近年来，新冠疫情肆虐全球，世界经济下行压力加大、贸易增速放缓、制造业持续低迷，面对复杂多变的外部环境和日趋激烈的竞争态势，公司在逆境中多措并举，迎难而上，坚持"稳中求进"的发展基调，内强管理、外拓市场，在巩固国内市场领军地位的基础上，响应倡议，在国际市场"长袖善舞"，全球布局突破迈进。公司经营业绩连年创出历史新高，企业改革不断做深做实，公司治理始终规范高效，资本市场作用充分发挥，投资者权益保护切实加强，彰显了企业可持续发展的强大动能。

近年来公司经营业绩增长情况

注：2022年营业收入按总额法统计为34.92亿元，按净额法统计为30.43亿元。

敢为人先"走出去"，砥砺奋进创品牌

纵观华荣的发展历程，既是一家民营企业的创业史，更是一部新中国自主品牌不懈奋斗的成长史。公司早在 1995 年提出了分三步走的品牌战略：第一步，打出华荣的牌子，让市场接受华荣；第二步，创立国内名牌，成为中国防爆电器行业的领军品牌；第三步，推进全球化战略，"走出去"争创世界知名品牌。

正是风华遇沃土、疾风催劲草，在深化改革的浸润下，华荣精心耕耘 30 余载，全面融入国家战略，逐步成长为防爆电器的"世界工厂"，积极助力西昌 / 文昌卫星发射基础项目、"蓝鲸 1 号"可燃冰开采项目、南海岛礁建设项目、中核霞浦示范项目、舟山国家石油储备基地扩建项目、山东青岛安信电投 200MW 光伏发电项目、港珠澳大桥"深海之吻"项目等重大工程建设，以振兴中华民族工业为荣，力创百年基业。

华荣人、华荣梦：创世界知名品牌已成为华荣追逐的更高目标。

自 2005 年公司成立外贸中心以来，积极开拓海外市场，成为中国防爆设备领域率先走出去"吃螃蟹"的企业。

从国际标准采标入手，赴众多国际防爆科研机构考察、交流和学习，连续十多年赴德国参加汉诺威工博会，十年磨一剑，华荣以"严谨、务实、创新"的企业实干精神，拓疆扩土，华荣外贸得到了飞速发展，目前已获得产品国际证书达到了 400 多项，全面跨越了国际技术壁垒。同时，公司产品及质量获得了国际众多大型油气用户的高度赞誉，外贸业务逐年提升，国际用户入围已达到 300 多家。

2006 年，华荣在伊朗北部安扎里成立了华荣伊朗安扎里公司，尝试着走出国门的外贸市场拓展之路，获得非常好的市场业务和海外业务运作经验，并由此带来外贸业务的蓬勃发展。

2018 年，在世界"贸易之都"迪拜，华荣成立华荣中东北非公司，为深耕中东市场建立桥头堡，并以此为模式，开始国际市场拓展的复制模式。目前，公司已全面策划并落实在非洲、欧洲及卡塔尔多点成立海外子公司，进一步扩大外贸市场，布局全球。

在深入推进全球化战略过程中，公司逐步摸索出一套国际战略本土化、产业战略基地化、产品战略智能化、服务战略定制化的运营策略，目前已经在全球 50 多个国家和地区设立了分支及代理机构，成为中国石油、中国石化、中国海油、英国石油公司（BP）、荷兰壳牌、美国福陆（FLUOR）、德国巴斯夫（BASF）、法国道达尔（TotalEnergies）、德西尼布（TechnipEnergies）等国内外知名大型企业的入网供应商。

凭借稳健的业绩增长、高效的运营能力和强劲的发展潜力，华荣品牌价值不断提升，先后荣获"中国出口质量安全示范企业""国家绿色工厂"称号，获中国合格评定国家认可委员会颁发的 CNAS 实验室证书，并取得美国 UL、欧盟 ATEX、国际 IECEx、俄罗斯 CU-TR、巴西 INMETRO 等国际质量标准认证，为华荣争创世界知名品牌的目标夯实了基础。

随着国家"一带一路""中国制造 2025"的引导，华荣抢抓机遇，深耕国际市场，海外业务遍地开花，接连中标俄罗斯 AGPP 项目、哈萨克斯坦阿特劳炼油项目、沙特阿拉伯国王港综合码头项目、尼日利亚丹格特炼油项目、壳牌碧辟联合液化大洋站项目、美孚亚太化工炼油新加坡项目以及韩国三星、SK 在中东、东南亚、阿联酋等一大批国际石化工程所需防爆产品订单。公司海外业务营收占比持续上升，2022 年报数据显示，公司外贸部门实现营业收入逾 6 亿元。

科技赋能数字化升级，
创新助推企业高质量发展

一直以来，公司始终坚持科技创新，积极推进智能化和信息化的"两化融合"，加快"数智升级"，实现"华荣制造向华荣创造"的华丽转身。

公司瞄准"工业化及信息化"的发展趋势，坚持"市场为导向、客户为中心、营销为龙头、研发为核心、生产作保障"的企业管理定位，自主研发"华荣协同智能管控平台"，贯通"智能制造"和"信息化管理"两个核心点，覆盖营销、技术、生产、财务、采购、品管、行政全过程信息化运作，全面创新公司管理。通过信息化、自动化和智能化的平台运作，公司管理跃上新台阶，已成功从"传统型制造"提升为"智能制造型"企业，进入更好的快速发展的国际轨道。

为有效保持技术领先优势，公司加大研发力度，每年拿出巨额资金用于研发投入，形成了一系列自主研制、具有市场竞争力的创新技术和产品，通过数字化赋能推动公司由产品制造商向国际化系统服务商转型。

华荣开启了"安工智能"的互联网解决方案的系统平台时代，从传统的单一防爆产品向"系统化安全解决方案"转变。

华荣自主研发的"SCS安工智能管控系统"，为石化企业提供智能、安全整体解决方案，把传统单一的防爆照明、防爆监控、防爆通信、消防应急、动静设备检测等等实现互联互通，数据和信息共享，提前预判存在的安全隐患并及时排除，防止安全事故的发生。该系统包括智能配电管理、智能照明管控、智能在线工艺监测、动设备在线监测、智能视频监控、智能通信指挥、智能消防安全、可燃气体监测、在线腐蚀监测9大子系统，适用于油气、化工、海工、制药等易燃易爆环境下的全过程集中智能管理，具有智慧节能、远程管控、智能高效的优势，已在多个石化企业稳定运行，平台＋终端产品为公司带来了新的业绩增量。

华荣牵头起草的《离岸直升机平台助降信号指示系统》团体标准，各项关键指标均优于当前行业标准、国际标准。公司研制且拥有自主知识产权的离岸直升机平台助降信号指示系统及系列产品，打破国外垄断，已获得"上海品牌"认证。

2023年，华荣顺利取得1SO27001信息安全管理体系认证证书，成为国内为数不多几家持有这项国际知名标准认证的企业之一，可为"SCS安工智能管控系统"在内的智能新品的市场拓展提供必要支撑，增强企业核心竞争力。

近年来，正在大力拓展核电、航空航天等新兴市场领域。公司正深度参与航空航天建设等基础建设，获得了用户高度好评。

公司与中核联合研发的核级照明产品通过了专业级成果鉴定，被列为"专利产业化项目"和"政府重点产品质量攻关成果项目"。

征途漫漫，奋斗不息。

面向未来，华荣勇立潮头。

华荣科技，正改写传统防爆理念，引领行业的技术进步。

华荣科技，正在从传统型制造商向生产型服务商提升。

广告

特别鸣谢
特约顾问单位

 中国东方电气集团有限公司
DONGFANG ELECTRIC CORPORATION

六电并举 绿色动力 驱动未来

 江苏上上电缆集团
JIANGSU SHANGSHANG CABLE GROUP

**坚持"精、专、特、新"战略
推动企业高质量发展**

● 特约顾问：狄洪杰　● 特约顾问：金 扬

 **许继集团有限公司
许继电气股份有限公司**

● 特约顾问：张学深　白红菊　● 特约编辑：常奇峰

 BPG 白云电气
BAIYUN POWER GROUP

绿色智慧能源的践行和引领者

● 特约顾问：胡德良　● 特约编辑：程咏斌

 **WAROM 华荣股份**

用匠心撑起中国防爆工业的脊梁

● 特约顾问：李 江　● 特约编辑：虞品艳

 **PHŒNIX CONTACT**

引领数字工业 赋能全电气社会

 EEW 新黎明科技股份有限公司

● 特约顾问：魏 勇　● 特约编辑：赵蕴祺

**中国电器工业协会
中国电器工业年鉴执行编辑委员会**

中国机械工业年鉴系列

中国电器工业年鉴

2022

中 国 电 器 工 业 协 会
中国机械工业年鉴编辑委员会 编

机械工业出版社
CHINA MACHINE PRESS

《中国电器工业年鉴》由综述、行业概况、企业概况、产业概况、产品与项目、标准化6个部分组成，集中反映2021年电器工业各子行业的生产发展、产品产量、市场销售、科技成果及新产品、质量及标准、基本建设及技术改造等情况。《中国电器工业年鉴》自1998年首次出版以来，已成为国内外了解中国电器工业和企业的重要窗口。

《中国电器工业年鉴》的主要发行对象为政府决策机构，电器工业相关企业决策者，从事市场规划、企业规划的中高层管理人员。同时，《中国电器工业年鉴》也发往国内外的投资机构、银行及证券机构等。

图书在版编目（CIP）数据

中国电器工业年鉴.2022/中国电器工业协会，中国机械工业年鉴编辑委员会编. —北京：机械工业出版社，2023.8

（中国机械工业年鉴系列）

ISBN 978-7-111-73614-1

Ⅰ.①中… Ⅱ.①中… ②中… Ⅲ.①电气工业–中国–2022–年鉴 Ⅳ.① F426.6–54

中国国家版本馆 CIP 数据核字（2023）第 142623 号

机械工业出版社（北京市百万庄大街 22 号　邮政编码 100037）

策划编辑：董 蕾　　　　　　　　　责任编辑：董 蕾
责任校对：张昕妍　刘雅娜　陈立辉　责任印制：李 昂
河北宝昌佳彩印刷有限公司印制
2023 年 12 月第 1 版第 1 次印刷
210mm × 285mm · 19.5 印张 · 14 插页 · 760 千字
标准书号：ISBN 978-7-111-73614-1
定价：350.00 元

电话服务　　　　　　　　　　　网络服务
客服电话：010-88361066　　　　机 工 官 网：www.cmpbook.com
　　　　　010-88379833　　　　机 工 官 博：weibo.com/cmp1952
　　　　　010-68326294　　　　金 书 网：www.golden-book.com
封底无防伪标均为盗版　　　　机工教育服务网：www.cmpedu.com

中国机械工业年鉴系列

作为『工业发展报告』

记录企业成长的每一阶段

中国电器工业年鉴
执行编辑委员会

中国电器工业年鉴

明鉴电器工业
装备现代电力

主　　任	陆燕荪	原机械工业部副部长
副　主　任	南存辉	中国电器工业协会会长
	刘常生	中国电器工业协会常务副会长
	沈　江	中国电器工业协会驻会副会长
	丁小林	中国电器工业协会副会长
	丁志鸿	中国电器工业协会副会长
	王春华	中国电器工业协会副会长
	元复兴	中国电器工业协会副会长
	史　祺	中国电器工业协会副会长
	曲云凯	中国电器工业协会副会长
	曲　哲	中国电器工业协会副会长
	刘万平	中国电器工业协会副会长
	吴业华	中国电器工业协会副会长
	张继烈	中国电器工业协会副会长
	陈建成	中国电器工业协会副会长
	周赤忠	中国电器工业协会副会长
	周　锋	中国电器工业协会副会长
	胡　醇	中国电器工业协会副会长
	胡德良	中国电器工业协会副会长
	南　寅	中国电器工业协会副会长
	钱　俊	中国电器工业协会副会长
	郭振岩	中国电器工业协会副会长
	黄汉杰	中国电器工业协会副会长
	章晓斌	中国电器工业协会副会长
	琚立生	中国电器工业协会副会长
	白文波	中国电器工业协会秘书长
	金忠利	中国电器工业协会副秘书长
	王　琨	中国电器工业协会副秘书长
	陈　奎	中国电器工业协会副秘书长
	方　伟	中国电器工业协会副秘书长
	郭　彤	中国电器工业协会副秘书长
	郝　军	中国电器工业协会副秘书长
委　　员	（排名不分先后）	
	马俊强	中国电器工业协会电站锅炉分会秘书长
	范寿孝	中国电器工业协会大电机分会秘书长
	范广贤	中国电器工业协会汽轮机分会秘书长
	陈　艳	中国电器工业协会水电设备分会秘书长
	任晓军	中国电器工业协会内燃发电设备分会秘书长
	王善武	中国电器工业协会工业锅炉分会秘书长
	周小中	中国电器工业协会高压开关分会秘书长
	孙延宏	中国电器工业协会变压器分会秘书长
	李志勇	中国电器工业协会继电保护及自动化设备分会秘书长

中国电器工业年鉴

明鉴电器工业
装备现代电力

中国电器工业年鉴
执行编辑委员会

蔚红旗　中国电器工业协会电力电子分会秘书长
王　阳　中国电器工业协会电控配电设备分会秘书长
柴　熠　中国电器工业协会通用低压电器分会秘书长
蔡忠勇　中国电器工业协会设备网络通信及工业互联分会秘书长
金惟伟　中国电器工业协会中小型电机分会秘书长
罗军波　中国电器工业协会分马力电机分会秘书长
冯卫斌　中国电器工业协会微电机分会秘书长
吴建国　中国电器工业协会防爆电机分会秘书长
刘海田　中国电器工业协会电器设备高原环境应用工作委员会
　　　　　秘书长
凌宏浩　中国电器工业协会工业日用电器分会秘书长
刘大平　中国电器工业协会防爆电器分会秘书长
杨庆轩　中国电器工业协会电焊机分会秘书长
刘　波　中国电器工业协会电器附件及家用控制器分会秘书长
郭培建　中国电器工业协会变频器分会秘书长
刘合鸣　中国电器工业协会牵引电气设备分会秘书长
李　琨　中国电器工业协会电炉及工业炉分会秘书长
潘顺芳　中国电器工业协会电动工具分会秘书长
梁晶晶　中国电器工业协会蓄电池分会秘书长
高　峰　中国电器工业协会电线电缆分会秘书长
祝晚华　中国电器工业协会绝缘材料分会秘书长
王　冲　中国电器工业协会电工合金分会秘书长
吕晓春　中国电器工业协会焊接材料分会秘书长
马庆春　中国电器工业协会电碳分会秘书长
李　锋　中国电器工业协会电气设备机械结构分会秘书长
果　岩　中国电器工业协会风力发电设备分会秘书长
刘亚丽　中国电器工业协会电工专用设备分会秘书长
张　亮　中国电器工业协会燃料电池分会秘书长
马桂山　中国电器工业协会发电设备生产运营专家委员会秘书长
张　华　中国电器工业协会非晶合金材料应用分会秘书长
姚君瑞　中国电器工业协会绝缘子避雷器分会副秘书长
贾　华　中国电器工业协会电力电容器分会副秘书长
曾雁鸿　中国电器工业协会标准化工作委员会副秘书长

编 辑 说 明

一、《中国机械工业年鉴》是由中国机械工业联合会主管、机械工业信息研究院主办、机械工业出版社出版的大型资料性、工具性年刊，创刊于 1984 年。

二、根据行业需要，1998 年中国机械工业年鉴编辑委员会开始出版分行业年鉴，逐步形成了中国机械工业年鉴系列。该系列现已出版了《中国电器工业年鉴》《中国工程机械工业年鉴》《中国机床工具工业年鉴》《中国通用机械工业年鉴》《中国机械通用零部件工业年鉴》《中国模具工业年鉴》《中国液压气动密封工业年鉴》《中国重型机械工业年鉴》《中国农业机械工业年鉴》《中国石油石化设备工业年鉴》《中国塑料机械工业年鉴》《中国齿轮工业年鉴》《中国磨料磨具工业年鉴》《中国机电产品市场年鉴》《中国热处理行业年鉴》《中国电池工业年鉴》《中国工业车辆年鉴》《中国机器人工业年鉴》和《中国机械工业集团有限公司年鉴》。

三、《中国电器工业年鉴》由中国电器工业协会和中国机械工业年鉴编辑委员会共同编撰，于 1998 年首次出版。《中国电器工业年鉴 2022》由综述、行业概况、企业概况、产业概况、产品与项目、标准化 6 个栏目构成，集中反映 2021 年电器工业各子行业的生产发展、产品产量、市场销售、科技成果及新产品、质量及标准、基本建设及技术改造等情况。部分数据因四舍五入的原因，分项之和与总项略有出入。

四、《中国电器工业年鉴 2022》在编撰过程中得到了中国电器工业协会及其分会、相关企业和专家的大力支持和帮助，在此表示衷心感谢。

五、未经中国机械工业年鉴编辑部的书面许可，《中国电器工业年鉴 2022》内容不允许以任何形式转载。

六、由于水平有限，难免出现错误和疏漏，敬请批评指正。

中国机械工业年鉴编辑部
2023 年 5 月

前　言

"十三五"期间，我国电器工业保持了平稳发展，截至 2020 年年底，主营业务收入达到 5.55 万亿元，进出口贸易总额维持在 1 500 亿美元左右。随着一系列国家战略的推进，2021 年电器工业迎来新一轮的变革期，营业收入增速保持在 5% 左右，工业增加值同比增长 16.8%，利润总额同比增长 12.2%。2022 年，电器工业运行总体平稳，主营业务收入接近 6 万亿元，同比增长约 10%；利润总额超 3 500 亿元，同比增长约 10%。

电器工业整体水平获得提升，基本实现了发电、特高压、配电和用电设备关键材料、关键零部件和关键核心技术的全部国产化，产业迈向中高端。近年来，我国火电机组容量等级结构持续向大容量、高参数方向发展，供电标准煤耗等主要耗能指标大幅下降，全国线损率不断下降。以特高压为代表的输变电技术及装备总体处于并跑（国际领先）水平，柔性直流输电技术占领世界制高点，产业规模及生产能力能够满足国内市场需求。配用电设备及电工器材智能化水平提高，制造过程向智能化方向发展，数字化制造工艺获得重大突破。

2022 年年初发布的《"十四五"现代能源体系规划》提出加快推动能源绿色低碳转型，大力发展非化石能源，推动构建新型电力系统。能源发展，装备先行。随之于 8 月发布的《加快电力装备绿色低碳创新发展行动计划》提出开展装备体系绿色升级行动，加速发展清洁低碳发电装备，提升输变电装备消纳保障能力，加快推进配电装备升级换代，提高用电设备能效匹配水平。通过 5～8 年时间，显著改善电力装备供给结构，保障电网输配效率明显提升，高端化智能化绿色化发展及示范应用不断加快，国际竞争力进一步增强，基本满足适应非化石能源高比例、大规模接入的新型电力系统建设需要。

我国能源电力领域已形成具有较强国际竞争力的完整产业链、供应链和价值链。例如，形成了较完备的核电装备产业体系，主要设备均可立足国内；形成了完整的拥有自主知识产权的光伏新能源产业链条，建立了从高纯晶硅生产、高效太阳能电池片生产到光伏电站建设与运营的垂直一体化体系；主流储能技术总体达到世界先进水平。但还需要形成技术集成、系统综合、包容兼纳的关键技术体系，攻关突破先进核电、碳捕捉利用及封存（CCUS）、高效率低成本可再生能源发电装备、大功率柔性输变电装备、长时储能、燃料电池、大型燃气轮机、高温材料、高端电工材料、关键元器件等支撑新型电力系统构建的技术、装备、材料。

此外，在以新能源为主体的新型电力系统加快建设的背景下，电器工业还要开展低碳共性技术和前沿技术科技攻关，构建新型电力装备（绿色）制造体系，完善绿色低碳电力装备标准检测认证体系，搭建重点领域再电气化集成服务体系，推进制造企业数字化创新服务能力，搭建电力装备国际市场信息共享平台，加快产业高质量发展。

目　　录

Contents

中国
电器
工业
年鉴
2022

综述

以宏观视角，分析 2021 年电器工业整体运行情况

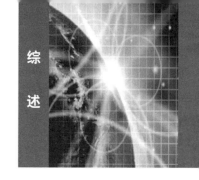

综述

行业概况

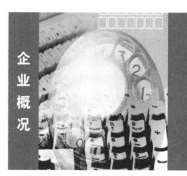

企业概况

产业概况

产品与项目

标准化

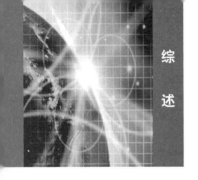

综述

行业概况

企业概况

产业概况

产品与项目

标准化

2021 年电器工业经济运行形势分析

大事记（2021 年）

2021 年电器工业经济运行形势分析

2021年，电工电器行业迎来了历史性的一年。随着一系列国家战略的推进，在经济复苏、出口强势的背景下，在电力需求增速的倒逼下，电工电器行业迎来了新一轮的政策变革期。

一、2021 年电器工业经济运行情况

1. 总体发展平稳

2021年电工电器行业主要经济指标呈现前高后低的趋势，全年总体发展平稳。

2021年电工电器行业企业数为 27 625 家，同比增长 8.1%；年末亏损企业数 4 593 家，同比下降 46.6%。营业收入增速保持在 5% 左右；工业增加值同比增长 16.8%，两年平均增速达到 12.8%；实现利润总额 0.46 万亿元，同比增长 12.2%，全年月平均增速接近 4%，实现利润增速高于营业收入增速。利润增幅在第二季度降至全年最低点后逐步回升，第四季度增幅达到全年最高，年末略有小幅下降。固定投资同比增长 23.3%，两年平均增长 6.7%。行业转型效果开始显现。

2. 重点产品产量形势良好

2021年电工电器行业重点统计产品中，发电机组、工业锅炉、电动工具、交流电动机、光缆、太阳能电池及锂离子电池产品产量同比分别增长 9.9%、10.2%、20.5%、22.8%、11.6%、42.1% 及 22.4%。低压电气设备产品在出口方面成绩优异。

3. 行业转型步伐加速

2021年，全国主要发电企业电源工程建设投资完成 5 530 亿元，同比增长 4.5%。其中，水电 988 亿元，同比下降 7.4%；火电 672 亿元，同比增长 18.2%；核电 538 亿元，同比增长 41.8%。非化石能源发电投资占电源投资的比重达到 88.6%。电网工程建设投资完成 4 951 亿元，同比增长 1.1%。

（1）新型电力系统建设成绩斐然。全国可再生能源发电装机规模突破 10 亿 kW，水电、风电装机均超 3 亿 kW，海上风电装机规模跃居世界第一，新能源年发电量首次突破 1 万亿 kW·h，非化石能源建设提速。全国抽水蓄能电站累计装机规模达到 3 479 万 kW，新型储能累计装机超过 400 万 kW，新增电能替代电量大约 1 700 亿 kW·h。

（2）产业转型升级效果明显。随着装备制造业不断创新升级，清洁能源消纳取得新进展，风电、光伏和水能利用率分别达到 96.9%、97.9% 和 97.8%，分别比上年增加 0.6 个、0.9 个和 1.19 个百分点；核电年均利用小时数超过 7 700h。

"十四五"期间，我国发电设备将以构建新型电力系统为重点，能源企业和电力企业需要迈好绿色低碳转型的第一步。尤其在发电领域，电源结构将发生重大改变，绿色电源将成为主体电源。我国发电设备供给结构也将发生重大变化，风电、光伏供给进一步加强，传统煤电设备供给进一步严控，核电设备、水电设备将以平稳发展为主。为构建新型电力系统，具有"双高"特性的并网装备、新型储能将成为行业发展的热点，同时也成为行业投资的重点。

在电网建设上，我国将加快建立健全电力投资治理体系，科学选择电力投资方向，持续优化电力投资结构，壮大有效电力投资规模，切实推动电力投资转型升级，不断提升电力技术现代化水平，全力打造安全高效电力供应保障体系。根据我国输配电设备销售增长率预测，未来几年，我国规模以上输配电设备企业销售规模将保持稳步增长态势。

二、行业面临的主要问题

经过多年努力与实践，我国电力产业转型有了突飞猛进的发展，正在从过去的落跑追赶到后来的跟跑、目前已转向在更多领域并跑甚至在一些领域领跑的局面。从电网角度来看，基本形成"全国联网、西电东送、南北互供"格局，电力供应保障能力和智能化水平明显增强；从电源角度来看，火电独大局面得到明显改观，装机占比降到一半以下，非化石能源电力装机占比超过一半；从电力装备技术来看，特高压、洁净煤电技术、超大水电机组制造、四代核电技术已走在世界前列。

但是，我国电力工业同国际先进国家相比仍然存在较明显的差距，电网输电线损率比国际先进水平高 2% 左右，煤电供电消耗相差 50g/（kW·h），一些电力关键核心技术和标准仍掌握在发达国家手中，部分重要关键装备、零部件还依赖国外引进，电力行业整体盈利水平较弱，总体债务风险较大，平均劳动生产率不高，国际知名电力品牌建设不够，电力产业转型之路依然任重道远。未来如何取得关键性领域的重大突破，进一步缩小同国际先进水平的差距，是无法回避的重大挑战。

新冠疫情加快了既有产业转型的进度，企业转型成本加剧、转型难度提升，也对电器工业产业链生态环境产生了不小的冲击，产业链、价值链、供应链出现断裂危险。

三、政策措施建议

1. 开展顶层设计，强化政策保障

电力装备产业链供应链安全稳定是构建新型电力系统的基础，建议有关部门加快研究制定"双碳"下电力装备

产业的目标和实施路径，绘制适应新型电力系统发展的技术创新发展路线图，建立碳中和指标体系，验证技术及装备的经济可行性，尽快制定支撑碳达峰、碳中和战略的系统政策。

2.聚焦关键，加快核心技术突破

建议国家引导相关企业和科研机构进一步加大在大规模储能、新型电工材料、新型柔性直流输配电、电力调度领域具有重要影响力的原创技术的产出力度，增强新型电力系统的科技支撑力和产业带动力。

3.加快完善适应新型电力系统的技术和标准体系

建立跨领域部门协同机制，结合需求侧负荷特性，进一步加强源网荷储多向互动，通过虚拟电厂等一体化聚合模式，提高多种能源协调互济能力；加快源网荷储相关产品标准的修订和制定，保障电力安全供给。

4.充分利用行业组织资源

充分发挥中国电器工业协会等行业组织的平台作用，在科技交流、标准制定、示范推广、政策经验分享等方面进一步加强跨领域上下游的合作，助力早日实现碳达峰和碳中和的目标。

〔供稿单位：中国电器工业协会〕

大事记（2021 年）

1 月

6 日 国家能源集团龙源中能公司成功建立 CNAS 管控体系，这是新能源行业首个网络安全标准化工作体系。

★ 哈电集团哈尔滨电机厂有限责任公司（简称哈电电机）首次实现发电设备大型关键部件机器人焊接，标志着此项技术已经达到行业先进水平。哈电电机攻克机器人窄间隙气保焊生产应用难题，通过应用先进、高效、智能的机器人窄间隙气保焊技术，成功完成大型混流座环固定导叶与环板焊接。经检验，焊缝超声检测探伤一次性合格。相比常规焊接方式，单个焊口焊材消耗量下降76%，焊接周期减少50%。

15 日 工业和信息化部办公厅、市场监管总局办公厅、国家能源局综合司联合印发《变压器能效提升计划（2021—2023 年）》。提出到 2023 年，高效节能变压器在网运行比例提高10%，当年新增高效节能变压器占比达到 75% 以上。围绕高效节能变压器研发设计、生产制造、运行维护、咨询服务等领域，推广应用一批关键核心材料、部件和工艺技术装备，形

成一批骨干优势制造企业，培育一批绿色制造系统解决方案供应商。

18 日 哈电国际与海伦市冠峰新能源科技有限公司签订黑龙江省"百大项目"——黑龙江绥化海伦冠峰风电 EPC 总承包合同，标志着经国家发展改革委核准的风电、光伏平价上网重点项目正式启动。绥化海伦冠峰风电项目位于海伦市祥福镇、共和镇区域，项目规划建设装机容量100MW，工作范围包括设计、设备供货、安装、调试、试运行和质保期服务等。

19 日 工业控制系统信息安全防护能力推进分会（简称工控安全推进分会）成立大会以线上形式召开。2021 年分会将重点推动工控安全"四个一"工作，即建立一套工控安全标准体系，组织一批防护能力贯标试点，树立一批安全防护样板工程，打造一个产业供需对接平台。大会发布了工控安全防护能力贯标公共服务平台（www.iiscpb.cn）。

24 日 由中国能建葛洲坝国际公司承建的乌兹别克斯坦锡尔河1 500MW 燃气联合循环独立发电项目开工仪式，在塔什干市和项目所在地 Shirin 市举行。

30 日 由哈电集团承制反应堆主冷却剂泵等核心部件的"华龙一

号"全球首堆福清核电 5 号机组投入商业运行，标志着我国在三代核电技术领域跻身世界前列，成为继美国、法国、俄罗斯等国之后真正掌握自主三代核电技术的国家。哈电集团已经先后为福清 5 号和 6 号机组提供高低压加热器和除氧器、PCS 热交换器及汽水分离器、第四批及第五批核岛容器、非能动安全壳冷却系统汽水分离器、常规岛联箱等关键设备。

31 日 由哈电电机研制的白鹤滩 16 号机组转子顺利起吊到达指定位置平稳落入机坑，并与发电机主轴精准对接。16 号机组转子直径 16.5m，高 4.08m，起吊总质量约 2 440t，跨越右岸厂房南北两端逾292m，是哈电电机 2021 年完成制造的白鹤滩首台转子。该转子磁极挂装后圆度 0.58mm，定子圆度 0.55mm，下机架中心、水平高程等均满足精品机组要求。

2 月

1 日 科技部高新司发布《关于对"十四五"国家重点研发计划"氢能技术"等 18 个重点专项 2021 年度项目申报指南征求意见的通知》。

8 日 工业和信息化部印发 2021

年第一批行业标准制修订计划，酒钢集团获批制定《电力变压器用高锰无磁钢板》行业标准。该标准适用于制造电力变压器用高锰无磁钢板，规定了电力变压器用高锰无磁钢板的术语和定义、分类和代号、订货内容、尺寸、外形、重量及允许偏差、技术要求、试验方法、检验规则、包装、标志和质量证明书等，符合《新材料产业发展指南》等相关要求。该标准将填补全球电力变压器用材标准空白，为我国电力变压器生产提供质量技术保证。

23日 中车株洲电机公司自主研制的全球首台12MW海上半直驱永磁同步风力发电机下线。该产品装机后年发电量将达58GW·h，可满足14.5万个普通家庭的全年用电需求，每年减排超过27 550t二氧化碳。

25日 上海电气电站集团与江苏射阳港发电有限责任公司在南京签订射阳港2×100万kW燃煤发电机组扩建工程三大主机设备合同。该扩建工程计划总投资90亿元，具有高效、低耗、近零排放等特点。

28日（当地时间） 由西门子和哈电集团哈尔滨电气国际工程有限责任公司（简称哈电国际）联合体承建的巴基斯坦贾姆肖罗2×660MW超超临界燃煤电站项目最重单件设备——一号机组发电机定子顺利吊装就位。

3月

4日 IEC/TC111/WG15（产品种类规则）启动会议暨第一次工作组会议以网络会议形式召开。

6日 由中国电力科学研究院牵头承担的高性能低压智能开关设计与检测关键技术及大规模应用项目，顺利通过中国电机工程学会鉴定。鉴定委员会专家认为，该项目在低压开关电弧仿真建模和灭弧、自动化检测和可靠性评价技术方面居国际领先水平。

项目攻克了低压开关灭弧能力不足、生产设计智能化水平低、自动化检测技术缺乏、可靠性评价方法单一

等一系列技术难题，实现了多组分、大电流空气电弧的建模仿真和灭弧能力优化设计，研制了新一代小型化、低功耗、高可靠的低压智能开关，规范了低压开关检测技术标准，研发了自动化检测、生产流水线，建立了涵盖技术要求、检测标准、试验平台、可靠性评价的质量评估体系，提升了我国低压开关的产品质量，降低了电网运维成本。项目的技术成果已经应用到372家生产制造企业和54家检测机构。

该项目依托国家自然基金、工业和信息化部重点专项和国网公司科技项目，由中国电科院联合西安交通大学、国网重庆电力公司、国网湖南供电服务中心、正泰低压智能电器研究院、国网山东电力公司、国网冀北电力公司、国网湖北电力公司等10家单位共同完成。

10日 世界首个五端柔直工程完成大功率试验。该工程位于浙江舟山，是世界上运行端数最多的柔性直流输电工程，共建有舟定、舟岱、舟衢、舟泗、舟洋5座换流站，总容量100万kW。该工程还能全额接收风电、光伏、潮汐等绿色能源，有力提升电网可靠性，确保用能安全低碳。

11日 华电清远热电联产工程第二套机组通过168h试运行，标志着国产化率最高的燃气轮机热电联产机组正式投产发电。该工程由中国华电全资投资建设，建设2套9F级燃气轮机热电联产机组，单机容量501.6MW，为目前全国单机发电容量最大的9F级双轴重型燃气轮机项目。两套M701F4++型燃气-蒸汽联合循环机组首次采用对称布置，燃气轮机国产化率达90%以上，锅炉效率达90.4%，综合厂用电率为2.1%，综合热效率达76.89%，折算标准煤耗167.8g/（kW·h）。

16日 浙江省机电集团所属运达股份正式推出陆上大容量风电机组平台——鲲鹏平台。该平台首款机型为WD175-6000/6250，风轮直径175m，机组功率6 000/6 250kW，具备超2.4万m²的叶轮扫风面积，发电性能优异。该机组已取得国内权威

认证机构设计认证。该机组平台结合了经3MW、4MW、5MW机组充分验证的系统技术和先进的模块化理念，具有很高的可靠性。机组采用1 140V的电气接入方案，具备更好的涉网能力；可以智能预警各类运行状况与停复机，合理规划场级运维；对关键连接面进行实时监测、按需维护，实现全生命周期智能维护。

19日 国电浙江公司北仑电厂6号机组通过168h满负荷运行，DEH控制系统首次采用国能智深EDPF-NT+系统，标志着国内首台百万千瓦级以上火电机组DEH控制系统用上"中国脑"，核心技术国产化、自主化和智慧化得到落地应用。6号机组是国内首台扩容提效到105万kW的超超临界机组。

23日 全国首条应用国产高压交联聚乙烯绝缘及屏蔽材料的220kV高压电缆在辽宁阜新220kV新煤线成功投运，这是应用国产绝缘材料的高压电缆首次挂网运行。全球能源互联网研究院有限公司（2021年12月更名为国网智能电网研究院有限公司）联合中国电力科学研究院有限公司、重庆泰山电缆有限公司、国网辽宁省电力有限公司等制造企业和试验运维单位，共同开展仿真设计、材料研发、电缆制造、系统匹配关键技术研究，攻克国产电缆材料的缺陷控制及批量化制备、电缆圆整度控制及附件设计等关键技术难题，研制出国产高压电缆绝缘材料，开发了具备自主知识产权的国产交联聚乙烯绝缘材料和电缆系统。

25日 哈电电机研制的白鹤滩水电站13号机组转轮吊装一次成功。这是2021年白鹤滩右岸厂房吊装的第一台转轮、白鹤滩右岸完成吊装的第四台机组转轮。白鹤滩水电站共设计安装16台单机容量为100万kW的水轮发电机组，左右岸厂房各安装8台，是全球单机容量最大的水电机组，是我国完全自主设计制造的百万千瓦机组，其研制与安装难度远大于世界在建和已投运的任何机组。其中，白鹤滩右岸电站的8台机组全部由哈电电机自主研发制造，并由中

国能建葛洲坝机电公司承担安装施工。哈电电机研制的白鹤滩右岸电站机组转子，安装直径16.49m，整体高度3.9m，起吊质量2 300余t。

4月

2日 中国能建广东院EPC总承包建设的珠海金湾海上风电场项目全容量并网发电，这是粤港澳大湾区首个大容量海上风电场项目。该风电场由广东能源集团投资建设，总装机容量为300MW，共安装55台单机容量为5.5MW国产抗台风型海上风力发电机组，配套建设陆上集控中心和海上升压站。

19日 国家能源局综合司就《关于2021年风电、光伏发电开发建设有关事项的通知》公开征求意见，首次提出到2025年，全国风电、光伏发电量占全社会用电量比重16.5%左右的目标。

20日 由东方电气（天津）风电科技有限公司（简称东方风电）自主研制、具有完全自主知识产权的DEW-D5.5S-172型永磁直驱陆上风电机组成功下线。这是目前国内单机容量最大、叶轮直径最大的永磁直驱陆上风力发电机组。该机组是针对国内陆上中高风速区域研制的新一代陆上大功率风电机组，单机容量5.5～6MW可调，叶轮直径172m。在设计风速下，单台6MW机组每年可输出2 200万kW·h清洁电能，可减少燃煤消耗7 150余t、减少二氧化碳排放17 300余t、二氧化硫排放120余t、氮氧化物排放180余t。

5月

3日 （当地时间）哈电国际承建的迪拜哈斯彦4×600MW清洁燃煤电站项目2号机组首次并网一次成功，这是中东首个清洁燃煤电站。

6日 由科远智慧自主研发、100%自主可控的智能控制系统NT6000，随大唐南京发电厂2号

660MW机组正式投入商业运行。南京发电厂2号机组采用科远智慧全新一代100%自主可控智能分散控制系统NT6000 V5完全替代进口控制系统，改造完成44面机柜共12 000余个热工信号点的接线、调试、试运、开机运行，实现国内超超临界机组DCS、DEH、ETS、MEH、METS系统一次性全国产化完整替代。该系统在自主可控基础上，基于大数据分析、人工智能、先控技术等技术应用，汇集大唐南电、大唐华东院、科远智慧的先进控制策略，拓展了智能预警、设备诊断、燃烧优化、一键控制等智能控制应用，以机器监盘逐步替代人工监盘，大幅降低运行操盘工作量，实现智能监盘。

8日 国家重大技术装备办公室《关于组织开展电力装备碳达峰碳中和相关研究的函》（国重装函〔2021〕27号）委托中国电器工业协会组织相关制造企业、用户单位、研究机构等，围绕电力装备及碳达峰碳中和技术路线图、实施路径和政策建议等开展研究。5月12日，该项目正式启动。

16日 CRFGZ-±800/1042DC+1472/50Hz+393/100Hz型柔性直流穿墙套管在西安通过了中国机械工业联合会组织的新产品技术鉴定，技术水平国际领先，标志着我国在高端电工装备研发方面实现了突破。该产品由南方电网超高压输电公司与西安西电高压套管有限公司联合研发，将在昆柳龙直流工程柳州换流站挂网试运行。

18日 中石化发布消息，中石化江苏常州石油嘉泽加油站分布式光伏发电项目近日正式投运，该站成为国内首座实现碳中和加油站。该项目采用"自发自用，余电上网"模式，年发电量为12.7万～14.7万kW·h，可减排二氧化碳量91.2～105.6t，2020年度该站电力消费量为9.9万kW·h。该站最低年发电量能够抵消年电力消费量，碳减排量能够抵消碳排放量，且二氧化碳净减排量达20.1～34.5t。"十四五"中石化还将布局7 000座分布式光伏发电加油

站点。

19日 上海电气风电集团股份有限公司在科创板上市。募集的资金将投资于新产品和技术开发项目、上海电气风电集团山东海阳测试基地项目、后市场能力提升项目、海上风电机组柔性化生产技改项目等多个项目。

20日 "华龙一号"海外首堆工程——巴基斯坦卡拉奇核电2号（K-2）机组完成100h连续稳定运行验收，各项性能指标达标，正式进入商业运行。这标志着我国自主三代核电"走出去"第一站顺利建成，创造了国际最佳建设业绩。卡拉奇核电2号、3号机组采用中核集团自主研发的具有完全自主知识产权的三代核电技术"华龙一号"堆型，每台机组6万余台（套）设备。

22日 国内首台5MW国产化海上风电机组——华能—海装H171-5MW机组成功下线。该机组一级部件国产化率达100%，整机国产化率超过95%，首次实现了海上风电机组核心关键部件全国产化。这一海上风电机组是华能依托华能清洁能源技术研究院，联合中国海装等多家技术优势单位共同研制生产，开展了多个核心关键部件的国产化研制攻关，突破了叶片、主轴承、齿轮箱轴承、发电机轴承、变流器IGBT等部件制造技术，打破了长期依赖国外进口的局面。采用华能自主研发的主控PLC系统、机组—塔架—基础整体化设计、数字智能风机等技术，在保证原有性能的同时，攻克了多项海上风电"卡脖子"关键核心技术，对实现我国海上风电全产业链国产化及大型海上风电机组定制化开发具有重要推动意义。

28日 隆基股份与明阳智能签署战略合作协议，在"风光储氢一体化""源网荷一体化"，即"两个一体化"方向共同推进大型可再生能源发电项目的高效应用，不断优化"零碳用电"解决方案，全力服务"双碳"环境下的能源保障需求。

29日 华电睿风首台6.2MW主控系统国产化风机在华电福清海坛海

峡海上风电项目成功投运，标志着我国海上风电机组实现了主控系统的自主可控。

6月

1日 GB 20052—2020《电力变压器能效限定值及能效等级》实施。

4日 吉林敦化抽水蓄能电站1号机组正式投产发电，这是国内第一座700m级水头抽水蓄能电站。吉林省敦化抽水蓄能电站由上水库、下水库、水道系统、地下发电厂房等组成，总装机容量140万kW，年设计发电量超过23亿kW·h。该电站安装4台单机容量35万kW可逆式水泵水轮发电电动机组，最高扬程达到712m，1号机和2号机组由东方电机自主研制、成套供货，全部4套辅助设备均由东方电机成套供货。首台机组调试和试运行过程中，机组振动、摆度、瓦温及噪声等关键指标表现优异，机组稳定运行时各部导轴承摆度均小于0.1mm，达到国内领先、世界一流水平。

★ 江苏祝尔慷电机节能技术有限公司与安徽明腾永磁机电设备有限公司、苏州汇川技术有限公司研制开发的国内首台（套）5 300kW立磨用高效高压稀土永磁同步电动机及其永磁变频控制系统，在日照鲁碧新材料有限公司矿渣磨系统上成功投产。经过数据监测，其节能效果可达到8%左右，提产预期可达到10%。这是我国大功率高压稀土永磁同步电动机在行业内的首次应用。

7日 哈电国际承建的迪拜哈斯彦项目4×600MW清洁燃煤电站项目2号机组成功实现双燃料满负荷发电，各系统参数正常，设备运行平稳，运行质量优良。哈斯彦项目配置4台超超临界机组，总装机容量2 400MW，具备完全燃烧煤或天然气的能力，是世界上第一个实现双燃料满负荷供电的电站。

8日 国内首座浮式海上风电半潜式基础平台在浙江舟山建造完工并装船下水，标志着我国第一个浮式风电试验样机工程进入新阶段，为下一步深远海海上风电开发奠定了基础。该平台由三峡集团牵头研发建设，是浮式基础形式在国内海上风电领域的首次应用。平台整体型宽91m、型深32m，设计吃水13.5m，可抵御南海复杂且恶劣的极端海况。平台搭载的风电机组由三峡集团和国内风机厂商联合自主研发制造，拥有完全知识产权，是全球第一台抗台风型海上漂浮式风机，最高可抗17级台风，已于2021年5月26日在广东阳江海上风电产业基地装配完成并测试下线。该座浮式风电试验样机单机容量5 500kW，叶轮直径158m，每小时满发电量可达5 500kW·h，每年可为3万户家庭提供绿色清洁能源电能。

10日 三峡能源在上海证券交易所主板正式挂牌交易。此次招股，三峡能源将筹资227.13亿元用于海上风电项目。

★ 清华大学电机系、清华四川能源互联网研究院与南方电网数字电网研究院联合研发的国际首套输电线路全景智能监测系统成功投运。该系统可以实时监测输电线路的运行温度、稳态及瞬态电流等数据，对各种线路故障等异常情况快速做出判断；记录线路振动频率、幅度、轨迹等数据，实时监测线路舞动及覆冰状态，判断强风、冰灾对输电线路的影响；实时感知周围环境的温度、湿度、气压等变化，动态掌握输电线路当前运行气象条件，并监视输电线路周边环境图像，第一时间对山火、滑坡等灾害发出预警。该系统将传感装置采集的数据信息实时无线传输到监控中心，替代传统人工巡线，可使输电线路运维频率从过去的每月一次人工巡线转变为24h实时监测，显著降低线路运维成本，提高运行可靠性。

11日 在乌东德电站送电广东广西特高压多端柔性直流示范工程柳州换流站内，中国西电集团自主研发的首支±800kV柔直穿墙套管成功投运、稳定运行。±800kV柔直穿墙套管的成功投运，意味着我国在特高压柔性直流穿墙套管方面突破了国外的技术封锁，填补了我国±800kV柔性直流输电工程穿墙套管国产化空白。

★ 国家能源局印发《关于2021年风电、光伏发电开发建设有关事项的通知》。提出，2021年，全国风电、光伏发电发电量占全社会用电量的比重达到11%左右，后续逐年提高，确保2025年非化石能源消费占一次能源消费的比重达到20%左右。

18日 由哈电集团哈尔滨汽轮机厂有限责任公司（简称哈电汽轮机）制造的国家能源集团印度尼西亚南苏电厂1号机组连续安全运行1 438天，创煤电机组连续运行最长世界纪录。该项目汽轮机组为超高压、双缸双排汽、一次中间再热、凝汽式汽轮机，于2011年7月正式投产发电。该机组采用高压抗燃油调节系统，操作简便，运行安全可靠。哈电汽轮机还采用以一维/准三维/全三维气动热力分析计算为核心的汽轮机通流部分设计方法，使通流部分设计达到当时先进水平。

21日 华能大连庄河项目首批次风电机组从东方福建风电发电。该项目总装机容量195MW，选用东方风电自主研发的DEW-D7500-186永磁直驱抗台风型海上风电机组。该机型是针对国内中低风速低、盐雾腐蚀强、台风强等特点，定制化开发的一款7MW等级平台产品，叶轮直径186m，是目前国内中低风速区域单机容量最大的永磁直驱抗台风型海上风电机组。在年平均8.5m/s的风速条件下，单台机组每年可以输送2 830万kW·h清洁电能，每年可减少燃煤消耗9 060t、二氧化碳排放23 720t。

22日 中国能建投资建设的甘肃省张掖市光储氢热综合应用示范项目正式开工。项目建成后将成为西北地区首个光、储、氢综合应用一体化项目，每年减少二氧化碳排放约155万t，相当于甘肃省21.47亿m^2（322万亩）森林的碳汇量。

25日 国家能源集团国能锦界公司建设的15万t/a燃烧后CO_2捕集示范工程一次通过168h满负荷试运后正式投产，这是目前国内规模最大的燃煤电厂燃烧后二氧化碳捕集与驱油封存全流程示范项目。试运行期间，示范项目连续生产出纯度 99.5% 的工业级合格液态二氧化碳产品，成功实现了燃煤电厂烟气中二氧化碳大规模捕集。该工程自 2019 年 11 月 1 日正式开工，2021 年 6 月 9 日整套启动成功。

★ 辽宁红沿河核电站 5 号机组负荷开关完成同期合闸，首次并网发电，向商业运行目标迈出关键一步。红沿河核电二期工程 5、6 号机组均采用中国广核集团（简称中广核）ACPR1000 技术，配备了非能动应急高位冷却水源系统等三大非能动系统，实施了二次侧临时补水、移动式应急电源等 11 项技术改进，具备三代核电主要技术特征，安全水平进一步提高。

26 日 中国工业经济联合会在北京举办庆祝中国共产党成立 100 周年座谈会暨《中国工业史》首批 7 卷出版发布会。《中国工业史》中的"煤炭工业卷""石油工业卷""化学工业卷""有色金属工业卷""机械工业卷""核工业卷""电力工业卷"7 卷在北京正式出版。

28 日 金沙江白鹤滩水电站首批机组——右岸 14 号机组和左岸 1 号机组完成 72h 带负荷连续试运行，正式投产发电。白鹤滩水电站总装机容量 1 600 万 kW，仅次于三峡工程，位居世界第二。共安装 16 台单机容量 100 万 kW 水轮发电机组，包括首台满负荷发电的 14 号机组在内的右岸 8 台水电机组及其附属设备，均由哈电电机研发和制造。保变电气承制了白鹤滩水电站右岸全部 25 台 375MV·A/550kV 主变压器，一次通过出厂试验并完成安装任务交付用户。

★ 全球首套 1MW·h 钠离子电池光储充智能微网系统投运。该系统由中国科学院物理研究所与中科海钠科技有限责任公司在山西太原综改区联合推出，以钠离子电池为储能主体，结合市电、光伏和充电设施形成微网系统，可根据需求与公共电网智能互动，储能容量效率可达 86.8%。钠离

子电池光储充智能微网系统的研制成功，标志着我国在钠离子电池技术及其产业化走在了世界前列，同时将进一步推动钠离子电池商业化应用发展。

30 日 国内首个百万千瓦级 EPC 水电项目——雅砻江杨房沟水电站首台 37.5 万 kW 机组并网发电，这是雅砻江中游第一个并网发电的水电工程。

7 月

5 日 中国石化宣布，启动建设我国首个百万吨级 CCUS 项目——齐鲁石化—胜利油田 CCUS 项目。该项目由齐鲁石化二氧化碳捕集和胜利油田二氧化碳驱油与封存两部分组成，涵盖碳捕集、利用和封存三个环节，将成为国内最大的 CCUS 全产业链示范基地。

7 日 国务院总理李克强主持召开国务院常务会议。会议决定，在试点基础上，于 2023 年 7 月择时启动发电行业全国碳排放权交易市场上线交易。下一步还将稳步扩大行业覆盖范围，以市场机制控制和减少温室气体排放。7 月 16 日，全国碳市场上线交易正式启动。

★ 国家发展改革委印发《"十四五"循环经济发展规划》。提出到 2025 年，循环型生产方式全面推行，绿色设计和清洁生产普遍推广，资源综合利用能力显著提升，资源循环型产业体系基本建立。

8 日 三峡如东海上换流站发运。这是世界最大、亚洲首座海上换流站，分为基础桩、导管架、上部模块三大部分。上部模块为七层建筑，高约 44m，总重约 2.2 万 t，体量为全国最大。该项目由长江三峡集团有限公司投资，三峡能源、中国广核新能源控股有限公司与上海振华重工（集团）股份有限公司联手打造，2020 年 2 月 21 日正式开工。三峡如东海上换流站负责汇聚附近三个风电场共 1 100MW 的电能，并将其转换为损耗更低的直流电后，通过海缆输送至陆上，是国内首个 ±400kV 柔性

直流海上输电工程。直流海缆输电距离约 100km，是目前国内电压等级最高、输送距离最长的直流输电海缆，主要电气设备均采用国产品牌。

★ 东方电机定子冲片"无人车间"揭牌仪式在四川德阳举行，标志着发电装备行业首个"无人车间"正式建成投产。

★ 中国电力企业联合会发布《中国电力行业年度发展报告 2021》，2020 年全国全社会用电量 75 214 亿 kW·h，比上年增长 3.2%。电力行业积极推进构建以新能源为主体的新型电力系统建设，全国全口径非化石能源发电装机容量 98 566 万 kW，比上年增长 16.8%。

9 日 国务院国资委公布了国有重点企业管理标杆创建行动标杆企业、标杆项目和标杆模式名单。哈电集团哈尔滨锅炉厂有限责任公司、上海电气风电集团股份有限公司入选标杆企业名单，中国东方电气集团有限公司的大型发电设备核心部件数字化生产管理项目、中国西电集团有限公司的以市场化为导向的人才管理体系项目、上海电气集团 PES 中长期激励管理项目入选标杆项目。

12 日 平高集团研制的 ±200kV 直流气体绝缘金属封闭开关设备（直流 GIS 开关设备）日前通过型式试验和为期三个月的带电考核，标志着国内首台（套）可用于海上风电的直流 GIS 开关设备已完全具备工程应用条件。该设备具有结构紧凑、免维护、抗震性好等优点，可用于极线、中性线及换流变阀侧等多个位置，主要包含隔离开关、接地开关、电压互感器、电流互感器、避雷器、套管、电缆终端等元件，可根据工程拓扑灵活布置。

★ 通威太阳能公司利用 PERC 量产设备，通过创新电池制程工艺，M6 大尺寸全面积（274.50cm²）电池转化效率可达 23.47%。经 ISO/IEC 17025 第三方国际权威机构认证，P 型单晶双面 PERC 太阳能电池创造了 M6 大尺寸全面积产业化 PERC 电池效率的世界纪录。

13 日 中核集团"玲龙一号"

全球首堆——海南昌江多用途模块化小型堆科技示范工程在海南昌江核电现场正式开工，成为全球首个开工的陆上商用模块化小堆，标志着我国在模块化小型堆技术上走在了世界前列。小堆示范项目采用了中核集团"玲龙一号"（ACP100）技术，该技术是中核集团自主研发并具有自主知识产权的多功能模块化小型压水堆堆型，是继中核集团三代核电"华龙一号"后的又一自主创新重大成果。"玲龙一号"主要是核能综合利用，除发电以外，还可实现核能的多用途，例如给城市供热、提供工业蒸汽、海水淡化、石油开采等不同需求，适用于园区、海岛、矿区、高耗能企业自备能源等多种场景应用。按照规划，"玲龙一号"发电功率12.5万kW，建成后年发电量可达10亿kW·h，将可满足52.6万户家庭生活所需。首堆工程建设周期58个月，预计2026年建成。

14日 工业和信息化部印发《新型数据中心发展三年行动计划（2021—2023年）》。提出，用3年时间，基本形成布局合理、技术先进、绿色低碳、算力规模与数字经济增长相适应的新型数据中心发展格局。持续提升能源高效清洁利用水平。鼓励企业探索建设分布式光伏发电、燃气分布式供能等配套系统，引导新型数据中心向新能源发电侧建设，就地消纳新能源，推动新型数据中心高效利用清洁能源和可再生能源、优化用能结构。

15日 在沈阳召开的变压器能效提升推进会上，中国电器工业协会变压器分会理事长、沈阳变压器研究院有限公司院长刘杰代表变压器产业链百家单位宣读了"全面提升变压器能效 开启节能低碳新征程"的行业倡议（简称T100倡议）。T100倡议郑重承诺：力争到2023年增加15亿kV·A高效变压器容量，降低电能损耗约105亿kW·h，相当于减少二氧化碳排放640万t。

★ 国家发展改革委、国家能源局发布《关于加快推动新型储能发展的指导意见》。其中提到，强化规划引导，鼓励储能多元发展，推动锂离子电池等相对成熟新型储能技术成本持续下降和商业化规模应用，实现压缩空气、液流电池等长时储能技术进入商业化发展初期。

★ 时代新材公司全球最长EN156聚氨酯风电叶片在动力谷工厂正式启动量产，首支量产叶片下线。

17日 哈电电机研制的白鹤滩水电站右岸15号机组圆满完成72h试运行试验，顺利移交电厂运行管理。白鹤滩右岸15号机组高54m，总质量7600t，额定转速107.1r/min。

23日 《中国二氧化碳捕集利用与封存（CCUS）年度报告（2021）——中国CCUS路径研究》发布。该报告由生态环境部环境规划院、中国科学院武汉岩土力学研究所、中国21世纪议程管理中心共同完成。报告指出，从实现碳中和目标的减排需求来看，依照现在的技术发展预测，2050年和2060年，需要通过CCUS技术实现的二氧化碳减排量分别为6亿～14亿t和10亿～18亿t。2060年生物质能碳捕集与封存（BECCS）和直接空气碳捕集与封存（DACCS）分别需要实现减排3亿～6亿t和2亿～3亿t二氧化碳。从我国源汇匹配的情况看，CCUS技术可提供的减排潜力基本可以满足实现碳中和目标（6亿～21亿t二氧化碳）的需求。我国CCUS技术整体处于工业示范阶段，但现有示范项目规模较小，技术成本是影响其大规模应用的重要因素，随着技术的发展，我国CCUS技术成本未来有较大的下降空间。预计到2030年，我国全流程CCUS（按250km运输计）技术成本为310～770元/t二氧化碳；到2060年，将逐步降至140～410元/t二氧化碳。

28日 第十七届中国机械工业百强、汽车工业整车二十强、零部件三十强发布。电器工业入围33家企业。

8月

3日 国家能源集团国电内蒙古能源公司与国能智深、中楹青创深度合作，共同完成"跑冒滴漏"边缘计算智能装备接入工控域视频专网工作，实现了国内火电行业工控系统边缘计算装备接入DCS的零突破。

★ 中国西电集团宣布成功研制百万千瓦机组水电、火电用发电机断路器并通过集团鉴定验收，综合性能达到国际领先水平，填补了国内空白。

6日 哈电建立70周年纪念大会在哈电集团江北科研基地以视频会议、云直播方式举行。中共中央政治局常委、国务院总理李克强为哈电建立70周年做出批示，国务委员、国务院党组成员王勇发来贺信，全国人大常委会原委员长吴邦国题词。黑龙江省委常委、常务副省长李海涛代表黑龙江省委省政府向哈电建立70周年表示热烈祝贺。纪念大会由集团党委副书记、总经理吴伟章主持，哈电集团党委书记、董事长斯泽夫致辞，哈电集团党委常委、副总经理吕智强宣读《哈电集团关于"十三五"科技创新表彰奖励的决定》，哈电集团党委常委、副总经理沈同宣读《哈电集团党委关于表彰"哈电70年功勋人物"的决定》。

10日 国家发展改革委和国家能源局发布《关于鼓励可再生能源发电企业自建或购买调峰能力增加并网规模的通知》明确，在电网企业承担可再生能源保障性并网责任的基础上，鼓励发电企业通过自建或购买调峰储能能力的方式，增加可再生能源发电装机并网规模。

16日 特变电工衡阳变压器有限公司（简称衡变公司）为1000kV南昌—长沙特高压交流线路工程研制的长沙站首台1000MV·A/1000kV变压器成功投运。衡变公司承接了该工程长沙站7台ODFPS-1000000/1000主变压器的研制任务。1000kV南昌—长沙特高压交流线路工程是雅中直流配套工程，工程总投资104.78亿元。

★ 山东电工电气集团有限公司研制成功世界首台500kV天然酯绝缘油变压器，各项指标均达到世界领先水平。该产品在武汉高压研究所一次顺利通过全部型式试验，实现了国内天然酯绝缘油变压器从小容量到大容量、从低压到超高压的飞跃，打破了国外厂家最高电压的纪录，标志着该公司天然酯绝缘油变压器的研发制造能力已经达到国际领先水平。

18 日　三峡能源广东阳江 900MW 海上升压站 2# 主变充电成功，标志着国内首座百万千瓦级交流海上升压站、亚洲最大海上风电场升压站正式投产。升压站设计容量 900MW，最大可送出 1 080W 电能。该项目在国内海上升压站首次应用了单体容量 300MV·A 变压器，首次采用 $3×1 000mm^2$ 交流三芯海缆送出，为目前世界大规模的海上交流升压变电站，为国内解决大容量海上风电场送出问题提供了案例。

19 日　国网浙江绍兴供电公司与国网信通产业集团北京智芯微电子科技有限公司（简称智芯公司）联合申报的浙江"首台首套"基于功率器件串联的高压能量路由器装置科技项目正式启动。该项目基于绝缘栅双极型晶体管（IGBT）直接串联技术和智芯公司自主研发的主控、安全、通信、电源、采样、隔离等系列核心芯片，研制直流母线 1 500V 高压能量路由器。IGBT 直接串联型高压能量路由器，相比同等电压等级和同等容量的设备，功率器件使用数量减少 50%，批量成本节约近 40%，体积、重量和占地面积减小 20%。该成果推广后，通过能量流、业务流和信息流的高度融合控制，可实现大规模分布式能源与电动汽车自适应接入、柔性负荷的需求侧管理和高效利用，提高未来能源互联网的资源配置能力和安全可靠运行能力。

30 日　运达股份越南雅培项目首台机组顺利完成吊装。该项目位于越南嘉莱省波来古市雅格来县，地处海拔 700～900m 山地丘陵地区，项目装配 30 台 3.3MW 风电机组，装配的 80.5m 叶片为越南风电项目叶片长度之最。

9 月

2 日　哈电电机研制的世界首台青海海南新能源基地 1 号 50Mvar 分布式调相机正式投入 168h 试运行，各项技术指标完全满足设计要求，标志着哈电电机在该领域跻身世界领先地位。哈电电机创新性地提出并采用无风叶转子和开启式通风等世界前沿技术，成功设计的分布式调相机具有额定运行损耗低、经济性高、暂态性能参数优异、过负荷运行能力强等特点。

7 日　全国绿色电力交易市场正式启动。来自上海的巴斯夫、科斯创、施耐德、国基电子等企业完成全国绿电交易开市后的首批跨省跨区交易，涉及宁夏 2022—2026 年总计 15.3 亿 kW·h 的光伏电量。

8 日　南方电网调峰调频公司阳江抽水蓄能电站完成首台机组转子吊装，梅州抽水蓄能电站顺利完成 2 号机组定子吊装，标志着两个项目的建设进入最后冲刺阶段。

12 日　华能山东半岛南 4 号海上风电项目 34 号风机顺利并网，标志着山东省实现海上风电"零"的突破。该项目是山东省首批海上风电示范工程，是华能集团与山东省战略合作协议的重点工程，由华能山东公司投资建设。该项目位于山东省海阳市南部海域，总装机容量 301.6MW，安装 58 台 5.2MW 风机。项目投产后，每年可提供清洁电能 8.2 亿 kW·h，节约标煤 25.3 万 t，减少二氧化碳排放 55.6 万 t。项目首次实现海上升压站全国产化，是首个风、光、储综合利用的海上风电项目；创造性地完成首台海上风机整体吊装，开创了国内海上风电实施 5.2MW 以上单桩基础风机整体吊装先河。

13 日　东方电气集团东方电机有限公司自主研制的国内首台 50Mvar 分布式凸极调相机在青海海南新能源基地 330kV 夏阳变电站一次并网成功，投入运行。9 月 23 日完成 168h 试运行。试运行期间关键参

数指标达到世界先进水平。

14 日　南方电网公司广东清远抽水蓄能电站获菲迪克 2021 年工程项目优秀奖。广东清远抽水蓄能电站总装机容量 64 万 kW，2 号机组主机设备全部由国内制造，部分设备首次在国内制造。

★　国家能源局公布《整县（市、区）屋顶分布式光伏开发试点名单》，各省（自治区、直辖市）及新疆生产建设兵团共报送试点县（市、区）676 个，全部列为整县（市、区）屋顶分布式光伏开发试点。国家能源局明确，将依托可再生能源发电项目开发建设按月调度机制，对试点地区各类屋顶分布式光伏发电项目备案、开工、建设和并网情况等进行全过程监测，按季度公布相关信息。将于每年第一季度对上年度各试点地区的开发进度、新能源消纳利用、模式创新及合规情况等进行评估并予公布。在 2023 年年底前，试点地区各类屋顶安装光伏发电的比例均达到要求的，列为示范县。

16 日　哈电集团哈尔滨锅炉厂有限责任公司（简称哈电锅炉）对外发布，哈电锅炉承制的国内首台大唐国际雷州电厂"上大压小" $2×1 000MW$ 二次再热超超临界 π 型锅炉机组，入选国家能源局发布的 2020 年 1 000MW 级可靠性金牌机组名单，成为唯一获得该项荣誉的 1 000MW 等级机组。同时，在中国电力企业联合会组织开展的 2020 年度电力行业火电机组能效水平对标活动中，成功入选 1 000MW 级超超临界湿冷机组 5A 级优胜机组名单。

17 日　国家能源局发布《抽水蓄能中长期发展规划（2021—2035 年）》。《规划》提出坚持生态优先、和谐共存，区域协调、合理布局，成熟先行、超前储备，因地制宜、创新发展的基本原则。在全国范围内普查筛选抽水蓄能资源站点基础上，建立了抽水蓄能中长期发展项目库。对满足规划阶段深度要求、条件成熟、不涉及生态保护红线等环境制约因素的项目，按照应纳尽纳的原则，作为重点实施项目，纳入重点实施项目库，

此类项目总装机规模 4.21 亿 kW。对满足规划阶段深度要求，但可能涉及生态保护红线等环境制约因素的项目，作为储备项目，纳入储备项目库。这些项目待落实相关条件、做好与生态保护红线等环境制约因素避让和衔接后，可滚动调整进入重点实施项目库，此类项目总装机规模 3.05 亿 kW。到 2025 年，抽水蓄能投产总规模较"十三五"翻一番，达到 6 200 万 kW 以上。到 2030 年，抽水蓄能投产总规模较"十四五"再翻一番，达到 1.2 亿 kW 左右。

20 日 华能石岛湾高温气冷堆核电站示范工程 1 号反应堆首次并网成功，标志着全球首座具有第四代先进核能系统特征的球床模块式高温气冷堆实现了从实验室到工程应用质的飞跃。该示范工程由中国华能牵头建设，联合清华大学、中核集团共同建设，装机容量 20 万 kW，从 2004 年开始筹备，先后攻克了核电领域多项世界性、行业性"卡脖子"关键技术，使示范工程设备国产化率达到 93.4%。示范工程仅首次使用的设备就有 2 000 多套，创新型设备 600 余套，其中包括全球首台高温气冷堆螺旋盘管式直流蒸汽发生器，首台大功率、高温热态电磁轴承结构主氦风机，世界最大、最重的反应堆压力容器等，对推动我国在第四代先进核能技术领域抢占全球领先优势具有重要意义。

23 日 位于山东肥城经济开发区的 10MW 压缩空气储能电站并网投产。该电站为全国首座商业化运行的压缩空气储能调峰电站，地上部分占地面积 1.3 万 m^2（20 亩），地下部分利用"东采 1-2-3-4"四口井建设 1 个总容量 50 万 m^3 盐穴腔体，可容载装机 200MW 以上，技术转化率可达 70%。该项目成功并网发电，是我国盐穴压缩空气储能领域的重要里程碑，推动了我国压缩空气储能技术迈向新的台阶。

25 日 中国电气装备集团有限公司成立大会在上海举行，这在我国输配电行业发展史上具有里程碑意义，开启了建设世界一流智慧电气装

备集团全新篇章。中国电气装备集团由中国西电集团与国家电网公司下属许继集团、平高集团、山东电工电气集团及南瑞恒驰、南瑞泰事达、重庆博瑞重组整合而成，是国务院国资委直接监管的国有重要骨干企业。上海市委书记李强，国务院国资委党委书记、主任郝鹏共同为中国电气装备集团成立揭牌，并出席上海市人民政府与中国电气装备集团战略合作协议签约仪式。郝鹏和上海市委副书记、市长龚正在成立大会上讲话。国务院国资委党委委员、副主任翁杰明主持会议，并宣读了关于中国电气装备集团有限公司重组的批复文件。国家电网有限公司党组书记、董事长辛保安，中国电气装备集团党委书记、董事长白忠泉做了发言。

28 日 我国首条自主研制的新型超导电缆在深圳投入使用，成为全球首个应用于超大型城市中心区的超导电缆。由南方电网深圳供电局研制的三相同轴高温交流超导电缆，是国内结构型式最紧凑、带材用量最少、研发难度最大的超导电缆。项目攻关团队历经三年，实现了关键技术自主可控，填补了相关国内技术空白。该项目首次研发并使用国产大冷量 GM 制冷机，为超导电缆在 -200℃ 下安全稳定运行提供了可靠液氮环境，突破了关键技术装备"卡脖子"问题。同时，还采用国产第二代高温超导带材、研制国产化超导电缆生产线等，实现关键装备 100% 国产化。

★ 上海电气风电集团在汕头发布 Petrel 平台 SEW11.0-208 机型。该机型是具备完全自主知识产权的亚洲最大直驱海上风电机组，标志着我国海上风电领域自主创新取得新突破，正式步入 10MW+ 时代。Petrel（中译"海燕"）是专为应对高温、高湿、高盐、台风、地震等多变复杂的海洋环境而自主研发的平台。

月内 全钒液流电池流过式电堆技术通过中国石油和化学工业联合会在北京组织的科技成果鉴定。鉴定委员会一致认为，国家能源集团低碳院开发的结构化双极板设计与电堆制造技术处于国际领先水平，电堆整体技

术达到国际先进水平，建议进一步加大推广应用。

全钒液流电池流过式电堆技术是由国家能源集团低碳院新能源技术研究中心团队自主开发的一类新技术路线的液流电池储能核心技术。团队原创性地提出流过式液流电池电堆技术路线，创新性地开发了关键部件和关键材料工艺，成功开发了高可靠性电堆制造工艺技术，围绕全钒液流电池的"高活性、低电阻、强传质"开展技术研发并取得技术突破，首次制备得到大功率全钒液流电池流过式电堆，实现了液流电池电堆功率密度和能量效率的双提升。除了具备传统液流电池的安全可靠、长寿命、环境友好、资源丰富等优点外，该项技术还具有高功率密度、高能量效率、系统模块化、低成本等独特优点。该项技术已申请国家发明专利 15 件、PCT 专利 2 件，发表研究论文 10 篇，目前已成功应用于"光伏 + 储能"等储能场景。

10 月

5 日 由哈电电机研制的白鹤滩电站 14 号机组安全稳定运行 2 400h，率先通过"首稳百日"的考核，机组各项数据指标均优于白鹤滩精品机组标准，再次证明该机组的技术水平、制造工艺与安装质量均达到了世界领先水平。"首稳百日"是指新投产发电的机组连续运行百日，全面通过机组制造性能、安装质量的检验考核。

在百万千瓦机组的研制中，哈电电机实现了两大创新：一是发电机从原来的 80 万 kW 跃升到现在的 100 万 kW；二是水轮机采用长短叶片转轮，实现了宽负荷高效稳定运行。

在三峡集团的统一组织协调下，白鹤滩右岸电站 14 号机组于 2018 年 8 月 6 日开始埋件安装，2020 年 9 月 9 日转子吊装就位。2021 年 5 月 14 日，14 号机组首次启动成功；6 月 26 日 12 时 48 分，顺利通过 72h 试运行，正式进入"首稳百日"考核运行期。

9 日 《新型电力系统技术标准体系研究报告》发布。该报告由南方电网公司牵头，联合华北电力大学、中国电力企业联合会标准化管理中心、中国循环经济协会碳中和工作委员会，共同发布。报告构建了行业首个新型电力系统技术标准体系，并提出了近期、中期、远期标准布局规划建议。标准体系架构分为两个层次结构，基础层包括标准化工作导则，低碳、环境通用标准，安全稳定通用标准，数字技术，安健环，技术监督，支持保障 7 个类别；专业层包括规划设计、工程建设、设备材料、调度控制、运行检修、试验与计量、电力经济 7 个类别。

11 日 近日，国家能源集团龙源电力中能公司与清华大学、中国特检院等科研团队共同开发的"新能源微电网关键设备运行状态评价一体化平台系统"上线。联合攻关技术团队研究设备运行状态多参量监测及综合评价技术，建立了运行质量多参量综合评价方法，针对数据的采集、传递、处理、评价问题展开研究，成功开发了基于 B/S 架构的一体化平台系统，支持多用户跨平台并发访问，支持实时输出评价结果以及预警提醒功能。

该研究成果作为国家重点研发计划课题的亮点成果之一，首次实现运行状态评价系统在风电模块、光伏模块、光热模块、蓄电池模块等多模块跨平台并发访问应用并通过第三方权威专家测试，已获授权软件著作权 7 件，实现工程应用案例试验超过 800 例。提出新能源微电网在役设备运行质量评价方法、光伏组件复杂环境影响测试方法和海上风电基础疲劳损伤方法 3 项新方法，发明新型检测系统装置 1 套，为解决新能源微电网设备状态监测及运维难题提供了新思路。

14 日 中国华电集团有限公司自主研制的国内首套全国产化发变组成套保护在华电国际邹县电厂 8 号 100 万 kW 超超临界机组成功投运。

22 日 国内首个新型二氧化碳储能验证项目开工，标志着我国这一储能技术迈开了真正工程化应用的步伐。新型二氧化碳储能技术由东方电气集团东方汽轮机有限公司、百穰新能源科技（深圳）有限公司和西安交通大学能源与动力工程学院联合攻关，在热力系统集成及优化、透平设备研制、经济性设计等方面取得了一系列研究成果，突破了储能系统及动力装备的多项核心技术。该系统具有广泛的功率等级、容量和地域适应性，在大容量长时储能上有极佳的经济效益，尤其适合 10MW 级、100W 级和 1 000W 级长时储能系统。

24 日 中共中央、国务院印发《关于完整准确全面贯彻新发展理念做好碳达峰碳中和的工作意见》。文件提出，加快构建清洁低碳安全高效能源体系。到 2030 年，风电、太阳能发电总装机容量达到 12 亿 kW 以上。到 2060 年，绿色低碳循环发展的经济体系和清洁低碳安全高效的能源体系全面建立，能源利用效率达到国际先进水平，非化石能源消费比重达到 80% 以上，碳中和目标顺利实现。

26 日 国务院发布《2030 年前碳达峰行动方案》。《方案》提出，到 2025 年，非化石能源消费比重达到 20% 左右，单位国内生产总值能源消耗比 2020 年下降 13.5%，单位国内生产总值二氧化碳排放比 2020 年下降 18%，为实现碳达峰奠定坚实基础。到 2030 年，非化石能源消费比重达到 25% 左右，单位国内生产总值二氧化碳排放比 2005 年下降 65% 以上，顺利实现 2030 年前碳达峰目标。

在能源绿色低碳转型行动中，《方案》明确，推进煤炭消费替代和转型升级。"十四五"时期严格合理控制煤炭消费增长，"十五五"时期逐步减少。《方案》提出，将大力发展新能源，将因地制宜开发水电，加强新型基础设施节能降碳，推动运输工具装备低碳转型，加强生态系统碳汇基础支撑，将完善绿色金融评价机制，建立健全绿色金融标准体系。

★ 南京电气自主研发的 550kV 超高压胶浸纸干式套管通过中国电科院套管产品型式试验。该套管为替代进口 HSP 公司产品，技术水平世界领先。

27 日 我国自主三代核电"华龙一号"批量化建设首台机组——中核集团漳州核电 1 号机组内穹顶成功吊装，标志着该机组从土建施工阶段全面转入设备安装阶段，"华龙一号"批量化建设迈出坚实步伐。

11 月

3 日 国家发展改革委、国家能源局联合发布《关于开展全国煤电机组改造升级的通知》。《方案》指出，对供电煤耗在 300g/（kW·h）（标煤）以上的煤电机组，应加快创造条件实施节能改造，对无法改造的机组逐步淘汰关停，并视情况将具备条件的转为应急备用电源。"十四五"期间改造规模不低于 3.5 亿 kW。存量煤电机组灵活性改造应改尽改，"十四五"期间完成 2 亿 kW，增加系统调节能力 3 000 万～4 000 万 kW，促进清洁能源消纳。"十四五"期间，实现煤电机组灵活制造规模 1.5 亿 kW。

8 日 在青海电网海南千万千瓦级新能源基地，随着首批 11 台新能源分布式调相机全部投入使用，世界最大规模的新能源分布式调相机群正式形成，有效提高当地新能源消纳能力 185 万 kW。11 台分布式调相机投产后，青海电网电力平衡能力、青豫特高压直流输送能力均可得到大幅提升，有效缓解青海电网和河南电网的供电压力。

★ 三峡集团江苏如东海上风电项目首台机组正式向江苏电网送电，标志着我国首个柔性直流海上风电项目首批机组成功并网。

15 日 北京证券交易所开市。首批上市公司一共 81 家，其中，10 家为直接登录北交所的公司，71 家为从精选层平移来的公司。截至 11 月 15 日收盘，10 家企业总市值共 197.65 亿元。

19 日 位于黑龙江大庆的全球

首个光伏、储能户外实证实验平台首期任务建成，标志着该平台正式开始为新能源行业提供实证、实验、检测等服务。国家光伏、储能实证实验平台（大庆基地）由国家电投黄河公司承担建设和运行管理，大庆基地安装了非常多的实时在线监测系统，通过对环境因素、发电量、组件、支架、逆变器运行特性等数据的监测分析，判定各类产品、系统集成技术在户外的实际效应。"十四五"期间，该平台将投资约60亿元设立光伏组件、逆变器、支架、储能产品4个产品实证实验区，以及储能系统、设备匹配等2个系统实证实验区。规划布置实证实验方案约640种，首期已布置方案161种。

22日 工业和信息化部办公厅和市场监管总局办公厅联合印发《电机能效提升计划（2021—2023年）》。

25日 中广核汕尾后湖50万kW海上风电项目91台风机全部并网发电，成为国内在运单体容量最大的海上风电项目之一。汕尾后湖海上风电项目共计安装91台5.5MW风电机组，其中82台单桩基础、8台四桩导管架基础、1台吸力筒导管架基础，配套建设东、西区2座220kV海上升压站和1座陆上集控中心。项目先后于4月30日实现首批风机并网带电，10月1日完成全场91台风机吊装。

26日 中广核风电公司在北京产权交易所完成增资引战签约，引入全国社保基金、国家电网、南方电网等14家战略投资者，募集资金305.3亿元，创国内新能源电力领域最大股权融资项目等资本市场多项纪录。中广核风电公司增资引战项目共释放股权比例33%，共引入权益资金305.3亿元，主要用于风电和光伏储备项目的开发、建设、储能、综合智慧能源、售电、电力增值服务等新业务的开拓。

★ 《"5G+工业互联网"典型应用场景和重点行业实践（第二批）》发布。

30日 《"十四五"信息化和工业化深度融合发展规划》发布。《规划》提出，到2025年，工业互联网

平台普及率达45%，系统解决方案服务能力明显增强，形成平台企业赋能、大中小企业融通发展新格局。

12月

2日 由特变电工衡变公司自主研制的型号为SR（H）SP-F-11700/35的首台国内最大容量10MW海上风电塔筒变压器，在三峡能源福建长乐海上风电项目现场一次投运成功，这是我国首台（套）实现并网运行的国产化10WM海上风电塔筒变压器，成功打破国外在大功率海上风机市场的垄断，对推进我国输变电核心设备国产化应用进程具有重要意义。

3日 《国家智能制造标准体系建设指南（2021版）》在北京发布。

4日 我国首台国产化DEW-D7000-186海上抗台风型风电机组在江苏启东海上风电项目现场完成吊装。该机组一级部件国产化率达100%，整机国产化率超96.2%，达到国内同类机组最高水平。在DEW-D7000-186海上抗台风型风电机组的研制过程中，东方电气联合中国华能攻克了一系列技术难点，首次在91m级风电叶片上使用国产碳纤维材料，首次在7MW等级大功率海上风电机组上应用国产化主轴承、可编程逻辑控制器、变流器IGBT等核心设备，实现了技术突破，填补国内风电行业多项技术空白，标志着我国已全面掌握大容量海上风电机组关键部件研发、制造的核心技术。

5日 中国机械工业联合会组织召开特高压直流输电工程用国产化套管新产品国家级技术鉴定会。中国电气装备公司自主研制的特高压换流变阀侧套管、特高压直流穿墙套管共6项新产品顺利通过国家级技术鉴定，主要性能指标均达到国际领先水平。通过鉴定的新产品主要包括±800kV胶浸纸电容式换流变阀侧套管、±400kV胶浸纸电容式换流变阀侧套管、±200kV胶浸纸电容式换流变阀侧套管6项特高压换流变阀侧套管系列和±800kV胶浸纸电容式直流

穿墙套管、±400kV胶浸纸电容式直流穿墙套管、±150kV胶浸纸电容式直流穿墙套管特高压直流穿墙套管系列。特高压直流输电工程用国产化套管系列产品依托青海—河南±800kV直流输电工程研制生产，具有产品结构合理、工艺先进、载流大、局部放电小、温升低、机械强度高、介质损耗小、成品率高和安装维护方便等优点。该系列产品技术含量高、研制难度大，所属中国西电集团利用具有自主知识产权的直流套管优化设计平台，依托多年来在高压直流套管方面取得的经验，逐项攻克技术、工艺、生产、试验难点，形成了特高压套管大尺寸环氧芯体固化和恒张力卷制等关键工艺制造技术，建立了先进的±800kV直流工程用系列换流变阀侧套管以及±800kV特高压直流工程用直流穿墙套管设计技术和制造工艺规范。

10日 哈电电机研制的700m级超高水头、高转速、国内单机容量最大的阳江抽水蓄能电站1号机组提前进入15天考核试运行，机组运行平稳，振动、温度数据良好，上导、下导、水导摆度均在0.10mm以内，各项指标达到精品标准，实现了400MW级单机容量、700m高水头抽水蓄能机组全自主化制造，得到了业主的高度评价。电站一期共安装3台单机容量国内最大的400MW抽水蓄能机组，全部由哈电电机研制。1号机组于11月25日发电工况并网。

转轮采取5长5短总计10个叶片的设计方式，为抽水蓄能机组国内首次应用，该新型转轮设计获得国家发明专利；定子线棒采用VPI技术，电压等级20kV，在国内蓄能电站机组中电压等级最高、绝缘性能最优；磁轭采用环形锻件技术，精度高、刚度好、稳定性强，结构设计获国家发明专利；采用浮动磁轭结构，与转子支架以切向键连接，不需要热打键，缩短安装周期；磁极采用双鸽尾结构，突破以往T尾或单鸽尾的结构型式，改善挂接部位局部应力，为国内蓄能首次应用；机组轴系总长约18m，在国内同类型机组中最长，加

工难度大，稳定性要求高。

★ 工业和信息化部发布 2021 年第 37 号公告，对《锂离子电池行业规范条件》和《锂离子电池行业规范公告管理暂行办法》进行修订，引导企业减少单纯扩大产能的制造项目，加强技术创新、提高产品质量、降低生产成本。

★ 工业和信息化部、财政部、海关总署、国家税务总局、国家能源局联合印发《关于调整重大技术装备进口税收政策有关目录的通知》。根据有关要求，结合国内外形势变化，工业和信息化部、财政部、海关总署、国家税务总局、国家能源局对重大技术装备进口税收政策有关目录进行了修订。《国家支持发展的重大技术装备和产品目录（2021 年版）》《重大技术装备和产品进口关键零部件、原材料商品目录（2021 年版）》和《进口不予免税的重大技术装备和产品目录（2021 年版）》自 2022 年 1 月 1 日起执行。

★ RCEP 电气行业合作会议暨 RCEP 电气行业合作委员会成立仪式以"线上＋线下"方式在温州举行。RCEP 电气行业合作委员会中方秘书处设在乐清，正泰集团董事长南存辉出任 RCEP 电气行业合作委员会中方主席。

★ 中国东方电气集团有限公司与中国华电集团有限公司在北京举行首台自主 G50 燃机示范项目推进工作会暨签约仪式。根据协议，双方将建立全面战略合作伙伴关系，共同致力于新能源项目开发、高效清洁低碳能源项目开发、在役机组技术升级和运维、科技创新、环保和新兴产业、金融投资、国际业务等方面的合作。

14 日 沈变公司为国家电网白鹤滩—江苏 ±800kV 特高压直流输电工程研制的首台高端换流变压器发运。沈变公司承担了该工程 9 台高端换流变压器产品的研制、生产任务。首台产品 7 月 30 日开工，11 月 28 日试验结束，生产用时 121 天，各项性能指标和参数均满足技术协议及设备合同要求。沈变公司按网套管绝缘水平对网出线装置进行设计和单独试验，网侧电压首次提升 5%，满足了该变压器需要 1.1 倍长期过负荷的要求，有效保障了产品在高海拔地区运行的安全可靠性。

15 日 哈电集团哈尔滨汽轮机厂有限责任公司（简称哈电汽轮机）设计制造的世界首台 145MW 高效超临界汽轮机——中冶南方都市环保盛隆产业升级项目 8 号机组发运。哈电汽轮机、都市环保公司、广西盛隆冶金有限公司于 2021 年 2 月签订了世界首台超临界 145MW 汽轮机定制合同，约定 2021 年 12 月 15 日完成汽缸组件交货。哈电汽轮机充分借鉴了高效超超临界大功率机组的设计经验，在模块化、通用化基础上对技术体系进行了全新优化升级。机组供电煤气气耗量可降至 2.45m³/（kW·h），投运后比亚临界参数机型降低煤气气耗 0.25m³/（kW·h），将最大限度地推动钢铁企业富余煤气的高效利用。

★ 2021 年中国电机工程学会年会开幕。年会主题为"开放 合作 共享·构建新型电力系统"，在北京和广州设立会场，在全国 25 个省市设立了 45 个视频直播分会场。23 位院士和数十位专家围绕能源科技创新、碳达峰碳中和战略路径、新型电力系统、低碳转型新技术、"十四五"电力规划、储能、新能源发电等议题进行深入交流研讨，积极应对能源电力领域面临的机遇与挑战。

16 日 全球首条无钴电池量产线在安徽省马鞍山经开区蜂巢能源生产基地正式投用，蜂巢能源无钴电池和 HEV 电池开始量产下线。该产线量产的无钴电池、HEV 电池，产品使用寿命长、安全水平高、整体性能好、技术水平全球领先，已全面应用于新能源汽车量产装车。产线达产后，将新增产能 3GW·h，年新增产值 22.5 亿元，新增税收超 9000 万元。

18 日 三峡能源、三峡资本与安徽省阜阳市人民政府、北京中科海钠科技有限责任公司就全球首条钠离子电池规模化量产线落户安徽省阜阳市事宜达成合作意向并签订协议，将共同建设全球首条钠离子电池规模化量产线。该产线规划产能 5GW·h，分两期建设，一期 1GW·h 于 2021 年正式投产。

20 日 华电滕州新源热电有限公司储能项目实现并网运行。该项目系华电集团首个大容量电化学储能项目，也是山东省首批调峰类储能示范项目之一。项目总占地面积约 2 万 m²（30 亩），总体建设规模为 101MW/202MW·h，其中包括 100MW/200MW·h 磷酸铁锂电池储能系统，同步建设 1MW/2MW·h 液流电池储能系统。

28 日 工业和信息化部发布《"十四五"智能制造发展规划》。《规划》提出，"十四五"及未来相当长一段时期，推进智能制造，要立足制造本质，紧扣智能特征，以工艺、装备为核心，以数据为基础，依托制造单元、车间、工厂、供应链等载体，构建虚实融合、知识驱动、动态优化、安全高效、绿色低碳的智能制造系统，推动制造业实现数字化转型、网络化协同、智能化变革。到 2025 年，规模以上制造业企业大部分实现数字化网络化，重点行业骨干企业初步应用智能化；到 2035 年，规模以上制造业企业全面普及数字化网络化，重点行业骨干企业基本实现智能化。

30 日 全球单体最大的水上漂浮式光伏电站——华能德州丁庄水库 320MW 项目全容量并网。光伏电站由 81 个超大型光伏矩阵构成，每个发电单元由 8000 多块逾 1m 的光伏板链接构成。项目全部采用华为 SUN2000-196KTL 智能组串逆变器，每个 3.15MW 子阵配有 162 路 MPPT。逆变器采用真正全密闭设计，功率腔、接线腔完全隔离，无易损部件设计，系统防护等级达到 IP66。经 TÜV 实证，华为逆变器失效率低于 0.5%。逆变器内置高精度残余电流检测（RCD）保护电路，保障人体安全。在通信柜中放置了 PID 抑制模块，根据逆变器电压自动调整输出电压，使所有 PV 电池板对地电压为正，达到抑制 PID 效应的作用。

中国电器工业年鉴 2022

行业概况

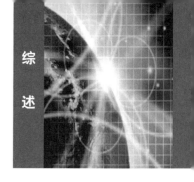

综述

行业概况

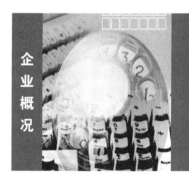

企业概况

产业概况

产品与项目

标准化

逐一分析电器工业各分行业的生产、市场、科技成果及新产品、质量标准、基本建设及技术改造、管理等方面在 2021 年取得的成果，展现未来发展目标

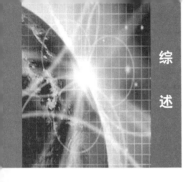

综述

行业概况

企业概况

工业锅炉
中小型电机
防爆电机
电气控制成套设备
电力电容器
高压开关
绝缘子避雷器
自动化及保护设备
低压电器
防爆电器
电线电缆
绝缘材料
铅酸蓄电池
电工合金
牵引电气设备
电焊机
智能电网用户端
风力发电设备

产业概况

产品与项目

标准化

中国电器工业年鉴2022

行业概况

工 业 锅 炉

生产发展情况

1.行业结构

2021年，我国锅炉行业886家企业共持有A级许可证243张（其中含有22张A级余热等许可证）、B级许可证557张、A级部件许可证100张。

截至2020年年底，锅炉行业共有104家企业（包括哈锅、东锅、上锅、武锅、北京巴布科克·威尔科克斯有限公司）取得ASME"S"或"U""H1"等钢印，其中92家有锅炉钢印（"S"+"U"）。

陕西建工金牛集团股份有限公司、中核动力设备有限公司、博世热力技术（武汉）有限公司、长沙锅炉集团有限公司、西安锅炉有限公司、武汉市新华锅炉厂、广州劲马锅炉实业公司、德州锅炉有限公司等相继退出锅炉行业，安徽金鼎锅炉股份有限公司被杭州锅炉集团股份有限公司收购。

截至2021年9月底，全国锅炉制造许可证企业统计见表1。

表1 全国锅炉制造许可证企业

地区	企业数/家	许可证等级			
		A级许可证	A级部件许可证	B级许可证	A级许可证中含A级余热证等
华北	134	18	13	106	3（余热）
东北	140	29	8	107	1（余热）+2（注气）
华东	430	148	69	222	8（余热）+2（盘管）
中南及华南	114	29	8	79	1（余热）+1（直流）
西南	34	12	4	19	1（余热）
西北	31	7		24	1（注气）+2（盘管）

2.主要经济指标完成情况

根据工业锅炉分会统计，36家工业锅炉生产企业2021年完成工业总产值190.77亿元，比2020年增长10.12%。其中，工业总产值增加的企业有29家，占36家企业的80.56%。2021年36家工业锅炉生产企业主要经济指标完成情况见表2。2021年主要锅炉生产企业经济指标完成情况见表3。

表2 2021年36家工业锅炉生产企业主要经济指标完成情况

指标名称	单位	2021年	2020年
工业总产值	万元	1 907 677.0	1 732 392.0
其中：锅炉产值	万元	1 379 698.0	1 298 360.0
辅机产值	万元	131 823.7	125 853.9
压力容器产值	万元	263 767.0	188 243.8
技术服务产值	万元	17 411.4	15 084.2
其他	万元	79 100.0	72 856.8
工业销售产值	万元	1 850 481.0	1 705 981.0
其中：出口交货值	万元	94 097.8	92 921.4
工业增加值	万元	427 177.2	410 033.8
全年从业人员平均数	人	14 250	13 999
主营业务利润	万元	269 507.3	221 845.9
利润总额	万元	164 739.7	154 609.1
应交增值税	万元	58 819.6	48 056.9

表3　2021 年主要锅炉生产企业经济指标完成情况

序号	企业名称	工业总产值/ 万元	工业销售产值/ 万元	工业增加值/ 万元	全员劳动生产率/ （万元／人）	经济效益综合 指数
1	泰山集团股份有限公司	232 108	248 605	54 350	39.79	287.05
2	苏州海陆重工股份有限公司	192 251	192 251	63 671	62.18	413.26
3	江联重工集团股份有限公司	168 289	163 506	15 991		
4	浙江特富发展股份有限公司	145 042	136 318	15 033		
5	南通万达能源动力科技有限公司（原南通万达锅炉有限公司）	141 578	143 064	23 150		
6	哈尔滨红光锅炉集团有限公司	105 839	90 859	39 286	58.64	393.47
7	杭州杭锅工业锅炉有限公司	101 411	88 225	19 529	74.82	490.40
8	博瑞特热能设备股份有限公司	96 745	96 285	31 157	57.49	410.47
9	河南省四通锅炉有限公司	77 639	77 639	15 017		
10	江苏双良锅炉有限公司	68 454	68 123			

产品分类产量　2021 年我国工业锅炉产量达 393 853.4t/h，比 2020 年下降 10.31%。2006—2021 年全国工业锅炉产量见表 4。2021 年各省市工业锅炉产量见表 5。

表4　2006—2021 年全国工业锅炉产量

年份	产量/（万 t/h）	同比增长（%）
2006	17.51	11.26
2007	20.86	19.76
2008	22.28	7.59
2009	29.21	18.37
2010	33.64	28.02
2011	41.33	28.86
2012	43.93	6.29
2013	51.27	16.70
2014	51.20	-0.13
2015	45.45	-11.23
2016	45.81	0.79
2017	43.37	-5.33
2018	32.23	-25.68
2019	39.37	22.14
2020	43.91	11.55
2021	39.39	-10.31

表5　2021 年各省市工业锅炉产量

序号	省、自治区、直辖市	产量/（t/h）
1	河南	157 401.8
2	山东	41 915.1
3	四川	39 240.5
4	江苏	30 519.8
5	浙江	23 866.3
6	陕西	15 213.2
7	福建	12 817.0
8	山西	10 580.8
9	辽宁	10 464.3

（续）

序号	省、自治区、直辖市	产量/（t/h）
10	湖南	9 789.9
11	河北	6 664.8
12	吉林	6 097.0
13	黑龙江	6 043.1
14	安徽	5 978.7
15	江西	2 834.4
16	天津	2 786.8
17	广东	1 907.0
18	上海	1 600.5
19	广西	1 084.3
20	重庆	1 027.0
21	北京	645.5
22	湖北	530.0
23	内蒙古	44.9

近年来，我国工业锅炉的产品构成、燃烧方式发生较大的变化，燃气锅炉成为主流，生物质锅炉、余热锅炉、电加热锅炉、垃圾焚烧锅炉等得到了较快发展。

2021 年，36 家工业锅炉生产企业共生产锅炉 11 366 台，124 054.2t/h。燃煤锅炉的产量大幅下降，占统计数的 3.97%；容量仅为 16 557.57t/h（蒸汽），占统计数的 13.57%，占全国工业锅炉产量的比例不到 5%；燃煤锅炉的市场需求大幅下降。燃（油）气锅炉呈大幅上升趋势，到 2021 年数量占工业锅炉统计数的 79.97%，容量占 58.78%。燃生物质锅炉稳中有升。余热锅炉在波动中发展，总体呈逐年减少的趋势。

燃（油）气锅炉占据小型工业锅炉的主要市场，生物质、余热锅炉等占据的较大的市场比例。

2021 年各类工业锅炉生产数量比例（按介质分类）见图 1。2021 年各类工业锅炉生产容量比例（按介质分类）见图 2。2021 年各类工业锅炉生产数量比例（按燃料种类分类）见图 3。2021 年各类工业锅炉生产容量比例（按燃料种类分类）见图4。2021年工业锅炉单台容量数量比例（按单台容量合计）见图5。2021年工业锅炉单台容量比例（按单台容量合计）见图6。

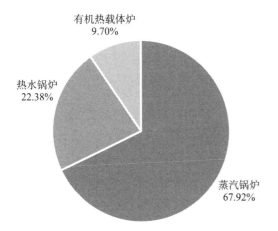

图1 2021年各类工业锅炉生产数量比例（按介质分类）

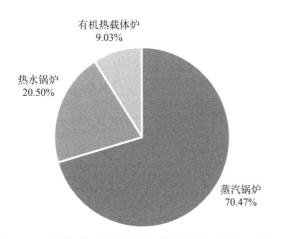

图2 2021年各类工业锅炉生产容量比例（按介质分类）

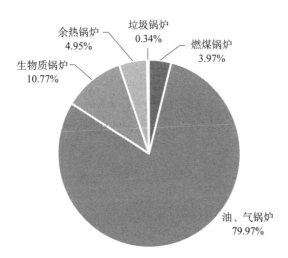

图3 2021年各类工业锅炉生产数量比例（按燃料种类分类）

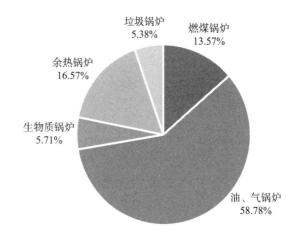

图4 2021年各类工业锅炉生产容量比例（按燃料种类分类）

注：由于四舍五入，合计数与100%略有差别。

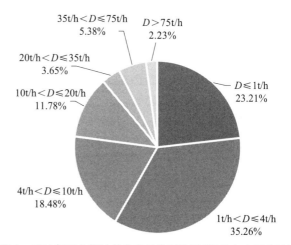

图5 2021年工业锅炉单台容量数量比例（按单台容量合计）

注：由于四舍五入，合计数与100%略有差别。

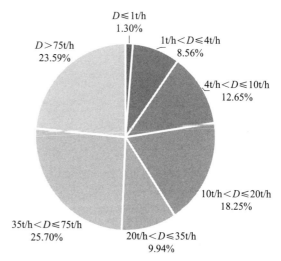

图6 2021年工业锅炉单台容量比例（按单台容量合计）

注：由于四舍五入，合计数与100%略有差别。

市场及销售 近年来，我国工业锅炉正在向燃气化、电气化发展，其中小型和常压锅炉（商用锅炉）（包括小型和常压、相变热水锅炉及水容积 30L 以下的非监管蒸汽锅炉）占很大的份额，但在数据统计上未能体现。

商用电锅炉近年来市场份额逐步扩张，一方面是因为政府倡导能源升级，各地出台了多种电力优惠政策，并且不断完善基础电力设施建设，提供了良好的市场基础。另一方面，煤改清洁能源的大环境下，企业也看到了商用电锅炉的发展前景，纷纷投入更多资金来扩大产品范围和改进技术。

2021 年，15 家企业有产品出口，出口交货值为 9.41亿元。

我国工业锅炉产品市场主要在国内，影响工业锅炉市场的主要因素除了国民经济发展速度和投资规模、采暖需要和住宅建设、第三产业的发展、锅炉淘汰改造以及正常的更新改造等外，将越来越受国家环保政策、"双碳"要求以及技术发展的影响。2014 年之前工业锅炉市场主要由工业、房地产等实体经济拉动，2014—2020 年主要由环保政策拉动，未来则取决于满足"双碳"要求基础上的实业投资、更新改造及热能新技术的发展。

1. 相关政策

2021 年，我国针对生物质等再生能源的利用发布了多项政策，予以大力支持。2021 年我国针对再生能源利用发布的政策见表 6。

表 6　2021 年我国针对再生能源利用发布的政策

时间	政策文件	发布单位
2021-02	关于因地制宜做好可再生能源供暖工作的通知	国家能源局
2021-03	关于推荐先进大气污染防治、噪声与振动控制技术的通知	生态环境部
2021-05	工业锅炉污染防治可行技术指南	生态环境部
2021-06	"十四五"节能减排综合工作方案	国务院
2021-06	关于生物质锅炉等项目环评类别判定事宜的复函	生态环境部
2021-09	2021—2022 年秋冬季大气污染综合治理攻坚方案	生态环境部
2021-10	秸秆综合利用技术目录（2021）	农业农村部办公厅、国家发展改革委办公厅
2021-09-10	关于促进地热能开发利用的若干意见	国家发展改革委、国家能源局等八部委
2021 年	关于加快推动新型储能发展的指导意见	国家发展改革委、国家能源局

《"十四五"现代能源体系规划》《"十四五"可再生能源发展规划》对能源的利用提出了发展要求，也对生物质锅炉的发展产生了一定影响。政府支持生物质锅炉的发展，但加严对生物质锅炉排放的监管，生物质锅炉的排放要求进一步提高；把生物能源定位在战略性新兴产业和生物经济范畴，有利于生物质锅炉产业的发展；农作物耕种收综合机械化率提升，有利于生物质锅炉降低使用成本；推进秸秆综合利用和畜禽粪污资源化利用，提高生物质锅炉的原料数量和品质；县城补短板，将为生物质清洁供热（含热电）企业、生活垃圾处理企业带来市场机会。2020—2021 年各省、自治区、直辖市生物质锅炉行业相关政策见表 7。

表 7　2020—2021 年各省、自治区、直辖市生物质锅炉行业相关政策

省、自治区、直辖市	政策
北京	京津冀及周边地区、汾渭平原 2020—2021 年秋冬季大气污染综合治理攻坚行动方案
黑龙江	2021 年黑龙江省秸秆综合利用工作实施方案（征求意见稿）、黑龙江省散煤污染治理"三重一改"攻坚行动实施方案（2020—2022 年）
广东	广东省"三线一单"生态环境分区管控方案
浙江	浙江省空气质量改善"十四五"规划、浙江省生态环境保护"十四五"规划
河南	加快推进重点用能单位综合能源改造（2019 年—2021 年）的实施意见、河南省农林生物质发电项目防治掺煤监督管理办法
上海	关于落实 2020 年中小锅炉提标改造工作的通知
河北	河北省人民政府关于加快建立健全绿色低碳循环发展经济体系的实施意见
山西	太原市人民政府办公室关于划定高污染燃料禁燃区的通知
辽宁	关于正确看待煤炭价格上涨推动能源结构转型升级的报告
吉林	吉林省空气、水环境、土壤环境质量巩固提升三个行动方案
江苏	2021 年深入打好污染防治攻坚战各有关部门目标任务书
安徽	蚌埠市环境空气质量达标规划（2019—2030 年）
福建	福州市人民政府关于划定高污染燃料禁燃区的通知

（续）

省、自治区、直辖市	政策
山东	关于组织申报 2022 年青岛市科技计划科技惠民示范专项（第二批）项目的通知
湖南	株洲市人民政府发布《关于实施"三线一单"生态环境分区管控意见》
广西	2021 年农业农村部农作物秸秆综合利用项目（广西）实施方案
四川	成都市市场监督管理局关于锅炉安装有关事项的通知、绵阳市打赢蓝天保卫战实施方案等十个实施方案
陕西	西安市重污染天气应急预案（2020 年修订稿）
甘肃	甘肃省农业农村厅关于 2020 年农作物秸秆综合利用试点项目实施方案的批复
宁夏	宁夏回族自治区科技创新"十四五"规划、宁夏回族自治区生态环境保护"十四五"规划

2. 宏观发展环境

2020 年 9 月 22 日，习近平总书记在第 75 届联合国大会一般性辩论上宣布，二氧化碳排放力争于 2030 年前达到峰值，努力争取 2060 年前实现碳中和。《国民经济和社会发展第十四个五年规划和 2035 年远景目标纲要》提出"壮大节能环保、清洁生产、清洁能源、生态环境、基础设施绿色升级、绿色服务等产业"。

2021 年 2 月，国能发新能〔2021〕3 号文件《国家能源局关于因地制宜做好可再生能源供暖工作的通知》印发，要求科学统筹规划可再生能源供暖工作，明确继续推动试点示范工作和重大项目建设，并提出做好可再生能源供暖支持政策保障。

2021 年 4 月 22 日，国家能源局发布《2021 年能源工作指导意见》，指出加大清洁取暖工作力度，建立健全的清洁取暖政策体系，实现北方地区清洁取暖率达到 70%，研究推进西南高寒地区清洁取暖改造。

2021 年 11 月 27 日，《中共中央 国务院关于深入打好污染防治攻坚战的意见》指出："十四五"时期，严控煤炭消费增长，非化石能源消费比重提高到 20% 左右，京津冀及周边地区、长三角地区煤炭消费量分别下降 10%、5% 左右，汾渭平原煤炭消费量实现负增长。原则上不再新增自备燃煤机组，支持自备燃煤机组实施清洁能源替代，鼓励自备电厂转为公用电厂。坚持"增气减煤"同步，新增天然气优先保障居民生活和清洁取暖需求。提高电能占终端能源消费比重。重点区域的平原地区散煤基本清零。有序扩大清洁取暖试点城市范围，稳步提升北方地区清洁取暖水平。

"双碳"目标的提出将深刻改变我国能源结构。"碳中和"的着力点是使用清洁能源替代化石能源，这就决定了未来要不断发展风、光、核、氢和生物质等非化石能源，减少煤、油、气等化石能源，并逐步通过电气化将终端消费的碳减排上移至电力生产端。当前，以能源技术创新为引领，低碳化多能战略融合为主线，以化石能源清洁高效利用与耦合替代、清洁能源多能互补与规模应用为路径，我国正逐步构建清洁低碳、安全高效的国家能源新体系。

在"十四五"期间，随着能源结构进一步调整、基于"双碳"的节能减排深入推进，35t/h 以下燃煤锅炉将陆续退出市场，大容量、高参数、高能效、低排放的循环流化床燃煤锅炉比重继续提高；燃（油）气锅炉继续成为市场主流，将面向分散供热、工业用热方向发展，高效、低碳、低氮排放概念的锅炉越来越受市场欢迎；随着电力供给侧改革、化石能源发电的减量，市场对电热锅炉及蓄热系统的需求会增加；面向商用和生活用市场的锅炉将向小型和分布式方向发展，小型蒸汽锅炉、蒸汽发生器和商用热水锅炉进一步受到市场青睐。

热泵技术在供热领域的大规模应用可提升供热电气化水平，加速供热系统清洁低碳发展，是当前供热领域最为现实的减碳路径之一。从发展趋势看，热泵市场正在持续增长，根据国际能源署的可持续发展情景预测，热泵是未来增长最快的供热技术。结合我国的实际，在低碳和减排的压力下，空气源、地源热泵将加速推广应用，这不仅仅发生在郊区或农村地区，城市供热也会随着转型。

3. 供热市场分析

我国城市供热热源的形式有热电厂、集中锅炉房、分散锅炉房、工业余热、核能、地热、太阳能、热泵、家庭用电暖器和小燃煤（油、气）炉、地板辐射供暖、燃气供暖等。未来除了热电联产、区域锅炉以外，电伴热、空气源热泵、燃气锅炉等多种方式相结合的分散式清洁取暖方式也将被采用。

（1）工业锅炉应用领域。工业锅炉作为重要的热能供应设备，主要用于工业生产和采暖。采暖更多地采用集中供热锅炉、热电厂抽汽集中供热。工业生产涉及不同的行业及用处。

石化工业：聚合、缩合、蒸馏、浓缩、蒸发、熔融、脱氢。

化工、精细化工：聚合、缩合、蒸馏、精馏、浓缩、蒸发、熔融。

塑料、橡胶工业：混合、热压、挤压压延、密炼、开炼、硫化成型、拉幅、拉伸、模具加温、保温。

油脂工业：油脂分解、脱臭、脂肪酸蒸馏、脂化反应。

纺织工业：热定型、烘干、热熔染色。

医药工业：制剂、在料混合、配制、消毒、烘干。

木材工业：纤维板、刨花板、层压板成型、热压成型、木材干燥。

涂装工业：油漆烘烤、干燥、高温固化。

建筑工业：沥青熔解、涂料加热、装饰材料加热、防水材料、油毡生产。

食品工业：烘烤食品、米面干燥。

饮料酿造罐头：蒸煮、灌装、消毒、清洗。

乳业、酿酒：蒸馏、高温清洗、消毒。

国防科研：为新技术、新材料、新产品研制等提供稳定热源。

其他工业：用于造纸、石膏板、皮革干燥成型、洗染、印刷、采油（油田注汽）等行业。

在我国工业生产中，轻纺和化学工业是大量用热的部门。轻纺、能源、建材、建筑、化学、冶金、交通运输和军工部门等仍是工业锅炉的主要市场。

从供热需求来看，工业部门的热力消费约占全国热力消费总量的70%，除化工、造纸、制药、纺织和有色金属冶炼等行业的一些大型工业企业由自备热电厂供热或企业自建锅炉房供热外，全国工业生产用热的70%以上由热电联产提供。

截至2021年年底，我国北方地区供热总面积225亿 m²（城镇供热面积154亿 m²，农村供热面积71亿 m²），其中，清洁供热面积158亿 m²，清洁供热率超过70%。其中，电供暖（含热泵）面积达到15亿 m²（分散式电供暖7亿 m²，电锅炉供暖3亿 m²，热泵供暖5亿 m²），电供暖带动新增电量消费1 100亿 kW·h。

（2）其他供热方式的应用。

1）太阳能的利用。太阳能采暖的五大应用场景有："煤改清洁能源"政府招标、工业企业采暖、大型建筑商用采暖、民用采暖、烘干及农业采暖。

截至2021年年末，我国建筑太阳能光热应用面积达到50.66亿 m²，太阳能光伏装机容量达到1.82万 MW，浅层地热能应用建筑面积约4.67亿 m²，城镇建筑可再生能源替代率达到6%。

2）核能供热。红沿河核电站核能供暖示范项目规划供热面积24.24万 m²，最大供热负荷为12.77MW，利用红沿河核电站汽轮机抽汽作为热源，替代红沿河镇原有的12个燃煤锅炉房，实现清洁供暖。2021年6月，红沿河镇核能供暖示范项目完成可行性研究并通过专家评审；2022年正式投运供热。2021年11月，海阳核电基地的核能供热项目已覆盖海阳全城区，惠及20万户居民，海阳成为全国首个"零碳"供暖城市。中核集团秦山核电的核能供热示范工程（一期）于2021年12月正式投运，供暖面积达46万 m²，惠及浙江嘉兴海盐县的近4 000户居民，开南方核能供暖先河。

3）热泵。

4）燃气热水器壁挂炉。

5）电采暖。电采暖按照加热载体的不同，可以分为直接加热电采暖、间接加热电采暖和蓄热式加热电采暖。

我国已经逐步形成了以热电联产为主、集中锅炉房为辅、其他先进高效方式为补充的供热局面。据不完全统计，我国供热产业热源总热量中，热电联产占62.9%、区域锅炉房占35.75%、其他占1.35%。城市供热有从北方城市逐渐向南方市场扩张的趋势。各地区从现有条件出发，积极调整能源结构，研究多元化的供热方式。

2021年年末，全国城市蒸汽集中供热能力11.88万 t/h，同比增长14.80%；热水集中供热能力59.32万 MW，同比增长4.78%。全国城市集中供热面积106.03亿 m²，同比增长7.30%。住宅供热面积为74.3亿 m²，占供热总面积的75.2%；公共建筑供热面积为21.56亿 m²，占供热总面积的21.8%。

科技成果及新产品 2021年工业锅炉企业申请发明专利30件、实用新型专利97件、外观设计专利1件，获得发明专利授权12件、实用新型专利授权165件、外观设计专利8件。新产品获得国家奖励4项、省部级奖励10项，获得省部级科技项目立项9项、市级及其他立项1项，研发企业专有技术6项。2021年列入工业装备类"能效之星"的工业锅炉见表8。

表8　2021年列入工业装备类"能效之星"的工业锅炉

申报单位	产品型号	实测能效指标效率（%）	评价标准指标效率（%）	分类
1.1 燃气（油）锅炉				
方快锅炉有限公司	ZWNSL7-1.6/WW/Q	106.88	≥103（优于1级能效）	能效之星
迪森（常州）锅炉有限公司	WNS20-1.25-Y、Q	104.69	≥101（优于2级能效）	节能装备
浙江特富发展股份有限公司	WNS6-1.25-Y、Q（2）	95.41	≥94（优于2级能效）	节能装备
浙江特富发展股份有限公司	SZS30-1.6-Y、Q	95.30	≥94（优于2级能效）	节能装备
1.2 循环流化床锅炉				
哈尔滨红光锅炉总厂有限责任公司	QXF168-1.6/130/70-M1	92.50	≥89（优于1级能效）	能效之星
济南锅炉集团有限公司	YG-130/13.7-T	91.25	≥91（优于1级能效）	能效之星
1.3 电极锅炉				
平高帕拉特（河南）能源科技有限公司	PDJ30-1.0/130/80	99.27	≥97	节能装备
1.4 生物质锅炉				
哈尔滨哈东新春锅炉有限公司	DZL10-1.25-S	85.29	≥84（优于2级能效）	节能装备
1.5 燃煤锅炉				
江苏四方锅炉有限公司	SFG-40/3.82-MS	93.08	≥90（优于2级能效）	节能装备

"十三五"以来产品技术发展走向

1. 不同类别产品发展走势

"十三五"期间大力推进工业锅炉"煤改气""煤改电"，35t/h 以下的小容量燃煤工业锅炉的数量逐年下降甚至被禁止（20t/h 以下被禁止），水煤浆锅炉几近退出市场；与此同时，锅炉燃烧设备、检测和系统控制技术也随着能源结构转变、燃料的变化、环保要求的提高，以及电子信息化等新技术的发展得到较快的发展和提高。

（1）市场和产品技术的相互促进使燃煤工业锅炉向着大容量、高参数、高能效、低排放的方向发展。

（2）以高效、低 NO_x 排放为主导，燃（油）气锅炉得到大力发展，呈现大型化和小型化两个发展趋势。

（3）真空与微压相变热水锅炉凭借使用方面的优势得到用户普遍认可，市场占有率显著提高。燃气锅炉普遍增加尾部节能器和冷凝器以降低排烟温度，并向部分冷凝甚至高冷凝率、近常温排烟方向发展。集中供热热水锅炉的尾部加装用于烟气余热回收的烟气源热泵已经得到推广，能实现高冷凝率、常温排烟；有蒸汽冷凝水回收的燃气锅炉通过结合回收冷凝水温度、回收冷凝水量采用配置空气预热器或空气预热器加冷凝器的方式降低排烟温度，提高锅炉设计热效率；对于模块组合式供热，多台锅炉群控配置的锅炉系统节能方案已得到较快推广应用。

（4）生物质燃烧锅炉受环保政策的影响呈波浪式发展。

（5）余热锅炉继续得到较快发展，多数向高参数发展。

（6）"十三五"期间，电加热锅炉市场应用领域逐渐扩大，一方面是由于"煤改电"的推进，一方面是电力调峰以及蓄热供暖等对大容量电加热锅炉有所需求。

（7）燃（油）气燃烧器向低氮、节能方向发展。

（8）控制技术与设备由以安全控制为主向安全、节能、环保综合控制发展，单机控制向平台控制发展。①自动化程度大幅提高。②系统节能运行控制技术得到普遍应用。③多台锅炉群控、多个锅炉房区域群控、网络平台技术得到较广泛应用。④人机界面的友好性大大提升。

2. 行业数字化应用、绿色制造取得进展

面对市场竞争的需要，主流工业锅炉企业均加大技术研发能力建设，产学研合作有所发展，部分企业建立起院士工作站、省级工程技术研究中心、企业技术中心等，在企业研发人员中硕士、博士有所增加；以计算机辅助分析计算为主的工业锅炉数字化设计研发能力得到长足的发展，在产品设计过程管理中引入产品生命周期管理（PLM）和产品数据管理（PDM）技术的企业逐渐增多；主流工业锅炉企业已陆续开展锅炉产品设计数字化建模和数值模拟、有限元分析，逐步进行流场仿真、三维建模设计等应用。

华西能源工业股份有限公司、上海工业锅炉（无锡）有限公司、方快锅炉有限公司（简称方快锅炉）、浙江力聚热水机有限公司等行业企业，进行了智能制造、绿色制造工厂或车间级的建设试点，取得了一些应用成果。如绿色制造数字化研发平台；构建出绿色化柔性生产线、设备运行状态监测系统、绿色制造执行系统等构成的绿色制造工艺与装备应用平台；建设智慧能源管理系统，实现工厂节能优化；建设智能云服务平台，实现锅炉行业与客户的远程服务等。

同时，部分企业积极创新商业模式，向制造服务业转型，实现从产品销售向设计、制造到建设的总承包工程和交钥匙工程的转变，如杭锅集团、江联重工、泰山集团、天津宝成、江苏四方等。不少企业开始从事供热系统的 BOT 运作。

3. 质量综合水平不断提高，特色技术和产品得到推广

工业锅炉企业围绕国家节能减排战略，紧贴市场需求，及时调整产品结构，坚持专业化设计、制造，不断提高产品的"专、精、特、新"水平，形成一批以产品为特色的知名企业。如在燃（油）气锅炉方面的双良锅炉、泰山集团、天津宝成、方快锅炉、哈尔滨红光、三浦工业、浙江力聚、浙江特富等，在大容量热水锅炉方面的泰山集团、江苏四方、沈后工程安装大队、营口绿源、哈尔滨红光等，在商用热水锅炉方面的艾欧史密斯（A.O.SMITH）等，在电加热锅炉方面的杭州华源前线等，在流化床锅炉方面的江联重工、太原锅炉、华光工业、泰山集团、哈尔滨红光等，在生物质锅炉方面的江联重工、南通万达、哈东新春、海伦利民等形成了特色技术和产品并得到较好推广。行业产品集中度和品牌效应进一步向知名优势企业集中。

2015 年 12 月 16 日，高效煤粉工业锅炉系统技术、河北省迁西县低品位工业余热用于城镇集中供热项目分别被国家发展改革委评选为中国以及国际的"双十佳"最佳节能技术和实践清单。

大容量煤粉工业锅炉低氮燃烧的改进项目获中国能源化学地质系统优秀职工技术创新成果奖。

方快锅炉集团的清洁燃烧锅炉车间成功入选智能制造试点车间；集团生产设备中智能制造设备占比达到 80%，自动化生产设备使焊接生产效率提高 2 倍以上，大型数控加工中心效率提高 1 倍，使集团整体产能提升 3 倍以上。

江苏太湖锅炉股份有限公司的燃煤锅炉烟气净化新技术研究与工程应用项目获得 2016 年度中国机械工业科学技术奖二等奖。

2021 年南通万达江联重工获 2021 年电器工业标准化良好行为示范企业称号。

标准 2021 年 T/CEEIA 536—2021《绿色设计产品评价技术规范 工业锅炉》、T/CEEIA 537—2021《绿色工厂评价导则 工业锅炉制造工厂》、T/CEEIA 538—2021《（工业）锅炉用燃气全预混燃烧器》、T/CEEIA 539—2021《燃气锅炉低氮燃烧技术导则》4 项团体标准发布。

2021 年 4 月，在浙江省武义县召开 2021 小型及商用锅炉新技术研讨会，审定 JB/T 7985—2002《小型锅炉和常压热水锅炉技术条件》修订报批稿。

基本建设与技术改造 36 家企业 2021 年累计完成固定资产投资 2.51 万元。北京巴布科克·威尔科克斯有限公司 2020 年 10 月开始新建高端锅炉制造"梦工厂"。该项目

占地面积 20.2 万 m²（303 亩），一期建筑面积约 7.9 万 m²，总投资 5.12 亿元。

2021 年 10 月 21 日，济南锅炉集团有限公司新旧动能转换项目一期在济南新材料产业园区举行开工仪式。项目共分三期建设，其中一期用地面积 8.2 万 m²（123.5 亩），总投资 3.5 亿元，总建筑面积 5.6 万 m²，主要通过厂房和生产设备的升级换代、产业布局的优化调整，实现传统机械制造向绿色高端装备制造的关键转变。项目全面建成投产后，预计可形成年产锅炉 2 万 t/h（蒸汽）及其配套产业链及服务延伸，实现年销售收入 20 亿元，年税收 6 000 万元。

2021 年年底，辽宁沈阳清华锅炉有限公司新型高效节能环保锅炉研发制造基地项目动工开建。

由杭锅集团组建的浙江西子新能源有限公司年产 580 台（套）光热太阳能吸热器、换热器及导热油换热器、锅炉项目开始筹建，预计在 2023 年年底建设完成。

杭州杭锅工业锅炉有限公司投资兴建的浙江杭锅能源装备有限公司年产 200 台（套）余热锅炉、电站锅炉、生物质能锅炉、垃圾焚烧锅炉、烟气脱硫脱硝及净化设备项目于 2021 年年底开始建设。

行业管理 2021 年 12 月 21 日，由中国电器工业协会工业锅炉分会主编的《"十四五"工业锅炉行业发展指导意见》正式发布。

2021 年 4 月，在上海市青浦区召开 2021 燃烧新技术研讨会，研讨锅炉燃烧技术与产品的发展。

2021 年 5 月，在黑龙江省哈尔滨市召开分会七届五次理事长会议暨七届五次理事会议。

〔撰稿人：中国联合工程有限公司 张浩〕

中小型电机

生产发展情况 对行业 60 家企业数据的汇总统计显示，与 2020 年相比，2021 年行业产销同比增长；行业利润总额同比增幅逐步下降，由正转负；出口产销与收入同比平稳增长；主要原材料价格高位徘徊，居高不下；期末存货、应收应付账款处于高位运行态势，流动性吃紧；行业总资产贡献率、资产保值增值率、成本费用利润率均不及上年同期水平，行业经济效益综合指数下降。

2021 年，中小型电机行业 60 家企业完成工业总产值 675.2 亿元，同比增加 66.3 亿元，同比增长 10.9%；产品销售收入达到 702.0 亿元，同比增加 61.8 亿元，同比增长 9.6%；实现利润 34.0 亿元，同比减少 11.2 亿元，同比下降 24.7%。2021 年中小型电机行业主要经济指标完成情况见表 1。2021 年中小型电机行业经济效益综合指数前 20 位企业见表 2。

表 1 2021 年中小型电机行业主要经济指标完成情况

序号	指标名称	单位	2021 年	2020 年	2021 年同比增加	2021 年同比增长（%）
1	工业总产值	万元	6 752 175	6 089 448	662 727	10.9
2	工业增加值（含增值税）	万元	1 414 253	1 332 121	82 132	6.2
3	工业销售产值	万元	6 675 893	6 005 863	670 030	11.2
4	产品销售收入	万元	7 020 160	6 402 401	617 759	9.6
5	货款实际回收额	万元	7 657 069	6 939 125	717 944	10.3
6	产品销售成本	万元	5 891 032	5 252 752	638 279	12.2
7	产品销售费用	万元	274 003	262 377	11 626	4.4
8	产品销售税金及附加	万元	54 254	53 873	381	0.7
9	管理费用	万元	406 359	370 982	35 377	9.5
10	财务费用	万元	100 364	109 950	-9 586	-8.7
11	其中：利息支出	万元	95 159	101 063	-5 904	-5.8
12	其他业务利润	万元	57 022	49 360	7 662	15.5
13	利润总额	万元	339 927	451 632	-111 705	-24.7
14	平均流动资产	万元	7 069 026	6 832 150	236 876	3.5
15	期末资产总额	万元	10 532 583	10 343 369	189 215	1.8
16	期末负债总额	万元	5 982 767	5 941 117	41 650	0.7
17	期末存货	万元	1 992 620	1 789 602	203 018	11.3
18	期末应收账款净额	万元	1 853 759	1 750 374	103 385	5.9

（续）

序号	指标名称	单位	2021 年	2020 年	2021 年同比增加	2021 年同比增长（%）
19	期末应付账款	万元	1 674 262	1 489 632	184 630	12.4
20	本年订货总量	万 kW	34 543	24 914	9 629	38.6
21	从业人员劳动报酬	万元	504 719	464 923	39 796	8.6
22	从业人员平均人数	人	52 965	54 503	-1 538	-2.8
23	应交增值税	万元	137 229	163 509	-26 280	-16.1
24	平均资产总额	万元	10 383 566	10 307 857	75 708	0.7
25	期末所有者权益	万元	4 549 416	4 401 419	147 997	3.4

注：以上汇总数据包含上报中国电器工业协会中小型电机分会统计的大型电机和小功率电机企业。未包含南京汽轮电机（集团）有限责任公司。

表 2　2021 年中小型电机行业经济效益综合指数前 20 位企业

序号	企业名称	经济效益综合指数	总资产贡献率（%）	资本保值增值率（%）	资产负债率（%）
1	上海日用 - 友捷汽车电气有限公司	798.1	5.0	99.6	34.1
2	江苏锡安达防爆股份有限公司	458.0	15.7	96.7	17.5
3	六安江淮电机有限公司	410.1	10.2	109.8	25.7
4	山东华力电机集团股份有限公司	405.1	15.5	101.7	36.8
5	江苏大中电机股份有限公司	402.2	17.6	108.6	37.8
6	佳木斯电机股份有限公司	394.8	7.7	105.4	50.4
7	安徽皖南电机股份有限公司	350.8	15.7	113.3	40.9
8	卧龙控股集团有限公司	346.0	8.2	107.6	45.8
9	长沙长利集团有限公司	328.7	4.0	193.5	91.6
10	中电电机股份有限公司	317.9	5.7	78.4	51.3
11	江西江特电机有限公司	310.5	10.3	110.6	72.3
12	浙江西子富沃德电机有限公司	291.5	8.8	13.4	87.2
13	四川宜宾力源电机有限公司	287.2	15.7	133.1	38.3
14	山西电机制造有限公司	285.3	1.0	123.1	64.4
15	宁夏西北骏马电机制造股份有限公司	282.0	8.9	98.4	25.7
16	光陆机电有限公司	273.6	9.8	116.4	62.3
17	杭州新恒力电机制造有限公司	270.9	8.3	132.5	24.2
18	无锡欧瑞京机电有限公司	268.7	12.5	108.4	65.0
19	浙江金龙电机股份有限公司	268.4	8.1	98.1	42.3
20	山东力久特种电机股份有限公司	261.2	19.8	119.5	47.3

注：上述排名包含上报中国电器工业协会中小型电机分会统计的大型电机和小功率电机企业。未包含南京汽轮电机（集团）有限责任公司。

2021 年有 11 家盈利企业的工业增加值、销售收入、回款总额、利润总额、人均收入、所有者权益 6 项指标实现同时增长，较上年减少 9 家。行业期末产成品存货较上年同期增长 18.5%。与上年相比，应收账款同比增长 5.9%，应付账款同比增长 12.4%，处于高位运行。

60 家企业中有 54 家企业盈利，占企业总数的 90%；有 28 家企业利润同比增加（其中有 1 家企业扭亏为盈），占企业总数的 46.7%；26 家企业利润同比减少，占企业总数的 43.3%；6 家企业亏损（其中有 1 家企业亏损加剧，有 4 家企业新步入亏损，1 家企业减亏）。利润总额超 6 000 万元的企业有 14 家，较同期减少 3 家，14 家企业利

润总额为 33.1 亿元。2021 年 60 家企业主要指标变化情况见表 3。

表 3　2021 年 60 家企业主要指标变化情况

指标名称	变化情况	企业数 / 家	占比（%）
电机总产量	增产	44	73.3
销售收入	增长	47	78.3
工业增加值	增长	39	65.0
货款回收总额	增长	47	78.3
企业利润	增长	28	46.7

（续）

指标名称	变化情况	企业数／家	占比（%）
亏损企业		6	10.0
人均收入	增长	51	85.0
期末所有者权益	增长	38	63.3
成品存货	增长	44	73.3
负债总额	增长	33	55.0
应收账款净额	增长	37	61.7
应付账款	增长	39	65.0
利润总额超 6 000 万元		14	23.3

产品分类产量 2021 年小型交流电动机产量同比增长 10.5%，其中永磁电动机产量同比增长 20.8%；大中型交流电动机产量同比增长 12.1%，其中高压电机产量增长 13.8%；一般交流发电机产量同比增长 5.8%；直流电动机产量同比增长 31.7%。全行业总产量达到 24 865.9 万 kW，同比增产 2 450.1 万 kW，同比增长 10.9%。出口电机产量为 2 839.5 万 kW，同比增长 14.6%。2021 年中小型电机行业 60 家企业的产品产量见表 4。2021 年中小型电机行业产量超 600 万 kW 的 8 家企业见表 5。

表 4 2021 年中小型电机行业 60 家企业的产品产量

产品名称	2021 年产量／万 kW	2020 年产量／万 kW	同比增加／万 kW	同比增长（%）
小型交流电动机	15 419.3	13 953.6	1 465.8	10.5
其中：永磁电动机	678.7	561.8	116.9	20.8
大中型交流电动机	6 940.7	6 193.6	747.1	12.1
一般交流发电机	1 970.3	1 862.1	108.2	5.8
直流电动机	535.6	406.6	129.0	31.7
总产量中：出口产品	2 839.5	2 478.2	361.3	14.6

表 5 2021 年中小型电机行业产量超 600 万 kW 的 8 家企业

序号	企业名称	产量／万 kW
1	卧龙电气驱动集团股份有限公司	2 840.0
2	上海电气集团上海电机厂有限公司	1 802.1
3	安徽皖南电机股份有限公司	1 386.0
4	湘电集团有限公司	1 263.0
5	山东华力电机集团股份有限公司	1 191.0
6	佳木斯电机股份有限公司	1 136.7
7	江苏大中电机股份有限公司	990.2
8	六安江淮电机有限公司	830.4

注：1. 包含上报中国电器工业协会中小型电机分会统计的大型电机和小功率电机企业。

2. 卧龙电驱的电机产量未包含微特电机 5 891 万台。

市场及销售 2021 年我国经济持续稳定恢复，保持在合理区间运行。工业生产持续发展，高技术制造业和装备制造业较快增长，全国规模以上工业增加值同比增长 9.6%，制造业同比增长 9.8%，高技术制造业同比增长 18.2%，装备制造业同比增长 12.9%。2021 年，中小型电机行业（剔除个别因素）工业增加值同比增长 6%，分别低于制造业、高技术制造业、装备制造业 3.8 个百分点、12.2 个百分点、6.9 个百分点。对于劳动密集型电机制造行业来说，同质竞争、主要原材料价格高位运行、新冠疫情散发均给行业带来不小的冲击。

行业 60 家统计单位中有 13 家企业的销售收入减少，占企业总数的 21.7%；有 47 家企业的销售收入增加，占企业总数的 78.3%；有 48 家企业电动机销售收入增加，占企业总数的 80.0%，其中有 16 家企业永磁电动机收入增加，占 18 家永磁电机生产企业的 88.9%；有 8 家企业发电机收入减少，占行业 11 家发电机制造企业的 72.7%。

2021 年中小型电机行业销售情况见表 6。2021 年中小型电机行业产品销售收入突破 10 亿元的 14 家企业见表 7。2021 年中小型电机行业电动机销售收入突破 10 亿元的 12 家企业见表 8。

表 6 2021 年中小型电机行业销售情况

指标名称	单位	2021 年	2020 年	同比增加	同比增长（%）
产品销售收入	万元	7 020 160	6 402 401	617 759	9.6
其中：电动机收入	万元	5 758 660	5 142 443	616 217	12.0
发电机收入	万元	221 724	493 949	-272 225	-55.1
总收入中：出口收入	万元	659 604	571 590	88 014	15.4
产品销售总量	万 kW	23 789.9	22 042.6	1 747.3	7.9
其中：电动机销售量	万 kW	22 635.0	20 251.0	2 384.1	11.8
发电机销售量	万 kW	1 080.4	1 722.1	-641.7	-37.3
总销量中：出口销售量	万 kW	2 708.4	2 392.4	316.0	13.2

表 7　2021 年中小型电机行业产品销售收入
突破 10 亿元的 14 家企业

序号	企业名称	销售收入 / 万元
1	卧龙电气驱动集团股份有限公司	1 399 916
2	湘电集团有限公司	423 923
3	上海电气集团上海电机厂有限公司	334 318
4	珠海凯邦电机制造有限公司	326 830
5	南京汽轮电机（集团）有限责任公司	320 680
6	佳木斯电机股份有限公司	310 914
7	山东华力电机集团股份有限公司	262 997
8	安徽皖南电机股份有限公司	261 369
9	江苏大中电机股份有限公司	206 263
10	上海日用 - 友捷汽车电气有限公司	176 969
11	浙江西子富沃德电机有限公司	162 361
12	六安江淮电机有限公司	161 669
13	江西江特电机有限公司	143 955
14	江潮电机科技股份有限公司	122 374

注：包含上报中国电器工业协会中小型电机分会统计的大型电机和小功率电机企业。产品销售收入突破 10 亿元的企业数与 2020 年持平。

表 8　2021 年中小型电机行业电动机销售收入
突破 10 亿元的 12 家企业

序号	企业名称	销售收入 / 万元
1	卧龙电气驱动集团股份有限公司	788 677
2	佳木斯电机股份有限公司	304 564
3	珠海凯邦电机制造有限公司	292 813
4	山东华力电机集团股份有限公司	262 997

（续）

序号	企业名称	销售收入 / 万元
5	安徽皖南电机股份有限公司	253 750
6	江苏大中电机股份有限公司	206 263
7	上海电气集团上海电机厂有限公司	194 406
8	六安江淮电机有限公司	161 669
9	浙江西子富沃德电机有限公司	155 644
10	湘电集团有限公司	135 734
11	江西江特电机有限公司	128 294
12	江潮电机科技股份有限公司	106 943

注：1. 包含上报中国电器工业协会中小型电机分会统计的大型电机和小功率电机企业。电动机销售收入突破 10 亿元的企业数比 2020 年增加 1 家。
2. 上述卧龙电驱的电动机销售收入不包含微特电机 359 454 万元的销售收入（含境外高、低压电驱产品）。

2021 年电机出口产量、销量、出口收入同比均有增长。行业出口产销量和出口收入从第一季度至前三季度增幅逐步收窄，全年增幅反弹。在 35 家出口企业中，有 27 家企业产量同比增加，占出口企业数的 77.1%；有 27 家企业销量同比增加，占出口企业数的 77.1%；25 家企业出口收入同比增加，占出口企业数的 71.4%。据中小型电机分会出口报表统计，2021 年中小型电机出口额超 2 000 万美元的企业有 10 家，累计出口额占总出口额的 85.6%。卧龙控股、光陆机电、文登奥文、安波电机、浙江金龙、山东华力、上海电机、无锡欧瑞京、江苏大中、近四年来出口额均居出口企业前 10 位，江苏上骐连续两年位居前 10 位。2021 年中小型电机行业 10 家主要出口企业出口情况见表 9。

表 9　2021 年中小型电机行业 10 家主要出口企业出口情况

序号	企业名称	出口额 / 万美元	出口量 / 万 kW	备注
1	卧龙控股集团有限公司	26 732	620.0	出口至土耳其、意大利、以色列、荷兰、丹麦、肯尼亚、南非、埃及、澳大利亚、德国、俄罗斯、比利时、法国、日本、韩国
2	光陆机电有限公司	9 726	152.0	出口至俄罗斯、迪拜、韩国及中东、欧洲、东南亚地区
3	文登奥文电机有限公司	8 325	157.0	出口至美国、加拿大、墨西哥、德国、法国、意大利、英国、澳大利亚、南非、日本等 40 多个国家和地区。以北美和欧盟市场为主，占出口总额的 70% 以上
4	安波电机集团有限公司	7 696	229.0	出口至东南亚、欧洲、非洲、中东、美洲及澳大利亚
5	浙江金龙电机股份有限公司	6 019	228.5	出口至德国、意大利、澳大利亚
6	山东华力电机集团股份有限公司	5 626	205.0	出口至欧洲、东南亚、南非、中东
7	上海电气集团上海电机厂有限公司	4 152	135.0	出口至印度等东南亚国家
8	无锡欧瑞京机电有限公司	4 024	147.3	出口至欧洲（意大利、德国等）
9	江苏大中股份有限公司	3 865	198.0	出口至丹麦、德国、意大利、美国、俄罗斯、瑞典、比利时
10	江苏上骐集团有限公司	2 559	39.2	出口至美国、日本

据海关总署统计，2021 年我国货物贸易出口额为 3.36 万亿美元，同比增长 29.9%。其中，机电产品出口额为 1.99 万亿美元，同比增长 28.9%。机电产品中，电机产品

出口额为 213.9 亿美元，同比增长 35.8%。电机产品中，大电机出口额约为 10 亿美元，同比增长 67.9%；中小型电机出口额约为 106.5 亿美元，同比增长 35.5%；微电机出

口额约为 35.9 亿美元，同比增长 29.5%；发电机组出口额约为 61.5 亿美元，同比增长 35.9%。2021 年我国货物贸易出口中机电产品占总出口额的 59.2%，中小型电机出口额占电机产品出口额的 49.8%。中小型电机出口目的地前 10 位分别为：美国、德国、日本、意大利、越南、韩国、印度、墨西哥、泰国、土耳其，合计占比为 51.5%。

2021 年，卧龙控股集团旗下的卧龙电气驱动集团股份有限公司坚持以电机驱动产业为主业，继续推动数字化、低碳化，推动电机经营模式从"以电机本体生产制造为主"向"电机制造和提供电机动力系统解决方案、提供电机全生命周期服务解决方案并重"转变，做到高质量增长和可持续发展。2021 年实现产品销售收入 139.99 亿元，同比增长 11.41%。其中，工业电机及驱动类产品完成销售收入 78.87 亿元，同比增长 6.62%；日用电机及控制类产品完成销售收入 35.95 亿元，同比增长 27.87%。归属于母公司所有者净利润 9.88 亿元，同比增长 13.96%。

佳木斯电机股份有限公司不断加大高效电机、高端电泵、LNG 低温潜液电机、永磁电机等市场推广力度，加速推进核电用电机的产品优化升级、订货结构优化等，在石油石化、煤炭化工、钢铁、电力行业中标多个重大项目。同时，加大新产品研发力度，推进产业链的延伸与拓展，建立覆盖全国的维保业务网络，形成新的订货和利润增长点。2021 年实现电动机销售收入 30.46 亿元，同比增长 28.5%。其中，防爆电机 14.54 亿元，同比增长 33.49%；普通电机 13.61 亿元，同比增长 19.16%。实现利润 28 025 万元。

山东华力电机集团股份有限公司在高效电机、细分市场、数字化等方面不断进行深耕，以"数字化是基础，自动化是工具，精益管理是核心"等理念持续进行改进。智能制造、数字化给企业带来了实实在在的利益，总体生产效率提升 31%，生产运营成本降低 26%，产品不良率降低 45%，单位产值能耗降低 17%，产品研制周期缩短 46%。2021 年实现产品销售收入 26.3 亿元，同比增长 9.6%；实现利润 7 197 万元。

安徽皖南电机股份有限公司不断提升产品开发、装备改进、品牌建设等方面水平。企业自动化、数字化水平位处于国内电机行业第一梯队，并通过流程再造、优化等大幅度提高人均劳动生产率。同时，皖南电机不断强链补链，加强与泵阀、铸造等优势产业企业的合作，物料的地采配套率超过 70%，进一步增强了产业链供应链的稳定性。2021 年实现产品销售收入 26.1 亿元，同比增长 13.7%；实现利润 30 583 万元。

江苏大中电机股份有限公司是国内电机行业首家实施工业和信息化部"智能制造新模式应用"项目的试点单位。智能制造赋能企业高速发展，人均产能提升 32.12%，生产效率提升 35.75%，产品一次合格率提升 42.65%，单位产品能耗降低 16.43%，材料利用率提升 16.3%，关键工序数控化率达 95.8%。高效节能电机在助力石化、钢铁、制药等行业客户节能降碳改造方面取得较大的突破，起到

了很好的示范作用。2021 年实现产品销售收入 20.6 亿元，同比增长 13.1%，实现利润 9 992 万元。

六安江淮电机有限公司从"电机产品 + 驱动系统"方面进行尝试并走出了新的发展之路。在永磁电机推广方面，六安江淮使用自有变频器配备永磁电机的形式进行一体化产品的整体销售，解决了产品匹配性等方面的问题，节能效益明显。在数字化赋能方面，逐步应用 ERP、MES 等系统，部分产品具备远程监控温升、噪声等功能，逐步向智能电机方向发展。2021 年实现产品销售收入 16.2 亿元，同比增长 14.6%；实现利润 14 559 万元，同比增长 8.4%。

浙江金龙电机股份有限公司努力调整业务销售结构，由原来 95% 外贸转为 50% 外贸与 50% 内销，着力调整产品结构，形成了以永磁伺服电动机、变频驱动产品、高效三相异步电机为核心的三大主导系列产品，加大新产品开发力度，重点开发永磁电机、伺服电动机、变频器、驱动器等产品系列。公司以水泥、钢铁等高耗能市场设备高效节能改造为契机，2021 年实现产品销售收入 8.5 亿元，同比增长 17.6%；实现利润 5 366 万元。

2021 年尽管受国际海运、原材料价格波动等因素影响，河北电机股份有限公司产品出口仍保持较好势头，出口销量 54 万 kW，同比增长 43.6%；出口收入 1.1 亿元，同比增长 45.9%。2021 年实现产品销售收入 5.0 亿元，同比增长 34.8%；实现利润 341 万元，同比增长 55.3%。

上海 ABB 电机有限公司针对风机水泵市场的需求，2021 年推出了 M2BAF 新产品，优化配置，轻载专用，采用标准化的生产模式将产品快速交付客户，累计接单交付 10 万台以上。在哈尔滨机场、国家重型汽车工程技术研究中心等国家重点项目上，M2BAF 产品取得了很好业绩。

广东省东莞电机有限公司 2021 年在区域整体盈利水平下滑的情况下，积极应对各种不利因素的影响，苦练内功，通过精益管理、技术改造等多种途径降本增效，加大新产品研发力度，TVF 系列高效永磁同步电机获评 2021 年东莞市百优创新产品。2021 年实现产品销售收入 4.4 亿元，同比增长 22.7%；实现利润 2 387 万元，同比增长 42.1%。

江潮电机科技股份有限公司在国家"双碳"目标指引下，在空压机、水泵、减速机行业大力推广高效电机，2021 年江潮高效节能电机研究院被浙江省科技厅等三部门评定为省级企业研究院。江潮电机智能化设备逐步上马，2021 年实现电动机销售收入 10.7 亿元，同比增长 25.6%；实现利润 8 641 万元。

山西电机制造有限公司积极贯彻落实国家节能减排产业政策，不断加大研发投入，加快高、低压高效电机和变频调速电机产品研发。中标包头钢铁集团、中天钢铁集团的节能改造项目，实现的合同订单同比翻一番。2021 年实现产品销售收入 7.5 亿元，同比增长 59.8%；实现利润 1 029 万元。

湘电集团有限公司产品主要应用于电力能源、冶金建材、石化防爆、轻工造纸、工程机械、水利水务等领域，2021 年公司加大在冶金、建材、石化等领域市场开拓力

度，冶金行业订货较2020年翻了一番，建材行业订货同比增长88%，石化防爆行业订货同比增长3倍。2021年销售大中型交流电动机595.7万kW，同比增长37.5%；交流电动机收入13.6亿元，同比增长26.4%。

衡水电机股份有限公司瞄准国家产业政策，与德国NORD公司、美国霍尼韦尔公司、中国中车、三一重工、凯泉水泵、新疆一化、河北钢铁等国内外知名企业保持稳固的合作关系，不断创新，产品应用于地铁、卫星发射基地等国家重点工程。2021年实现产品销售收入5.4亿元，同比增长6.9%；实现利润3995万元，同比增长18.4%。

德州恒力电机有限责任公司为目前国内最大的船用电机制造企业。公司实施"数字化+定制化"质量管理模式，提升了定制化产品及服务质量，2021年特种产品及海洋风电产品较往年有所增长，其中船用电机销售额同比增长28%。受新冠疫情影响，终端客户各大船厂造船进度受阻，客户订货产品交货进度缓慢，资金回笼情况不佳，产成品库存同比增长20%。2021年实现销售收入3.0亿元，同比增长20.0%；实现利润2500万元，同比增长10.0%。

杭州新恒力电机制造有限公司在银湖街道高尔夫路投资3亿元的新厂区于2020年全面启动，主要生产中大型交直流专用电机，电机最大功率可达15000kW，电机中心高度最大为1320mm。公司研发中心被认定为浙江省中大型特种电机研究院。2021年起草的《冶金飞剪用变频调速三相异步电动机》标准，通过浙江制造"品字标"认证。2021年实现销售收入3.1亿元，同比增长41.8%；实现利润4251.4万元，同比增长12.3%。

青岛天一集团红旗电机有限公司产品主要应用于纺织机械行业，因国外纺织市场受新冠疫情影响较大，国内市场有所回暖，国内纺织机械行业市场需求增加，2021年实现销售收入3.2亿元，同比增长47.15%；实现利润1379万元。

雷勃电气（无锡）有限公司是雷勃电气集团全资子公司，在压缩机、造纸、船舶行业具有丰富的成功案例和解决方案，2021年实现销售收入6.7亿元，同比增长18.7%，其中出口销售收入2.1亿元，同比下降3%；实现利润4976万元。

浙江西了富沃德电机有限公司主要生产永磁同步无齿轮曳引机，产品质量320～2000kg，速度0.3～10m/s，电梯用永磁同步无齿轮曳引机产量全国排名第一，高速梯曳引机、编码器的开发填补了国内行业空白，减少进口依赖，解决了无机房电梯曳引机应用、井道内无法更换编码器、电磁谐波噪声等多项行业"卡脖子"问题。2021年电梯曳引机销量首次突破20万台；实现产品销售收入16.2亿元，同比增长13.2%；实现利润10191万元。

山东科汇电力自动化股份有限公司是国内最大的开关磁阻电机研发和制造企业，占全国磁阻电机产量约60%，电动螺旋压力机和压砖机市场占有率约70%，主要应用于锻压机械、纺织机械行业。2021年实现产品销售收入3.7亿元，同比增长11.0%；实现利润5462万元。

文登奥文电机有限公司主要从事电动机和电动砂磨机的研发与制造，以每年150万台电动砂磨机的产销量连续多年稳居国内首位，产品远销美国、加拿大、墨西哥、德国、法国、意大利、英国、澳大利亚、南非、日本等50多个国家和地区，其中以北美和欧盟市场为主，占出口总额的70%以上。2021年实现销售收入5.9亿元，同比增长12.8%；出口销售收入4.6亿元，占全年销售收入的78.7%；实现利润3165万元。

青岛中加特电气股份有限公司针对煤矿井下空间小，作业持续时间长，煤炭开采行业对电动机、变频器等设备要求极高的特点，开发出变频调速一体机。该机采用一体化集成方式将变频器与电动机有机整合，替代传统的"变频器+电动机"分体式传动方式，解决变频器的体积问题，同时也解决了振动、散热、谐波干扰等难题，平均节能20%。公司从2016年开启数字化转型之路，2019年青岛西海岸新区组织实施"高端制造业+人工智能"重大示范项目，2021年实施"基于5G+边缘计算的中加特变频一体机智能工厂"项目，成功入选工业和信息化部2021年工业互联网试点示范项目名单，是全国十大5G全连接工厂试点示范之一。中加特实现关键设备数控化率100%，生产效率提升34%，产品不良品率下降57%，设备利用率提升15%，运营成本下降7%。2021年实现产品销售收入8.2亿元，同比增长16.1%；实现利润22902万元。

江苏嘉轩智能工业科技股份有限公司主要从事低速、高速大功率永磁直驱电机研发与制造，在高效智能自驱动永磁滚筒细分领域占有优势。公司连续四年高速增长，2021年实现销售收入4.6亿元，同比增长159.9%；实现利润3364万元。

合肥恒大江海泵业股份有限公司是一家大中型潜水电泵机组、高低压特种电机和电控装置及泵站综合自动化系统等研发制造企业，生产的潜水轴（混）流电泵、潜水贯流电泵机组在"南水北调""引江济淮"等重点工程中发挥重要作用。2021年实现工业总产值2.8亿元，同比增长59.1%，其中新产品产值为2.5亿元；实现销售收入3.2亿元，同比增长80.4%；实现利润3845万元，同比增长74.3%。

广东瑞荣泵业有限公司重点开发了大功率和大尺寸井用潜水电机电泵，在工农业大用水量环境中代替了地面泵，降低了能耗，提高了效率。2021年实现销售收入3.0亿元，同比增长31%；实现利润2344万元，同比增长40%。

科技成果及新产品 卧龙电气驱动集团股份有限公司持续推动技术发展，夯实企业竞争力。2021年研发的工业驱动类新产品通过由中国机械工业联合会、中国电器工业协会及行业内专家组成的鉴定委员会鉴定，鉴定结果为：YBX5系列隔爆型三相异步电动机、YE5系列三相异步电动机综合性能指标达到同类产品的国际领先水平；WEPM系列变频调速永磁同步电动机产品的性价比达到同类产品的国际先进水平。在核四代主泵电机及泵控系统／工程样机电机的研发中，卧龙电驱承担了示范快堆关键设备主循环钠泵电机及泵控系统研制工作，研制出一、二回路主循环钠泵电机、变频器及控制系统工程机,并且经过了可靠性试验验证和核安全鉴定,是国内外首家通过主泵电机抗震鉴定试验的企业。卧龙电驱的永磁电机品质提升关键技术与设计方法研究和工程应用项目获2021年度中国机械工业科学技术奖技术发明类一等奖。卧龙电驱的基于工业互联网的电机行业供应链协同智能大脑解决方案获工业和信息化部2021年工业互联网平台+供应链协同解决方案试点示范项目。

江潮电机科技股份有限公司院士工作站研发的高效高功率密度电机系统关键技术及其应用项目,提出了一整套具有自主知识产权的高效高功率密度电机系统关键技术,大幅提高了系统的性能指标和运行品质。①针对高功率密度电机系统损耗难以降低、设计约束与目标需求间关系复杂的问题,提出脉宽调制电源激励下电机铁耗建模方法,计及铁耗的非线性变化,构建了随工况变化的电机铁耗等值电阻模型,揭示了电机设计参数对其运行范围与损耗的影响规律,设计了自调整自进化粒子群优化算法,形成了多约束条件下高功率密度电机效率优化设计体系,提升了高功率密度电机效能。②针对不同载波比状态下变流器开关损耗与输出波形质量难以兼顾的问题,构建了不同载波比下变流器开关行为统一量化评价标准,建立了宽调制范围开关序列同步性与对称性匹配原则,设计了兼顾变流器开关损耗与输出波形质量的开关状态动态优化调控机制,提出高功率密度变流器不连续空间矢量脉宽调制策略,形成了宽调速范围高功率密度变流器低损耗低谐波调制技术体系,降低了高功率密度变流器运行损耗。③针对非线性时变扰动对高功率密度电机系统控制性能的影响,构建了负载扰动下电机位置角信息与转速动态补偿机制,通过重构变流器开关状态与矢量空间分区的对应关系,提出模型失配下的预测转矩控制方法,形成了复杂扰动下高功率密度电机系统高稳定控制体系,实现了多目标需求下高功率密度电机系统性能品质的综合提升。该项目获2020年度天津市科技进步奖特等奖。

福建安波电机集团有限公司深化细分市场,研究开发了高精度高速数控小功率伺服电动机,在方案设计、制造工艺、系统控制等方面进行创新,提高了电机定位精度和低速运行的平稳性;解决了系统的低转速稳定性问题,被列入福建省重大专题专项;采用电机本体和控制器集成设计的一体化设计方法,建立电机-控制器耦合数学模型,在位置环和电流环中加入插值算法,采用"动态增量法"修正数学模型,实现高转速的精确定位控制;小系统中,在控制器内部增加相应的硬件模块,实现资源共享、多机联动控制;大系统中,通过通信模块实现系统的协调与联动控制,满足不同系统需求。经第三方检验,该产品效率高,在结构和制造工艺上有一定的创新性,符合国家环保节能政策,产品综合技术指标达到国内先进水平。公司获2021年度宁德市东侨开发区经济发展突出贡献企业称号。

山东华力电机集团股份有限公司研发的YE5系列三相异步电动机通过应用多项电机节能技术,有效降低电动机

运行中产生的各种损耗,实现效率提升,达到GB 18613—2020《电动机能效限定值及能效等级》的1级能效,2021年10月正式发布推向市场。开发了多款风机辅机、轨道交通及汽车测试等细分市场专用机型,其中1AL-112M-4/2-1.3/5.1kW牵引电机冷却风机专用三相异步电动机入选2021年度山东省首台(套)技术装备及关键核心零部件。

安徽皖南电机股份有限公司利用T100信息化赋能产业链、供应链和创新链深度融合,推动公司数字化、精益化、绿色化发展。2021年成立了永磁项目组,永磁电机批量推向市场。开展工艺改进36项,新设备、新工艺应用35项。TZNP4系列智能控制三相永磁同步电动机、YFBBP系列粉尘防爆型变频调速三相异步电动机、YBX3系列高效率隔爆型(ExdⅡCT4)三相异步电动机获2021年安徽省新产品(第一批)认定;YE4(3～13.8kV)系列三相异步电动机、高压三相异步电动机入选2021年全国机械工业用户满意产品名录。

佳木斯电机股份有限公司领航行业技术和产品发展,2021年研发成功YE5、YBX5等高效节能产品并推向市场;完成低压IE3系列电机电磁优化,平均降低材料成本16.4%;完成同步发电机、YZYPT900-48 000kW正压外壳型高压三相异步电动机等32项新产品试制;YPT1120-4WF1 20 000kW变频调速三相异步电动机入选2021年度黑龙江省重点领域首台(套)创新产品;主氢风机入选能源领域首台(套)重大技术装备。

江西江特电机有限公司的YZPFME200～225、YZPFM200～315系列起重机及冶金用变频调速电机研究与应用项目的主要技术特点有:①恒功率范围大。目前市场起重变频电机恒功率范围一般是1:2,该项目电机提高到1:2.5,轻载时可达1:3,电机效率约提高2%。②振动小。振动为0.5mm/s左右,比普通的电机减小大约0.5mm/s。③噪声低。噪声为80dB(A),比普通的电机降低5dB(A)。④变频范围宽。普通电机变频范围为7～100Hz,7～50Hz恒转矩,50～100Hz恒功率;该项目电机变频范围4～125Hz,4～50Hz恒转矩调速,50～125Hz恒功率调速。获2021年度宜春市高新技术发明奖二等奖。

河北电机股份有限公司与石家庄铁道大学、北京理工大学开发的高性能电动汽车永磁同步电机关键技术被列入河北省重点研发计划项目,适用于物流车、小型乘用车、城市客车的高功率密度、高效率、低噪声和振动的全新新能源汽车用3款驱动电机新产品,型号分别是TZ238XS3060、TZ238XS5085、TZ398XS1600。主要针对新型磁极结构的拓扑优化、电机冷却系统、永磁同步电机热-固-流体耦合仿真和转子冲片的强度校核与减重优化设计等关键技术进行研究,研制周期为2020年6月至2023年6月,已完成第一、第二年度的研制任务,完成了3台样机的研制,在第三方检测机构检测并在国家专业机构进行强检认证,性能达到预期,功率密度≥1.6kW/kg,效

率≥96.8%，空载噪声≤70dB（A），全转速振动≤1mm/s，在研制过程中，形成相关技术标准和知识产权。经河北省科学技术情报研究院查新，该项目的研究成果在国内文献中未见相同报道。2021年4月和2022年4月由河北省科技厅组织，委托石家庄市科技局主持，邀请相关专家组成专家组，完成了前两个阶段的项目验收。

山西电机制造有限公司联合沈阳工业大学、中车永济电机有限公司开展的电机系统节能技术与变频电机一体机开发项目，2021年在太原市首批科技计划"揭榜挂帅"项目中立项，目前项目正在研发阶段。公司通过在低谐波不等匝绕组、通风散热等技术领域的持续创新，借助国内独有的转子低压铸铝工艺技术，在高、低压高效电机产品研发上取得了较好成果，2021年完成了国家新版能效标准1级能效的YE5全系列三相异步电动机研发，并获得中国节能产品认证证书。

昆明电机厂有限责任公司的智能化大中型高效水泵及电机关键技术研发项目，2021年在云南省第一批揭榜制科技项目中立项，目前项目在研发阶段。

安徽明腾永磁机电设备有限公司研发的TYKK800-8大型高压三相永磁同步电动机主要技术特点有：①永磁电机转子冲片采用V字形磁钢槽，失步转矩倍数达1.8，起动转矩倍数达1.1，可实现重载起动下电机牵入同步，可拖动离心风机等大转动惯量负载。②采用V/f变频控制，电机功率因数可始终保持在0.96以上，额定电流较高压三相异步电动机下降20%左右。③电机驱动端采用"圆柱滚子轴承＋球轴承"的结构作为定位端，非驱动端采用圆柱滚子轴承作为浮动端，增强电机的承载能力。该产品通过2021年安徽省首台（套）重大技术装备（第一批）认定。研发的STYB315-3.15矿用隔爆型三相永磁同步电动滚筒主要技术特点有：①转子冲片采用内表贴磁钢槽结构，增强了转子的机械强度，优化调整了磁钢槽型，重载起动效果好；采用变频器控制，大转矩软起动，起动冲击小。②定子绕组绝缘采用高分子绝缘材料、VPI浸漆制造工艺，提高绝缘耐电压水平及机械强度，足以抵抗变频器高频电流冲击以及高电压对绝缘的破坏。③定子置于滚筒内部，采用IC3W7水冷冷却方式给定子散热，试验证明效果非常好。电动滚筒两端均采用调心滚子轴承的结构，非常适合实际工况，该类轴承具有自调心功能，使电机的承载能力非常强。④永磁体镶嵌在外转子铁心内，铁心与滚筒热套，缩小了整个驱动系统的尺寸，大大降低驱动系统的成本，基本做到免维护。TYJVFT-450M4-6矿用隔爆兼本质安全型高压永磁同步变频调速一体机的主要技术特点有：①采用隔爆外壳的隔爆形式，有效隔爆，降低现场爆炸风险。②外壳采用高强度钢板焊接，将变频器与超高效永磁同步电机结合成为一个整体，相较于"永磁同步电机＋变频器"组合极大地节省了空间，减小了矿下设备占用空间和运输难度；采用新型IC3W7水冷结构设计，端盖和机座均设计有冷却水道且组成一条水道，电机内部产生的温度通过机座和端盖同时冷却，增强了冷却效果，同时对轴承

的冷却起到积极的作用。后两项新产品获得2021年安徽省新产品（第四批）认定。

合肥恒大江海泵业股份有限公司生产的Z（H）DBX带行星齿轮减速潜水轴（混）流泵通过2021年安徽省首台（套）重大技术装备认定，大型潜水电机高效高可靠稳定运行关键技术及工程应用获2021年安徽省科技进步奖一等奖。2021年，深海提升潜水电泵在我国首次深海多金属结核采矿1000m级全系统联动试验中取得成功，实现了我国深海装备和深海技术的重大突破。海试过程中，深海提升潜水电泵安全可靠，性能优异。在潜水泵站排水系统技术研究方面，叶轮内置式潜水贯流泵通过水利部新产品认定。

青岛中加特电气股份有限公司2021年与海洋工程领域的李华军院士共同承担山东省重点研发计划"海上施工作业技术与装备"，研究海洋领域的关键共性技术，解决关键装备"卡脖子"短板，已经完成水下泥泵系统样机试制工作。2021年，矿用隔爆兼本质安全型永磁同步变频调速一体式电动滚筒项目通过由中国煤炭工业协会组织的专家鉴定，认定技术水平国际领先。BDBP-3×3350/10/3.3中压变频器组入选2021年度山东省首台（套）技术装备及关键核心零部件。

德州恒力电机有限责任公司研发的海洋风电用三相异步电动机，把船用电动机技术、C5M-H防腐喷涂技术、减振降噪技术和新型电机原材料创新集成，并能够达到IP56的防护等级，使从电机内部零件到整机外壳都能够完美适应海洋高浓度盐雾的恶劣环境。该项目通过省级部门鉴定，达到国内领先水平。

青岛天一集团红旗电机有限公司研发的THE系列织机用永磁同步电动机采用高导磁低损耗冷轧硅钢片，转子采用嵌入式稀土永磁体，产品具有超高效、转矩高、起动性好、低振动、低噪声、性能可靠、安装维护方便等特点。优化设计电磁方案，在额定功率运行时功率因数高，定子电流较优化前降幅达36%，进而降低了定子铜耗，提高了效率，有利于减少电机的发热，比普通电机的机壳温度降低15～20℃。同时在变压器及电缆不变的情况下，可实现增容36%。在运行设备不增加的情况下，总电流下降36%，进一步提高企业的综合节电率。获2021年度山东省装备制造业科技创新奖三等奖，入选2021年度山东省首台（套）技术装备及关键核心零部件。

山东力久特种电机股份有限公司研发的LH系列氢燃料电池专用电机，是针对氢燃料电池系统的空气系统总成和氢气系统总成两个核心部分进行研发的新型电动机产品，为高转速永磁变频电动机，与空压机配套使用。产品主要技术特点有：①产品采用永磁体内置式转子结构设计，通过最佳的定、转子槽形和槽配合，额定转速达到6000～24000r/min，为氢燃料电池空气系统总成、氢气系统总成的压缩机提供了足够的转速和转矩。②产品设计的额定频率为200～800Hz，使电动机在额定转速内可以无级调节，调速范围宽，效率和功率因数高。③产品采用

铝壳结构设计，外形美观、小巧；采用灵活结构设计，形状多变，可与多种氢燃料电池空气系统总成、氢气系统总成的压缩机完美配套，满足客户各种安装需求。④产品采用水循环冷却的结构设计，解决了产品在高转速下的散热问题，进一步提升了产品的安全性及使用寿命。产品进入 2021 年山东省装备制造业协会创新成果示范库。公司 2021 年获山东省技术创新示范企业称号。

山东科汇电力自动化股份有限公司研发的单机功率最大的重型锻压机械用 630kW 开关磁阻电机驱动系统顺利通过验收，并在湖北洪伯车辆有限公司和中国航空工业集团景航航空锻铸有限公司应用，首次实现了 80MN 重型电动螺旋压力机的国产化，打破了国外垄断，解决了 80MN 重型电动螺旋压力机无法自行研制、依赖进口的现状。2021 年 5 月中国锻压协会组织的科技鉴定意见指出：重型数控电动螺旋专用大功率开关磁阻电机技术填补了国内空白，达到国内领先、国际先进水平。

浙江西子富沃德电机有限公司研发的 GETM3.0Pro 永磁同步无齿轮曳引机，轴向承载力 3 000kg，功率 11.7kW，载重 630～1 050kg，梯速 1～1.75m/s，温升 ≤105K，被列入 2021 年度浙江省重点创新项目。F53 正余弦编码器被列入 2021 年度省级工业新产品（新技术）项目计划，主要技术性能为：①电源电压：直流 5（1±10%）V。②最大空载电流：150mA。③增量信号：A、B，正弦 - 余弦，峰 - 峰值 1V。④脉冲数：2 048。⑤最大输出频率 180kHz。

江苏嘉轩智能工业科技股份有限公司的高效智能永磁直驱滚筒关键技术项目，首创了低速大转矩外转子永磁电机的高转矩密度设计方法，在煤矿获得应用，解决了我国传统带式输送传动系统可靠性低、故障率高、占地面积大、能耗高、运维成本高等问题，实现了高效节能。该技术的重大突破，填补了国内外该领域的技术空白。获 2021 年中国煤炭工业协会科学技术奖一等奖。

湘电集团有限公司的特种牵引车辆永磁电驱动系统关键技术及应用项目获湖南省科技进步奖一等奖，轻量化低脉动直驱永磁电机关键技术及应用项目获中国电力科学技术进步奖一等奖。

珠海凯邦电机制造有限公司生产的新能源电动大巴永磁同步主驱电机获 2021 年广东省名优高新技术产品，ZWR50-A 新型高效轴向磁场无刷直流电机获 2021 年度中国家电产业链金钉奖。

上海电机系统节能工程技术研究中心有限公司 2021 年围绕电机系统节能产品体系，从产品的高效化、轻量化、集成化和智能化技术发展方向，开展了 7 大系列产品的开发工作。开发采用行业联合设计、定制化委托设计、立项预研等多种模式。YJE3 系列低压高功率密度三相异步电动机实现轻量化，在 YE3 系列设计基础上，同机座提高 1～3 档功率，材料成本平均降低 10% 左右；TYJB 系列搅拌机专用直驱式永磁同步电动机实现集成化，取代搅拌机传统的异步电机加齿轮箱传动结构，系统效率高、可靠性高、维护简单、成本低；TYP 系列低压变频调速永磁同步电动机实现高效化、轻量化，效率达到 IE4 及以上，降低 1～3 个机座号。在产品开发的基础上，已形成产品行业标准。智能外转子直驱传动技术及工程应用项目获 2021 年中国机械工业科学技术奖三等奖。

中国石化润滑油有限公司润滑脂分公司 2021 年进一步加快技术创新，加强高端领域技术合作，与舍弗勒、斯凯孚、吉凯恩等国际制造商创建战略合作关系，通过搭建联合实验室同步开发新能源、高端轴承用脂领域。紧盯国内外关键设备制造商和行业龙头客户需求，加快 OEM 认证和科研成果转化。持续推进润滑脂工程研究中心平台建设，与兰州化物所、清华大学、北京理工大学、南开大学等院校实现合作。2021 年申报天津市润滑脂产品开发工程研究中心并获成功，为基础研究搭建了新平台。

质量 2021 年国家市场监督管理总局未组织三相异步电动机国家监督抽查。2020 年由福建省产品质量检验研究院牵头，与南通市产品质量监督检验所（江苏省电机产品质量监督检验中心）共同承担了 2020 年三相异步电动机国家监督抽查任务，共抽查了天津、河北、上海、江苏、浙江、安徽、福建、江西、山东、河南、湖北、湖南、广东、重庆和云南 15 个省、直辖市 192 家企业生产的 193 批次产品（不涉及出口产品）。经检验，166 家企业的 167 批次产品合格，26 家企业的 26 批次产品不合格，批次不合格率为 13.5%。

此次抽查覆盖了大、中、小、微型企业。其中，大型企业 4 家，占比 2.1%；中型企业 26 家，占比 13.5%；小型企业 126 家，占比 65.6%；微型企业 36 家，占比 18.8%。产品不合格率分别为 0%、7.7%、11.9%、25.0%，其中微型企业的不合格率比此次抽查的平均不合格率高 11.5 个百分点，结果基本说明了电机生产领域的质量状况。按企业规模统计的企业和产品不合格率见表 10。

表 10　按企业规模统计的企业和产品不合格率

企业规模	抽查企业数／家	不合格企业数／家	企业不合格率（%）	抽查产品数／批次	不合格产品数／批次	产品不合格率（%）
大型企业	4	0	0	5	0	0
中型企业	26	2	7.7	26	2	7.7
小型企业	126	15	11.9	126	15	11.9
微型企业	36	9	25.0	36	9	25.0
合　计	192	26	13.5	193	26	13.5

抽查检验项目共 13 项，包括旋转方向、接地、引线防护、接线端子、定额试验、热试验、绝缘电阻、耐电压试验、短时过转矩、超速、振动强度、噪声的测定、效率的测定。其中，接地、引线防护、接线端子、定额试验、热试验、绝缘电阻、耐电压试验、短时过转矩、超速是产品安全类试验项目，振动强度与噪声的测定是产品环保类试验项目，效率的测定是产品能效节能类试验项目。

所抽查产品出现的不合格项目包括旋转方向、接地、定额试验、热试验、绝缘电阻、噪声的测定、效率的测定。其中，18 台样品涉及安全类检验项目，1 台涉及环保类检验项目，17 台涉及能效类检验项目。按检验项目类型统计，安全、环保及能效的不合格率分别为 9.3%、0.5%、8.9%。按检验项目统计的不合格率见表 11。

表 11　按检验项目统计的不合格率

检测项目	检验数/台	不合格数/台	不合格率（%）	检验项目类型	检验数/台	不合格数/台	不合格率（%）
旋转方向	193	9	4.7	安全	193	18	9.3
接地	193	9	4.7				
引线防护	193	0	0				
接线端子	193	0	0				
定额试验	192	6	3.1				
热试验	193	1	0.5				
绝缘电阻	193	1	0.5				
耐电压试验	192	0	0				
短时过转矩	192	0	0				
超速	192	0	0				
振动强度	192	0	0	环保	192	1	0.5
噪声的测定	192	1	0.5				
效率的测定	192	17	8.9	能效	192	17	8.9

此次抽查涉及 15 个省、直辖市的 192 家企业，其中江苏省、浙江省、安徽省、山东省、广东省和上海市是三相异步电动机生产比较集中的地区，6 个地区产品的不合格率分别为 11.6%、13.6%、18.2%、7.7%、16.7%、25.0%。按生产企业所在地统计的企业和产品不合格率见表 12。

表 12　按生产企业所在地统计的企业和产品不合格率

生产企业所在地	抽查企业数/家	不合格企业数/家	企业不合格率（%）	抽查产品数/批次	不合格产品数/批次	产品不合格率（%）
天津市	1	0	0	1	0	0
河北省	1	0	0	1	0	0
上海市	8	2	25.0	8	2	25.0
江苏省	69	8	11.6	69	8	11.6
浙江省	66	9	13.6	66	9	13.6
安徽省	10	2	20.0	11	2	18.2
福建省	3	0	0	3	0	0
江西省	2	1	50.0	2	1	50.0
山东省	13	1	7.7	13	1	7.7
河南省	1	0	0	1	0	0
湖北省	2	0	0	2	0	0
湖南省	2	0	0	2	0	0
广东省	12	2	16.7	12	2	16.7
重庆市	1	1	100.0	1	1	100.0
云南省	1	0	0	1	0	0
合　计	192	26	13.5	193	26	13.5

此次抽查是自国家对中小型电机产品实施监督抽查以来的第 25 次抽查,从 2009 年开始,三相异步电动机产品国家监督抽查不合格率呈逐年下降趋势,但 2018 年有所回弹,后又呈下降趋势。2020 年共抽查 193 批次产品,是历年来最多的一次,从抽查结果看,不合格率比 2019 年降低了 4 个百分点。2008—2020 年国家对中小型电机的监督抽查情况见图 1。

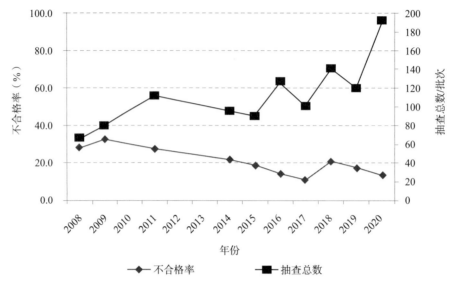

图 1　2008—2020 年国家对中小型电机的监督抽查情况

根据《关于组织开展黑龙江省工业质量标杆遴选活动的通知》(〔2020〕516 号),黑龙江省工业和信息化厅组织开展了 2021 年省工业质量标杆遴选工作。经企业申请、市(地)推荐、专家评审、结果公示等程序,佳木斯电机股份有限公司以实施云端在线服务的典型经验,获 2021 年黑龙江省工业质量标杆称号。该公司的"拓荒牛"QC 小组获中国质量协会主办的第四届中央企业 QC 小组成果发表赛二等奖。

根据《工业和信息化部办公厅关于做好 2021 年工业质量品牌建设工作的通知》(工信厅科函〔2021〕48 号)及《关于开展 2021 年工业企业质量标杆活动的通知》要求,山东省工业和信息化厅组织开展了 2021 年全省质量标杆遴选工作。经企业申报、有关部门推荐、专家论证等程序,德州恒力电机有限责任公司以实施"数字化＋定制化"双轮驱动下的全面质量管理经验,荣获"2021 年山东省质量标杆企业"称号。

根据《"安徽工业精品"提升行动计划(2018—2022 年)》(皖经信科技〔2018〕182 号)要求,安徽省经济和信息化委员会组织开展了 2021 年度"安徽工业精品"遴选工作。经企业申报、各市及直管县推荐、专家遴选、审核等程序,合肥恒大江海泵业股份有限公司申报的带行星齿轮减速器潜水(贯流)电泵[ZDBX、HDBX、QZ、GZBW(S)]4 个产品获 2021 年度安徽工业精品称号。2021 年 10 月注册商标"恒大江海"获国家知识产权局中国"驰名商标"保护。

2021 年 10 月,江苏大中股份有限公司被授予江苏省省长质量奖提名奖。

珠海凯邦电机制造有限公司的"基于高密封高可靠性低噪声塑封 PG 电机技术的研究"获 2021 年中国质量技术奖二等奖,"空调用直流电机安装角强度提升可靠性设计"获 2021 年中国质量技术奖优秀奖。该公司 2021 年 9 月获 2021 年全国机械工业质量管理小组、质量信得过班组、质量品牌故事交流活动一项质量管理小组一等奖,2021 年 10 月获 2021 年度全国轻工行业优秀管理小组及质量信得过班组评选活动三项全国优秀质量管理小组。

标准　全国旋转电机标准化技术委员会(简称旋转电机标委会)积极组织国内专家实质性参与国际标准制修订,共注册 23 名专家参加了 IEC/TC2 14 项标准制修订。2021 年 IEC/TC2 年度大会于 5 月 19—20 日在线上召开,共有来自德国、美国、加拿大、英国、法国、俄罗斯、日本、印度、中国等国家的 50 名代表参加。我国由全国旋转电机专委会主任委员、标委会秘书长金惟伟担任代表团团长,组织国内专家代表 11 人参加了会议。

会议回顾了上届(2018 年 5 月)中国上海会议的决议和事项,IEC 技术官员介绍了 TC2 的工作情况,各个工作组召集人汇报各组自 2018 年以来开展的工作及需要讨论的议题,联络员汇报了与其他 TC 的联络情况。会议经过讨论和各国投票决议,确定了 TC2 未来两年的主要工作内容,即将启动 IEC 60034-12 Ed.3.0《单速三相笼型感应电机的起动特性》、60034-2-×《旋转电机确定损耗与效率测试方法系列》、IEC 60034-15 Ed.3.0《旋转电机 第 15 部分:交流电机定子成型线圈耐冲击电压水平》、IEC 60034-18-31 Ed.2.0《旋转电机 第 18-31 部分:绝缘结构功能性评定　成型绕组试验规程　旋转电机绝缘结构热评定和分级》、IEC 60034-18-41 Ed.2.0《旋转电机 第 18-41 部分:电压型变频器供电的旋转电机耐局部放电电气绝缘结构

（I 型）鉴定和验收试验》、IEC 60356 Ed.1.0《换向器和集电环的尺寸》、IEC 60413 Ed.1.0《电机用电刷材料物理性能试验规程》等标准的修订。

大会还讨论了两个新项目提案。一项是由德国提出的 IEC 60034-×× *Product data and properties for information exchange*《用于信息交换的产品数据和属性》。该提案将对旋转电机的数字化生产数据进行定义，涵盖电机的分类、电机不同属性的区块，包括身份标识如制造商、供货商、数字铭牌、电机尺寸、性能数据，冷却设备、传感器等附件信息，以及变频器数据、相关文档如工程图样、证书等。另一项提案是由我国大唐火力发电技术研究院提出的 IEC 60034-×× *Detection of interturn short-circuit in rotor windings for cylindrical rotor synchronous generator*《隐极发电机转子匝间短路故障检测》。该提案适用于汽轮机驱动的 50Hz 或 60Hz 频率的三相隐极同步发电机，规定了产品的术语、离线、在线检测方法、匝间短路判别标准、匝间短路定位方法、发电机匝间短路与机组振动数据的关联监测等。经大会讨论，提案可作为国际标准、技术规范或技术报告，将在确定所属工作组后提交 NWIP 文件给各国投票表决。

WG12 工作组于 4 月 20 日与 5 月 21 日召开了 2 次视频会议，会议主要涉及标准 IEC 60034-35、IEC 60072-1、IEC 60034-1 及 IEC 60034-12。

WG28 工作组会议于 5 月 18 日在线上召开，会议主要讨论了 IEC 60034-2-× 系列的修订。

WG31 工作组会议于 5 月 19 日在线上召开，主要针对 IEC 60034-30-3《旋转电机 第 30-3 部分：高压交流电动机能效分级（IE 代码）》的制定展开讨论。

MT10 工作组会议于 2021 年 5 月 25—27 日在线上举行，讨论了多份 MT10 标准文件，包括 IEC 60034-15 Ed3《旋转电机 第 15 部分：交流电机定子成型线圈耐冲击电压水平》，IEC 60034-18-1 Ed3《旋转电机 第 18-1 部分：绝缘结构功能性评定 总则》，IEC 60034-18-31 Ed2《旋转电机 第 18-31 部分：绝缘结构功能性评定 成型绕组试验规程 旋转电机绝缘结构热评定和分级》，IEC 60034-18-32 Ed.2.0《旋转电机 第 18-32 部分：绝缘结构功能性评定成型绕组的电压耐久性鉴定规程》，IEC 60034-18-41 Ed.2.0《旋转电机 第 18-41 部分：电压型变频器供电的旋转电机耐局部放电电气绝缘结构（I 型）鉴定和验收试验》，IEC TS 60034-27-2 Ed.2.0《旋转电机 第 27-2 部分：旋转电机绕组绝缘局部放电的在线测量》。

2021 年 10 月 20—23 日在湖南郴州召开了旋转电机标委会年会，优化并构建了"双碳"目标下电机标准体系，开展了 4 项国家标准、13 项行业标准、5 项团体标准的制修订工作，完成了强制标准立项，国家标准、行业标准复审及标准宣贯、咨询、培训等工作，提出了 2022 年工作计划。

中国电器工业协会于 2021 年 5 月组织重点领域编制"双碳"标准化工作方案。旋转电机标委会秘书处相继制定了《中小型电动机节能监察技术规范》《中小电机单位产品能源消耗限额》《电机制造行业绿色工厂评价要求》《绿色设计产品评价技术规范 交流电动机》《电机产品生命周期评价方法》等和节能监测与管理、绿色工厂以及产品生态设计相关的标准，还制定了《TYP 系列变频调速三相永磁同步电动机技术条件及能效分级（机座号 80～355）》《YKK、YXKK 系列 10kV 高压三相异步电动机技术条件及能效分级（机座号 400～630）》等一批绿色产品标准。

2021 年 7 月由国标委发〔2021〕21 号文正式下达强制性国家标准《旋转电机 安全技术规范》的修订计划，牵头起草单位为上海电器科学研究所（集团）有限公司。该标准是整合 GB 20237—2006《起重冶金和屏蔽电机安全要求》和 GB 20294—2006《隔爆型起重冶金和屏蔽电机安全要求》，同时增加有关小功率电动机和中小型旋转电机的安全要求，所形成的旋转电机领域的通用安全技术标准。

2021 年由旋转电机标委会负责制定及归口的相关标准发布情况见表 13。

表 13 2021 年由旋转电机标委会负责制定及归口的相关标准发布情况

序号	标准代号	标准名称	实施日期
国家标准			
1	GB/T 1029—2021	三相同步电机试验方法	2021-12-01
2	GB/T 40294—2021	确定电励磁同步电机参数的试验方法	2021-12-01
3	GB/T 40100—2021	电机产品生命周期评价方法	2021-12-01
4	GB/T 20833.1—2021	旋转电机 绕组绝缘 第 1 部分：离线局部放电测量	2021-10-01
5	GB/T 20833.4—2021	旋转电机 绕组绝缘 第 4 部分：绝缘电阻和极化指数测量	2021-10-01
团体标准			
1	T/CMIF 129—2021/ T/CEEIA 492—2021	电机试验用静止变频电源技术条件	2021-03-01
2	T/CMIF 130—2021/ T/CEEIA 493—2021	笼型交流电动机铜端环技术条件	2021-03-01
3	T/CMIF 131—2021/ T/CEEIA 494—2021	绕组式永磁调速器技术条件（机座号 355～1000）	2021-03-01

（续）

序号	标准代号	标准名称	实施日期
4	T/CMIF 132—2021/ T/CEEIA 495—2021	TYDS 系列带式输送机用直驱式永磁同步电动机技术条件	2021-03-01
5	T/CMIF 133—2021/ T/CEEIA 496—2021	TYSP 系列压缩机用变频调速三相永磁同步电动机技术条件	2021-03-01
6	T/CMIF 134—2021/ T/CEEIA 497—2021	YDTXF 系列消防风机用变极多速三相异步电动机技术条件	2021-03-01
7	T/CMIF 135—2021/ T/CEEIA 498—2021	YXF 系列消防风机用三相异步电动机技术条件	2021-03-01

2021 年有 4 家电机企业、10 项企业标准获 2021 年企业标准"领跑者"认证。2021 年电机企业标准"领跑者"清单如下：

佳木斯电机股份有限公司 2 项：《YE5 系列高效率三相异步电动机技术条件（机座号 80～355）》（标准编号：Q/0EE.117—2021，低压高效）；《YBX5 系列高效率隔爆型三相异步电动机技术条件（机座号 80～355）》（标准编号：Q/0EE.020-2021，低压高效）。

浙江金龙电机股份有限公司 2 项：《YE5 系列（1 级能效 IP55）超超高效率三相异步电动机技术条件（机座号 56～355）》（标准编号：Q/JL J0221—2021，低压类）；《TYK5 系列变频调速三相永磁同步电动机技术条件（机座号 80～355）》（标准编号：Q/JL J0211—2021，永磁类）。

江苏大中电机股份有限公司 4 项：《YBX5 系列高效率隔爆型三相异步电动机技术条件（H63～355）》（标准编号：Q/321282KDB72—2021，低压类）；《YBX5 系列高效率隔爆型三相异步电动机技术条件（H63～355）》（标准编号：Q/321282KDB72—2021，低压类）；《TYJX 系列超高效率三相永磁同步电动机技术条件（机座号 80～355）》（标准编号：Q/321282KDB41—2021，永磁电机）；《TYP 系列变频调速三相永磁同步电动机技术条件及能效分级（机座号 80～355）》（标准编号：Q/321282KDB68—2021，永磁电机）。

南阳防爆（苏州）特种装备有限公司 2 项：《YBX3 系列高效率高压隔爆型三相异步电动机技术条件（机座号 315～560）》（标准编号：Q/320584GCX070—2021，高压高效）；《YXKK2 系列高效率高压三相异步电动机技术条件（机座号 355～630）》（标准编号：Q/320584GCX132—2021，高压高效）。

基本建设及技术改造 山东华力电机集团股份有限公司 2021 年投资 1 000 万元，在原数字化车间基础上新增机座加工单元、自动嵌线单元、各类机器人以及废气智能收集系统等设备，进一步丰富和完善数字化车间的自动化产线，有效提高生产保障能力，提升产品质量和一致性，材料利用率提升 10%，关键工序数控化率达 80%。

江西江特电机有限公司 2021 年固定资产投资 3 000 万元，基本建设投资 350 万元，技术更新改造投资 2 650 万元，主要用于智能制造数字化工厂一期建设，解决机加工瓶颈工序、用工难等问题及改善员工作业环境，引进了轴加工—柔性自动化加工单元（HTC40P 数控车床 2 台、VMC1100 立式加工中心 1 台、MKS1332CNC-1000A 数控磨床 1 台及机器人、机器人导轨、上料仓、下料仓、自动抓手、总控各 1 台），2 台 VTM10050 车钻复合机床，1 台 HMC50 铣钻复合机床。铁心分厂技改设备主要有 4 台（套）冲片复冲自动送料生产线、1 条瓜子片集中排屑线、1 条 200T 摇摆落料生产线、3 台高精密激光切割机、1 台 125T 全自动铸铝生产线。总装分厂技改设备主要包括：白布带包带机，员工包线台面包线自动滑行；定子自动化（绕线、嵌线、整形、检测）生产线，各工序之间实现机械自动化作业，效率提高 40% 以上；剪切机及包线折弯机，绕线转子铜棒通过调试设备参数可自动成形为图样所需尺寸，不需要模具及工装，效率提高 50% 以上。型检技改设备主要包括：200kW、1 000kW 型检测试系统，满足高效和超高效电机效率测试需求，确保测试数据的可溯源性、测试结果的准确度和可重复性。

广东省东莞电机有限公司 2021 年投入固定资产总投资 1 001 万元用于高效节能电机自动化生产技改项目，购置偏摆送料机与闭式双 / 单点压力机、冲片送料机、冲片料理机、自动嵌线生产线、数控车床、加工中心等设备，用于加工电机主要零部件冲片、线圈以及机座和端盖。项目的实施推进了高效电机自动化生产的深入应用，提高了产品品质，取得了良好的经济效益，预计减少人员 12 人，节省硅钢片材料消耗 7% 以上，年节省硅钢片 40t 以上。

江潮电机科技股份有限公司 2020—2021 年投入固定资产总投资 2 000 万元，基本建设投资 1 500 万元，500 万元用于智能物流项目建设。该项目主要由智能立体仓库、智能立体仓储系统钢平台、智能立体仓储货架系统组成，实现物料搬运无人化作业，物料管理流程的自动化、信息化，保障物料高效、准确的运送，优化库存管控，降低库存呆滞风险，提高了库存周转率。通过与 ERP 管理系统连通，实现实时数据交换，生产系统可进行智能排产，提高了产能利用率，提升了数据汇总的及时性、有效性和部门协作效率。劳动生产率提升 6%，产品一次合格率提升 1%，单位 GDP 能耗降低 0.5%，关键工序数控化率 100%。

浙江金龙电机股份有限公司近两年来总投入近千万元在永磁伺服电动机及变频驱动控制的技术改造项目，购置自动化设备、自动嵌线、智能装配流水线、物联网大数据设备等，可年新增产能 200 万 kW，年增产永磁电机 20 万台，伺服电动机 30 万台以及变频驱动 50 万台。

衡水电机股份有限公司 2021—2023 年拟投资 4 000 万元建设高效节能电动机及智能化特种高压电动机开发生产项目，改建高压和部分组装车间，占地面积 8 000 m²。项目完成后预计每年增加电动机产量共计 3.03 万台，合计 48.5 万 kW，其中，YE4 系列三相异步电动机 2.4 万台，YE5 系列三相异步电动机 6 000 台，特种高压电机 300 台。购置先进数加工中心、数控车床、自动数控接送料机械手、检测和环保等先进设备及其他辅助设备共计 250 台（套）。

青岛中加特电气股份有限公司 2018—2021 年总投资 2.5 亿元开展数字化转型，打造变频一体机智能工厂。公司建有以德国舒曼全自动机器人为核心的线圈智能制造车间、以松下焊接工业机器人为核心的智能焊接车间、以 AGV 转运机器人以及定制工装为核心的总装车间、以 CNC 加工中心为核心的机加工车间，建成山东省唯一 5G 全连接工厂。公司引入 ERP、PLM、MES、WMS、QMS、SCADA、CRM 等管理系统，构建产线数字化仿真（数字孪生）模型，配合工业 5G 网络，打通智能工厂研发、工艺、生产、计划、质量与服务、设备、营销各环节之间的堵点，应用可视化技术实现智能制造及智慧管理。

山东科汇电力自动化股份有限公司 2021 年投资 380 万元在淄博、青岛园区建设了光储一体化绿色电站。该电站由 1MWp 光伏发电和柜式储能系统以及智慧控制器、能量管理云主站组成，光伏发电实现自发自用、余电上网，储能系统通过优化控制进一步增加了光伏发电的就地消纳比例。绿色电站年发电量约 1 200MW·h，光伏发电自用率 70% 左右，年度减排 1 196t 以上标准煤。

河北电机股份有限公司 2021 年技术更新改造投资 1 174 万元，其中，机加工智能工厂建设项目 530 万元，电机自动化生产技术升级改造项目 644 万元。机加工智能工厂建设项目中新增立式加工中心 JTVC850、JTVC1060 及卧式加工中心 HWD500、立式数控车床 CK518、数控卧式车床 CK6150E、数控斜床身 CKS50、自动绕线机、数控切割机等设备 39 台，达到无人化、少人化、生产均衡化，进一步提高工厂自动化水平。电机自动化生产技术升级改造项目中新增电机外壳加工工序、电机转子加工工序、电机数字化总装流水线等设备 38 台（套），实现了数控车床生产，提升生产效率 30%，质量一致性提升 40% 以上。

山西电机制造有限公司 2021 年启动了"智慧工厂一期"建设项目，预计投入资金 2.3 亿元，已完成项目立项，进入实施阶段。公司结合高效电机产品技术研发，开展高效电机智能化装配生产线建设，在加快企业智能制造的道路上迈出关键一步。在冲剪工艺方面，实施智能化、自动化改造，落圆工艺采用自动摇摆送料装备，复式冲压与高速单槽冲工艺均采用自动化送接料设备，大幅提高了冲剪分厂的自动化水平。电工加工方面，推广应用自动绕线嵌线一体机设备，拓展电工自动化生产。技术改造项目完成

后，公司将建成国内电机制造各项工序完整、产品品种齐全的现代化企业。

德州恒力电机有限责任公司联合哈尔滨工程大学、沈阳鼓风机集团公司、日本兵神机械工业株式会社合作建设高端装备制造产业园配套基础设施建设项目，项目周期为 2021 年 6 月至 2023 年 6 月，项目总投资 6.8 亿元，总占地面积 13.7 万 m²（205 亩），建筑面积 86 000 m²。一期主要建设哈工程减振降噪研究院、大型舰船电机两个板块；二期主要建设核动力机主泵、大型商用电机两个板块。目前一期已开发 8 万 m²（120 亩），项目主体基本完工，建设总面积约 60 000 m²，累计完成投资 4 800 万元。项目完全达产后年产大型舰船电机 450 万 kW、大型商用电机 250 万 kW、核动力机主泵 30 台（套），实现产值 10 亿元、利税 1.2 亿元。

上海电气集团上海电机厂有限公司 2021 年固定资产总投资 8 035.41 万元，基本建设投资 3 300 万元，技术更新改造投资 4 735.41 万元。主要对中型电机分厂、特种电机分厂、剪冲分厂、线圈分厂、大型电机分厂、部套件分厂、物流部和技术中心、质量保证部、安全保障部等相关部门的使用年限长、效率低无维修价值的加工设备、公用配套设备按计划进行常规改造，更新和增添必要的先进高效设备，改造关键的公用配套设施，逐步提升加工效率和质量稳定性，降低人工成本，改善员工作业条件，实现单位产品能耗降低 9.06%。

山东力久特种电机股份有限公司 2021—2022 年投资 3 000 多万元用于工艺及生产系统数字化升级改造项目、高速永磁变频特种电动机研发及产业化项目。公司通过实施 PMC 项目对产品生产计划与物料进行了管控升级；引进 PLM 和 MES 系统并对 ERP 系统进行了升级，下一步将继续加大产品技术开发、工艺设计及生产系统的数字化升级改造力度，提升公司生产系统的数字化、标准化、精益化管理水平。技术改造项目完成后，企业的产品研制周期缩短 38%，车间派工错误率下降 37%，减少车间派工、报工等单据纸张用量 71%，生产任务单下达时间缩短 23%，产品入库录入时间缩短 50%，产品入库错误率下降 52%，产能提高 19%，车间整体生产效率提升 20%，车间不良品率下降 23%，生产成本下降 13%。

六安江淮电机有限公司 2019—2021 年固定资产总投资 12 318.6 万元，基本建设投资 3 075 万元，技术更新改造投资 8 793.6 万元。主要对电机定子制造车间及电机零部件金加工车间进行数字化车间改造，改造后生产效率提升 23.5%，产品一次合格率提升 5.6%，人均产能提升 22.5%，单位产品能耗降低 5.9%，材料利用率提升 8.9%，关键工序数控化率达 87.9%。

安徽皖南电机股份有限公司 2021 年技术更新改造投资 6 000 余万元，皖南电气公司项目一期建设完成，5 号车间和精密车间工艺布局设计完成，装配一车间整体搬迁上线，三期改造项目开工建设。合资成立安徽泰拉尔泵业有限公司，新厂区建设启动。

上海 ABB 电机有限公司 2021 年建设了 e-mobility 型

式试验工作区，重新规划建设了新的风罩仓库，对小段前装线做了布局优化，建设了新的永磁生产线，完成了轨交线的搬迁，优化了整个工厂的 VMI（供应商库存管理）物料管理模式，对小段原材料仓库进行了优化、完成了黑坯维修区的搬迁，完成了两个新产品生产线的建设，空间节约 500m²、仓储空间增加约 700m²，在制品库存水平降低 30%，部分产品制造周期减少 50%。

珠海凯邦电机制造有限公司 2021 年技术改造投资 4 363.91 万元，公司利用现有厂房，引进绕线机、压磁环固定机、检测台、充磁机、转子铁心叠铆机、数控车床、机器人等设备，通过对罩机电机生产线、DD 电机生产线、直流定子线等进行技术改造，生产效率提升 12%，产品一次合格率提升 2%，人均产能提升 2.38 台／天。

由厦钨电机工业有限公司经营的厦门势拓稀土永磁电机产业园一期项目 2021 年已完成了 6.9 亿元投资项目。产业园通过孵化及引进企业单元，形成上下游产业链的资源整合优势，立足稀土永磁材料向产业链下游延伸，打造以稀土磁材为基础、电机为核心的产业集群，已完成 AB 区标准厂房建设并交付入园企业，目前有厦钨电机工业有限公司、厦门势拓吉诚科技有限公司、厦门势拓医疗科技有限公司、厦门势拓御能科技有限公司、厦门势拓智动科技有限公司、厦门势拓伺服科技股份有限公司 6 家入园企业入驻并进行生产经营，C 区厂房项目预计于 2023 年投入使用。

大连日牵电机有限公司 2021 年固定资产总投资 1 003 万元，基本建设投资 503 万元，用于 100t 以上电机厂房扩建。技术更新改造投资 499 万元，用于装备工序自动化生产线改造。改造后生产效率提升 12%，产品一次合格率提升 7.6%，人均产能提升 8.1%，单位产品能耗降低 4.2%，材料利用率提升 3%，关键工序数控化率达 84%。

浙江西子富沃德电机有限公司 2021 年投资 4 200 万元建设超薄永磁同步无齿轮曳引机自动化生产线技术改造项目，包括购置支架及制动器装配平台、翻转机、自动灌胶机、立式加工中心、卷绕机、动力输送线、变频器等自动化生产设备。项目上线后，可实现年产 9 000 台超薄永磁同步无齿轮曳引机的生产能力，实现产值 5 000 万元。

佳木斯电机股份有限公司 2021 年完成投资 6 496 万元，其中 5 476 万元主要用于智能化设备及对部分老旧设备进行更新、改造等，股权投资 800 万元，成立了佳木斯佳电电机运维科技有限公司全资子公司。另外，2021 年

11 月 20 日哈电集团〔2021〕330 号《哈电集团关于佳电公司实施主氢风机成套产业化项目的批复》文件批复实施，项目计划新增固定资产投资 23 596 万元，2021 年投入 220 万元，完成新增土地的购置，开始新建厂房的设计。

绿色低碳 2021 年 5 月，中小型电机分会受中国电器工业协会委托，积极组织高校、研究院所、电机生产企业、供应商、用户等共同开展电气装备节能领域"双碳"研究工作，提出了"节能就是降碳"的主要研究方向，制定了行业"双碳"发展路线图，明确了产品引领（高效电机的开发应用）、技术支撑（低碳技术与绿色制造）、制度保障（碳足迹碳排放核算监测）、协同推动（双碳公共服务平台建设）的"双碳"目标实施路径，以期推动电机行业早日实现"双碳"目标，向着高质量发展方向转型升级。2021 年 10 月国务院下发的《2030 年前碳达峰行动方案》，强调以电机、风机、泵、压缩机等设备为重点，全面提升能效标准，进一步从政策层面为电机行业绿色低碳高质量发展指明了方向。

根据《工业和信息化部办公厅关于组织推荐第三批工业产品绿色设计示范企业的通知》（工信厅节函〔2021〕70 号），经企业自评估、省级工业和信息化主管部门（或中央企业）推荐及专家评审，佳木斯电机股份有限公司、浙江金龙电机股份有限公司、山东华力电机集团股份有限公司、京马电机有限公司、浙江德宏汽车电子电器股份有限公司 5 家电机制造企业入选工业产品绿色设计示范企业（第三批）。

根据《工业和信息化部办公厅关于开展绿色制造体系建设的通知》（工信厅节函〔2016〕586 号）、《工业和信息化部办公厅关于开展 2021 年度绿色制造名单推荐工作的通知》（工信厅节函〔2021〕130 号）要求，安徽皖南电机股份有限公司、珠海凯邦电机制造有限公司、兰州电机股份有限公司、上海熊猫机械（集团）有限公司 4 家电机制造企业入选 2021 年度绿色制造名单。27 家企业的 37 种交流电动机产品入选 2021 年度绿色设计产品。适用评价标准为：《绿色设计产品评价技术规范 交流电动机》（T/CEEIA 410—2019）。绿色设计亮点为：产品能效等级达到现行相关国家标准或行业标准中的 2 级及以上能效水平，产品电气安全、噪声等指标达到相关国家标准要求，产品可回收利用率≥90%，单位产品综合能耗（标准煤）≤0.82kg/kW。2021 年度交流电动机绿色设计产品清单见表 14。

表 14　2021 年度交流电动机绿色设计产品清单

序号	企业名称	产品名称	产品型号
1	河北新四达电机股份有限公司	TYP 系列三相永磁同步电动机	YYP 132～280
2	河北电机股份有限公司	YR4 系列电动机	YE4-80～355
3	山西电机制造有限公司	YE5 系列超超高效率三相异步电动机	H132～400　2.2～560kW
4	佳木斯电机股份有限公司	YB3 系列隔爆型高压三相异步电动机	机座号 400～500
5	佳木斯电机股份有限公司	YXKK 系列高效率高压三相异步电动机	机座号 355～630
6	佳木斯电机股份有限公司	YXKS 系列高效率高压三相异步电动机	机座号 355～630

（续）

序号	企业名称	产品名称	产品型号
7	上海大速科技有限公司	YE4 系列（IP55）三相异步电动机	H80～355　0.75～355kW
8	上海大速电机有限公司	YE3 系列（IP55）三相异步电动机	H80～355　0.75～375kW
9	上海熊猫机械（集团）有限公司	三相异步电动机	H80～355　0.75～315kW
10	ABB 高压电机有限公司	AMI 系列高效率高压三相异步电动机	H400～710
11	上海电气集团上海电机厂有限公司	YX2-KK 系列三相异步电动机	H355～630　180～6 300kW
12	上海电气集团上海电机厂有限公司	YE4 系列（IP55）三相异步电动机	H80～355　0.75～355kW　380V
13	无锡新大力电机有限公司	TYCP 系列稀土永磁变频调速电动机	TYCP 系列
14	南京高崎电机有限公司	MAE1 系列三相交流异步电动机	H80～160　0.55～18.5kW
15	苏州通润驱动设备股份有限公司	永磁同步电机	TYC327-6、TYC368-6、TYC400-6、TYC445-6
16	苏州通润驱动设备股份有限公司	永磁同步无齿轮电梯曳引机电机	GTW9/GTW9C
17	浙江永发机电有限公司	三相高效永磁同步电动机	YFYT　低压高效永磁同步电机中心高 90～400
18	浙江特种电机有限公司	YE3 系列三相异步电动机	H90～355　1.1～250kW
19	浙江弗尔德驱动科技有限公司	永磁同步无齿轮曳引机	FRD（40W-0800-200）
20	安徽省宁国市金华银电机有限公司	三相异步电动机	YE4-80m2-4
21	六安市微特电机有限责任公司	YE4 系列高效率三相异步电动机	YE4-80～355
22	江西江特电机有限公司	YBX3 系列高效率隔爆型三相异步电动机	H112～355　1.5～315kW
23	江西江特电机有限公司	YE4 系列超高效率三相异步电动机	H80～355
24	荣成市恒力电机有限公司	YE4 系列高效率三相异步电动机	YE4-80～355
25	迅达（许昌）驱动技术有限公司	永磁同步电动机	WB4-2-1.00/1000
26	迅达（许昌）驱动技术有限公司	永磁同步电动机	WA4-2-2.00/1000
27	迅达（许昌）驱动技术有限公司	三相异步扶梯电机	FTMS-A160
28	南阳微特防爆电机有限公司	YBX4 系列高效率隔爆型三相异步电动机	H80～355　0.75～375kW
29	襄阳世阳电机有限公司	YE4 系列超高效率三相异步电动机	H100～355　1.5～315kW
30	湖南天能电机制造有限公司	三相异步电机	YE3-80 系列
31	长沙长利电气有限公司	YE4 系列高效率三相异步电动机	YXKK400-630
32	长沙长利电气有限公司	YXKK 系列高效率高压三相异步电动机	YE4-80-355
33	广东省东莞电机有限公司	GT 系列高效永磁同步电动机	法兰号180、250　8.6～83.8kW
34	广东省东莞电机有限公司	YE4 系列超高效率三相异步电动机	H80～355　0.55～355kW
35	广东省东莞电机有限公司	TVF 系列高效永磁同步电动机	H132～250　7.5～90kW
36	珠海凯邦电机制造有限公司	空调器风扇用电容运转塑封电动机	YYR 系列
37	昆明电机厂有限责任公司	YE4 系列高效率三相异步电动机	YE4-80～355

根据《工业和信息化部办公厅关于开展 2021 年度国家工业和通信业节能技术装备产品推荐工作的通知》（工信厅节函〔2021〕89 号）要求，经企业申报、省级工业和信息化主管部门及有关行业协会和中央企业推荐、专家评审等，入选《国家工业节能技术推荐目录（2021）》的电机相关重点用能设备系统节能提效技术见表 15。入选《"能效之星"装备产品目录（2021）》的电机相关产品见表 16。

表 15　入选《国家工业节能技术推荐目录（2021）》的电机相关重点用能设备系统节能提效技术

技术名称	技术简介	适用范围	目前推广比例	未来 3 年节能潜力	
				预计推广比例	节能能力（标准煤，万 t/a）
工业用永磁辅助磁阻同步电机技术	永磁同步磁阻电机电磁转矩的主要部分是磁阻转矩，通过转子高凸极比磁路结构设计保证电机效率及功率因数得到进一步提升，提高磁阻转矩来弥补铁氧体永磁材料磁性能下降造成的影响，使电机性能达到甚至超过稀土永磁电机的水平	适用于电机系统节能技术改造	＜1%	30%	2.6

（续）

技术名称	技术简介	适用范围	目前推广比例	未来 3 年节能潜力	
				预计推广比例	节能能力（标准煤，万 t/a）
开关磁阻电机驱动系统	采用柔性制动技术，通过综合识别制动转矩、电机绕组电流、开关角度等，自动调节制动功率，实现快速制动及正反转运行；采用开通角、关断角的自动调节技术，提高单位电流输出转矩能力、提高电机效率；研发了专用无位置传感器技术和控制策略，部分场合可省去传感器，提高了电机在油污、粉尘等恶劣环境下的适应能力，提高可靠性，降低成本；针对不同的行业研发了能充分发挥电机优势的现场匹配技术，使电机性能指标更匹配现场需求，以降低能耗	适用于电机系统节能技术改造	20%	30%	7.04
纯方波永磁无刷电机及驱动器节能技术	电机转子永磁体为钕铁硼稀土永磁材料并采用瓦形表贴形式，磁极具有较大的极弧系数，经过磁路设计，获得梯形波的气隙磁密。定子绕组采用集中整距绕组，感应反电动势为梯形波，驱动器采用电流峰值控制策略，控制周期为恒定值，当电流给定大于电机定子绕组中的电流时，同时开通上下桥臂的两个开关管，使电流上升；当电流给定小于电机定子绕组中的电流时，关断其中一个开关管，使电流下降，当时间达到一个控制周期时再次开通开关。通过电流峰值控制，能够使电机定子绕组中的电流跟踪电流给定	适用于电机系统节能技术改造	1%	5%	1.24
永磁电机内装式矿井提升机	电机永久磁铁装于滚筒内壁，作为永磁电机外转子，工作绕组线圈装于内定子上，内定子通过定子支撑结构套装于提升机主轴上，转子支撑结构和内侧轴承沿永磁电机定子两侧套装于提升机主轴上，滚筒通过支撑结构安装永磁电机外转子，内定子三相绕组通电产生旋转磁场，旋转磁场与永磁体的磁场相互作用产生磁引力，并拉动外转子同步旋转，再用低频变频器进行调速实现节能	适用于矿井式提升机节能技术改造	1%	5%	6.1
卧式油冷型永磁调速器	电机与负载设备转轴之间无须机械连接，电机旋转时带动导磁盘在磁场中切割磁力线，导磁盘中会产生涡电流。该涡电流在导磁盘上产生反感磁场，拉动导磁盘与磁盘的相对运动，从而实现了电机与负载之间的转矩传输	适用于电机系统节能技术改造	20%	30%	260
永磁伺服电动机节能动力系统	采用永磁体生成电机的磁场，无须励磁线圈及励磁电流，效率高、结构简单；伺服电动机的驱动器可以根据工况自动调节转速，伺服电动机带有编码器，实时检测电机的转速，保证电机转速精准，实现节能	适用于电机系统节能技术改造	10%	25%	11.8

表 16　入选《"能效之星"装备产品目录（2021）》的电机相关产品

序号	申报单位	产品型号	实测能效指标效率（%）	评价标准指标效率（%）	分类
中小型三相异步电动机					
1	山西电机制造有限公司	YE5 系列（机座号 132～400）	92.6～97.4	≥90.4～97.0（1 级能效）	能效之星
2	江西江特电机有限公司	YE4 系列（机座号 80～355）	84.06～96.17	≥78.4～95.4（2 级能效）	节能装备
3	河北电机股份有限公司	YE4 系列（机座号 80～355）	85.7～96.5	≥78.4～95.4（2 级能效）	节能装备
永磁同步电动机					
1	安徽明腾永磁机电设备有限公司	TYPCX 系列（机座号 132～315）	93.54～96.67	≥85.3～96.6（1 级能效）	能效之星
2	瑞昌市森奥达科技有限公司	AB 系列（机座号 100～355）	90.3～96.8	≥89.7～96.8（1 级能效）	能效之星
3	武汉麦迪嘉机电科技有限公司	TYC-315-6-50	96.72	≥96.2（1 级能效）	能效之星
4	武汉麦迪嘉机电科技有限公司	TYC-225S-4-50	95.78	≥95.3（1 级能效）	能效之星

（续）

序号	申报单位	产品型号	实测能效指标 效率（%）	评价标准指标 效率（%）	分类
5	山东力久特种电机股份有限公司	TYP 系列（机座号 100～315）	89.9～96.5	≥89.4～96.2（1级能效）	能效之星
6	浙江弗尔德驱动科技有限公司	FRD（40W-0800-200）	95.7	≥91.2（1级能效）	能效之星
7	杭州微光电子股份有限公司	60ST、180ST	87.6～92.6	≥79.8～81.5（2级能效）	节能装备
8	湖北西浦电机科技有限公司	SPTYY1A/SPTYY1B（机座号 132～355）	91.4～97.7	≥86.7～95.3（2级能效）	节能装备
9	金华江科动力有限公司	JPM 系列（机座号 132～280）	92.1～96.7	≥88.9～95.3（2级能效）	节能装备
10	无锡瑞珠节能技术有限公司	TYC 系列（机座号 132～355）	92.6～96.7	≥89.2～95.3（2级能效）	节能装备
11	江苏祝尔慷电机节能技术有限公司	XTY3 系列（机座号 180～355）	94.3～96.7	≥91.9～96（2级能效）	节能装备
12	佛山市华控电机科技有限公司	HK-YJ-DT-11KA	91.4	≥84.1（2级能效）	节能装备
13	苏州郎高电机有限公司	TZ388XSLGE02	96.7	≥96.7（2级能效）	节能装备
高压三相笼型异步电动机					
1	上海电气集团上海电机厂有限公司	YX3 系列（机座号 280～500）	94.2～97.0	≥94.4～96.9（1级能效）	能效之星
2	卧龙电器南阳防爆集团股份有限公司	YBX3 系列（机座号 355～500）	95.94～97.02	≥93.3～96.3（2级能效）	节能装备
3	佳木斯电机股份有限公司	YXKK 系列（机座号 315～560）	93～96.4	≥92.2～96.1（2级能效）	节能装备
4	卧龙电器南阳防爆集团股份有限公司	YB3-315-4M、YB3-450-4M、YB3-560-4M	95.5、96.8、97.1	≥94.1～96.2（2级能效）	节能装备
无刷直流电动机					
1	京马电机有限公司	无刷直流电动机 10～200W	70.51～80.42	≥69.76～78.85（1级能效）	能效之星

〔撰稿人：中国电器工业协会中小型电机分会汪自梅　审稿人：中国电器工业协会中小型电机分会金惟伟〕

防爆电机

生产发展情况　2021 年防爆电机行业主要企业经营效益较同期增收增利，产销规模较上年同期增长，利润同比下降，综合经济效益指数同比上涨，存货资金占压居高位，成本上升，行业企业经营存在一定压力。受我国主要原材料价格高位运行、世界经济贸易摩擦持续的影响，行业风险增加。

2021 年行业企业实现利润 22.6 亿元，同比减少 3.3 亿元。39 家企业中有 37 家企业利润上升，占企业总数的 94.87%；有 2 家企业亏损，占企业总数的 5.13%。利润总额超 4 000 万元的企业有 10 家，分别为：卧龙电气南阳防爆集团股份有限公司、佳木斯电机股份有限公司、安徽皖南电机股份有限公司、江苏大中电机股份有限公司、浙江金龙电机股份有限公司、江苏锡安达防爆股份公司、六安江淮电机有限公司、浙江创新电机有限公司、青岛中加特电气股份有限公司、山东华力电机集团股份有限公司。

2021 年年末，行业企业存货资金占压 47.9 亿元，同比增加 7.7 亿元，增长 19.2%。其中产成品资金占压 20.3 亿元，同比增加 4.1 亿元，增长 25.6%。行业经济效益综合指数为 1 832。

2021 年防爆电机行业工业总产值前 15 名企业见表 1。2021 年防爆电机行业工业增加值前 15 名企业见表 2。

2021 年防爆电机行业部分企业经济效益指标见表 3。

表 1　2021 年防爆电机行业工业总产值前 15 名企业

序号	企业名称	2021 年工业总产值 / 万元	2020 年工业总产值 / 万元	同比增长（%）
1	卧龙电气南阳防爆集团股份有限公司	325 715	280 041	16.31
2	佳木斯电机股份有限公司	309 205	232 838	32.79
3	山东华力电机集团股份有限公司	272 202	245 708	10.78
4	安徽皖南电机股份有限公司	259 432	225 680	14.96
5	江苏大中电机股份有限公司	206 746	182 856	13.06
6	六安江淮电机有限公司	163 226	141 092	15.69
7	青岛中加特电气股份有限公司	154 616	120 023	28.82
8	浙江金龙电机股份有限公司	86 213	73 472	17.34
9	西安泰富西玛电机有限公司	71 855	69 849	2.87
10	宁夏西北骏马电机制造股份有限公司	65 383	62 180	5.15
11	上海品星防爆电机有限公司	50 308	48 097	4.60
12	江苏锡安达防爆股份公司	37 812	29 733	27.17
13	南阳防爆（苏州）特种装备有限公司	35 040	25 469	37.57
14	方力控股有限公司	33 658	26 485	27.08
15	六安市微特电机有限责任公司	30 725	18 854	62.96

注：除序号 10 以外企业的工业总产值，含非防爆电机数据。

表 2　2021 年防爆电机行业工业增加值前 15 名企业

序号	企业名称	2021 年工业增加值 / 万元	2020 年工业增加值 / 万元	同比增长（%）
1	青岛中加特电气股份有限公司	105 131	80 466	30.65
2	卧龙电气南阳防爆集团股份有限公司	89 643	84 010	6.71
3	山东华力电机集团股份有限公司	70 121	76 907	-8.82
4	安徽皖南电机股份有限公司	63 354	55 100	14.98
5	佳木斯电机股份有限公司	59 061	76 423	-22.72
6	六安江淮电机有限公司	52 232	45 149	15.69
7	江苏大中电机股份有限公司	46 458	42 786	8.58
8	浙江金龙电机股份有限公司	27 336	25 679	6.45
9	宁夏西北骏马电机制造股份有限公司	24 492	21 446	14.20
10	西安泰富西玛电机有限公司	15 463	15 018	2.96
11	江苏锡安达防爆股份公司	13 781	10 831	27.24
12	江苏远中电机股份有限公司	9 966	6 170	61.52
13	安徽明腾永磁机电设备有限公司	8 808	6 440	36.77
14	方力控股有限公司	8 345	7 019	18.89
15	六安市微特电机有限责任公司	6 627	3 370	96.65

注：除序号 9 以外企业的工业增加值，含非防爆电机数据。

表 3　2021 年防爆电机行业部分企业经济效益指标

序号	企业名称	总资产贡献率（%）	资产保值增值率（%）	资产负债率（%）	流动资产周转率（%）	成本费用利润率（%）	劳动生产率（元／人）	产品销售率（%）	经济效益综合指数
1	山东众泰防爆电机股份有限公司	14.37	104.08	59.30	495.93	1.29	156 190.48	94.61	5 059.2
2	江苏大中电机股份有限公司	16.37	108.63	37.77	470.92	5.09	435 000.00	99.73	5 000.4
3	山东华力电机集团股份有限公司	15.60	101.66	36.79	396.07	2.79	473 790.54	102.20	4 274.4
4	江苏远中电机股份有限公司	6.98	104.43	31.65	224.70	22.29	1 172 470.59	86.26	3 061.6
5	青岛中加特电气股份有限公司	17.73	185.49	14.60	69.99	76.25	2 320 764.02	51.71	2 456.1

（续）

序号	企业名称	总资产贡献率（%）	资产保值增值率（%）	资产负债率（%）	流动资产周转率（%）	成本费用利润率（%）	劳动生产率/（元／人）	产品销售率（%）	经济效益综合指数
6	六安市微特电机有限责任公司	10.71	106.28	45.64	198.72	4.50	291 938.33	78.80	2 212.2
7	方力控股有限公司	7.83	109.97	48.58	177.20	3.68	251 355.42	95.36	1 969.6
8	安徽皖南电机股份有限公司	14.61	113.28	40.90	136.50	13.54	356 121.42	100.75	1 682.1
9	浙爆集团有限公司	11.78	80.20	116.49	148.72	4.29	123 014.44	99.25	1 594.9
10	无锡新大力电机有限公司	6.09	105.75	7.71	127.98	3.96	293 244.44	100.00	1 498.2
11	江苏锡安达防爆股份公司	15.29	96.66	17.50	103.83	12.14	551 240.00	99.81	1 466.7
12	六安江淮电机有限公司	9.87	109.93	25.67	106.38	9.72	506 614.94	99.05	1 449.6
13	卧龙电气南阳防爆集团股份有限公司	17.93	118.91	45.51	101.59	28.28	298 015.29	98.05	1 364.9
14	安徽明腾永磁机电设备有限公司	11.52	113.13	68.12	92.86	5.80	451 692.31	99.46	1 272.9
15	浙江金龙电机股份有限公司	7.96	98.14	42.26	98.53	6.61	295 840.80	99.16	1 230.1
16	江苏远东电机有限公司	6.18	109.42	45.05	105.03	2.83	136 898.40	104.14	1 182.8
17	佳木斯电机股份有限公司	6.80	105.35	50.42	67.68	10.17	487 704.38	95.03	1 054.0
18	宁夏西北骏马电机制造股份有限公司	5.06	104.70	26.61	66.49	7.79	289 846.15	72.38	904.2
19	西安泰富西玛电机有限公司	3.47	100.98	68.84	63.69	0.57	177 124.86	98.48	782.1

注：除序号 18 以外企业的各项指标数据，均含非防爆电机数据。

产品分类产量 2021 年行业总产量 9 891 万 kW，同比增加 574 万 kW，较上年同期增长 6.2%。防爆电机产量 2 882 万 kW，同比增加 378 万 kW，较上年同期增长 15.10%；高压防爆电机产量 1 168 万 kW，同比增加 170 万 kW，较上年同期增长 17.04%；低压防爆电机产量 1 533 万 kW，同比增加 167 万 kW，较上年同期增长 12.19%。

2021 年防爆电机产量超百万千瓦规模的企业有佳木斯电机股份有限公司、卧龙电气南阳防爆集团股份有限公司、江苏锡安达防爆股份公司、南阳防爆（苏州）特种装备有限公司、江苏大中电机股份有限公司、上海品星防爆电机有限公司、安徽皖南电机股份有限公司、江苏华源防爆电机有限公司、江苏双云防爆电机有限公司、宁夏西北骏马电机制造股份有限公司、江苏远中电机有限公司共 11 家企业，合计产量 2 478.08 万 kW，比 2020 年增加 337.14 万 kW，占行业总产量的 85.98%。

其中，防爆电机产量达到 250 万 kW 以上的企业有佳木斯电机股份有限公司、卧龙电气南阳防爆集团股份有限公司、江苏锡安达防爆股份公司 3 家企业。佳木斯电机股份有限公司达到 580.45 万 kW，同比增加 70.51 万 kW，同比增长 13.82%；卧龙电气南阳防爆集团股份有限公司达到 508 万 kW，同比增加 32 万 kW，同比增长 6.72%；江苏锡安达防爆股份公司达到 275 万 kW，同比增加 63 万 kW，同比增长 29.71%。

防爆电机产量 50 万～250 万 kW 的有 3 家企业，分别是：浙江创新电机有限公司、山东众泰防爆电机股份有限公司、江苏远中电机有限公司。

销售及市场 2021 年，防爆电机销量为 3 249 万 kW，同比增加 634 万 kW，较上年同期增长 24.25%；防爆电机累计订货 2 889 万 kW，同比增加 200 万 kW，较上年同期增长 7.42%。

行业企业 2021 年实现电机产品销售收入 218.9 亿元，同比增加 30.8 亿元，同比增长 16.4%；有 35 家企业电机销售收入较上年同期增加，占统计总数的 89.7%。完成防爆电机销售产值 72.4 亿元，同比增加 13.0 亿元，同比增长 21.9%；销售产值同比增加的有 32 家企业，占统计企业总数的 82.1%。

科技成果及新产品 为推动行业持续稳定、高质量发展，响应以"碳达峰、碳中和"为目标的绿色低碳发展战略，推动防爆电机转型升级，防爆电机分会秘书处组织人员完成了 YBX4 系列高效率隔爆型三相异步电动机（机座号 80～355）产品设计，行业骨干单位对设计图样进行了校对、审核、会签等，部分行业厂承担了 YBX4 系列产品的试制。该系列电机满足 GB 18613—2020《电动机能效限定值及能效等级》2 级能效的要求，防爆性能符合 GB/T 3836—2021 版新标准规定，结构满足国际、国内市场，特别是中国石化、中国石油、中国海油及煤矿行业对高效防爆节能电机的特殊要求。YBX4 系列电机的研制是我国防爆电机行业基础产品发展规划的大事，对于推动防爆电机行业整体技术水平的提高具有里程碑的意义。

质量及标准 2021 年 7 月 22—28 日，《YBX4 系列高效率隔爆型三相异步电动机技术条件（机座号 63～355）》等防爆电机行业标准在西安通过集中审查。

2021 年 10 月 1 日，用于防爆电机制造、检验的 GB/T 3836—2021《爆炸性环境》系列标准发布，于 2022 年 5 月 1 日正式实施。为了在防爆电机行业实现 GB 3836 标准顺利过渡和行业厂持有的防爆 CCC 证书顺利换版，防爆电机分会秘书处组织行业企业参加了 2021 年 12 月全国防爆电气设备标准化技术委员会组织的 6 场 GB/T 3836 系列防爆新标准的培训，为防爆电机 CCC 证书的换版工作提供了有效的技术支撑。

2021 年，市场监管总局组织开展了家用燃气用具和防爆电气产品质量国家监督抽查。其中，针对防爆电机产品，抽查了 7 个省（自治区、直辖市）24 家企业生产的 24 批次产品。检验 23 批次产品，发现 9 批次产品不合格，不合格发现率为 39.1%，不合格项目为抗冲击试验、隔爆接合面。1 批次涉嫌无 CCC 证书生产，已交由企业所在地市场监管部门处理。

基本建设及技术改造　2021 年，防爆电机行业完成基本建设及更新改造投资额 38 964 万元，同比增长 8.67%，投资力度加大。统计的 39 家防爆电机行业企业中，17 家企业进行了基本建设及技术改造，占被调查企业总数的 43.59%。2021 年防爆电机行业部分企业完成基本建设及技术改造投资额见表 4。

**表 4　2021 年防爆电机行业部分企业完成
基本建设及技术改造投资额**

序号	企业名称	投资额 / 万元
1	卧龙电气南阳防爆集团股份有限公司	13 845
2	佳木斯电机股份有限公司	6 380
3	宁夏西北骏马电机制造股份有限公司	4 249
4	青岛中加特电气股份有限公司	3 378
5	六安江淮电机有限公司	3 025
6	丹东黄海电机有限公司	1 668
7	浙江金龙电机股份有限公司	1 620
8	山东华力电机集团股份有限公司	1 300
9	南阳防爆（苏州）特种装备有限公司	974
10	浙江创新电机有限公司	620
11	六安市微特电机有限责任公司	526
12	方力控股有限公司	368
13	河南省南洋防爆电机有限公司	334
14	江苏远中电机股份有限公司	300
15	安徽明腾永磁机电设备有限公司	172
16	西安泰富西玛电机有限公司	120
17	山东众泰防爆电机股份有限公司	85

行业活动　防爆电机分会秘书处每年两次发文征询企业经济指标数据，每年年初将上年度经济指标数据上报中国电器工业协会，同时将经济统计报表和数据分析分发各会员单位，为会员企业提供全面、准确、及时的行业经济信息服务。

分会秘书处依托单位南阳防爆电气研究所有限公司，先后与十余个国家的权威防爆检验机构建立了相互承认防爆检验结果的合作关系，为我国防爆产品取得国外认证进入国际市场提供了方便快捷的通道。

〔撰稿人：南阳防爆电气研究所有限公司陈瑞〕

电气控制成套设备

"十三五"发展情况

1. 产业规模持续增长，发展质量逐步提升

（1）行业经济规模保持增长。"十三五"时期，电控配电行业经济规模总体保持增长，增长幅度有所放缓。从行业企业上报的数据统计汇总分析，2016—2020 年主营业务收入增速分别为 8.24%、7.35%、2.54%、8.77% 和 7.64%，年均增速达到 6.91%。2016—2020 年工业总产值增速分别为 9.30%、12.49%、3.59%、10.82% 和 5.48%，年均增速达到 8.34%。

（2）重点产品产量实现增长。"十三五"期间，电控配电行业低压开关柜类、配电箱类、箱式变电站、母线槽、电缆桥架等重点产品产量基本保持小幅增长。

（3）对外贸易波动较大。电控配电行业出口贸易一向不多，随着贸易摩擦升级，外部环境复杂严峻，不确定、不稳定因素的增多，加之 2020 年以来国内外新冠疫情的冲击，出口压力加大。从行业企业上报的数据统计汇总分析，2016—2020 年企业对外出口总额增速分别为 -35.87%、19.14%、-12.39%、24.31% 和 -8.49%，外贸增速波动较大。

（4）行业经济效益有所提升。"十三五"期间，电控配电行业经济效益呈现波动发展，增速自 2018 年达到低谷后回升，总体增速有所放缓。从行业企业上报的数据统计汇总分析，2016—2020 年低压成套开关设备利润总额增速分别为 9.84%、9.77%、-3.37%、13.68% 和 8.09%，增速在 2018 年出现近几年来的首次下滑。2016—2020 年低压成套开关设备工业增加值增速分别为 3.11%、1.89%、1.63%、3.33% 和 2.92%，增幅连续三年放缓后小幅回升。2020 年电控配电行业工业总产值、工业销售产值、主营业务收入同比分别增长 5.48%、5.66% 和 7.64%，增速同期分别减少 5.34 个、6.4 个和 1.13 个百分点。2020 年电控配电行业工业增加值同比增长 2.92%，略高于同期全国工业（2.8%）水平；利润总额同比增长 8.09%，高于同期全国工业（4.11%）及制造业（7.6%）水平；工业增加值和利润总额增速比上年分别减少 0.41 个和 5.59 个百分点。由于成本上升和价格竞争的影响，行业获利水平前期下降较为明显，2019 年利润实现大幅增长，扭转了下降趋势，2020 年受新冠疫情影响，电控配电行业生产遭受冲击，行业盈利能力下行压力加大。

2. 科技创新能力增强，转型升级初见成效

（1）攻克一批基础共性技术。"十三五"期间，电控配电产品在智能化、模块化、标准化方面得到较快发展。

随着现场总线和工业以太网技术的不断发展，低压配电柜实现了智能化、可通信化及网络化。低压配电柜结构的标准化及模式化得到较快发展。结构件的系列化、普通化、标准化程度较好，分别用于操作、控制、转换机保护的各个单元模块结构，具有组装的灵活性、便捷性，对各种结构型式的适应性较强。

（2）研发试验能力得到增强。目前电控配电行业主要产品为低压开关柜类（固定柜、抽屉柜）、三箱类、母线槽、箱式变电站、电缆桥架以及辅件产品（接插件、绝缘件、端子）等。

目前国内的低压成套开关柜主导产品为：国内品牌的GCK、GGD、GCS、XL、GCK2、GGJ、PGL、PXDF、FDM等；外资品牌有西门子公司的SIVACON、8PT，施耐德公司的Blokset、Okken、Prisma低压柜，ABB公司的MNS3.0。国内品牌的GCK、GGD、GCS、XL等产品以其操作维护方便、质优价廉等特点在国内市场上占有很大的市场份额。而西门子、施耐德、ABB等外资品牌通过与国内盘厂合作，授权其生产外资品牌的低压成套开关设备，以成套带动元件的策略占领国内市场。

国内一些企业通过联合设计、与国外品牌合作、自主创新的方法建设自身的研发团队，开发具有自主知识产权的新产品，如：大全集团的DQM智能云柜、MODAN6000智能成套低压柜，广州白云电器的BWL-Z智能型组合式低压开关设备，行业联合设计产品GGL、GCK2、GCK2-Z低压成套开关设备及XBZ2&XBJ2智能型/紧凑型箱式变电站和新型节能母线槽等。这些产品的技术性能均达到国际先进水平，有些技术指标还高于外资品牌。

（3）企业整体素质有所提升。企业两化融合意识开始增强，通过数字化、信息化和智能化改造，研发设计、生产制造、采购销售、售后服务等业务环节的管理水平均有所提升，跨地域、跨企业、跨部门的协同设计、数据共享与网络化制造技术开始应用，企业软实力有所增强。

低压成套设备主要应用在电力、冶金、化工、建筑、汽车、矿业等领域，面对如此广阔的市场，低压成套设备生产企业在国内还未出现一家独大的局面。制造工艺简单、进入门槛较低、市场竞争激烈、市场集中度低是低压成套设备市场的主要特点，2020年行业前10家企业所占市场份额为5%～10%。

从国内外主要厂商来看，外资品牌ABB、西门子、施耐德、GE、伊顿等在我国市场有很高的知名度。

目前，我国低压成套设备企业主要集中在江苏、浙江、上海、北京等地，产业集群的快速形成造就了一批具有影响力的大中型龙头民营企业。根据市场研究，大全集团以超过10亿元的业绩在我国低压成套设备市场处于遥遥领先的地位，其余的诸如ABB、广州白云、西门子、正泰、博耳电力、扬中华鹏、许继电气、宁波天安、长城电工、南自通华、向荣、德力西、江苏华威、伊顿穆勒、广州南洋、顺德开关、施耐德、江苏东源、江苏士林、常熟开关等是行业内的龙头企业。

同时，行业中存在众多小规模企业，行业竞争激烈。除了通过价格战为企业带来短暂的市场优势外，高品质始终是受客户青睐的原因，未来服务将成为企业赢得市场的撒手锏。

（4）智能制造装备增长较快。近年来，我国出台了一系列旨在促进智能制造发展的文件和措施，为智能制造发展和制造业转型升级创造了宽松良好的政策环境。目前，这一整套成型的政策体系正在持续释放政策红利，大量企业开始主动拥抱智能制造，我国制造业迈向高端化的趋势也日益明显。随着后续各项针对性措施的不断落地，我国智能制造水平有望不断提升，制造业强国战略和制造业转型升级的大目标也将稳步推进。

2017年，宁夏力成电气集团有限公司的数字化工厂开始试生产。该工厂采用互联网+智能制造，拥有智能柔性钣金生产线、机器人系统及数字化焊接生产线、数字可视化总装配流水线等16条柔性化生产线。数字化工厂运营成本可降低两成以上，生产利用率提高一成以上。2016—2018年，该公司承担的智能配网成套开关设备数字化工厂建设等多个项目被列入国家智能制造综合标准化与新模式应用项目。

2019年，白云电器设备股份有限公司的智能配电设备绿色数字化生产基地投入使用。该基地总投资5亿元，是具有国际先进水平、国内最大的配电设备智能化生产基地，是支撑白云电器从"生产驱动"向"数据驱动"、从"装备制造"向"制造服务"转型的重要载体，已被列为广东省智能制造试点示范项目，并于2018年6月获得工业和信息化部智能制造专项立项。

（5）节能环保发展理念深入人心。现阶段，我国大力提倡的方针政策是节能减排、低碳环保，各大低压配电柜的生产厂家也顺应这一趋势大量采用低碳环保的新型材料。如ABB公司生产的MNS低压配电柜除采用覆铝锌柜架外，还采用高电导率的铜母排，并配以热缩套管，极大地提高了安全性能。另外，该配电柜采用的塑胶材料不含卤素和氟利昂，具有自熄和阻燃功效，不仅保障了安全，而且还实现了环保。

存在的主要问题

1.创新能力薄弱，研发体系亟待完善

（1）共性技术主体缺位，统筹协调力度不足。虽然国内低压成套生产企业众多，但绝大多数规模都不大，大部分国内低压成套企业缺少完整的研发体系与平台，独立开发成套产品的能力相对较差，自主创新开发能力缺乏，导致产品核心技术匮乏，具有自主知识产权的新产品缺乏，特别是技术含量高的产品更是如此。很多产品（GGD等）还是20世纪80年代设计定型的，产品的品种及性能方面也不能满足市场的要求，这种状况制约了我国低压开关柜的进一步发展，技术要求比较高的场合已被越来越多的进口产品或合资企业的产品占领。

企业内部和外部的创新机制和基础都不健全，这就需要企业摸索出一套符合实际的创新管理模式。创新需要既能独立思考又具有扎实技术功底的技术人员，计算的辅助工具虽然提高了效率，但是技术人员的实际计算能力在下降，技术人员从理论层面考虑问题的机会越来越少，行业发展深受影响。因此，企业间应该有一批强有力的领导和技术领军人物来扭转，行业也要提升整体协作的意识，在充分尊重知识产权的前提下加强企业间协作，集体创新，才能促进企业自主或者联合设计推新品。

（2）短板掣肘产业安全，关键环节受制于人。低压成套行业门槛低，中小企业占行业总数的约80%，同质化竞争较为严重，压价竞争导致企业利润微薄，直接影响产品质量及技术研发的投入积极性。

在"十二五"期间，低压配电行业曾经历了较为快速的发展，同时也造成全行业产能过剩，低端竞争等矛盾尤为突出。

ABB、西门子、施耐德国内授权生产的三大外资品牌企业，由于生产的低压成套产品在我国市场有很高的认知度且受市场欢迎，加之产品基本实现百分之百的本土化生产，市场份额在50%以上，合资企业在国内市场发展迅速。

2. 基础研发不足，核心部件依赖进口

（1）基础元件、原材料研发基础薄弱。低压成套设备的基础元件（关键件）为低压元器件，目前国产低压元器件品牌能与国际知名品牌抗衡的不多，国内大多数元器件生产商的产品技术竞争力不强。

（2）行业对人才吸引力度下滑。很多企业缺乏有深度的技术储备，缺乏梯队培养意识，需要引进大量新的理念和意识。企业一方面要真正地重视技术人才和技术积累，另一方面要提倡产学研合作，一定要分析好自己和院所学校的分工，才能真正把项目分解成大家都能做也能做好的工作。

（3）产品质量仍需加强。行业门槛较低，大多数生产企业为小微企业，产品质量良莠不齐，仍需通过增加技术投入、加强市场监管、产品认证、抽样检测等方式持续进行质量提升。

3. 行业发展协作不够，跨界融合推进缓慢

（1）服务型制造发展缓慢。同发达国家相比，电控配电行业中传统加工制造比重较高，对实物产品生产的依赖过大，基于客户需求的整体解决方案业务所占比重较小，服务活动对质量品牌的影响尚不明显，服务增值贡献度不高，具备提供系统集成、工程总承包、整体解决方案能力的企业数量较少。

（2）两化融合亟待深化。虽然机械工业两化融合取得了一定进展，但多数企业仍处于"单项覆盖"阶段，企业各业务环节间集成应用水平不高，产业链各企业之间协同集成不足。多数企业还未实现两化融合的创新突破，"互联网机械制造"的发展模式还仅仅是少数企业在某个领域的逐步探索，生产制造和上下游环节通过互联网实现协同不够，制造环节的自动化、柔性化和智能化水平较低。

（3）泛在互联尚未落地推广。电力网最强大的优势在于"泛在"，泛在物联网旨在能够实现电力系统各个环节万物互联、人机交互，大力提升数据自动采集、自动获取、灵活应用能力，对内实现"数据一个源、电信一张网、业务一条线""一网通办、全程透明"，对外广泛连接内外部、上下游资源和需求，打造能源互联网生态圈，适应社会形态，打造行业生态，培育新兴生态，支撑"三型两网"世界一流能源互联网企业建设。泛在电力物联网的提出打开市场一片新"蓝海"，但在建设过程中也伴随着挑战，企业落实还尚待时日。

4. 产能过剩矛盾突出，竞争环境有待改善

低压成套设备是将一个或多个类似于外壳、电气元件、辅件等器件按照一定的电气方案通过电气和机械连接构成，实现控制、测量、信号、保护、调节功能的整机。国内自主低压配电柜类产品虽然品种很多，但大部分产品主要集中在中低端及国内市场，即使像MNS这类从国际引进并国产化、经济化的柜型也是这种情况。而像Blokset、Okken、Prisma、SIVACON 8PT、MD190、MNS 3.0等品牌基本是国际大型品牌，占据中高端市场份额。

我国的成套设备可能在中低端有一些优势，但跟国际一流企业相比差距很大。从资源配置的角度来说，中低端产品，包括第三代产品的效益可能会逐渐降低，如果不改变，差距只会加大。

要改变格局，企业就需要调整发展方向，满足客户体验和客户需求。今后的市场更看重企业提供的解决方案，即差异化需求的满足，形成新的利润增长点，这样才能在竞争发展中抵消由于材料成本、人力成本不断上升而带来的压力。

成套设备行业有以下四个方面转型趋势：企业成为一体化解决方案提供商，品牌效应凸显，行业并购重组浪潮兴起，整体架构进行合并。

生产发展情况 2021年，电控配电行业经济实现企稳回升，主要指标实现预期目标。纳入统计的79家样本企业工业总产值为1 105.97亿元，比上年增加152.20亿元，同比增长15.96%；工业销售产值为1 131.01亿元，比上年增加164.95亿元，同比增长17.07%；主营业务收入为1 081.99亿元，同比增长18.94%；工业增加值为155.29亿元，比上年增加10.54亿元，同比增长7.28%；利润总额为155.05亿元，同比增长9.84%。与上年同期相比，主要经济指标均实现同比增长，产销恢复至两位数增长，利润和工业增加值小幅增长。

从纳入统计的样本企业上报的数据汇总分析，2021年电控配电行业工业总产值、工业销售产值、主营业务收入增速较上年同期分别提高10.48个、11.41个和11.30个百分点。2021年电控配电行业工业增加值同比增长7.28%，低于同期全国规模以上工业（9.6%）水平；利润总额同比增长9.84%，低于同期全国工业（34.3%）及制造业（31.6%）水平。2020—2021年行业样本企业部分经济指标增速见表1。

表1　2020—2021年行业样本企业部分经济指标增速

指标名称	2021年（%）	2020年（%）	增加百分点／个
工业总产值	15.96	5.48	10.48
工业销售产值	17.07	5.66	11.41
工业增加值	7.28	2.92	4.36
利润总额	9.84	8.09	1.75
新产品开发经费支出	38.21	-7.37	45.58
主营业务收入	18.94	7.64	11.30
其他业务收入	54.87	2.80	52.07

1. 工业总产值

面对机遇与挑战，电控配电行业在经济运行总体平稳的基础上，加快转型升级步伐加快，稳步推进高质量发展，"十四五"开局迈出新步伐。2021年行业产值恢复两位数增长，7成以上企业产值较上年增加，行业产值均值（14.00亿元）远高于行业中位数（5.17亿元），龙头企业处于份额快速增长机遇期。

根据79家行业样本企业数据，工业总产值上亿元的企业有63家，占行业统计企业总数的79.7%；其产值合计1 099.23亿元，占行业总产值的99.39%。这63家企业中，20亿元以上的企业16家，占统计企业总数的20.25%；5亿～20亿元的企业25家，占统计企业总数的31.65%；1亿～5亿元的企业22家，占统计企业总数的27.85%。

从产值完成情况来看，产值超亿元的63家企业中，77.78%的企业产值比上年增长或与上年持平，这一比例较上年提高19.05个百分点；22.22%的企业与上年同期相比产值有所下降。产值增长20%以上的企业23家，占比36.51%，比上年提高25.40个百分点；产值增长50%以上的企业9家，占比14.29%，较上年提高11.12个百分点。

2. 主营业务收入

根据上报的79家企业的主营业务规模，将主营业务收入在5亿元以上的企业分为以下3档。

20亿元以上：大全集团有限公司、许继电气股份有限公司、正泰电气股份有限公司、盛隆电气集团有限公司、上海良信电器股份有限公司、镇江西门子母线有限公司、远东电器集团有限公司、常熟开关制造有限公司（原常熟开关厂）、安徽中电兴发与鑫龙科技股份有限公司、昇辉智能科技股份有限公司、北京合纵科技股份有限公司、北京科锐配电自动化股份有限公司、天津百利特精电气股份有限公司等。

10亿～20亿元：镇江默勒电器有限公司、南京大全

电气有限公司、重庆望变电气（集团）股份有限公司、川开电气有限公司、杭申集团有限公司、杭州电力制造有限公司萧山欣美成套电气制造分公司、威腾电气集团股份有限公司、大航有能电气有限公司、山东瑞宁电气有限公司、山东爱普电气设备有限公司、安科瑞电气股份有限公司等。

5亿～10亿元：江苏亿能电气有限公司、上海广电电气（集团）股份有限公司、广州市半径电力铜材有限公司、库柏（宁波）电气有限公司、江苏万奇电器集团有限公司、江苏海纬集团有限公司、常州太平洋电力设备（集团）有限公司、浙宝电气（杭州）集团有限公司、上海柘中集团股份有限公司、上海宝临电气集团有限公司、上海友邦电气（集团）股份有限公司、福建森达电气股份有限公司、索凌电气有限公司、上海纳杰电气成套有限公司、深圳市光辉电器实业有限公司等。

3. 综合经济指标

2021年电控配电行业亏损面为6.33%，比上年同期扩大1.68个百分点，亏损企业有所增加。反映盈利能力的各项经济指标总体良好，同比小幅增长。产品周转略有减慢，流动资产周转率1.62次，比上年同期减少0.18次。2020—2021年电控配电行业各项综合经济指标完成情况见表2。

表2　2020—2021年电控配电行业各项综合经济指标完成情况

指标名称	单位	2021年	2020年
总资产贡献率	%	13.23	11.70
成本费用利润率	%	10.71	9.23
工业经济效益综合指数		3.75	3.34
产品销售率	%	102.26	97.22
全员劳动生产率	万元／人	37.38	34.98
流动资产周转率	次	1.62	1.80
资产负债率	%	44.24	42.11
资本保值增值率	%	115.89	107.22

2021年电控配电行业重点企业工业总产值见表3。2021年电控配电行业重点企业工业增加值见表4。2021年电控配电行业重点企业工业销售产值见表5。2021年电控配电行业重点企业主营业务收入见表6。2021年电控配电行业重点企业总资产贡献率见表7。2021年电控配电行业重点企业资本保值增值率见表8。2021年电控配电行业重点企业资产负债率见表9。2021年电控配电行业重点企业全员劳动生产率见表10。2021年电控配电行业重点企业经济效益综合指数见表11。

表3　2021年电控配电行业重点企业工业总产值

序号	企业名称	工业总产值／万元	序号	企业名称	工业总产值／万元
1	大全集团有限公司	2 461 508	5	上海良信电器股份有限公司	403 298
2	许继电气股份有限公司	1 195 472	6	天津百利特精电气股份有限公司	338 087
3	正泰电气股份有限公司	643 670	7	镇江西门子母线有限公司	301 290
4	盛隆电气集团有限公司	615 051	8	常熟开关制造有限公司（原常熟开关厂）	287 108

（续）

序号	企业名称	工业总产值 / 万元	序号	企业名称	工业总产值 / 万元
9	远东电器集团有限公司	284 587	35	索凌电气有限公司	59 867
10	昇辉智能科技股份有限公司	280 499	36	福建森达电气股份有限公司	58 571
11	安徽中电兴发与鑫龙科技股份有限公司	253 052	37	上海友邦电气（集团）股份有限公司	55 373
12	北京合纵科技股份有限公司	250 393	38	重庆众恒电器有限公司	53 713
13	镇江默勒电器有限公司	241 604	39	深圳市光辉电器实业有限公司	52 189
14	北京科锐配电自动化股份有限公司	231 428	40	上海纳杰电气成套有限公司	51 711
15	南京大全电气有限公司	220 868	41	上海南华兰陵电气有限公司	51 510
16	川开电气有限公司	211 520	42	江苏华强电力设备有限公司	48 610
17	重庆望变电气（集团）股份有限公司	197 209	43	俊郎电气有限公司	47 966
18	杭申集团有限公司	139 112	44	北京人民电器厂有限公司	47 855
19	杭州电力制造有限公司萧山欣美成套电气制造分公司	135 271	45	黄华集团有限公司	32 742
20	威腾电气集团股份有限公司	127 694	46	烟台孚信达双金属股份有限公司	32 699
21	大航有能电气有限公司	121 287	47	盛中意电力科技有限公司	32 141
22	安科瑞电气股份有限公司	109 260	48	天津市德利泰开关有限公司	29 920
23	山东瑞宁电气有限公司	108 784	49	宁波耀华电气科技有限责任公司	28 531
24	山东爱普电气设备有限公司	103 242	50	镇江市电器设备厂有限公司	27 428
25	江苏亿能电气有限公司	102 791	51	中天电气技术有限公司	23 930
26	上海广电电气（集团）股份有限公司	100 470	52	协成科技股份有限公司	23 431
27	广州市半径电力铜材有限公司	86 124	53	成都瑞联电气股份有限公司	20 426
28	常州太平洋电力设备（集团）有限公司	79 200	54	江苏大航高华电气有限公司	20 135
29	江苏万奇电器集团有限公司	76 117	55	河北宝凯电气股份有限公司	19 877
30	库柏（宁波）电气有限公司	75 069	56	苏州万龙电气集团股份有限公司	19 000
31	江苏海纬集团有限公司	72 700	57	北京通州开关有限公司	18 165
32	上海柘中集团股份有限公司	67 989	58	唐山盾石电气有限责任公司	15 522
33	浙宝电气（杭州）集团有限公司	67 258	59	福建裕能电力成套设备有限公司	15 016
34	上海宝临电气集团有限公司	65 987	60	山东鲁能力源电器设备有限公司	14 540

表4 2021年电控配电行业重点企业工业增加值

序号	企业名称	工业增加值 / 万元	序号	企业名称	工业增加值 / 万元
1	天津百利特精电气股份有限公司	138 151	14	江苏万奇电器集团有限公司	38 122
2	常熟开关制造有限公司（原常熟开关厂）	130 075	15	上海广电电气（集团）股份有限公司	25 383
3	正泰电气股份有限公司	109 405	16	常州太平洋电力设备（集团）有限公司	25 100
4	山东爱普电气设备有限公司	102 968	17	镇江市电器设备厂有限公司	22 750
5	川开电气有限公司	85 691	18	库柏（宁波）电气有限公司	21 456
6	江苏海纬集团有限公司	74 306	19	广州市半径电力铜材有限公司	20 212
7	盛隆电气集团有限公司	74 247	20	福建森达电气股份有限公司	20 171
8	南京大全电气有限公司	73 250	21	杭州电力制造有限公司萧山欣美成套电气制造分公司	19 106
9	镇江默勒电器有限公司	70 262			
10	镇江西门子母线有限公司	67 839	22	杭申集团有限公司	18 913
11	远东电器集团有限公司	59 173	23	深圳市光辉电器实业有限公司	18 769
12	安科瑞电气股份有限公司	48 898	24	北京人民电器厂有限公司	17 403
13	昇辉智能科技股份有限公司	47 817	25	重庆望变电气（集团）股份有限公司	16 796

（续）

序号	企业名称	工业增加值/万元	序号	企业名称	工业增加值/万元
26	上海宝临电气集团有限公司	15 746	44	慈溪奇国电器有限公司	3 525
27	天津市德利泰开关有限公司	15 463	45	浙江三辰电器股份有限公司	3 517
28	河北宝凯电气股份有限公司	14 499	46	北京龙源开关设备有限责任公司	3 283
29	威腾电气集团股份有限公司	14 103	47	唐山盾石电气有限责任公司	3 084
30	山东瑞宁电气有限公司	13 100	48	福建裕能电力成套设备有限公司	2 819
31	浙宝电气（杭州）集团有限公司	13 014	49	宁波耀华电气科技有限责任公司	2 292
32	苏州万龙电气集团股份有限公司	11 000	50	盛中意电力科技有限公司	1 896
33	成都瑞联电气股份有限公司	9 770	51	杭州鸿雁电力电气有限公司	1 769
34	北京合纵科技股份有限公司	8 989	52	常德天马电器股份有限公司	1 644
35	江苏华强电力设备有限公司	8 025	53	中天电气技术有限公司	1 588
36	俊郎电气有限公司	7 333	54	航大电气有限公司	1 496
37	索凌电气有限公司	6 857	55	北京普瑞斯玛电气技术有限公司	1 456
38	上海南华兰陵电气有限公司	6 818	56	零点创新科技有限公司	1 382
39	烟台孚信达双金属股份有限公司	6 422	57	天津市南洋电气厂（普通合伙）	1 368
40	上海纳杰电气成套有限公司	5 891	58	常州新苑星电器有限公司	1 065
41	江苏大航高华电气有限公司	5 819	59	深圳市赛源电气技术有限公司	879
42	黄华集团有限公司	5 432	60	北京通州开关有限公司	84
43	江苏亿能电气有限公司	5 127			

表5　2021年电控配电行业重点企业工业销售产值

序号	企业名称	工业销售产值/万元	序号	企业名称	工业销售产值/万元
1	大全集团有限公司	2 461 508	21	威腾电气集团股份有限公司	125 405
2	许继电气股份有限公司	1 199 070	22	大航有能电气有限公司	118 067
3	正泰电气股份有限公司	702 534	23	山东瑞宁电气有限公司	105 554
4	盛隆电气集团有限公司	665 257	24	山东爱普电气设备有限公司	103 242
5	上海良信电器股份有限公司	402 715	25	安科瑞电气股份有限公司	101 698
6	天津百利特精电气股份有限公司	347 460	26	江苏亿能电气有限公司	98 344
7	镇江西门子母线有限公司	309 464	27	上海广电电气（集团）股份有限公司	97 075
8	远东电器集团有限公司	284 587	28	常州太平洋电力设备（集团）有限公司	79 200
9	常熟开关制造有限公司（原常熟开关厂）	277 369	29	广州市半径电力铜材有限公司	78 478
10	安徽中电兴发与鑫龙科技股份有限公司	277 061	30	江苏万奇电器集团有限公司	76 117
11	昇辉智能科技股份有限公司	268 544	31	江苏海纬集团有限公司	72 700
12	宁波耀华电气科技有限责任公司	260 128	32	上海柘中集团股份有限公司	68 896
13	北京合纵科技股份有限公司	243 061	33	库柏（宁波）电气有限公司	68 055
14	北京科锐配电自动化股份有限公司	233 318	34	浙宝电气（杭州）集团有限公司	66 537
15	镇江默勒电器有限公司	230 855	35	上海宝临电气集团有限公司	65 987
16	南京大全电气有限公司	214 834	36	重庆众恒电器有限公司	53 713
17	川开电气有限公司	207 983	37	福建森达电气股份有限公司	52 538
18	重庆望变电气（集团）股份有限公司	197 726	38	上海友邦电气（集团）股份有限公司	51 443
19	杭申集团有限公司	135 352	39	上海纳杰电气成套有限公司	50 209
20	杭州电力制造有限公司萧山欣美成套电气制造分公司	135 271	40	上海南华兰陵电气有限公司	50 171
			41	深圳市光辉电器实业有限公司	50 157

（续）

序号	企业名称	工业销售产值／万元	序号	企业名称	工业销售产值／万元
42	索凌电气有限公司	48 692	52	协成科技股份有限公司	23 431
43	俊郎电气有限公司	47 988	53	江苏大航高华电气有限公司	20 135
44	江苏华强电力设备有限公司	46 295	54	成都瑞联电气股份有限公司	19 872
45	北京人民电器厂有限公司	45 321	55	苏州万龙电气集团股份有限公司	18 628
46	黄华集团有限公司	32 874	56	北京通州开关有限公司	18 363
47	烟台孚信达双金属股份有限公司	32 699	57	唐山盾石电气有限责任公司	15 645
48	盛中意电力科技有限公司	31 457	58	山东鲁能力源电器设备有限公司	14 540
49	天津市德利泰开关有限公司	28 869	59	北京龙源开关设备有限责任公司	14 499
50	镇江市电器设备厂有限公司	26 765	60	福建裕能电力成套设备有限公司	13 682
51	中天电气技术有限公司	24 119			

表 6   2021 年电控配电行业重点企业主营业务收入

序号	企业名称	主营业务收入／万元	序号	企业名称	主营业务收入／万元
1	大全集团有限公司	2 363 049	28	库柏（宁波）电气有限公司	74 841
2	许继电气股份有限公司	1 193 346	29	江苏万奇电器集团有限公司	72 872
3	正泰电气股份有限公司	1 022 420	30	江苏海纬集团有限公司	72 700
4	盛隆电气集团有限公司	472 662	31	常州太平洋电力设备（集团）有限公司	70 088
5	上海良信电器股份有限公司	401 583	32	浙宝电气（杭州）集团有限公司	68 072
6	镇江西门子母线有限公司	309 464	33	上海柘中集团股份有限公司	66 989
7	远东电器集团有限公司	284 587	34	上海宝临电气集团有限公司	65 814
8	常熟开关制造有限公司（原常熟开关厂）	277 369	35	上海友邦电气（集团）股份有限公司	64 232
9	安徽中电兴发与鑫龙科技股份有限公司	273 871	36	福建森达电气股份有限公司	53 446
10	昇辉智能科技股份有限公司	268 544	37	索凌电气有限公司	52 662
11	北京合纵科技股份有限公司	243 061	38	上海纳杰电气成套有限公司	50 209
12	北京科锐配电自动化股份有限公司	231 591	39	深圳市光辉电器实业有限公司	50 157
13	天津百利特精电气股份有限公司	224 986	40	上海南华兰陵电气有限公司	49 831
14	镇江默勒电器有限公司	189 903	41	俊郎电气有限公司	47 989
15	南京大全电气有限公司	187 086	42	江苏华强电力设备有限公司	46 295
16	重庆望变电气（集团）股份有限公司	186 160	43	北京人民电器厂有限公司	45 321
17	川开电气有限公司	183 397	44	烟台孚信达双金属股份有限公司	32 699
18	杭申集团有限公司	140 963	45	黄华集团有限公司	31 587
19	杭州电力制造有限公司萧山欣美成套电气制造分公司	135 271	46	盛中意电力科技有限公司	31 457
			47	天津市德利泰开关有限公司	29 920
20	威腾电气集团股份有限公司	122 491	48	宁波耀华电气科技有限责任公司	26 679
21	大航有能电气有限公司	107 334	49	镇江市电器设备厂有限公司	23 686
22	山东瑞宁电气有限公司	105 554	50	中天电气技术有限公司	23 443
23	山东爱普电气设备有限公司	103 242	51	协成科技股份有限公司	23 428
24	安科瑞电气股份有限公司	101 535	52	江苏大航高华电气有限公司	20 135
25	江苏亿能电气有限公司	97 706	53	苏州万龙电气集团股份有限公司	18 628
26	上海广电电气（集团）股份有限公司	97 075	54	北京通州开关有限公司	18 363
27	广州市半径电力铜材有限公司	78 477	55	北京龙源开关设备有限责任公司	16 906

（续）

序号	企业名称	主营业务收入／万元	序号	企业名称	主营业务收入／万元
56	成都瑞联电气股份有限公司	15 737	59	福建裕能电力成套设备有限公司	13 674
57	唐山盾石电气有限责任公司	15 606	60	北京普瑞斯玛电气技术有限公司	11 511
58	山东鲁能力源电器设备有限公司	14 540			

表 7 2021 年电控配电行业重点企业总资产贡献率

序号	企业名称	总资产贡献率（%）	序号	企业名称	总资产贡献率（%）
1	远东电器集团有限公司	76.98	32	上海柘中集团股份有限公司	12.03
2	江苏万奇电器集团有限公司	57.48	33	大航有能电气有限公司	11.88
3	上海红檀智能科技有限公司	48.00	34	黑默（天津）电气工程系统有限公司	10.77
4	江苏海纬集团有限公司	43.51	35	正泰电气股份有限公司	10.67
5	镇江西门子母线有限公司	38.78	36	俊郎电气有限公司	10.64
6	大全集团有限公司	32.56	37	索凌电气有限公司	10.61
7	常熟开关制造有限公司（原常熟开关厂）	29.94	38	上海南华兰陵电气有限公司	10.36
8	库柏（宁波）电气有限公司	23.95	39	广州市半径电力铜材有限公司	9.72
9	镇江默勒电器有限公司	22.96	40	深圳市赛源电气技术有限公司	9.56
10	浙宝电气（杭州）集团有限公司	21.48	41	慈溪奇国电器有限公司	9.43
11	温州市欧姆林电气辅件有限公司	19.72	42	山东鲁能力源电器设备有限公司	9.30
12	苏州景泰电气有限公司	19.49	43	河北宝凯电气股份有限公司	9.28
13	盛中意电力科技有限公司	19.34	44	深圳市光辉电器实业有限公司	9.05
14	江苏大航高华电气有限公司	19.22	45	川开电气有限公司	8.54
15	安科瑞电气股份有限公司	18.98	46	上海宝临电气集团有限公司	8.50
16	黄华集团有限公司	17.32	47	常州太平洋电力设备（集团）有限公司	8.38
17	江苏亿能电气有限公司	16.63	48	威腾电气集团股份有限公司	8.18
18	南京大全电气有限公司	16.59	49	重庆众恒电器有限公司	8.05
19	烟台孚信达双金属股份有限公司	15.82	50	杭州电力制造有限公司萧山欣美成套电气制造分公司	7.99
20	福建森达电气股份有限公司	15.59			
21	上海友邦电气（集团）股份有限公司	15.58	51	许继电气股份有限公司	6.92
22	北京人民电器厂有限公司	15.57	52	北京龙源开关设备有限责任公司	6.81
23	山东瑞宁电气有限公司	15.03	53	天津百利特精电气股份有限公司	6.55
24	成都瑞联电气股份有限公司	14.87	54	上海纳杰电气成套有限公司	6.44
25	天津茂源电力工程有限公司	14.87	55	杭申集团有限公司	6.15
26	浙江三辰电器股份有限公司	14.36	56	镇江市电器设备厂有限公司	6.13
27	重庆望变电气（集团）股份有限公司	13.79	57	江苏华强电力设备有限公司	6.00
28	常州新苑星电器有限公司	13.49	58	常德天马电器股份有限公司	5.43
29	宁波耀华电气科技有限责任公司	13.15	59	天津市南洋电气厂（普通合伙）	5.39
30	上海良信电器股份有限公司	13.12	60	北京科锐配电自动化股份有限公司	5.19
31	盛隆电气集团有限公司	12.28			

表8　2021年电控配电行业重点企业资本保值增值率

序号	企业名称	资本保值增值率（%）	序号	企业名称	资本保值增值率（%）
1	北京龙源开关设备有限责任公司	226.82	31	上海纳杰电气成套有限公司	112.09
2	大全集团有限公司	191.40	32	深圳市光辉电器实业有限公司	112.05
3	北京合纵科技股份有限公司	187.81	33	远东电器集团有限公司	111.86
4	温州市欧姆林电气辅件有限公司	164.14	34	成都瑞联电气股份有限公司	111.46
5	镇江默勒电器有限公司	150.88	35	常熟开关制造有限公司（原常熟开关厂）	111.21
6	库柏（宁波）电气有限公司	148.65	36	上海宝临电气集团有限公司	110.59
7	北京普瑞斯玛电气技术有限公司	147.49	37	许继电气股份有限公司	110.41
8	烟台孚信达双金属股份有限公司	145.05	38	重庆众恒电器有限公司	110.00
9	威腾电气集团股份有限公司	140.09	39	深圳市赛源电气技术有限公司	109.92
10	南京大全电气有限公司	139.68	40	上海柘中集团股份有限公司	109.32
11	山东瑞宁电气有限公司	138.90	41	江苏万奇电器集团有限公司	109.28
12	天津茂源电力工程有限公司	134.58	42	杭申集团有限公司	109.20
13	江苏海纬集团有限公司	132.66	43	上海良信电器股份有限公司	108.25
14	苏州万龙电气集团股份有限公司	132.49	44	广州市半径电力铜材有限公司	108.24
15	宁波耀华电气科技有限责任公司	125.03	45	河北宝凯电气股份有限公司	107.34
16	镇江西门子母线有限公司	124.24	46	正泰电气股份有限公司	107.17
17	协成科技股份有限公司	121.80	47	山东爱普电气设备有限公司	106.39
18	苏州景泰电气有限公司	120.90	48	中天电气技术有限公司	106.01
19	上海友邦电气（集团）股份有限公司	120.58	49	常德天马电器股份有限公司	105.99
20	福建森达电气股份有限公司	120.53	50	江苏华强电力设备有限公司	105.92
21	安科瑞电气股份有限公司	119.99	51	常州太平洋电力设备（集团）有限公司	105.20
22	俊郎电气有限公司	119.86	52	昇辉智能科技股份有限公司	103.64
23	重庆望变电气（集团）股份有限公司	119.67	53	盛中意电力科技有限公司	103.57
24	唐山盾石电气有限责任公司	119.07	54	天津百利特精电气股份有限公司	103.10
25	川开电气有限公司	118.65	55	黑默（天津）电气工程系统有限公司	102.40
26	江苏大航高华电气有限公司	117.70	56	安徽中电兴发与鑫龙科技股份有限公司	102.05
27	浙江三辰电器股份有限公司	117.48	57	索凌电气有限公司	102.03
28	浙宝电气（杭州）集团有限公司	116.10	58	零点创新科技有限公司	101.49
29	北京人民电器厂有限公司	115.74	59	西安长城开关制造有限公司	101.19
30	杭州电力制造有限公司萧山欣美成套电气制造分公司	112.91	60	镇江市电器设备厂有限公司	101.16

表9　2021年电控配电行业重点企业资产负债率

序号	企业名称	资产负债率（%）	序号	企业名称	资产负债率（%）
1	天津市南洋电气厂（普通合伙）	7.68	8	常州新苑星电器有限公司	14.61
2	成都瑞联电气股份有限公司	8.24	9	航大电气有限公司	14.93
3	慈溪奇国电器有限公司	9.67	10	烟台孚信达双金属股份有限公司	16.52
4	黄华集团有限公司	9.88	11	上海广电电气（集团）股份有限公司	16.78
5	山东瑞宁电气有限公司	13.34	12	远东电器集团有限公司	21.56
6	深圳市赛源电气技术有限公司	13.34	13	北京人民电器厂有限公司	24.87
7	江苏海纬集团有限公司	14.24	14	天津文纳尔电气系统有限公司	26.39

（续）

序号	企业名称	资产负债率（%）	序号	企业名称	资产负债率（%）
15	上海宝临电气集团有限公司	26.48	39	天津百利特精电气股份有限公司	43.67
16	常熟开关制造有限公司（原常熟开关厂）	27.96	40	苏州景泰电气有限公司	45.63
17	大全集团有限公司	29.24	41	昇辉智能科技股份有限公司	46.30
18	长沙电控辅件总厂	29.51	42	盛隆电气集团有限公司	47.46
19	宁波耀华电气科技有限责任公司	29.89	43	索凌电气有限公司	47.76
20	安科瑞电气股份有限公司	30.80	44	山东鲁能力源电器设备有限公司	47.83
21	常州太平洋电力设备（集团）有限公司	31.00	45	重庆望变电气（集团）股份有限公司	49.51
22	江苏万奇电器集团有限公司	31.28	46	协成科技股份有限公司	49.88
23	天津市德利泰开关有限公司	32.15	47	上海良信电器股份有限公司	50.07
24	上海柘中集团股份有限公司	32.30	48	北京普瑞斯玛电气技术有限公司	50.76
25	西安长城开关制造有限公司	32.31	49	江苏华强电力设备有限公司	50.89
26	北京龙源开关设备有限责任公司	32.71	50	中天电气技术有限公司	51.08
27	常德天马电器股份有限公司	32.84	51	库柏（宁波）电气有限公司	51.12
28	黑默（天津）电气工程系统有限公司	34.41	52	山东爱普电气设备有限公司	52.61
29	安徽中电兴发与鑫龙科技股份有限公司	34.68	53	浙江三辰电器股份有限公司	53.04
30	江苏亿能电气有限公司	34.93	54	唐山盾石电气有限责任公司	53.50
31	深圳市光辉电器实业有限公司	35.30	55	温州市欧姆林电气辅件有限公司	53.52
32	威腾电气集团股份有限公司	38.73	56	杭州电力制造有限公司萧山欣美成套电气制造分公司	53.67
33	镇江默勒电器有限公司	38.81			
34	北京科锐配电自动化股份有限公司	39.50	57	浙宝电气（杭州）集团有限公司	53.74
35	上海红檀智能科技有限公司	41.86	58	北京合纵科技股份有限公司	54.25
36	大航有能电气有限公司	41.97	59	镇江市电器设备厂有限公司	56.11
37	福建森达电气股份有限公司	42.44	60	川开电气有限公司	57.34
38	许继电气股份有限公司	42.51			

表10　2021年电控配电行业重点企业全员劳动生产率

序号	企业名称	全员劳动生产率/（元/人）	序号	企业名称	全员劳动生产率/（元/人）
1	山东爱普电气设备有限公司	2 051 153.78	14	天津市德利泰开关有限公司	729 386.79
2	江苏海纬集团有限公司	1 930 020.78	15	天津百利特精电气股份有限公司	689 720.42
3	俊郎电气有限公司	1 666 590.91	16	北京人民电器厂有限公司	687 865.61
4	远东电器集团有限公司	1 634 613.26	17	镇江西门子母线有限公司	642 414.77
5	江苏大航高华电气有限公司	1 492 051.28	18	安科瑞电气股份有限公司	613 525.72
6	江苏万奇电器集团有限公司	1 245 816.99	19	川开电气有限公司	581 747.86
7	南京大全电气有限公司	966 358.84	20	福建森达电气股份有限公司	549 618.53
8	杭州电力制造有限公司萧山欣美成套电气制造分公司	868 446.82	21	河北宝凯电气股份有限公司	527 236.36
			22	北京龙源开关设备有限责任公司	512 968.75
9	镇江默勒电器有限公司	855 809.99	23	常州太平洋电力设备（集团）有限公司	500 000.00
10	镇江市电器设备厂有限公司	833 333.33	24	库柏（宁波）电气有限公司	427 410.36
11	深圳市光辉电器实业有限公司	805 536.48	25	烟台孚信达双金属股份有限公司	369 065.52
12	广州市半径电力铜材有限公司	792 627.45	26	成都瑞联电气股份有限公司	326 761.87
13	常熟开关制造有限公司（原常熟开关厂）	731 580.43	27	山东瑞宁电气有限公司	319 512.20

（续）

序号	企业名称	全员劳动生产率/（元／人）	序号	企业名称	全员劳动生产率/（元／人）
28	天津市南洋电气厂（普通合伙）	318 139.53	45	常州新苑星电器有限公司	193 636.36
29	上海纳杰电气成套有限公司	300 561.22	46	重庆望变电气（集团）股份有限公司	159 809.61
30	昇辉智能科技股份有限公司	290 329.02	47	江苏亿能电气有限公司	158 715.17
31	江苏华强电力设备有限公司	281 584.91	48	浙江三辰电器股份有限公司	156 288.89
32	黄华集团有限公司	274 343.43	49	零点创新科技有限公司	153 555.56
33	上海广电电气（集团）股份有限公司	270 892.74	50	威腾电气集团股份有限公司	150 672.12
34	杭申集团有限公司	260 509.64	51	杭州鸿雁电力电气有限公司	149 915.25
35	上海宝临电气集团有限公司	259 406.92	52	常德天马电器股份有限公司	146 785.71
36	浙宝电气（杭州）集团有限公司	252 699.03	53	宁波耀华电气科技有限责任公司	127 352.78
37	苏州万龙电气集团股份有限公司	243 362.83	54	北京普瑞斯玛电气技术有限公司	109 477.44
38	上海南华兰陵电气有限公司	235 112.41	55	盛隆电气集团有限公司	97 411.53
39	唐山盾石电气有限责任公司	226 770.59	56	中天电气技术有限公司	96 826.83
40	索凌电气有限公司	214 281.25	57	航大电气有限公司	70 566.04
41	福建裕能电力成套设备有限公司	213 578.79	58	盛中意电力科技有限公司	57 981.65
42	深圳市赛源电气技术有限公司	209 395.24	59	北京合纵科技股份有限公司	50 357.98
43	正泰电气股份有限公司	196 347.81	60	上海红檀智能科技有限公司	45 833.33
44	慈溪奇国电器有限公司	194 762.43			

表 11 2021 年电控配电行业重点企业经济效益综合指数

序号	企业名称	经济效益综合指数	序号	企业名称	经济效益综合指数
1	天津市德利泰开关有限公司	17.14	20	福建森达电气股份有限公司	4.81
2	江苏海纬集团有限公司	13.57	21	川开电气有限公司	4.67
3	山东爱普电气设备有限公司	13.16	22	库柏（宁波）电气有限公司	4.25
4	远东电器集团有限公司	12.17	23	北京龙源开关设备有限责任公司	4.20
5	俊郎电气有限公司	11 07	24	烟台孚信达双金属股份有限公司	4.15
6	江苏万奇电器集团有限公司	10.52	25	常州太平洋电力设备（集团）有限公司	4.12
7	江苏大航高华电气有限公司	10.27	26	河北宝凯电气股份有限公司	4.07
8	常熟开关制造有限公司（原常熟开关厂）	7.06	27	成都瑞联电气股份有限公司	3.69
9	南京大全电气有限公司	7.03	28	上海柘中集团股份有限公司	3.56
10	镇江默勒电器有限公司	6.57	29	天津市南洋电气厂（普通合伙）	3.26
11	杭州电力制造有限公司萧山欣美成套电气制造分公司	6.21	30	黄华集团有限公司	3.23
			31	温州市欧姆林电气辅件有限公司	3.16
12	上海红檀智能科技有限公司	6.09	32	山东瑞宁电气有限公司	3.14
13	深圳市光辉电器实业有限公司	6.01	33	大全集团有限公司	3.07
14	北京人民电器厂有限公司	5.87	34	宁波耀华电气科技有限责任公司	2.87
15	广州市半径电力铜材有限公司	5.79	35	浙宝电气（杭州）集团有限公司	2.82
16	镇江西门子母线有限公司	5.65	36	上海广电电气（集团）股份有限公司	2.73
17	镇江市电器设备厂有限公司	5.64	37	昇辉智能科技股份有限公司	2.66
18	安科瑞电气股份有限公司	5.42	38	上海纳杰电气成套有限公司	2.57
19	天津百利特精电气股份有限公司	5.07	39	上海宝临电气集团有限公司	2.53

（续）

序号	企业名称	经济效益综合指数	序号	企业名称	经济效益综合指数
40	上海南华兰陵电气有限公司	2.42	51	福建裕能电力成套设备有限公司	1.88
41	杭申集团有限公司	2.39	52	威腾电气集团股份有限公司	1.85
42	常州新苑星电器有限公司	2.39	53	唐山盾石电气有限责任公司	1.82
43	江苏华强电力设备有限公司	2.38	54	盛隆电气集团有限公司	1.75
44	重庆望变电气（集团）股份有限公司	2.34	55	常德天马电器股份有限公司	1.68
45	索凌电气有限公司	2.30	56	苏州万龙电气集团股份有限公司	1.43
46	慈溪奇国电器有限公司	2.27	57	盛中意电力科技有限公司	1.41
47	深圳市赛源电气技术有限公司	2.25	58	北京普瑞斯玛电气技术有限公司	1.40
48	浙江三辰电器股份有限公司	2.20	59	上海良信电器股份有限公司	1.35
49	正泰电气股份有限公司	2.12	60	杭州鸿雁电力电气有限公司	1.34
50	江苏亿能电气有限公司	2.05			

经济运行特点

1.总体营收恢复两位数增长，产销衔接状况良好

2021年电控配电行业克服新冠疫情多点散发、生产要素供给趋紧、大宗商品价格持续高位等不利因素影响，行业总体生产、销售呈现恢复增长的态势，增长幅度较大，行业运行总体稳定且稳中向好，行业景气度提升。2021年电控配电行业样本企业工业总产值、工业销售产值两项指标同比分别增长15.96%、17.07%，增速恢复至两位数增长，产销率为102.26%，比上年同期提高5.04个百分点，产销衔接状况明显好于上年同期水平。其中，全年生产销售增长的企业占整个行业的76%，有24%的企业生产销售比上年有所下降。

2.受原材料成本等因素影响，企业盈利恢复相对较慢

上报数据的79家样本企业2021年实现利润总额155.05亿元，同比增长9.84%，同比提高1.75个百分点，但增速低于全国规模以上工业平均水平24.46个百分点。其中有32%的企业利润增长率处于下降态势。在样本企业中，有5家企业亏损，亏损面为6.33%，比上年同期扩大1.68个百分点。主营业务收入为1 081.99亿元，同比增长18.94%，增幅提高了11.3个百分点。其中主营业务收入同比增长的企业为60家，占统计企业数的75.95%。主营业务成本同比增长15.23%，比上年同期提高7.34个百分点。成本费用利润率为10.71%，比上年同期提高1.48个百分点。主营业务税金及附加同比增长8.58%，比上年同期上升2.08个百分点。应交增值税同比增长14.15%，比上年同期提高11.52个百分点。管理费用及财务费用同比增长5.41%，增幅比上年同期提高1.72个百分点。营业费用同比增长3.77%，增幅比上年同期提高1.24个百分点。企业三费增幅略有提高，加之大宗商品价格持续高位运行，挤压了企业利润空间，工业企业效益状况持续改善存在压力。

3.新产品研发投入和固定资产投资大幅回升

对2021年上报数据的79家企业统计显示，科技活动筹集经费总额同比增长22.16%，研究与试验发展经费支出同比增长24.42%，新产品开发经费支出同比增长38.21%，均远超上年同期水平。2021年电控配电行业在新产品科研、研发上的平均投入达到总销售额的3.83%，比上年提高0.15个百分点。2021年，上报数据的79家样本企业生产的产品中，获国家级奖项的有10种，省级奖项的有7种，各地区、市级奖项的有19种。企业开发的新产品，获得的各级各类科技进步奖项比上年有所减少。自年初累计完成固定资产投资19.93亿元，同比增长19.67%，增幅较上年同期（同比下降72.88%）大幅提高，固定资产投资增速显著高于全国固定资产投资4.9%的增速。2021年，受经济结构持续调整以及全球贸易摩擦等外部不确定因素的影响，以中小企业为主的电控配电行业经历洗牌。随着落后产能的淘汰，存活下来的企业愈发意识到科技创新的重要性，产业结构持续优化，研发投入逐步提高。然而，科技投入是循环累积的过程，科技创新效果的显现依赖于长期投入和持续积累，电控配电行业转型升级之路任重道远。目前看来，头部企业强者恒强，小企业则被加速淘汰。

产品产量 2021年，从纳入统计的样本企业上报的数据汇总分析，电控配电行业产量和产值与2020年相比增速恢复较快。根据对59家上报2021年数据的企业统计，2021年低压成套产品产量及产值见表12。

表12 2021年低压成套产品产量及产值

产品名称	产量单位	产量	产值/亿元
低压开关柜类	万面	47.57	195.83
配电箱类	万台	177.35	25.98
箱式变电站	万台	1.74	19.31
母线槽	万m	183.55	326.97
电缆桥架	万t	14.71	23.85
其他产品	万套	746.70	41.76

出口贸易 电控配电行业出口贸易一向不多，已上报的79家企业中有22家企业有进出口贸易，企业数与上年

持平。22 家企业的总出口额为 47 939 万美元，同比增长 42.49%，增速同比提高 50.98 个百分点。2021 年电控配电行业出口实现较快增长，其中有企业自身的努力，有稳外贸政策发挥出的重要作用，也有一些特殊的因素。如，受新冠疫情影响，欧美供应链混乱，东南亚国家停工停产，海外消费需求对中国外贸的依赖度有所提升。

科技成果及新产品 常州新苑星电器有限公司 2021 年自主研制了 500mm 宽低压配电抽屉柜、位移控制结构技术的抽屉单元操作、移开式配电柜功能单元。

（1）500mm 宽低压配电抽屉柜。该产品打破了国外品牌底座连接结构综合技术壁垒，在同行业细分领域属首创。该柜宽 500mm、深 800mm，可移插拔式柜宽 600mm、深 800mm，主电路接插件连接结构技术创新，可以满足核电 1E 级抽出式单元高标准的性能、功能、安全性应用技术要求，已申请发明专利 5 件、实用新型专利逾 10 件、外观专利 3 件。该技术达到国内外同行业细分领域标准化连接结构的先进水平，节省原料和占地空间，结构工艺简化且产品性能品质、检测报告数据均符合高品质标准要求，是一种发明创新和具有突破性的主电路连接结构应用技术。

（2）位移控制结构技术的抽屉单元操作。该产品研发涉及抽屉导轨结构型式、抽屉单元与单元室之间的移动定位原理，实现大电流抽屉操作位 0.5m 操作灵活的力学性能，保障主辅电路插件的连接可靠性达到 100%。

（3）移开式配电柜功能单元。功能单元深度 350mm，应用主电路接插件连接断路器结构二点铜排连接，实现抽屉单元连接距缩短 50mm，连接件省铜 45%，相间连接电气间隙大于 20mm；1 台设备平均少用铜 6.5kg，节约钢板 20kg；智能通信、插头测温、母线测温功能完善。垂直母线电流最大 2 500A，功能单元各项指标达标。移开式配电柜功能单元性价比高，已受到行业制造厂的关注，为行业继插拔式、抽屉式结构应用提供新的技术选择。

河北宝凯电气股份有限公司 2021 年研发了 BKTM 无线无源测温装置、屏蔽灭弧装置断路器、BKB55-63C 产品。

（1）BKTM 无线无源测温装置。该装置最多可添加 16 个温度传感器。温度越限控制添加到开关量输出功能中，可编程设定继电器触点动作输出方式。传感器离线时间设定为 1～600s。该类型的温度传感器市场价格不低于 300 元 / 只，按抽屉柜各回路平均使用 3～6 只计算，一个 100 个馈电回路的中型配电项目将使用不少于 300 只温度传感器，市场前景广阔。

（2）屏蔽灭弧装置断路器。根据相关发明专利的辅助灭弧机构方案，采用电磁式屏蔽辅助灭弧方法与原设计灭弧原理相结合对现有产品动、静触头及灭弧室部位进行改进，以提高断路器的分断能力。该系列产品是塑壳式断路器在灭弧理论上的技术创新型产品，完成后在行业同类及同质量水平产品中具有最高的分断短路电流能力。该产品具有体积小、短路分断性能指标高、机械寿命和电寿命长、运行可靠性高和使用安全方便、节能节材等优点。该项目成果属于国际、国内首创。

（3）BKB55-63C 产品。该产品具有隔离、过载与短路保护功能；带储能式机构操作，触点快速闭合，克服了人力操作手柄速度快慢带来的不利影响；$I_{cn}=I_{cs}=4.5\text{kA}$。该产品较 BKB55-63 系列产品价格降低 10%，价格低且技术指标满足客户要求。

远东电器集团有限公司 2021 年研发了 YBM-12/0.4 智能型高低压预装式变电站。该变电站的高压单元主要技术参数为：额定电压 12kV，额定电流 630A，额定频率 50Hz，额定短时耐受电流 20kA，额定峰值耐受电流 50kA，额定短路关合电流 50kA，1min 工频耐受电压 42kV/48kV。低压单元主要技术参数为：额定电压 0.4kV，额定电流 1 600A，额定短时耐受电流 30kA，额定峰值耐受电流 63kA，分回路额定电流 800A，1min 工频耐受电压 2kV。

常熟开关制造有限公司（原常熟开关厂）参与的基于全生命周期管理的用户端电器数字化设计 / 制造关键技术研究及示范应用项目，在 2021 年获得中国机械工业科学技术奖科技进步类一等奖。该公司 2021 年开发的新产品有 CW6-2500 万能式断路器、CM3DC-500HHU 塑料外壳式断路器、CGZ1 6.0 新一代数字化智能型低压成套开关设备、CSX3-32 电气防火限流式保护器、高速型 CTE1G-160 自动转换开关电器。

（1）CW6-2500 万能式断路器性能特点。①高分断：运行分断能力最高达 100kA/440V。②长寿命：机械寿命最高达 25 000 次。③高测量精度：满足 IEC 61557-12 class1 标准要求。④额定电流 800～2 500A，额定电压 AC 400～690V，额定冲击耐受电压 12kV，额定绝缘电压 1 250V，工频耐受电压 3 500V。

（2）CM3DC-500HHU 塑料外壳式断路器性能特点。①高分断：实现了短路分断 15kA/DC 1 500V，单极 IT 短路分断能力达 5kA。②小型化：宽度尺寸仅为 96mm。③额定电流 225～500A，极数 2，额定工作电压 DC 1 500V，额定冲击耐受电压 12kV，额定绝缘电压 1 600V。

（3）CGZ1 6.0 新一代数字化智能型低压成套开关设备性能特点。①小型化：开发应用 CW6-2000 柜宽仅 400mm，应用 CW6-4000 柜宽仅 800mm，8E/2 抽屉 160A 的小型化开关柜。②高性能：通过 GB/T 7251.1 的 EMC 全项试验，通过 GB/T 2423.17 的 168h 盐雾试验，通过 YD 5083 的抗震烈度 9 度试验。③额定工作电流 1 600A/2 500A/4 000A，额定绝缘电压 AC 690V/1 000V，额定冲击耐受电压 8kV，额定工作电压 AC 400V，极数 3、4，主母线额定短时耐受电流 30 kA /50 kA /80kA，主母线额定峰值耐受电流 63kA/105kA/176kA。

（4）CSX3-32 电气防火限流式保护器性能特点。①高性能：实现 25kA 运行短路能力下的微秒级限流保护，可无次数限制开断。②额定电流 10～32A，额定工作电压 AC 230V/50Hz，极数 1+N。

（5）高速型 CTE1G-160 自动转换开关电器性能特点。①高性能：创新开发了新型主动快速灭弧技术和逆变供电控制技术，实现了电源自动转换期内电压中断时间小于

10ms 的高性能，满足间断无感知供电。②额定工作电流 100A/160A，额定工作电压 AC 400V（-15%～10%），额定绝缘电压 800V，额定冲击耐受电压 8kV，极数 4，额定限制短路电流 50kA，电器级别 PC 级，使用类别 AC-31B。

上海宝临电气集团有限公司 2021 年开发了低压开关柜的智能监测运维系统。该系统属于电力系统技术领域，包括智能运维终端、服务器端和移动客户终端。服务器端接收智能运维终端采集的数据并推送至移动客户终端，可实现开关柜的在线监视、开关柜辅助系统的监视、一二次设备的运行状态监视，以及故障分析和故障定位、远程视频监控和报表自动生成等功能，不仅具有开关柜监控的完整功能，还极大地方便了运维人员的操作模式，完全改变了配网自动化开关柜的运维模式，完全实现全数据实时监测和运维。智能照明控制系统通常由调光模块、开关模块、控制面板、液晶显示触摸屏、智能传感器、编程插口、时钟管理器、手持式编程器、监控软件（网桥）等部件构成，将上述各种具备独立功能的控制模块或部件用一条五类数据通信线（四对双绞线）按手牵手菊花链方式连接起来，形成一个 Dynet 控制网络。利用照明智能化控制，可以根据环境变化、客观要求、用户预定需求等自动采集照明系统中的各种信息，并对所采集的信息进行相应的逻辑分析、推理、判断，对分析结果按要求的形式存储、显示、传输，进行相应的工作状态信息反馈控制，以达到预期的控制效果。

上海广电电气（集团）股份有限公司 2021 年研发了 MLS-5.0 船舶用低压成套开关设备、MLS-5.0 低压成套无功功率补偿装置两项产品。

（1）MLS-5.0 船舶用低压成套开关设备。额定工作电压 AC 415V、500V，额定频率 50Hz，额定绝缘电压 800V，额度冲击耐受电压 8kV，主母线额定电流 1 000～2 500A，额定短时耐受电流 50kA，外壳防护等级 IP43/ 户内型。产品可广泛应用于国内外船舶、海洋工程领域的低压配电需求。

（2）MLS-5.0 低压成套无功功率补偿装置。额定工作电压 AC 690V；额定绝缘电压 1 000V；额定电流 41～381A；额定频率 50Hz；户内型额定短时耐受电流 15kA；电容器标称容量 60～560kvar（机电开关），60～630kvar（半导体电子开关）；外壳防护等级 IP41、IP40、IP31、IP30；三相补偿，有抑制谐波功能投切电容器的元件类型——机电开关、半导体电子开关。

宁波耀华电气科技有限责任公司 2021 年研发的支持物联网的智能环保气体绝缘环网柜，是国内首创的智能真空开关设备，集测量、控制、保护、通信等功能于一体，具有智能化、安全可靠、绿色环保、环境适应性强的技术特性，可广泛应用于智能化变电站，能够在高海拔、严寒、潮湿、盐雾、污秽等恶劣环境中安全使用，环境适应性强，智能化程度高。①绿色环保。所有零部件及生产工艺均严格控制原材料中有害化学元素成分的含量，严格按照欧盟 RoHS、REACH 法规的规定控制，产品生命周期后材料可回收率达 90% 以上。②环境适应性。所有高压元件密封在充气的金属壳体内而不受大气环境的影响，能够在高海拔、严寒、潮湿、盐雾、污秽等恶劣环境中安全使用，环境适应性强。③机械寿命高于 3 万次，真空灭弧，安全稳定可靠，实现真正的免维护。④永磁断路器分闸时间小于 15ms，能自动快速切除和自动隔离所控线路的单相接地及相间短路故障。该项目具有完全自主知识产权，可替代进口，是输变电行业具有里程碑式意义的科技创新举措。

大全集团有限公司 2021 年开发了 DQM+ 智慧云柜、基于 AR 技术的智能低压配电系统、配电系统智能运维和健康管理技术、智能配电分布式快速保护系统技术、智能低压无功补偿技术、基于云平台远程控制技术、基于移动通信技术的母线监控系统，对 BD1 产品进行升级。

（1）DQM+ 智慧云柜。该产品是一款拥有完全自主知识产权的智能、节能、环保的新型数字化低压柜，额定电压 690V，额定绝缘电压 1 000V，额定电流 6 300A，额定冲击耐受电压 12kV，通过了电磁兼容性（EMC）试验报告。6 300A 的母排系统升级采用自主专利品牌的 C 型排，C 型母排散热性能好、强度大、安装方便，可实现无孔搭接，大大提升了生产效率及设计的成本。该柜型申报了 4 件 PCT 国际专利、7 件外观专利、11 件实用新型专利、9 件发明专利。产品通过 CCC、CE、CB、KEMA、泰尔认证、中核兴原认证等权威机构认证，2021 年度销售近 7 000 万元。

（2）基于 AR 技术的智能低压配电系统的研发。该系统使用 AR 智能技术，规范巡检流程，通过与工厂生产线物联网设备、MIS 系统互联，获得设备运转、检测数据并及时反馈结果，实时记录过程，方便问责溯源。

（3）配电系统智能运维和健康管理技术的研发。基于互联网＋服务概念，以配电智能运维服务为宗旨，通过物联网的方式连接企业终端设备，实现智能信息化互联互通，打造多元化远程智能平台，通过线上监测、线上预警、线下抢修，建设集数据采集、运输、分析、监控、保护、报警等功能为一体的智能化系统，为终端用户提供全方位配电运维管理服务。

（4）智能配电分布式快速保护系统技术的研发。该技术不依赖配电网调度主站控制，在数秒内有选择性地完成故障区域的隔离并恢复供电，满足重要用户对供电可靠性的高要求，提高配电网运行的稳定性和供电可靠性。

（5）智能低压无功补偿技术的研发。该技术将固定补偿与动态补偿相结合，以较好地适应负载变化；三相共补与分相补偿相结合；稳态补偿与快速跟踪补偿相结合，可提高功率因数、降损节能，而且可以充分挖掘设备的工作容量，充分发挥设备能力，提高工作效率，提高产量和质量。

（6）基于云平台远程控制技术的研发。把边界控制器安装到低压开关柜中，用户用手机、PAD 在设备现场以无线方式进行"四遥"操作；远程监测运行状态，查看配电系统的运行历史、档案资料，日报月报；实时接收运行异常报警；获取云平台自动推送的设备风险预测报告及运检专家建议；在设备检修时得到云平台注册技术专家的远程指导。

（7）基于移动通信技术的母线监控系统。该产品系列前期先开发满足监控 XL 密集型母线的移动通信监控产品，通过改造母线测温产品的采集器箱（与 XL 系列的 1# 插接箱尺寸大致相当）来完成产品规格，通过母线提供单相交流 220V/50Hz 的动力。通过插脚直接与母线插口相连接，然后使用插接箱的锁脚锁在母线上，可使用现有的插接箱包装箱进行包装。

（8）BD1 产品升级。产品主要电气参数：额定工作电压 AC 690V，额定绝缘电压 AC 690V，额定频率 50Hz，电流范围 140A、250A、400A、700A，额定短时耐受电流 3.7kA（140A）、8kA（250A）、9.5kA（400A）、29kA（630A），额定峰值耐受电流 5.55kA（140A）、13.6kA（250A）、39kA（400A）、60.9kA（630A）。产品外形尺寸：156mm×56mm（40A）、156mm×56mm（250A）、156mm×85mm（400A）、156mm×135mm（700A）。防护等级 IP43（插口朝下）、IP40（插口朝上），电气间隙 ≥ 8mm，爬电距离 ≥ 11mm，绝缘耐热等级 ≥ 130（B）级，工频耐压 AC 2 200V/5s 无击穿、无闪络。

北京龙源开关设备有限责任公司 2021 年研发的产品有 3 项。LYES-12 系列环保型气体绝缘环网开关设备，额定工作电压 12kV，额定工作电流 630A，短路开断电流和短时耐受电流 25kA。DXB-12 景观式箱式变电站 LY-MPM 智能型多功能保护插座，变电站额定工作电压 12kV/0.4kV，变压器容量 1 250kV·A 及以下；额定工作电压 0.4kV/0.22kV，额定工作电流 63A 以下。4 000A/50kA 智能型低压真空快速转换断路器，额定工作电压 0.4kV/0.22kV，额定工作电流 4 000A 以下，短时耐受电流 50kA，断路分断电流 50kA，断口快速转换 3ms，主电源停电到备用电源送电时间间隔小于 50ms。上述产品符合行业发展需求，完全可以取代进口，满足低碳环保政策。

杭州电力制造有限公司萧山欣美成套电气制造分公司 2021 年延续开发的项目有 2 项。

（1）基于并联技术实现配网直流区域自治研究与应用。①研究基于并联电池技术的蓄电池物联网感知层建设方案，柜内系统采集每节蓄电池电量，实时掌握蓄电池健康状态。②蓄电池物联网智慧运维应用开发，自治监控软件对多个配电站的直流系统进行在线管理，延长蓄电池运行时间。③开展基于并联电池的直流电源系统自动充放电控制技术研究，实现对配电房所有蓄电池自动充放电管理。

（2）高弹性电网用智能断路器的研制。①研究优化灭弧室及操作机构的结构，提高断路器短路分断能力及操作机构可靠性，额定极限短路分断能力不低于 50kA，机械寿命不低于 15 000 次。②研究互感器的准确度及高准确度计量方法，实现电能参数的高准确度计量：电流准确度 0.5 级，电压准确度 0.5 级，有功功率功率准确度 1 级，无功测量准确度 2 级。③通过对多种通信方式的特点分析，制

定适应高弹性电网要求的快速稳定的数据通信方案；研究拓扑识别技术的运用，促进配网降损增效，实现分支路、分时段线损分析，为高弹性电网的降损增效奠定基础。

天津百利特精电气股份有限公司 2021 年研发了北美 SVG-APF（480V）机型关键技术、TM31 小型断路器过流特性试验台、TW30 万能式断路器特性试验台、低压储能变流器技术、10kV 双极真空断路器。

（1）北美 SVG-APF（480V）机型关键技术。主要技术指标参数：电压等级 480V；额定电流 150A；额定容量 125kVar；额定直流电压 1 000V；线制：三相四线制；拓扑结构：NPC 三电平；散热风扇数量 4 个（前部）；载波频率 13.6kHz。该项目增加了电网高频谐振的风险，为避免 SVG 系统的谐振，LC 滤波电路采用有源 + 无源阻尼谐振抑制技术，提高了产品的可靠性。

（2）TM31 小型断路器过流特性试验台。工作电源：AC220V、50Hz；4 个工位；电流档：5A、20A/5A、50A/5A、100A/5A、400A/5A，用于检测微型断路器延时特性，额定电流 1～100A，（1.13～2.55）I_n 延时动作特性。

（3）TW30 万能式断路器特性试验台。主回路额定电压 AC 400V；输出电流 0～10 000A；加载电流 I_{nm}=2 000A、3 200A、4 000A，I_r=1.5I_n 用于检测万能式断路器过载保护、接地保护等特性。产品性能有较大的竞争优势。

（4）低压储能变流器技术研究。①无变压器直挂电网的链式储能变换技术效率可达 98% 以上，与有变压器的方案相比，一个充放循环的效率提升 3% 以上，高效率的特点非常显著。②该变换技术由于无变压器隔离，电池组处于高压悬浮状态，其共模电流引发电磁兼容问题并使绝缘成本增加。电磁兼容问题可以用共模滤波器有效解决，而在 6～10kV 电压等级上绝缘成本的增加是非常有限的。

（5）10kV 双极真空断路器。额定电压：12kV；额定电流：3 150A；额定频率：50Hz。该产品主要用于多晶硅生产过程中工艺要求方面的电源控制及保护，断路器安装于固定式开关柜内。该产品对于形成具有自主知识产权的核心技术，扩大企业业务领域，稳固占有市场具有强力支撑作用。

正泰电气股份有限公司 2021 年研发升级版 NXL 低压成套开关柜。技术参数：主母排额定电流：6 300A；主母线额定短时耐受电流：0kA/80kA/100kA/150kA；垂直排额定电流：2 000A；过电压等级：Ⅲ 级；污染等级：3 级；内部燃弧等级（IEC 61641）：100kA 0.3s（415V）；外壳防护等级：IP30～IP54；分隔形式：4b。该产品满足中高端行业市场需求。

零点创新科技有限公司 2021 年开展开关柜综合测控装置研究与应用，研发新型便携应急电源装置。

（1）开关柜综合测控装置研究与应用。产品式样美观、安装方便，使用寿命长，具有三防功能、RS485 通信功能，符合 IEC 255-22 标准。产品特点：断路器状态指示、断路器（或手车）位置指示、弹簧储能状态指示、接地闸刀位置指示；高压带电指示、高压闭锁指示及控制；

二路温湿度实时检测并数字显示；加温除湿自动控制并带负载断路、传感器断路报警；超温报警和风扇降温自动控制并带负载断路、传感器断路报警；语音提示功能，有效防止误操作；远方／就地开关控制、断路器合闸／分闸开关控制、储能开关控制、柜内照明开关控制；RS485 通信功能，遵循 modbus 通信协议，波特率为 2 400。

（2）新型便携应急电源装置。主要性能特点：①高稳定性，可输出稳定的直流电源，源变化率≤±0.1%。②自主均流，均流误差率≤±3%，支持多台并联，组成大容量电源系统。③保护功能：输出过载、短路、过电压保护，输入欠电压、过电压、浪涌电压保护，机内过温保护，提供声光报警及控制信号输出。该产品具有容量大、体积小、质量小、投产省、见效快、性能稳定可靠、可循环应用、绿色环保、携带方便、使用简捷等特点。除了用于通信电源异常故障、台风灾害和通信系统特殊保障等应急供电外，还可在野外作业的电子设备仪器仪表、医疗器械、海洋探测、无人机等航天航空器、中小型动力车船和特殊工业设备等新技术领域推广应用。

浙江三辰电器股份有限公司 2021 年研发基于 DVR 技术的晃电保护电源。该电源的技术参数：直流工作电压 400 ～ 750V；额定电压 AC 380V；额定频率 50Hz/60Hz，±5Hz；额定功率 50kV·A；整机效率≥95%；电压精度≤±1%；全响应时间＜2ms。

索凌电气有限公司 2021 年开展梯次利用储能电站关键技术研究。该研究的特点为：一体化集成，集成度高，便于设计、施工、调试及运维；模块化构建，安装周期短，运行维护方便；智能化监控，实时在线，智能化监测及预警，系统安全可靠；规格化扩展，扩展性强，可根据需求组合标准模块扩展不同容量产品；采用电动汽车梯次利用动力电池，成本低廉，实现电池的二次利用，令其使用价值和经济效益发挥到最大化。

江苏大航高华电气有限公司 2021 年研发消防报警联动电磁阀配电箱、基于 5G 云平台的快速测温配电箱、家用配电箱控制系统。

（1）消防报警联动电磁阀配电箱。额定工作电压 380 ～ 400V，额定绝缘电压 400V，额定冲击耐受电压 4kV，额定频率 50Hz，额定电流 100A，电气间隙≥5.5mm，爬电距离≥6.3mm，防护等级 IP40，烟雾灵敏度 0.5dB/m（±0.1dB/m），报警电流 8mA（继电器常闭）、19mA（继电器常开）。该项目对户内配电箱进行创新设计，设置燃气检测传感器，适用于可能存在燃气泄漏的住宅。

（2）基于 5G 云平台的快速测温配电箱。①测温数据上传速率提高 10%。②测温速度和准确度提高 10%。③产品指标参数：额定工作电压 380 ～ 400V，额定绝缘电压 400V，额定冲击耐受电压 4kV，额定频率 50Hz，额定电流 100A，电气间隙≥5.5mm，爬电距离≥6.3mm，防护等级 IP40。研究在家用配电箱上设置快速测温结构，与云平台相结合，实时测量用户的体温并及时通过通信模块上传数据的技术。

（3）家用配电箱控制系统。①电流信号转数字信号准确率 100%。②处理系统自动执行率 100%。③产品指标参数：额定工作电压 380 ～ 400V，额定绝缘电压 400V，额定冲击耐受电压 4kV，额定频率 50Hz，额定电流 100A，电气间隙≥5.5mm，爬电距离≥6.3mm，防护等级 IP40。家用配电箱与智能设备互联，数字化的控制系统可以及时控制电路，适应大型房地产公司住宅项目配电系统稳定、实用、可靠、智能的要求。

安科瑞电气股份有限公司 2021 年研发水电双计灌溉控制终端、ASM3 微机综合保护装置。

（1）水电双计灌溉控制终端。参比电压：$3\times100V$、$3\times380V$、$3\times57.7V/100V$、$3\times220V/380V$；参比频率 50Hz；基本电流 1A；最大电流 6A；启动电流 0.004A；电流回路功耗＜4V·A（最大电流）；有功电能准确度 1 级；测量范围 0 ～ 999 999.99kW·h；通信方式 RS485、4G。ADF500L 水电双计控制器集射频卡刷卡灌溉、用水计量、液位采集、箱门状态监测、4G 无线通信、LCD 显示、语音提示等功能于一体，产品可靠性高，具有高稳定性、低功耗、掉电数据保存等优点，可广泛应用于节水控制、水资源信息监测等工程。

（2）ASM3 微机综合保护装置。装置电源：AC 85 ～ 500V、DC 85 ～ 360V，47 ～ 63Hz；电流精确测量范围（0.04 ～ 20）I_n（I_n=5A 或 I_n=1A）；电压精确测量范围 0.1 ～ 120V。电压元件：整定值容许误差应不超过±3%；过压返回系数 0.95，欠压返回系数 1.05。电流元件：整定值容许误差应不超过±3%；过流返回系数 0.95，欠流返回系数 1.05。比较元件返回系数为 0.95，反时限元件反时限动作时间±5% 或±40ms；返回系数 0.95。时间元件：延时时间 2s 内误差≤40ms；延时时间＞2s，误差≤（1%）整定值±40ms。该装置采用分辨率 800×480RGB 液晶屏，具有显示一次模拟图功能，可满足中置柜、环网柜等不同柜体需求，采用金属壳体，电磁兼容性能好。

江苏海纬集团有限公司 2021 年研发的节能不锈钢电缆桥架，不仅防腐蚀、防火隔热、防潮湿，而且拥有超长使用寿命。不锈钢电缆桥架的硬度比较高，能够很好地保护电缆不受损；回收利用率高，可广泛用于化工、海洋等腐蚀严重的领域。

盛隆电气集团有限公司 2021 年研发的 iPanel 新一代互联网智能低压柜 V4，完成了软件系统升级，增加通信协议接口，满足 GB/T 7251.12 及 GB/T 7251.8 标准的型式试验要求。

上海红檀智能科技有限公司 2021 年研发的物联网断路器主要技术参数：I_n：6A、10A、16A、20A、25A、32A、40A、50A、63A、80A；U_e：AC 230V（1P、2P）、AC 400V（3P、4P）；U_i：690V；U_{imp}：6kV；过电流脱扣器型式：热磁式；频率 50Hz；使用类别 A 类；I_{cs}=I_{cu}：6kA；极数：1、2、3、4；适用于隔离；开关模式：远程分合；远程控制信号 4G、RS485。断路器固定信息例如通信地址、额定电流、相数、漏电类型存储在本地存储器内，当电路发生故障时 APP 可以显示故障信息。APP 下发分合指令，断路器在 2s 内动作，通过将传统断路器与物联网相结合，物联网断路器集传统断路器的所有功能和智能化管理于一身，实现智慧用电，可在智慧城市、消防、社区、工厂、学校、医院、家庭等多个领域场景应用。

山东爱普电气设备有限公司 2021 年研发的 12kV SF_6 气体绝缘环网柜，额定电压 12kV，额定电流 630A、1 250A，额定短时耐受电流 20kA、25kA，额定峰值耐受电流 50kA。

黄华集团有限公司开发的 KGN28-12 铠装空气绝缘环网柜、HRM6-12 金属全封闭气体绝缘环网柜在 2021 年分别获 2020 年度浙江省输配电设备行业优秀新产品一等奖和二等奖。

深圳市赛源电气技术有限公司 2021 年研发了 JKW7 基于 RS485 远程控制投切的无功补偿控制器、JKW7-24D/RS2 具有显示监控各组电容器和电抗器温度功能的无功补偿控制器、SFK55C-3D 具有显示监控功能的复合开关、STK-125G 具有显示监控功能的无功调节器。

（1）JKW7 基于 RS485 远程控制投切的无功补偿控制器。电压、电流：0.5 级；有功、无功功率：±1.0%；功率因数：0.5 级；频率：±0.05Hz。主要实现的功能：①测量 BC 相电压、A 相电流、系统有功功率、系统无功功率、系统功率因数、频率等。②根据无功功率同时兼顾电压和谐波发出自动补偿电容器的投切信号，能手动投切或远程投切补偿电容器组。③通过 RS485 通信总线将控制器数据上传，并能接受上位机发下来的投切指令。

（2）JKW7-24D/RS2 具有显示监控各组电容器和电抗器温度功能的无功补偿控制器。电压、电流：0.5 级；有功、无功功率：±1.0%；功率因数：0.5 级；频率：±0.05Hz。主要实现的功能：①测量 BC 相电压、A 相电流、系统有功功率、系统无功功率、系统功率因数、频率等。②根据无功功率同时兼顾电压和谐波发出自动补偿电容器的投切信号。③通过 RS485 通信总线，将各组开关的电流、电流谐波总畸变率、开关温度、电抗器温度、电容器温度上传至控制器进行显示。

（3）SFK55C-3D 具有显示监控功能的复合开关。额定电压 380（1±10.0%）V，额定电流 85（1±20.0%）A。主要实现的功能：①测量无功补偿系统的频率、电容柜是否缺相、电容柜是否掉电、补偿电容器是否故障等。②消除对系统的冲击，需要电压过零投入，电流过零时切除。③兼容 RS485 总线投切和 12V 直流信号。

（4）STK-125G 具有显示监控功能的无功调节器。额定电压 AC 380 ～ 690V；额定频率 50 ～ 60Hz；额定电流 365A；控制信号：DC 12V 或总线投切；动态响应时间 ≤ 20ms。STK-125G 无功调节器是一种"过零触发"的晶闸管开关，调节器主回路采用反并联晶闸管模块，控制电路板由触发、光电隔离及逻辑控制等组成，调节器组合了散热器、风机、温度控制等，具有温控启动风机、过温保护的功能。STK-125G 无功调节器投入电容器时无涌流，

动态响应时间 ≤ 20ms。该产品定位于高端产品，在普通产品的基础上增加数据采集、投切、开关本身温度测量、电抗器和电容器温度反馈功能，有显示与人机交互模块，主要显示智能电容器配置信息、状态信息、交采数据、工作参数，可查看设置参数、执行强制投切动作和手动 CT 自检。

俊郎电气有限公司 2021 年研发的 12kV 环保型气体绝缘开关设备，额定频率 50Hz，额定电压 12kV，额定电流 630A，额定短时耐受电流 20kA/3s，额定峰值耐受电流 50kA，额定工频耐受电压 42kV/48kV，额定雷电冲击耐受电压 75kV/85kV，内部燃弧等级：A FLR 20kA/1s，防护等级 IP67（开关）/IP41（柜体），机械寿命 ≥ 10 000 次。环保型气体绝缘开关设备采用干燥空气作为绝缘介质，以真空灭弧室作为开断元件，具有环保、安全、稳定、灵活、标准、智能、小型化、免维护与不受环境影响等特点。与 SF_6、固体绝缘环网柜相比，12kV 环保型环网柜无温室气体排放，所有零部件采用无毒无害材料，生产过程中工艺均严格控制原材料中有害化学元素成分的含量，产品生命周期后材料可回收率达 90% 以上。所有高压元件密封在充气的金属壳体内，特别适用于高海拔、严寒、潮湿、污秽等恶劣环境。采用微正压力气体绝缘，在零表压时维持足够的绝缘强度而不会影响正常运行；采用高寿命、免维护的真空灭弧室；高压绝缘不受外界环境的影响，不易老化；可降低设备的全寿命周期成本。采用环保气体绝缘保留了气体绝缘开关设备尺寸上的优势，柜体尺寸小，节约占地面积。采用模块式插接技术可灵活实现各种电气接线方案。开关设备具备智能化的功能。现已批量在电网中投入运行。未来，环保开关设备将朝着环保与可循环材料的研发与应用、一二次融合技术的深度结合及数字化方向发展，进一步保障电网的绿色、安全、可靠运行。

上海南华兰陵电气有限公司 2021 年研发了国网标准化高低压预装式变电站、KYN61-40.5kV 铠装式金属封闭开关设备、900 低压小型化产品。

（1）国网标准化高低压预装式变电站。具有通信功能和稳定可靠的遥测、遥信、遥控"三遥"功能；箱变结构紧凑、尺寸小，不大于相同电压等级的常规预装式变电站；标准化箱变的结构、电气系统和综合自动化系统满足相关技术要求，通过相应试验；达到 30 年以上免维护。

（2）KYN61-40.5kV 铠装式金属封闭开关设备。额定电压 40.5kV，主母线电流 1 250A，额定短路电流 25kA，外形尺寸 1 200mm×2 500mm×2 350mm；配用 ABB VD4 真空断路器，机械寿命 1 万次；燃弧能力：三个隔室均满足 21.8kA/1s。

（3）900 低压小型化产品。按市场需求情况分为：小型化进线柜 2 500A 65kA 配 MTU25 框架断路器；小型化馈线柜 2 500A 65kA 配三路 MTU06 框架断路器；二次集成化测量及控制模块，适用进线柜、母联柜方案；二次集成化测量及控制模块，适用馈线柜回路方案。

川开电气有限公司 2021 年研发"华龙一号"核级低压配电盘国产化、核级低压（霞浦）开关设备、新一代

Blokset 智能低压成套设备、OKKEN 低压开关柜工厂化及标准化，产品安全可靠，系统方案完善，成本低。

（1）"华龙一号"核级低压配电盘国产化研制项目。完成交流、直流核电样机设计生产，获得全套试验报告（含型式试验、老化试验、地震试验），编制鉴定所需资料，归档研发成果并配合完成样机鉴定。

（2）核级低压（霞浦）开关设备研发。完成 1 台核电样机设计生产，获得全套试验报告（含型式试验、老化试验、地震试验），编制鉴定所需资料，归档研发成果并配合完成样机鉴定。

（3）新一代 Blokset 智能低压成套设备研制。生产一台满足施耐德智能升级 B 柜要求的样机；通过施耐德工厂审核，取得验收合格报告；完成 4 000A 规格样机铜排优化并取得温升型式试验报告；结构标准化，完善方案，统计成本。

（4）OKKEN 低压开关柜工厂化及标准化项目。OKKEN 产品升级，在现有样机上进行升级核样；工厂化及标准化图样方案；OKKEN 柜生产工艺及产线建立。

镇江默勒电器有限公司 2021 年研发了基于 AR 技术的智能低压配电系统、配电系统智能运维和健康管理技术、智能配电分布式快速保护系统技术、智能低压无功补偿技术、基于云平台远程控制技术。

（1）基于 AR 技术的智能低压配电系统的研发。使用 AR 智能技术，规范巡检流程，通过与工厂生产线物联网设备、MIS 系统互联，获得设备运转、检测数据并及时反馈结果，实时记录过程，方便问责溯源。

（2）配电系统智能运维和健康管理技术的研发。基于互联网＋服务概念，以配电智能运维服务为宗旨，通过物联网的方式连接企业终端设备，实现智能信息化互联互通，打造多元化远程智能平台。通过线上监测、线上预警、线下抢修，建设集数据采集、运输、分析、监控、保护、报警等功能为一体的智能化系统，为终端用户提供全方位配电运维管理服务。

（3）智能配电分布式快速保护系统技术的研发。不依赖配电网调度主站控制，在数秒内有选择性地完成故障区域的隔离与恢复供电，满足重要用户对供电可靠性的高要求，提高配电网运行的稳定性和供电可靠性。

（4）智能低压无功补偿技术的研发。固定补偿与动态补偿相结合，较好地适应负载变化；三相共补与分相补偿相结合；稳态补偿与快速跟踪补偿相结合，可提高功率因数、降损节能，而且可以充分挖掘设备的工作容量，充分发挥设备能力，提高工作效率，提高产量和质量。

（5）基于云平台远程控制技术的研发。把边界控制器安装到低压开关柜中，用户用手机、PAD 在设备现场以无线方式进行"四遥"操作；远程监测运行状态，查看配电系统的运行历史、档案资料、日报月报；实时接收运行异常报警；可以获取云平台自动推送的设备风险预测报告及运检专家建议；在设备检修时得到云平台注册技术专家的远程指导。

质量及标准 2021 年度电控配电设备分会为企业换发过期产品型号证书和发放新产品型号证书十余张，有效保护了企业的知识产权。

2021 年 6 月，中国标准化研究院发布《关于征集 2021 年企业标准"领跑者"评估方案及评估机构的通知》，旨在强化标准引领作用，增加中高端产品和服务有效供给，支撑高质量发展，落实市场监管总局等八部门发布的《关于实施企业标准"领跑者"制度的意见》（国市监标准〔2018〕84 号）。电控配电设备分会编制了低压成套开关设备产品企业标准"领跑者"评估方案并完成申报，申报材料已通过形式审查。

2021 年，全国低压成套开关设备和控制设备标准化技术委员会（简称 SAC/TC266）申报立项国家标准 1 项、机械行业标准 2 项，向中国电器工业协会报批国家标准 3 项，审查国家标准送审稿 1 项、行业标准送审稿 2 项、团体标准送审稿 1 项。国家标准化管理委员会批准发布 SAC/TC266 归口的 3 项国家标准。

2021 年，SAC/TC266 根据中国电器工业协会和中国机械工业联合会关于标准复审工作的要求，完成 18 项国家标准和 3 项行业标准的复审，复审结论为：16 项国家标准修订，2 项继续有效；1 项行业标准修订，2 项继续有效。完成率 100%。

2021 年，SAC/TC266 完成 11 项 IEC 文件投票翻译等工作，投票率 100%。IEC/TC121/SC121B 的 MT2 维护组的中国注册专家有 7 人，主要负责 IEC 61439-1、IEC 61439-2、IEC TR 61439-0、IEC TR 60890、IEC TR 61641 的修订；MT3 维护组 3 人，主要负责 IEC 61439-6 的修订；PT63107 专家 1 名，主要负责电弧故障抑制系统集成标准的制定；PT63290 专家 6 名，主要负责智能型成套设备通用附加要求标准的制定。2021 年，SAC/TC 266 申报 IEC 注册专家 1 名并获批。SAC/TC266 主导制定 IEC TS63290《智能型成套设备通用附加要求》，全年召开 2 次工作组会，该标准处于起草阶段。

2021 年，SAC/TC266 汇总并提供最新标准目录，根据企业的需求为参加标准起草单位提供资料和证书，为企业和个人提供技术咨询和服务。6 月 23 日，SAC/TC266 在天津召开 GB/T 7251.8—2020《低压成套开关设备和控制设备 第 8 部分：智能型成套设备通用技术要求》、GB/T 15576—2020《低压成套无功功率补偿装置》标准换版工作宣贯会，对新老标准差异和标准中的关键技术要求答疑解惑。

2021 年 12 月 2 日，SAC/TC266 在天津召开年会暨标准审查会。会议以现场会议和网络会议相结合的方式召开，有 76 名委员、5 名委员代表参会，占全体委员的 98.9%，9 人提交书面意见。会议审议通过 2021 年度工作报告和财务收支报告，讨论确定 2022 年标准立项、制修订计划、复审、标准体系及其他相关工作，宣贯第三届 SAC/TC266 第二次拟新增委员名单等文件，宣读第三届 SAC/TC266 第一次委员调整名单，审查通过 3 项标准送审稿。

行业活动 2021 年，电控配电设备分会组建了行业技术专家组，储备数字化、智能化、绿色化、碳达峰、碳中和及可靠性方面的技术人才团队，引领行业企业向新技术新业态发展。同时筹备组建配电行业创新联盟，进行共性技术研究、新产品新工艺开发，解决企业自主创新中的难点问题。中标工业和信息化部重点装备制造行业碳达峰、碳中和公共服务平台项目。

2021 年 4 月 8 日，电控配电设备分会在江苏省扬中市召开七届一次理事长会，落实中国电器工业协会提出的"10+1"行动计划的具体方案。分会正副理事长及相关领导 30 余人参加会议，就如何提升技术水平、技术共享、创新应用、人才培训，以及充分发挥行业协会作用等多方面展开交流和讨论。会议审议通过了"成立中国电器工业协会电控配电设备分会技术专家委员会"的提案，讨论了相应的管理办法。

2021 年 6 月，电控配电设备分会在深圳市召开专家顾问委员会工作会，通报了中国电器工业协会电控配电设备分会技术专家委员会工作条例，介绍技术专家组征集情况及人选推荐，研讨了电控配电行业助力"碳达峰、碳中和"途径和措施，讨论了行业创新联盟成员建议名单和企业标准领跑者评价机构评估方案指标，开展职业技能鉴定需求调研和职业技能大赛研讨。

发挥分会职能，有针对性地开展人才培训和职业技能鉴定等工作，满足行业所需复合型人才的需要。2021 年，电控配电设备分会获得机械工业职业技能鉴定指导中心颁发的"机械行业职业能力评价实训基地"资质，筹备开展高低压成套装配工和检验工职业技能鉴定培训及装配工、检验工技能大赛等活动。

电控配电设备分会与天津市输配电设备制造行业协会、河南省电工行业协会、乐清市输配电行业协会、上海电器工业协会、宁波市电工电气行业协会等达成合作意向，促进协会间技术交流，开展科技成果的推广应用。

电控配电设备分会加强同主要原材料供应行业、高校及研究机构、两网公司以及其他电力用户单位的交流合作，组织国网 SLVA 推广会；组织行业企业加强同数字化工厂、物联网低压成套设备、智能制造、绿色工厂等相关行业企业的联系。

〔撰稿人：天津电气科学研究院有限公司孟蝶　审稿人：天津电气科学研究院有限公司王阳〕

电力电容器

"十三五"发展情况　2021 年国内电力电容器产销和上年基本持平。据不完全统计，电力电容器行业 2021 年完成工业总产值 54.16 亿元，比上年略低 1.94%；实现销售产值 57.48 亿元，比上年增长 2.99%。2016—2021 年电力电容器行业主要经济指标见表 1。2016—2021 年电力电容器行业经济指标对比见图 1。

表 1　2016—2021 年电力电容器行业主要经济指标

年份	工业总产值 / 亿元	销售产值 / 亿元	利润总额 / 亿元	销售利润率（%）
2016	56.32	54.09	3.57	6.60
2017	60.35	60.10	4.89	8.14
2018	45.51	44.88	3.33	7.42
2019	49.69	45.51	2.37	5.20
2020	55.23	55.81	4.75	8.51
2021	54.16	57.48	5.23	9.10

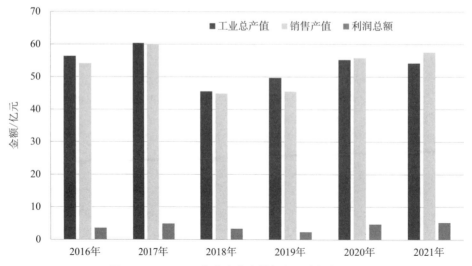

图 1　2016—2021 年电力电容器行业经济指标对比

电力电容器行业的产品覆盖范围广、应用品种多，产值所占的比重也各不相同。2016—2021 年电力电容器产品产值见表 2。

表 2　2016—2021 年电力电容器产品产值　　　　（单位：亿元）

年份	高压并联电容器	低压并联电容器	并补成套成套装置	滤波电容器	滤波成套装置	CVT	其他	合计
2016	17.68	9.09	8.77	7.06	3.25	3.72	4.87	54.44
2017	14.91	10.36	10.59	8.17	3.58	2.78	8.50	58.89
2018	13.47	9.89	8.77	1.02	1.87	2.15	8.27	45.44
2019	14.78	6.69	11.65	3.41	2.50	3.11	7.71	49.85
2020	14.33	8.18	10.04	3.86	2.54	3.01	9.94	51.90
2021	14.90	8.91	11.37	1.87	2.32	2.95	10.11	52.43

关注的重点

1.“十四五”规划的特高压交直流输电工程

随着我国“双碳”目标的提出，构建以新能源为主体的新型电力系统成为今后电力工业发展的主要方向。然而，新能源转型下电力资源负荷不均衡的矛盾更为突出，特高压建设势在必行。

国家能源局已委托相关单位结合大型风电、光伏基地建设要求，就“十四五”规划的 12 条特高压通道配套水风光及调节电源进行研究论证，明确配套可再生能源规模、基地布局、开发时序、调节电源配套措施等形成报告。同时，结合《“十四五”可再生能源发展规划》以及送端区域的可再生能源资源禀赋和建设条件，提出需要新增的输电通道。

所涉及的 12 条特高压输送通道中，特高压直流工程有 9 项，特高压交流工程有 3 项。特高压直流工程分别是：金山—湖北 ±800kV 特高压直流输电工程、陇东—山东 ±800kV 特高压直流输电工程、哈密—重庆 ±800kV 特高压直流输电工程、蒙西—京津冀 ±660kV 特高压直流输电工程、宁夏—湖南 ±800kV 特高压直流输电工程、陕西—河南 ±800kV 特高压直流输电工程、陕西—安徽 ±800kV 特高压直流输电工程、外电入浙 ±800kV 特高压直流输电工程、藏东南—粤港澳大湾区 ±800kV 特高压直流输电工程。特高压交流工程分别是：大同—怀来—天津北—天津南双回 1 000kV 特高压输电工程、川渝 1 000kV 特高压输电工程、张北—胜利（锡林郭勒盟）双回 1 000kV 特高压输电工程。

以往的数据统计显示，电力电容器行业总产值与特高压工程的建设呈现出非常高的相关性，通常在项目开工建设的次年出现较大增幅。因此提请行业厂家密切关注“十四五”特高压动向，积极参与项目的工程建设。

2.《“十四五”智能制造发展规划》

工业和信息化部等八部门联合印发的《“十四五”智能制造发展规划》提出：“十四五”及未来相当长一段时期，推进智能制造，要立足制造本质，紧扣智能特征，以工艺、装备为核心，以数据为基础，依托制造单元、车间、工厂、供应链等载体，构建虚实融合、知识驱动、动态优化、安全高效、绿色低碳的智能制造系统，推动制造业实现数字化转型、网络化协同、智能化变革。

到 2025 年，规模以上制造业企业大部分实现数字化网络化，重点行业骨干企业初步应用智能化；到 2035 年，规模以上制造业企业全面普及数字化网络化，重点行业骨干企业基本实现智能化。2025 年的主要目标为：一是转型升级成效显著，70% 的规模以上制造业企业基本实现数字化网络化，建成 500 个以上引领行业发展的智能制造示范工厂；二是供给能力明显增强，智能制造装备和工业软件市场满足率分别超过 70% 和 50%，培育 150 家以上专业水平高、服务能力强的系统解决方案供应商；三是基础支撑更加坚实，完成 200 项以上国家、行业标准的制修订，建成 120 个以上具有行业和区域影响力的工业互联网平台。

此外，《规划》还部署了智能制造技术攻关行动、智能制造示范工厂建设行动、行业智能化改造升级行动、智能制造装备创新发展行动、工业软件突破提升行动、智能制造标准领航行动 6 个专项行动。

一是开展智能制造技术攻关行动，重点突破基础技术、先进工艺技术、共性技术以及适用性技术四类关键核心技术，可复用数据集成、业务互联、企业信息交互、灵活云化部署、复杂系统建模、基于模型的价值流分析和优化技术五类系统集成技术。

二是开展智能制造示范工厂建设行动，面向企业转型升级需要，打造智能场景、智能车间、智能工厂和智慧供应链，开展多场景、全链条、多层次应用示范。

三是开展行业智能化改造升级行动，针对装备制造、电子信息、原材料、消费品四个传统产业的特点和痛点，推动工艺革新、装备升级、管理优化和生产过程智能化。

四是开展智能制造装备创新发展行动，加快研发基础零部件和装置、通用智能制造装备、专用智能制造装备及新型智能制造装备四类智能制造装备。

五是开展工业软件突破提升行动，加快开发应用研发设计、生产制造、经营管理、控制执行、行业专用及新型软件六类工业软件。

六是开展智能制造标准领航行动，从标准体系建设、研制、推广应用和国际合作四个方面，推动智能制造标准化工作走深走实。

通过多年发展，电力电容器行业企业生产设备的自动化水平有较大幅度提升，但和智能制造的要求还有相当的距离。希望行业企业能够充分理解消化该规划的相关部署，结合自身特点，加快转型升级，建立从原材料、研发设计、工艺装备到供应服务的全链条智能制造系统，探索新形势下具有特色的企业发展之路。

3. 电力设备产品质量安全

2022 年 4 月 6 日，市场监管总局、国务院国资委、国家能源局发布《关于全面加强电力设备产品质量安全治理工作的指导意见》。主要内容包括：

加大电力设备质量监管力度。各级市场监管部门要结合本地区产业情况，加强对电线电缆、变压器、开关柜、组合电器、隔离开关、断路器、光伏逆变器和汇流箱等重点电力设备产品质量监管，组织开展现场检查和监督抽查，严肃处置监督抽查不合格企业；深入核查辖区内质量违法线索，依法查处未经生产许可、强制性产品认证擅自出厂、销售等质量违法行为，并纳入国家企业信用信息公示系统。对产品质量问题突出或者引发质量事故的企业，依法吊销企业生产许可证，撤销强制性产品认证证书。对辖区内电力设备检验机构开展型式检验溯源检查，对出具不实和虚假检验检测报告的检验机构，依法依规严肃处理。

发挥国有企业示范表率作用。相关国有企业应当不断完善质量管理体系，积极开展质量提升行动。加强供应商质量信用审查，严格供应商准入管理，探索建立"优质优价"物资采购机制。严格产品质量过程管控，保证产品质量安全。加大企业科技研发投入，提升电力设备自主化水平。充分利用现有检测资源，推动建设电力设备国家级质量检验检测中心。积极采用信息化手段，推进电力设备设计、制造、选型、招标、监理（监造）、安装、调试、运行、维护阶段质量安全信息化建设，打造智慧物联能源生态圈。

开展电力设备质量安全追溯。各级市场监管、电力管理部门要以"政府倡导、市场牵引、企业自愿、用户选择"为工作原则，结合实际积极推动电线电缆、变压器等重点电力设备产品开展质量追溯，将质量安全追溯作为企业落实主体责任的重要考量，着力提升生产企业质量内控和风险处置水平。加快推进电线电缆产品质量追溯体系试点应

用，通过物品编码等物联网技术建立电线电缆质量安全电子"身份证"，满足生产企业、检测机构、主要用户、监管部门之间的数据共享、追溯联动需求。鼓励生产经营企业、行业协会、检测机构等组织成立产品质量安全追溯联盟，共同实施质量安全追溯，着力提升全产业链质量竞争力。

此次电力设备产品质量安全治理工作尽管没有涉及行业产品，但不能存在侥幸心理。随着各级部门对电力设备质量问题的持续关注，今后治理工作的范围必将扩大至电力电容器。同时，电力电容器产品的质量问题也要引起重视。据统计，投入运行的高压并联电容器及其成套装置中，电容器本体故障主要集中在其绝缘不良、极间绝缘损坏、鼓肚、箱壳和套管渗漏油等方面，装置附件的质量问题主要涉及串联电抗器、熔断器、二次保护用 CT、避雷器等产品；特高压直流输电工程用的直流滤波电容器问题较多，包括电容量变化、接头发热、渗漏油等，且存在老化严重的情况，其使用寿命仅为同场合下交流滤波电容器的一半左右。另外，由于行业进入门槛低，低压并联补偿用金属化膜电容器制造企业良莠不齐，产品存在使用寿命极短、失效率高的问题，很多产品使用寿命只有 1～2 年，有的甚至半年。

行业企业需认真担负产品质量管理的责任，充分协调解决原材料价格上涨与产品售价不高之间的矛盾，强化"四基"（基础材料、基础工艺、基础零件、技术基础）能力，建立产品全寿命周期管理，通过智能化、信息化手段保证产品安全可靠运行。

生产发展情况 根据 24 家企业报送的统计报表，2021年电力电容器行业主要经济指标中工业总产值、主营业务收入微幅下降，销售产值小幅上涨，利润总额、产品订货额均出现了较大幅度的增长。

2021 年电力电容器行业应收账款占主营业务收入的56.67%，比上年减少 4.62 个百分点。行业主要企业中，桂林电力电容器有限责任公司（简称桂容公司）、上海思源、无锡赛晶应收账款余额比上年有较大幅度减少。

2020—2021 年电力电容器行业主要经济指标见表 3。

表 3　2020—2021 年电力电容器行业主要经济指标

序号	指标名称	单位	2021 年	2020 年	比上年增长（%）
1	工业总产值	万元	541 617.49	552 276.85	-1.94
2	其中：新产品产值	万元	98 550.13	111 948.60	-11.97
3	工业销售产值	万元	574 810.40	558 147.43	2.99
4	其中：出口交货值	万元	15 712.85	21 404.92	-26.59
5	工业增加值	万元	144 554.95	139 802.03	8.47
6	产品订货额	万元	592 840.12	493 405.00	20.15
7	主营业务收入	万元	541 744.31	551 035.65	-2.40
8	主营业务成本	万元	381 222.11	392 614.74	-2.90
9	主营业务税金及附加	万元	3 686.04	4 253.15	-9.99
10	应交增值税	万元	17 091.90	20 678.28	-15.78
11	营业费用	万元	44 831.08	48 792.27	-3.91
12	管理费用	万元	44 932.16	48 306.62	-3.18

（续）

序号	指标名称	单位	2021 年	2020 年	比上年增长（%）
13	财务费用	万元	2 675.67	5 495.43	-50.86
14	其中：利息支出	万元	1 257.47	3 830.93	-67.18
15	其他业务收入	万元	4 340.36	4 049.45	13.64
16	利润总额	万元	52 285.24	47 458.97	13.99
17	年末资产合计	万元	930 486.55	901 832.48	6.52
18	年末流动资产	万元	660 004.57	651 019.64	4.58
19	年末流动资产年平均余额	万元	618 549.85	594 920.67	3.97
20	其中：应收账款余额	万元	307 044.22	337 726.72	-9.09
21	年末固定资产	万元	177 373.34	160 263.31	15.35
22	年末固定资产净值年平均余额	万元	115 419.24	108 249.92	6.62
23	全年完成基建投资额	万元	13 661.00	9 317.00	46.09
24	年末负债合计	万元	444 013.52	456 068.89	-2.81
25	年末所有者权益合计	万元	482 502.07	446 255.86	12.10
26	工业中间投入合计	万元	377 379.18	414 521.83	-4.42
27	全年从业人员平均人数	人	5 328	5 818	-0.02
28	年末科技活动人员合计	人	1 167	1 272	-8.11
29	年末研究与试验发展人员	人	567	543	4.42
30	科技活动经费筹集总额	万元	22 490.40	20 053.28	12.15
31	研究与试验发展经费支出	万元	21 268.43	19 800.60	7.41
32	新产品开发经费支出	万元	18 735.60	15 534.87	20.60
33	万元产值能耗（标煤）	t	0.05	0.04	25.76

注：年度数据对比中剔除了苏州士林电机有限公司的影响。

2021 年电力电容器行业各企业经济效益综合指标总体有一定增长，行业经济效益综合指数比上年增长 13.11%。其中，总资产贡献率、工业产品销售率、资产负债率微幅下降，成本费用利润率、流动资产周转率小幅度下降，资本保值增值率、全员劳动生产率较大幅度增长。电力电容器行业经济效益指标评价对比见表 4。

表 4　电力电容器行业经济效益指标评价对比

经济效益评价指标	单位	全国标准值	电力电容器行业		
			2021 年	2020 年	同比增长（%）
总资产贡献率	%	10.70	7.06	7.33	-3.68
资本保值增值率	%	120.00	120.80	93.63	29.02
资产负债率	%	≤ 60.00	48.03	49.00	-1.98
流动资产周转率	次	1.52	1.01	1.14	-11.40
成本费用利润率	%	3.71	6.91	7.52	-8.11
全员劳动生产率	元／人	16 500	242 966	215 610	12.69
工业产品销售率	%	96.00	102.23	103.90	-1.60
经济效益综合指数			2.33	2.06	13.11

经济运行特点

1. 产销整体平稳

2021 年工业总产值超 4 亿元的电力电容器企业有 5 家，超 2 亿元的企业有 8 家，产值在 1 亿元以上的企业有 15 家。行业主要企业中，泰开电力电子、日新电机均有较大幅度的增长。低压电容器产品的市场有小幅增长。

报送资料的企业中，销售产值超 5 亿元的企业有 3 家，超 3 亿元的企业有 8 家，销售产值在 1 亿元以上的企业有 15 家。其中山东泰开电力电子有限公司（简称泰开

电力电子）、上海思源电力电容器有限公司（简称上海思源）、德力西电气（芜湖）、广东顺容电气、日新电机的销售产值均有较大幅度增长。

2. 工业增加值大幅回升，行业重点企业增幅明显

据不完全统计，2021 年电力电容器行业完成工业增加值 14.46 亿元，比上年增长 8.47%。工业增加值超过 5 000 万元的企业有 9 家。行业重点企业中，泰开电力电子、西容公司、桂容公司、德力西电气（芜湖）、日新电机、广东顺容电气等企业的增长幅度较大。

3. 利润总额大幅增长

2021 年电力电容器行业实现利润总额 5.23 亿元，比上年增长 13.99%。利润总额超过 1 000 万元的企业有 10 家，其中桂容公司、上海思源、合容电气股份有限公司（简称合容电气）、泰开电力电子均有大幅度增长。行业利润总额增长的主要原因是主营业务成本、营业费用、管理费用控制得力，同比略有下降；财务费用同比大幅下降。行业骨干企业盈利增幅较大。

4. 产品订货额大幅增长

2021 年电力电容器行业实现产品订货额 59.28 亿元，比上年增长 20.15%。2021 年随着特高压交直流项目的大幅增加，电力电容器行业的整体订货额出现了较大幅度增长，其中桂容公司、日新电机、合容电气、上海思源、永锦电容器、无锡赛晶等企业的订货额均有较大幅度增长。

5. 科研试验相关费用保持一定增长

2021 年电力电容器行业科技活动经费筹集总额、研究与试验发展经费支出、新产品开发经费支出，比上年分别增长 12.15%、7.41%、20.60%。2021 年各企业在效益增加的情况下，加大了科研试验相关经费的投入，持续重视科研力量的发展，注重发展新产品，加大在产品质量检测方面的投入，保证产品的质量。

6. 出口交货值出现较大幅度下降

受新冠疫情影响，行业主要企业出口交货值继续大幅下降。2021 年电力电容器行业出口交货值为 15 712.85 万元，比上年下降 26.59%。

产品分类产量　2021 年，并联电容器的产量产值小幅增长，产量增幅超过产值。其中高压并联电容器的产量产值均小幅增长，单元高压并联电容器的单价保持稳定；低压并联电容器的产量产值均有较大幅度增长，单元低压并联电容器的单价略有下降。

由于新开工建设的特高压直流工程有多条线路采用柔性直流输电，对交直流滤波电容器的需求有所减少，2021 年滤波电容器产量小幅下降，产值大幅下降。

电容式电压互感器产量有较大幅度增长，产值出现小幅下降，单价整体大幅下降。750kV 及以上电容式电压互感器的需求和价格在 2021 年出现了全面回升。

电热电容器的产量小幅增长，产值有较大幅度增长。

串联电容器 2021 年的需求大幅增加，产量产值均大幅增长。

其他电容器的产量大幅增长，产值大幅下降。其中，耦合电容器和脉冲电容器 2021 年的产量产值都有所减少，因这几类产品总体产值较小，对行业整体情况影响不大。

成套装置的产量小幅下降，产值小幅增长。其中，并补成套装置的产量小幅下降，产值小幅增长；滤波成套装置的产量小幅增长，产值小幅下降。

2020—2021 年电力电容器行业产品产量见表 5。2020—2021 年电力电容器行业产品产值见表 6。

表 5　2020—2021 年电力电容器行业产品产量

产品类型	单位	2021 年	2020 年	比上年增长（%）
一、电力电容器	万 kvar	34 415	36 181	-4.88
1. 并联电容器	万 kvar	23 226	20 758	11.89
高压并联电容器	万 kvar	10 562	10 070	4.89
其中：集合式高压并联电容器	万 kvar	115	104	-10.58
低压并联电容器	万 kvar	12 662	10 688	25.33
2. 滤波电容器	台	46 221	52 077	-11.25
其中：直流滤波电容器	台	4 052	6 061	-33.15
3. 电容式电压互感器	万 kvar/ 台	1 139/7 741	932/6 730	22.21/15.02
其中：110 kV	万 kvar	175	182	-3.85
220 kV	万 kvar	245	213	15.02
330 kV	万 kvar	43	66	-34.85
500 kV	万 kvar	283	216	31.02
750 kV 及以上	万 kvar	346	146	136.99
4. 电热电容器	万 kvar	11 603	11 188	3.71
5. 串联电容器	台	417	75	456.00
6. 其他电容器	台	2 491	1 487	67.52
二、成套装置	台（套）	19 755	20 153	-1.97
其中：并补成套装置	台（套）	18 213	18 692	-2.56
滤波成套装置	台（套）	1 542	1 215	26.91
三、其他产品	台（套）	280 824	106 990	162.48

注：剔除了苏州士林电机有限公司的影响。

表6 2020—2021年电力电容器行业产品产值

产品类型	2021年产值／万元	2020年产值／万元	比上年增长（%）
一、电力电容器	308 889	310 408	-0.49
1. 并联电容器	238 010	227 029	4.84
高压并联电容器	148 954	143 255	3.98
其中：集合式高压并联电容器	1 195	1 396	-14.40
低压并联电容器	89 136	81 774	20.79
2. 滤波电容器	18 733	38 572	-51.43
其中：直流滤波电容器	2 852	2 761	-3.30
3. 电容式电压互感器	29 483	30 187	-2.33
其中：110 kV	8 470	9 018	-6.08
220 kV	5 810	4 867	19.37
330 kV	1 963	2 681	-26.78
500 kV	6 366	5 287	20.41
750 kV 及以上	4 396	1 222	259.74
4. 电热电容器	9 860	8 154	20.92
5. 串联电容器	283	55	414.55
6. 其他电容器	2 987	4 276	-30.15
二、成套装置	136 923	127 582	7.32
其中：并补成套装置	113 720	100 371	13.30
滤波成套装置	23 203	25 429	-8.75
三、其他产品	87 946	86 874	5.98

注：剔除了苏州士林电机有限公司的影响。

市场及销售 2021年电力电容器行业销售额比2020年略有下降，主营业务收入达到54.17亿元，比上年下降2.40%。主营业务收入超过5亿元的企业有4家，超过2亿元的企业有8家，在1亿元以上的企业有15家。泰开电力电子、合容电气、德力西电气（芜湖）、广东顺容电气等企业的主营业务收入均出现一定幅度的增长。

2021年电力电容器行业主要产品销量见表7。2021年电力电容器行业出口情况见表8。

表7 2021年电力电容器行业主要产品销量

产品名称	单位	2021年	2020年	比上年增长（%）
并联电容器	万 kvar	11 143	12 320	-9.55
滤波电容器	台	20 249	26 558	-23.76
电容式电压互感器	万 kvar	674	640	5.31

表8 2021年电力电容器行业出口情况

产品名称	出口量／台（套）	出口交货值／万元	出口国家（地区）
西安西电电力电容器有限责任公司			
电容式电压互感器	215	261	非洲，亚洲、希腊、拉美
并联电容器	330	97	非洲、东南亚、西班牙
成套装置	9	151	东南亚、非洲
电流互感器	101	187	非洲、亚洲
其他	705	210	非洲、亚洲
桂林电力电容器有限责任公司			
电容式电压互感器	35	323	柬埔寨、津巴布韦
日新电机（无锡）有限公司			
并联电容器	21	9	日本、巴基斯坦
滤波电容器	62	30	越南、泰国
成套装置及其他	12	175	非洲、亚洲、墨西哥

（续）

产品名称	出口量 / 台（套）	出口交货值 / 万元	出口国家（地区）
上虞电力电容器有限公司			
大容量电热电容器	3 645	1 715	印度
上海思源电力电容器有限公司			
高压并联电容器	78	2 600	亚洲、美洲、非洲
合容电气股份有限公司			
电容器	16 328	3 631	亚洲、波兰、拉美、非洲
电容器组	2	680	拉美、亚洲
电抗器	20	266	马来西亚、韩国
浙江九康电气有限公司			
低压并联电容器	69 200	850	中东、东南亚
深圳市三和电力科技有限公司			
并补成套装置	212	719	波兰、俄罗斯、澳大利亚

据不完全统计，受国际大宗商品价格增长影响，2021年电容器行业主要原材料中的钢材、薄膜、金属化膜、铝箔价格大幅增长，浸渍剂价格微幅下降。主要原材料用量中，钢材、薄膜、金属化膜均出现一定幅度下降，铝箔和浸渍剂出现小幅上涨。2020—2021年电力电容器行业原材料平均价格对比见表9。2020—2021年电力电容器行业原材料用量见表10。

表9 2020—2021年电力电容器行业原材料平均价格对比

原材料名称	2021年价格 /（元 /t）	2020年价格 /（元 /t）	比上年增长（%）
钢材	14 985	10 980	36.48
薄膜	32 476	28 177	15.26
金属化膜	61 638	50 220	22.74
铝箔	32 772	27 605	18.72
浸渍剂	19 030	19 318	-1.49

表10 2020—2021年电力电容器行业原材料用量

原材料名称	2021年 /t	2020年 /t	比上年增长（%）
钢材	5 282	6 765	-21.92
薄膜	8 030	8 311	-3.38
金属化膜	1 556	2 661	-41.53
铝箔	3 453	3 104	11.24
浸渍剂	9 401	8 957	4.96

科技成果及新产品 2021年电力电容器行业未发放型号证书，有3家企业的12项新产品完成鉴定资料预审。据不完全统计，2021年电力电容器行业共有3家企业的14种新产品通过了市级以上新产品鉴定。

泰开电力电子的应用于海上风电的超大容量静止无功补偿发生装置（SVG）关键技术研究及产业化研究项目获泰安市科技创新重大专项立项。

桂容公司参与的特高压换流站高海拔高地震烈度关键技术及装备研究应用项目获2021年度中国机械工业科学技术奖科技进步类二等奖。

桂容公司获授权实用新型专利8件、软件著作1件，合容电气获授权实用新型专利17件、发明专利3件，上海思源获授权实用新型专利13件、发明专利1件，西安西电电力电容器有限责任公司获授权实用新型专利12件、发明专利4件，深圳市三和电力科技有限公司获授权实用新型专利2件，泰开电力电子获授权发明专利3件。

标准

1. 国家标准、行业标准制修订

2021年新发布实施的电力电容器相关标准9项：GB/T 4787.1—2021《高压交流断路器用均压电容器 第1部分：总则》，GB/T 28543—2021《电力电容器噪声测量方法》，GB/T 17702—2021《电力电子电容器》，NB/T 10814—2021《一体化集合式（箱式）高压并联电容器装置》，NB/T 10815—2021《柔性配电网用超高次谐波滤波器技术规范》，NB/T 10816—2021《非工业用户供电系统用谐波治理装置技术条件》，NB/T 10817—2021《换相型负荷不平衡调节装置技术规范》，NB/T 10818—2021《无功补偿和谐波治理装置 术语》，NB/T 10819—2021《高压并联电容器状态监测装置通用技术要求》。

上报或完成标准报批稿2项：制定GB/T 19749.2—××××《耦合电容器及电容分压器 第2部分：接于线与地之间用于电力线路载波（PLC）的直流或交流单相耦合电容器》，制定GB/T 19749.3—××××《耦合电容器及电容分压器 第3部分：用于谐波滤波器的交流或直流耦合电容器》。

正在开展制修订工作的标准9项：制定GB/T 19749.4—××××《耦合电容器及电容分压器 第4部分：交流或直流单相电容分压器》，修订GB/T 22582—××××《电力电容器 低压功率因数校正装置》，制定JB/T ××××—××××《带串联电抗器的低压并联电容器装置》，制定NB/T ××××—××××《柔性直流输电换流阀用直流支撑电容器》，修订GB/T 26215—××××《高压直流输电系统换流阀阻尼吸收回路用电容器》，修订JB/T 11052—××××《电容器用压嵌式绝缘套管技术条件》的立项和修订工作，制定 JB/T ××××—××××《低压自愈式电容器用盖板组件技术规范》，修订 NB/T 42028—××××《磁控电抗器型高压静止无功补偿装置（MSVC）》。

2. 参与国际标准化

（1）国际标准草案投票情况。2021 年，共收到 IEC/TC33 国际标准草案投票文件 8 份，均在截止日期前按时完成了投票工作，投票率 100%。

（2）参与国际标准制修订情况。2021 年，MT19（标称电压 1 000V 以上交流电力系统用并联电容器）、MT21（额定电压 1 000V 及以下交流电力系统用并联电力电容器）两个维护组分别召开了两次工作组会议，我国专家均按时参加会议并发表意见。

（3）2021 年正式出版物。IEC 63210 Ed.1.0《额定电压 1 000 V 以上交流电力系统用自愈式并联电力电容器》，IEC 60143-2：2012/AMD1：2021 1 号修改单—《电力系统用串联电容器 第 2 部分：串联电容器组用保护设备》，IEC 60143-2：2012+AMD1：2021 CSV 《电力系统用串联电容器 第 2 部分：串联电容器组用保护设备》，IEC TR 63396：2021 Ed.1.0 《电力电容器噪声测量方法》。

3. 相关标准会议

（1）全国电力电容器标委会第九届第二次会议。2021 年 12 月 13—15 日，第九届全国电力电容器标准化技术委员会第二次全体会议暨 2021 年年会在西安召开。来自全国电力电容器及其应用行业的制造企业、科研院所、运行部门的委员（或委员代表）、顾问、观察员、工作组成员及秘书处人员 37 人参加了线下会议，33 人参加了线上会议。会议由秘书处挂靠单位西安高压电器研究院有限责任公司主办，由标委会主任委员元复兴和副主任委员倪学锋共同主持。

中国电器工业协会张亮主任在线上重点介绍了 2021 年电工行业标准化工作和 2022 年电工行业标准化工作思路。秘书处向与会代表汇报了全国电力电容器标准化技术委员会 2021 年度工作、经费收支情况、IEC/TC33 技术对口工作，解读了标准研究项目试点工作。会议审查通过了 GB/T 22582—××××《电力电容器 低压功率因数校正装置》标准送审稿，要求标准主要起草单位根据审查意见对标准送审稿进行修改，按要求继续开展后续报批工作。会议审查了 JB/T ××××—××××《抗谐型智能电容器装置》，建议将名称改为 JB/T ××××—××××《带串联电抗器的低压并联电容器装置》，并选派两家公司开展试验验证工作，按照试验验证结果对标准送审稿进行修改后，按要求完成后续报批。

会议审议了秘书处提交的 2021 年电力电容器及其应用标准体系，按新发布的出版标准和新下达的标准计划对体系明细表进行相应修改。

会议对全国电力电容器标委会 2022 年工作计划项目建议进行了审议，形成了一致决议。

（2）能源行业无功补偿和谐波治理装置标准化技术委员会第三届第一次会议。2021 年 12 月 15 日，能源行业无功补偿和谐波治理装置标准化技术委员会第三届第一次会议在西安召开。来自无功补偿和谐波治理装置行业的制造企业、科研院所、用户单位的委员（或委员代表）、观察员、标准制修订工作组成员共 70 人参加了会议（含网络参会），其中标委会委员（或委员代表）49 人。

会议由标委会主任委员张晋波、副主任委员倪学锋共同主持。中国电器工业协会果岩主任通过网络介绍了电工领域能源行业标准化现状与发展趋势、"双碳"背景下标准化工作的发展要求和发展重点、能源行业标准制修订管理的最新要求，希望标委会紧跟《关于加快能源领域新型标准体系建设的指导意见》《双碳进程中电工行业标准化工作方案》等发展指导方针，组织委员利用好这个平台，在无功补偿和谐波治理领域制定出更多引领产业高质量发展的标准。

大会审议了能源行业无功补偿和谐波治理装置标委会 2020—2021 年度工作总结报告、标委会章程、秘书处工作细则和 NEA/TC 9 标准体系，讨论了《关于开展并征集标准研究项目的通知（草案）》。

会议审议了 NB/T 42141—2017《矿热炉供电系统用无功补偿装置设计与应用导则》等 10 项标准的集中复审意见，同意进行 NB/T 42141—2017 标准修订，同意其他 9 项标准继续有效。

会议审议了《低压无功补偿装置用铁心滤波电抗器》《高压混合式有源滤波器》两项标准的立项申请。建议《低压无功补偿装置用铁心滤波电抗器》调整范围，考虑与标委会体系相适应进行立项；建议考虑制定混合式高压有源滤波器系列标准，明确其中 2022 年拟立项标准的研制范围，考虑标准的应用效益进行立项。

大会审查了 NB/T 42028—××××《磁控电抗器型高压静止无功补偿装置（MSVC）》送审稿，对标准送审稿征求意见汇总表中的处理意见及标准中的关键问题进行了充分讨论，提出了审查意见。会议责成标准起草单位按审查意见修改后，提交秘书处进行报批。

4. 标准培训

2021 年 11 月 3—4 日，中国电工技术学会电力电容器专委会联合西高院标准室在线举办了 2021 年度电力电容器标准宣贯会，来自全国电容器行业的 40 余名技术工作者参与培训。会议邀请全国电力电容器标委会秘书长贺满潮、西高院标准室刘菁和专委会秘书长贾华，对电力电容器行业广泛采用的 GB/T 11024 和 GB/T 12747 两个并联电容器系列标准中涉及的术语、使用条件、质量和试验等方面的要求和目前实施中存在的问题，进行了详细解读。

质量 2021 年国家电力电容器质量检验检测中心检验并发放试验报告的产品共有 144 项，发放的检验报告数量比 2020 年多 23 份。其中传统的高压并联电容器、交流滤波电容器、低压自愈式并联电容器占有较大比重，直流转换开关用电容器、直流支撑电容器、空心电抗器等相关产品送检增多。2021 年国家电力电容器质量检验检测中心发放的检验报告见表 11。

表 11　2021 年国家电力电容器质量检验检测中心发放的检验报告

序号	产品类型	数量／项
1	高压并联电容器	68
2	交流滤波电容器	26
3	直流滤波电容器	3
4	空心电抗器	5
5	低压自愈式并联电容器	15
6	直流转换开关用电容器	4
7	直流支撑电容器	8
8	高压防护电容器	1
9	脉冲电容器	1
10	高压串联电容器	2
11	干式中压并联电容器	2
12	中压电力电容器	1
13	无功补偿装置	2
14	节能降耗箱	1
15	分相补偿电容器	1
16	其他电容器	1
17	均压阻尼电容器	1
18	集合式并联电容器装置	1
19	集合式并联电容器	1
	总计	144

基本建设及技术改造　2021 年，电力电容器行业完成基本建设及技术改造投入 13 661 万元。基建投资 2.25 亿元，比上年增长 141.47%。

桂容公司投入 1 800 万元进行电容器和环网柜生产线建设。

泰开电力电子投入 100 万元建设纯水冷却装置 200 套。

合容电气投入 3 000 万元进行超级电容器生产线建设，总投资 1.48 亿元的开关生产线完工投产。

上海思源投入 100 万元进行车间生产自动化改造。

新乡市万新电气有限公司投入 500 万元进行半导体封测智能化生产线建设，投入 65 万元进行工厂可视化精益管理。

深圳市三和电力科技有限公司投入 720 万元进行电力电子生产线建设及搬迁。

企业管理　2021 年，泰开电力电子、西安西电电力电

容器有限责任公司、桂容公司、新程（辽宁）电力电容器科技有限公司、合容电气、上海思源通过了 ISO 9001：2015 质量体系认证、ISO 14001：2015 环境管理体系、ISO 45001：2018 职业健康安全管理体系的审核。宁波新容电气有限公司、新乡市万新电气有限公司通过了 ISO 9001：2015 质量体系认证审核。

桂容公司上榜 2021 年广西民营企业制造业 100 强、2021 年广西高新技术企业百强、2021 年桂林市企业 50 强，入选 2021 年广西工业龙头企业、广西专精特新企业，通过了 2021 年国家技术创新示范企业复核评价。

新乡市万新电气有限公司 2021 年获得河南专精特新企业称号。2 人赴波兰、肯尼亚参展和进行配套出口，2 人赴日本、韩国、印度进行商务洽谈、行业市场考察。

行业活动

1. 编制电力电容器分会"10+1"行动具体实施计划

中国电器工业协会于 2021 年 4 月 14 日在西安召开"创建世界一流电气行业组织"座谈会，共有 9 家分支机构的 26 位代表出席。

中国电器工业协会秘书长白文波重点介绍了"创建世界一流电气行业组织"的工作目标，要求各分会为达成这一目标开展"10+1"行动计划。会后，电力电容器分会秘书处完成了电力电容器分会"10+1"行动具体实施计划。

2. 编制行业信息资料

完成 2020 年电力电容器行业统计年报并上报中国电器工业协会。编辑、出版了《2020 电力电容器行业年鉴》，其中共收集 25 家企业的统计资料，包括国内大多数高压产品的生产企业，统计数据基本反映了 2020 年我国电力电容器行业的运行情况及发展的最新趋势。

编辑、出版、发行《电力电容器通讯》6 期；出版《电力电容器与无功补偿》6 期，刊登论文总计 203 篇。

3. 学术论文征集

第八届中国电工技术学会电力电容器专委会（简称专委会）共征集电力电容器基础技术研究，金属化薄膜材料特别是柔性直流输电用电容器设计工艺和试验技术，无线传感、神经网络等电网新兴技术研究的文章 24 篇，编辑出版了《输变电年会 2021 论文集》。

4. 组织先进推荐和学会会士推选

2021 年是中国电工技术学会成立 40 周年。根据学会电技学字〔2021〕第 097 号文件的安排，电力电容器专委会组织开展学会系统先进工作者的推荐。安徽铜峰电子股份有限公司常务副总经理储松潮成功入选优秀学会工作者。

根据中国电工技术学会 2021 年第九届第二次理事会审议通过的《中国电工技术学会会士条例（试行）》的要求，以及电技学字〔2021〕第 094 号文件的安排，专委会推选中国西电集团专家刘水平和西安交通大学教授汲胜昌为学会首批会士候选人。

〔撰稿人：中国电器工业协会电力电容器分会成明〕

高 压 开 关

生产发展情况 2021年，高压开关行业经济运行整体稳中有升。

经济指标全面增长，主要产值指标呈较快增长态势。2021年，实现工业总产值2 479.93亿元，同比增长5.96%；高压开关产值1 314.27亿元，同比增长4.71%；工业增加值555.32亿元，同比增长4.71%；出口交货值77.95亿元，同比增长28.06%。

优化管理，实现资源合理配置。受惠于减负纾困等政策的进一步完善，税费和生产经营成本相对有效降低。随着综合现代化管理水平的不断提升，企业获利能力和抵御风险能力明显增强。2021年，实现主营业务收入2 357.28亿元，同比增长9.05%；主营业务成本1 803.68亿元，同比增长8.78%；各类费用支出322.05亿元，同比增长9.03%；利息支出29.42亿元，同比下降1.04%；上缴税金总额73.89亿元，同比增长8.90%；实现利润总额208.68亿元，同比增长24.18%。2020—2021年高压开关行业主要经济指标见表1。

表1　2020—2021年高压开关行业主要经济指标

序号	指标名称	单位	2021年	2020年	比上年增长（%）
1	全年从业人员人数（总计）	万人	17.03	17.28	-1.45
2	其中：从事高压开关人数	万人	8.69	8.73	-0.46
3	从事科技活动人数	万人	4.07	4.52	-9.96
4	从事研发人员人数	万人	2.60	2.78	-6.47
5	工业总产值	亿元	2 479.93	2 340.35	5.96
6	其中：高压开关产值	亿元	1 314.27	1 255.17	4.71
7	新产品产值	亿元	801.68	719.38	11.44
8	工业销售产值	亿元	2 435.99	2 282.86	6.71
9	其中：出口交货值	亿元	77.95	60.87	28.06
10	工业增加值	亿元	555.32	530.34	4.71
11	主营业务收入	亿元	2 357.28	2 161.56	9.05
12	主营业务成本	亿元	1 803.68	1 658.15	8.78
13	营业费用	亿元	132.68	127.93	3.71
14	主营业务税金及附加	亿元	14.87	12.49	19.06
15	应交增值税	亿元	59.03	55.36	6.63
16	管理费用及财务费用	亿元	189.37	167.46	13.08
17	其中：利息支出	亿元	29.42	29.73	-1.04
18	其他业务收入	亿元	37.56	32.05	17.19
19	利润总额	亿元	208.68	168.04	24.18
20	其中：高压开关	亿元	96.08	86.46	11.13
21	年末资产合计	亿元	3 638.91	3 259.36	11.64
22	年末固定资产原价	亿元	1 012.10	923.22	9.63
23	年末固定资产净值	亿元	642.52	593.83	8.20
24	全年完成基建投资额	亿元	24.43	28.79	-15.14
25	全年更改措施项目完成投资额	亿元	7.55	12.22	-38.22
26	流动资产年平均余额	亿元	2 406.39	2 092.88	14.98
27	其中：应收账款余额	亿元	901.59	919.37	-1.93
28	年末负债合计	亿元	2 051.74	1 851.49	10.82
29	年末所有者权益合计	亿元	1 585.07	1 396.99	13.46
30	全年科技活动经费使用数	亿元	85.71	79.29	8.10
31	研究与发展经费支出	亿元	80.89	69.31	16.71
32	新产品开发经费支出	亿元	70.24	59.87	17.32
33	全员职工工资总额	亿元	150.41	135.23	11.23
34	资本保值增值率	%	112.10	105.05	6.71

（续）

序号	指标名称	单位	2021 年	2020 年	比上年增长（%）
35	资产负债率	%	56.38	56.81	-0.76
36	流动资产周转率	次	0.98	1.03	-4.85
37	成本费用利润率	%	9.82	8.60	14.19
38	工业全员劳动生产率	万元／人	32.60	30.69	6.22
39	产品销售率	%	98.23	97.54	0.71
40	总资产贡献率	%	8.20	7.29	12.48
41	销售利税率	%	11.99	10.91	9.90
42	资金利税率	%	9.27	8.78	5.58
43	人均创利税	万元／人	16.59	13.65	21.54
44	税金总额	亿元	73.89	67.85	8.90
45	利税总额	亿元	282.58	235.89	19.79
46	应收账款占流动资产比率	%	37.47	43.93	-14.71
47	经济效益综合指数		3.00	2.81	6.76
48	万元产值能耗平均水平（标准煤）	t	0.02	0.02	0.00

受"双碳"目标和建设"以新能源为主体的新型电力系统"政策的激励，以及国内国外双循环牵引，高压开关行业面临重要发展机遇。国家主干电网建设与改造、配网农网改造、新能源、城镇化建设、轨道交通及大型工矿企业的建设等将共同推动高压开关行业进入新的更新换代周期。未来五年，我国高压开关行业将进入一个机遇与挑战并存的时期，高质量发展、转型升级成为关键。

1. 工业总产值

（1）行业工业总产值。2021 年，高压开关行业实现工业总产值 2 479.93 亿元，较上年增加 139.58 亿元，同比增长 5.96%，增幅提高 8.9 个百分点。2012—2021 年高压开关行业工业总产值见图 1。2012—2021 年高压开关行业工业总产值增长率变化情况见图 2。

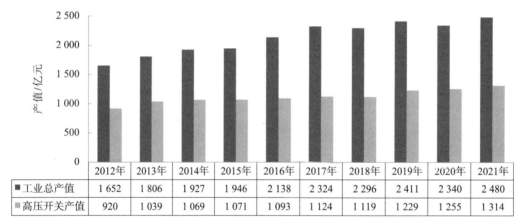

	2012年	2013年	2014年	2015年	2016年	2017年	2018年	2019年	2020年	2021年
工业总产值	1 652	1 806	1 927	1 946	2 138	2 324	2 296	2 411	2 340	2 480
高压开关产值	920	1 039	1 069	1 071	1 093	1 124	1 119	1 229	1 255	1 314

图 1　2012—2021 年高压开关行业工业总产值

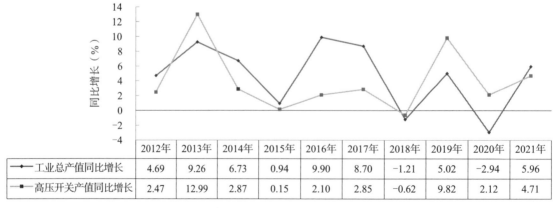

	2012年	2013年	2014年	2015年	2016年	2017年	2018年	2019年	2020年	2021年
工业总产值同比增长	4.69	9.26	6.73	0.94	9.90	8.70	-1.21	5.02	-2.94	5.96
高压开关产值同比增长	2.47	12.99	2.87	0.15	2.10	2.85	-0.62	9.82	2.12	4.71

图 2　2012—2021 年高压开关行业工业总产值增长率变化情况

2021年，高压开关行业中工业总产值1亿元以上的企业178家，较上年增加19家，占行业统计企业数的67.94%，较上年提高5.09个百分点。产值10亿元以上的企业46家，较上年增加5家，占行业统计企业数的17.56%，较上年提高1.35个百分点。产值20亿元以上的企业29家，较上年增加6家，占行业统计企业数的11.07%，较上年提高1.98个百分点；其产值合计1 783.41亿元，占行业总产值的71.91%，较上年提高2.95个百分点。2020—2021年高压开关行业企业工业总产值构成情况见表2。2021年工业总产值前5位企业见表3。

表2 2020—2021年高压开关行业企业工业总产值构成情况

企业类别	企业数／家		占比（%）		产值／亿元		占比（%）	
	2020年	2021年	2020年	2021年	2020年	2021年	2020年	2021年
产值20亿元以上	23	29	9.09	11.07	1 613.91	1 783.41	68.96	71.91
产值10亿～20亿元	18	17	7.11	6.49	249.63	219.68	10.67	8.86
产值5亿～10亿元	32	28	12.65	10.69	226.63	194.77	9.68	7.85
产值1亿～5亿元	86	104	33.99	39.69	205.19	241.08	8.77	9.72
产值1亿元以下	94	84	37.15	32.06	44.99	40.99	1.92	1.65

表3 2021年工业总产值前5位企业

企业名称	工业总产值／亿元
大全集团有限公司	246.15
许继集团有限公司	220.00
泰开集团有限公司	180.16
河南森源集团有限公司	159.93
平高集团有限公司	91.59

2021年，工业总产值增长率20%以上的企业68家，较上年增加29家，占行业统计企业数的25.95%，较上年提高10.53个百分点；产值增长率50%以上的企业18家，较上年增加11家，占行业统计企业数的6.87%，较上年提高4.1个百分点。

2021年，工业总产值1亿元以上的企业中，增长率20%以上的企业48家，较上年增加26家；增长率50%以上的企业12家，较上年增加7家。工业总产值10亿元

以上的企业中，增长率20%以上的企业15家，较上年增加9家。

2021年，工业总产值负增长的企业78家，较上年减少25家，占行业统计企业数的29.77%，较上年减少10.94个百分点。

2021年，华北区工业总产值最高的为北京市（90.41亿元），占行业总产值的3.65%。东北区工业总产值最高的为辽宁省（51.3亿元），占行业总产值的2.07%。华东区工业总产值最高的为江苏省（521.43亿元），占行业总产值的21.03%。中南区工业总产值最高的为河南省（488.16亿元），占行业总产值的19.68%。西南区工业总产值最高的为四川省（41.29亿元），占行业总产值的1.66%。西北区工业总产值最高的为陕西省（103.76亿元），占行业总产值的4.18%。2020—2021年高压开关行业各省（自治区、直辖市）工业总产值完成情况见表4。

表4 2020—2021年高压开关行业各省（自治区、直辖市）工业总产值完成情况

序号	省（自治区、直辖市）	企业数／家		工业总产值／亿元		比上年增长（%）
		2020年	2021年	2020年	2021年	
1	江苏	37	39	422.59	521.43	23.39
2	河南	8	9	577.04	488.16	15.40
3	山东	14	16	244.47	292.30	19.56
4	浙江	54	61	185.18	212.20	14.59
5	上海	23	20	200.68	192.98	-3.84
6	广东	18	17	154.36	132.28	-14.30
7	福建	14	17	105.62	126.35	19.63
8	陕西	23	17	109.02	103.76	-4.82
9	北京	11	7	56.44	90.41	60.19
10	湖北	6	6	60.29	62.09	2.99
11	辽宁	9	10	48.03	51.30	6.81
12	四川	10	11	44.08	41.29	-6.33
13	海南		1		33.06	—

（续）

序号	省（自治区、直辖市）	企业数／家		工业总产值／亿元		比上年增长（%）
		2020 年	2021 年	2020 年	2021 年	
14	安徽	4	4	34.03	32.77	-3.70
15	河北	2	1	23.90	26.55	11.09
16	湖南	5	5	21.29	19.43	-8.74
17	甘肃	2	3	19.00	13.11	-31.00
18	宁夏	2	2	11.75	8.53	-27.40
19	新疆	1	1	6.53	7.81	19.60
20	贵州	1	2	2.93	6.19	111.26
21	吉林	2	4	2.12	6.28	196.23
22	天津	3	2	4.97	4.18	-15.90
23	云南	1	1	3.20	3.18	-0.62
24	重庆	1	3	1.31	2.38	81.68
25	山西	1	1	0.20	0.16	-20.00
26	广西	—	1	—	1.11	
27	江西	1	1	1.32	0.64	-51.52

（2）高压开关产值。2021 年，行业完成高压开关产值 1 314.27 亿元，较上年增加 59.1 亿元，比上年增长 4.71%，较上年提高 2.59 个百分点。

2021 年，高压开关产值 1 亿元以上的企业 147 家，较上年增加 21 家，占行业统计企业数的 56.11%，较上年提高 6.31 个百分点。高压开关产值 10 亿元以上的企业 28

家，较上年减少 1 家，占行业统计企业数的 10.69%，较上年减少 0.77 个百分点。高压开关产值 20 亿元以上的企业 15 家，较上年增加 2 家，占行业统计企业数的 5.73%，较上年提高 0.59 个百分点。2020—2021 年行业企业高压开关产值构成情况见表 5。2021 年高压开关产值前 5 位企业见表 6。

表 5　2020—2021 年行业企业高压开关产值构成情况

企业类别	企业数／家		占比（%）		高压开关产值／亿元		占比（%）	
	2020 年	2021 年	2020 年	2021 年	2020 年	2021 年	2020 年	2021 年
产值 20 亿元以上	13	15	5.14	5.73	665.49	717.71	53.02	54.61
产值 10 亿～20 亿元	16	13	6.32	4.96	228.52	183.57	18.21	13.97
产值 5 亿～10 亿元	21	21	8.30	8.02	139.26	138.13	11.09	10.51
产值 1 亿～5 亿元	76	98	30.04	37.40	174.03	229.00	13.87	17.42
产值 1 亿元以下	127	115	50.20	43.89	47.87	45.86	3.81	3.49

表 6　2021 年高压开关产值前 5 位企业

企业名称	高压开关产值／亿元
泰开集团有限公司	129.81
平高集团有限公司	91.59
青岛特锐德电气股份有限公司	66.60
西安西电开关电气有限公司	63.08
河南森源集团有限公司	56.87

2021 年，高压开关产值增长率 20% 以上的企业 67 家，较上年增加 22 家，占行业统计企业数的 25.57%，较上年提高 7.78 个百分点。高压开关产值增长率 50% 以上的企业 27 家，较上年增加 12 家，占统计企业数的 10.31%，较上年提高 4.38 个百分点。

2021 年，高压开关产值 1 亿元以上的企业中，增长率 20% 以上的企业 36 家，较上年增加 9 家；增长率 50% 以上的企业 10 家，与上年持平。高压开关产值 10 亿元以上的企业中，增长率 20% 以上的企业 5 家，较上年减少 2 家。

2021 年，高压开关产值负增长的企业 64 家，较上年减少 25 家，占行业统计企业数的 24.43%，较上年减少 10.75 个百分点。

2021 年，高压开关产值增长率低于工业总产值增长率 1.25 个百分点。高压开关产值占工业总产值的比重为 53%，较上年（占 53.63%）减少 0.63 个百分点。

2020—2021 年各省（自治区、直辖市）高压开关产值完成情况见表 7。

表7 2020—2021年各省（自治区、直辖市）高压开关产值完成情况

序号	省（自治区、直辖市）	2021年	2020年	比上年增长（%）
1	山东	225.28	200.16	12.55
2	江苏	217.17	196.54	10.50
3	河南	179.77	201.88	-10.95
4	上海	111.30	98.05	13.51
5	浙江	110.45	94.97	16.30
6	陕西	95.18	100.28	-5.09
7	福建	91.60	73.87	24.00
8	辽宁	49.94	46.76	6.80
9	北京	44.79	48.00	-6.69
10	广东	32.88	51.90	-36.65
11	湖北	29.46	28.92	1.87
12	四川	26.78	23.78	12.62
13	安徽	21.00	21.84	-3.85
14	湖南	18.21	19.56	-6.90
15	河北	18.37	15.64	17.46
16	甘肃	11.10	11.71	-5.21
17	海南	6.95		—
18	宁夏	5.05	6.76	-25.30
19	贵州	4.57	2.93	55.97
20	新疆	4.43	4.11	7.79
21	吉林	2.88	1.75	64.57
22	重庆	2.22	1.30	70.77
23	云南	1.85	1.98	-6.57

（续）

序号	省（自治区、直辖市）	2021年	2020年	比上年增长（%）
24	天津	1.73	2.29	-24.45
25	广西	1.11		—
26	山西	0.15	0.19	-21.05
27	江西	0.05		—
	合计	1 314.27	1 255.17	4.71

2.工业销售产值

2021年，行业完成工业销售产值2 435.99亿元，较上年增加153.13亿元，比上年增长6.71%，较上年提高9.69个百分点，较工业总产值增长率高0.75个百分点。产品销售率98.23%，较上年提高0.69个百分点。2021年工业销售产值前5位企业见表8。

表8 2021年工业销售产值前5位企业

企业名称	工业销售产值/亿元
大全集团有限公司	246.15
许继集团有限公司	200.00
泰开集团有限公司	180.16
河南森源集团有限公司	156.40
平高集团有限公司	97.25

3.工业增加值

2021年，行业完成工业增加值555.32亿元，较上年增加24.98亿元，比上年增长4.71%，较上年提高7.38个百分点。2012—2021年高压开关行业工业增加值完成情况见图3。2012—2021年高压开关行业工业增加值占工业总产值的比例变化见图4。

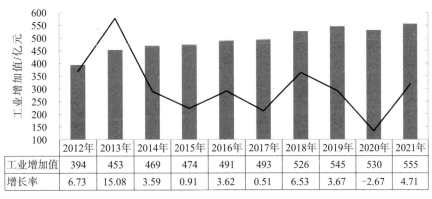

	2012年	2013年	2014年	2015年	2016年	2017年	2018年	2019年	2020年	2021年
工业增加值	394	453	469	474	491	493	526	545	530	555
增长率	6.73	15.08	3.59	0.91	3.62	0.51	6.53	3.67	-2.67	4.71

图3 2012—2021年高压开关行业工业增加值完成情况

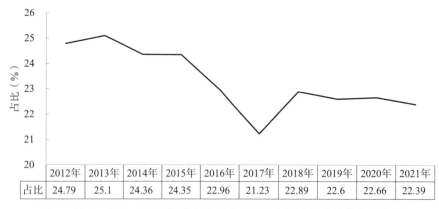

	2012年	2013年	2014年	2015年	2016年	2017年	2018年	2019年	2020年	2021年
占比	24.79	25.1	24.36	24.35	22.96	21.23	22.89	22.6	22.66	22.39

图 4　2012—2021 年高压开关行业工业增加值占工业总产值的比例变化

2021 年，工业增加值 1 亿元以上的企业 79 家，较上年减少 2 家，占行业统计企业数的 30.15%，较上年减少 1.87 个百分点。工业增加值 5 亿元以上的企业 23 家（其中：华东区 13 家，中南区 6 家，华北区、西北区、东北区、西南区各 1 家），与上年持平，占行业统计企业数的 8.78%。工业增加值 10 亿元以上的企业 13 家（其中：华东区 8 家，中南区 3 家、华北区和西北区各 1 家），较上年增加 1 家，占行业统计企业数的 4.96%，与上年基本持平。2021 年工业增加值前 5 位企业见表 9。

表 9　2021 年工业增加值前 5 位企业

企业名称	工业增加值 / 亿元
大全集团有限公司	69.99
泰开集团有限公司	34.38
平高集团有限公司	28.49
昇辉控股有限公司	21.58
河南森源集团有限公司	19.19

2021 年，工业增加值增长率 20% 以上的企业 65 家，较上年增加 10 家，占行业统计企业数的 24.81%，较上年提高 3.07 个百分点。增长率 50% 以上的企业 30 家，较上年增加 7 家，占统计企业数的 11.45%，较上年提高 2.36 个百分点。

2021 年，工业增加值降低的企业 70 家，较上年减少 26 家，占行业统计企业数的 26.72%，较上年减少 11.22 个百分点。

主要产品产量　2021 年，高压开关行业产能稳步提升，产品结构调整持续深入。

输电装备产能进一步分化。全年生产 72.5kV 及以上电压等级 GIS 2.44 万间隔，同比增长 9.4%；生产高压 SF_6 断路器 5 215 台，同比下降 13.37%。

配电设备及主要元器件增幅明显。全年生产金属封闭开关设备 128.42 万面，同比增长 9.4%；生产真空断路器 109.56 万台，同比增长 14.98%；生产接地开关 36.94 万组，同比增长 38.09%；生产真空灭弧室 461.73 万只，同比增长 15.97%。

其他类别设备产量基本稳定。全年生产预装式变电站 5.98 万台，与上年基本持平；生产隔离开关 37.76 万组，同比下降 2.4%。

2021 年高压开关产品产量见表 10。

表 10　2021 年高压开关产品产量

序号	产品类别	单位	800kV 及以上	550kV	363kV	252kV	126kV	72.5kV	40.5kV	24kV	12kV	27.5kV/55kV
1	SF_6 断路器	台	5	116	30	1 226	3 838	1 596	4 301		4 418	560
2	真空断路器	台							77 696	18 551	995 801	3 563
3	气体绝缘金属封闭开关设备	间隔	56	685	199	6 298	17 151	18	30 468	370	36 264	
4	敞开式组合电器	组						21				
5	金属封闭开关设备	面							79 287	10 861	615 735	2 804
6	环网柜	台							5 410	4 275	565 838	
7	隔离开关	组	117	1 092	748	12 920	21 843	7 152	13 916	1 328	296 322	22 119
8	接地开关	组		661	179	638	572	36	34 071	11 905	321 293	
9	负荷开关	台							10 219	79	139 604	
10	熔断器	只							5 800		852 470	
11	重合器	台									25	
12	高压接触器	台							101	1 234	23 864	
13	箱式变电站	台					159		26 746	38	32 897	
14	真空灭弧室	只					81	17	233 540	139 956	4 241 613	2 121

1. 气体绝缘金属封闭开关设备

2021年, 800kV 及以上电压等级气体绝缘金属封闭开关设备产量 56 间隔, 较上年减少 31 间隔, 比上年下降 35.63%。生产企业 3 家。

550kV 气体绝缘金属封闭开关设备产量 685 间隔, 较上年减少 58 间隔, 比上年下降 7.81%, 增幅较上年回落 23.18 个百分点。生产企业 6 家, 与上年持平。

363kV 气体绝缘金属封闭开关设备产量 199 间隔, 较上年增加 23 间隔, 比上年增长 13.07%。生产企业 3 家, 较上年减少 2 家。

252kV 气体绝缘金属封闭开关设备产量 6 298 间隔, 较上年增加 668 间隔, 比上年增长 11.87%, 增幅较上年回落 11.08 个百分点。生产企业 12 家, 较上年增加 1 家。

126kV 气体绝缘金属封闭开关设备产量 17 151 间隔, 较上年增加 1 526 间隔, 比上年增长 9.77%, 增幅较上年回落 8.31 个百分点。生产企业 21 家, 与上年持平。产量 500 间隔以上的企业 10 家, 较上年增加 2 家, 产量合计 15 368 间隔, 占行业生产总量的 89.6%, 较上年提高 2.51 个百分点。

2012—2021 年气体绝缘金属封闭开关设备产量见表 11。2021 年气体绝缘金属封闭开关设备产量前 3 位企业见表 12。

表 11　2012—2021 年气体绝缘金属封闭开关设备产量

年份	800kV 及以上产量 / 间隔	550kV 产量 / 间隔	252kV			126kV		
			企业数 / 家	产量 / 间隔	比上年增长（%）	企业数 / 家	产量 / 间隔	比上年增长（%）
2012	26	370	14	4 212	14.39	28	12 031	21.75
2013	45	447	12	4 016	-4.65	28	10 758	-10.58
2014	118	539	14	4 723	17.60	28	12 604	17.16
2015	113	653	13	4 856	2.82	26	11 087	-12.04
2016	202	848	11	3 895	-19.79	25	12 978	17.06
2017	157	882	12	4 043	3.80	21	10 104	-22.15
2018	73	591	12	3 903	-3.46	20	10 847	7.35
2019	118	644	11	4 579	17.32	22	13 233	22.00
2020	87	743	11	5 630	22.95	21	15 625	18.08
2021	56	685	12	6 298	11.87	21	17 151	9.77

表 12　2021 年气体绝缘金属封闭开关设备产量前 3 位企业

企业名称	产量 / 间隔
252kV	
泰开集团有限公司	1 460
平高集团有限公司	1 236
西安西电开关电气有限公司	899
126kV	
泰开集团有限公司	4 058
平高集团有限公司	2 367
西安西电开关电气有限公司	2 210

2. 高压交流断路器

2021年, 72.5kV 及以上电压等级高压交流断路器均为 SF_6 系列产品。40.5kV 高压交流断路器中, SF_6 系列产品占 5.25%, 较上年减少 1.9 个百分点; 真空系列产品占 94.75%。12kV 高压交流断路器中, SF_6 系列产品占 0.44%, 较上年减少 1.4 个百分点; 真空系列产品占 99.56%。2012—2021 年户外高压交流 SF_6 断路器产量见表 13。

表 13　2012—2021 年户外高压交流 SF_6 断路器产量

年份	800kV 及以上产量 / 台	550kV 产量 / 台	252kV			126kV		
			企业数 / 家	产量 / 台	比上年增长（%）	企业数 / 家	产量 / 台	比上年增长（%）
2012	5	100	6	1 132	7.10	18	5 761	1.16
2013	37	147	6	1 074	-5.12	18	5 102	-11.44
2014	19	124	6	1 031	-4.00	18	5 786	13.41
2015	80	98	6	1 116	8.24	14	5 602	-3.18
2016	106	119	7	1 286	15.23	14	5 588	-0.25
2017	85	132	6	1 574	22.40	16	6 142	9.91
2018	40	129	6	1 425	-9.47	15	5 585	-9.07
2019	52	142	7	1 314	-7.79	14	4 977	-10.80
2020	79	138	7	1 532	16.59	13	4 202	-15.58
2021	5	116	6	1 226	-19.97	11	3 838	-8.66

（1）800kV 及以上户外高压交流 SF_6 断路器。2021年，我国 800kV 及以上电压等级户外高压交流 SF_6 断路器产量 5 台，较上年减少 74 台。生产企业 3 家，较上年减少 1 家。

（2）550kV 户外高压交流 SF_6 断路器。2021年，550kV 户外高压交流 SF_6 断路器产量 116 台，较上年减少 22 台，比上年下降 15.94%。生产企业 4 家，较上年减少 1 家。产量最高的企业为平高集团有限公司（产量 89 台）。

363kV 户外高压交流 SF_6 断路器产量 30 台，较上年减少 39 台。生产企业 3 家，与上年持平。产量最高的企业为西安西电开关电气有限公司（产量 15 台）。

（3）252kV 户外高压交流 SF_6 断路器。2021年，252kV 户外高压交流 SF_6 断路器产量 1 226 台，较上年减少 306 台，比上年下降 19.97%，增幅较上年回落 36.56 个百分点。生产企业 6 家，较上年减少 1 家。2021年 252kV 户外高压交流 SF_6 断路器产量前 3 位企业见表 14。

表 14　2021 年 252kV 户外高压交流 SF_6 断路器产量前 3 位企业

企业名称	产量／台
江苏省如高高压电器有限公司	606
泰开集团有限公司	307
平高集团有限公司	168

2012—2021 年 252kV SF_6 气体绝缘金属封闭开关设备和 SF_6 高压交流断路器的产量比例分别为 3.72∶1、3.65∶1、4.58∶1、4.35∶1、3.03∶1、2.56∶1、2.74∶1、3.48∶1、3.67∶1 和 5.14∶1。

（4）126kV 户外高压交流 SF_6 断路器。2021年，126kV 户外高压交流 SF_6 断路器产量 3 838 台，较上年减少 364 台，比上年下降 8.66%，降幅较上年收窄 6.92 个百分点。生产企业 11 家，较上年减少 2 家。产量 500 台以上的企业 2 家，与上年持平，产量合计 2 384 台，占行业产量的 62.12%，较上年提高 9.19 个百分点。2021年 126kV 户外高压交流 SF_6 断路器产量前 3 位企业见表 15。

表 15　2021 年 126kV 户外高压交流 SF_6 断路器产量前 3 位企业

企业名称	产量／台
江苏省如高高压电器有限公司	1 875
泰开集团有限公司	509
平高集团有限公司	432

2012—2021 年 126kV SF_6 气体绝缘金属封闭开关设备和高压交流断路器的产量比例分别为 2.09∶1、2.08∶1、2.18∶1、1.98∶1、2.32∶1、1.65∶1、1.94∶1、2.66∶1、3.72∶1 和 4.47∶1。

（5）72.5kV 高压交流 SF_6 断路器。2021年，72.5kV 高压交流 SF_6 断路器产量 1 596 台，较上年减少 154 台，比上年下降 8.8%，降幅较上年扩大 4.48 个百分点。生产企业 5 家，较上年减少 1 家。产量最高的企业为江苏省如高高压电器有限公司（产量 726 台），占行业总量的 45.49%，较上年提高 3.15 个百分点。

（6）40.5kV 断路器。2012—2021 年 40.5kV 高压交流断路器产量见表 16。

表 16　2012—2021 年 40.5kV 高压交流断路器产量

年份	SF_6 断路器		真空断路器		
	企业数／家	产量／台	企业数／家	产量／台	比上年增长（%）
2012	18	7 144	65	50 444	6.83
2013	18	6 936	63	62 956	24.80
2014	15	5 660	59	53 212	-15.48
2015	14	6 772	61	57 662	8.36
2016	13	7 204	62	63 350	9.86
2017	13	7 081	57	60 930	-3.82
2018	11	6 808	60	63 374	4.01
2019	11	6 722	53	64 331	1.51
2020	10	5 759	54	74 732	16.17
2021	10	4 301	54	77 696	3.97

2021年，40.5kV 高压交流 SF_6 断路器产量 4 301 台，较上年减少 1 458 台，比上年下降 25.32%，降幅较上年扩大 10.99 个百分点。生产企业 10 家，与上年持平。产量 500 台以上的企业 4 家，较上年减少 2 家，产量合计 3 039 台，占行业总量的 70.66%，较上年减少 22.81 个百分点。产量最高的企业为江苏省如高高压电器有限公司（产量

1 195 台），占行业总量的 27.78%，较上年减少 5.32 个百分点。

40.5kV 高压交流真空断路器产量 77 696 台，较上年增加 2 964 台，比上年增长 3.97%，增幅较上年回落 12.2 个百分点。生产企业 54 家，与上年持平。产量在 1 000 台以上的企业 19 家（其中：华东区 14 家，西北区 3 家，中

南区和西南区各 1 家），与上年持平，产量合计 68 676 台，占行业生产总量的 88.4%，较上年提高 2.99 个百分点。产量最高的企业为江苏东源电器集团股份有限公司（产量 23 740 台），占行业生产总量的 30.55%，较上年提高 1.46

个百分点。2021 年 40.5kV 高压交流真空断路器企业产量构成见表 17。2021 年 40.5kV 高压交流真空断路器产量前 3 位企业见表 18。

表 17　2021 年 40.5kV 高压交流真空断路器企业产量构成

企业类别	企业数 / 家	占比（%）	产量 / 台	占比（%）
产量 1 000 台以上	19	35.19	68 676	88.39
产量 500～1 000 台	8	14.81	4 999	6.43
产量 100～500 台	15	27.78	3 450	4.44
产量 100 台以下	12	22.22	571	0.73
总计	54	100.00	77 696	100.00

表 18　2021 年 40.5kV 高压交流真空断路器产量前 3 位企业

企业名称	产量 / 台
江苏东源电器集团股份有限公司	23 740
河南森源电气股份有限公司	5 869
宁波天安智能电网科技股份有限公司	4 126

（7）24kV 高压交流真空断路器。2021 年，24kV 高压

交流真空断路器产量 18 551 台，较上年增加 1 767 台，比上年增长 10.53%，增幅较上年提高 4.9 个百分点。生产企业 23 家，较上年减少 3 家。产量最高的企业为施耐德电气（厦门）开关设备有限公司（产量 4 948 台），占行业生产总量的 26.67%，较上年提高 11.53 个百分点。

（8）12kV 断路器。2012—2021 年 12kV 高压交流断路器产量见表 19。

表 19　2012—2021 年 12kV 高压交流断路器产量

年份	SF$_6$ 断路器		真空断路器		
	企业数 / 家	产量 / 台	企业数 / 家	产量 / 台	比上年增长（%）
2012	2	943	130	571 948	10.42
2013	3	1 172	133	662 859	15.89
2014	4	817	115	625 291	-5.67
2015	3	225	114	646 574	3.40
2016	2	410	125	704 417	8.95
2017	2	621	119	694 641	-1.39
2018	6	3 353	114	777 882	11.98
2019	8	23 903	107	808 288	3.91
2020	6	16 042	104	857 577	6.10
2021	5	4 418	111	995 801	16.12

2021 年，12kV 高压交流 SF$_6$ 断路器产量 4 418 台，较上年减少 11 624 台，比上年下降 72.46%。生产企业 5 家，较上年减少 1 家。产量最高的企业为新疆特变电工自控设备有限公司（产量 1 532 台）。

12kV 高压交流真空断路器产量 995 801 台，较上年增加 138 224 台，比上年增长 16.12%，增幅较上年提高 10.02 个百分点。生产企业 111 家，较上年增加 7 家。产

量在 10 000 台以上的企业 30 家（其中：华东区 20 家，中南区 5 家，华北区 3 家，西北区 2 家），较上年增加 5 家，产量合计 753 313 台，占行业生产总量的 75.65%，较上年提高 8.31 个百分点。2021 年 12kV 高压交流真空断路器产量企业构成见表 20。2021 年 12kV 高压交流真空断路器产量前 5 位企业见表 21。

表 20　2021 年 12kV 高压交流真空断路器产量企业构成

企业类别	企业数 / 家	占比（%）	产量 / 台	占比（%）
产量 10 000 台以上	30	27.03	753 313	75.65
产量 5 000～10 000 台	20	18.02	142 166	14.28

（续）

企业类别	企业数 / 家	占比（%）	产量 / 台	占比（%）
产量 1 000～5 000 台	37	33.33	91 678	9.21
产量 1 000 台以下	24	21.62	8 644	0.87
总计	111	100.00	995 801	100.00

表 21　2021 年 12kV 高压交流真空断路器产量前 5 位企业

企业名称	产量 / 台
施耐德（陕西）宝光电器有限公司	61 872
施耐德电气（厦门）开关设备有限公司	56 055
厦门 ABB 开关有限公司	51 299
河南森源电气股份有限公司	34 112
宁波耀华电气科技有限责任公司	33 600

3. 交流金属封闭开关设备

（1）气体绝缘金属封闭开关设备。2021 年，40.5kV 气体绝缘金属封闭开关设备产量 30 468 间隔，较上年增加 12 974 间隔，比上年增长 74.16%。生产企业 20 家，较上年增加 7 家。产量最高的企业为江苏东源电器集团股份有限公司（产量 15 500 间隔），占行业生产总量的 50.87%，较上年减少 6.29 个百分点。2012—2021 年 40.5kV 气体绝缘金属封闭开关设备产量见表 22。

**表 22　2012—2021 年 40.5kV 气体绝缘金属
封闭开关设备产量**

年份	企业数 / 家	产量 / 间隔
2012	5	1 772
2013	10	3 657
2014	9	2 663
2015	10	2 494
2016	12	3 952
2017	11	6 824
2018	10	7 318
2019	11	6 892
2020	13	17 494
2021	20	30 468

12kV 气体绝缘金属封闭开关设备产量 36 264 间隔，较上年增加 26 444 间隔，比上年增长 269.29%。生产企业 16 家，较上年增加 9 家。产量最高的企业为珠海康晋电气有限公司（产量 19 637 间隔），占行业生产总量的 54.15%，较上年提高 15.17 个百分点。

（2）交流金属封闭开关设备。

1）40.5kV 交流金属封闭开关设备。2021 年，40.5kV 交流金属封闭开关设备产量 79 287 面，较上年增加 154 面，比上年增长 0.19%，增幅较上年提高 1.14 个百分点。生产企业 64 家，较上年减少 4 家。产量 2 000 面以上的企业 7 家（其中：华东区 5 家，中南区 2 家），与上年持平，产量合计 55 214 面，占行业生产总量的 69.64%，较上年提高 7.55 个百分点。2012—2021 年 40.5kV 交流金属封闭开关设备产量见表 23。2021 年 40.5kV 交流金属封闭开关设备不同系列产品产量见表 24。2021 年 40.5kV 交流金属封闭开关设备产量企业构成见表 25。2021 年 40.5kV 交流金属封闭开关设备产量前 5 位企业见表 26。

表 23　2012—2021 年 40.5kV 交流金属封闭开关设备产量

年份	企业数 / 家	产量 / 面	比上年增长（%）
2012	89	68 678	19.11
2013	97	76 783	11.80
2014	80	69 926	-8.93
2015	82	79 529	13.73
2016	76	79 124	-0.51
2017	74	77 537	-2.01
2018	66	78 149	0.79
2019	68	79 891	2.23
2020	68	79 133	-0.95
2021	64	79 287	0.19

**表 24　2021 年 40.5kV 交流金属封闭开关设备
不同系列产品产量**

类别名称	产量 / 面	占比（%）	占比比上年增加百分点 / 个
KYN 系列	65 836	83.04	-6.92
XGN 系列	10 749	13.56	7.06
GBC、JYN、KGN 等系列	2 702	3.40	-0.14

表 25　2021 年 40.5kV 交流金属封闭开关设备产量企业构成

企业类别	企业数 / 家	占比（%）	产量 / 面	占比（%）
产量 2 000 面以上	7	10.94	55 214	69.64
产量 1 000～2 000 面	10	15.63	13 639	17.20
产量 500～1 000 面	9	14.06	5 963	7.52
产量 500 面以下	38	59.38	4 471	5.64
总计	64	100.00	79 287	100.00

表 26 2021 年 40.5kV 交流金属封闭开关设备产量前 5 位企业

企业名称	产量 / 面
江苏东源电器集团股份有限公司	16 382
安徽中电兴发与鑫龙科技股份有限公司	11 790
泰开集团有限公司	10 827
河南森源电气股份有限公司	7 857
青岛特锐德电气股份有限公司	3 749

2）24kV 交流金属封闭开关设备。2021 年，24kV 交流金属封闭开关设备产量 10 861 面，较上年减少 2 725 面，比上年下降 20.06%，增幅较上年减少 36.15 个百分点。生产企业 17 家，较上年减少 8 家。产量 500 面以上的企业 5 家，与上年持平，产量合计 8 996 面，占行业生产总量的 82.83%，较上年提高 6.35 个百分点。产量最高的企业为安徽中电兴发与鑫龙科技股份有限公司（产量 4 388 面），占行业生产总量的 40.4%。

3）12kV 交流金属封闭开关设备。2021 年，12kV 交流金属封闭开关设备产量 615 735 面，较上年增加 56 290 面，比上年增长 10.06%，增幅较上年回落 13.15 个百分点。生产企业 113 家，较上年减少 3 家。产量 10 000 面以上的企业 19 家（其中：华东区 11 家，中南区 6 家，华北区 2 家），较上年增加 4 家，产量合计 434 300 面，占行业生产总量的 70.53%，较上年提高 6.01 个百分点。2012—2021 年 12kV 交流金属封闭开关设备产量见表 27。2021 年 12kV 交流金属封闭开关设备不同系列产品产量见表 28。2021 年 12kV 交流金属封闭开关设备产量企业构成见表 29。2021 年 12kV 交流金属封闭开关设备产量前 5 位企业见表 30。

表 27 2012—2021 年 12kV 交流金属封闭开关设备产量

年份	企业数 / 家	产量 / 面	比上年增长（%）
2012	155	378 504	2.32
2013	160	408 762	7.99
2014	148	402 140	-1.62
2015	142	425 192	5.73
2016	127	418 466	-1.58
2017	121	406 522	-2.85
2018	106	429 754	5.71
2019	114	454 069	5.66
2020	116	559 445	23.21
2021	113	615 735	10.06

表 28 2021 年 12kV 交流金属封闭开关设备不同系列产品产量

类别名称	产量 / 面	占比（%）	占比比上年增加百分点 / 个
KYN 系列	503 819	81.82	-0.6
XGN 系列	93 563	15.20	2.47
DFW 系列	12 305	2.00	0.55
其他系列	6 048	0.98	-2.42

表 29 2021 年 12kV 交流金属封闭开关设备产量企业构成

企业类别	企业数 / 家	占比（%）	产量 / 面	占比（%）
产量 10 000 面以上	19	16.81	434 300	70.53
产量 5 000～10 000 面	10	8.85	72 163	11.72
产量 1 000～5 000 面	41	36.28	89 684	14.57
产量 500～1 000 面	23	20.35	15 864	2.58
产量 500 面以下	20	17.70	3 724	0.60
总计	113	100.00	615 735	100.00

表 30 2021 年 12kV 交流金属封闭开关设备产量前 5 位企业

企业名称	产量 / 面
江苏士林电气设备有限公司	84 604
泰开集团有限公司	53 775
安徽中电兴发与鑫龙科技股份有限公司	39 028
河南森源集团有限公司	27 377
青岛特锐德电气股份有限公司	22 151

（3）环网柜。2021 年，40.5kV 环网柜产量 5 410 面，较上年减少 5 924 面，比上年下降 52.26%。生产企业 5 家，较上年减少 1 家。产量最高的企业为大全集团有限公司（产量 3 008 面）。

24kV 环网柜产量 4 275 面，较上年减少 4 354 面，比上年下降 50.46%。生产企业 5 家，较上年减少 2 家。产量最高的企业为珠海沃顿电气有限公司（产量 1 326 面）。

12kV 环网柜产量 565 838 面，较上年增加 95 094 面，比上年增长 20.2%，增幅较上年回落 3.69 个百分点。生产企业 76 家，较上年减少 4 家。产量 20 000 面以上的企业 9 家（其中：华东区 5 家，华北区 2 家，中南区 2 家），产量合计 343 166 面，占行业生产总量的 60.65%。2012—2021 年 12kV 环网柜产量见表 31。2021 年 12kV 环网柜产量企业构成见表 32。2021 年 12kV 环网柜产量前 5 位企业见表 33。

表 31 2012—2021 年 12kV 环网柜产量

年份	企业数 / 家	产量 / 面	比上年增长（%）
2012	101	178 203	20.80
2013	109	217 837	22.24
2014	100	238 863	9.65
2015	95	250 148	4.72
2016	85	297 213	18.81
2017	77	318 634	7.21
2018	79	439 467	37.92
2019	78	379 964	-13.54
2020	80	470 744	23.89
2021	76	565 838	20.20

表 32　2021 年 12kV 环网柜产量企业构成

企业类别	企业数 / 家	占比（%）	产量 / 面	占比（%）
产量 5 000 面以上	24	31.58	499 385	88.26
产量 1 000 ～ 5 000 面	23	30.26	57 064	10.08
产量 500 ～ 1 000 面	8	10.53	5 357	0.95
产量 500 面以下	21	27.63	4 032	0.71
总计	76	100.00	565 838	100.00

表 33　2021 年 12kV 环网柜产量前 5 位企业

企业名称	产量 / 面
江苏士林电气设备有限公司	84 615
西门子中压开关技术（无锡）有限公司	64 298
青岛特锐德电气股份有限公司	40 780
北京科锐配电自动化股份有限公司	38 792
北京合纵科技股份有限公司	28 082

4. 高压交流隔离开关

（1）800kV 高压交流隔离开关。2021 年，800kV 及以上电压等级高压交流隔离开关产量 117 组，较上年减少 35 组，比上年下降 23.03%。生产企业 2 家，较上年减少 2 家。产量最高的企业为长高电新科技股份公司（原名湖南长高高压开关集团股份公司，产量 79 组）。

（2）550kV 高压交流隔离开关。2021 年，550kV 高压交流隔离开关产量 1 092 组，较上年增加 9 组，比上年增长 0.83%，增幅较上年提高 1.84 个百分点。生产企业 4 家，较上年减少 1 家。产量最高的企业为长高电新科技股份公司（产量 408 组）。

363kV 高压交流隔离开关。2021 年，363kV 高压交流隔离开关产量 748 组，较上年减少 77 组，比上年下降 9.33%，增幅较上年减少 62.11 个百分点。生产企业 4 家，较上年减少 1 家。产量最高的企业为长高电新科技股份公司（产量 292 组）。

（3）252 kV 高压交流隔离开关。2021 年，252kV 高压交流隔离开关产量 12 920 组，较上年减少 3 936 组，比上年下降 23.35%，增速回落 40.18 个百分点。生产企业 5 家，较上年减少 2 家。产量 1 000 组以上的企业 3 家，与上年持平，产量合计 12 351 组，占行业生产总量的 95.6%，较上年提高 2.8 个百分点。产量最高的企业是泰开集团有限公司（产量 5 630 组）。2012—2021 年 252kV 高压交流隔离开关产量见图 5。

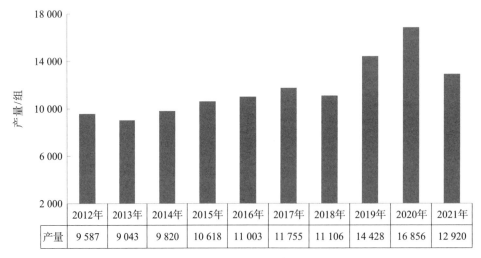

	2012年	2013年	2014年	2015年	2016年	2017年	2018年	2019年	2020年	2021年
产量	9 587	9 043	9 820	10 618	11 003	11 755	11 106	14 428	16 856	12 920

图 5　2012—2021 年 252kV 高压交流隔离开关产量

（4）126 kV 高压交流隔离开关。2021 年，126kV 高压交流隔离开关产量 21 843 组，较上年减少 665 组，比上年下降 2.96%，增幅较上年回落 11.21 个百分点。生产企业 13 家，较上年减少 1 家。产量 2 000 组以上的企业共 3 家，较上年持平，产量合计 17 617 组，占行业生产总量的 80.65%，较上年提高 0.45 个百分点。产量最高的企业为泰开集团有限公司（产量 6 548 组）。2012—2021 年 126kV 高压交流隔离开关产量见图 6。

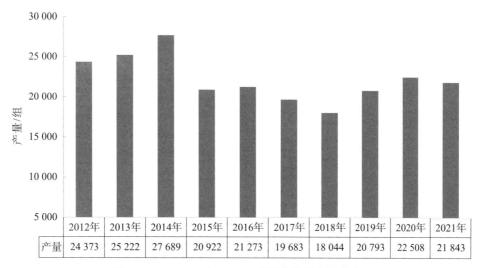

	2012年	2013年	2014年	2015年	2016年	2017年	2018年	2019年	2020年	2021年
产量	24 373	25 222	27 689	20 922	21 273	19 683	18 044	20 793	22 508	21 843

图6 2012—2021年126kV高压交流隔离开关产量

（5）40.5kV高压交流隔离开关。2021年，40.5kV高压交流隔离开关产量13 916组，较上年减少2 836组，比上年下降16.93%，降幅较上年扩大12.01个百分点。生产企业11家，较上年增加2家。产量1 000组以上的企业4家（其中：华东区3家，中南区1家），与上年持平，产量

合计11 945组，占行业生产总量的85.84%，较上年减少4.57个百分点。产量最高的企业为泰开集团有限公司（产量5 238组）。2012—2021年40.5kV高压交流隔离开关产量见图7。

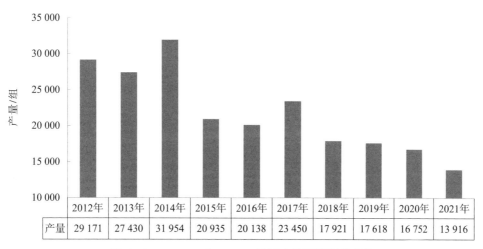

	2012年	2013年	2014年	2015年	2016年	2017年	2018年	2019年	2020年	2021年
产量	29 171	27 430	31 954	20 935	20 138	23 450	17 921	17 618	16 752	13 916

图7 2012—2021年40.5kV高压交流隔离开关产量

（6）24kV高压交流隔离开关。2021年，24kV高压交流隔离开关产量1 328组，较上年减少347组，比上年下降20.72%，降幅较上年收窄18.79个百分点。生产企业3家，较上年减少1家。

（7）12 kV高压交流隔离开关。2021年，12 kV高压交流隔离开关产量296 322组，较上年减少20 881组，比上年下降6.58%，增幅较上年减少7.09个百分点。生产企业26家，较上年增加3家。产量10 000组以上的企业11家（其中：华东区10家，中南区1家），较上年增加1家，产量合计为256 415组，占行业生产总量的86.53%，较上年减少4.68个百分点。产量最高的企业是泰开集团有限公司（产量48 680组）。2012—2021年12kV高压交流

隔离开关产量见图8。

5. 高压交流接地开关

（1）550kV高压交流接地开关。2021年，550kV高压交流接地开关产量661组，较上年增加86组，比上年增长14.96%，增幅较上年提高3.09个百分点。生产企业3家，与上年持平。产量最高的企业是泰开集团有限公司（产量280组）。

363kV高压交流接地开关。2021年，363kV高压交流接地开关产量179组，较上年增加66组，比上年增长58.41%，增幅较上年提高28.52个百分点。生产企业3家，与上年持平。产量最高的企业为平高集团有限公司（产量72组）。

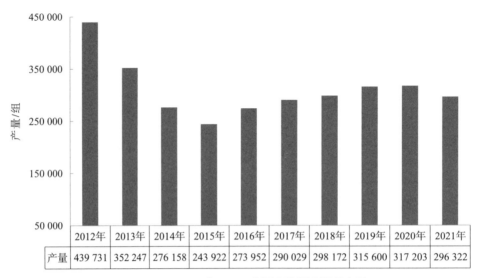

产量	2012年	2013年	2014年	2015年	2016年	2017年	2018年	2019年	2020年	2021年
	439 731	352 247	276 158	243 922	273 952	290 029	298 172	315 600	317 203	296 322

图 8　2012—2021 年 12kV 高压交流隔离开关产量

（2）252 kV 高压交流接地开关。2021 年，252 kV 高压交流接地开关产量 638 组，较上年增加 1 组，比上年增长 0.16%，增幅较上年回落 13.19 个百分点。生产企业 3 家，与上年持平。产量最高的企业为泰开集团有限公司（产量 310 组）。2012—2021 年 252kV 高压交流接地开关产量见图 9。

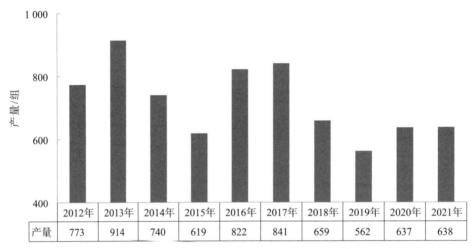

产量	2012年	2013年	2014年	2015年	2016年	2017年	2018年	2019年	2020年	2021年
	773	914	740	619	822	841	659	562	637	638

图 9　2012—2021 年 252kV 高压交流接地开关产量

（3）126 kV 高压交流接地开关。2021 年，126 kV 高压交流接地开关产量 572 组，较上年增加 54 组，比上年增长 10.42%，增幅与上年基本持平。生产企业 3 家，与上年持平。产量最高的企业是泰开集团有限公司（产量 286 组）。2012—2021 年 126 kV 高压交流接地开关产量见图 10。

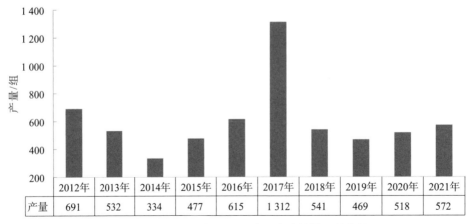

产量	2012年	2013年	2014年	2015年	2016年	2017年	2018年	2019年	2020年	2021年
	691	532	334	477	615	1 312	541	469	518	572

图 10　2012—2021 年 126kV 高压交流接地开关产量

（4）40.5 kV 高压交流接地开关。2021 年，40.5kV 高压交流接地开关产量 34 071 组，较上年增加 4 229 组，比上年增长 14.17%，增幅较上年提高 39.95 个百分点。生产企业 7 家，较上年增加 1 家。产量 2 000 组以上的企业

3 家，与上年持平，产量合计为 31 280 组，占行业生产总量的 91.81%，较上年提高 2.94 个百分点。产量最高的企业为盛中意电力科技有限公司（产量 17 000 组）。2012—2021 年 40.5 kV 高压交流接地开关产量见图 11。

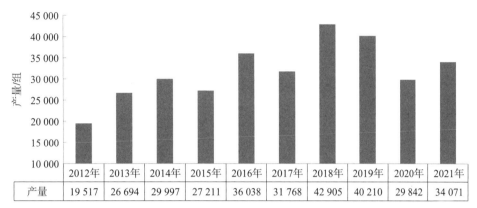

	2012年	2013年	2014年	2015年	2016年	2017年	2018年	2019年	2020年	2021年
产量	19 517	26 694	29 997	27 211	36 038	31 768	42 905	40 210	29 842	34 071

图 11　2012—2021 年 40.5 kV 高压交流接地开关产量

（5）24kV 高压交流接地开关。2021 年，24kV 高压交流接地开关产量 11 905 组，较上年增加 4 608 组，比上年增长 63.15%。生产企业 2 家，与上年持平。

（6）12 kV 高压交流接地开关。2021 年，12 kV 高压交流接地开关产量 321 293 组，较上年增加 92 771 组，比上年增长 40.6%，增幅较上年提高 49.97 个百分点。生产企业 10 家，较上年增加 1 家。产量 10 000 组以上的企业 7 家（其中：华东区 6 家，中南区 1 家），较上年增加 1 家，产量合计为 311 431 组，占行业生产总量的 96.93%，较上年提高 0.26 个百分点。产量最高的企业为盛中意电力科技有限公司（产量 95 200 组）。2012—2021 年 12 kV 高压交流接地开关产量见图 12。

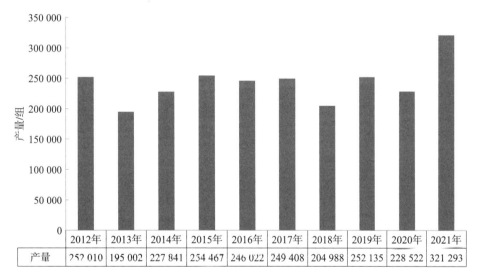

	2012年	2013年	2014年	2015年	2016年	2017年	2018年	2019年	2020年	2021年
产量	252 010	195 002	227 841	254 467	246 022	249 408	204 988	252 135	228 522	321 293

图 12　2012—2021 年 12 kV 高压交流接地开关产量

6. 高压交流负荷开关和熔断器

（1）40.5kV 高压交流负荷开关。2021 年，40.5kV 高压交流负荷开关产量 10 219 台，较上年减少 5 131 台，比上年下降 33.43%。生产企业 9 家，较上年减少 1 家。产量最高的企业为宁波天安智能电网科技股份有限公司（产量为 6 731 台）。

（2）12kV 高压交流负荷开关。2021 年，12kV 高压交流负荷开关产量 139 604 台，较上年增加 18 354 台，比上年增长 15.14%，增幅较上年提高 24.47 个百分点。生产企

业 34 家，较上年增加 1 家。产量最高的企业为江苏洛凯机电股份有限公司（产量 20 000 台）。2012—2021 年 12kV 高压交流负荷开关产量见表 34。

表 34　2012—2021 年 12kV 高压交流负荷开关产量

年份	企业数 / 家	产量 / 台
2012	47	166 363
2013	42	157 098
2014	39	167 851

（续）

年份	企业数／家	产量／台
2015	33	122 606
2016	38	129 825
2017	40	148 448
2018	35	174 047
2019	29	133 727
2020	33	121 250
2021	34	139 604

（3）12kV 高压交流熔断器。2021 年，12kV 高压交流熔断器产量 852 470 只，较上年减少 262 607 只，比上年下降 23.55%。生产企业 5 家，较上年减少 3 家。产量最高的企业为西安苏源电器有限公司（产量 310 609 只），占行业生产总量的 36.44%。

7. 预装式变电站

（1）40.5kV 预装式变电站。2021 年，40.5kV 预装式变电站产量 26 746 台，较上年增加 300 台，比上年增长 1.13%，增幅较上年回落 6.67 个百分点。生产企业 15 家，较上年减少 1 家。产量最高的企业为河南森源集团有限公司（产量 8 952 台）。

（2）12kV 预装式变电站。2021 年，12kV 预装式变电站产量 32 897 台，与上年基本持平。生产企业 55 家，较上年增加 2 家。产量 1 000 台以上的企业 8 家（其中：华东区 4 家，华北区 3 家，中南区 1 家），与上年持平，产量合计 22 920 台，占行业生产总量的 69.67%，较上年减少 2.28 个百分点。2012—2021 年 12kV 预装式变电站产量见表 35。2021 年 12kV 预装式变电站产量企业构成见表 36。2021 年 12kV 预装式变电站产量前 5 位企业见表 37。

表 35　2012—2021 年 12kV 预装式变电站产量

年份	企业数／家	产量／台	比上年增长（%）
2012	85	31 491	-18.86
2013	86	34 370	9.14
2014	78	36 894	7.34
2015	73	38 716	4.94
2016	65	37 611	-2.85
2017	63	43 121	14.65
2018	55	38 697	-10.26
2019	57	37 776	-2.38
2020	53	32 904	-12.90
2021	55	32 897	-0.02

表 36　2021 年 12kV 预装式变电站产量企业构成

企业类别	企业数／家	占比（%）	产量／台	占比（%）
产量 1 000 台以上	8	14.55	22 920	69.67
产量 500～1 000 台	8	14.55	5 381	16.36
产量 100～500 台	17	30.91	3 645	11.08
产量 100 台以下	22	40.00	951	2.89
总计	55	100.00	32 897	100.00

表 37　2021 年 12kV 预装式变电站产量前 5 位企业

企业名称	产量／台
青岛特锐德电气股份有限公司	7 100
河南森源集团有限公司	4 738
安徽中电兴发与鑫龙科技股份有限公司	2 670
北京科锐配电自动化股份有限公司	2 185
山东圣安泰装备制造有限公司	1 700

8. 高压交流真空灭弧室

（1）40.5kV 高压交流真空灭弧室。2021 年，40.5kV 高压交流真空灭弧室产量 233 540 只，较上年增加 14 611 只，比上年增长 6.67%，增幅较上年回落 2.24 个百分点。生产企业 12 家，与上年持平。产量最高的企业为武汉飞特电气有限公司（产量 62 794 只）。2012—2021 年 40.5 kV 真空灭弧室产量见表 38。

表 38　2012—2021 年 40.5 kV 真空灭弧室产量

年份	企业数／家	产量／台	比上年增长（%）
2012	9	127 027	23.39
2013	11	131 894	3.83
2014	11	132 764	0.66
2015	9	142 392	7.25
2016	11	175 154	23.01
2017	11	182 493	4.19
2018	11	197 292	8.11
2019	11	201 026	1.89
2020	12	218 929	8.91
2021	12	233 540	6.67

（2）24kV 高压交流真空灭弧室。2021 年，24kV 高压交流真空灭弧室产量 139 956 只，较上年增加 2 147 只，比上年增长 1.56%，增幅较上年提高 2.47 个百分点。生产

企业 12 家，与上年持平。产量最高的企业为成都旭光电子股份有限公司（产量 34 742 只）。

（3）12kV 高压交流真空灭弧室。2021 年，12kV 高压交流真空灭弧室产量 4 241 613 只，较上年增加 619 445 只，比上年增长 17.10%，增幅较上年提高 9.67 个百分点。生产企业 17 家，较上年增加 2 家，产量最高的企业为陕西宝光真空电器股份有限公司（产量 925 928 只）。2012—2021 年 12kV 真空灭弧室产量见表 39。

市场及销售

1. 主营业务收入

2021 年，高压开关行业实现主营业务收入 2 357.28 亿元，较上年增加 195.72 亿元，比上年增长 9.05%，较上年提高 11.51 个百分点。2012—2021 年高压开关行业主营业务收入完成情况见图 13。

表 39 2012—2021 年 12 kV 真空灭弧室产量

年份	企业数 / 家	产量 / 台	比上年增长（%）
2012	9	1 893 249	9.71
2013	11	1 935 305	2.22
2014	12	1 821 178	-5.90
2015	10	2 082 179	14.33
2016	12	2 421 631	16.30
2017	12	2 282 387	-5.75
2018	13	3 136 716	37.43
2019	15	3 371 759	7.50
2020	15	3 622 168	7.43
2021	17	4 241 613	17.10

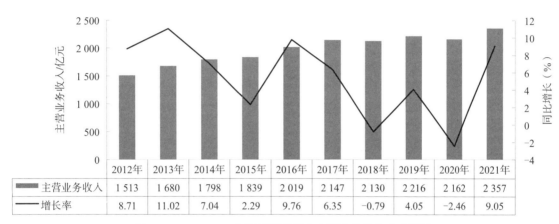

	2012年	2013年	2014年	2015年	2016年	2017年	2018年	2019年	2020年	2021年
主营业务收入	1 513	1 680	1 798	1 839	2 019	2 147	2 130	2 216	2 162	2 357
增长率	8.71	11.02	7.04	2.29	9.76	6.35	-0.79	4.05	-2.46	9.05

图 13 2012—2021 年高压开关行业主营业务收入完成情况

2021 年，高压开关行业中主营业务收入 1 亿元以上的企业 172 家（其中：华北区 8 家，东北区 8 家，华东区 106 家，中南区 29 家，西南区 9 家，西北区 12 家），较上年增加 19 家，占行业统计企业数的 65.65%，较上年提高 5.18 个百分点。主营业务收入 10 亿元以上的企业 44 家（其中：华北区 5 家，东北区 1 家，华东区 26 家，中南区 9 家，西北区 2 家，西南区 1 家），较上年增加 5 家，占统计企业数的 16.79%，较上年提高 1.37 个百分点。主营

业务收入 20 亿元以上的企业 28 家（其中：华东区 14 家，中南区 8 家，华北区 4 家、东北区和西北区各 1 家），较上年增加 7 家，占统计企业数的 10.69%，较上年提高 2.39 个百分点，其主营业务收入合计为 1 687.99 亿元，占行业总主营业务收入的 71.61%，较上年提高 4.27 个百分点。2021 年高压开关行业企业主营业务收入构成情况见表 40。2021 年主营业务收入前 5 位企业见表 41。

表 40 2021 年高压开关行业企业主营业务收入构成情况

企业类别	企业数 / 家		占比（%）		主营业务收入 / 亿元		占比（%）	
	2020 年	2021 年	2020 年	2021 年	2020 年	2021 年	2020 年	2021 年
主营业务收入 20 亿元以上	21	28	8.30	10.69	1 455.64	1 687.99	67.34	71.61
主营业务收入 10 亿～20 亿元	18	16	7.11	6.11	249.40	208.51	11.54	8.85
主营业务收入 5 亿～10 亿元	30	30	11.86	11.45	207.03	198.29	9.58	8.41
主营业务收入 1 亿～5 亿元	84	98	33.20	37.40	201.24	220.05	9.31	9.33
主营业务收入 1 亿元以下	100	90	39.53	34.35	48.25	42.44	2.23	1.80
总计	253	262	100.00	100.00	2 161.56	2 357.28	100.00	100.00

表 41　2021 年主营业务收入前 5 位企业

企业名称	主营业务收入 / 亿元
大全集团有限公司	236.30
泰开集团有限公司	180.96
河南森源集团有限公司	155.64
许继集团有限公司	119.91
平高集团有限公司	116.22

2021 年，主营业务收入增长率 20% 以上的企业 71 家，较上年增加 29 家，占行业统计企业数的 27.1%，较

上年提高 10.5 个百分点。主营业务收入增长率 50% 以上的企业 17 家，较上年增加 8 家，占行业统计企业数的 6.49%，较上年提高 2.93 个百分点。主营业务收入增长率 100% 以上的企业 6 家，较上年增加 3 家。

2021 年，主营业务收入 1 亿元以上的企业中，增长率 20% 以上的企业 45 家，较上年增加 23 家；增长率 50% 以上的企业 9 家，较上年增加 6 家。主营业务收入 10 亿元以上的企业中，增长率 20% 以上的企业 14 家，较上年增加 6 家。2021 年高压开关行业各省（自治区、直辖市）主营业务收入完成情况见表 42。

表 42　2021 年高压开关行业各省（自治区、直辖市）主营业务收入完成情况

序号	省（自治区、直辖市）	企业数 / 家	主营业务收入 / 亿元		比上年增长（%）
			2020 年	2021 年	
1	江苏	39	402.33	499.60	24.18
2	河南	9	481.91	407.17	-15.51
3	山东	16	250.64	307.02	22.49
4	上海	20	196.89	223.91	13.72
5	浙江	61	172.75	199.29	15.36
6	广东	17	138.37	129.49	-6.42
7	福建	17	99.66	120.70	21.11
8	北京	7	49.70	92.53	86.18
9	陕西	17	113.76	84.25	-25.94
10	湖北	6	55.64	57.19	2.79
11	辽宁	10	46.64	49.13	5.34
12	四川	11	42.32	36.12	-14.65
13	海南	1	—	33.03	—
14	安徽	4	29.33	28.21	-3.82
15	湖南	5	20.40	20.63	1.13
16	河北	1	17.45	20.23	15.93
17	甘肃	3	12.49	10.32	17.37
18	宁夏	2	9.53	8.14	-14.59
19	新疆	1	6.03	6.58	9.12
20	吉林	4	2.07	6.14	196.62
21	贵州	2	2.93	5.75	96.25
22	天津	2	4.86	4.70	-3.29
23	云南	1	3.24	3.31	2.16
24	重庆	3	1.13	2.18	92.92
25	广西	1	—	0.88	—
26	江西	1	1.32	0.64	-51.52
27	山西	1	0.17	0.14	-17.65
	合计	262	2 161.56	2 357.28	9.05

2.利润总额

（1）行业利润总额。2021 年，高压开关行业实现利润总额 208.68 亿元，较上年增加 40.64 亿元，比上年增长

24.18%，较上年提高 2.3 个百分点。2012—2021 年高压开关行业利润总额完成情况见图 14。

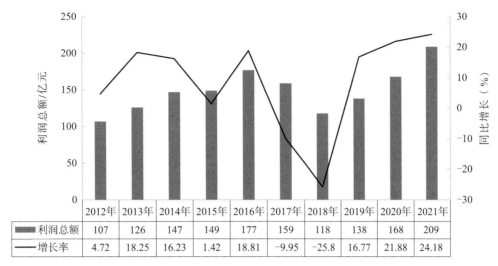

	2012年	2013年	2014年	2015年	2016年	2017年	2018年	2019年	2020年	2021年
利润总额	107	126	147	149	177	159	118	138	168	209
增长率	4.72	18.25	16.23	1.42	18.81	-9.95	-25.8	16.77	21.88	24.18

图 14　2012—2021 年高压开关行业利润总额完成情况

2021 年，利润总额 1 000 万元以上的企业 104 家，较上年减少 11 家，占行业统计企业数的 39.69%，较上年减少 5.76 个百分点。1 亿元以上的企业 34 家（其中：华东区 20 家，中南区 7 家，华北区 4 家，东北区、西南区、西北区各 1 家），较上年减少 2 家，占行业统计企业数的 12.98%，较上年减少 1.24 个百分点，利润合计 192.72 亿元，占行业总额的 92.35%，较上年提高 10.04 个百分点。2 亿元以上企业 21 家（其中：华东区 13 家，中南区 6 家，西南区和西北区各 1 家），较上年减少 2 家，占行业统计企业数的 8.02%，较上年减少 1.07 个百分点。2021 年高压开关行业企业利润总额构成情况见表 43。2021 年利润总额前 5 位企业见表 44。

表 43　2021 年高压开关行业企业利润总额构成情况

企业类别	企业数 / 家	占比（%）	利润总额 / 亿元	占比（%）
利润总额 5 亿元以上	8	3.05	130.62	62.59
利润总额 1 亿～5 亿元	26	9.92	62.10	29.76
利润总额 0.5 亿～1 亿元	15	5.73	9.94	4.76
利润总额 1 000 万～5 000 万元	55	20.99	13.40	6.42
利润总额 1 000 万元以下	131	50.00	4.98	2.39
亏损企业	27	10.31	-12.36	-5.92

表 44　2021 年利润总额前 5 位企业

企业名称	利润总额 / 亿元
大全集团有限公司	77.15
泰开集团有限公司	10.83
许继电气股份有限公司	9.61
常熟开关制造有限公司	8.28
深圳市沃尔核材股份有限公司	6.56

2021 年，利润总额增长率 20% 以上的企业 65 家，较上年减少 19 家，占行业统计企业数的 24.81%，较上年减少 8.39 个百分点。增长率 50% 以上的企业 33 家，较上年减少 20 家，占行业统计企业数的 12.6%，较上年减少 8.35 个百分点。增长率 100% 以上的企业 22 家，较上年减少 4 家，占统计企业数的 8.4%，较上年减少 1.88 个百分点。

2021 年，利润总额 1 000 万元以上的企业中，增长率 20% 以上的企业 28 家，较上年减少 16 家；增长率 50% 以上的企业 14 家，较上年减少 12 家；增长率 100% 以上的企业 10 家，较上年增加 2 家。利润总额 1 亿元以上的企业中，增长率 20% 以上的企业 10 家，较上年减少 4 家；增长率 50% 以上的企业 5 家，较上年减少 2 家。

2021 年，利润总额负增长企业 112 家，较上年增加 5 家，占行业统计企业数的 42.75%，与上年基本持平。亏损企业 19 家，较上年增加 7 家，占行业统计企业数的 7.25%，较上年提高 2.51 个百分点。

2021 年高压开关行业各省（自治区、直辖市）利润总额完成情况见表 45。

表 45　2021 年高压开关行业各省（自治区、直辖市）利润总额完成情况

序号	省（自治区、直辖市）	企业数 / 家	利润总额 / 亿元		比上年增长（%）
			2020 年	2021 年	
1	江苏	39	42.85	104.31	143.43
2	上海	20	18.19	21.50	18.20
3	福建	17	17.26	14.23	−17.56
4	山东	16	13.85	13.95	0.72
5	河南	9	18.36	11.13	−39.38
6	广东	17	14.74	10.77	−26.93
7	湖北	6	5.01	5.04	0.60
8	安徽	4	4.18	4.16	−0.48
9	陕西	17	7.74	3.66	−52.71
10	四川	11	4.46	3.42	−23.32
11	湖南	5	2.79	3.21	15.05
12	浙江	61	14.1	3.15	−77.66
13	北京	7	−0.96	2.75	−386.46
14	海南	1	—	2.58	—
15	辽宁	10	3.18	2.26	−28.93
16	河北	1	1.22	1.01	−17.21
17	天津	2	0.53	0.61	15.09
18	新疆	1	0.32	0.38	18.75
19	宁夏	2	0.88	0.28	−68.18
20	吉林	4	0.03	0.22	633.33
21	贵州	2	0.03	0.16	433.33
22	重庆	3	0.05	0.13	160.00
23	云南	1	0.04	0.07	75.00
24	山西	1	0	−0.01	—
25	江西	1	0.04	−0.04	−200.00
26	广西	1	—	−0.04	—
27	甘肃	3	−0.85	−0.21	−75.29
	合计	262	168.04	208.68	24.18

（2）高压开关产品利润。2021 年，行业实现高压开关产品利润 96.08 亿元，较上年增加 9.62 亿元，比上年增长 11.13%，较上年减少 11.16 个百分点。2021 年，高压开关产品利润占行业利润总额的比例为 46.04%，较上年减少 5.41 个白分点。2012—2021 年行业高压开关产品利润完成情况见图 15。

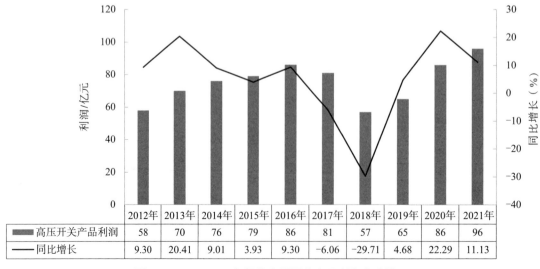

	2012年	2013年	2014年	2015年	2016年	2017年	2018年	2019年	2020年	2021年
高压开关产品利润	58	70	76	79	86	81	57	65	86	96
同比增长	9.30	20.41	9.01	3.93	9.30	−6.06	−29.71	4.68	22.29	11.13

图 15　2012—2021 年行业高压开关产品利润完成情况

2021 年，高压开关产品利润 1 000 万元以上的企业 91 家，较上年减少 1 家，占行业统计企业数的 34.73%，较上年减少 1.63 个百分点。高压开关产品利润 1 亿元以上的企业 22 家（其中：华东区 15 家，中南区 4 家，西北区 2 家，东北区 1 家），与上年持平，占行业统计企业数的 8.4%，较上年基本持平，其高压开关产品利润合计 70.15 亿元，占行业总额的 73.01%，较上年提高 3.5 个百分点。2021 年行业企业高压开关产品利润构成情况见表 46。2021 年高压开关产品利润前 5 位企业见表 47。

表 46　2021 年行业企业高压开关产品利润构成情况

企业类别	企业数／家	占比（%）	高压开关产品利润／亿元	占比（%）
高压开关利润 5 亿元以上	2	0.76	17.90	18.63
高压开关利润 1 亿～5 亿元	20	7.63	52.25	54.38
高压开关利润 0.5 亿～1 亿元	14	5.34	9.33	9.71
高压开关利润 1 000 万～5 000 万元	55	20.99	12.94	13.47
高压开关利润 1 000 万元以下	162	61.83	4.71	4.90
亏损	9	3.44	-1.05	-1.09
总计	262	100.00	96.08	100.00

表 47　2021 年高压开关产品利润前 5 位企业

企业名称	高压开关产品利润／亿元
泰开集团有限公司	9.20
江苏士林电气设备有限公司	4.82
上海思源高压开关有限公司	4.80
西门子中压开关技术（无锡）有限公司	3.78
江苏东源电器集团股份有限公司	3.04

2021 年，高压开关产品利润增长率 20% 以上的企业 57 家，较上年减少 14 家，占行业统计企业数的 21.76%，较上年减少 6.3 个百分点。增长率 50% 以上的企业 34 家，较上年减少 10 家，占统计企业数的 12.98%，较上年减少 4.41 个百分点。增长率 100% 以上的企业 21 家，较上年减少 1 家，占统计企业数的 8.02%，与上年基本持平。

2021 年，高压开关产品利润 1 000 万元以上的企业中，增长率 20% 以上的企业 23 家，较上年减少 9 家；增长率 50% 以上的企业 14 家，较上年减少 5 家；增长率 100% 以上的企业 8 家，较上年增加 2 家。高压开关产品利润 1 亿元以上的企业中，增长率 20% 以上的企业 7 家，与上年持平；增长率 50% 以上的企业 4 家，与上年持平。

2021 年，高压开关产品利润负增长企业 91 家，较上年减少 3 家，占行业统计企业数的 34.73%，较上年减少 2.42 个百分点。

3. 出口交货值

2021 年，实现出口交货值 77.95 亿元，较上年增加 17.08 亿元，比上年增长 28.06%，较上年提高 42.72 个百分点。98 家行业企业完成了出口业务，较上年增加 2 家，占行业统计企业数的 37.4%，较上年减少 0.54 个百分点。2021 年，出口交货值占工业销售产值的比重为 3.2%，较上年提高 0.53 个百分点。2012—2021 年高压开关行业出口交货值见表 48。

表 48　2012—2021 年高压开关行业出口交货值

年份	出口企业数／家	出口交货值／亿元	比上年增长（%）
2012	85	40.74	6.59
2013	95	43.93	7.83
2014	90	52.11	18.62
2015	90	55.03	5.60
2016	84	61.85	12.39
2017	93	71.29	15.26
2018	90	66.68	-6.47
2019	99	71.33	6.97
2020	96	60.87	-14.66
2021	98	77.95	28.06

2021 年，高压开关行业出口交货值 1 000 万元以上的企业 58 家，较上年增加 1 家，占出口企业数的 59.18%，与上年基本持平。出口 1 亿元以上的企业 14 家，较上年减少 1 家，占出口企业数的 14.29%，较上年减少 1.34 个百分点，出口交货值合计 62.58 亿元，占行业总出口交货值的 80.28%，较上年提高 4.97 个百分点。2021 年出口交货值前 5 位企业见表 49。

表 49　2021 年出口交货值前 5 位企业

企业名称	出口交货值／亿元
正泰电气股份有限公司	18.39
深圳市沃尔核材股份有限公司	6.85
海南金盘智能科技股份有限公司	5.94
厦门 ABB 开关有限公司	5.68
西门子中压开关技术（无锡）有限公司	5.28

2021 年，出口交货值增长率 20% 以上的企业 34 家，较上年增加 5 家，占出口企业数的 34.69%，较上年提高

4.48 个百分点；增长率 50% 以上的企业 18 家，较上年减少 4 家，占出口企业数的 18.37%，较上年减少 4.55 个百分点；增长率 100% 以上的企业 10 家，较上年减少 2 家，占出口企业数的 10.20%，较上年减少 2.3 个百分点。出口交货值 1 亿元以上的企业中，增长率 20% 以上的企业 8 家，较上年增加 5 家。

2021 年，高压开关行业出口企业数最多的 4 个省市分别为浙江（24 家）、江苏（11 家）、上海和福建（各 10 家），出口交货值最大的为上海。2020—2021 年出口交货值各省（自治区、直辖市）完成情况见表 50。

表 50　2020—2021 年出口交货值各省（自治区、直辖市）完成情况

序号	省（自治区、直辖市）	企业数 / 家	出口交货值 / 亿元		比上年增长（%）
			2020 年	2021 年	
1	上海	10	15.91	22.81	43.37
2	福建	10	8.53	9.71	13.83
3	江苏	11	5.75	9.00	56.52
4	广东	3	0.03	7.04	—
5	海南	1		5.94	—
6	山东	8	3.71	4.19	12.94
7	陕西	4	9.04	3.96	-56.19
8	河南	3	4.71	3.93	-16.56
9	浙江	24	2.69	3.10	15.24
10	辽宁	1	2.25	2.34	4.00
11	四川	5	1.89	2.28	20.63
12	湖北	5	3.73	1.27	-65.95
13	北京	5	0.96	1.07	11.46
14	新疆	1	0.16	0.38	137.50
15	安徽	1	0.31	0.31	0.00
16	江西	1	0.47	0.15	-68.09
17	甘肃	1	0.22	0.14	-36.36
18	河北	1	0.01	0.22	2 100.00
19	湖南	1	0.47	0.06	-87.23
20	贵州	1	0.02	0.03	50.00
21	广西	1	—	0.02	—
22	宁夏	—	0.01	—	—
	合计	98	60.87	77.95	28.06

科技成果及新产品　2021 年，高压开关行业为顺应"十四五"规划、实现"双碳"目标、满足新型电力系统建设等需求，通过技术创新和升级，提升产品的环保性能，降低产品全生命周期的碳排放；响应构建以大规模可再生能源接入为特点的新型电力系统的号召，提升产品性能参数包括高直流分量和快速反应性等；持续应用数字化拓展产品功能、增强维护的便利性等。

2021 年高压开关行业科技经费使用 85.71 亿元，同比增长 8.1%；研发经费支出 80.89 亿元，同比增长 16.71%；新产品开发经费支出 70.24 亿元，同比增长 17.32%。

1. 超特高压设备

近 20 年来，依靠自主创新，我国攻克了特高压技术和装备难题，建设了世界领先的特高压电网，全面掌握了具有自主知识产权的特高压核心技术和全套装备制造能力，抢占了特高压战略、技术、装备、标准的制高点。新的历史条件下，特高压设备发展主要聚焦在本质安全可靠、核心技术装备全自主可控、智能化机械化施工与绿色建造方面。2021 年，特高压开关设备重要制造商主要围绕

可靠性提升、降本增效、质量提升和核心关键零部件国产化、小型化、智能化等关键技术，以及制造和管理水平提升、售后跟踪等生产全环节的信息化建模与监管等方面开展相关技术研究。

2021 年 2 月，国家电网主导开展特高压 GIS 产品技术符合性评估工作，对各主要供应商的 GIS 产品的标准执行情况、产品设计、关键原材料及组部件、生产制造、历史问题整改情况、出厂试验以及现场安装等方面进行全面的评估。年内完成了两个 1 100kV GIS 产品的主要环节评估和两个 1 100kV 产品的场内评估。

为满足产品环境适应性和可靠性日益提高的要求，开展了产品环境适应性研究，针对金沙江上游特高压直流工程等，开展了高海拔、严苛环境下 1 100kV 系列开关设备的各项技术性能和可靠性研究。

超特高压设备有：

（1）新一代 1 100kV 气体绝缘金属封闭开关设备。ZF55B-1100 型气体绝缘金属封闭开关设备依托新技术、新材料、新结构和现代仿真手段，实现产品的技术升级

和品质提升，具有结构更优、参数更高、经济性更好的特点。产品主要技术参数达到国际领先水平，所有元件机械寿命达 1 万次，产品集成度高、结构紧凑，占地面积缩小 16.6%，重量降低 50%，工程建设、现场运维更加方便。配备电动隔离接地开关，实现了一键顺控的智能化功能。结合数字化感知技术可智能评判产品的健康状态。2021 年 12 月该产品在山西省晋北 1 000 kV 变电站扩建工程实现示范应用。

（2）±800 kV 直流输电工程用可控避雷器项目研究了四种直流开关产品。

1）ZPLW1-450 型高压直流旁路开关。产品整体为 T 形布置，双断口结构，不带均压阻容装置，灭弧室采用压气式灭弧原理，配用液压弹簧机构，合闸时间≤25 ms，直流电流转移 2 500 A，关合故障电流能力（677 kV/88 kA），短时耐受电流 70 kA/3 s，机械寿命 10 000 次。

2）TG1-DC80/20-SF$_6$/N$_2$。触发间隙采用等离子体喷射技术，在混合绝缘气体介质中 1 ms 时间内高性能触发导通，多次连续可靠触发 1 200 次，承受极端通流 88 kA/30 ms、额定短时通流 20 kA/30 ms/50 次的能力，拥有大容量直流通流性能及通流后绝缘不下降并快速恢复能力，具有高电位、高可靠、全功能测控等性能特点。

3）PZW1-150 型高压直流真空旁路开关。灭弧室采用真空固封极柱，触头采用平板电极，机构采用电磁斥力机构，合闸时间≤5 ms，机械寿命 2 000 次，具有高电位、高可靠、全功能测控的等性能特点。

4）ZPLW1-150 型高压直流旁路开关。产品整体为 T 形布置，双断口结构，不带均压阻容装置，灭弧室采用压气式灭弧原理，配用液压弹簧机构，合闸时间≤25 ms，直流电流开断 10 A/±85 kV，短时耐受电流 88 kA/3.1 s。

（3）新一代集约型 550 kV、800 kV GIS 产品。新一代 550 kV、800 kV GIS 产品体积减小、重量降低，减少 SF$_6$ 气体使用量，助力电力设备实现低碳转型。在绝缘技术、开断技术、通流技术、大功率集成碟簧机构、环境耐受能力、内部异物治理等设计与制造关键技术上均取得了突破，各项参数得到全面提升。550 kV GIS 实现断路器 + 电流互感器 + 三工位隔离接地开关整相运输，现场标准化模块对接安装，降低了现场安装带来的质量风险，缩短产品交付时间。800 kV GIS 结构紧凑，各元件均可独立退出，无水平放置盆式绝缘子，无高位机构，无巡视梯，运维检修方便，具有占地面积小、材料用量少、环保节能的特点。

（4）500 kV 及以上电压等级经济型高压交流限流器。产品主要由一台高耦合分裂电抗器的单臂与两台配斥力操动机构的高压罐式快速真空开关串联，可实现正常工况下的自动均流，并通过短路故障快速检测装置实现故障情况下的限流。该产品额定限制短路电流 90 kA，限流响应最短时间小于 6 ms，最长时间小于 20 ms，最大短路电流下的限流深度达 40% 以上，具有限制电流大、响应时间快的特点，综合技术性能处于国际领先水平，填补了国内空白。

（5）白鹤滩至江苏、浙江 ±800 kV 特高压直流输电工程用直流穿墙套管。针对两个 ±800 kV 特高压直流工程的特殊工况，开展了柔性直流输电系统用 ±400 kV、±150 kV 直流穿墙套管结构设计、样机试制和型式试验，针对 ±400 kV 直流穿墙套管开展了为期 30 天的长期通流试验及温升试验后的绝缘试验，充分验证了穿墙套管的可靠性。与传统环氧芯体穿墙套管相比，气体绝缘直流穿墙套管结构简单，重量轻、批量制造工艺控制稳定，内部绝缘介质单一，运行环境适应能力强，特别适用于目前的柔性直流输电工程。

（6）系列化特高压气体绝缘直流穿墙套管。自主研制的 ±800 kV、±400 kV、±150 kV 系列化直流穿墙套管解决了特高压直流穿墙套管长期依赖进口的局面，提升了国产套管产业化制造水平。±800 kV 直流穿墙套管创新采用柔性连接结构，从产品设计角度避免了直流穿墙套管在以往工程应用中出现的端子连接位置过热、绝缘闪络等问题，产品可靠性大幅度提升。产品通过了中国电工技术学会的鉴定，鉴定结果为：打破了国外企业的垄断，技术指标达到国际领先水平。±800 kV、±400 kV、±150 kV 气体绝缘直流穿墙套管在陕湖工程应用，被国家能源局评定为 2021 年度能源领域首台（套）重大技术装备（项目）。

（7）ZPLW2-816/Y8000-8000 型直流旁路开关。ZPLW2-816/Y8000-8000 型直流旁路开关，采用 T 字形、双断口的结构型式，通流能力强，额定短时直流电流 8 000 A；绝缘水平高，满足 3 000 m 海拔工作要求；采用复合套管，满足 AG5 级抗震水平；机械可靠性高，机械寿命 10 000 次；产品已在陕北—武汉 ±800 kV 特高压直流输电工程榆林换流站挂网运行。

（8）1 100 kV 环保型 GIL。1 100 kV 环保型 GIL 是世界上首个采用新型环保气体的特高压环保型 GIL 产品。采用 C$_4$F$_7$N/CO$_2$ 作为绝缘介质，标准单元长度 18 m，局部放电量小于 3 pC，年相对漏气率低至 0.01%，是世界上电压等级最高、标准单元长度最长、整体局放最小、漏气率最低的环保型 GIL 产品。产品于 2020 年 8 月在国网特高压交流试验基地开始进行长期带电考核，2021 年继续进行，是世界上运行电压最高的环保型 GIL。

（9）特高压换流变阀侧套管系列及电容式直流穿墙套管系列。包含 ±800 kV 胶浸纸电容式换流变阀侧套管、±400 kV 胶浸纸电容式换流变阀侧套管、±200 kV 胶浸纸电容式换流变阀侧套管、特高压直流穿墙套管及 ±800 kV 胶浸纸电容式直流穿墙套管、±400 kV 胶浸纸电容式直流穿墙套管、±150 kV 胶浸纸电容式直流穿墙套管 6 项。西安西电高压套管有限公司利用具有自主知识产权的直流套管优化设计平台，依托多年来在高压直流套管研制生产方面取得的经验，逐项攻克技术、工艺、生产、试验难点，形成了特高压套管大尺寸环氧芯体固化和恒张力卷制等关键工艺制造技术，建立了先进的 ±800 kV 直流工程用系列换流变阀侧套管以及 ±800 kV 特高压直流工程用直流穿墙套管设计技术和制造工艺规范。

（10）ZF16-550（L）/Y8000-63 型气体绝缘金属封闭开关设备。ZF16-550（L）/Y8000-63 型气体绝缘金属封闭开关设备配用 CTY-20 液压弹簧操动机构，绝缘设计兼顾可靠性和小型化，额定电流能力 8 000A，温升试验电流 8 800A，短路开断电流 63kA，通过 20 次电寿命试验。产品属国际首创，填补了世界空白。开发的 550kV 大容量（8 000A）组合电器设备不仅具备 8 000A 通流能力和 20 次电寿命，还具有 800kV 电压等级组合电器的绝缘水平，达到国内外领先水平。

2.高压开关设备

2021 年，国家电网发布《混合气体 GIS 设备扩大应用实施方案》，明确将在前期研究和试点的基础上，进一步扩大 110kV 和 220kV 混合气体 GIS 的应用试点，每年新增 110kV、220kV GIS 约 1 万间隔，全部采用混合气体方案。现有 11.4 万间隔 GIS 全部改造完成。2023 年起，新建站 110kV、220kV GIS 母线和隔离开关全面推广混合气体设备。

国家电网进一步研究和应用超高压混合气体设备的研制和试点，调研替代 SF_6 的新环保气体在电气设备的应用情况，加强新型无氟环保气体的绝缘特性、灭弧特性等关键性能研究。南方电网也在 SF_6 替代气体研究方面开展了大量研究并进行布局，除行业比较热门的 C_4F_7N 气体研究和应用外，广东电科院进行了低碳含氟类 SF_6 替代气体的自主研制，取得了重要技术突破。

在环保开关设备方面，继续推进 SF_6/N_2 产品技术研究。真空灭弧和以常规气体（如 CO_2、干燥空气、N_2 等）为主要绝缘介质的无氟开关设备取得重要突破，2021 年 6 月 3 日，国内首台 145kV 全环保真空柱式断路器（3 150A）在国网河南电力 110kV 翔云变电站顺利投运，国内首台 126kV 全环保真空断路器（2 500A）在国网河南电力 110kV 龙泉变电站同步投运。7 月国网招标中，首次将 110kV 无氟环保 GIS 产品纳入招标中。受气体性能以及主要用户推进力度的影响，以 C_4F_7N/CO_2 混合气体为替代介质的技术研究和产品开发在 2021 年较为缓慢。

随着电网结构日趋复杂，因电源集中和用电负荷集中而造成的短路电流水平超标问题也成为困扰电网运行的重要问题，高直流分量、大容量、限流器和快速开关等解决短路电流超标问题的技术研究成为热点。

随着风机单机容量不断增大，7MW 及以上风机用塔筒开关设备可使用 72.5kV 开关设备，该类产品成为研究的重点。在海上风电送出系统领域，适用于中远海送出的直流 GIS 和低频开关设备的研制取得一定的发展。

（1）技术情况。2021 年，降本增效、质量提升、可靠性提升、使用维护便利性和环保性能等成为超高压和高压开关技术研究的重点。

传统高压开关设备领域各大生产企业在把握技术发展方向的同时，通过技术创新提升和完善现有产品体系，全面实现了高压开关产品的技术升级、迭代更新和产品系列补全。在常规产品增容、小型化、满足海外市场新产品的

研制方面不断突破。

随着碳达峰、碳中和目标的确立，新型电力系统下的高压开关技术研究方向主要围绕绿色环保技术、快速开断技术、大容量开断技术、数字化技术、新型交直流技术等几方面。

1）绿色环保技术。开断技术方面，包括真空灭弧开断技术和气体灭弧开断技术，未来主要解决 SF_6 开断技术覆盖的产品领域用真空开断及替代气体开断替代问题；绝缘技术方面，包括气体绝缘、复合绝缘、固体绝缘，未来主要解决 SF_6 绝缘覆盖产品领域的洁净空气或 SF_6 替代气体替代问题；通流技术方面，包括导体技术及电接触技术，主要解决趋肤效应导致的发热损耗增加问题。目前真空断路器及 GIS 设备在 126kV 电站中示范应用，未来将向 252kV 等更高电压等级发展。各科研单位、高校和厂家都在进行环保型开关相关技术的探索和研究，技术路线有 C_4、C_5 气体与 CO_2、O_2 混合；N_2 绝缘 + 真空灭弧室开断等。山东泰开高压有限公司采用 N_2 绝缘 + 真空灭弧室的技术路线，开展 126kV 真空断路器的研发，并同时应用该技术进行 126kV 环保型组合电器产品的研发。这一技术路线可实现真正的无碳、绿色环保，预计 2024 年可完成两种产品的开发工作。

2）快速开断技术。新型电力系统需要解决高比例新能源接入下系统强不确定性（即随机性与波动性）与脆弱性问题。高弹性电网的核心在于建立全网协同、数据驱动、主动防御、智能决策的新一代调度体系。高弹性电网是能源互联网的核心载体，是海量资源被唤醒、源网荷全交互、安全效率双提升的电网，具有高承载、高互动、高自愈、高效能四大核心能力。实现在不改变电网物理形态的前提下，改善电网辅助服务能力，为电网赋能，改变电网运行机制，提高电网安全抗扰能力，从而大幅提升社会综合能效水平。这个目标实现的关键之一是电网自身弹性的建设，以具有高灵活性、高适应性、快速反应特性，能够在极短的时间内调整电网状态，适应多种能源的接入、负荷的改变。快速开断技术不仅可用于短路电流柔性抑制，还可以减少发电机失稳及平衡恢复时间、实现线路输电容量的提升，缩短电网有功功率和无功功率平衡时间、实现源荷快速互动，提高清洁能源接入电网后的电能质量。开关设备的主要研究方向是高速开断技术、快速机械开关等。

3）开关设备大容量技术。近几年受社会用电量增加和城市化影响，开关行业大容量技术得到持续发展，新型电力系统和新能源建设加速了大容量技术发展速度。由于电网负荷集中程度的增加，短路容量也随之逐步增大，目前断路器产品的开断容量已经不能满足保护容量的需求，如国内厂家 252kV 电压等级产品的额定短路开断电流普遍为 50kA，需增容至 63kA，同样 550kV 断路器需要增容至 80kA，高压开关制造企业已经针对这一需求进行相应的产品研发工作。目前 252kV/63kA 断路器产品已经取得了较大的突破，该技术可应用在 550kV 断路器产品中，预计

2023 年可完成 550kV 断路器 80kA 产品的研发。

4）数字化技术。基于数字物理深度融合，新型电力系统控制运行将从量测—控制模式向多物理系统精准映射、智能学习、预测控制等方式转变，实现电力系统要素的全面感知、要素互联、过程在线、协同互动、促进多种能源的互相转化和用能的优化配置。高压开关作为电力系统控制保护的关键设备，其数字化成为必然趋势。

将数字化技术与开关设备深度融合，解决现有智能开关设备系统架构复杂、一二次设备集成度与可靠性有待提高等问题，研制集群智能主动交互和控制的新一代智慧型高压开关设备，使之具备态势感知、趋势预警、辅助决策等功能，大幅提高电网系统的稳定性，为电网的运行安全可靠、经济高效和支持新能源的接入奠定基础。国网践行新型数字基础设施建设的决策部署，推进业务发展模式和管理理念创新，构建新一代设备智能管控系统的站内底座，支撑新一代设备智能管控系统"四个数字化"（基础设施数字化、业务活动数字化、管理决策数字化、服务生态数字化）目标实现；南网加快推进智能电网、数字南网建设，推动实现企业"全要素、全业务、全流程"数字化转型。电网行业正加紧构建虚实"两张网"守护供能命脉，并已出现数字孪生变电站、电网设备、电力线路等多级别数字化系统的工程实践。电网企业、发电集团、科研院所、设备制造商、互联网企业正逐步形成能源数字化生态圈体系。

252kV 组合电器用双断口隔离开关《气体绝缘金属封闭开关设备用双断口隔离开关》行业标准已经进入审批阶段，252kV 组合电器用双断口隔离开关已经应用于湖北炉子沟输变电工程、杭州沙南输变电工程、新疆红山输变电工程。该产品具有操作逻辑简单、可靠性高、满足变电站备用间隔不停电扩建及不停电耐压的优点，技术性能达到国际领先水平，是目前市场中不停电检修技术升级的重要组成部分。

（2）产品情况。

1）126kV 无氟环保型 GIS。126kV 无氟环保型 GIS 于 2021 年 1 月通过中国电工技术学会产品鉴定，技术水平国际领先。国内首台（套）126kV 无氟环保型 GIS 由平高集团与西安交通大学联合研发，即将在鹤壁思德变挂网运行。产品采用 126kV 单断口真空灭弧室作为开断单元，CO_2 为 GIS 绝缘和隔离接地灭弧介质，温室效应指标缩减 99.9% 以上。产品适用于 -40℃ 环境的高寒高海拔区域，入选《绿色技术推广目录（2020 年）》《2021 年度能源领域首台（套）重大技术装备（项目）名单》。相关 126kV 真空断路器于 2021 年 6 月在国网平顶山龙泉变挂网运行，12 月在南方电网公司新设备挂网运行基地挂网试运行。目前正在开发 145kV、252kV 真空断路器，其中 145kV 真空断路器已中标意大利 ENEL 电网公司框架合同。

2）ZW59A-126/T3150-40 型高压交流真空断路器。该产品为三极并列柱式结构，三极共用一台底架，配用一台 CT20 型弹簧操动机构，实现三极机械联动。产品灭弧单元采用单断口真空灭弧室，真空灭弧室外部绝缘介质采用 CO_2 环保气体。断口 1min 工频耐受电压为（230+73）kV，断口雷电冲击耐受电压为（550+103）kV；额定电流 3 150A，温升试验电流达到 3 150A×1.1；具备 40kA 额定短路电流开断能力；具备容性系数达到 1.4 的容性开合能力。该产品拥有自主知识产权，技术指标达到国际领先水平。

3）170kV HGIS。按照一次设备功能复合化、集成化、智能化的思路创新设计，集成断路器、隔离 / 接地三工位或两工位组合开关、电流互感器等功能模块，独立的标准化功能模块设计，满足工程一次主接线多种需求。产品工厂化预装测试可实现整机陆运与海运，现场即插即用。与常规设备相比，在具有相同功能的前提下，该类型产品占地面积小，占地面积为 AIS 开关站的 45% 左右；低碳环保，SF_6 使用量不足 GIS 产品的 50%；检修维护成本低，维护开支不足 GIS 开关站的 62%；全寿命周期成本低，不足 GIS 开关站的 60%。国内厂家相关产品已中标意大利 ENEL 电网公司框架合同。

4）252kV 高速开断组合电器。该产品能够满足电网高效、多元融合弹性电网建设需求，攻克了断路器极短燃弧开断、操动机构瞬时启动及高速驱动等技术难题，大幅度缩短断路器全开断时间，实现了 25ms 内完成故障开断。世界首台应用短路电流柔性抑制技术的 252kV 高速开断组合电器已在浙江宁波 550kV 天一变电站投运，通过调整电网拓扑结构，隔离故障点馈电分支回路，可柔性抑制短路电流 20% 以上，防止系统短路电流超标。在两次短路试验中，快速开关在 20.1ms 内完成了故障开断，比设计指标快了将近 5ms。研制企业开展灭弧室极短燃弧开断、快速智能控制等核心技术，为系列化高速开断设备的研制奠定了基础，正在开发 550kV 等高速开断产品。

5）363kV 高直流分量单断口高压交流罐式 SF_6 断路器（时间常数 120）。LW23-363/Y5000-63 型单断口高压交流罐式 SF_6 断路器（时间常数 120）基于 LW23-363 断路器，满足时间常数 120ms、短路电流 63kA 的开断要求，可解决西北地区短路电流超标问题。该产品综合技术性能达到国内领先、国际先进水平。

6）7MW 以上海上风机塔筒用开关设备。ZF7-170/T4000-50 型气体绝缘金属封闭开关设备采用一进多出模块化结构，电缆和避雷器插拔式设计，可实现一字型和 U 字形结构布置，整体结构紧凑，可根据风机塔筒尺寸灵活布置，能够满足不同海上风机差异化需求。绝缘水平满足工频耐受电压 160kV，雷电冲击耐受电压 380kV，综合技术性能达到国际先进。

7）ZZLW3-150/6600-6400 型直流转换开关。ZZLW3-150/6600-6400 型直流转换开关采用自激振荡的技术路线，具备结构简洁、机械寿命高、开断稳定可靠等特点，直流电流转换能力达到 6 400A，通流能力强，过负荷电流 8 000A；绝缘水平高，满足海拔 3 000m 工作要求；机械可靠性高，机械寿命 10 000 次。产品于 2021 年在陕北一

武汉 ±800kV 特高压直流输电工程榆林换流站挂网运行。

8）地下变电站用 126kV、252kV GIS。地下变电站用 126kV、252kV GIS 在研制中应用了系列化双动灭弧室、新型传动结构等科技创新成果，在降低产品重量的同时，实现了产品技术参数和可靠性的提升，可满足国内外地下变电站需要。其中 126kV 产品间隔宽度不大于 800mm，252kV 产品间隔宽度不大于 2 000mm，各元件机械寿命 10 000 次，年漏气率小于 0.1%。适合地下变电站使用工况。

9）±200kV 直流 GIS 开关设备。2021 年 7 月，国内首台（套）用于海上风电 ±200kV 直流 GIS 开关设备通过了为期三个月的带电考核，长期运行工况下设备的可靠性得到验证，同时也标志着该型号产品已完全具备工程应用条件。该产品具有结构紧凑、免维护、抗震性好等优点，符合海上和陆上用直流开关设备的发展方向，可用于极线、中性线及换流变阀侧等多个位置，主要包含隔离开关、接地开关、电压互感器、电流互感器、避雷器、套管、电缆终端等元件，可根据工程拓扑灵活布置。相比现有的敞开式直流开关、直流 GIS 设备，可减少开关设备占用空间 70% 以上，使海上换流平台体积减小约 10%，大大节约了平台的建设成本。在研发该产品过程中，开展了直流绝缘材料配方、直流盆式绝缘子浇注工艺、表面电荷积聚抑制关键核心技术研究。相关厂家正在开展系列化 ±320kV、±550kV 直流 GIS 开发工作。

10）500kV 及以上电压等级经济型高压交流限流器。500kV 及以上电压等级经济型高压交流限流器额定限制短路电流 90kA，限流响应最短时间小于 6ms，最长时间小于 20ms，最大短路电流下的限流深度达 40% 以上。该产品主要由一台高耦合分裂电抗器的单臂与两台配斥力操动机构的高压罐式快速真空开关串联，可实现正常工况下的自动均流，并通过短路故障快速检测装置实现故障情况下的限流。该产品填补了国内空白，综合技术性能处于国际领先水平。

11）ZF7-170/T4000-40 型气体绝缘金属封闭开关设备。ZF7-170/T4000-40 型气体绝缘金属封闭开关设备采用三相共箱结构，断路器为立式布置，配弹簧操动机构，三相机械联动，机构置于断路器顶部，间隔宽度 1.2m；隔离 - 接地开关采用三工位布置结构，配电动操动机构；快速接地开关配电动弹簧操动机构。该产品综合技术性能达到国际先进水平。

3. 中压开关设备

（1）技术情况。2021 年中压开关设备的技术发展围绕双碳战略、新型电力系统、智能化及运维服务几条主线开展，同时及时对传统设备进行升级迭代。

围绕"双碳"目标，中压开关设备着重自身的环保降碳，各类气体绝缘开关柜以去氟化的气体绝缘介质替代为主，同时对运行过程中产生的损耗进行管控，以柜内导体搭接处回路电阻控制为主。围绕新型电力系统建设，中压开关设备一方面开发大参数产品以满足新能源发电环节需求，包括额定电流 3 150A 的 40.5kV 空气绝缘开关柜，一方面提升产品开断能力和力学性能以满足新能源发电的传输过程管控，包括产品机械寿命的提升和快速开断能力。围绕智能化及运维服务，一方面以数字化方式响应新型电力系统建设和产品升级，一方面响应多样化的用户市场需求，包括智能运维和无人值守，以提升供电连续性和降低运维成本。

2021 年中压开关设备在技术升级方面表现出多样性。在绝缘技术方面，自然气体和混合气体为绝缘介质的产品投入试运行。开断技术方面，双断口串联投切容性负荷投入试用，低频开断开关柜投入试用，辅助回路带有真空灭弧室实现通流回路和开断回路分离并通过试验。在驱动方面，磁控机构的柱上开关通过试验。在数字化方面，一二次融合的二次配电设备大量运行，智能化的一次配电设备在用户工程大量使用以支持智能运维业务的开展。

1）绝缘技术。"双碳"目标下，高压开关设备向"减碳"方向发展，中压领域的 SF_6 开关设备以洁净空气或 SF_6 替代气体替代的需求日益迫切。替代产品的技术路线主要集中在采用真空灭弧室开断，以干燥压缩空气、N_2、C_5 与干燥空气（或者清洁空气）的混合气体等作绝缘介质。

使用干燥空气或 N_2 作绝缘介质，通过提高压力满足现有尺寸的开关柜绝缘，对于 40.5kV 开关柜来说一般压力要达到 0.25 ～ 0.35MPa 的气压。压力的增大面临制造成本和泄漏风险的上升，箱式充气柜尝试采用固体绝缘技术与气体绝缘技术相互补充并加强密封箱体结构的方式进行应对；同时出现了罐式充气柜，采用高压 GIS 的圆筒形结构应对压力上升和产品小型化。

使用 C_5 混合气体或其他混合气体作绝缘介质，通过将高绝缘强度的介质与缓冲气体混合，使混合气体达到接近 SF_6 气体的绝缘性能，在与原有充气柜和环网柜充气压力相同的条件下满足绝缘要求，且不需要大范围改变原有零部件的形状、结构或增大柜体尺寸，但要实现应用和产业化还需要进一步研究、验证。

针对绝缘结构和固体绝缘材料方面的研究，仍在持续研究。

2）开断技术。真空开断技术：单断口真空灭弧室的开断能力随着触头结构、触头材料、配合特性等方面的配合进一步提升，40.5kV 真空灭弧室已完成 50kA 全部开断性能验证，并在限流器中得到应用。单断口真空灭弧室安装于负荷开关的辅助回路上；该负荷开关合闸状态时，主回路通过电流，真空灭弧室因不处于主回路上，则不通过电流；在分闸过程中，负荷电流由主回路转移至辅助回路，并由真空灭弧室开断该电流，这种结构布置在一定程度上实现了主回路和辅助回路的分离，并已通过型式试验验证。两个单断口真空灭弧室串联形成双断口，在测量、控制和驱动技术的配合下实现容性负荷投切，并已在高海拔工况下进行试点运行。多只单断口真空灭弧室并联，配合快速测量、同步控制和配用斥力机构，实现对大额定电流的承载和大故障电流的开断，该技术已在实验室开展并得到初步验证。

气体开断技术：对中压负荷开关进行了混合气体开断负荷电流的试验室测试，混合气体的浓度、压力、负荷开关机械特性对于开断性能的影响，以及混合气体的环境温度适应性尚需进一步研究和测试。在试验室中进行了中压户外瓷柱式断路器使用混合气体的开断性能测试，投入工程应用还有待进一步的研究和测试验证。

电力电子开断技术：在中压领域的直流开断技术中，电力电子元件的开断性能已经得到验证，费效比的问题是制约中压直流断路器应用的因素之一。在中压领域的交流开断技术中，采用电力电子元件与机械元件组合实现额定电流和短路故障电流开断的技术方案已在实验室中开展，预期将获得较大的交流故障电流开断能力，可满足特定应用场景的开断需求，该技术尚需进一步研究和验证。

此外，超快速开关、大容量开断以及特殊用途如切电容、高压电炉等应用的开断技术尚需研究和向工程应用转化。

3）导电回路优化设计及发热控制。温升是开关设备性能和型式试验的关键考核点。中压开关设备导电回路的通流要求越来越高，受真空灭弧室温升及开关柜散热结构影响，进一步提升中压开关设备载流能力的难度越来越大，而导电回路的发热是开关设备温升的主要影响因素，需合理设计导电回路并优化，进行降低发热、提高散热的研究。

开关设备正常工作时的发热热源包括载流导体的发热、电接触发热、磁性材料的涡流和磁滞发热、绝缘材料中的介质发热等，结构设计时缩短主导电回路是有效减小开关柜运行过程中发热量的方式。主导电回路中实际通过的是交流电流，频率为50Hz，存在趋肤效应和临近效应。相同截面积下，薄壁铜管的趋肤效应明显低于任何其他截面的导体，因此，用铜管作为交流电的导体效率最高，大电流的场合下差异性更加明显。相同的额定电流，铜排的截面积小意味着成本低。

影响接触电阻的主要因素有接触材料、接触压力、接触形式、接触面的状况等。基于此，电接触处更多关注于接触材料、接触点类型、接触点数量、接触压力，以有效地控制接触电阻。

开关设备散热的三种基本方式是热传导、热辐射和对流散热，就开关设备整体而言，主要是加大散热面积、提高热辐射、加强对流散热等。应用微流体冷却技术可以有效增加散热。

4）数字化技术。中压开关设备的数字化技术应用体现在三个方面，即数字化测量与控制、数字化监测与评估、数字化运维。

在数字化测量和控制方面，一二次融合的二次配电开关设备是该类应用的代表。2021年，一二次融合的二次配电开关设备在大量应用的同时，持续开展传感器及其植入和应用、线损计算和单相接地故障判定等算法的技术工作。快速开关也依赖数字化测量和控制的支撑，在3～5ms内判定是否动作并在5ms内完成短燃弧的开断，是快速开关的典型特征。

智能化开关设备的信息感知和状态评价中普遍应用数字化技术。主回路温升监测应用最广，包括无线无源的声表面波、荧光和分布式光纤等技术路线。绝缘监测和机械运动监测逐步增加，并进一步控制成本，包括超声波局放监测、磁感应运动监测等。数字化监测支撑设备状态评估和可靠性评价的进一步推广，基于老化分析的性能评估逐渐获得应用。2021年对存量开关设备的智能化改造和监测系统的应用，使中压开关设备的运维服务业务得到快速推广，中压变电站的整站运维服务有较大增长。但开关设备监测的准确性、寿命匹配等问题，以及监测数据质量、数据应用方式、数据价值转化等仍需持续提升。

（2）产品情况。

1）40.5kV 环保型双断口气体绝缘金属封闭开关设备。40.5kV 环保型双断口气体绝缘金属封闭开关设备，是将原有 40.5kV SF_6 C-GIS 产品以低压力 N_2 为环保型绝缘介质替代 SF_6 气体，配用双断口真空断路器以提高断口间的绝缘水平，配用永磁操动机构实现选相分合闸，满足投切电容器组 C2 级的要求。为满足高原电网的需求，通过加强密封箱体的强度、刚度，提高耐受的相对充气压力（表压），应能够适合 3 000m 或以上高海拔地区使用。通过电场优化，提高绝缘水平。通过加强绝缘和选相分合闸降低过电压，N_2 绝缘开关柜的高原适应性及运行可靠性得到提升。40.5kV 环保型双断口气体绝缘金属封闭开关设备在云南电网投入试运行。

该产品主要具有下列优点：通过选相分合闸及双断口技术解决了重击穿过电压、截流过电压等无功投切过电压问题；通过将主回路及高压带电部位密封或封闭，克服了常规空气绝缘开关柜受外界环境影响导致的绝缘恶化、故障频发等难题；选取 N_2 作为绝缘介质，利用真空灭弧室开断，在保证绝缘性能的前提下充分体现了碳达峰、碳中和的清洁能源绿色发展意图；采用密封的 N_2 绝缘、电场结构优化、密封箱体受力优化等措施解决了高海拔及其伴随而来的绝缘尺寸大、低气压大温差、潮湿凝露等难题。

2）12kV 智能化、集成化户内高压真空断路器研制。研制的 ZNZ8-12/T1250-31.5 型 12kV 户内智能高压真空断路器固封极柱由真空灭弧室、低功耗电流传感器、电容式电压传感器等浇注构成，综合保护装置内置于操动机构箱，具备测量、保护、控制、通信等一体化功能；采用先进的控制及储能回路电流监测等传感技术，可预判操动机构机械类故障；完全兼容 12kV 手车式开关柜，具备工程应用的条件。2021年 12kV 智能化、集成化户内高压真空断路器在陕西等多地投入试运行。

3）12kV 铠装型移开式开关柜的节能降碳研制。该类产品为环保低碳的持续性改进产品。"双碳"目标下，多家企业应用热塑性工程塑料制造 12kV 铠装型移开式开关柜中的触头盒、母线套管，采用工程塑料浇注真空断路器的固封极柱，作为生产过程、寿命终结时的节能降碳方案。预估生产过程中可减少 50% 以上的 CO_2 排放量，能有效支持产品寿命终结时的材料回收。

4）基于全息感知的 12 ～ 40.5kV 智慧化铠装型移开式开关柜研制。该类产品为数字化持续性改进型产品。12 ～ 40.5kV 智慧化铠装型移开式开关柜通过各类传感器感知设备的电气量、状态量、物理量、环境量四种参量，用于运行过程中设备绝缘、载流、机械等功能的判定。现阶段支持设备的状态评估、运维管理，以及隔离双确认、一键顺控等控制功能。发展趋势为支持开关设备的电量保护及非电量保护并行，单设备控保及区域性设备集中控保并行。2021 年 12 ～ 40.5kV 智慧化铠装型移开式开关柜在陕西等多地进行试运行，同期也在对运行中的传统 12 ～ 40.5kV 铠装型移开式开关柜进行改造。

5）"双碳"背景下海上风电 40.5kV 中压开关设备研制。针对海上风电建设用风电杆塔内和海上平台用 40.5kV 中压开关设备需求快速上升，多企业开展海上风电用 40.5kV 负荷开关和充气柜开发，着重进行防腐、抗震、密封、可靠性提升等技术工作。满足 C4、C5-M 防腐要求，满足 20 年持续 0 ～ 10Hz 水平连续加速度（沿 x 和 y 方向）0.4 m/s² 的震动要求及运输过程冲击要求，外形尺寸满足杆塔出入和平台上单面维护要求。2021 年多家单位的 40.5kV 风电杆塔内用环网柜、负荷开关柜通过型式试验。

6）中压开关设备用 SF_6 替代气体研究。2021 年国内开关设备用 SF_6 替代气体研究着重点在绝缘介质替代，同时进行了开断性能研究、毒性研究、混气方案和监测方式研究等多方面性能研究。研究对象包括已有的 C_4、C_5 气体，以及国内电网组织开展的新型气体绝缘介质，缓冲气体包括 CO_2、N_2、空气等。受柜体压力限制，中压开关设备用替代气体着重于绝缘性能研究。2021 年采用替代气体的 12kV 开关柜、环网柜、互感器等在广州、安徽、四川等地投入试运行。

7）辅助回路带有真空灭弧室的负荷开关。该型负荷开关采用压缩空气作为绝缘介质，主回路为刀开关式隔离开关，辅助回路带有紧凑型真空灭弧室，具有合闸、分闸、接地三个工作位置。这种结构布置在一定程度上实现了主回路和辅助回路的分离。主回路具有承载额定电流、短路电流的能力；辅助回路和真空灭弧室只是在分闸过程中的一瞬间参与工作，需要耐受开断时的 TRV（瞬态恢复电压），但不需要具有短路电流耐受能力、额定电流的载流能力和短路关合能力。

该型三工位负荷开关的操作步骤与现有 SF_6 气体绝缘负荷开关操作步骤一致，无须对用户再进行培训。在寿命结束时无须气体回收。2021 年，该型产品完成型式试验。

8）一二次深度融合柱上开关。ZW □ -12/630-25 型户外高压交流真空断路器成套设备配用新型磁控操动机构、深度融合固封极柱、大功率电容取电装置。新型磁控操作机构采用铝电解电容作为驱动机构储能元件，IGBT 全控制 +CPLD/DSP 双层组合控制的双欠电压全桥控制模块，

分闸时间小于 10ms，离散性小于 1ms；分闸电流小于 1A；机构零部件仅 8 个，机械寿命大于 30 000 次。采用基于电压时间型 FA 配合重合后加速保护的多级级差 FA 新模式，可支持 50ms 级差，采用基于暂态量法的电压时间型反向合闸闭锁方法，与现有模块相比提高了检测灵敏度。在小型化、轻量化、智能化、模块化等方面具有创新。2021 年该型产品通过型式试验和鉴定。

9）首台（套）20Hz 柔性低频开关设备项目工程成功落地。柔性低频输电技术在海上风电送出、海岛电网互联、城市电网等领域有着潜在应用前景，低频输电可以减少无功充电功率，提高线路传输效率，降低场站和设备投资及运行成本。国内首家低频柔性输电工程项目浙江台州 35kV 海上风电柔性低频输电示范工程用 20Hz、40.5kV、31.5kA 低频断路器及开关柜完成技术开发和工厂测试。

10）40.5kV 户内气体绝缘环网柜。行业企业对原有的 FLUSARC 40.5kV 户内气体绝缘环网柜进行了功能和性能升级，以应对更加严苛的运行条件和智能化升级的挑战，满足海上风电、光伏发电、油气行业箱变以及陆上风电等应用行业的需求。新 FLUSARC 40.5kV 户内气体绝缘环网柜的短时耐受电流 25kA/4s（断路器单元）以及 25kA/3s（负荷开关单元），满足大型风场对短时耐受电流的要求，可提供成熟齐全的智能化方案，可配备海上用元器件，满足客户在智能化管理和升级上的扩展需求。

11）XGN46-12（Z）系列环保气体绝缘开关柜。该型产品额定电压 12kV，额定电流 1 250 ～ 3 150A，额定短路开断电流 25 ～ 40kA，采用真空开断，N_2 作为外部绝缘介质；双气室结构，采用固体绝缘母线进行柜间连接，现场安装简单，后期扩展方便；配用固封极柱式真空断路器，绝缘性能好，机械寿命 2 万次；电流互感器、电压互感器外置，现场校验和更换方便。该产品综合技术性能达到国际先进水平。2021 年系列产品陆续完成型式试验。

12）KYN28-12（Z）/T5000-50 型高压开关柜。该产品额定电压 12kV，额定电流 5 000A，额定短路开断电流 50kA；配用 VXB-12P 真空断路器，单柜局放值满足国网优质产品小于 50pC 的要求，柜体散热通道采用创新设计，整柜通过 1.1 倍温升试验；内部隔室采用金属隔板设计，达到 LSC2B 要求。该产品综合技术性能达到国际先进水平。2021 年该产品完成型式试验。

13）KYN61-40.5（Z）/T3150-31.5 型高压开关柜。该产品额定电压 40.5kV，额定电流 3 150A，额定短路开断电流 31.5kA；配用 VXB-40.5P 落地手车式真空断路器，采用固封极柱技术，机械寿命 1 万次，整柜通过 1.1 倍温升试验，内部隔室采用金属隔板设计，达到 LSC2B 要求。该产品综合技术性能达到国内领先水平。2021 年该产品完成型式试验。

4. 发电机断路器成套装置及相关产品

发电机断路器成套装置及相关产品主要应用于各类电站，包括水电、核电、抽水蓄能、燃气轮机及部分容量 1 000MW 的大型火电机组的保护。我国在抽水蓄能机组用

成套开关装置和1000MW及以上机组用发电机断路器成套装置领域一直受制于国外公司。

2021年，我国发电机断路器成套装置及相关设备的研发成果喜人，完成了1000MW水电和火电机组用大容量发电机断路器成套装置、燃气轮机用发电机断路器成套装置以及抽水蓄能机组用系列开关设备的技术攻关和产品研制，解决了长期困扰我国的此类重大装备"卡脖子"问题。在百万千瓦核电机组用发电机断路器技术攻关方面取得重要进展。

（1）ZHN10-30型170kA发电机断路器成套装置。该产品额定短路开断电流170kA，额定电流28 000A，电寿命5次，系统源开断直流分量91%。该产品配置SF_6断路器，空气绝缘隔离开关、接地开关；采用卧式布置，三极机械联动操作方式。断路器采用自能灭弧技术，配用液压弹簧操动机构；隔离开关采用直动式结构；接地开关采用直插式结构。该产品填补了国内800～1000MW发电机组用发电机断路器的空白，综合技术性能达到国际领先水平。

（2）ZHN10-24型燃气轮机用发电机断路器成套装置。该产品主回路额定电流达18 000A，峰值耐受电流300kA，短时耐受电流100kA/3s，满足燃气发电机组启动要求。该产品配置断路器、隔离开关、接地开关、启动开关、电流互感器、电压互感器、避雷器等元件，采用卧式布置，三极机械联动，整体结构紧凑，集成测量、保护、启动回路接入等功能于一体，满足燃机发电机运行工况要求。该产品综合性能指标达到同类产品的国际先进水平，主要指标处于国际领先地位。

（3）抽水蓄能电站用系列成套装置。ZHN10-24 100kA高集成发电机断路器成套装置、ZHN10-24 100kA抽水蓄能电站用发电机断路器成套装置、ZHN-24抽水蓄能电站相序转换开关装置、ZHN10A-24 80kA电气制动开关、ZHN-24（A）发电/电动机启动回路开关装置5个产品为抽水蓄能电站用成套装置，产品具有布置灵活多样、技术参数优、可靠性高、结构紧凑、集成度高等特点，拥有自主知识产权，填补了国内空白，打破了国外垄断，可根据不同工况选择性配用，满足抽水蓄能电站差异化成套需求。四项产品综合性能指标均达到国际领先水平，一项产品综合性能指标达到国际先进水平。其中核心设备100kA

抽水蓄能机组用发电机断路器在国内首次在20Hz低频工况下进行了55kA短路电流开断，机械寿命20 000次，额定电流15 000A，可对导体温度、力学特性和SF_6气体状态进行在线监测。产品满足抽水蓄能电站工况的需求。该产品拥有自主知识产权，填补了国内空白，综合技术性能达到国际先进水平。该系列产品已在广东梅州抽水蓄能电站实现工程应用。

ZHN10-24 100kA高集成发电机断路器成套装置。该产品在配置断路器、接地开关等元件基础上，集成了启动开关、拖动开关，满足了抽水蓄能特殊工况下的特殊要求。整体结构紧凑、集成度高，可简化电站布置，便于设备的整体安装和调试。产品所配置的启动/拖动开关短时耐受电流160kA/3s，峰值耐受电流480kA，并具有开断容性电流的能力。该产品拥有自主知识产权，填补了国内空白，在该类型产品中技术指标达到国际领先水平。

（4）大型先进压水堆核电厂发电机断路器技术研究。大型压水堆核电厂发电机断路器额定电流40 000A，短时耐受电流210kA/3s，峰值耐受电流600kA，发电机源开断电流135kA，具有载流能力高、过载能力强等特点。项目通过计算、分析、仿真研究，形成了210kA级大容量发电机断路器试验技术研究报告。该项目取得的技术成果可有条件适用于CAP1000和"华龙一号"发电机组，满足短路源保护使用要求。

全国输变电设施运行可靠性 2021年，全国输变电设施运行可靠性指标总体维持在较高水平，13类输变电设施的可用系数均保持在99.4%以上，强迫停运率维持在0.5次/[百千米（台、套、段）·年]以下。

2021年，除变压器、耦合电容器、阻波器、电缆线路外，其他设施计划停运时间均高于2020年，其中电抗器的计划停运时间增幅较大，同比增加2.108h/（台·年）。受计划停运时间增加影响，除架空线路、变压器、耦合电容器、阻波器、电缆线路外，其他设施可用系数均低于2020年，其中电抗器、组合电器降幅较大，同比分别减少0.026个和0.017个百分点。断路器、耦合电容器和阻波器的强迫停运率高于2020年，同比分别增加0.029次/（百台·年）、0.001次/（百台·年）和0.008次/（百台·年）。2020—2021年全国13类输变电设施主要可靠性指标见表51。

表51　2020—2021年全国13类输变电设施主要可靠性指标

类别	可用系数（%）		强迫停运率		非计划停运时间		计划停运时间	
	2020年	2021年	2020年	2021年	2020年	2021年	2020年	2021年
架空线路	99.462	99.466	0.055	0.046	0.698	0.170	43.016	44.029
变压器	99.572	99.630	0.364	0.197	0.464	0.342	36.757	31.715
电抗器	99.787	99.761	0.503	0.406	0.639	0.690	17.899	20.007
断路器	99.845	99.839	0.145	0.174	0.043	0.042	13.344	13.957
电流互感器	99.960	99.948	0.017	0.008	0.022	0.011	3.482	4.511
电压互感器	99.948	99.945	0.036	0.016	0.015	0.002	4.505	4.803

（续）

类别	可用系数（%）		强迫停运率		非计划停运时间		计划停运时间	
	2020 年	2021 年	2020 年	2021 年	2020 年	2021 年	2020 年	2021 年
隔离开关	99.973	99.965	0.016	0.007	0.005	0.002	2.332	3.078
避雷器	99.962	99.953	0.019	0.012	0.015	0.003	3.338	4.145
耦合电容器	99.982	99.989	0.012	0.013	0	0	1.569	0.937
阻波器	99.968	99.982	0.007	0.015	0	0.002	2.726	1.382
电缆线路	99.782	99.970	0.047	0.029	2.555	0.025	8.160	2.590
组合电器	99.972	99.955	0.044	0.024	0.028	0.014	2.384	3.552
母线	99.951	99.947	0.378	0.148	0.548	0.384	3.755	4.211

注：强迫停运率单位：电缆线路单位为次／（千米·年），其他设备单位为次／[百千米（台、套、段）·年]。非停、计停时间单位：架空线路单位为 h/（百千米·年），其他设备单位为 h/[千米（台、套、段）·年]。

1. 断路器

2021 年，全国纳入电力可靠性统计的断路器共计 52460 台，等效统计数量 522.772 百台·年，同比增加 20.335 百台·年。断路器可用系数 99.839%，同比减少 0.006 个百分点，强迫停运率 0.174 次／（百台·年），同比上升 0.029 次／（百台·年）。2017—2021 年断路器运行可靠性指标见表 52。

表 52　2017—2021 年断路器运行可靠性指标

年份	等效统计数量／（百台·年）	可用系数（%）	强迫停运率／[次／（百台·年）]
2017	444.340	99.931	0.133
2018	462.077	99.908	0.121
2019	466.386	99.873	0.172
2020	502.437	99.845	0.145
2021	522.772	99.839	0.174

（1）按投运时间分析的断路器可靠性指标。2021 年，全国断路器投运时间 20 年以上的有 5 103 台，占全部投运断路器数量的 9.72%。不同投运时间的断路器可用系数整体维持在 99.7% 以上，投运时间在 1 年和 7 年的断路器强迫停运率较高，分别达到 0.865 次／（百台·年）和 0.444 次／（百台·年）。2021 年断路器按投运时间分类统计的数量见图 16。2021 年断路器按投运时间分类的可用系数和强迫停运率见图 17。

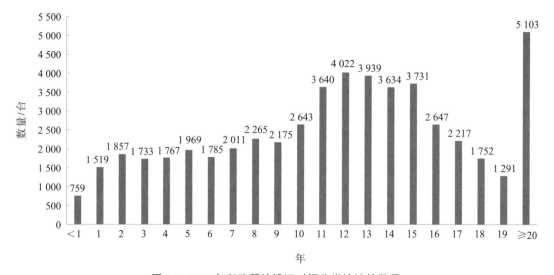

图 16　2021 年断路器按投运时间分类统计的数量

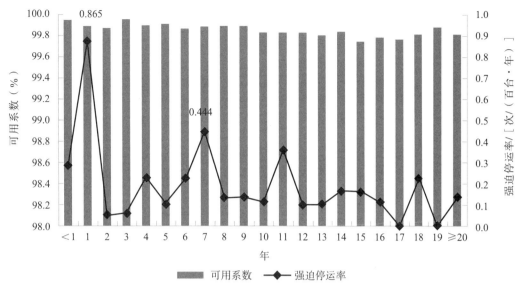

图 17　2021 年断路器按投运时间分类的可用系数和强迫停运率

（2）可用系数影响因素比较。2021 年，断路器可用系数 99.839%，同比减少 0.006 个百分点。计划停运影响可用系数占比为 99.7%，同比上升 0.021 个百分点。非计划停运影响可用系数占比 0.3%，同比减少 0.021 个百分点。

（3）非计划停运事件分析。2021 年，断路器共发生非计划停运 122 次，同比增加 12 次。其中 220kV 有 77 次，同比增加 4 次；330kV 有 5 次，同比增加 3 次；500kV 有 31 次，同比增加 4 次；750kV 有 9 次，同比增加 1 次。其他电压等级断路器 2021 年未发生非计划停运事件。2021 年累计非计划停运 0.042h/（台·年），同比减少 0.001h/（台·年）。

1）按停运时间分析。非计划停运时间在 5h 以内的停运次数 63 次，5～100h（含 5h）的 52 次，100h 及以上的停运次数总计 7 次。

2）按部件因素分析。2021 年，操动机构、本体其他部件、灭弧部分是引起 220kV 及以上断路器非计划停运次数较多的前三位部件因素，分别引起非计划停运 63 次、19 次和 15 次。操动机构、灭弧部分、辅助部分是引起 220kV 及以上断路器非计划停运时间较长的前三位部件因素，分别引起非计划停运 804.27h、354.48h 和 205.13h。2021 年 220kV 及以上断路器按部件原因分类的非计划停运情况见表 53。

表 53　2021 年 220kV 及以上断路器按部件原因分类的非计划停运情况

非计划停运部件	非计划停运次数 / 次	非计划停运时间 /h	占非计划停运总时间的百分比（%）
操动机构	63	804.27	38.37
灭弧部分	15	354.48	16.91
辅助部分	2	205.13	9.79
本体其他部件	19	179.05	8.54
保护	3	166.93	7.96
引流线	3	164.70	7.86
一次系统	5	128.35	6.12
导电管	1	6.62	0.32
端子箱	1	0.65	0.03
二次回路公用设备	2	0.35	0.02
其他	8	85.75	4.09

3）按责任原因分析。2021 年，产品质量不良、气候因素、自然灾害是造成 220kV 及以上断路器非计划停运次数较多的前三位责任原因，分别造成非计划停运 48 次、34 次和 10 次。产品质量不良、自然灾害、气候因素是造成 220kV 及以上断路器非计划停运时间较长的前三位责任原因，分别造成非计划停运 1435.33h、183.52h 和 122.05h。2021 年 220kV 及以上断路器按责任原因分类的非计划停运情况见表 54。

表 54　2021 年 220kV 及以上断路器按责任原因分类的非计划停运情况

责任原因	非计划停运次数 / 次	非计划停运时间 /h	占非计划停运总时间的百分比（%）
产品质量不良	48	1 435.33	68.47
自然灾害	10	183.52	8.75
气候因素	34	122.05	5.82
施工安装不良	5	116.73	5.57
设备老化	3	82.17	3.92
规划、设计不周	3	72.40	3.45
外力损坏	9	14.87	0.71
检修质量不良	1	14.12	0.67
电力系统影响	1	7.25	0.35
调整试验不当	1	3.77	0.18
运行不当	1	0.55	0.03
待查	6	43.53	2.08

2.隔离开关

2021 年，全国纳入电力可靠性统计的隔离开关共计 185111 台，等效统计数量 1844.928 百台·年，同比增加 85.18 百台·年。可用系数 99.965%，同比减少 0.008 个百分点。强迫停运率 0.007 次 /（百台·年），同比减少 0.009 次 /（百台·年）。2017—2021 年隔离开关运行可靠性指标见表 55。

表 55　2017—2021 年隔离开关运行可靠性指标

年份	等效统计数量 /（百台·年）	可用系数（%）	强迫停运率 /［次 /（百台·年）］
2017	1 570.127	99.981	0.008
2018	1 611.759	99.977	0.005
2019	1 640.440	99.975	0.007
2020	1 759.748	99.973	0.016
2021	1 844.928	99.965	0.007

（1）按投运时间分析的隔离开关可靠性指标。2021 年，全国隔离开关投运时间 20 年以上的有 20 167 台，占全部投运断路器数量的 10.89%。不同投运时间的隔离开关可用系数整体维持在 99.9% 以上，投运时间在 8 年和 16 年的隔离开关强迫停运率较高，分别达到 0.024 次 /（百台·年）和 0.022 次 /（百台·年）。2021 年隔离开关按投运时间分类统计的数量见图 18。2021 年隔离开关按投运时间分类的可用系数和强迫停运率见图 19。

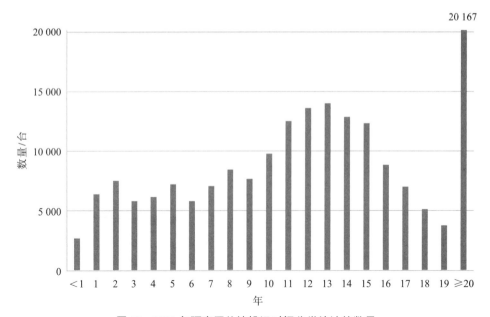

图 18　2021 年隔离开关按投运时间分类统计的数量

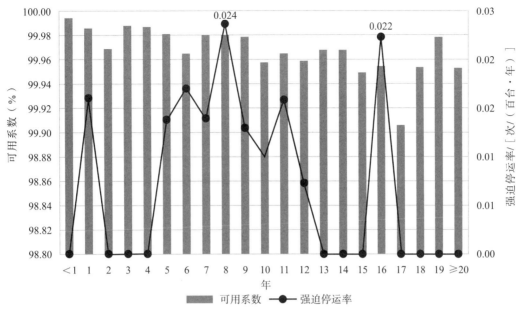

图19　2021年隔离开关按投运时间分类的可用系数和强迫停运率

（2）计划停运、非计划停运影响可用系数比较。2021年，隔离开关可用系数99.965%，同比减少0.008个百分点。计划停运影响可用系数占比为99.935%，同比上升0.149个百分点。非计划停运影响可用系数占比为0.065%，同比减少0.149个百分点。

（3）非计划停运事件分析。2021年，隔离开关共发生非计划停运32次，同比减少24次。其中220kV 23次，同比减少23次；330kV 4次，同比增加4次；500kV 4次，同比减少5次；750kV 1次，同比持平；其他电压等级隔离开关未发生非计划停运。2021年累计非计划停运0.002h/（台·年），同比减少0.003h/（台·年）。

1）按停运时间分析。非计划停运时间在5h以内的停运次数17次，其中1h以下的6次；5～100h（含5h）的停运次数14次；100h及以上的停运次数总计1次。

2）按部件因素分析。2021年，静触头、动触头和传动机构分别是引起220kV及以上隔离开关非计划停运次数较多的前三位部件因素，分别引起非计划停运8次、6次和5次。静触头、操动机构、接地开关是引起220kV及以上隔离开关非计划停运时间较长的前三位部件因素，分别引起非计划停运133.81h、130.58h和29.42h。2021年220kV及以上隔离开关按部件原因分类的非计划停运情况见表56。

表56　2021年220kV及以上隔离开关
按部件原因分类的非计划停运情况

非计划停运部件	非计划停运次数/次	非计划停运时间/h	占非计划停运总时间的百分比（%）
静触头	8	133.81	34.85
操动机构	3	130.58	34.01
接地开关	1	29.42	7.66
动触头	6	23.05	6.00

（续）

非计划停运部件	非计划停运次数/次	非计划停运时间/h	占非计划停运总时间的百分比（%）
传动机构	5	5.50	1.43
继电保护	1	4.20	1.09
支持瓷柱	1	2.67	0.70
底座	1	1.67	0.43
其他	6	53.10	13.83

3）按责任原因分析。2021年，产品质量不良、气候因素和电力系统影响分别是引起220kV及以上隔离开关非计划停运次数较多的前三位责任原因，分别引起非计划停运16次、7次和3次。产品质量不良、气候因素、电力系统影响是引起220kV及以上隔离开关非计划停运时间较长的前三位责任原因，分别引起非计划停运282.95、44.37h和21.75h。2021年220kV及以上隔离开关按责任原因分类的非计划停运情况见表57。

表57　2021年220kV及以上隔离开关
按责任原因分类的非计划停运情况

责任原因	非计划停运次数/次	非计划停运时间/h	占非计划停运总时间的百分比（%）
产品质量不良	16	282.95	73.68
气候因素	7	44.37	11.55
电力系统影响	3	21.75	5.66
设备老化	1	12.98	3.38
自然灾害	1	8.48	2.21
施工安装不良	1	4.60	1.20
规划、设计不周	1	4.20	1.09
运行不当	1	2.65	0.69
检修质量不良	1	2.02	0.53

3. 组合电器

2021 年，全国纳入电力可靠性统计的组合电器共计 9 616 套，等效统计数量 74.399 百套·年，同比增加 9.235 百套·年。可用系数 99.955%，同比减少 0.017 个百分点。强迫停运率 0.024 次 /（百套·年），同比减少 0.020 次 /（百套·年）。2017—2021 年组合电器运行可靠性指标见表 58。

表 58　2017—2021 年组合电器运行可靠性指标

年份	等效统计数量 /（百套·年）	可用系数（%）	强迫停运率 /［次 /（百套·年）］
2017	47.028	99.990	0.016
2018	52.905	99.978	0.024
2019	56.220	99.972	0.024

（续）

年份	等效统计数量 /（百套·年）	可用系数（%）	强迫停运率 /［次 /（百套·年）］
2020	65.164	99.972	0.044
2021	74.399	99.955	0.024

（1）按投运时间分析的组合电器可靠性指标。2021 年，全国组合电器投运时间 20 年以上的有 77 套，占全部投运组合电器的 0.80%。不同投运时间的组合电器可用系数整体维持在 99.6% 以上，投运时间在 8 年的组合电器强迫停运率较高，达 0.087 次 /（百套·年）。2021 年组合电器按投运时间分类的统计数量见图 20。2021 年组合电器按投运时间分类的可用系数和强迫停运率见图 21。

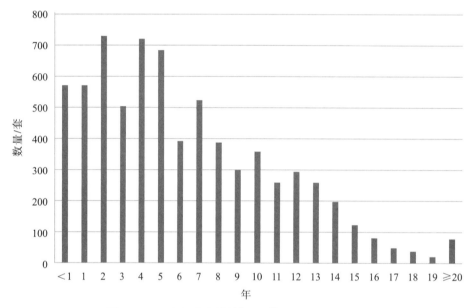

图 20　2021 年组合电器按投运时间分类的统计数量

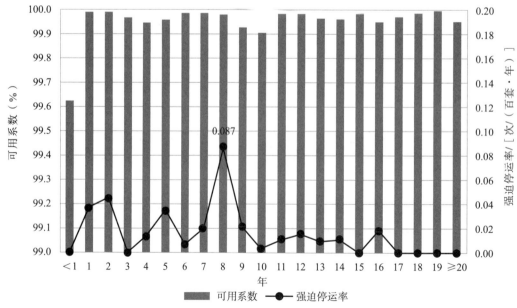

图 21　2021 年组合电器按投运时间分类的可用系数和强迫停运率

（2）计划停运、非计划停运影响可用系数比较。2021年，组合电器可用系数99.955%，同比减少0.017个百分点。计划停运影响可用系数占比为99.607%，同比上升0.768个百分点。非计划停运影响可用系数占比为0.393%，同比减少0.768个百分点。

（3）非计划停运事件分析。2021年，组合电器共发生非计划停运88次，同比减少19次。其中220kV 52次，同比减少10次；330kV 8次，同比增加6次；550kV 17次，同比减少13次；750kV 2次，同比减少1次；1 100kV 9次，同比减少1次；其他电压等级组合电器未发生非计划停运。2021年累计非计划停运0.014h/（套·年），同比减少0.014h/（套·年）。

1）按停运时间分析。非计划停运时间在5h以内的停运次数34次，其中1h以下的19次；5～100h（含1h）的39次；100h及以上的停运次数总计15次，其中300h及以上的停运次数6次。

2）按部件因素分析。2021年，断路器、隔离开关和母线分别是造成220kV及以上组合电器非计划停运次数较多的前三位部件因素，分别引起非计划停运36次、11次和8次。断路器、母线和电流互感器是造成220kV及以上组合电器非计划停运时间较长的前三位部件因素，分别引起非计划停运2 272.14h、1 592.10h和1 461.19h。2021年220kV及以上组合电器按部件原因分类的非计划停运情况见表59。

表59　2021年220kV及以上组合电器按部件原因分类的非计划停运情况

非计划停运部件	非计划停运次数/次	非计划停运时间/h	占非计划停运总时间的百分比（%）
断路器	36	2 272.14	30.71
母线	8	1 592.10	21.52
电流互感器	4	1 461.19	19.76
隔离开关	11	1 129.64	15.27
盆式绝缘子	2	271.42	3.67
避雷器	7	205.94	2.79
一次系统	5	32.65	0.44
继电保护	3	16 12	0.22
引流线	1	3.52	0.05
其他	11	413.33	5.59

3）按责任原因分析。2021年，产品质量不良、气候因素、检修质量不良是造成220kV及以上组合电器非计划停运次数较多的前三位责任原因，分别引起非计划停运42次、14次和5次。产品质量不良、气候因素、施工安装不良是造成220kV及以上组合电器非计划停运时间较长的前三位责任原因，分别引起非计划停运5 050.83h、1 619.52h和119.17h。2021年220kV及以上组合电器按责任原因分类的非计划停运情况见表60。

表60　2021年220kV及以上组合电器按责任原因分类的非计划停运情况

责任原因	非计划停运次数/次	非计划停运时间/h	占非计划停运总时间的百分比（%）
产品质量不良	42	5 050.83	68.27
气候因素	14	1 619.52	21.89
施工安装不良	2	119.17	1.61
检修质量不良	5	114.03	1.54
外力损坏	3	3.96	0.05
自然灾害	3	1.95	0.03
设备老化	4	1.49	0.02
待查	15	487.10	6.58

中国机械工业科学技术奖

1. 紧凑型550kV气体绝缘金属封闭开关设备研制

该项目获2020年度中国机械工业科学技术奖（科技进步类）二等奖，主要完成单位为河南平高电气股份有限公司。通过采用配液压碟簧机构的单断口混合压气式断路器设计和超高压三工位隔离接地开关等新技术，实现了550kV GIS设备的紧凑型布局，满足断路器＋隔离开关＋电流互感器的整机一体化运输，减少了现场安装与调试环节工作量。紧凑型550kV GIS在总体布置上串内占地面积大幅降低，SF_6气体用量减少35%。该产品机械操作寿命10 000次，断路器电寿命试验水平E2级，容性电流开合水平C2级，优异的性能参数保证了产品的安全平稳运行。

2. 新一代集约化800kV交流成套开关设备研究与应用

该项目获2020年度中国机械工业科学技术奖（科技进步类）二等奖，主要完成单位为西安西电开关电气有限公司。通过对GIS产品集约化设计技术和制造技术开展深入研究，在产品绝缘、开断、通流、环境耐受等关键性能上取得了技术突破。完成了紧凑型盆式绝缘子和基于集约化结构的断路器、隔离开关、电流互感器、母线等关键组件的系统研发，对产品布置结构进行了创新设计，成功研发出新一代集约化800kV GIS产品。针对印度工程特殊工况，开展了集约化高可靠性隔离开关攻关，隔离开关断口操作冲击耐受电压达到1 550kV+870kV，远高于标准要求值1 425kV+650kV。新产品气体年泄漏率小于0.1%，极限最高操作温度达到50℃，断路器断口可耐受2p.u.工频电压15min，断路器、隔离开关、接地开关、快速接地开关机械寿命均达到M2级（10 000次），产品额定短时耐受电流63kA，峰值耐受电流171kA，断路器容性电流开断能力达到1.4倍电压系数C2级。多项关键技术参数明显优于国内外同类产品，具备优良的电气和机械可靠性，同时还具有体积小、结构紧凑、材料用量少等特点，是一种经济性和可靠性俱佳的产品，综合技术性能处于国内领先、国际先进水平，获得授权实用新型专利3件。

3. 变电站高压开关设备程序化操作关键技术及应用

该项目获2020年度中国机械工业科学技术奖（科技

105

进步类）三等奖，主要完成单位为平高集团有限公司。在国际上首次将姿态传感技术应用于变电站高压隔离开关分合闸位置检测，解决了变电站复杂电磁环境下检测系统的精度和可靠性，实现了姿态传感器与多种型号高压隔离开关设备的一体化植入设计和不停电安装及维护。项目成果应用于变电站高压开关设备倒闸操作，可使操作耗时缩减约78%，成本下降约80%。经粗略测算，一座中等规模的220kV变电站每年可节约成本11.4万元，增加供电时长266.5h，极大地提高了运检工作效率，降低了人身安全风险，有力地支撑了我国智能电网的建设。

4. 高压开关设备机械状态多元感知关键技术研究及应用

该项目获2020年度中国机械工业科学技术奖（科技进步类）三等奖，主要完成单位为云南电网有限责任公司电力科学研究院、武汉大学、云南云开电气股份有限公司、云南电网有限责任公司昆明供电局、昆明电器科学研究所、广西电网有限责任公司电力科学研究院、武汉黉门大维科技有限公司。

该项目基于高压开关设备传动输出的可测多元状态量，从机理仿真、检测技术、智能诊断、装置研发、工程应用5个方面开展研究，解决了高压开关设备机械故障精确诊断和准确定位难的问题。主要创新有：提出了典型缺陷下的开关设备刚柔耦合机电一体化仿真模型，揭示了各典型缺陷与多状态参量之间的关联机制，为设备的机械缺陷状态诊断奠定了技术基础；提出了隔离开关操作力矩—转角离线检测方法、电机输出功率—转角在线检测方法，研制了隔离开关机械特性检测装置，实现了隔离开关机械缺陷类型的智能诊断与精确定位；提出了用断路器弹簧力值、分合闸速度和弹簧储能电机电流综合参数诊断断路器弹簧状态的方法，研发出断路器弹簧操动机构状态在线监测装置，实现了断路器弹簧操动机构状态的准确判断。项目授权专利16件，发表论文21篇，发布团体标准1项。项目成果在云南的40.5～550kV开关设备先行应用的基础上，推广全国其他省份，整体达到国际领先水平。

5. 一二次融合环保型气体绝缘开关设备研制与应用

该项目获2020年度中国机械工业科学技术奖（科技进步类）三等奖，主要完成单位为许继集团有限公司。该项目攻克了一二次融合开关设备磁控断路器模块、电缆堵头式电压传感器、非晶合金电流传感器、断路器柜间隔结构一体化设计、基于双核异构CPU平台的分散式DTU及基于磁控技术的5G智能分布式FA解决方案等关键技术，实现了开关设备的小型化、模块化、低功耗及长寿命，具有输出电压信号线性度高、精度高等特点，满足电力系统数字化技术要求。具备分布式FA、光差保护、单相接地故障选相、中压物联网扩展等功能，防护等级达到IP66，可实现拓扑自动成图及多种FA模式自适应切换，项目成果整体处于国际领先水平。依托项目成果，申请专利23件，其中发明专利14件，发表学术论文6篇。

6. 基于非液相控制的广域高性能系列断路器关键技术

及产业化

该项目获2020年度中国机械工业科学技术奖（科技进步类）三等奖，主要完成单位为江苏省如高高压电器有限公司。

该项目提出了用永磁直线电机代替传统的高压断路器操动机构，研究了永磁直线电机结构、高压断路器的反力特性与力学特性、永磁直线电机操动机构的控制方法和策略的关键技术，成功研出永磁直线电机操动的高压断路器，达到了操动机构动作可靠性高、输出特性可控、寿命长的效果。经高压输配电设备质量检测中心检测，产品达到了设计目标和国家标准要求。项目获授权发明专利15件、实用新型专利17件；参与起草国家和行业标准5项（含国家强制标准1项）。项目成果应用于国家重大铁路工程和智能电网工程，包括哈大高铁（国内首条极寒地区高铁）、京张高铁（世界首条高寒和大风沙地区高铁）、哈满高铁、哈齐高铁、京沈客专、国家电网、南方电网等，经受高寒、高海拔等严苛环境的考验，运行可靠。同时远销欧洲、亚洲、南美洲、非洲等60余个国家和地区，打破了国外技术垄断。

7. 高压、特高压系列化直流隔离开关和接地开关的研制及工程应用

该项目获2020年度中国机械工业科学技术奖（科技进步类）三等奖，主要完成单位为西安西电高压开关有限责任公司。

该项目主要产品包括：±400kV、±500kV、±660kV、±800kV、±1 100kV 直流／柔性直流系统用直流隔离开关和接地开关。主要科技内容有：结构形式研究、通流能力的研究、绝缘结构研究、开合谐波电流的研究、抗震性能的研究、开合异常负荷能力的研究、环境适应性研究。

西安西电高压开关有限责任公司通过系列化高压、特高压直流隔离开关和接地开关的技术研究及试验验证，掌握了直流隔离开关和接地开关的关键技术，形成了相应的技术和设备开发能力，具有自主知识产权，解决了高压直流输电设备制约我国高压直流输电和柔性直流输电发展的瓶颈问题。该项目产品通过了国家级技术鉴定，综合技术性能优良，达到国际领先或先进水平。申报专利15件，其中发明专利7件。

8. 高压开关设备型式试验导则系列标准（NB/T 42099—2016、NB/T 42138—2017 等）

该项目获2020年度中国机械工业科学技术奖（科技进步类）三等奖，主要完成单位为西安高压电器研究院有限责任公司。

9. 1 100kV 频繁投切滤波器组断路器

该项目获2021年度中国机械工业科学技术奖（技术发明类）一等奖，主要完成单位为西安西电高压开关有限责任公司、平高集团有限公司、中国电力科学研究院有限公司、天水西电长城合金有限公司、沈阳工业大学、国网经济技术研究院有限公司、中国电力工程顾问集团华东电力设计院有限公司、中国地质大学（北京）、中国电力工

程顾问集团中南电力设计院有限公司。

该产品是实现特高压交直流电网互联的关键装备，项目立项之初国内外均无该类产品。面对极其严苛的运行工况，项目组通过理论研究及科技攻关，发明了重击穿概率极低的灭弧室、耐烧蚀核心开断元件及电气寿命评估方法、高稳定性超长传动链动力系统和减震装置，解决了灭弧介质弧后绝缘强度不足导致灭弧室极易重击穿的技术瓶颈，攻克了耐烧蚀核心部件制备以及等效试验评价、超长传动机械稳定性等关键技术难题，成功研制出具有完全自主知识产权的国际首台1 100kV交流滤波器组断路器，填补了国际空白，技术参数达到国际领先水平，实现国内开关企业在断路器专业领域重大技术领跑。该型号产品自2018年投入市场以来，先后在锡盟—泰州、上海庙—山东、昌吉—古泉等特高压直流工程中应用，直接创造经济效益6.99亿元，反哺推动了低电压等级产品的可靠性提升，实现了产业技术升级。

10. 配电网电能质量测评与提升关键技术及装备

该项目获2021年度中国机械工业科学技术奖（技术发明类）二等奖，主要完成单位为云南电网有限责任公司、深圳市盛弘电气股份有限公司、华南理工大学、昆明理工大学、西安森宝电气工程有限公司、思源电气股份有限公司、安徽天一电气技术股份有限公司。

11. GIS/GIL紧凑化绝缘设计关键技术及应用

该项目获2021年度中国机械工业科学技术奖（科技进步类）二等奖，主要完成单位为南方电网科学研究院有限责任公司、西安交通大学、华南理工大学、中国南方电网有限责任公司超高压输电公司、广东电网有限责任公司电力科学研究院、山东泰开高压开关有限公司。

12. 126kV及以下系列真空灭弧室关键技术

该项目获2021年度中国机械工业科学技术奖（科技进步类）三等奖，主要完成单位为天津平高智能电气有限公司、平高集团有限公司。该项目重点开展126kV及以下电压等级系列真空灭弧室关键技术研究，提出了满足大电流开断及高电压绝缘要求的126kV真空灭弧室结构设计方法，掌握了关键零件成型工艺及产品核心制造工艺。通过该项目的研究与实施，研发出一系列拥有自主知识产权及核心技术的产品，实现了国内126kV真空开关设备的首台（套）挂网投运。

13. 252kV百千安级大容量短路电流开断装置研发及工程应用

该项目获2021年度中国机械工业科学技术奖（科技进步类）三等奖，主要完成单位为广东电网有限责任公司广州供电局、华中科技大学、西安西电电气研究院有限责任公司、西安西电变压器有限责任公司、西安高压电器研究院有限责任公司。该项目提出了基于高耦合分裂电抗器自动均限流原理的短路电流并联开断技术方案，并通过仿真计算、小型样机验证试验对方案的可行性进行论证，同时攻克了高压大电流干式空心高耦合分裂电抗器，并联支路高同步SF₆断路器设计制造等关键技术。研制了世界首

台252kV/100kA大容量短路电流开断装置，并完成了关键部件型式试验和成套装置性能验证试验，成功实现了252kV/100kA短路电流的有效开断，为电网短路电流超标提供了可行的解决方案，开断装置已在广州电网工程成功应用。该项目有效解决了我国电网短路电流超过断路器开断能力的问题，对提高供电可靠性、促进大电网柔性互联、实现电网运行方式优化、保障电网安全稳定运行和灾变防治等方面具有重大的社会经济效益，项目成果达到国际领先水平。

14. 特高压GIS电磁式电压互感器关键技术及推广应用

该项目获2021年度中国机械工业科学技术奖（科技进步类）三等奖，主要完成单位为江苏思源赫兹互感器有限公司、南通大学、思源电气股份有限公司。

15. 特高压大容量电气设备现场整体绝缘试验关键技术及应用

该项目获2021年度中国机械工业科学技术奖（科技进步类）三等奖，主要完成单位为国网江苏省电力有限公司电力科学研究院、西安交通大学、中国电力科学研究院有限公司、华北电力大学、哈尔滨工业大学。

16. 煤矿配电设备智能电力系统及短路电流开断能力试验技术

该项目获2021年度中国机械工业科学技术奖（科技进步类）三等奖，主要完成单位为沈阳工业大学、中煤科工集团沈阳研究院有限公司、国网辽宁省电力有限公司电力科学研究院、沈阳昊诚电气有限公司、淮南万泰电子股份有限公司。

17. 高压超高速开关关键技术及设备

该项目获2021年度中国机械工业科学技术奖（科技进步类）三等奖，主要完成单位为南京南瑞继保电气有限公司、国网浙江省电力有限公司、常州博瑞电力自动化设备有限公司。该项目团队历时7年，攻克高效超高速和高机械寿命斥力机构、多断口串联均压控制以及短路故障快速识别等技术难点，研制出10～550kV超高速机械开关和以该开关为核心的系列交直流输变电装备。该项目授权专利13件，实用新型专利4件，软件著作权3件；以第一起草人编制行业标准1项，参与编制1项；发表论文15篇。应用该项目核心技术开发出5类12种输变电装备，广泛应用于电力、石化、冶炼等领域，直接经济效益5.8亿元，有力支撑了我国在柔性交直流输电及高可靠供变电技术领域的发展。

18. 复杂大气环境下输变电设备金属材料可靠性评估与防护

该项目获2021年度中国机械工业科学技术奖（科技进步类）三等奖，主要完成单位为广东电网有限责任公司电力科学研究院、中国电力科学研究院有限公司、国网湖南省电力有限公司电力科学研究院、华南理工大学、中国南方电网有限责任公司超高压输电公司检修试验中心。该项目在湿热环境输变电设备腐蚀机理研究、腐蚀在线监

测、腐蚀设备修复技术、材料可靠性检测技术等方面开展了系统研究，实现了高危风险杆塔腐蚀在线监测，开发了适用于铁塔、变电金属构件的防腐技术，建立电网输变电设备金属材料从设计、入网、运行到维护的全生命周期可靠性评估和防护体系，全面提高了电网设备腐蚀管理技术水平。项目已在电网运行单位及设备制造厂家等行业成功应用，经济社会效益显著。

19.《高压电器》

该项目获 2021 年度中国机械工业科学技术奖（科技进步类）三等奖，主要完成单位为西安高压电器研究院有限责任公司。《高压电器》期刊创刊六十余年，是我国高压电器行业具有权威性的国家级刊物。它依托科研院所介绍最新技术进展，面向行业应用提供解决参考方案。根据最新国家政策、行业最新技术和研究热点，紧扣高压电器领域及相关行业的研究热点，为专家学者和学生提供了一个很好的展示研究成果、学习最新技术的平台。目前入选的数据库有：中文核心期刊、中国科技核心期刊、中国科学引文数据库（CSCD）核心刊、RCCSE 中国核心学术期刊、世界期刊影响力指数（WJCI）报告。据爱思维尔 2020 年 5 月发布的权威数据统计，Scopus 收录的电气工程全球发文最多来源期刊中，《高压电器》期刊位列第 10 位。

标准

1. IEC 标准

2021—2022 年 SAC/TC65 共收到对口的 IEC 投票文件 35 份，IEC 出版物 10 份。其中：TC17 的投票文件 6 份，IEC 出版物 1 份；SC17A 的投票文件 13 份，IEC 出版物 5 份；SC17C 的投票文件 16 份，IEC 出版物 4 份。

（1）2021—2022 年出版的正式标准。

1）IEC 62271-1：2017+AMD1：2021 Ed.2.1《高压开关设备和控制设备　第 1 部分：交流开关设备和控制设备的共用技术要求》。此次修订主要是对 6.4 辅助和控制设备及回路的 6.4.1 概述进行了修改：

①电压暂降和短时中断不超出制造厂按照 IEC 61000-4-29（直流供电电压）和 IEC 61000-4-11（交流供电电压）给出声明的限值。

②在电源中断（也包括在生产过程中）超过了制造商声明的正常生产的持续时间限值的情况下，制造厂应说明电源电压中断时装置的状态（例如对内部储能的影响），制造厂应说明电源电压恢复时装置的状态，后续动作只有在响应新的有效操作命令时才能完成，在任何方便的超过规定限值的压降时间段内可以证明满足上述条件。

2）IEC 62271-100：2021 Ed.3.0《高压开关设备和控制设备　第 100 部分：高压交流断路器》。与上一版相比，此次修订的主要变化如下：

①按照 IEC 62271-1：2017 对标准的结构和相关内容进行了调整。

②将 1 号修订和 2 号修订的内容纳入标准中。

③对定义进行了相应的升级，剔除没有用到的术语。

④对 7.102 到 7.108 的结构进行了重调。

⑤在额定值一章中引入了近区故障电流的规定：额定电压 52kV 以上的断路器，近区故障电流为 90% I_{SC}；额定电压 15～52kV 的断路器，近区故障电流为 75% I_{SC}。

⑥在 7.109 近区故障试验中 L60 仅适用 52kV 以上，额定电流 15～52kV 的断路器的近区故障电流仅为 75% I_{SC}，不再要求 90% I_{SC}。

3）IEC 62271-101：2021 Ed.3.0《高压开关设备和控制设备　第 101 部分：合成试验》。此次修订与上一版相比，主要变化如下：按照 IEC 62271-1：2017 对标准的结构和相关内容进行调整；按照 IEC 62271-100：2021 的相关内容进行了修改；按照合成试验最新的方法和技术对文件进行了更新；在 4.2.1 "电流注入法"中要求近区故障试验方式以及试验 ITRV 的 T100s 和 T100a 强制使用电流注入法；增加 5.2.3 "降压的替代试验方法"；增加表 7 "T10、T30、T60、T100s、T100a、SP、DEF、OP 和 SLF 试验方式的合成试验方法"，给出所有试验方法的试验顺序。

4）IEC 62271-105：2021 Ed.3.0《高压开关设备和控制设备　第 105 部分：额定电压 1 kV 以上 52 kV 及以下的交流负荷开关　熔断器组合电器》。此次修订与上一版相比，主要变化如下：按照 IEC 62271-1：2017 对标准的结构和相关内容进行了调整；按照 IEC 60282-1：2020 对标准的相关内容进行了调整；根据 IEC 62271-100，第 4 章 "额定值"中去掉了 4.102 "额定瞬态恢复电压"；强调了负荷开关 - 熔断器组合电器满足的功能要求和单个设备执行的功能要求之间的区别，以避免在组合电器中执行该功能时，与组合电器的标准要求产生重复或冲突。

5）IEC 62271-112：2021 Ed.1.0《高压开关设备和控制设备　第 112 部分：线路上二次熄弧用交流高速接地开关》。此次修订与上一版相比，主要变化如下：按照 IEC 62271-1：2017 对标准的结构和相关内容进行了调整，按照 IEC 62271-102：2018 对标准的相关内容进行了调整，对铭牌内容进行了调整。

6）IEC 62271-200：2021 Ed.3.0《高压开关设备和控制设备　第 200 部分：额定电压 1 kV 以上 52 kV 及以下交流金属封闭开关设备和控制设备》。此次修订与上一版相比，主要变化如下：按照 IEC 62271-1：2017 对标准的结构和相关内容进行了调整；柱上安装的开关设备的内部燃弧试验从标准中移除，放入专门的标准 IEC 62271-214：2019 中；在额定值和试验要求中都更加精确地对接地回路进行了描述；减少了型式试验中联锁的机械试验次数；只需要在连续电流试验前进行主回路电阻测量，在连续电流试验后不再需要进行主回路电阻测量；更精确地描述了 LSC 类别，包括解释流程图（附件 D）；出厂试验中去掉了对辅助电气、气动、液压装置的试验。

7）IEC 62271-209：2019+AMD1：2022 Ed.2.1《高压开关设备和控制设备　第 209 部分：额定电压 52 kV 以上气体绝缘金属封闭开关设备与充流体及挤包绝缘电力电缆的电缆连接　充流体及干式电缆终端》。此次修订主要是对第6章"设计与结构"的压力耐受要求进行了修改。6.103中明确指出运行中的最大气体压力对SF_6来说最多1.1 MPa（绝对值），对其他气体和气体混合物来说最多1.5 MPa；GIS的设计压力可以高于电缆终端的设计压力。

8）IEC 62271-213：2021 Ed.1.0《高压开关设备和控制设备 第213部分：电压显示和指示装置》。该标准由IEC 61243-5：1997《带电作业 验电器 电压检测系统（VDS）》和IEC 62271-206：2011《高压开关设备和控制设备 第206部分：额定电压大于1kV且不大于52kV用电压指示系统》合并而成，以在通用的电压检测和显示装置方面替代这两个标准。标准不包括IEC 61243-5：1997的相位比较功能，相位比较器见IEC 62271-215。

与之前的标准相比，该标准做了以下技术性修改：可选输出信号被定义用于多目标使用的情况；电压检测和指示装置（VDIS）只有一个接口；认为限压装置的载流能力的测量是不准确的，因此不在标准中要求；耦合元件失效的概率是可以忽略不计的。

9）IEC 62271-215：2021 Ed.1.0《高压开关设备和控制设备 第215部分：和VDIS一起使用的相位比较器》。该标准和IEC 62271-213一起，由IEC 61243-5：1997和IEC 62271-206：2011合并而成，IEC 62271-213用于电压检测和显示装置本身，IEC 62271-215用于插在VDIS上的相位比较器。相位比较原理与IEC TC78制定的两个标准IEC 61481-1-2014和IEC 61481-2-2014中的原理相一致，但不包括这两个标准所规定的直接用于带电装置裸露部分或远距离使用的相位比较器。它的主要用途是提供一个清晰的证据，证明高压网络中两个通电部分之间的相位关系是正确的，它们在耦合之前的额定电压和频率是相同的。

10）IEC/IEEE 62271-37-013：2021 Ed.2.0《高压开关设备和控制设备 第37-013部分：交流发电机断路器》。此次修订与上一版相比，主要变化如下：

①按照IEC 62271-1：2017对标准的结构和相关内容进行了调整。

②为了解决发电机断路器系统的其他组件的要求，增加相关内容。

③增加了在多台发电机连接到一台升压变压器的发电厂中使用发电机断路器的要求。

④增加了对Tcc-OFF发电机断路器的试验和使用要求。

⑤增加了发电机断路器在双馈感应电机发电厂、抽水蓄能发电厂和风力发电场中的应用要求。

⑥在附录M、附录N和"GenCB TRV计算器"工具（随标准附带Excel表格）中已经讨论了电容器对失步和负载电流开合的预期TRV的修正效应。该工具提供了KE2、RRRV0、KRRRV-U、KRRRV-I、td0、Ktd-U、Ktd-I的值（这些数值均取决于发电机断路器的发电机侧和变压器侧电容的电容值），以及由发电机断路器的电容器修改的预期TRV的参数值。

（2）将要出版的正式出版物（目前处于FDIS阶段）。

1）17C/835/FDIS。该文件为IEC 62271-203 Ed.3.0《高压开关设备和控制设备 第203部分：额定电压52 kV以上气体绝缘金属封闭开关设备》的FDIS稿，与上一版相比，主要变化如下：

①第6章"设计与结构"中对于气体的封闭压力系统给出了明确的相对泄漏率要求。

②"设计压力"和"充入压力"之间增加了"最大运行压力"，并可能达到设计压力。

③"设计和结构"中要求连接到GIS的这些接口应能承受GIS运行中的最大压力，SF_6为1.1 MPa（绝对值），其他气体和气体混合物为1.5 MPa（绝对值）。

④"设计和机构"中增加了"联锁"，要求隔离开关要与相关的断路器联锁，具有短路开合能力的接地开关要与相关的断路器和／或隔离开关联锁。

⑤型式试验中增加"壳体和辅助设备密封系统的腐蚀试验"。

⑥增加新的附录F：运行连续性，将原来的LSC改为了MRE Code。

2）17C/840/FDIS。该文件为IEC 62271-204 Ed.2.0《高压开关设备和控制设备 第204部分：额定电压52 kV以上气体绝缘刚性输电线路》的FDIS稿，与上一版相比，主要变化如下：

①按照IEC 62271-1：2017对结构及相关技术内容进行修订。

②型式试验的连续电流试验中外壳温度不应超过防腐涂层（如果有）的最大允许温度。

③在安装阶段，如果通过射线照相、超声波或其他方法对现场焊接的外壳管（对接焊缝）进行了100%的检验，则不需要进行特殊的密性试验。

④增加新的附录：对承压部件焊缝的要求。

3）17C/843/FDIS。该文件为IEC 62271-202 Ed.3.0《高压开关设备和控制设备 第202部分：预装式变电站》的FDIS稿，与上一版相比，主要变化如下：

①根据IEC 62271-1：2017进行结构和内容的调整。

②标题和范围包含了预装式高压开关站，即只包含高压开关设备和控制设备以及辅助设备和回路。

③将CEADS作为中压／低压预装式变电站可能的组件。

④增加新的附录G：评估太阳辐射的影响——模拟太阳辐射连续电流试验。

⑤增加新的资料性附件H：用于电子设备的安装条件。

⑥预装式变电站的额定功率现在定义为一个三参数的额定值，例如：油浸式电力变压器用630 kV·A-5 500 W-60/65 K O/W，干式电力变压器用630 kV·A-5 500 W-绝缘等级F。

⑦"设计与结构"中给出了预装式变电站通道门的最小尺寸：高2 000mm、宽750mm，6.105.3中给出操作通道的净高为2 000mm。

⑧对连续电流（温升）试验方法进行了必要的修订。

⑨对图D.1外壳内矿物油浸没式电力变压器负载因数进行了修改。

4）17C/845/FDIS（IEC 62271-212 Ed.2.0《高压开关设备和控制设备 第212部分：配电变电站用紧凑型成套设备 CEADS》）。由于需要和IEC 62271-1：2017保持结构和技术内容上的一致，且IEC 62271-202在同步修订中，因此该标准进行了相应的修订：

①按照IEC 62271-1：2017的内容进行了相应内容及结构的调整。

②在范围中CEADS的功能部分增加了开合和控制低压回路操作以及高压/高压或高压/低压转换。

③设计与结构中增加了太阳辐射的内容。

④绝缘试验中提出：当高压连接由用型式试验过的接地屏蔽连接头或接地屏蔽电缆构成时，高压连接不需要进行绝缘试验。

⑤高压和低压连接的短时和峰值耐受电流试验中，变压器可以用复制品代替。为了验证连接耐受试验的能力，电力变压器复制端子的两侧应短路。

⑥机械稳定性试验中明确：应用制定的吊装进行起吊以验证成套装置的稳定性，并进行第二次试验包括将设备的一侧提升15°，以检查是否有倾覆现象。

（3）在制修订过程中的IEC出版物。

1）处于CD稿阶段的文件。17/1122/CD（IEC TS 62271-5 Ed.1.0《高压开关设备和控制设备 第5部分：直流开关设备的共用技术要求》），17/1123/CD（IEC TS 62271-320 Ed.1.0《高压开关设备和控制设备 第320部分：环境方面和生命周期评估规则》），17A/1344/CD（IEC TS 62271-316 Ed.1.0《高压开关设备和控制设备 第316部分：直流旁路开关和并联开关》），17A/1345/CD（IEC 62271-110 Ed.5.0《高压开关设备和控制设备 第110部分：感性负载开合》），17A/1346/CD（IEC TS 62271-313 Ed.1.0《高压开关设备和控制设备 第313部分：直流断路器》），17A/1347/CD（IEC TS 62271-314 Ed.1.0《高压开关设备和控制设备 第314部分：直流隔离开关和接地开关》），17A/1348/CD（IEC TS 62271-315 Ed.1.0《高压开关设备和控制设备 第315部分：直流转换开关》），17A/1349/CD（IEC TS 62271-319 Ed.1.0《用于控制开合的交流断路器》），17C/829/CD（IEC 62271-214 Ed.2.0《高压开关设备和控制设备 第214部分：额定电压1 kV以上52 kV及以下的柱上安装的金属封闭开关设备和控制设备的内部燃弧等级》），17C/836/CD（IEC 62271-211 Ed.2.0《额定电压52 kV以上的气体绝缘金属封闭开关设备和电力变压器的直接连接》）。

2）处于CDV稿阶段的文件。17A/1322/CDV（IEC 62271-102/AMD1 Ed.2.0《交流隔离开关和接地开关一号修订》），17C/838/CDV（IEC 62271-207 Ed.3.0《高压开关设备和控制设备 第207部分：额定电压1 kV以上的气体绝缘成套开关设备，金属封闭和固体绝缘开关设备的抗震

要求》）。

2.2020—2021年国内标准化

发布了GB/T 14824—2021《高压交流发电机断路器》、GB/T 40823—2021《配电变电站用紧凑型成套设备（CEADS）》、NB/T 10809—2021《3.6 kV ～ 40.5 kV交流金属封闭开关设备用绝缘套管》三项标准。

GB/T 14824—2021《高压交流发电机断路器》主要做了以下技术性修改：

（1）将适用系统电压范围改为3 ～ 38 kV，并增加用于厂用分支回路中的断路器的适用性说明。

（2）增加了3.6 kV、7.2 kV、27 kV、30 kV、33 kV和38 kV六个额定电压等级及所对应的额定绝缘水平，删除额定电压36 kV。

（3）删除了关于温升的相关要求。

（4）将额定短路开断电流按额定系统源短路开断电流、额定发电机源短路开断电流、额定单相对地故障开断电流分别进行规定。

（5）删除了电容电流开合能力额定值要求、励磁电流开合能力额定值要求。

（6）增加了"人力操作的驱动器"。

（7）增加了对多脱扣器、脱扣器动作限值和脱扣器功耗的相关规定。

（8）调整了铭牌参数和要求。

（9）增加了X射线发射的要求和真空灭弧室的X射线试验程序。

（10）增加了腐蚀的要求。

（11）删除了并联电阻和电容器的要求。

（12）增加了对新产品、转厂生产等的型式试验要求，并要求"正常生产的产品，每隔八年应进行一次常温下的机械试验和基本短路试验方式。其他项目的试验必要时也可抽试验"。

（13）增加了仅要求绝缘暴露于户外条件下的户外发电机断路器进行湿试验。

（14）将户外绝缘件的人工污秽试验由不适用修改为适用。

（15）将回路电阻测量时主回路试验电流值修改为100A至额定值之间取值。

（16）删除了"温度和温升的测量""周围空气温度""辅助和控制设备的温升试验"及"温升试验的解释"。

（17）增加了"试验电流和持续时间""试验期间的温度测量"和"通过试验的判据"。

（18）删除了"发电机断路器在试验中的性能"。

（19）增加了辅助和控制回路的附加试验。

（20）将非频繁操作的发电机断路器的机械寿命规定为M1级，将频繁操作的发电机断路器的机械寿命规定为M2级，并删除了10 000次机械寿命档。

（21）增加了低温和高温下的机械试验。

（22）修改了噪声水平试验的试验程序和限值规定。

（23）增加了湿度试验、电寿命试验。

（24）删除了励磁电流开、合试验，外壳的压力试验。

（25）删除了容性电流开合的选用导则、励磁电流开合的选用导则。

（26）增加了交接试验的一般检查、电路检查等要求，产品对环境的影响。

（27）增加了规范性附录"机械特性的应用和相关要求""发电机源短路开断电流非对称度的确定""型式试验中试验参量的公差""型式试验的记录及报告""湿度试验程序"。

（28）增加了资料性附录"三绕组升压变压器条件下的故障""发电机断路器通过屏蔽电缆连接升压变压器—对于系统源故障增加电容对 TRV 要求的影响示例"。

GB/T 40823—2021《配电变电站用紧凑型成套设备（CEADS）》规定了额定频率 50 Hz，高压侧交流额定电压 3.6 ~ 40.5 kV，采用适当内部连接的高压 / 低压配电变电站的主电气功能单元构成的成套设备的使用条件、术语和定义、额定值、设计与结构、试验及选用导则等内容。其中定义的配电变电站用紧凑型成套设备（CEADS）是作为独立产品进行设计和试验的，具有独立的序列号和相关配套文件。CEADS 的功能为：开合和控制高压回路运行，保护高压 / 低压变压器功能单元，高压 / 低压转换，对低压馈电回路的操作和保护进行开合和控制。

NB/T 10809—2021《3.6 kV ~ 40.5 kV 交流金属封闭开关设备用绝缘套管》规定了额定电压 3.6 ~ 40.5 kV 交流金属封闭开关设备用绝缘套管的术语和定义、使用条件、额定值、设计和结构、型式试验、出厂试验、选用导则、包装、标识、运输、储存和安全等方面的通用要求。适用于设计安装在户内或户外、额定电压 3.6 ~ 40.5 kV、频率 50 Hz 及以下交流金属封闭开关设备用的绝缘套管，不适用于无机材料套管。

上报待批的标准四项：GB/T 1985—20××《高压交流隔离开关和接地开关》、GB/T ××××—20××《具有内部电弧类别的 3.6 kV ~ 40.5 kV 柱上安装金属封闭开关设备的附加要求》、JB/T ××××—20××《柔性直流换流阀子模块旁路开关》、NB/T ××××—20××《基于限流电抗器的高压交流故障电流限制器技术规范》。

正在制修订的标准：GB/T 1984—202×《高压交流断路器》，已完成标准草案稿编写，择机召开第一次工作组会议；JB/T 9694—202×《高压交流六氟化硫断路器》，已完成标准草案稿编写，择机召开第一次工作组会议；JB/T 3855—202×《高压交流真空断路器》，已完成标准草案稿编写，择机召开第一次工作组会议；GB/Z ××××《GB/T 11022、GB/T 1984 以及与交流断路器相关的其他国家标准的导则》，正在进行标准草案稿编写，择机召开工作组会议；GB/T ××××《高压开关设备环境意识设计和生命周期评估准则》与 IEC 同步制定，已召开第一次工作组会议。

将要开展制修订工作的标准：GB/T 28534《高压开关设备和控制设备中六氟化硫（SF$_6$）气体的释放对环境和健康的影响》、GB/T 28537《高压开关设备和控制设备中六氟化硫（SF$_6$）的使用和处理》GB/T 16926《高压交流负荷开关 熔断器组合电器》、GB/T 25081《高压带电显示装置（VPIS）》、NB/T ××××《电压探测及指示器》、NB/T 42044《3.6 kV ~ 40.5 kV 智能交流金属封闭开关设备和控制设备》、NB/T 42025《额定电压 72.5 kV 及以上智能气体绝缘金属封闭开关设备》、NB/T ××××《直流负荷开关技术规范》、NB/T ××××《12 kV ~ 40.5 kV 金属封闭开关设备用硫化涂敷制品技术要求》。

2021 年 3 月 23 日，真空灭弧室规范化设计第二次工作组会议在西安召开。会议由陕西斯瑞新材料股份有限公司承办，来自西安高压电器研究院、中国电力科学研究院、陕西宝光集团（股份）有限公司、成都旭光电子股份有限公司、中国振华电子集团宇光电工有限公司、陕西斯瑞新材料股份有限公司等单位的 22 名代表参加。工作组提出并阐述了真空灭弧室规范化设计方案的草案内容；专家们对规范化方案的思路进行了细致的讨论，针对具体需要规范化的内容提出建议，明确了下一步的工作内容，要求以理论结合实际的方法对提出的结构进行试验验证。会议建议并确定了工作组制定团体标准的工作任务。

认证 截至 2021 年，西安高压电器研究院认证机构共发放认证证书 50 张，认证证书状态为有效的 27 张，状态为暂停的 17 张，状态为注销的 6 张。2021 年通过初次认证发放认证证书 15 张。

行业信息

1. 编辑出版

《高压开关行业年鉴（2020）》以典型、具有影响力的大中型骨干企业、小型专精特企业为基础，共收录了 253 家行业企业资料，覆盖行业内全部电压等级、全部产品类型、全部企业类型，较为全面地反映了 2020 年高压开关行业的经济运行和技术发展状况，并分析比较了高压开关行业 2011—2020 年整体运营情况，展示了高压开关最新发展趋势和主要科技成果、专利等情况，为政府部门了解高压开关行业、宏观调控及企业发展规划、新产品开发提供了重要依据。

完成 2021 年 1—12 期《高压开关行业通讯》的编辑、出版。《高压开关行业通讯》的主要栏目包括：国家重大方针和产业政策，行业发展规划，行业企业各种重要活动，电力电网发展趋势，出口、税收等相关经济政策研究，新产品、新技术、新工艺、新材料等前沿科技发展，行业企业先进生产管理经验交流，行业最新技术发展情况和趋势，最新标准信息，企业风采，以及人才招聘等。

编辑出版高压开关技术资料，为行业会员提供信息服务。2021 年上半年完成了《2021 高压开关设备及配套件产品手册》《2002 年以来中压开关设备标准及其技术动向》《市场扩大和海外特殊需求背景下中压开关设备的技术动向》等一系列参考文献的编制工作。

高压开关分会秘书处利用"高压电器资讯"微信平台发布高压开关行业的管理、技术、试验等信息，为行业及相关的原材料、配套件企业的交流提供及时有效的服务。同时，通过微信平台及时发布会议、缴费、企业招聘等信息。

2. 完成高压开关行业年报统计工作

按照中国电器工业协会的要求，高压开关分会秘书处及时编写《高压开关行业经济运行分析报告》，填写行业企业基本情况汇总表并将统计数据上报中国电器工业协会，统计数据详细说明了高压开关行业经济运行特点和重点产品发展状况、企业普遍存在且亟待政府部门解决的困难和问题，以及行业新技术新产品的发展思路等，对行业产业经济运行提供预警分析。

3. 协助上级部门完成开关领域重点产品和技术的梳理调研等工作

受中国工程院和国家制造强国建设战略咨询委员会、中国电器工业协会等上级部门的委托，组织高压开关领域骨干企业开展基础部件和元器件、基础材料、工业基础软件、基础工艺及其装备、产业技术基础情况的梳理，重点调研开关领域"卡脖子"产品和技术，并向上级单位进行书面汇报，为编制《产业基础创新发展目录》提供参考。此外，分会还协助有关政府部门对开关领域骨干企业进出口产品关税情况，电工装备企业高质量走出去的案例、数据和经验情况进行了调查，及时将骨干企业反馈的有关信息分析报送上级有关部门。

4. 开展新冠疫情对行业外贸和产业链影响调研

西安高压电器研究院有限责任公司、中国电器工业协会高压开关分会和中国电工技术学会输变电设备专业委员会共同开展了"征集新冠疫情对我国高压开关行业对外贸易和产业链影响调研问卷"的活动。调研对象为高压开关行业内具有影响的、出口业务量大的制造企业和外贸型企业，共16家企业填报并返回调研问卷。根据调研资料，共同撰写了调研报告，从多方面分析了疫情对外贸和产业链的影响，提出了应对措施和建议。

行业会议与论坛

1. 八届常务理事会

2021年4月10日，高压开关分会第八届第七次常务理事会议在杭州召开，52家常务理事单位的91名代表出席会议。国网科技部主任沈江作"高压开关行业形势"报告、中国电力科学研究院有限公司副院长高克利作"新型环保绝缘气体研究与应用"报告、西安高压电器研究院技术中心副总监马平作"从绝缘设计的视角看环保产品的技术方向"报告。会议听取并审议讨论了分会秘书处提交的高压分会第九届理事会换届工作安排、第九届分会理事会组建方案和第九届理事、常务理事、副理事长单位推荐条件等有关换届事宜。会议审查通过巨东电气有限公司等13家单位为中国电器工业协会高压开关分会会员，审查决定取消27家单位的会籍。

高压开关分会第八届第八次常务理事会议于2021年

9月28日在贵阳召开。42家常务理事单位、1家名誉常务理事单位的81名代表出席了会议，受疫情影响部分常务理事单位请假。国家能源局原监管总监李冶参会并讲话。他对在"双碳"背景下，国家技术发展战略、构建新型电力系统做了解读，并就研发新领域、创造新业态等技术变革对高压开关行业提出了新要求。沈阳工业大学林莘教授作"环保混合气体在高压开关中的应用"报告、中国电力科学研究院有限公司高压所主任冯英作"变电站一键顺控开控开关设备技术评估"报告、西安高压电器研究院技术中心副总监马平介绍了"40.5kV环保开关设备技术研究"报告。

中国电器工业协会副会长、高压开关分会理事长元复兴向常务理事汇报了秘书处近期主要工作。会议审议通过了分会秘书处提交的关于《中国电器工业协会高压开关分会工作条例》修改说明和高压开关分会第九届理事会理事候选名单等有关换届报告；审查批准了大连丰和电力科技有限公司等33家单位为中国电器工业协会高压开关分会会员；审查通过了注销保定永红电器设备有限公司等50家单位的会员资格。

2. "创建世界一流电气行业组织"和"开展碳达峰碳中和研究"座谈会

由中国电器工业协会主办、高压开关分会承办的"创建世界一流电气行业组织"和"开展碳达峰碳中和研究"座谈会于2021年4月14日在西安召开。高压开关分会等9家分支机构和30余位企业代表出席会议。中国电器工业协会领导作"电力装备产业助力碳达峰碳中和途径和措施研究工作"的专项发言，与会代表就输配电行业面对"双碳"的主要挑战和技术瓶颈进行了座谈。高压开关分会理事长元复兴针对中国电器工业协会"10+1"行动纲领提出了高压开关分会的工作思路和设备，秘书长周小中汇报了高压开关分会的近期工作，并提出高压开关分会落实"10+1"行动的具体工作实施计划。

3. 2021高压开关分会年会暨碳达峰碳中和研讨会和八届四次理事会

2021高压开关分会年会暨碳达峰碳中和研讨会5月在宜春召开，行业会员单位代表近千人参加会议。会议围绕"推动绿色低碳技术发展，助力清洁高效能源体系"的主题召开碳达峰碳中和研讨会，国家电网公司科技部沈江作"开关行业发展中长期大环境分析"的报告，分析了"十四五"电力规划对电力设备的需求，以及碳达峰碳中和对电力设备的影响；西安交大王建华作"高压交流快速真空开关技术及应用"的报告；哥伦比亚大学陈曦作"碳中和带来的科技创新与产业机遇"的报告；中国电力科学研究院高压所冯英作"2021年国家电网有限公司开关设备运行情况"的报告；西安高压电器研究院马平作"'双碳'政策环境下开关设备技术发展趋势分析"的报告。

年会期间召开了高压开关分会八届四次理事会，审议通过了分会 2020 年工作汇报及 2021 年工作计划、高压开关分会第九届理事会组建方案等换届事宜，审议通报了 2020 年和 2021 年上半年新入会的 59 家单位。同期举办了高压电器设备及配套产品展示，共有 132 家单位参展，共 187 个展位，展示了高压开关成套设备、壳体、工业机器人、灭弧室、绝缘件、仪器仪表和企业应用软件等多种产品。

4. 高压开关行业青年企业家论坛

2021 年 5 月 28 日，高压开关行业青年企业家论坛在宜春召开。论坛以自主创新、持续推进高压开关行业高质量发展为主题，邀请开关行业青年企业家、电力公司的专家共同探讨在高新技术发展新形势下高压开关行业如何再铸新成就，实现新的历史性跨越。青年企业家论坛将每年定期召开。

5. "双碳"背景下中压开关装备创新发展论坛

"双碳"背景下中压开关装备创新发展论坛于 2021 年 7 月 31 日在宁波召开，来自地方电网公司的领导、专家以及重点行业企业的代表共 300 多人参加。西安交通大学耿英三教授作"'双碳'目标下高电压等级真空断路器技术"的报告、中国电力科学研究院高电压研究所高级工程师兰剑作"中压开关设备的标准化设计"的报告、西安高压电器研究院技术中心副总监马平作"'双碳'政策下低碳环保开关设备研发"的报告、宁波天智电气科技有限公司常务副总经理林复明作"大电流充气开关设备的研发和制造"的报告。

行业管理 2021 年，高压开关分会共收到符合入会条件的 60 多家企业的入会申请，发展新会员 48 家，取消会籍单位 77 家。截至 2021 年 11 月，高压开关分会现有会员数量 700 家。根据《高压开关行业年鉴》中的统计数据，

2021 年共为会员单位提供证明材料 37 份。

按照中国电器工业协会换届程序及管理办法的规定，秘书处于 2021 年年初启动高压开关分会第九届理事会换届工作。2021 年 4 月在分会八届七次常务理事会上审议讨论了九届理事会组建方案（讨论稿）及分会第九届理事、常务理事、理事长（正、副）推荐条件；5 月在分会八届四次理事会上审议通过了九届理事会组建方案及推荐条件；5—9 月，向高压开关分会全体会员单位征集第九届理事会候选单位；9 月完成了高压开关分会第九届理事候选单位名单（讨论稿），提交分会八届八次常务理事会审议；9 月完成了高压开关分会工作条例（草案）修订的工作及修改说明，并在 2021 年 9 月召开的分会第八届第八次常务理事会获审议通过。

〔供稿单位：中国电器工业协会高压开关分会〕

绝缘子避雷器

生产发展情况 2021 年列入绝缘子避雷器行业统计的生产企业有 124 家，全年实现工业总产值 157.35 亿元，同比下降 1.81%；实现工业销售产值 155.48 亿元，同比增长 1.81%；实现工业增加值 35.70 亿元，同比增长 5.32%；实现利润总额 15.41 亿元，同比下降 3.23%；实现出口交货值 19.78 亿元，同比下降 15.09%。2021 年绝缘子避雷器行业（124 家生产企业）主要经济指标见表 1。

表 1　2021 年绝缘子避雷器行业（124 家生产企业）主要经济指标

序号	指标名称	单位	2021 年	2020 年	比上年增长（%）
1	工业总产值	万元	1 573 457	1 602 505	-1.81
2	工业销售产值	万元	1 554 843	1 527 246	1.81
3	工业增加值	万元	357 016	338 982	5.32
4	出口交货值	万元	197 832	233 000	-15.09
5	利润总额	万元	154 087	159 227	-3.23
6	从业人员数	人	24 714	26 371	-6.28
7	全员劳动生产率（增加值）	元／人	144 459	128 543	12.38

1. 工业总产值

2021 年，绝缘子避雷器行业完成工业总产值 157.35 亿元，较上年减少 2.90 亿元，比上年下降 1.81%，增速较上年减少 3.9 个百分点。

2021 年，绝缘子避雷器行业中工业总产值 5 000 万元以上的企业有 86 家，占行业统计企业数的 69.35%，其产值合计 147.00 亿元，占行业总产值的 93.43%；产值 1 亿

元以上的企业有 44 家，占行业统计企业数的 35.48%，其产值合计 117.90 亿元，占行业总产值的 74.93%；产值 3 亿元以上的企业有 14 家，占行业统计企业数的 11.29%，其产值合计 65.85 亿元，占行业总产值的 41.85%。2021 年绝缘子避雷器行业工业总产值前 5 位企业见表 2。2021 年绝缘子避雷器行业工业总产值前 20 位企业中增长率前 5 位企业见表 3。

表 2　2021 年绝缘子避雷器行业工业总产值前 5 位企业

序号	企业名称	工业总产值 / 万元
1	南京电气科技集团有限公司	87 887
2	大连电瓷集团输变电材料有限公司	86 350
3	苏州电瓷厂股份有限公司	63 190
4	江西高强电瓷集团有限公司	59 682
5	塞迪维尔玻璃绝缘子（上海）有限公司	47 489

表 3　2021 年绝缘子避雷器行业工业总产值前 20 位企业中增长率前 5 位企业

序号	企业名称	比上年增长（%）
1	江苏神马电力股份有限公司	35.59
2	南京电气科技集团有限公司	9.93
3	西安西电避雷器有限责任公司	6.01
4	西门子避雷器（无锡）有限公司	5.00
5	青州市力王电力科技有限公司	3.00

2. 工业销售产值

2021 年，绝缘子避雷器行业完成工业销售产值 155.48 亿元，较上年增加 2.76 亿元，比上年增长 1.81%，增速较上年提高 2.21 个百分点。2021 年绝缘子避雷器行业工业销售产值前 5 位企业见表 4。2021 年绝缘子避雷器行业工业销售产值前 20 位企业中增长率前 5 位企业见表 5。

表 4　2021 年绝缘子避雷器行业工业销售产值前 5 位企业

序号	企业名称	工业销售产值 / 万元
1	南京电气科技集团有限公司	109 892
2	大连电瓷集团输变电材料有限公司	86 685
3	苏州电瓷厂股份有限公司	60 965
4	江西高强电瓷集团有限公司	58 621
5	塞迪维尔玻璃绝缘子（上海）有限公司	48 158

表 5　2021 年绝缘子避雷器行业工业销售产值前 20 位企业中增长率前 5 位企业

序号	企业名称	比上年增长（%）
1	南京电气科技集团有限公司	55.45
2	江苏神马电力股份有限公司	35.59
3	西安西电避雷器有限责任公司	12.62
4	塞迪维尔玻璃绝缘子（上海）有限公司	8.62
5	长园高能电气股份有限公司	6.14

2021 年，国内销售产值为 135.70 亿元，较上年增加 6.28 亿元，比上年增长 4.85%。国内销售产值占工业销售产值的 87.28%，较上年增加 3.13 个百分点。2021 年绝缘子避雷器行业国内销售产值前 5 位企业见表 6。2021 年绝

缘子避雷器行业国内销售产值前 20 位企业中增长率前 5 位企业见表 7。

表 6　2021 年绝缘子避雷器行业国内销售产值前 5 位企业

序号	企业名称	国内销售产值 / 万元
1	南京电气科技集团有限公司	103 197
2	大连电瓷集团输变电材料有限公司	70 288
3	江西高强电瓷集团有限公司	58 621
4	苏州电瓷厂股份有限公司	47 353
5	萍乡百斯特电瓷有限公司	40 300

表 7　2021 年绝缘子避雷器行业国内销售产值前 20 位企业中增长率前 5 位企业

序号	企业名称	比上年增长（%）
1	南京电气科技集团有限公司	77.44
2	塞迪维尔玻璃绝缘子（上海）有限公司	44.67
3	江苏神马电力股份有限公司	35.59
4	西安西电避雷器有限责任公司	28.50
5	苏州电瓷厂股份有限公司	18.15

3. 出口交货值

2021 年，绝缘子避雷器行业完成出口交货值 19.78 亿元，较上年减少 3.52 亿元，比上年下降 15.09%，增速较上年减少 17.93 个百分点。2021 年绝缘子避雷器行业出口交货值前 5 位企业见表 8。2021 年绝缘子避雷器行业出口交货值前 20 位企业中增长率前 5 位企业见表 9。2021 年绝缘子避雷器行业出口交货值前 20 位企业中出口交货值占工业销售产值比例前 5 位企业见表 10。

表 8　2021 年绝缘子避雷器行业出口交货值前 5 位企业

序号	企业名称	出口交货值 / 万元
1	塞迪维尔玻璃绝缘子（上海）有限公司	24 022
2	西门子避雷器（无锡）有限公司	18 651
3	大连电瓷集团输变电材料有限公司	16 397
4	醴陵华鑫电瓷科技股份有限公司	14 405
5	苏州电瓷厂股份有限公司	13 612

表 9　2021 年绝缘子避雷器行业出口交货值前 20 位企业中增长率前 5 位企业

序号	企业名称	比上年增长（%）
1	南阳金牛电气有限公司	77.78
2	山东瑞泰玻璃绝缘子有限公司	58.60
3	醴陵市浦口电瓷制造有限公司	37.25
4	郑州祥和集团电气设备有限公司	14.29
5	河北久鼎电气有限公司	11.11

表10　2021 年绝缘子避雷器行业出口交货值前 20 位企业中出口交货值占工业销售产值比例前 5 位企业

序号	企业名称	占比（%）
1	福建和盛崇业电瓷有限公司	99.99
2	郑州祥和集团电气设备有限公司	78.43
3	河北久鼎电气有限公司	68.67
4	温州益坤电气股份有限公司	65.22
5	西门子避雷器（无锡）有限公司	59.88

4. 工业增加值

2021 年，绝缘子避雷器行业完成工业增加值 35.70 亿元，较上年增加 1.80 亿元，比上年增长 5.32%，增速较上年提高 31.23 个百分点。2021 年绝缘子避雷器行业工业增加值前 5 位企业见表 11。2021 年绝缘子避雷器行业工业增加值前 20 位企业中增长率前 5 位企业见表 12。

表11　2021 年绝缘子避雷器行业工业增加值前 5 位企业

序号	企业名称	工业增加值 / 万元
1	南京电气科技集团有限公司	35 976
2	苏州电瓷厂股份有限公司	31 828
3	青州市力王电力科技有限公司	23 631
4	江东金具设备有限公司	20 905
5	江西高强电瓷集团有限公司	16 008

表12　2021 年绝缘子避雷器行业工业增加值前 20 位企业中增长率前 5 位企业

序号	企业名称	比上年增长（%）
1	江西高强电瓷集团有限公司	66.65
2	湖南华联火炬电瓷电器有限公司	42.11
3	四川省宜宾环球集团有限公司	27.02
4	红光电气集团有限公司	26.08
5	醴陵市浦口电瓷制造有限公司	16.36

5. 利润总额

2021 年，绝缘子避雷器行业完成利润总额 154 087 万元，较上年减少 5 140 万元，比上年下降 3.23%，增速较上年减少 18.94 个百分点。2021 年绝缘子避雷器行业利润总额前 5 位企业见表 13。2021 年绝缘子避雷器行业利润总额前 20 位企业中增长率前 5 位企业见表 14。

表13　2021 年绝缘子避雷器行业利润总额前 5 位企业

序号	企业名称	利润总额 / 万元
1	大连电瓷集团输变电材料有限公司	18 240
2	江苏神马电力股份有限公司	11 940
3	江西高强电瓷集团有限公司	8 998
4	南京电气科技集团有限公司	8 757
5	苏州电瓷厂股份有限公司	7 031

表14　2021 年绝缘子避雷器行业利润总额前 20 位企业中增长率前 5 位企业

序号	企业名称	比上年增长（%）
1	抚顺电瓷制造有限公司	156.90
2	醴陵华鑫电瓷科技股份有限公司	39.75
3	大连电瓷集团输变电材料有限公司	39.64
4	中材江西电瓷电气有限公司	36.75
5	南京电气科技集团有限公司	24.60

6. 从业人员数

2021 年，绝缘子避雷器行业从业人员数为 24 714 人，较上年减少 1 657 人，比上年下降 6.28%。2021 年绝缘子避雷器行业从业人员前 5 位企业见表 15。2021 年绝缘子避雷器行业从业人员前 20 位企业中增长率前 5 位企业见表 16。

表15　2021 年绝缘子避雷器行业从业人员前 5 位企业

序号	企业名称	从业人员数 / 人
1	江苏神马电力股份有限公司	1 328
2	大连电瓷集团输变电材料有限公司	1 191
3	湖南华联火炬电瓷电器有限公司	935
4	南京电气科技集团有限公司	923
5	醴陵华鑫电瓷科技股份有限公司	786

表16　2021 年绝缘子避雷器行业从业人员前 20 位企业中增长率前 5 位企业

序号	企业名称	比上年增长（%）
1	湖南华联火炬电瓷电器有限公司	29.86
2	江苏神马电力股份有限公司	13.50
3	山东淄博电瓷厂股份有限公司	12.24
4	西安康本材料有限公司	9.38
5	醴陵市浦口电瓷制造有限公司	1.53

7. 全员劳动生产率

2021 年，绝缘子避雷器行业全员劳动生产率为 144 459 元 / 人，较上年增加 15 916 元 / 人，比上年增长 12.38%，增速较上年提高 39.29 个百分点。2021 年绝缘子避雷器行业全员劳动生产率前 5 位企业见表 17。

表17　2021 年绝缘子避雷器行业全员劳动生产率前 5 位企业

序号	企业名称	全员劳动生产率 / （元 / 人）
1	苏州电瓷厂股份有限公司	961 571
2	青州市力王电力科技有限公司	885 056
3	江苏金三力电力器材实业有限公司	710 877
4	南阳中威电气有限公司	540 976
5	恒大电气有限公司	479 469

产品分类产量 2021 年绝缘子避雷器行业各类产品主　要生产企业见表 18。

表 18　2021 年绝缘子避雷器行业各类产品主要生产企业

序号	产品类别	企业名称
1	线路瓷绝缘子	大连电瓷集团输变电材料有限公司、苏州电瓷厂股份有限公司、山东高亚绝缘子有限公司、萍乡市海克拉斯电瓷有限公司、萍乡百斯特电瓷有限公司
2	电站电器用棒形支柱瓷绝缘子	中材江西电瓷电气有限公司、西安西电高压电瓷有限责任公司、河南省中联红星电瓷有限责任公司、苏州电瓷厂股份有限公司、唐山高压电瓷有限公司、湖南阳东电瓷电气股份有限公司
3	电站电器用空心瓷绝缘子	醴陵华鑫电瓷科技股份有限公司、西安西电高压电瓷有限责任公司、醴陵市浦口电瓷制造有限公司、抚顺高科电瓷电气制造有限公司、抚顺电瓷制造有限公司
4	线路玻璃绝缘子	南京电气科技集团有限公司、四川省宜宾环球集团有限公司、塞迪维尔玻璃绝缘子（上海）有限公司、浙江泰仑绝缘子有限公司、山东瑞泰玻璃绝缘子有限公司
5	套管	南京电气科技集团有限公司、西安西电高压套管有限公司、沈阳传奇套管有限公司、河南平高电气股份有限公司复合绝缘子事业部、大连森垚电器制造股份有限公司、山东辰祥电气设备有限公司
6	线路复合绝缘子	长园高能电气股份有限公司、江苏祥源电气设备有限公司、江苏神马电力股份有限公司、淄博泰光电力器材厂、江东金具设备有限公司、襄阳国网合成绝缘子有限公司
7	电站电器用复合绝缘子	江苏神马电力股份有限公司、西安西电避雷器有限责任公司、河南平高电气股份有限公司复合绝缘子事业部、南京电气科技集团有限公司
8	高压金属氧化物避雷器	西安西电避雷器有限责任公司、金冠电气股份有限公司、抚顺电瓷制造有限公司、平高东芝（廊坊）避雷器有限公司、西门子避雷器（无锡）有限公司、西安神电电器有限公司、恒大电气有限公司、杭州永德电气有限公司

2021 年绝缘子避雷器行业瓷绝缘子产量为 60.07 万 t，比上年下降 3.68%；线路玻璃绝缘子产量为 2 610.11 万片，比上年增长 1.22%；盘形悬式瓷复合绝缘子产量为 20.26 万片，比上年增长 3.00%；高压套管生产 57 613 只，比上年增长 13.68%；复合绝缘子产量为 1 523 万只，比上年增长 14.43%；避雷器产量为 901.09 万只，比上年增长 3.30%。2021 年绝缘子避雷器行业主要产品产量见表 19。2021 年绝缘子避雷器行业各产品主要生产企业产量见表 20。

表 19　2021 年绝缘子避雷器行业主要产品产量

产品类别	单位	2021 年	2020 年	比上年增长（%）
瓷绝缘子	t	600 710	623 632	-3.68
线路瓷绝缘子	t	467 938	490 686	-4.64
其中：160kN 及以上盘形悬式	万片	1 014.74	1 084.09	-6.40
电站电器瓷绝缘子	t	132 772	132 946	-0.13
其中：500kV 等级空心	只	23 461	13 726	70.92
750kV 等级空心	只	3 838	3 979	-3.54
1000kV 等级空心	只	1 311	1 246	5.22
500kV 等级支柱	只	11 328	12 638	-10.37
750kV 等级支柱	只	3 794	4 989	-23.95
线路玻璃绝缘子	万片	2 610.11	2 578.57	1.22
其中：100（120）kN 及以下	万片	1 690.13	1 442.54	17.16
160kN 及以上	万片	919.98	1 136.03	-19.02
盘形悬式瓷复合绝缘子	万片	20.26	19.67	3.00
高压套管	只	57 613	50 678	13.68
瓷外套高压套管	只	17 697	17 508	1.08
其中：500kV 等级	只	459	319	43.89
750kV 等级	只	70	94	-25.53
1000kV 等级	只	18	6	200.00
复合外套高压套管	只	39 916	33 170	20.34
其中：500kV 等级	只	134	18	644.44

（续）

产品类别	单位	2021 年	2020 年	比上年增长（%）
±800kV 等级	只	1	2	-50.00
复合绝缘子	万只	1 523	1 331	14.43
棒形悬式复合绝缘子	只	8 178 823	6 096 365	34.16
其中：500kV 等级	只	80 871	115 934	-30.24
750kV 等级	只	48 783	50 697	-3.78
1000kV 等级	只	539	414	30.19
±800kV 等级	只	14 720	20 431	-27.95
支柱复合绝缘子元件	只	730 983	715 089	2.22
其中：500kV 等级	只	2 992	2 756	8.56
750kV 等级	只	508	276	84.06
±800kV 等级	只	1 544	1 717	-10.08
空心复合绝缘子	只	162 276	139 618	16.23
其中：500kV 等级	只	4 699	5 176	-9.22
750kV 等级	只	1 661	1 500	10.73
1000kV 等级	只	38	34	11.76
±800kV 等级	只	626	593	5.56
避雷器	只	9 010 879	8 722 863	3.30
其中：500kV 等级	只	6 084	4 524	34.48
750kV 等级	只	178	475	-62.53
1000kV 等级	只	78	60	30.00
直流避雷器	只	6 432	6 025	6.76

注：瓷绝缘子统计中，由于各企业填报的单位不统一，对于没有吨位的数据进行了估计折算。

表 20　2021 年绝缘子避雷器行业各产品主要生产企业产量

企业名称	单位	产量	企业名称	单位	产量
线路瓷绝缘子			线路玻璃绝缘子		
江西高强电瓷集团有限公司	t	80 489	塞迪维尔玻璃绝缘子（上海）有限公司	万片	530
大连电瓷集团输变电材料有限公司	t	57 686	南京电气科技集团有限公司	万片	526
萍乡百斯特电瓷有限公司	t	50 800	浙江泰仑绝缘子有限公司	万片	393
苏州电瓷厂股份有限公司	t	36 230	160kN 及以上线路玻璃绝缘子		
河北新旺电力器材有限公司	t	22 317	塞迪维尔玻璃绝缘子（上海）有限公司	万片	215
160kN 及以上盘形悬式瓷绝缘子			南京电气科技集团有限公司	万片	167
大连电瓷集团输变电材料有限公司	万只	323	四川省宜宾环球集团有限公司	万片	132
萍乡市海克拉斯电瓷有限公司	万只	157	盘形悬式瓷复合绝缘子		
苏州电瓷厂股份有限公司	万只	133	青州市力王电力科技有限公司	万片	20
萍乡百斯特电瓷有限公司	万只	76	瓷外套高压套管		
萍乡市旭华电瓷电器制造有限公司	万只	58	西安西电高压套管有限公司	只	9 128
电站电器瓷绝缘子			南京电气科技集团有限公司	只	5 812
醴陵华鑫电瓷科技股份有限公司	t	22 142	复合外套高压套管		
大连电瓷集团输变电材料有限公司	t	21 915	大连森垚电器制造股份有限公司	只	30 000
醴陵市浦口电瓷制造有限公司	t	21 235	山东辰祥电气设备有限公司	只	7 695
湖南阳东电瓷电气股份有限公司	t	9 507	500kV 及以上棒形悬式复合绝缘子		
苏州电瓷厂股份有限公司	t	9 247	长园高能电气股份有限公司	只	30 964

（续）

企业名称	单位	产量	企业名称	单位	产量
淄博泰光电力器材厂	只	27 197	西安西电避雷器有限责任公司	只	8 618
江苏神马电力股份有限公司	只	14 588	大连法伏安电器有限公司	只	5 803
江苏祥源电气设备有限公司	只	9 726	330kV 避雷器		
江东金具设备有限公司	只	7 560	西门子避雷器（无锡）有限公司	只	4 221
±800kV 棒形悬式复合绝缘子			恒大电气有限公司	只	3 622
长园高能电气股份有限公司	只	6 067	南阳中威电气有限公司	只	1 352
江苏祥源电气设备有限公司	只	3 663	西安西电避雷器有限责任公司	只	474
500kV 及以上支柱复合绝缘子元件			金冠电气股份有限公司	只	284
青州市力王电力科技有限公司	只	1 515	500kV 避雷器		
江苏神马电力股份有限公司	只	795	西安西电避雷器有限责任公司	只	1 304
±800kV 支柱复合绝缘子元件			平高东芝（廊坊）避雷器有限公司	只	1 079
青州市力王电力科技有限公司	只	889	抚顺电瓷制造有限公司	只	969
江苏神马电力股份有限公司	只	641	金冠电气股份有限公司	只	915
500kV 及以上空心复合绝缘子			西门子避雷器（无锡）有限公司	只	669
江苏神马电力股份有限公司	只	4 797	750kV 避雷器		
河南平高电气股份有限公司复合绝缘子事业部	只	572	西安西电避雷器有限责任公司	只	70
110kV 避雷器			平高东芝（廊坊）避雷器有限公司	只	38
金冠电气股份有限公司	只	24 938	金冠电气股份有限公司	只	36
西安西电避雷器有限责任公司	只	24 345	抚顺电瓷制造有限公司	只	28
西门子避雷器（无锡）有限公司	只	15 573	明电舍（郑州）电气工程有限公司	只	6
大连森垚电器制造股份有限公司	只	15 000	1 000kV 避雷器		
恒大电气有限公司	只	12 764	平高东芝（廊坊）避雷器有限公司	只	36
220kV 避雷器			西安西电避雷器有限责任公司	只	29
南阳中威电气有限公司	只	18 532	金冠电气股份有限公司	只	12
金冠电气股份有限公司	只	15 084	抚顺电瓷制造有限公司	只	1
西门子避雷器（无锡）有限公司	只	13 448			

科技成果及新产品 绝缘子避雷器行业统计报表显示，2021 年行业新产品产值为 42.64 亿元，比上年增长 5.22%。新产品产值排名前 20 位企业中，增长率在 10% 以上的企业有 8 家，比上年增加了 2 家。这 8 家企业分别是：江西高强电瓷集团有限公司、抚顺高科电瓷电气制造有限公司、宁波市镇海国创高压电器有限公司、醴陵市浦

口电瓷制造有限公司、江苏祥源电气设备有限公司、长园高能电气股份有限公司、西安西电避雷器有限责任公司、醴陵华鑫电瓷科技股份有限公司。2021 年绝缘子避雷器行业新产品产值前 10 位企业见表 21。2021 年绝缘子避雷器行业新产品产值率前 20 位企业见表 22。

表 21　2021 年绝缘子避雷器行业新产品产值前 10 位企业

序号	企业名称	2021 年	2020 年	比上年增长（%）
1	南京电气科技集团有限公司	52 732	47 970	9.93
2	苏州电瓷厂股份有限公司	43 965	42 899	2.48
3	平高东芝（廊坊）避雷器有限公司	31 200	30 370	2.73
4	江西高强电瓷集团有限公司	30 938	16 983	82.17
5	西安西电高压电瓷有限责任公司	28 597	29 700	-3.71
6	青州市力王电力科技有限公司	25 456	24 714	3.00
7	醴陵华鑫电瓷科技股份有限公司	24 724	22 204	11.35

（续）

序号	企业名称	2021年	2020年	比上年增长（%）
8	长园高能电气股份有限公司	21 306	18 803	13.31
9	西安西电避雷器有限责任公司	17 283	15 285	13.07
10	金凤凰控股集团有限公司	16 980	19 600	-13.37

表22　2021年绝缘子避雷器行业新产品产值率前20位企业

序号	企业名称	新产品产值率（%）	工业总产值／万元	新产品产值／万元
1	江苏祥源电气设备有限公司	99.21	16 301	16 172
2	西安西电高压电瓷有限责任公司	92.72	30 843	28 597
3	抚顺高科电瓷电气制造有限公司	87.96	8 108	7 132
4	固力发集团股份有限公司	85.90	5 831	5 009
5	平高东芝（廊坊）避雷器有限公司	85.48	36 500	31 200
6	承德伏安电工有限公司	82.57	4 412	3 643
7	宁波市镇海国创高压电器有限公司	80.00	7 900	6 320
8	青州市力王电力科技有限公司	72.00	35 357	25 456
9	江西爱瑞达电瓷电气有限公司	71.56	9 800	7 013
10	襄阳市三三电气有限公司	70.64	545	385
11	醴陵华鑫电瓷科技股份有限公司	70.29	35 172	24 724
12	苏州电瓷厂股份有限公司	69.58	63 190	43 965
13	上海电瓷厂有限公司	69.25	3 717	2 574
14	金凤凰控股集团有限公司	66.07	25 700	16 980
15	温州益坤电气股份有限公司	62.35	20 425	12 735
16	长园高能电气股份有限公司	61.91	34 417	21 306
17	抚顺电瓷制造有限公司	61.78	14 686	9 073
18	浙江金利华电气股份有限公司	60.03	7 265	4 361
19	南京电气科技集团有限公司	60.00	87 887	52 732
20	山东高亚绝缘子有限公司	59.99	5 069	3 041

2021年绝缘子避雷器行业新产品研发与试验共投入59 451万元，比上年增长9.19%。据不完全统计，2021年绝缘子避雷器行业获授权国家专利178件，其中发明专利33件、实用新型专利145件。2021年绝缘子避雷器行业新产品研发与试验投入前10位企业见表23。2021年绝缘子避雷器行业科技成果获奖（含名牌产品等）情况见表24。2021年绝缘子避雷器行业通过鉴定的主要新产品研制项目见表25。

表23　2021年绝缘子避雷器行业新产品研发与试验投入前10位企业

序号	企业名称	2021年／万元	2020年／万元	比上年增长（%）
1	大连电瓷集团输变电材料有限公司	5 275	4 815	9.55
2	南京电气科技集团有限公司	4 723	3 242	45.68
3	西安康本材料有限公司	2 581	2 495	3.45
4	平高东芝（廊坊）避雷器有限公司	2 430	2 317	4.88
5	苏州电瓷厂股份有限公司	2 351	2 204	6.67
6	西安西电避雷器有限责任公司	1 995	1 718	16.12
7	固力发集团股份有限公司	1 957	1 806	8.36
8	西安西电高压套管有限公司	1 949	1 526	27.72
9	江西高强电瓷集团有限公司	1 841	1 051	75.17
10	红光电气集团有限公司	1 839	1 606	14.51

表24 2021年绝缘子避雷器行业科技成果获奖（含名牌产品等）情况

序号	项目名称	获奖单位	奖项及级别
1	换流变压器网侧套管无油化关键技术及工程应用	南京电气科技集团有限公司	中电联科技进步奖一等奖
2	换流变压器网侧 550kV 环氧树脂浸纸套管关键技术工程应用	西安西电高压套管有限公司	国网科学技术进步奖二等奖
3	±800kV 直流线路用带串联间隙复合外套金属氧化物避雷器	西安西电避雷器有限责任公司	陕西省科学技术进步奖三等奖
4	电力和轨道交通用防污闪无机憎水防污绝缘子制备关键技术及产业化	中材江西电瓷电气有限公司	江西省科技进步奖三等奖
5	一种可追溯的防高空坠落钢化玻璃绝缘子	南京电气科技集团有限公司	南京市优秀专利奖
6	兼作支柱用高抗震性能特高压避雷器的研发与工程应用	醴陵华鑫电瓷科技股份有限公司	醴陵市优秀科技成果奖
7	替代进口 HSP 超高压产品 550kV 干式套管研制	南京电气科技集团有限公司	南京市"讲理想、比贡献"优秀项目奖
8	酚醛泡沫硅油制备方法	扬州晨化新材料股份有限公司	中国氟硅行业优秀科技成果奖
9	PXHC 牌 500kV 及以下瓷绝缘子	江西省萍乡市华东出口电瓷有限公司	江西省名牌产品
10	10kV 自动调节防雷冰具有压敏装置的瓷质绝缘子	江西百新电瓷电气有限公司	江西省优秀新产品一等奖

表25 2021年绝缘子避雷器行业通过鉴定的主要新产品研制项目

序号	项目名称	完成单位
1	CRFGZ-±800/1042DC+1472/50Hz+393/100Hz 型柔性直流穿墙套管	西安西电高压套管有限公司
2	BRCGL2W-252/1250-4 天然酯绝缘油变压器套管	西安西电高压套管有限公司
3	BRFG1Z-±200/3329 胶浸纸电容式换流变套管	西安西电高压套管有限公司
4	BRFGZ-±400/5766 胶浸纸电容式换流变套管	西安西电高压套管有限公司
5	BRFGZ-±800/5766 胶浸纸电容式换流变阀侧套管	西安西电高压套管有限公司
6	CRFGZ-±150/6328 胶浸纸电容式直流穿墙套管	西安西电高压套管有限公司
7	CRFGZ-±400/6328 胶浸纸电容式直流穿墙套管	西安西电高压套管有限公司
8	CRFGZ-±800/6328 胶浸纸电容式直流穿墙套管	西安西电高压套管有限公司
9	550kV 互感器瓷套 45519	西安西电高压电瓷有限责任公司
10	145kV 支柱瓷套 481123PH	西安西电高压电瓷有限责任公司
11	±330kV 直流系统用系列避雷器瓷套（49521、49522、49523）	西安西电高压电瓷有限责任公司
12	252kV 出线瓷套（48616P）	西安西电高压电瓷有限责任公司
13	±800kV 气体绝缘直流穿墙套管	平高集团
14	交、直流盘形悬式钢化玻璃绝缘子（68 个型号）	四川环球绝缘子有限公司
15	300 ～ 550kN 交、直流工业氧化铝圆柱头瓷绝缘子	萍乡百斯特电瓷有限公司
16	Y10W-42/120 瓷外套铁路避雷器	正泰电气股份有限公司
17	YH10W-17/45 复合外套避雷器	上海电瓷厂有限公司
18	YH10CX2-13/36 复合外套避雷器	上海电瓷厂有限公司

2021年，大连电瓷集团输变电材料有限公司研发与试验投入 5 275 万元，比上年增长 9.55%。获授权实用新型专利18件。自行研发了圆柱头系列产品结构设计、干法成型坯料配方、新型一体化压缩釉、空心复合绝缘子热压胶装工艺、环氧复合变压器套管等项目。

南京电气科技集团有限公司研发与试验投入 4 723 万元，比上年增长 45.68%。获授权实用新型专利2件。防跌落玻璃绝缘子入选 2020 年南京市首批创新产品。自主研

发的百万伏空心复合绝缘子在中国电科院羊八井试验基地一次性通过高海拔电气试验。江苏省超特高压套管工程技术研究中心项目通过验收。

苏州电瓷厂股份有限公司研发与试验投入 2 351 万元，比上年增长 6.67%。获授权发明专利1件、实用新型专利11件。自行研发了无矾土高强度瓷材料绝缘子配方及工艺、交流特高压电网用 160 ～ 550kN 防污闪涂层盘形悬式瓷绝缘子等产品。

西安西电避雷器有限责任公司研发投入1 995万元，比上年增长16.12%。申请发明专利10件，申请实用新型专利7件；获授权发明专利3件、实用新型专利3件；1件PCT专利取得多个国家授权。为海上风电研制的智能化交直流避雷器已取得阶段性成果。持续推动"自动化＋数字化＋网络化＋智能化"产线建设，圆满完成35kV产品智能制造产线建设任务；按照一体化设计，分步实施策略，升级阀体产线，完成自动配料、成型、磨片、喷铝的自动化改造升级和批量生产。西安市高压避雷器研发及应用工程技术研究中心获批2021年度西安市工程技术研究中心。

西安西电高压套管有限公司研发与试验投入1 949万元，比上年增长27.72%。获授权实用新型专利6件。2021年5月16日，CRFGZ-±800/1042DC+1472/50Hz+393/100Hz型柔性直流穿墙套管通过中国机械工业联合会组织的新产品鉴定，研制的套管完全满足标准和技术协议参数要求，主要性能指标达到国际领先水平，标志着我国在高端电工装备研发方面实现了突破。12月26日，西安西电高压套管有限公司的7项新产品通过中国机械工业联合会组织的新产品鉴定。其中BRFGZ-±1100/6250A胶浸纸电容式换流变套管、BRFGZ-±844/5515胶浸纸电容式换流变套管、CRFGZ-±404/2500胶浸纸电容式直流穿墙套管、BRDLW-800/2500-3油纸电容式换流变网侧套管4项产品的主要性能指标达到同类产品国际领先水平，BRFGL3-550/2500-4胶浸纸电容式阀侧套管、BRCGL2W-550/3150-4胶浸纸电容式换流变网侧套管、BRDLW-800/2500-4油纸电容式变压器套管3项产品的主要性能指标达到同类产品国际先进水平。±1 100kV/5 455A穿墙套管、±800kV柔性直流穿墙套管、550kV/5 000A交流套管等入选2021年度能源领域首台（套）重大技术装备项目。特高压交、直流套管关键技术开发与系列化产品研制项目获陕西省人民政府批准。

中材江西电瓷电气有限公司新产品开发投入1 433万元。获授权发明专利2件、实用新型专利11件。成立了江西"海智计划"中材江西电瓷电气有限公司工作站，"旋压成型柱头悬式瓷绝缘子技术研发及产业化应用"项目通过验收，入选2021年江西省"5G+工业互联网"应用示范工厂，牵头承担的江西省首批国家级智能制造新模式应用项目"大规模超特高压用绝缘子生产线智能制造新模式示范工程"通过验收。

西安西电高压电瓷有限责任公司研发与试验投入958万元，新产品开发投入593万元。获授权发明专利1件。完成了不同颗粒细度对干法产品的性能影响试验、二次球磨工艺对产品性能的影响试验等；研制成功2 000kV变压器电容套管用下瓷件，为特高压电气设备提供了试验保障，填补了该领域的国内空白。

重大技术装备 2020年12月1日，国家能源局公告了《第一批能源领域首台（套）重大技术装备项目》（共26项），平高集团有限公司和西安西电高压套管有限公司

的±1 100kV/5 455A穿墙套管在列。

2021年8月26日，江苏省人民政府办公厅印发了《江苏省"十四五"制造业高质量发展规划》，南京电气科技集团有限公司的特高压绝缘子名列其中。规划明确"十四五"期间要以16个先进制造业集群和重点产业链培育为总抓手，率先建成全国制造业高质量发展示范区。其中，在"发展重点"一节中，强调要重点发展特高压设备，做强做优特高压（复合、瓷和玻璃）绝缘子等产品。

创新平台建设 西安高压电器研究院股份有限公司获批建设国家市场监管技术创新中心（输变电设备）。国家市场监管技术创新中心（输变电设备）将通过构建政产学研检一体化创新体系，结合我国"十四五"能源规划及"双碳"目标，重点开展环保型、数字化、智能化、高可靠性电器产品标准、检测、计量与认证技术研究，诊断我国输变电设备存在的质量技术问题，将形成的技术成果转化应用于产业链，促进我国输变电设备产业整体技术进步和质量提升，培养一批高端技术人才，支撑服务市场监管。

2021年11月9日，江西省科技厅印发《江西省科学技术厅关于下达2021年省级科技计划项目（第二批）的通知》，芦溪高压电瓷电气研究院获批省级引进共建高端研发机构。芦溪高压电瓷电气研究院有限公司是芦溪首家专业开展电瓷电气产品研发、检测、中试的研究院，主要负责高压输变电用绝缘子材料及其制品的相关技术研究开发、检验检测、技术转让、技术咨询等服务。研究院作为芦溪电瓷产业公共研发创新平台，旨在充当芦溪电瓷产业集群发展的发动机和孵化器，提升电瓷科技创新能力，加快推进电瓷产业转型升级，助力"世界电瓷之都"建设。芦溪县电瓷产业集群获评2021年江西省三星级产业集群。

检测 2021年，国家绝缘子避雷器质量监督检验中心接受生产企业、运行部门、政府部门等约200家单位的委托检验1 091项，比上年下降0.27%。其中绝缘子检验857项，比上年增长4.51%；避雷器检验234项，比上年下降14.60%。

2021年，绝缘子生产企业办理委托的数量和上年基本持平，企业数量虽然在减少，但产品质量整体有所提升，常规委托的一次合格率和抽检试验的合格率均有所上升。试验中发现，绝缘子产品检测中存在的突出问题有：

（1）盘形悬式绝缘子热机试验过程中试品击穿。

（2）机电破坏负荷试验中试品击穿造成负荷值低。

（3）陡波试验不合格。

（4）工频电弧试验伞裙脱落。

（5）孔隙性试验不合格。

（6）量规检查不合格。

2021年，避雷器生产企业办理委托的数量继续下降，降幅14.60%，较上年扩大3.27个百分点。避雷器产品在检测过程中呈现的主要问题如下：

（1）残压值超过规定值。在多种型号的避雷器检测

中，型号为 HY10W-17/45 及 YH10CX-13/36 的两种避雷器标称放电电流下的残压值超过规定值的概率较大。

（2）对整只避雷器进行残压试验时，存在试品损坏的情况。

（3）部分 10kV 带支撑件间隙的标准化避雷器，其支撑件部分的绝缘强度低，在进行 50% 放电电压试验时，支撑件内部绝缘被击穿，导致试验无法进行。

（4）部分委托中，配电类和线路类避雷器的重复转移电荷试验存在试品损坏的情况，配电类重负载避雷器用脱离器在进行重复转移电荷试验时发生过脱离器动作的情况。

2021 年 8 月 25 日，湖南滨华电瓷电器检测检验有限公司成功通过中国合格评定国家认可委员会（CNAS）的评审，取得实验室认可证书。此次获认可的检测能力范围共覆盖 3 个产品检测对象，36 个检测项目 / 参数。

标准

1. 标准制修订

2021 年全国绝缘子标准化技术委员会共有标准制修订项目 14 项，其中，报批国家标准 4 项（其中 2 项已发布），在研国家标准制修订项目 7 项，发布团体标准项目 3 项。

报批的 4 项绝缘子国家标准分别是：GB/T 1001.1《标称电压高于 1 000V 的架空线路绝缘子　第 1 部分：交流系统用瓷或玻璃绝缘子元件　定义、试验方法和判定准则》，GB/T 21421.1《标称电压高于 1 000V 的架空线路用复合绝缘子串元件　第 1 部分：标准强度等级和端部附件》，GB/T 4109《交流电压高于 1 000V 的绝缘套管》，GB/T 24622《绝缘子表面湿润性测量导则》。

在研的 7 项绝缘子标准制修订项目分别是：GB/T 4585《交流系统用高压绝缘子的人工污秽试验》、GB/T ××××《高压交流和直流系统用混合绝缘子—定义、试验方法和判定准则》、GB/T ××××《交流电压大于 1 000 V 和直流电压大于 1 500 V 的空心电站支柱复合绝缘子—定义、试验方法和接收准则》、GB/T 22674《直流系统用套管》、JB/T 4307《绝缘子胶装用水泥胶合剂》、JB/T 9680《高压架空输电线路地线用绝缘子》、JB/T 9678《盘形悬式绝缘子用钢化玻璃绝缘件外观质量》。

发布的 2 项绝缘子国家标准、3 项绝缘子中国电工技术学会团体标准分别是：GB/T 1001.1—2021《标称电压高于 1 000 V 的架空线路绝缘子　第 1 部分：交流系统用瓷或玻璃绝缘子元件　定义、试验方法和判定准则》，GB/T 21421.1—2021《标称电压高于 1 000 V 的架空线路用复合绝缘子串元件　第 1 部分：标准强度等级和端部装配件》；T/CES 081—2021《绝缘子试验方法　第 1 部分：一般试验方法》；T/CES 082—2021《绝缘子试验方法　第 2 部分：电气试验方法》；T/CES 083—2021《绝缘子试验方法　第 3 部分：机械试验方法》。

2021 年全国避雷器标准化委员会发布了 2 项国家标准，标准制修订项目有 2 项，送审稿和在研稿各 1 项。

发布的 2 项避雷器国家标准分别是：GB/T 18802.31—2021《低压电涌保护器　第 31 部分：用于光伏系统的电涌保护器　性能要求和试验方法》，GB/T 18802.32—2021《低压电涌保护器　第 32 部分：用于光伏系统的电涌保护器　选择和使用导则》。

制修订的 2 项避雷器标准分别是：GB/T 28547《交流金属氧化物避雷器选择和使用导则》（送审稿），GB/T 18802.12《低压电涌保护器（SPD）　第 12 部分：低压电源系统的电涌保护器　选择和使用导则》（在研稿）。

2. 国际标准化

西安高压电器研究院负责国内对口的 IEC/TC36 和 IEC/TC37 国内技术工作，2021 年共收到文件 73 个，其中 IEC/TC36 及其分技术委员会文件 50 个，IEC/TC37 及其分技术委员会文件 23 个。投票文件共 15 个，其中 IEC/TC36 文件 13 个，IEC/TC37 文件 2 个。投票与答复率均为 100%。2021 年 IEC/TC36 发布绝缘子出版物 2 个，均为 IS，分别是 IEC 60305：2021 Ed. 5.0《标称电压高于 1 000 V 的架空线路绝缘子交流系统用瓷和玻璃绝缘子元件　盘形悬式绝缘子元件的特性》，2021 年 1 月 11 日发布；IEC 60433：2021 Ed. 4.0《标称电压高于 1 000V 的架空线路绝缘子　交流系统用瓷绝缘子　长棒形绝缘子元件的特性》，2021 年 1 月 12 日发布。

IEC/TC36 及 SC36A 年会于 2021 年 6 月 15—17 日通过 Zoom 软件在线召开，西安高压电器研究院股份有限公司王建生、胡文歧，清华大学梁曦东，四川环球绝缘子有限公司曾红组成专家代表团参加了此次年会。会议期间团队成员遵守会议各项要求，积极参加会议的各项讨论，并根据全国绝缘子标委会确定的相关工作内容，对相关标准和工作项目提出了意见。

IEC/TC36/WG11 和 MT19 工作组召集人为清华大学梁曦东教授，WG11 负责组织修订 IEC 60815《污秽条件下使用的高压绝缘子的选择和尺寸确定》系列标准，MT19 工作组负责组织修订 IEC 62217《高压户内和户外用聚合物绝缘子　一般定义、试验方法和接收准则》。经过数次讨论、征求意见，召集人已于 2021 年年会前将完善的意见汇总处理表和标准文本发送给 IEC 秘书。此外，全国绝缘子标委会组织专家参与了 IEC/TC36 中所有活跃工作组的标准制修订工作，包括 MT17、MT18、MT20、MT23、MT24、PT63264 等工作组，各位专家按时参加国际会议，承担工作组相关任务，提出国内意见，很好地完成了 IEC 国际专家的任务。

全国绝缘子标委会委员西安高压电器研究院胡文歧专家获得 2021 年度 IEC 1906 奖。这是继清华大学梁曦东教授 2019 年获 IEC 1906 奖之后，标委会的委员又一次获得该奖项。

3. 全国避雷器标准化技术委员会换届

根据《全国专业标准化技术委员会管理办法》（国家质量监督检验检疫总局令 191 号）的相关要求，全国避雷器标准化技术委员会于 2021 年进行换届。年初进行了广泛公开的委员征集，经过筛选形成了第八届标委会组成方案，并编制了换届文件进行上报，于2021年11月获得换届批复。第八届委员会由来自生产企业、大专院校、科研院所、公共利益方等66名委员组成，其中，主任委员由王建生担任，副主任委员由何计谋、罗兵、王保山、黄兢业担任，秘书长由孙泉担任。

基本建设及技术改造 2021年绝缘子避雷器行业基本建设和技术改造情况见表26。

表26　2021年绝缘子避雷器行业基本建设和技术改造情况

序号	项目名称	投资/万元	建设单位	备注
1	特高压玻璃绝缘子智能化升级改造项目	6 000	江西高强电瓷集团有限公司	项目升级改造后，将大幅提升公司的良品率，进而提升资源利用效率，增加企业收入，并促进公司竞争力的提升，有助于拓展国际市场
2	智能化绝缘子项目	5 000	淄博电瓷厂股份有限公司	已完成主体厂房建设和部分设备基础土建工程
3	宿迁二期扩产项目（新建2条隧道窑、2条悬式成型线）	4 600	苏州电瓷厂股份有限公司	满足产能需求，不断提升产品品质，为全面布局调整打下基础
4	氧化锌电阻片自动化生产线	2 000	西安神电电器有限公司	生产线自动化程度及产品性能提升
5	日产万片圆柱头悬式瓷绝缘子自动化生产线	2 000	江西利峰电瓷制造有限公司	
6	玻璃绝缘子数字化工厂项目	1 200	南京电气科技集团有限公司	玻璃绝缘子制造智能化、高效、节能
7	特高压瓷套生产线升级改造项目	1 200	醴陵市浦口电瓷制造有限公司	总投资2 800万元，新增收入3 600万元，利润450万元，税收325万元
8	复合产线扩建	1 000	抚顺电瓷制造有限公司	效率明显提高，产能大幅提升
9	湿法制泥系统自动化改造	759	西安西电高压电瓷有限责任公司	球磨能耗下降50%，搬运距离缩短100m，制泥能力提升30%，劳动强度大幅下降，作业环境显著改善
10	智能仓储一座	500	南阳中威电气有限公司	占地面积1 100m²
11	复合拉紧绝缘子工频火花击穿率高的解决	430	江西高强电瓷集团有限公司	击穿率控制在0.1%以内
12	新建402m³全自动控制抽屉窑	420	醴陵市浦口电瓷制造有限公司	每年增加产能2 800万元；利润200万元
13	环保设备改造	400	浙江泰仑绝缘子有限公司	符合排放标准
14	35kV及以下复合外套避雷器智能制造产线	396	西安西电避雷器有限责任公司	建成国内第一条中压复合避雷器生产线，选用数字化、智能化设备及自动化辅助机械，提高生产效率以及产品的自动化水平，降低人工成本，实现数据的一致性，有利于提高产品的可靠性
15	阀体产线自动生产线（二期）	360	西安西电避雷器有限责任公司	通过电阻片生产物流自动化项目及烧成炉自动化等建设，电阻片生产过程实现工序间互联，可提高电阻片生产产量、质量和效率，减少人员配置，降低电阻片的生产成本
16	车间及窑炉改造	360	萍乡市芦溪县金洋申瓷制造有限公司	
17	高速机器人悬式成型生产线	323	萍乡强盛电瓷制造有限公司	形成产品项数5个，累计完成26万只，实现收入1 654万元
18	35kV可调节串并联间隙避雷器	320	南阳金牛电气有限公司	
19	电瓷附件生产线建设	300	醴陵市浦口电瓷制造有限公司	总投资2 000万元，新增收入3 000万元，利润320万元，税收280万元
20	除铁系统及养护系统改造	300	萍乡市海克拉斯电瓷有限公司	提升产品竞争力
21	交流盘型悬式瓷复合绝缘子	300	江西星火电气科技有限公司	
22	悬式防爆绝缘子复合避雷器	241	南阳金牛电气有限公司	
23	含熔断器的复合外套避雷器	218	南阳金牛电气有限公司	
24	电阻片整套试验设备	200	大连法伏安电器有限公司	

（续）

序号	项目名称	投资/万元	建设单位	备注
25	防雷支柱绝缘子及其制作方法	200	南阳金牛电气有限公司	
26	理化试验室建设（一期）	180	西安西电避雷器有限责任公司	完成理化实验室主体建设，购买超景深数码显微镜、BET 比表面积分析仪和真密度仪等分析仪器
27	自动压坯机及搬运机械手	180	山东高亚绝缘子有限公司	
28	新型复合材料绝缘子内芯盘的研制	150	青州市力王电力科技有限公司	采购复合原材料，自制芯盘，利用可再生资源，节约成本，提高成品合格率
29	国网智慧平台建设	136	苏州电瓷厂股份有限公司	ERP 系统升级及对接软件
30	500kV 支柱复合绝缘子开发	108	江苏祥源电气设备有限公司	
31	智能环网柜生产流水线	100	固力发集团股份有限公司	解决 100 余人就业问题，提升智能化数字工厂建设

2021 年 10 月 25 日，总投资 7 亿元的南京电气数字化工厂项目在南京经开区开工建设。项目建成后，园区将成为世界上最大的玻璃绝缘子生产基地。目前工厂的年产能是 700 万件，新项目建成后，预计年产玻璃绝缘子产品 3 万 t，整体产能将提升 50%，达到 1 000 万件。数字化工厂项目是在玻璃绝缘子一期工程基础上，再建一座玻璃新熔窑、一条玻璃件生产线和一条数字化绝缘子装配线，主要设备全部采自世界一流的供应商。与原有生产线相比，新的生产线因具有数字化、智能化、绿色、高效等特点，将达到世界领先水平。

2021 年，苏州电瓷厂股份有限公司宿迁二期扩产项目完成。该项目投资了 4 600 万元，新建 2 条隧道窑、2 条悬式成型线，满足了产能需求，为苏州电瓷全面布局调整打下基础。11 月 8 日，苏州电瓷厂股份有限公司宿迁分公司隧道窑点火仪式在宿迁举行。

2021 年，西安神电智能高压电器产业项目开工。该项目由西安神电（泾阳）电器有限公司投资建设，项目总投资 12 亿元，目前完成投资 3 亿元，将来主要生产避雷器、干式高压套管、智能高低压电气控制设备、电连接设备、电缆附件、大功率电阻器、高压隔离开关、过电压保护器等产品。

2021 年 6 月 5 日，大连电瓷（江西）有限公司特高压智能生产线项目开工仪式在江西萍乡芦溪县举行。大连电瓷集团将在芦溪县新建 12 条国内先进的特高压线路用悬式瓷绝缘子智能生产线，以及一条全国最长的节能隧道窑。该项目的签约落地，填补了芦溪县在部分特高压电瓷领域的空白，将发挥龙头引擎作用，极大地促进芦溪电瓷电气产业由中低压向高压、特高压集聚发展，大幅提升芦溪电瓷知名度和影响力。

2021 年 12 月 4 日，泰宁（深圳银星）绝缘子电气化铁路器材生产项目正式签约。该项目以深圳市银星绝缘子电气化铁路器材有限公司为主体投资建设，项目总投资 10 亿元。

对外合作 2021 年，受新冠疫情影响，绝缘子避雷器行业对外合作、出国考察人员继续下降。据不完全统计，2021 年绝缘子避雷器行业只有数家企业不足 20 人次前往国外参加展会、开展商务洽谈等。2021 年绝缘子避雷器行业出国考察情况见表 27。

表 27　2021 年绝缘子避雷器行业出国考察情况

序号	考察单位	考察内容	人数	国家或地区
1	正泰电气股份有限公司	参加中东电力展	10	沙特阿拉伯、科威特
2	正泰电气股份有限公司	南美地区避雷器商务谈判	4	巴西
3	吉林市能兴电力设备有限公司	商务洽谈	3	马来西亚、津巴布韦

结构调整 2021 年 6 月 18 日，金冠电气股份有限公司正式在上海证券交易所科创板上市（证券简称：金冠电气，证券代码：688517），开盘涨幅 94.55%，股价报 15 元，市值 20.4 亿元。

国企改革 西安高压电器研究院股份有限公司、西安西电避雷器有限责任公司入选"科改示范企业"名单。西电避雷器改革案例入选国务院国资委《改革创新——"科改示范行动"》案例集》。

行业信息资料

1.《2020 年绝缘子避雷器行业统计资料汇编》

《绝缘子避雷器行业统计资料汇编》一年一册，是由中国电器工业协会绝缘子避雷器分会编制的行业内重要的工具性资料。《2020 年绝缘子避雷器行业统计资料汇编》共收集了 138 家企业的统计资料（其中生产企业 117 家、配套件企业 21 家）。117 家生产企业工业总产值超过 158 亿元，同比增长 2.09%；工业销售产值 150.58 亿元，同比下降 0.4%；工业增加值 35.83 亿元，同比下降 25.91%；实现利润总额 16.56 亿元，同比增长 15.71%；出口交货值 23.87 亿元，同比增长 2.84%。117 家生产企业生产瓷绝缘子 63.24 万 t，比上年增长 10.19%；玻璃绝缘子 2 833 万片，比上年增长 10.70%；盘形悬式瓷复合绝缘子 19.67 万片，比上年增长 2.98%；高压套管 46 194 只，比上年增长 142.77%；复合绝缘子 1 290 万只，比上年下降 2.27%；避雷器 913.56 万只，比上年增长 6.43%。主要内容包括综述、汇总表、主要经济指标排序、主要产品产量排序、各企业报表和行业统计指标解释六部分，基本反映了绝缘子避雷器行业的经济运行状况、市场情况，以及行业发展的最新趋势。

2.《2021 输变电年会论文集》

中国电工技术学会电工陶瓷专委会 2021 年年会由于疫情原因未能如期召开，但《2021 输变电年会论文集》已编辑出版。该论文集共收录论文 121 篇，18 篇被评为优秀论文。其中收录绝缘子避雷器专业相关论文 22 篇，4 篇被评为优秀论文，内容涉及绝缘子避雷器生产、试验、运行、污秽等多方面。22 篇论文分别是：《恒温闪烧制备氧化锌压敏陶瓷及电性能研究》（优秀论文），《广西白泥在电瓷坯配方中的应用》（优秀论文），《复合绝缘子护套－芯棒界面异常老化特征及原因分析》（优秀论文），《空心复合绝缘子疲劳负荷下的破坏特性研究》（优秀论文），《两步烧结氧化锌压敏陶瓷制备方法研究》《两步烧结氧化钪掺杂氧化锌压敏瓷的制备及性能研究》《SnO_2 压敏电阻的非线性电学行为与 MnO_2 添加的关系》《Fe 离子掺杂对 ZnO 压敏电阻性能的影响》《氧化锌避雷器阀片温度耐受特性研究》《局部放电测试对金属氧化物避雷器阀片缺陷敏感程度分析》《智能化监测器的电磁防护设计及试验研究》《$\pm 1\,000$kV 特高压直流线路避雷器高空不拆卸试验技术及应用》《一起老旧 500kV 站用型避雷器故障原因分析》《变电站缓波、快速和特快速暂态过电压现场测量的研究发展》《1 000kV 支柱绝缘子应力分布研究》《空心瓷绝缘子机械特性的试验分析研究》《柠檬酸对于氧化铝直流电瓷配方性能的影响》《玻璃绝缘子在 330kV 金柞 I 线投建、运行（30 年）及性能测试》《330kV 金柞 I 线运行 30 年玻璃绝缘子取样试验》《玻璃绝缘子运行 55 年的概况及产品性能的测试》《玻璃绝缘子耐振动疲劳性能的测试及产品运行概况》《浅议高压绝缘套管液体绝缘介质的监测技术和标准应用》。

3.《国外绝缘子和避雷器最新技术文集》

2009 年以来，西安高压电器研究院有限责任公司和行业有关组织每年都会收集、整理、翻译一册绝缘子及避雷器专业的译文集，跟踪国际知名电气杂志和国际电工会议上相关论文，反映国内外绝缘子避雷器产品的新技术、新材料、新产品方面的科研成果，技术方面的革新和经验，特别是有关新能源、智能电网、节能减排、低碳以及特高压等方面的最新论文，供绝缘子避雷器专业技术人员参考。

2021 年收录了近年国内外绝缘子避雷器方面的最新技术论文，分为绝缘子技术（12 篇）和避雷器技术（12 篇）两个部分，包括 2020 年 8 月在法国巴黎召开的 CIGRE 国际大电网会议中相关议题的最新技术论文。

4. 玻璃绝缘子产品专著

中国第一只钢化玻璃绝缘子的研制者之一、享受国务院政府特殊津贴的资深专家顾洪连编写的《技术引进线路玻璃绝缘子发展大事记》《玻璃绝缘子技术资料汇编》《玻璃绝缘子性能测试报告》《从事玻璃绝缘子产品工作的回顾》四本产品技术专著，由南京电气绝缘子有限公司组织编印，于 2021 年 6 月 1 日发行。

5. 专题研究报告

2021 年，西安高压电器研究院有限责任公司和行业有关机构组织相关行业专家在调研的基础上，撰写了《绝缘子避雷器学科发展报告》《绝缘子避雷器行业发展状况研究分析》等专题报告，对相关行业技术发展现状进行了分析，探讨了行业技术发展的方向，为行业发展提供了技术指导。

6. 参与编写《电力强国的崛起——中国电力装备技术创新与发展》输变电设备部分

中国电工技术学会电工陶瓷专委会组织专家参与，编写了《电力强国的崛起——中国电力装备技术创新与发展》输变电设备部分。该资料突出反映了改革开放 40 周年来，我国输变电设备制造业的成就和宝贵经验。

7.《绝缘子避雷器动态》

全年共出版《绝缘子避雷器动态》12 期，截至 2021 年 12 月出版总期数为 464 期。刊物主要报道绝缘子避雷器行业及相关领域的最新动态，宣传国家和有关输变电行业的政策信息，使企业及时了解国家有关政策、法规及行业发展动态、国内外市场需求等方面的信息；及时报道电工行业的经济运行形势及今后走势，分析输变电产品进出口形势并预测，绝缘子避雷器行业综述等，对会员企业调整和优化产品结构、多元化开拓市场、扩大出口、规避汇率风险等起到重要的参考作用。刊物还及时报道会员单位的最新动态，如新产品鉴定、产品中标、获奖等。

8.《电瓷避雷器》

全年共出版《电瓷避雷器》6 期（双月刊），刊登论文 200 余篇。《电瓷避雷器》是我国绝缘子避雷器行业唯一的国内外公开发行的科技期刊，创刊于 1958 年。主要报道国内外绝缘子避雷器行业最新的学术理论、科研成果及技术创新等，具体包括电瓷、压敏陶瓷和结构陶瓷配方及工艺的研究，新材料的应用研究，新产品的研制与开发，产品的性能与可靠性研究，产品的运行经验、在线检测技术与运行维护的研究，行业标准的研讨等。主要栏目有绝缘子、避雷器、测量仪器、接地系统保护等。

行业管理　根据工作安排，中国电器工业协会绝缘子避雷器分会 2021 年年会于 10 月 29—31 日在大连召开，中国电工技术学会电工陶瓷专委会 2021 年工作会议及学术年会于 11 月 19—21 日在无锡召开，会议筹备都已完成，但由于新冠疫情原因，均未如期召开。

中国电工技术学会于 2021 年 10 月 19 日以电技学字

〔2021〕第 146 号《关于电工陶瓷专业委员会第八届委员会候选委员的批复》批准了第八届电工陶瓷专业委员会委员组成方案。第八届电工陶瓷专业委员会由 65 名委员组成，主任委员由王建生担任，副主任委员由毛昭元、任贵清、李盛涛、肖汉宁、张锐、周军担任，秘书长由危鹏担任。

中国电工技术学会电工陶瓷专业委员会联合中国电器工业协会绝缘子避雷器分会于 2021 年 5 月 10—12 日在杭州举办了绝缘子技术培训班。

2021 年 11 月 30 日至 12 月 1 日，由萍乡市人力资源和社会保障局、萍乡市总工会、芦溪县人民政府共同举办的 2021 江西省"振兴杯"电瓷制造行业职业技能竞赛在芦溪县举行。竞赛共设电瓷检验检测、电瓷胶装、电瓷成型 3 个比赛项目，有来自全省各区市的 192 名选手参加。

〔供稿单位：中国电器工业协会绝缘子避雷器分会〕

自动化及保护设备

在国家"双碳"战略背景下，构建以新能源为主体的新型电力系统必将促进"源、网、荷、储"新业态、新模式融合发展，加速市场快速发展，出现大量新机遇。

生产发展情况 2021 年，自动化及保护行业纳入统计的企业有 1 197 家，包括继电保护、自动化、新能源发电控制保护设备、充换电设备等相关的电力设备厂。部分没有上报数据的企业，根据企业在协会申报注册的资料，进行保守统计计算。

1. 总体情况

1 197 家企业完成主营业务收入 1 981.11 亿元，比上年增加 66.17 亿元，同比增长 3.46%；实现利润总额共计 179.54 亿元，比上年增加 17.91 亿元，同比增长 11.09%；资产总计 3 849.06 亿元，同比增长 7.36%；行业全部职工人数 287 408 人，同比增长 0.50%。

纳入采样统计的 100 多家企业，主营业务收入大多高于 2020 年，增加额度超过 10 亿元的有 7 家。其中，国电南瑞比上年增加 39.09 亿元，特锐德比上年增加 19.77 亿元，思源电气比上年增加 13.23 亿元，南瑞继保比上年增加 13.08 亿元，合纵科技比上年增加 11.31 亿元，华自科技比上年增加 11.06 亿元，许继电气比上年增加 10.23 亿元。国电南瑞的主营业务收入增加额度最大。

主营业务收入低于 2020 年的企业有 28 家，总计减少 129.52 亿元，平均每家减少 4.63 亿元。其中，降低额度最大的 3 家企业主营业务收入比上年分别减少 94.75 亿元、16.21 亿元、4.71 亿元。

利润总额低于 2020 年的企业有 38 家，总计减少 30.75 亿元，平均每家减少 8 092.90 万元。其中，降低额度较大的 3 家企业利润总额分别减少 8.77 亿元、8.11 亿元、1.13 亿元。

亏损企业 12 家（包含 5 家上市公司），相对集中，总计亏损金额近 22.07 亿元，其中亏损额过亿元的 3 家企业分别亏损 8.36 亿元、6.59 亿元、4.68 亿元，总计亏损 19.62 亿元，占行业总亏损金额的 88.90%，拉低了整个行业的利润总额。2018—2021 年自动化及保护设备行业主要经济指标完成情况见表 1。

表 1 2018—2021 年自动化及保护设备行业主要经济指标完成情况

指标名称	单位	2018 年	2019 年	2020 年	2021 年	2021 年同比增长（%）
主营业务收入	亿元	1 756.32	1 968.07	1 914.94	1 981.11	3.46
利润总额	亿元	184.27	159.87	161.62	179.54	11.09
资产总计	亿元	3 261.54	3 626.30	3 565.88	3 849.06	7.36
全部职工人数	人	267 723	281 197	285 972	287 408	0.50

注：1. 数据包含 1197 家企业，是根据 2022 年上市公司公布的修正后数据统计，与《2021 中国自动化及保护设备行业市场分析与发展研究报告》数据稍有差异。

2. 合并报表数据中上市公司数据均以上市公司年报数据为准。

2. 关键财务指标

2021 年纳入采样统计的自动化及保护设备行业企业中，主营业务收入最高的企业达到 424.11 亿元，最低的为 180.00 万元；利润总额最高的企业达到 68.66 亿元，最低的为 -8.36 亿元。

根据统计数据，行业平均主营业务收入为 29.76 亿元，行业中值为 2.71 亿元；利润总额行业平均值为 3.46 亿元，行业中值为 1 814 万元。主营业务收入和利润总额的行业均值远远高于行业中值，由数据可推出，部分企业的经济指标远远高于行业均值。行业龙头企业资金实力及盈利能力较强，中小企业经营压力较大。2021 年自动化及保护设备行业主要经济指标分析见表 2。2021 年自动化及保护设备行业主营业务收入 30 强见表 3。2021 年自动化及保护设备行业利润总额 30 强见表 4。

表 2　2021 年自动化及保护设备行业主要经济指标分析

指标名称	单位	合计	行业最高值	行业最低值	行业均值	行业中值
主营业务收入	亿元	1 981.11	424.11	0.02	29.76	2.71
利润总额	亿元	179.54	68.66	-8.36	3.46	0.18
资产总计	亿元	3 849.06	727.33	0.01	57.15	6.18
研发投入合计	亿元	114.36	21.53	0.00	1.65	0.27
全部职工人数	人	287 408	14 779	11	1943	340

表 3　2021 年自动化及保护设备行业主营业务收入 30 强

序号	企业名称	主营业务收入 / 亿元	序号	企业名称	主营业务收入 / 亿元
1	国电南瑞科技股份有限公司	424.11	16	北京合纵科技股份有限公司	24.31
2	许继集团有限公司	145.64	17	北京科锐配电自动化股份有限公司	23.33
3	中国西电电气股份有限公司	141.81	18	华自科技股份有限公司	22.68
4	南京南瑞继保电气有限公司	121.87	19	石家庄科林电气股份有限公司	20.39
5	青岛特锐德电气股份有限公司	94.41	20	积成电子股份有限公司	20.38
6	思源电气股份有限公司	86.95	21	广州智光电气股份有限公司	18.89
7	国电南京自动化股份有限公司	58.93	22	杭州中恒电气股份有限公司	18.19
8	科华数据股份有限公司	48.66	23	河南森源电气股份有限公司	17.08
9	东方电子股份有限公司	44.86	24	江苏金智科技股份有限公司	16.41
10	北京四方继保自动化股份有限公司	42.98	25	广州金升阳科技有限公司	14.18
11	易事特集团股份有限公司	42.97	26	深圳市盛弘电气股份有限公司	10.21
12	深圳麦格米特电气股份有限公司	41.56	27	安科瑞电气股份有限公司	10.17
13	深圳市科陆电子科技股份有限公司	31.98	28	珠海优特电力科技股份有限公司	9.76
14	深圳市英威腾电气股份有限公司	30.09	29	重庆新世纪电气有限公司	8.71
15	长园深瑞继保自动化有限公司	27.71	30	索凌电气有限公司	5.27

表 4　2021 年自动化及保护设备行业利润总额 30 强

序号	企业名称	利润总额 / 亿元	序号	企业名称	利润总额 / 亿元
1	国电南瑞科技股份有限公司	68.66	16	深圳市英威腾电气股份有限公司	1.76
2	南京南瑞继保电气有限公司	30.97	17	江苏金智科技股份有限公司	1.67
3	思源电气股份有限公司	14.04	18	青岛特锐德电气股份有限公司	1.64
4	许继电气股份有限公司	9.61	19	珠海优特电力科技股份有限公司	1 61
5	中国西电电气股份有限公司	6.67	20	上海华建电力设备股份有限公司	1.50
6	易事特集团股份有限公司	6.08	21	北京科锐配电自动化股份有限公司	1.26
7	北京四方继保自动化股份有限公司	5.34	22	深圳市盛弘电气股份有限公司	1.25
8	科华数据股份有限公司	4.85	23	北京合纵科技股份有限公司	1.06
9	国电南京自动化股份有限公司	4.84	24	石家庄科林电气股份有限公司	1.01
10	东方电子股份有限公司	4.55	25	杭州中恒电气股份有限公司	0.93
11	深圳麦格米特电气股份有限公司	4.37	26	武汉中元华电科技股份有限公司	0.91
12	广州智光电气股份有限公司	3.28	27	许昌开普检测研究院股份有限公司	0.75
13	广州金升阳科技有限公司	3.06	28	西门子电力自动化有限公司	0.61
14	长园深瑞继保自动化有限公司	2.65	29	山东科汇电力自动化股份有限公司	0.58
15	安科瑞电气股份有限公司	1.90	30	重庆新世纪电气有限公司	0.57

3. 行业运行质量评价

运行质量评价是对行业、企业运行形势与状态的综合性评价，主要从盈利能力、营运能力、偿债能力、可持续发展能力、产出效率和产销衔接能力6个方面评价。上市公司也经常采用每股收益、每股股利、市盈率、每股净资产等指标评价企业获利能力。根据《工业经济效益评价考核指标体系》指标计算，2021年自动化及保护设备行业运行质量评价分析见表5。

表5 2021年自动化及保护设备行业运行质量评价分析 （%）

指标名称	权重	电工行业标准值	实际值	电工行业平均值
一、盈利能力	28	9.26	10.57	30.46
总资产贡献率	10	14.00	10.11	9.87
成本费用利润率	10	6.80	16.37	11.68
主营业务利润率	8	6.40	13.48	10.07
二、运营能力	15	68.87	64.43	64.50
资本保值增值率	8	116.00	108.91	109.56
净资产收益率	7	15.00	13.59	13.01
三、偿债能力	15	60.00	43.00	38.57
资产负债率	15	60.00	43.00	38.57
四、可持续发展能力	10	-1.98	-4.35	-3.72
万元主营业务收入总和能效降低率	5	-5.25	-15.32	-17.56
研发投入强度	5	1.29	6.63	10.13
五、产出效率	22	2.63	45.51	57.78
流动资产周转率	12	1.80	77.35	105.36
人均主营业务收入增长率	5	6.50	-2.45	17.96
工业增加值率提高幅度	5	0.40	17.07	-16.61
六、产销衔接能力	10	97.30	95.27	94.12
工业产品销售率	10	97.30	95.27	94.12

2021年，自动化及保护设备行业盈利能力实际值高于电工行业标准值，低于行业平均值；运营能力实际值低于电工行业标准值，略低于行业平均值；偿债能力实际值低于电工行业标准值，高于行业平均值；可持续发展能力低于电工行业标准值，低于行业平均值；产出效率高于电工行业标准值，低于行业平均值；产销衔接能力基本低于电工行业标准值，高于行业平均值。2021年自动化及保护设备行业整体实际值多高于电工行业标准值，低于行业平均值，说明整个行业企业经营良好及较差的企业相对集中，行业整体运行情况良好。

产品产销存 纳入采样统计的近100家企业包括国有及国有控股企业、合资企业、民营企业等大、中、小各类企业。从统计数据分析，2021年自动化及保护设备产品的实物量和销售量差别不大，基本保持产销平衡。2021年自动化及保护设备行业主要产品产、销、存情况见表6。

表6 2021年自动化及保护设备行业主要产品产、销、存情况

产品类别	生产量		销售量		库存量
	实物量/台（套）	价值量/万元	实物量/台（套）	出口量/台（套）	实物量/台（套）
变电站自动化系统	36 197	74 415	37 736	442	3 339
变压器保护装置（110kV及以上电压等级）	8 101	18 337	7 473	40	341
变压器保护装置（35kV及以下电压等级）	31 104	20 916	30 018	145	5 104
测控仪表	2 128 873	20 907	2 136 637	3 944	119 330
测控装置	76 432	54 105	73 955	13 858	853
测试设备	5 165	7 650	4 579	0	965
充电桩	2 012	—	2 012	—	—
电动机保护装置	168 318	31 114	160 087	0	9 426

（续）

产品类别	生产量		销售量		库存量
	实物量 / 台（套）	价值量 / 万元	实物量 / 台（套）	出口量 / 台（套）	实物量 / 台（套）
电抗器保护装置	1 400	1 371	1 177	0	22
电流、电压变流器	27 109	12 124	26 693	11 327	1 254
电容器保护装置	16 134	10 582	15 215	169	296
调度自动化系统	474	8 640	864	18	18
断路器保护装置	1 653	4 231	17 427	7	51
发变组保护装置	3 071	11 416	2 622	10	54
发电厂自动化系统	3 489	26 705	2 855	24	812
高压直流输电控制保护	1 200	7 090	1 190	—	45
故障录波装置	3 348	13 604	3 270	0	961
故障信息子站	1 518	10 214	1 379	0	168
合并单元	5 514	7 006	5 021	0	481
弧光保护装置	1 050	6 700	904	0	146
继电器	10 514	5 307	9 178	1 590	1 532
监控系统	105 328	431 099	102 864	0	4 288
开关电源（模块）	780 000	6 203	762 795	0	32 679
母线保护装置	9 054	13 727	8 765	37	986
配电自动化系统	34 161	22 508	31 409	156	13 877
其他保护装置	43 310	8 846	30 977	46	5 886
其他类	206 760	171 502	199 337	17 502	37 932
柔性直流输电控制保护	10	10 000	7	—	3
软件产品	9 368	2 461	8 277	0	1 006
水电站自动化系统	922	14 015	620	10	21
微电网控制设备	806	6 823	765	—	100
线路保护装置（110kV 及以上电压等级）	24 131	54 040	21 953	34	1 662
线路保护装置（35kV 及以下电压等级）	172 512	97 574	173 100	812	6 455
远动终端	18 084	2 529	18 013	0	110
直流电源柜	1 859	8 687	1 205	422	59
智能终端	26 085	16 117	25 378	0	978

出口 2021 年纳入统计自动化及保护设备行业总出口 112.04 亿元，较 2020 年统计的 82.27 亿元增长 36.19%。出口金额主要集中在少数大、中型企业，出口产品大多为输配电和控制设备成套装备、变电站自动化系统、电源、充电桩等新能源产品及继电器、保护等产品。其中，中国西电电气股份有限公司出口 36.71 亿元、思源电气股份有限公司出口 13.72 亿元。2021 年自动化及保护设备行业出口前 30 名企业见表 7。

表 7　2021 年自动化及保护设备行业出口前 30 名企业

序号	企业名称	2021 年出口值 / 万元	2020 年出口值 / 万元	同比增长（%）
1	中国西电电气股份有限公司	367 145.60	335 118.18	9.56
2	思源电气股份有限公司	137 247.25	120 053.88	14.32
3	深圳麦格米特电气股份有限公司	107 979.65	79 907.84	35.13
4	深圳市英威腾电气股份有限公司	78 329.71	62 167.39	26.00
5	国电南瑞科技股份有限公司	71 075.42	84 478.39	-15.87
6	深圳市科陆电子科技股份有限公司	60 901.25	47 302.14	28.75
7	易事特集团股份有限公司	58 570.83	44 752.84	30.88

（续）

序号	企业名称	2021 年出口值 / 万元	2020 年出口值 / 万元	同比增长（%）
8	科华数据股份有限公司	41 897.12	31 019.19	35.07
9	广州金升阳科技有限公司	30 000.00	18 000.00	66.67
10	东方电子股份有限公司	25 050.09	24 448.68	2.46
11	深圳市盛弘电气股份有限公司	22 839.25	14 288.88	59.84
12	宁波福特继电器有限公司	21 700.00	21 059.00	3.04
13	南京南瑞继保电气有限公司	20 836.00	22 860.00	-8.85
14	北京四方继保自动化股份有限公司	18 410.45	16 919.87	8.81
15	许继电气股份有限公司	11 696.14	17 079.07	-31.52
16	北京合纵科技股份有限公司	6 007.65	5 404.46	11.16
17	北京四方继保自动化股份有限公司	5 991.00	5 238.00	14.38
18	国电南京自动化股份有限公司	4 604.64	3 312.22	39.02
19	东方电子股份有限公司	4 364.00	4 439.00	-1.69
20	华仪电气股份有限公司	3 258.38	4 495.84	-27.52
21	石家庄科林电气股份有限公司	2 188.43	92.44	2 267.33
22	华自科技股份有限公司	2 182.57	8 921.14	-75.53
23	山东元星电子有限公司	2 163.00	1 946.00	11.15
24	河南森源电气股份有限公司	1 990.15	1 320.76	50.68
25	长园深瑞继保自动化有限公司	1 987.00	2 659.00	-25.27
26	苏州万龙电气集团股份有限公司	1 798.00	610.00	194.75
27	江苏斯菲尔电气股份有限公司	1 554.00	795.00	95.47
28	石家庄通合电子科技股份有限公司	1 317.29	1 288.97	2.20
29	北京科锐配电自动化股份有限公司	1 312.93	474.65	176.61
30	广东南丰电气自动化有限公司	650.00	1 320.00	-50.76

产业结构

1. 企业规模构成

2021 年，自动化及保护设备行业纳入统计的 1 197 家企业中，主营业务收入 4 亿元以上的大型企业有 42 家，主营业务收入在 2 000 万元和 4 亿元之间的中型企业有 127 家，主营业务收入在 300 万元以上 2 000 万元以下的小型企业有 908 家，主营业务收入在 300 万元以下的微型企业有 120 家。

按照"贝恩思分类法"，自动化及保护设备行业主营业务收入和利润总额主要集中在少数大型企业中，行业集中度较高。2021 年自动化及保护设备行业不同规模企业主要经济指标及其行业占比见表 8。2021 年自动化及保护设备行业不同规模企业主要经济指标行业均值见表 9。

表 8　2021 年自动化及保护设备行业不同规模企业主要经济指标及其行业占比

指标名称	单位	合计	微型企业	小型企业	中型企业	大型企业
企业数	家	1 197	120	908	127	42
占比	%	100.00	10.03	75.86	10.61	3.51
主营业务收入	亿元	1 981.11	5.35	251.60	280.33	1 444.03
占比	%	100.00	0.27	12.70	14.15	72.89
利润总额	亿元	179.54	0.88	14.40	25.85	138.41
占比	%	100.00	0.49	8.02	14.4	77.09
资产总额	亿元	3 849.06	18.86	308.69	554.26	2 967.24
占比	%	100.00	0.49	8.02	14.4	77.09
全部职工人数	人	287 408	1 897	121 372	58 229	105 910
占比	%	100.00	0.66	42.23	20.26	36.85

表 9   2021 年自动化及保护设备行业不同规模企业主要经济指标行业均值

指标名称	单位	合计	微型企业	小型企业	中型企业	大型企业
主营业务收入	亿元	1 981.11	5.35	251.6	280.33	1 444.03
行业平均值	亿元	1.66	0.04	0.28	2.21	34.38
利润总额	亿元	179.54	0.88	14.4	25.85	138.41
行业平均值	万元	1 503.69	73.33	158.59	2 035.43	32 954.76
资产总额	亿元	3 849.06	18.86	308.69	554.26	2 967.24
行业平均值	亿元	3.22	0.16	0.34	4.35	71.44
全部职工人数	人	287 408	1 897	121 372	58 229	105 910
行业平均值	人	241	16	134	458	2 522

2. 主要区域分布

2021 年，自动化及保护设备行业纳入统计工作的 1 197 家企业基本集中在华北、华中、华南及华中地区，行业集中度较高。这四个地区共有 1 091 家企业，完成主营业务收入 1 802.34 亿元，占全行业营业收入的 91.18%；实现利润总额 175.17 亿元，利润总额占全行业利润总额的 97.57%。

华北地区共有 206 家企业，完成主营业务收入 322.09 亿元，占总收入的 16.26%；实现利润总额 25.55 亿元，占总利润的 14.24%。

华东地区共有 424 家企业，集中了我国自动化及保护设备行业的大多数企业，营业收入和盈利能力总体上都高于其他区域。2021 年，华东地区共完成主营业务收入 946.07 亿元，占总收入的 47.96%，实现利润总额 117.87 亿元，占总利润的 65.65%。

华南地区共有 294 家企业，完成主营业务收入 226.04 亿元，占总收入的 11.41%；实现利润总额 25.02 亿元，占总利润的 13.38 %。

华中地区共有 167 家企业，完成主营业务收入 308.17 亿元，占总收入的 15.56%；实现利润总额 6.72 亿元，占总利润的 4.30%。

西南地区共有 39 家企业，完成主营业务收入 18.98 亿元，占总收入的 0.96%；实现利润总额 0.86 亿元，占总利润的 0.47%。

3. 地区分布

2021 年，纳入统计的自动化及保护设备行业企业分布在全国 30 个省、自治区、直辖市。江苏、广东、北京、上海、浙江是企业最多的 5 个地区，集中了 622 家企业，其中江苏有 136 家，广东有 129 家，上海有 124 家。江苏 136 家企业完成主营业务收入 608.09 亿元，实现利润总额 87.17 亿元，占全行业总利润额的 48.55%，盈利能力高于行业平均值，是我国自动化及保护设备行业企业的主要聚集地。2021 年自动化及保护设备行业省、自治区、直辖市分布见表 10。

表 10   2021 年自动化及保护设备行业省、自治区、直辖市分布

省、自治区、直辖市	企业数／家	主营业务收入／亿元	资产总计／亿元	利润总额／亿元	职工人数／人
江苏	136	608.09	1 054.28	87.17	36 478
广东	129	219.86	597.74	15.88	40 620
上海	124	174.12	243.29	16.96	17 878
北京	122	134.84	219.15	8.65	18 551
浙江	111	83.79	173.92	4.28	10 463
河南	92	197.45	345.35	13.24	55 787
山东	78	182.58	393.14	7.44	31 207
湖北	67	93.19	156.72	4.16	3 336
陕西	59	168.01	389.73	7.73	24 156
四川	38	47.17	26.69	2.59	9 053
天津	33	7.81	27.58	1.53	6 231
重庆	26	10.48	48.46	1.37	1 285
福建	26	10.88	27.27	1.46	5 513
安徽	22	13.94	58.25	1.34	4 919
湖南	19	9.58	32.92	1.28	3 320

（续）

省、自治区、直辖市	企业数／家	主营业务收入／亿元	资产总计／亿元	利润总额／亿元	职工人数／人
山西	18	1.54	7.83	0.64	3 171
辽宁	15	4.20	8.51	0.56	1 764
黑龙江	13	1.13	6.85	0.54	2 243
云南	9	2.87	5.98	0.57	2 282
新疆	9	1.27	2.63	0.65	729
甘肃	8	0.63	3.75	0.17	649
广西	7	0.97	2.12	0.24	1 012
吉林	7	1.80	4.98	0.21	1 593
宁夏	7	1.06	5.01	0.14	919
贵州	6	0.53	1.84	0.14	1 462
青海	4	0.64	2.87	0.13	778
海南	4	1.09	0.79	0.28	774
内蒙古	3	0.63	0.76	0.12	652

上市公司 2021年电气设备上市公司参加统计工作的企业有235家，按照主营业务分类，属于自动化及保护设备行业的企业有34家。34家上市公司完成营业收入1 432.43亿元，占全行业的72.30%；实现利润总额128.32亿元，占全行业的71.47%；研发投入总计87.76亿元，占全行业的76.74%。从统计数据看，34家上市公司中，有5家亏损，亏损金额总计20.25亿元，亏损数据集中在少数企业，除去亏损企业的数据，自动化及保护设备行业企业的整体盈利能力较2020年有较大提升。2021年自动化及保护设备行业上市公司经营情况见表11。

表11 2021年自动化及保护设备行业上市公司经营情况

序号	证券代码	证券名称	营业收入／亿元	利润总额／亿元	资产总计／亿元	研发费用／亿元	员工总数／人
1	600406	国电南瑞	423.11	68.66	727.33	21.53	9 551
2	601179	中国西电	138.01	6.67	388.73	7.38	12 622
3	000400	许继电气	119.91	9.61	176.68	6.77	5 458
4	300001	特锐德	94.41	1.64	202.00	4.12	7 643
5	002028	思源电气	86.95	14.04	139.14	5.56	6 099
6	600268	国电南自	58.63	4.84	93.03	3.52	3 836
7	002335	科华数据	47.98	4.85	95.71	2.67	3 703
8	000682	东方电子	44.56	4.55	80.57	3.80	5 792
9	300376	易事特	42.97	6.08	134.24	1.46	1 730
10	601126	四方股份	42.86	5.34	73.71	4.47	3 032
11	002851	麦格米特	41.56	4.37	62.13	4.61	4 285
12	002121	科陆电子	31.94	-6.59	82.81	2.14	3 217
13	002334	英威腾	30.09	1.76	34.73	3.27	3 875
14	300477	合纵科技	23.79	1.06	51.04	0.75	1 785
15	002350	北京科锐	23.16	1.26	34.53	0.88	1 761
16	300490	华自科技	22.68	0.40	48.99	1.38	2 081
17	002339	积成电子	20.38	-0.31	37.81	1.70	2 564
18	603050	科林电气	20.23	1.01	38.02	1.17	2 164
19	002169	智光电气	18.89	3.28	61.94	1.10	1 922
20	002364	中恒电气	18.19	0.93	32.63	1.57	2 062
21	002358	ST森源	16.90	-4.68	59.82	0.92	13 339

（续）

序号	证券代码	证券名称	营业收入／亿元	利润总额／亿元	资产总计／亿元	研发费用／亿元	员工总数／人
22	002090	金智科技	16.35	1.67	25.02	1.65	1 302
23	300693	盛弘股份	10.21	1.25	15.08	1.13	1 251
24	300286	安科瑞	10.17	1.90	14.15	1.12	797
25	300018	中元股份	4.21	0.91	14.21	0.80	981
26	300491	通合科技	4.16	0.31	12.79	0.48	750
27	831396	许昌智能	4.14	0.43	6.34	0.20	443
28	688681	科汇股份	3.44	0.58	7.73	0.34	608
29	600290	ST 华仪	3.42	-8.36	40.30	0.37	995
30	002227	奥特迅	2.65	-0.32	16.93	0.25	556
31	300713	英可瑞	2.55	0.04	9.88	0.45	451
32	003008	开普检测	1.43	0.75	10.79	0.10	101
33	839205	盛昌电气	1.38	0.12	2.06	0.06	117
34	837601	天瑞电子	1.11	0.25	1.51	0.05	255
合计			1 432.43	128.32	2 832.37	87.76	107 128

注：按企业营业收入排序。

研发投入　2021 年纳入采样统计的自动化及保护设备行业企业，研发投入总计为 118.35 亿元。企业投入的研发费用最高达到 21.53 亿元，部分小微企业无研发支出，研发费用投入主要集中在少数科技含量高的大中型企业。2021 年自动化及保护设备行业研发投入情况见表 12。

表 12　2021 年自动化及保护设备行业研发投入情况

指标名称	单位	合计数	行业最高值	行业最低值	行业均值	行业中值
职工人数	人	287 408	13 339	11	1 641	405
技术人员人数	人	181 432	6 663	6	684	123
年末研究与试验发展人员	人	123 200	3 249	5	400	103
开发费用	亿元	51.48	4.77	0.00	0.56	0.13
研究与试验发展经费支出	亿元	70.32	9.13	0.00	0.79	0.13
研发费用	亿元	118.35	21.53	0.00	1.52	0.34
主营业务收入	亿元	1 981.11	424.11	0.02	25.65	3.65
研发投入强度	%	5.97	5.08	0.00	5.93	9.19

标准　中国电器工业协会继电保护及自动化设备分会秘书处依托单位也是全国量度继电器和保护设备标准化技术委员会（SAC/TC154）秘书处单位，与国际电工委员会技术委员会"量度继电器和保护装置"（IEC/TC95）对口，主要组织电力系统保护与控制设备专业领域的标准发展规划、标准体系研究，以及相关标准的制修订工作。

2017—2022 年，标准与技术行业评价中心积极组织我国专家参与了制定了 12 项国际标准，组织完成了 12 项国家标准、32 项能源行业标准和近 20 项团体标准的制修订工作，充分发挥了标准引领行业进步的作用，为行业发展和技术进步提供强有力的技术支持。

1. 国际标准制修订

积极组织专家参与国际标准化相关工作，密切关注和跟踪最新的国际标准，不断完善采标体系，保证采标工作的先进性和有效性。分会通过鼓励、指导、协调和组织我国专家积极、高效参与国际标准化活动和国际标准的制修订工作，建立了一支理论扎实、技术严谨、具有较强试验验证能力和外语水平的国际一流标准化人才队伍；同时号召有实力的企业发起提案，努力把我国的标准推向国际。

组织我国专家参与了 8 个 IEC/TC95 国际标准工作组（MT1、MT2、MT3、MT4、WG2、JWG1、AHG4 和 AHG5），其中，我国专家董新洲为 AHG4（行波保护）召集人，杨毅为 AHG5（直流保护）联合召集人；组织我国专家参与制定了 12 项国际标准，完成了 43 次国际标准草案投票。

2. 国家标准、行业标准制修订

鼓励并积极引导行业龙头骨干企业参与国家标准、行业标准和团体标准的制定，通过自主研发、消化吸收再创新、技术改造等方式，把企业创新成果及时转化为标准，为行业领域技术发展起到了很好的引领和规范作用。目前，行业内有 80 多家企业参与有关标准的制修订。

截至目前，已累计组织国家标准制修订项目 80 余项，制定行业标准 80 余项，标准涵盖电力系统控制与保护设备的主要应用领域，为控制与保护设备的设计、生产、试验、运行、维护等提供重要的技术支撑。

为促进国际贸易、经济、技术交流与合作，扩大对外开放程度，根据国家标准化管理委员会（简称国家标准委）标准"走出去"战略要求和部署，分会标准与技术行业评价中心积极开展国家标准外文版编译工作，将我国的先进技术标准推向国际，提高中国国家标准的国际影响力。目前已累计完成 8 项国家标准的外文版编译。

3.团体标准制定

根据国务院《深化标准化工作改革方案》和国家标准委培育发展团体标准的精神，秘书处联合行业产学研单位组建了 3 个团体标准工作委员会，帮助行业企业梳理企业标准，并以企业标准为基础申报团体标准或行业标准。这三个团体标准工作委员会分别为：中国电器工业协会控制保护设备标准化专业委员会、中国电工技术学会标准化工作委员会电力系统继电保护及自动化工作组、中国电工技术学会标准化工作委员会电动汽车充换电技术工作组。秘书处持续开展相关技术领域团体标准的研究和制定工作，截至目前已组织制定了近 20 项符合市场需求、技术水平先进的团体标准。

4.标准化示范企业培育推荐

为了发挥标准对企业和技术发展的引领助推作用，积极开展标准化良好行为示范企业的培育和推荐工作，标委会已连续 8 年组织和推荐行业企业申报标准化示范企业。截至目前，获得"标准化示范企业"称号的单位共有 10 家，分别是北京四方继保自动化股份有限公司、许继集团有限公司、长园深瑞继保自动化有限公司、北京清能继控科技集团有限公司、积成电子股份有限公司、江苏金智科技股份有限公司、武汉中元华电科技股份有限公司、西门子电力自动化有限公司、许昌开普检测研究院股份有限公司、河南四达电力设备股份有限公司。

试验平台建设

1.能源互联网仿真平台

行业检测中心以电、汽、冷、热、光伏能源为中心，建设了能源互联网仿真平台。利用能源互联网仿真平台，完成了国家重大专项项目的仿真试验及其现场验收工作，能源互联网仿真测试的开展对推动我国能源互联网建设高质量、快速发展有着重要而又积极的意义。

2.专业检测

行业检测中心承担了国家电网 35kV 及以下开关柜继电保护装置专用连接器组件、国产保护装置、合并单元、智能终端等产品的专项测试任务。承担南方电网继电保护、自动化产品专业检测，以及模型文件规范性和新增要求专项测试任务。

建成了具有边缘计算能力的新型 TTU、DTU、FTU、RTU、智能网关机、能源控制器的测试平台，开展了配电终端产品保护功能标准化设计的定版检测，提升了配电终端保护功能质量，助力数十家企业的终端进入国网、南网市场。

3.试验设备研发

研制了数字信号检测 / 校准装置，为电力系统数字信号提供检测 / 校准解决方案，填补行业空白。适用于校准机构开展数字信号校准，检测机构和电科院开展数字化测试仪的型式试验、专项检测和到货验收。

购置 LoadRunner 和 Fortify 源代码扫描工具等测试工具，建立软件测试和源代码测试能力体系。

依据国际标准 IEC 60255-1 检验要求建设触点性能检测平台。实现单稳态继电器触点机械寿命、单稳态继电器触点电寿命以及双稳态继电器触点机械寿命的自动检验，能够实现不同负载的自动切换，实时监测被测触点的状态，辅助检验人员实现触点故障次数的检验，提升检验效率。

4.升级新能源试验平台

完成了 150kW 氢燃料电池发动机测试平台建设，开展燃料电池发动机、燃料电池储能等试验技术研究，为企业提供科研平台。

建设充电桩自动检测平台，完成 300 台（套）充电桩型式试验、5 000 台（套）充电桩现场验收工作，完成多个省市充电桩补贴验收工作。

新建 1 500V 组串式光伏并网逆变器测试平台，开发了多电源切换变流器全自动测试系统，开展光伏 / 储能电站核心设备型式试验以及光伏 / 储能 / 充电站电气性能安全及并网验收测试，打造行业先进的储能系统全电气性能及安全测试能力。

5.深化可靠性试验

完成寿命评估工具研发，开展了配电网 10kV 交流传感器寿命评估试验。牵头制定了电力行业第一个专用可靠性试验标准 NB 10681—2021《继电保护装置高加速寿命试验导则》，填补继电保护行业空白。推广高加速寿命试验在电能表、电容电池、逆变器、UPS、继电保护及自动化产品领域的应用。

6.开展信息安全试验研究

根据电力监控系统二次设备特点制定了详细的信息安全测试方案，实验室具备专用的网络攻击、漏洞扫描、代码检测及网络性能检测工具，能够完成全面的信息安全检测。

7.开展物联网通信协议试验研究

根据台区融合终端对通信协议的要求，建立 DL/T 698.45 和 MQTT 通信协议测试能力，自主开发 DL/T 645 通信协议工具，增加了自动测试的功能，具备自动读写测试的能力，大大提高了检测效率。

8.开展厂站验收试验

承担了变电站和发电厂投运和并网前的现场验收测

试，对象包括继电保护与控制系统、AGC/AGC 系统等，帮助厂站发现潜在问题，消除安全隐患，帮助调度机构加强并网前的验收，构建闭环管理体系，为厂站运行质量评价、问题分析提供便捷手段，为电网安全运行提供保障。

9. 开展新领域试验研究

完成了电力系统输变电设备、配电设备在线监测传感器及装置的检测平台建设。承接了国网江苏省电力有限公司电力试验研究院的 26 个型号输变电物联网传感器的检测任务、广西电科院一二次融合的 220kV 智能开关项目中 3 个型号传感器的检测任务。

完成了机器人仿真试验平台建设，能够模拟变电站户内 / 外、电缆隧道等巡检机器人的运行环境及工况，具备多种类型巡检机器人 19 项全面测试能力，是国内首个环境可调节、风险可控制、结果可量化的巡检机器人室内试验场地。

取得软件领域的 CNAS 认可和 CMA 资质认定，并完成 GB/T 25000.51—2016、GB/T 34943—2017 和 Q/GDW 10929.5—2018 三项标准的扩项，通过对软件和源代码测试技术的研究，建立了软件和源代码扫描的检测能力，进一步拓了软件领域新的检测市场。

10. 开展新能源控制器仿真技术研究

完成了基于 PSD-BPA 仿真软件的新能源系统层级仿真建模和基于 RTDS 实时数字仿真系统的新能源设备层级建模，并建立了基于 RTDS 实时数字仿真系统的新能源控制器半实物仿真试验平台，进而开展了光伏逆变器控制器、储能变流器控制器的半实物仿真试验验证工作。

11. 开展数字信号装置校准平台研究

为解决困扰行业已久的数字信号继电保护测试装置无处溯源的问题，许昌开普检测股份有限公司联合其他单位研究制定了团体标准 T/CEEIA 459《数字信号装置校准规范》，并成功获得 CNAS 认可。

机械工业第二十一计量测试中心站及仪器仪表校准实验室致力于研究电工领域仪器仪表及电力测试设备的国际最前沿校准技术和校准方法，开展数字继电保护测试装置、继电保护测试仪、合并单元测试仪、电动汽车充电桩、电流传感器、电能质量分析仪、耐电压测试仪、绝缘电阻表、功率分析仪、数字多功能表、数字存储示波器、高低温湿热箱等的校准服务。

学术平台建设

1.《电力系统保护与控制》学术期刊

中文刊《电力系统保护与控制》是美国《工程索引》（EI）核心期刊，荷兰《文摘与引文数据库》（Scopus）收录期刊、中国科学引文数据库（CSCD）核心期刊、中文核心期刊、中国科技核心期刊、中国精品科技期刊、RCCSE 中国权威学术期刊（A+）、美国《剑桥科学文摘》（CSA）收录期刊、美国《乌利希期刊指南》（UPD）收录期刊、英国科学文摘（SA，INSPEC）收录期刊、俄罗斯《文摘杂志》（AJ，

VINITI）、日本科学技术振兴机构数据库（JST）收录期刊，被评为 2014—2016、2018、2020、2021 中国国际影响力优秀学术期刊，2017、2019 中国最具国际影响力学术期刊。

2021 年 4 月，《电力系统保护与控制》再次被 EI 收录，被评为"2021 中国国际影响力优秀学术期刊"，发表的 4 篇论文入选"领跑者 5000——中国精品科技期刊顶尖学术论文（F5000）"。

2. 英文期刊 PCMP

许昌开普电气研究院有限公司 2016 年创办了国内第一本专注于保护与控制领域的英文刊 *Protection and Control of Modern Power Systems*（PCMP）（《现代电力系统保护与控制》），由中国科学院院士、华中科技大学程时杰教授担任主编，天津大学王成山教授、清华大学康重庆教授和董新洲教授担任副主编，由来自中国、美国、英国等 16 个国家和地区的 92 名电力控制与保护领域的专家学者组成编辑委员会。

2021 年 7 月，期刊正式被 EI 收录，该数据库已收录自 2018 年开始的所有文章。2021 年 11 月，期刊正式被科睿唯安（Clarivate）旗下的科学引文索引（Sources Citation Index Expanded，简称 SCIE）收录。该数据库收录自 2019 年开始的所有文章，PCMP 的首个影响因子于 2022 年 6 月产生。

目前 PCMP 已被 SCIE、EI、Scopus、INSPEC、Google Scholar、DOAJ 等国际知名数据库收录，标志着该刊学术质量及影响力均达到较高水平，得到了国际出版界和学术界的认可。

3.《电力装备》信息期刊

《电力装备》是继电保护及自动化设备分会主办的资讯类期刊，旨在为广大电力用户、电力设备制造企业、零部件配套企业以及所有涉及电力系统领域的客户提供信息交流和技术应用的平台。《电力装备》以"传递电力信息，寻求企业共赢"为理念，包含行业资讯、本期关注、电力动态、市场分析、本期专题、检测与认证、标准园地及经验交流等主要栏目。

4. 科技成果评价（鉴定）

2016 年，科技部发布第 17 号令，规定科技成果鉴定改变管理方式，由科技成果评价取代科技成果鉴定，政府职能部门不再组织相关成果评价鉴定，交出协会等第三方专业机构组织开展成果评价工作。2021 年，国务院办公厅发布《关于完善科技成果评价机制的指导意见》，进一步明确了社会组织在科技成果评价中的地位与功能。

秘书处积极探索新的服务模式，融合更好的资源，多方汇聚更好地推动行业科技成果落地，开展科技成果评价也成为目前分会工作的重点探索方向。截至目前，组织科技成果鉴定二十余项，并多次通过现场、视频等形式对企业进行产品鉴定材料编写培训。

〔撰稿人：许昌开普电气研究院有限公司胡韵华、杨慧霞〕

低 压 电 器

"十三五"整体发展情况 "十三五"是我国经济转型发展的关键时期。四年来，在"基本实现工业化、全面建成小康社会的战略目标"的引导下，在中国电器工业协会的指导下，低压电器分会与行业企业携手共进，不断调整行业结构，实现稳定增长，为"十四五"时期行业经济发展打下坚实基础。

1. "十三五"经济运行情况

根据中国电器工业协会通用低压电器分会统计，

"十三五"期间，低压电器行业总体呈现平稳发展态势，行业主营业务收入由 2016 年的 678 亿元增长到 2020 年的963 亿元，主要产品产量实现持续增长。2016—2020 年低压电器行业主营业务收入见表 1。2016—2020 年低压电器行业主要产品产量见表 2。

表 1   2016—2020 年低压电器行业主营业务收入

年份	主营业务收入 / 亿元
2016	678
2017	781
2018	842
2019	873
2020	963

表 2   2016—2020 年低压电器行业主要产品产量

产品名称	单位	2016 年	2017 年	2018 年	2019 年	2020 年
万能式断路器	万台	104.8	122.0	125.0	129.5	149.2
塑料外壳断路器（含漏电）	万台	5 570.0	5 778.0	5 986.0	6 273.0	7 027.0
小型断路器（含漏电）	亿极	10.9	12.4	13.9	14.3	14.5
接触器	万台	12 228.0	14 380.0	15 113.0	15 708.0	16 745.0

2. "十三五"科技创新情况

（1）低压电器产品与技术创新成果。"十三五"期间，以施耐德电气、ABB、西门子公司为代表的企业持续改进和升级产品，国内优秀企业也针对高端通用市场开发了高性能的 CW3、CKW65、GW8 等系列 ACB 产品；CM5-1600、Ex9M6-1600 等塑壳框架跨界产品；CAP2 系列电源级 PC 级 TSE 产品；大众型高可靠性、高性价的系列产品，如"昆仑"系列、"领航者"系列等。同时，低压电器行业也向新能源发电、储能、充电桩及电动汽车、轨道交通等领域拓展，先后开发出一系列适用于新应用场景的产品，比如，光伏用 DC1500V 旋转隔离开关、光伏用 DC1500V MCCB、光伏用 AC1000V ACB/MCCB、风电机侧用 ACB、电动汽车及储能系统用 DC750V 接触器和 B 型剩余电流保护器等新产品。

"十三五"期间，在基础技术研究方面，在过电流、剩余电流及过电压保护等领域开展应用场景保护要求研究，匹配出新型保护曲线，提高了系统保护可靠性；通过研究平滑直流检测技术和磁调制技术，弥补了因变频器件应用带来的剩余电流保护不足的缺陷；通过研究 SPD 失效模式，确定了过电压后备保护专用曲线，为 SPD 后备保护装置的研究提供了支持。在专用芯片领域，通过关键技术研究，开发了带自检功能的剩余电流保护专用芯片、电弧故障保护专用芯片、B 型剩余电流保护专用芯片及相关产品，广泛应用于人身安全保护、建筑防火保护及充电设施保护。

新技术发展促进行业跨界技术的融合与应用。高精度、高可靠性、高集成、模块化、小体积、低成本的传感器得到快速发展。传统电器设备开始逐步替代为数字化电器设备，电流电压高测量精度传感器、无线温度传感器也达到 C1、C0.5 级。同时，电力电子技术与传统开关技术融合，助力新型固态及混合式产品飞速发展，通过攻克拓扑结构、器件的串并联均流、隔离与功耗等关键技术，行业企业成功开发了 CTE1H 零中断转换开关，进一步提升了配电系统的供电连续性水平。

（2）低压电器研发能力的创新。"十三五"期间，随着传统机械、运动、电磁、流体仿真应用的不断深入，行业在低压断路器的电、磁、热、结构、运动等多物理场耦合仿真能力方面取得了重大突破，初步完成了 ACB/MCCB/MCB 典型灭弧系统的电弧运动多场耦合仿真算法研究，为自主开发新一代高性能灭弧系统发挥了重要作用。

数字化工艺仿真能力得到广泛推广，尤其在产品装配、公差、CAM、注塑、物流节拍等方面均得到了应用，形成了具有用户端电器特色的工艺仿真模块，基本打通从设计端到制造端的数据流，为小型断路器、接触器、塑壳断路器、框架断路器等智能制造新模式数字化车间建设提供大力支持，为后续全面信息集成打下基础。

"十三五"期间，产品研发试验室已成为企业产品开发的重要手段之一，新建研发实验室约 15 家，建设理念与水平也得到较大提升，进一步向自动化、数字化、信息化、集成化方向发展。试验室的短路分断试验设备电流最大已达到150kA；电气特性与温升试验设备试验电源主回路试验能力持续升级，目前大容量试验普遍采用多磁路变压器系统，最大容量达到1 920kV·A，最大长期输出电流达到40kA；电气操作可靠性设备可实现全周期数据记录，产品的可靠性试验设备已集成数据统计分析功能；LC振荡回路试验系统（200kA）逐步得到推广与应用。新建的试验室可开展新型电弧故障保护电器串、并弧的电弧故障检测，同时也形成了自动重合闸保护电器、新能源用电器等新型电器产品试验装备。

（3）低压电器高端装备的创新。随着我国制造业不断转型升级，"十三五"期间，低压电器智能制造建设如火如荼开展，关键零部件、自动化生产线系统、自动化检测装备、仓储物流系统的数字化、网络化、智能化等有明显提升，形成了一批低压电器专用高端制造装备的创新成果。

关键零部件制造方面，逐步形成了多类型自动化加工专机，如万能式断路器转轴焊接单元、小型断路器磁脱扣自动冲／铆／焊单元、接触器线圈绕制单元等。

自动化生产线方面，完成了如接触器基座／底座自动装配、塑壳断路器脱扣器自动装配、接触器衔铁自动装配、接触器N极板自动装配、万能式断路器智能扭力拧紧等系统。

自动化检测装配方面，逐步融入了视觉、位移、压力等传感器，对产品关键参数和性能指标进行了全方位测试判断，有效提升了产品质量。

仓储物流方面，已在行业部分大中型企业中率先应用仓储物流系统，解决大容量存储和快速出入库的矛盾，实现自动入库上架存储及快速下架供应生产。

行业企业以整线全制程自动化生产为目标，大量应用各类机器人，不断提高柔性装配自动化程度，实现了对ACB、MCCB、MCB等大中小型产品的全面覆盖。

（4）低压电器行业科技成果情况。据不完全统计，行业企业在"十三五"期间获中国机械工业科学技术奖9项。"十三五"期间低压电器行业获得的中国机械工业科学技术奖奖项见表3。

表3 "十三五"期间低压电器行业获得的中国机械工业科学技术奖奖项

年度	成果号	项目名称	完成单位	奖项及等级
2016	1602006	GW8系列智能型高性能小体积万能式断路器的研究与应用	北京人民电器厂有限公司	技术发明类一等奖
2019	1902099	小型断路器精益化自动生产装备研发及应用	浙江正泰电器股份有限公司	科技进步类二等奖
2018	1802116	电弧故障保护电器（AFDD）特性试验装置	上海电器科学研究所（集团）有限公司、上海电器科学研究院、苏州上电科电气设备有限公司	科技进步类二等奖
2017	1702089	万能式断路器制造过程柔性测试与系统集成关键技术及应用	常熟理工学院、常熟开关制造有限公司（原常熟开关厂）	科技进步类二等奖
2016	1602079	HSW6-8000万能式断路器	杭州之江开关股份有限公司	科技进步类二等奖
2018	1802073	基于需求响应的用户端能效管理关键技术研究及其应用示范	上海电器科学研究所（集团）有限公司	科技进步类三等奖
2017	1702110	直流断路器关键技术研究及应用	法泰电器（江苏）股份有限公司	科技进步类三等奖
2016	1603025	基于电量与用电环境信息的建筑节能控制系统开发	上海电器科学研究所（集团）有限公司	科技进步类三等奖
2016	1613004	光伏发电并网逆变器技术规范	上海电器设备检测所、机械工业北京电工技术经济研究所	科技进步类三等奖

注：数据来源于中国机械工业科学技术奖官网公示。

3. "十三五"基础能力建设情况

（1）行业基础水平得到提升。"十三五"期间，低压电器行业的基础能力得到全面提升。在基础材料研究方面，新型银－碳化钨－碳电触头材料、新型改性增强尼龙、高强度高绝缘能力的SMC、纳米晶磁材料等一批新型材料相继研发成功，应用于高电压交直流、新型传感装置等产品。在基础焊接工艺方面，钎着率提高到90%以上，陶瓷钎焊密封度、强度水平接近世界先进水平，促进了真空技术的进一步大规模应用。结合自检芯片、B型芯片及AFDD专用芯片，行业在基础器件方面取得了新的突破。

（2）低压电器企业市场化能力。"十三五"期间，从国际市场来看，行业企业"出海"能力得到充分发挥，通过贴牌代工及区域化品牌经营方式不断扩大海外版图，提升了我国品牌竞争力和影响力。从国内市场来看，企业的市场化运作能力有较大提升。一方面，以建筑地产、电力配电、工业控制为代表的传统大众市场和以农网改造、新能源、充电桩与电动汽车、数据中心为代表的专业化细分市场齐头并进。另一方面，通过在基础产品平台上做"加减法"和"小迭代"，加快产品研发和推向市场的步伐。同时，行业企业营销模式不断适应新的发展与要求，营销方式推陈出新，线上与线下百花齐放。

4.“十三五”标准化成果

（1）强制性国家标准体系梳理转化。全国低压电器标准化技术委员会（简称低标委）原有强制性国家标准24项，强制性国家标准计划2项。经过征集意见，整合分析，全国低压电器标准化技术委员会最终完成了强标精简的评估工作，24项国家标准和2项计划全部转为推荐性。

（2）成立分技术委员会。2019年10月17日，低标委低压直流设备与应用分委会（SAC TC189/SC2）成立大会及第一次工作组会议在上海召开。标委会秘书处介绍了低压直流设备与应用分会的标准体系规划、标准研究计划及未来的计划。

（3）国际标准提案。2015年低压直流设备与应用分委会申报“家用及类似用途直流断路器”国际提案，提案获得立项通过（立项及项目成立文件号：IEC/SC23E/895/NP，IEC/SC23E/911/RVN）。2016—2019年，标委会作为主要参与方积极参与IEC标准的研制，针对标准草案文件共计提出82条修改意见，其中64条意见被采纳。该标准于2019年正式发布，标准号为IEC 60898-3：2019。

（4）参与国际标准化。截至2019年，低标委共承办4次IEC会议，举办了2次国际论坛，分别是：2016年6月在杭州承办IEC/SC121A/WG2和TSE TF会议；2016年11月在上海承办IEC TC121/WG1工作组会议；2018年5月承办IEC SyC LVDC会议；2019年10月，低压直流设备与应用分委会承办IEC/SC23E/WG1&WG2工作组会议，同期举办终端保护电器国际论坛。

（5）结合重大工程建设、国家规划，完成多项专项标准研制。低标委在“十三五”期间积极参与重大项目研究，共参与4项国家重点项目及多项省部级项目。“十三五”期间全国低压电器标准化技术委员会参与的国家重点项目见表4。

表4 “十三五”期间全国低压电器标准化技术委员会参与的国家重点项目

课题名称	来源（下拨课题单位）	项目研制周期
用户端电器元件智能制造设备标准与试验验证系统研究	工业和信息化部	2015.01—2017.06
用户端电器设备数字化设计 / 工艺仿真及信息集成标准研究与试验验证	工业和信息化部	2017.01—2019.12
低压设备及用电设备节能关键技术标准研制	工业和信息化部	2017.11—2019.12
电工和电器领域重要国际标准研究	科学技术部	2018.07—2021.06

（6）获得多项奖励。“十三五”期间，低标委积极参与各类项目研究，并取得了一些成绩。“十三五”期间全国低压电器标准化技术委员会获得的奖项见表5。

表5 “十三五”期间全国低压电器标准化技术委员会获得的奖项

年度	获奖标准项目名称 / 人员姓名	奖项名称及等级
2017	GB/T 31143—2014《电弧故障保护电器（AFDD）的一般要求》	电工标准 - 正泰创新奖一等奖
2017	柴熠	电工标准 - 正泰创新奖优秀中青年奖
2018	电弧故障保护电器（AFDD）特性试验装置	中国机械工业科学技术奖二等奖
2018	用户端电器元件智能制造设备标准与试验验证系统研究	电工标准 - 正泰创新奖一等奖
2018	李人杰	电工标准 - 正泰创新奖优秀中青年奖
2019	《光伏系统用直流断路器通用技术要求》及《家用及类似场所用过电流保护断路器 第3部分：用于直流的断路器》	电工标准 - 正泰创新奖一等奖
2019	陈雪琴	电工标准 - 正泰创新奖优秀中青年奖
2019	易颖	电工标准 - 正泰创新奖优秀中青年奖

生产发展情况 2021年低压电器行业主要呈现三方面发展特征：一是“双碳”加持下，行业市场规模首次突破千亿元。2021年行业主营业务收入为1 061亿元，同比增长10.1%，高于近五年复合增长率（9.2%）；产量产值实现双升，“三断一接”产品协同发力，增幅均在10%左右；“两新”市场持续推进，产业双循环格局初步显现。二是行业利润增长受限，利润率较近年水平有所下降。2021年行业净利润率为6.36%，同比减少0.39个百分点，较近5年利润率（6.87%）减少0.51个百分点。三是对外贸易创新高。得益于国内新冠疫情的有效防控和生产秩序的快速恢复，行业企业主动作为、抢抓国际市场先机，2021年出口额再创新高，达到28.04亿美元，其中断路器出口13.5亿美元，贸易顺差达到11亿美元。低压电器产品贸易顺差规模从2020年的6.24亿美元扩大至2021年的10.3亿美元，同比增长65.1%，国产品牌国际竞争力在逐步增强。

2021年主营业务收入在1亿元以上的企业有：

（1）10亿元以上：浙江正泰电器股份有限公司、德力西电气有限公司、上海良信电器股份有限公司、厦门ABB低压电器设备有限公司、浙江天正电气股份有限公司、苏州西门子电器有限公司、常熟开关制造有限公司、施耐德万高（天津）电气设备有限公司、杭申集团有限公司、罗格朗低压电器（无锡）有限公司、北京 ABB 低压电器有限公司、上海电器股份有限公司人民电器厂等。

（2）5 亿～10 亿元：贵州泰永长征技术股份有限公司、北京北元电器有限公司、江苏洛凯机电股份有限公司、上海西门子线路保护系统有限公司、厦门宏发开关设备有限公司、天水二一三电器集团有限公司、现代重工（中国）电气有限公司等。

（3）3 亿～5 亿元：江苏大全凯帆开关股份有限公司、上海永继电气股份有限公司、北京人民电器厂有限公司、无锡新宏泰电器科技股份有限公司、苏州未来电器股份有限公司、巨邦集团有限公司、加西亚电子电器股份有限公司、美高电气科技有限公司、法泰电器（江苏）股份有限公司、松下信息仪器（上海）有限公司、浙江创奇电气有限公司、三信国际电器上海有限公司等。

（4）1 亿～3 亿元：广东珠江开关有限公司、宁波奇乐电气集团有限公司、成都瑞联电气股份有限公司、苏州

万龙电气集团股份有限公司、浙江百事宝电器股份有限公司、浙江明晖智能电气有限公司、沈阳斯沃电器有限公司、桂林机床电器有限公司、浙江金莱勒电气有限公司、江苏凯隆电器有限公司、河北宝凯电气股份有限公司等。

2021 年低压电器行业主要产品产量见表 6。

表 6　2021 年低压电器行业主要产品产量

产品名称	单 位	产 量
万能式断路器（含漏电）	万台	167.7
塑料外壳式断路器（含派生隔离开关和漏电）	万台	7 598.0
微型断路器（含漏电）	亿极	16.1
接触器	亿台	1.83

注：数据来源于中国电器工业协会通用低压电器分会统计。

新产品　2021 年，低压电器发证型号 7 份。2021 年低压电器发证型号见表 7。2021 年低压电器行业新产品见表 8。

表 7　2021 年低压电器发证型号

序号	申请单位	产品名称	产品型号
1	上海良信电器股份有限公司	自动转换开关电器	NDQ3A-125、250、400、630、800、1250、3150、5000
2	上海良信电器股份有限公司	自动转换开关电器	NDQ3-63、125、250、400、630、800
3	上海良信电器股份有限公司	自动转换开关电器	NDQ3H-63、125、250、400、630、800、1250、3150、4000、5000
4	浙江铂沃电气有限公司	交流接触器	BWDC1-115、150、170
5	浙江铂沃电气有限公司	交流接触器	BWDC2-250
6	上海苏亮电气科技有限公司	信号灯	SSLAL16-22D（DS、DFD）
7	上海苏亮电气科技有限公司	万能转换开关	SSLY58-20

表 8　2021 年低压电器行业新产品

企业名称	低压产品	型号和名称
北京人民电器厂	万能式空气断路器	GW51-4000 直流断路器
上海电器股份有限公司人民电器厂	万能式空气断路器	RMW3D-2500 万能式空气断路器
上海电器股份有限公司人民电器厂	万能式空气断路器	RMW3-2500T、4000T 特殊工况用万能式断路器
北京人民电器厂	万能式空气断路器	GW8-6300HV 高电压断路器
浙江正泰电器股份有限公司	万能式空气断路器	NXAF16N/NXAF16H 万能式断路器
上海良信电器股份有限公司	万能式空气断路器	NDW3-7500 万能式断路器
罗格朗低压电器（无锡）有限公司	万能式空气断路器	DEX 7500、PEX 7500 万能式断路器
常熟开关制造有限公司	万能式空气断路器	CW6-2500 万能式断路器
北京人民电器厂	万能式空气断路器	GW 系列高机寿断路器
浙江天正电气股份有限公司	塑料外壳式断路器	智能费控塑壳断路器
上海良信电器股份有限公司	塑料外壳式断路器	NDM3Z-630V DC1500V 2P 直流塑料外壳式断路器
上海电器股份有限公司人民电器厂	塑料外壳式断路器	RMM6E-250/630SN、HN 带载波通信智能型塑料外壳式断路器
上海电器股份有限公司人民电器厂	塑料外壳式断路器	RMM3-250/400/630HU 塑料外壳式断路器
罗格朗低压电器（无锡）有限公司	塑料外壳式断路器	TXE-125 塑料外壳式断路器

（续）

企业名称	低压产品	型号和名称
常熟开关制造有限公司	塑料外壳式断路器	CM3DC-500HHU 塑料外壳式断路器
北京北元电器有限公司	塑料外壳式断路器	BM5Z-1600 塑料外壳式断路器
北京北元电器有限公司	塑料外壳式断路器	BM5-630HU 塑料外壳式断路器
江苏大全凯帆开关股份有限公司	塑料外壳式断路器	高电压系列塑料外壳式断路器
浙江正泰电器股份有限公司	小型断路器	NXB-40F 小型断路器
浙江天正电气股份有限公司	小型断路器	TGBK-40N 一体式高分断小型断路器
浙江天正电气股份有限公司	小型断路器	TeM5ED-250 高精度测量一体化融合断路器
浙江天正电气股份有限公司	小型断路器	TeB7E 系列 智慧微断断路器
上海电器股份有限公司人民电器厂	小型断路器	RMC3E 小型断路器
罗格朗低压电器（无锡）有限公司	小型断路器	TXE-63 小型断路器
加西亚电子电器股份有限公司	小型断路器	AICB2 小型断路器
浙江天正电气股份有限公司	剩余电流保护断路器	TGM3RC 具有自动重合闸功能的剩余电流保护断路器
浙江正泰电器股份有限公司	剩余电流动作断路器	NXMFLE-125 剩余电流动作断路器
浙江正泰电器股份有限公司	剩余电流动作断路器	NXBLE-32F 剩余电流动作断路器
罗格朗低压电器（无锡）有限公司	剩余电流动作断路器	TXER-63 带过电流保护的剩余电流动作断路器
罗格朗低压电器（无锡）有限公司	剩余电流保护断路器	TMXEL 250HP、PMXEL 250HP 具有剩余电流保护的断路器
上海电器股份有限公司人民电器厂	SPD 专用保护装置器	RMUT3 系列 SPD 专用保护装置
浙江正泰电器股份有限公司	继电器	XJ3-G1 断相与相序保护继电器
上海良信电器股份有限公司	漏电保护断路器	NDB1LE-32 & NDB2LE-32 漏电保护断路器
北京 ABB 低压电器有限公司	漏电保护开关	漏电保护开关
浙江天正电气股份有限公司	熔断器	RT16Z-4a 刀型触头熔断器
北京人民电器厂	直流隔离开关	GW51G-1600 直流隔离开关
天水二一三电器集团有限公司	直流接触器	GSZ9-W 系列直流接触器
天水二一三电器集团有限公司	直流接触器	GSZ1-Y/MY 系列直流接触器
上海良信电器股份有限公司	直流接触器	NDZ3AT-250C ～ 300C 直流接触器
常熟开关制造有限公司	转换开关电器	高速型 CTE1G-160 自动转换开关电器
浙江天正电气股份有限公司	自动重合闸断路器	小型光伏自动重合闸断路器
浙江天正电气股份有限公司	自动转换开关	TGQ1NP-63PC 级自动转换开关
天水二一三电器集团有限公司	自动转换开关	GSA5G-125 系列自动转换开关
浙江天正电气股份有限公司	自恢复式过欠压保护器	TGB2D-80R 自恢复式过欠压保护器
天水二一三电器集团有限公司	交流接触器	CJX4-25/40DFJ 交流封星接触器
常熟开关制造有限公司	限流式保护器	CSX3-32 电气防火限流式保护器
江苏洛凯机电股份有限公司	操作机构	J-KFW5-1600 操作机构
江苏洛凯机电股份有限公司	操作机构	J45-DEX-2500 机构
江苏洛凯机电股份有限公司	抽架	CJ45IIC 型抽架
北京 ABB 低压电器有限公司	电动操作附件	电动操作附件
无锡新宏泰电器科技股份有限公司	电动操作机构	NHT-JG034C 电动操作机构

标准 2021 年，低标委共开展 6 项国家标准的制修订，有 7 项标准被批准发布，共获得国家标准立项 8 项，发布国家及行业标准 7 项。2021 年全国低压电器标准化技术委员会开展的国家标准制修订项目见表 9。2021 年全国低压电器标准化技术委员会获得批准发布的标准项目见表 10。2021 年全国低压电器标准化技术委员会获得的国家标准立项见表 11。

表 9　2021 年全国低压电器标准化技术委员会开展的国家标准制修订项目

序号	标准号	标准名称	制定／修订	标委会
1	GB/T 14048.22	低压开关设备和控制设备　第 7-4 部分：辅助器件 铜导体的 PCB 接线端子排	修订	TC189
2	GB/T ××××	低压开关设备和控制设备　第 9-1 部分：电弧故障主动抑制系统 灭弧电器	制定	TC189
3	GB/Z ××××	低压开关设备和控制设备　嵌入式软件开发指南	制定	TC189
4	GB/Z ××××	低压开关设备和控制设备　开关设备和控制设备及其成套设备的 EMC 评价	制定	TC189
5	GB/T ××××	电动汽车模式 2 充电的缆上控制与保护装置（IC-CPD）	制定	TC189
6	GB/T ××××	家用和类似用途的工频过电压保护电器（POP）	制定	TC189

表 10　2021 年全国低压电器标准化技术委员会获得批准发布的标准项目

序号	标准号	标准名称	发布日	实施日	所在位置
1	GB/T 19334—2021	低压开关设备和控制设备的尺寸　在开关设备和控制设备及其附件中作机械支承的标准安装轨	2021-10-11	2022-05-01	低压开关设备和控制设备 辅助电器及部附件
2	GB/T 20645—2021	特殊环境条件　高原用低压电器技术要求	2021-03-09	2021-10-01	基础共性 环境影响
3	GB/Z 40776—2021	低压开关设备和控制设备　火灾风险分析和风险降低措施	2021-10-11	2022-05-01	基础共性 环境影响
4	GB/Z 40680—2021	直流系统用剩余电流动作保护电器的一般要求	2021-10-11	2022-05-01	家用断路器和类似设备 剩余电流保护电器
5	GB/T 40777—2021	家用及类似用途断路器、RCCB、RCBO 自动重合闸电器（ARD）的一般要求	2021-10-11	2022-05-01	家用断路器和类似设备 新技术和新应用
6	GB/T 40820—2021	电动汽车模式 3 充电用直流剩余电流检测电器（RDC-DD）	2021-10-11	2022-05-01	家用断路器和类似设备 剩余电流保护电器
7	NB/T 42150—2021	低压电涌保护器专用保护装置	2021-04-26	2021-07-26	低压开关设备和控制设备 终端电器

表 11　2021 年全国低压电器标准化技术委员会获得的国家标准立项

序号	标准名称	所处位置
1	设备用断路器（CBE）	家用断路器和类似设备 家用和类似场所用断路器
2	电器附件 剩余电流监视器（RCM） 第 1 部分：家用和类似用途剩余电流监视器	家用断路器和类似设备 剩余电流保护电器
3	低压开关设备和控制设备及其成套设备 能效	基础共性 能效
4	低压开关设备和控制设备 网络安全	基础共性 网络安全
5	低压开关设备和控制设备 第 1 部分：总则	基础共性 通用要求
6	低压开关设备和控制设备 开关设备和控制设备及其成套设备的 EMC 评价	基础共性 电磁兼容
7	低压开关设备和控制设备 嵌入式软件开发指南	基础共性 软件设计
8	低压开关设备和控制设备 第 7-4 部分：辅助器件 铜导体的 PCB 接线端子排	低压开关设备和控制设备 辅助电器及部附件

　　低标委家用断路器和类似设备分委会于 2021 年 7 月 6 日在上海召开《电动汽车模式 2 充电的缆上控制与保护装置（IC-CPD）》国家标准审查会，对 1 项国家标准进行了审查。共 45 家单位、70 人参加会议。其中，TC189/SC1

应到委员 36 人，实到 35 人，委员出席率为 97%，超过 3/4 的委员及委员代表举手表决，一致通过了标准的审查。

低标委和低标委家用断路器和类似设备分委会于 2021 年 11 月 9 日在上海召开 2021 年度标委会年会暨标准审查会，对 5 项国家标准进行了审查，其中 TC189 审查国家标准 4 项，TC189/SC1 审查国家标准 1 项。共 102 家单位、245 人参加会议。其中，TC189 应到委员 75 人，实到 73 人，委员出席率为 97%；TC189/SC1 应到委员 36 人，实到 36 人，委员出席率为 100%；超过 3/4 的委员及委员代表举手表决，一致通过标准的审查。

2021 年各项国际标准化活动主要通过线上方式开展，低标委共组织相关专家 30 人次参加了 14 次国际标准化活动。

专利 根据 2021 年 1 月 1 日至 12 月 31 日公布的中国发明专利（包括申请公开和授权公告）、实用新型专利和外观设计专利，对行业 30 余家低压电器企业的专利公开及公告数量汇总显示，这些企业的专利数量占总体国内企业专利申请数量的 95% 以上。从公开专利的类型来看，发明专利占 23.82%、其中授权发明仅占 2.38%；实用新型专利占 66.92%。国内公司依旧以实用新型专利为主，一方面是专利审查严格、发明授权难度变大，另一方面是各种细分市场要求行业快速响应，导致企业追求尽快保护产品而申请实用新型专利。

从专利技术发展来看，以下功能需求成为各企业的研发热点。

（1）高电压技术。随着光伏发电和电动汽车市场兴起壮大，传统交流产品难以满足要求，直流产品已成为主流骨干企业的研发重点。从专利授权来看，直流专利占总量的 6.1%，产品主要涉及车载接触器、2P 塑壳断路器、直流万能式断路器，技术大多围绕高电压灭弧系统和磁吹系统。

（2）远程控制。物联网、生产智能化的需求，要求产品具有远程自动操作的功能，这方面专利授权占总量的 13.5%，产品涉及电能表外置小型断路器、通信用 1U 小型断路器、直流用旋转式隔离开关、自动重合闸塑壳断路器和物联网用小型断路器等，技术围绕远程监控和远程分合闸操作装置。

（3）健康管理。随着对产品可靠性的重视和对远程运维的需要，健康管理成为头部企业体现产品能级的一个重要功能。国内外知名企业公开了电流和电压检测装置、触头磨损及熔焊、温度检测等方面的专利，虽然专利绝对数量不多，但从专利申请人来看，头部企业都在进行相关研究。

2021 年低压电器行业企业专利情况见表 12。

表 12　2021 年低压电器行业企业专利情况　　　　　　（单位：件）

序号	企业名称	发明专利申请	发明专利授权	实用新型专利	外观设计专利
1	浙江正泰电器股份有限公司	42	10	324	42
2	上海良信电器股份有限公司	75	7	245	49
3	厦门宏发开关设备有限公司	66	2	151	14
4	浙江天正电气股份有限公司	56	1	149	18
5	德力西电气有限公司	15	0	112	30
6	常熟开关制造有限公司	19	8	104	22
7	大全集团有限公司	18	0	39	5
8	浙江人民电器有限公司	16	1	37	8
9	北京人民电器厂有限公司	40	9	10	0
10	环宇集团浙江高科股份有限公司	6	0	50	0
11	江苏洛凯机电股份有限公司	9	0	35	0
12	科都电气科技有限公司	14	0	24	0
13	嘉兴京硅智能技术有限公司	18	0	18	1
14	浙江奔一电气有限公司	9	1	19	1
15	贵州泰永长征技术股份有限公司	11	2	13	3
16	上海电器股份有限公司人民电器厂	13	0	14	1
17	杭州之江开关股份有限公司	5	0	21	1
18	天水二一三电器有限公司	3	1	18	3
19	安德利集团有限公司	3	4	18	0
20	浙江德菱科技股份有限公司	3	0	19	1

（续）

序号	企业名称	发明专利申请	发明专利授权	实用新型专利	外观设计专利
21	浙江创奇电气有限公司	4	0	15	3
22	加西亚电子电器股份有限公司	5	2	10	4
23	无锡新宏泰电器科技股份有限公司	5	1	12	0
24	苏州未来电器股份有限公司	1	1	13	2
25	北京明日电器设备有限责任公司	10	1	5	0
26	华通机电股份有限公司	1	1	5	0
27	法泰电器（江苏）股份有限公司	1	1	3	0
28	苏州万龙电气集团股份有限公司	4	0	1	0
29	江苏辉能电气有限公司	2	0	2	0
30	巨邦集团有限公司	2	0	1	0
31	沈阳斯沃电器有限公司	1	0	2	0

会议

1.2021年度低压电器行业会员大会暨行业发展研讨会

2021年6月22—24日，低压电器行业会员大会暨行业发展研讨会在苏州召开。6月22日召开七届四次理事会，会议由低压电器分会理事长尹天文主持，分会正副理长、正副秘书长、理事单位与新会员企业代表共80余人出席。会议审议并通过了分会2020年工作情况、2021年工作重点、会员队伍建设情况及会员大会议程等内容。

6月23日召开的会员大会以"数字化转型·赋能，工艺材料生态链·共振"为主题，特邀行业与相关领域的资深专家、学者和产业界人士就低压电器行业数字化转型与"碳达峰碳中和"背景下行业数字化转型发展的战略、路径与行动等内容进行了深入探讨，邀请国内外知名企业分享了数字化＋技术设计、产品材料、工艺制造、市场营销、互联融合、业态模式等方面的最新成果，为探索低压电器数字化和低碳发展路径、构筑行业创新发展与可持续发展新格局提供了多维度、深层次的交流平台。

会议期间，大会还结合主题，组织与会代表赴苏州市智能制造融合发展中心参观学习。该中心是国家级工业互联网平台体验中心，集中展示了电子、装备、冶金、化工、纺织、轻工六大行业的智能制造解决方案，智能检测设备、工业机器人、增材制造设备、关键核心零部件、智能物流设备、数控机床、智能制造示范生产线等最新产品，以及第五代通信技术、VR/XR、物联网、工控安全、大数据、人工智能等最新技术，为参会代表提供了深入了解数字技术与制造相融合的学习良机。

2.中国电器工业协会通用低压电器分会第八届会员大会暨行业发展研讨会

2022年8月23—25日，中国电器工业协会通用低压电器分会第八届会员大会暨行业发展研讨会在苏州召开。200余家行业企业近500位代表参会。

会议由中国电器工业协会通用低压电器分会第七届理事会秘书长柴熠主持，中国电器工业协会常务副会长刘常生、中国电器工业协会秘书长白文波、中国质量认证中心产品认证五处处长郑士泉等出席。

大会选举产生了由77家单位组成的分会第八届理事会。会议期间召开了八届一次理事会会议，选举产生了由26家单位组成的常务理事会，选举产生了分会新一届领导机构。上海电器科学研究所（集团）有限公司轮值总裁、上海电器科学研究院轮值院长尹天文当选新一届理事长，王春华、南寅、陈昕、任思龙、徐瑞忠、张军、葛飞、马雪峰、楼峰、刘淼、吴满怀当选新一届副理事长，电器分院院长柴熠当选新一届秘书长，电器分院副院长刘毅、电器分院行业总监周海麟任副秘书长。

第八届理事会理事长尹天文作分会第八届理事会工作展望的报告，提出了新一届理事会的总体目标、指导思想与重点工作。希望新一届理事会在总会的领导下，带领全体会员单位继往开来，勇担重任，奋楫争先，再创辉煌，为行业健康可持续发展、早日建成世界一流行业组织而不懈努力。

在同期举办的行业发展研讨会上，围绕"绿色低碳转型·高质量发展"主题，分会理事长尹天文作题为"双碳背景下低压电器行业发展思考"的主题报告，从市场、技术、产品、标准等角度全面分析行业动态及发展趋势，并针对行业发展存在的共性问题及市场发展机遇进行了深入分析，给出了低压电器行业在新型配用电系统架构下的解决方案。国网原总工程师张启平、国网江苏电科院配网中心专业主管肖小龙等分别作题为"30·60双碳目标下以新能源为主体的新型电力系统的发展探讨""江苏配网数字化转型实践"的主题报告，多家行业企业的专家分享了产品创新与系统解决方案、新材料应用、智能制造建设、数字化转型等方面的技术报告。

此外，大会还特设创新成果展示区，德力西电气等40家行业企业及上下游企业携新材料、新产品、新技术、新方案、新装备等参展。

〔供稿单位：中国电器工业协会通用低压电器分会〕

防爆电器

生产发展情况　随着国家对安全生产的重视，防爆电器产品应用得越来越广泛，除了煤炭、石油、化工行业外，冶金、制药、酿酒、军工、汽车和各类粉尘场所对防爆电器的需求量都有所增加。中国电器工业协会防爆电器分会对 50 余家行业骨干企业的统计调查显示，2021 年防爆电器行业生产经营仍取得了很大的成绩，54 家骨干企业完成工业总产值 1 051 575 万元，同比增长 28%。其中，5 亿元以上的企业有 4 家，占 7%；1 亿～5 亿元的企业有 16 家，占 30%；5 000 万～1 亿元的企业有 13 家，占 24%；5 000 万元以下的企业有 21 家，占 39%。

2021 年防爆电器行业全员劳动生产率 83 万元 / 人，产品销售率 94%，资产负债率 40%。受新冠疫情影响，2021 年防爆电器行业完成出口交货值 4.48 亿元，同比下降 16%。2021 年防爆电器行业经济指标完成情况见表 1。

表 1　2021 年防爆电器行业经济指标完成情况

序号	指标名称	单位	2021 年	2020 年	同比增长（%）
1	工业总产值	万元	1 051 575	819 221	28
2	工业销售产值	万元	983 329	790 145	24
3	工业增加值	万元	321 230	290 044	11
4	主营业务收入	万元	1 185 197	814 954	45
5	主营业务利润	万元	149 815	120 375	24
6	年末资产合计	万元	1 675 507	1 142 326	47
7	年末负债合计	万元	668 323	749 387	-11
8	出口交货值	万元	44 839	53 192	-16
9	利润总额	万元	112 121	84 664	32
10	全年从业人员总人数	人	12 623	10 971	15
11	去除销售人员的总人数	人	8 664	—	—
12	年末科技人员合计	人	2 016	1 406	43
13	流动资产小计	万元	1 145 596	801 851	43
14	固定资产小计	万元	336 517	178 914	88

近几年，煤炭、石油、化工等防爆电器行业的传统市场领域保持旺盛的需求。煤炭行业已由原来的简单生产向现代化、信息化、智能化转变，从规模、速度、粗放向质量、效益、集中型转变，由劳动密集型向人才技术密集型转变，由粗放型的生产模式向绿色环保型转变。2021 年我国煤炭行业深入贯彻国家能源安全战略，原煤产量突破 40 亿 t，矿用防爆电器行业也随着煤炭行业的发展进入稳定增长期。石油、化工行业总体运行良好，主要业务收入和实现利润逐年增长，2021 年实现营业收入 14.45 万亿元，同比增长 30%；实现利润 1.16 万亿元，同比增长 126.8%；进出口总额 8 600.8 亿美元，同比增长 38.7%。大型炼油厂、煤化工、石油储备设施大型化工基地等项目建设快速发展，给工厂用防爆电器创造了非常大的发展空间。此外，海洋石油平台和海洋工程、医药、汽车、冶金、纺织、军工、石油储备、酿酒等行业对防爆电器的需求也在逐步增加。

存在的主要问题　防爆电器行业近年来发展较快，行业骨干企业的技术水平和主要产品基本达到世界先进水平，但纵观整个防爆电器行业的基本情况和发展，还存在不少问题，阻碍了企业的健康发展，有些问题亟待解决。归纳起来的问题主要有：防爆产品品类多、需求量小、生产集中度低，生产企业过多，瓜分有限市场份额；中小企业的防爆技术水平有限，造成产品质量还存在潜在安全隐患；行业整体自主创新能力不强，难以支撑行业向高端升级；用户端多以低价中标方式采购产品，低价竞销现象较为严重。

产品分类产量　矿用产品包括防爆矿用启动器类产品、防爆矿用开关、防爆照明灯具（煤矿井下需求量最大的产品）。防爆矿用监控类产品、人员定位及报警系统成为智能化矿井必不可少的产品，也是近年来矿用防爆电器生产企业投入研发的重点领域。

企业销售的厂用防爆支柱产品还是以防爆配电箱、防爆操作柱为主流产品的电器类、防爆管件 / 附件、防爆照明类产品。部分龙头企业已经开发防爆智能安工系统，并在大型石油化工项目成功应用，该种千万元量级的系统项目成为行业龙头骨干企业在今后很长一段时间内的重点发展和竞争领域。

2020—2021 年防爆电器行业产品分类产量见表 2。

表 2　2020—2021 年防爆电器行业产品分类产量

序号	产品名称	2021 年产量 / 台	2020 年产量 / 台	同比增长（%）
1	矿用隔爆型高压配电装置	4 203	4 629	−9
2	矿用隔爆型（或永磁式）高压真空配电装置	2 461	996	147
3	矿用隔爆型负荷中心（或动力中心）	10	8	25
4	矿用隔爆兼本安型组合开关	14 042	7 507	87
5	矿用隔爆型真空电磁起动器（包括可逆、兼本安）	33 680	56 217	−40
6	矿用隔爆兼本安型真空交流软起动器	11 808	2 896	308
7	矿用防爆（隔爆及隔爆兼本安型）变频器	1 967	639	208
8	矿用隔爆型真空馈电开关	34 361	18 162	89
9	矿用隔爆型移动变电站	595	489	21
10	矿用隔爆型干式变压器	248	233	6
11	矿用隔爆型移动变电站用高压真空开关	514	502	2
12	矿用隔爆型移动变电站用低压保护箱	553	446	24
13	煤矿用隔爆型轴流通风机	150	351	−57
14	煤矿提升机电控装置（绞车电控）	20	65	−69
15	矿用隔爆型高压电缆连接器	270	310	−13
16	矿用隔爆型插销	2 144	5 616	−62
17	矿用隔爆型控制按钮	44 922	56 017	−20
18	矿用隔爆型低压电缆接线盒	72 467	51 931	40
19	矿用隔爆型综合保护装置	35 614	37 661	−5
20	矿用隔爆型 LED 巷道灯	127 236	104 515	22
21	矿用隔爆兼本安型直流稳压电源	5	94	−95
22	传感器（温度、张力、堆煤、撕裂、风门、位置、速度、烟雾、跑偏、急停、热释等）	64 843	40 851	59
23	矿用本安型声光电报警器	7 966	0	
24	矿用隔爆型摄像仪（含云台）	860	1 000	−14
25	本安型红外发送器、接收器等	185	0	
26	矿用隔爆型机车用灯（LED、泛光灯、疝灯等）	22 525	24 800	−9
27	矿用隔爆型荧光灯	21 772	13 450	62
28	其他矿用防爆灯具	3 400	228 800	−99
29	矿用其他新型、智能型防爆产品	404 604	238 151	70
30	煤矿电力监控系统	4 119	—	—
	合计	917 544	896 336	2

科技成果及新产品　2021 年防爆电器行业获得省、市科技成果奖 19 项，开发新产品 168 个；获得专利 295 件，其中发明专利 51 件，外观和实用新型专利 244 件。2021 年防爆电器行业获得专精特中小企业、小巨人企业、独角兽培育企业、经济高成长企业、省级高新技术企业等称号 35 项。

质量与标准　2021 年市场监管总局抽查了 158 家企业生产的 159 批次防爆电器产品，检验 157 批次，发现 37 批次产品不合格，不合格发现率为 23.6%。其中，防爆灯具和防爆电机的不合格发现率均超过 25%。该类产品 2019—2021 年的整体不合格发现率分别为 25.6%、32.4%、23.6%。防爆电器产品质量不容乐观，还存在一些不可忽视的问题，主要是一部分防爆电器生产企业规模较小，技术和工艺、加工设备比较薄弱，没有完善的质量管理体系和必备的出厂检测设备。

防爆灯具：抽查了 11 个省（自治区、直辖市）67 家企业生产的 67 批次产品，发现 19 批次产品不合格，不合格发现率为 28.4%。重点抽查了浙江省、广东省 2 个产业集中区的生产企业，不合格发现率分别为 24.3%、25.0%。

防爆电机：抽查了 7 个省（自治区、直辖市）24 家企业生产的 24 批次产品，其中 1 批次涉嫌无 CCC 证书生产，已交由企业所在地市场监管部门处理。检验 23 批次产品，发现 9 批次产品不合格，不合格发现率为 39.1%。

防爆电器：抽查了 11 个省（自治区、直辖市）67 家企业生产的 68 批次产品，其中 1 批次涉嫌无 CCC 证书生产，已交由企业所在地市场监督管理部门处理。检验 67 批次产品，发现 9 批次产品不合格，不合格发现率为 13.4%。

GB 3836—2010 国家强制性标准进行了换版，自 1983 年首次发布后改为国家推荐性标准。GB/T 3836.1—2021 等 8 项新版国家推荐性标准于 2021 年 10 月 11 日发布，2022 年 5 月 1 日实施，对 12 项旧版防爆标准进行了修订整合。

行业大事 2015 年 6 月，机械工业职业技能鉴定指导中心批准在中国电器工业协会防爆电器分会设立机械工业职业技能鉴定电工行业防爆电器实训基地，批准在黑龙江煤炭职业技术学院设立机械工业职业技能鉴定电工行业防爆电器鉴定站。

2015 年 7 月全国防爆电器职业教育集团成立。沈阳电气传动研究所（有限公司）所长樊建强任理事长，黑龙江煤炭职业技术学院院长庄绪春、防爆电器分会秘书长李绍春任常务副理事长，黑龙江煤炭职业技术学院副院长宋晓春任秘书长。2020 年 10 月全国防爆电器职业教育集团完成换届工作，组建了第二届理事会。黑龙江能源职业学院院长庄绪春任理事长，沈阳电气传动研究所（有限公司）李绍春任常务副理事长，黑龙江能源职业学院处长杜群任秘书长。2021 年 6 月全国防爆电器职业教育集团入围教育部全国示范性职教集团。

2016 年经黑龙江省教育厅批准，教育部备案，在黑龙江煤炭职业技术学院开设机电一体化（电气防爆技术）专业，填补了国内该专业空白。

2017 年 5 月，华荣科技股份有限公司（华荣股份）在上海证券交易所成功上市。

2017 年，防爆电器分会组织防爆电器行业部分企业赴德国、卢森堡和荷兰考察电气企业，并参观了汉诺威国际电工博览会。

2018 年 9 月，由沈阳电气传动研究所（有限公司）、中国电器工业协会防爆电器分会、黑龙江能源职业学院共同筹建的中国防爆电器博物馆在黑龙江能源职业学院落成并开馆。这是我国电工行业第一座电器领域的国字号博物馆，对于中国防爆电器行业具有里程碑的意义。中国防爆电器博物馆收藏了大量的各个时期的历史文献资料和上千台（套）各类防爆电器产品。博物馆共分为六个展区：防爆电器发展史展区（行业发展大事记）；防爆电器科普知识展区；防爆电器行业文献资料展区（防爆电器行业主要科研成果、专利、获奖证书、论文、标准文稿、刊物等文献资料）；防爆电器产品展示区；重点企业和防爆检测中心展区；典型事故警示区。

2019 年 10 月 1 日起防爆电器产品生产许可证制度正式退出历史舞台，转为强制性产品认证（CCC）管理。对境内企业生产的 CCC 目录范围内防爆电器产品（含厂用和矿用，防爆灯具除外）按照 CCC 认证的程序要求和实施规则规定，实施强制性产品认证。防爆电器分会组织行业企业参加在沈阳、乐清、无锡、济南等地举办的研讨会、宣贯会。

2020 年 2 月编制《防爆电器行业"十四五"发展指导意见》。

2020 年 10 月在泉州召开了防爆电器分会八届一次会员大会，完成了分会的换届工作，选举产生了防爆电器分会第八届理事会。合隆防爆电气有限公司董事长谢绍建任理事长，沈阳电气传动研究所（有限公司）副所长刘大平任秘书长。连续担任防爆电器分会 5 届秘书长的李绍春获"终身成就奖"。

〔撰稿人：中国电器工业协会防爆电器分会刘大平〕

电 线 电 缆

专精特新"小巨人"企业 2018 年 11 月，工业和信息化部发布《关于开展专精特新"小巨人"企业培育工作的通知》，要求提出专精特新"小巨人"企业主导产品应优先聚焦制造业短板弱项、符合国家重点鼓励发展的支柱和优势产业，细分市场占有率在全国名列前茅，具有完善的研发、管理体系和持续创新能力，技术达到国际或国内先进水平。明确了"小巨人"企业先由省级主管部门进行评定，需获得省级"专精特新"中小企业称号后才能进一步上报工业和信息化部。电线电缆行业专精特新"小巨人"企业名单见表 1。

表 1 电线电缆行业专精特新"小巨人"企业名单

序号	企业名称
1	人民电缆集团有限公司
2	上海金友金弘智能电气股份有限公司
3	天津六〇九电缆有限公司
4	辽宁中德电缆有限公司
5	安徽太平洋电缆股份有限公司
6	安徽电缆股份有限公司
7	河南金水电缆集团有限公司
8	海南美亚电缆集团有限公司
9	四川新蓉电缆有限责任公司
10	昆明电缆集团昆电工电缆有限公司
11	昆明三川电线电缆有限公司
12	昆明欧杰电缆制造有限公司

（续）

序号	企业名称
13	宁夏中盛电缆技术有限公司
14	沧州会友线缆股份有限公司
15	上海福尔欣线缆有限公司
16	湖南华菱线缆股份有限公司
17	青海鑫邦线缆有限公司
18	新疆胡杨线缆制造有限公司
19	金杯电工电磁线有限公司
20	陕西群力电工有限责任公司
21	天津金山电线电缆股份有限公司
22	江苏华能电缆股份有限公司
23	苏州贯龙电磁线有限公司
24	安徽伟光电缆股份有限公司
25	安徽尚纬电缆有限公司
26	安徽华菱电缆集团有限公司
27	安徽蒙特尔电缆集团有限公司
28	淮南文峰航天电缆有限公司
29	江西太平洋电缆集团有限公司
30	山东华凌电缆有限公司
31	河南通达电缆股份有限公司
32	湖北红旗电缆有限责任公司
33	湖南湘鹤集团电缆科技股份有限公司
34	广东中德电缆有限公司
35	广东南缆电缆有限公司
36	广东金阳光电缆实业有限公司
37	河南华洋电工科技集团有限公司
38	沈兴线缆集团有限公司
39	春光线缆有限公司
40	欧耐特线缆集团有限公司

注：来自工业和信息化部专精特新"小巨人"企业名单公告（第一批至第三批）。

市场及销售 宁波东方电缆股份有限公司中标国网上海市电力公司国家电网有限公司2021年第二十九批采购、第三十七批采购等项目，10kV/110kV电缆，中标金额17 823.49万元；中标国家电网有限公司2021年第二十九批采购、第三十七批采购等项目，10kV/35kV/110kV/220kV电缆及附件，中标金额20 493.56万元；中标合肥电力安装有限公司项目，10kV电缆及导线，中标金额约2 700万元；中标国网江苏省电力有限公司2021年第二次配网物资协议库存招标采购项目，低压电力电缆，中标金额2 533.21万元；中标国网福建省电力有限公司2021年第二次配网物资协议库存招标采购项目，低压电力电缆，中标金额4 375.03万元；中标国网湖北省电力有限公司2021年主材框架招标项目，110kV/220kV电力电缆，中标金额4 884.53万元；

中标中铁物贸集团有限公司轨道集成分公司贵阳轨道交通3号线一期工程项目，35kV电缆，中标金额7 419.24万元；中标浙江泰仑电力集团有限责任公司项目，10kV电力电缆，中标金额约3 750万元；中标金华八达集团有限公司2021年集约化物资协议库存采购项目，35kV/10kV电缆，中标金额约4 500万元；中标浙江大有集团有限公司2021年第二批集中目录采购项目，低压电力电缆和控制电缆及矿物电缆，中标金额约4 250万元；中标国网湖北省电力有限公司2021年第二次配网物资协议库存招标采购（1521AB批次）项目，包22低压电力电缆，中标金额2 035.91万元。

宝胜科技创新股份有限公司中标中铁四局集团电气化工程有限公司项目，电力电缆，中标金额11 275.01万元；中标乐山协鑫新能源科技有限公司项目，电力电缆及控制电缆，中标金额26 436.92万元；中标内蒙古鑫元硅材料科技有限公司项目，电力电缆及控制电缆，中标金额21 021.12万元；中标国家电网输变电项目第四次变电设备（含电缆）采购项目，高压电缆，中标金额13 700万元；中标南方电网公司2021年配网材料第一批框架招标项目，110kV交流电力电缆，中标金额12 400万元；中标国网上海市电力公司2021年第二次配网物资协议库存招标采购项目，10kV电力电缆及控制电缆，中标金额17 646万元；中标南方电网公司2021年配网材料第一批框架招标项目，10kV交流电力电缆（阻燃型），中标金额12 500万元；中标中冶赛迪工程技术股份有限公司项目，110kV高中低压电缆及控制仪表电缆等全系列产品，中标金额约4亿元；中标新加坡电力局项目，中压电力电缆，中标金额6.35亿元。

青岛汉缆股份有限公司中标国家电网有限公司2021年第三十七批采购项目，电缆中标4个包，中标总数量118.27km；中标国家电网有限公司2021年第三十九批采购项目，导地线中标2个包，中标总数量5 502.97t；中标南方电网公司2021年主网线路材料第一批框架招标项目，110kV交流电力电缆和附件、220kV交流电力电缆和附件，中标金额约4.2亿元；中标北京国电工程招标有限公司大唐汕头南澳勒门I海上风电场项目，海缆及附件，中标金额3.56亿元。

新远东电缆有限公司中标国家电网有限公司2021年第四批采购（输变电项目第一次线路装置性材料招标采购）项目，SG2102-1402-21002包6导地线，中标金额2 841.09万元，SG2102-1402-21002包24导地线，中标金额2 638.99万元；中标国家电网有限公司2021年特高压工程第十二批采购（白鹤滩—江苏第三次物资招标采购）项目，SG2175-1402-22002包2导地线，中标金额11 861.62万元；中标国家电网有限公司2021年第二十批采购（输变电项目第一次35～330kV材料协议库存招标采购）项目，SG2114-1402-21002包12导地线，中标金额2 050.69万元；中标国家电网有限公司2021年第十八批采购（输变电项目第二次线路装置性材料招标采购）项目，SG2104-1402-21002 包 9 导地线，中标金额 2 599.89 万元；中标国家电网有限公司 2021 年特高压工程第二十二批采购（南阳—荆门—长沙第二次材料招标采购）项目，SG2188-1402-22002 包 4 导地线，中标金额 8 544.27 万元；中标国家电网有限公司 2021 年第三十一批采购（输变电项目第三次线路装置性材料招标采购）项目，SG2106-1402-21002 包 8 导地线，中标金额 4 263.86 万元，SG2106-1402-21002 包 16 导地线，中标金额 3 055.14 万元；中标国家电网有限公司 2021 年第三十九批采购（输变电项目第四次线路装置性材料招标采购）项目，SG2108-1402-21002 包 3 导地线，中标金额 3 724.67 万元；中标国家电网有限公司 2021 年特高压工程第三十批采购（白鹤滩—浙江工程第一次材料招标采购）项目，SG21A4-1402-22002 包 6 导地线，中标金额 14 071.05 万元；中标国家电网有限公司 2021 年第四十五批采购（输变电项目第五次线路装置性材料招标采购）项目，SG2110-1402-21002 包 32 导地线，中标金额 2 412.69 万元；中标国家电网有限公司 2021 年第六十一批采购（输变电项目第六次线路装置性材料招标采购）项目，SG2112-1402-21002 包 20 导地线，中标金额 2 265.77 万元。

远东电缆有限公司中标国网辽宁省电力有限公司 2021 年第一次配网物资协议库存招标采购项目，10kV 电力电缆，中标金额 1 159.73 万元；中标国家电网有限公司 2021 年第二批采购（输变电项目第一次变电设备招标采购）项目，电缆及附件，中标金额 1 460.65 万元；中标国家电网有限公司 2021 年第四批采购（输变电项目第一次线路装置性材料招标采购）项目，SG2102-1402-21002 包 25 导地线，中标金额 2 369.59 万元；中标国网甘肃省电力公司 2021 年第一次配网物资协议库存招标采购项目，架空绝缘导线，中标金额 1 188.92 万元；中标国家电网有限公司 2021 年特高压工程第十二批采购（白鹤滩—江苏第三次物资招标采购）项目，SG2175-1402-22002 包 9 导地线，中标金额 7 171.26 万元；中标国家电网有限公司 2021 年第二十批采购（输变电项目第一次 35 ～ 330kV 材料协议库存招标采购）项目，SG2114-1402-21002 包 11 导地线，中标金额 2 182 万元；中标国家电网有限公司 2021 年第十八批采购（输变电项目第二次线路装置性材料招标采购）项目，SG2104-1402-21002 包 14 导地线，中标金额 1 976.99 万元；中标国网西藏电力有限公司 2021 年第一次协议库存招标采购项目，低压电力电缆，中标金额 997.94 万元；中标国家电网有限公司 2021 年特高压工程第二十二批采购（南阳—荆门—长沙第二次材料招标采购）项目，SG2188-1402-22002 包 1 导地线，中标金额 10 586.7 万元，SG2188-1402-22002 包 13 导地线，中标金额 1 938.62 万元；中标国网辽宁省电力有限公司 2021 年增补第一次配网物资协议库存招标采购项目，10kV 电力电缆，中标金额 1 006.97 万元；中标国网福建省电力有限公司 2021 年省网及配网物资协议库存新增物资招标采购项目，电力电

缆，中标金额 2 990.43 万元；中标国网江苏省电力有限公司 2021 年第二次配网物资协议库存招标采购项目，低压电力电缆，中标金额 2 968.32 万元；中标国网吉林省电力有限公司 2021 年第一次物资协议库存招标采购项目，电力电缆，中标金额 792.48 万元；中标国网西藏电力有限公司 2021 年第二次协议库存物资招标项目，电力电缆，中标金额 3 378.54 万元；中标国家电网有限公司 2021 年第六十二批采购（输变电项目第二次 35 ～ 220kV 设备协议库存招标采购）项目，SG2115-1404-11001 包 10 电缆及附件，中标金额 1 317.35 万元。

江苏上上电缆集团有限公司中标国网江苏省电力有限公司 2021 年第二次配网物资协议库存招标采购项目，电力电缆 10kV- 优质，中标金额 6 991.65 万元；中标国网重庆市电力公司 2021 年新增第一次配网物资协议库存项目，低压电力电缆，中标金额 2 582.57 万元；中标国网四川省电力公司 2021 年第二次配网物资协议库存招标采购项目，10kV 架空绝缘导线中标金额 1 427.25 万元，电力电缆中标金额 2 385.04 万元；中标国家电网有限公司 2021 年第三十七批采购项目，SG2107-1404-11001 包 9 电缆及附件中标金额 4 321.62 万元，SG2107-1404-11001 包 28 电缆及附件中标金额 5 316.97 万元，SG2107-1404-11001 包 43 电缆及附件中标金额 4 422.57 万元；中标华润电力宝鸡陇县关山 100MW 风电项目，3kV 电力电缆，中标金额 1 302.04 万元；中标临沂电力实业有限公司 2021 年 11 月第六次物资公开招标采购项目，10kV 电力电缆中标金额 1 517.17 万元，低压电力电缆中标金额 1 760.72 万元，35kV 电力电缆中标金额 941.3 万元；中标南京仁恒江岛置业所需电缆采购项目，电力电缆，中标金额 2 130.98 万元。

江苏中超控股股份有限公司中标台安桑林 48MW 风电场项目高低压电缆采购项目，高压和低压电缆，中标金额 492.21 万元；中标淮海天宸花苑高低压电缆采购项目，高压和低压电缆，中标金额 1 568.95 万元；中标阳光湖畔花苑项目，低压电缆，中标金额 2 340.37 万元；中标淄博齐林电力工程有限公司 2021 年 8 月淄博市快速公路电力迁改工程，电力电缆，中标金额 1 956.11 万元；中标中交四航局广连高速项目，电线电缆，中标金额 2 738.49 万元；中标陕西金泰氯碱神木化工有限公司 60 万 t/a 高性能树脂及配套装置环保创新技术工业化示范项目，110kV 电缆及附件，中标金额 1 299.54 万元；中标玉溪市应急气源储备中心工程电缆采购项目，电力电缆，中标金额 322.45 万元。

青岛汉缆股份有限公司中标国家电网有限公司 2021 年第二批采购（输变电项目第一次变电设备招标采购）项目，SG2101-1404-11001 包 1 电缆及附件中标金额 2 487.94 万元，SG2101-1404-11001 包 2 电缆及附件中标金额 5 170.99 万元，SG2101-1404-11001 包 17 电缆及附件中标金额 2 871.34 万元；中标国家电网有限公司 2021 年第四批采购（输变电项目第一次线路装置性材料招标采购）项目，SG2102-1402-21002 包 1 导地线中标金额 4 428.04 万

元，SG2102-1402-21002 包 11 导地线中标金额 3 066.7 万元；中标国家电网有限公司 2021 年特高压工程第九批采购（荆门—武汉、南昌—长沙等线路材料招标采购）项目，导地线，中标金额 6 257.03 万元；中标哈密能源公司大南湖七号煤矿矿用电缆采购项目，矿用电缆，中标金额 894.31 万元；中标中国石油集团海洋工程（青岛）有限公司埕海 1-1 平台 EPC 总包项目用复合海底电缆及附件项目，复合海底电缆及附件，中标金额 4 379.34 万元；中标国家电网有限公司 2021 年特高压工程第十二批采购（白鹤滩—江苏第三次物资招标采购）项目，导地线，中标金额 9 506.03 万元；中标国网江西省电力有限公司 2021 年第一次配网（省网）物资协议库存招标采购项目，电力电缆，中标金额 2 280.37 万元；中标国家电网有限公司 2021 年第十六批采购［输变电项目第二次变电设备（含电缆）招标采购］项目，SG2103-1404-11001 包 2 电缆及附件中标金额 8 097.08 万元，SG2103-1404-11001 包 24 电缆及附件中标金额 2 622.18 万元，SG2103-1404-11001 包 27 电缆及附件中标金额 2 530.79 万元；中标国家电网有限公司 2021 年第二十批采购（输变电项目第一次 35～330kV 材料协议库存招标采购）项目，导地线，中标金额 3 373.77 万元；中标国网山东省电力公司 2021 年第一次配网物资协议库存招标采购项目，10kV 电力电缆，中标金额 6 540.79 万元；中标国家电网有限公司 2021 年特高压工程第二十二批采购（南阳—荆门—长沙第二次材料招标采购）项目，导地线，中标金额 5 677.22 万元；中标国家电网有限公司 2021 年第三十一批采购（输变电项目第三次线路装置性材料招标采购）项目，SG2106-1402-21002 包 1 导地线中标金额 4 947.45 万元，SG2106-1402-21002 包 13 导地线中标金额 4 032.9 万元；中标国家电网有限公司 2021 年第三十七批采购［输变电项目第四次变电设备（含电缆）招标采购］项目，SG2107-1404-11001 包 2 电缆及附件中标金额 7 161.25 万元，SG2107-1404-11001 包 19 电缆及附件中标金额 4 241.08 万元，G2107-1404-11001 包 40 电缆及附件中标金额 4 125.46 万元，G2107-1404-11001 包 55 电缆及附件中标金额 184.03 万元。

福建南平太阳电缆股份有限公司中标国网福建省电力有限公司 2021 年第一次配网物资协议库存招标采购项目，架空绝缘导线，中标金额 1 334.19 万元；中标国家电网有限公司 2021 年第十六批采购［输变电项目第二次变电设备（含电缆）招标采购］项目，SG2103-1404-11001 包 10 电缆及附件中标金额 5 477.25 万元，SG2103-1404-11001 包 55 电缆及附件中标金额 1 917.95 万元；中标国家电网有限公司 2021 年第十九批采购（输变电项目第一次 35～220kV 设备协议库存招标采购）项目，电缆及附件，中标金额 2 279.79 万元；中标国网四川省电力公司 2021 年第二次配网物资协议库存招标采购项目，1kV 架空绝缘导线，中标金额 1 968.51 万元；中标国家电网有限公司 2021 年第三十七批采购［输变电项目第四次变电设备（含电缆）招标采购］项目，SG2107-1404-11001 包 12

电缆及附件中标金额 3 376.59 万元，SG2107-1404-11001 包 32 电缆及附件中标金额 3 759.91 万元，SG2107-1404-11001 包 33 电缆及附件中标金额 3 598.86 万元；中标国家电网有限公司 2021 年第六十二批采购（输变电项目第二次 35～220kV 设备协议库存招标采购）项目，电缆及附件，中标金额 1 345.13 万元。

江苏中天科技股份有限公司中标国网江苏省电力有限公司 2021 年第一次物资招标采购项目，铝包殷钢芯超耐热铝合金绞线，中标金额 649.4 万元；中标国网四川省电力公司 2021 年第一次物资招标采购项目，铝包殷钢芯超耐热铝合金绞线中标金额 791.72 万元，特强钢芯软铝型线绞线中标金额 262.99 万元；中标国家电网有限公司 2021 年第四批采购（输变电项目第一次线路装置性材料招标采购）项目，SG2102-1402-21002 包 3 导地线中标金额 4 062.01 万元，SG2102-1402-21002 包 19 导地线中标金额 2 682.61 万元；中标国家电网有限公司 2021 年特高压工程第九批采购（荆门—武汉、南昌—长沙等线路材料招标采购）项目，SG2172-1402-22002 包 1 导地线中标金额 10 056.7 万元，SG2172-1402-22002 包 17 导地线中标金额 472.08 万元；中标国家电网有限公司 2021 年特高压工程第十二批采购（白鹤滩—江苏第三次物资招标采购）项目，导地线，中标金额 2 196.62 万元；中标国家电网有限公司 2021 年第二十批采购（输变电项目第一次 35～330kV 材料协议库存招标采购）项目，导地线，中标金额 2 380.9 万元；中标国家电网有限公司 2021 年特高压工程第二十二批采购（南阳—荆门—长沙第二次材料招标采购）项目，导地线，中标金额 10 217.49 万元；中标国家电网有限公司 2021 年第三十一批采购（输变电项目第三次线路装置性材料招标采购）项目，SG2106-1402-21002 包 11 导地线中标金额 4 207.99 万元，SG2106-1402-21002 包 18 导地线中标金额 3 324.63 万元；中标国家电网有限公司 2021 年第三十九批采购（输变电项目第四次线路装置性材料招标采购）项目，导地线，中标金额 2266 万元；中标国家电网有限公司 2021 年第四十五批采购（输变电项目第五次线路装置性材料招标采购）项目，SG2110-1402-21002 包 2 导地线中标金额 4 036.16 万元，SG2110-1402-21002 包 20 导地线中标金额 2 682.84 万元。

无锡江南电缆有限公司中标国网上海市电力公司 2021 年第一次新增配网物资协议库存招标采购项目，10kV 电力电缆，中标金额 5 505.89 万元；中标国家电网有限公司 2021 年第四批采购（输变电项目第一次线路装置性材料招标采购）项目，导地线，中标金额 2 344.45 万元；中标国家电网有限公司 2021 年特高压工程第十二批采购（白鹤滩—江苏第三次物资招标采购）项目，导地线，中标金额 4 560.21 万元；中标国家电网有限公司 2021 年第十六批采购［输变电项目第二次变电设备（含电缆）招标采购］项目，SG2103-1404-11001 包 9 电缆及附件中标金额 5 610.36 万元，SG2103-1404-11001 包 32 电缆及附件中标金额 2 247.67 万元，SG2103-1404-11001 包 43 电缆及附件中标金额 2 234.15 万元；中标国网湖北省电力有限公司 2021 年第一次配网物资协议库存招标采购项目，20kV 电力电缆，中标金额 3 463.58 万元；中标国家电网有限公司 2021 年第三十一批采购（输变电项目第三次线路装置性材料招标采购）项目，SG2106-1402-21002 包 5 导地线中标金额 4 536.42 万元，SG2106-1402-21002 包 22 导地线中标金额 2 290.62 万元；中标国家电网有限公司 2021 年第三十九批采购（输变电项目第四次线路装置性材料招标采购）项目，SG2108-1402-21002 包 16 导地线中标金额 2 030.73 万元，SG2108-1402-21002 包 24 导地线中标金额 2 180.27 万元。

上海起帆电缆股份有限公司中标国家电网有限公司 2021 年第十六批采购［输变电项目第二次变电设备（含电缆）招标采购］项目，电缆及附件，中标金额 1 655.32 万元；中标中铁四局集团上海分公司东部区域工程项目，电缆，中标金额 458.38 万元；中标晋能控股煤业集团有限公司物资采购分公司 2021 年度物资需求（机电材料、化工建材）招标采购项目，电线电缆，中标金额 744.81 万元；中标泰安市立医院二期电线电缆材料采购项目，电线电缆，中标金额 3 305.65 万元。

科技成果及新产品 湖北航天电缆有限公司研制的舰船用无卤低烟低毒阻燃电力电缆等六大类新产品通过新产品鉴定。这六大类产品主要用于舰船电力传输、控制系统、通信系统和消磁系统，具有低烟无卤、阻燃耐火、低毒、耐油、环保、耐候以及防霉菌、防盐雾、防酸碱的"三防"等性能，具有重量轻、外径小等特性。经鉴定，六大类新产品的综合性能处于国内领先水平。

上海国缆检测股份有限公司研制的新一代核电 LOCA 试验系统通过国家级新产品鉴定。经过评议，该试验系统适用范围宽、测量精度高，利用数字化技术实现试验介质蒸汽温度和压力的精准控制，完全能够满足和包络目前我国设计、在建和运行的所有核电机组的 LOCA 试验要求，综合性能达到同类试验系统的国际先进水平。

重庆泰山电缆有限公司研制的 ±535kV 直流电缆、船舶用岸电电缆通过新产品鉴定，突破了国内超高压直流电缆设计制造瓶颈。±535kV 直流电缆通过国家级鉴定，达到国际领先水平。

江苏中超控股股份有限公司的燃烧 B1 级铜芯交联聚乙烯绝缘钢带铠装聚烯烃护套低烟无卤阻燃 A 类电力电缆、港口岸电供电用高强度抗拉光电复合柔性卷筒电缆、铝合金芯低烟无卤阻燃交联聚烯烃绝缘复合屏蔽低烟无卤阻燃交联聚烯烃护套电动车辆内部用高压软电缆等 11 个新产品通过江苏省级鉴定。

尚纬股份有限公司与四川大学等单位联合申报的输配电电缆绝缘老化机理、诊断和修复的研究及应用项目获四川省科技进步奖三等奖。

2021 年山东万达海缆有限公司的"一种海底电缆生产传送装置""一种铅烟及沥青烟气的净化装置"，尚纬股份有限公司的"一种燃烧性能 B1 级的轨道交通用直流牵引软电缆"，宝胜高压电缆有限公司的"一种放电装置""一种绕包机上用于侧面铺设光缆的成型机构""一种电缆剥皮器的辅助连接装置""一种高压电缆绝缘线芯收线用转向轮系统""一种新型耐腐蚀防白蚁高压电缆"均获实用新型专利授权。2020—2021 年电线电缆行业获得中国专利奖的专利项目见表 2。

表 2 2020—2021 年电线电缆行业获得中国专利奖的专利项目

专利号	专利名称	专利权人	发明人	奖项
ZL201310494315.1	一种光纤束的成型设备及其成型方法	广东亨迪光电科技有限公司、江苏亨通光电股份有限公司	许征、刘婷	第二十一届中国专利优秀奖
ZL201210559578.1	超高压交联聚乙烯绝缘柔性直流光纤复合海底电缆	中天科技海缆股份有限公司	胡明、张华、谢书鸿、张建民、马志金、薛建林	第二十二届中国专利优秀奖
ZL201510684748.2	智能电网用高强耐热铝合金单线、导线及其加工工艺	远东电缆有限公司、新远东电缆有限公司、远东复合技术有限公司	徐静、夏霏霏、杨伯其、田崇军	第二十二届中国专利优秀奖
ZL201610958589.5	一种光与无线 WiFi 网络带宽恢复方法及装置	中天宽带技术有限公司、中天通信技术有限公司、中天科技装备电缆有限公司、江苏中天科技股份有限公司	沈纲祥、陈浩、符小东、吴媛媛、何品翰	第二十二届中国专利优秀奖

质量及认证 江苏上上线缆集团有限公司获中国质量奖提名。金亭汽车线束（苏州）有限公司获 2021 年苏州市质量奖。

金杯电工（成都）有限公司获得中国质量认证中心（CQC）建设工程用阻燃电缆燃烧性能的产品认证。

远东电缆有限公司的铝合金芯软导体光伏专用线缆通过南德意志集团 TÜV 认证，产品型号为 2PNCT 的日标潜水泵软电缆获得日本电气用品认证证书，PSE 证书。

广东新亚光电缆股份有限公司获 AAA 企业信用评价认证证书。

东莞市民兴电缆有限公司获得由中国质量检验协会颁发的"全国质量信得过产品""全国电线电缆行业质量领先品牌"双荣誉证书。

西安西古光通信有限公司通过 SA8000 社会责任管理体系监督审核。

远方电缆有限公司 ISO 9001（质量管理体系认证）、

ISO 14001（环境管理体系认证）、ISO 45001（职业健康安全管理体系认证）及军工产品质量管理体系通过了认证审核。重庆泰山电缆有限公司通过质量、环境和职业健康安全管理体系再认证注册，职业健康安全管理体系转版认证注册通过审核。

标准 国家市场监督管理总局和国家标准化管理委员会发布了GB/T 17650.1—2021《取自电缆或光缆的材料燃烧时释出气体的试验方法 第1部分：卤酸气体总量的测定》，GB/T 17650.2—2021《取自电缆或光缆的材料燃烧时释出气体的试验方法 第2部分：酸度（用pH测量）和电导率的测定》，GB/T 17651.1—2021《电缆或光缆在特定条件下燃烧的烟密度测定 第1部分：试验装置》，GB/T 17651.2—2021《电缆或光缆在特定条件下燃烧的烟密度测定 第2部分：试验程序和要求》，GB/T 19216.1—2021《在火焰条件下电缆或光缆的线路完整性试验 第1部分：火焰温度不低于830℃的供火并施加冲击振动，额定电压0.6/1kV及以下外径超过20mm电缆的试验方法》，GB/T 19216.2—2021《在火焰条件下电缆或光缆的线路完整性试验 第2部分：火焰温度不低于830℃的供火并施加冲击振动，额定电压0.6/1 kV及以下外径不超过20mm电缆的试验方法》，GB/T 19216.3—2021《在火焰条件下电缆或光缆的线路完整性试验 第3部分：火焰温度不低于830℃的供火并施加冲击振动，额定电压0.6/1kV及以下电缆穿在金属管中进行的试验方法》，GB/T 17651.1—2021《电缆或光缆在特定条件下燃烧的烟密度测定 第1部分：试验装置》，GB/T 17651.2—2021《电缆或光缆在特定条件下燃烧的烟密度测定 第2部分：试验程序和要求》。

国家能源局发布了DL/T 2221—2021《160kV～500kV挤包绝缘直流电缆系统预鉴定试验方法》、DL/T 2233—2021《额定电压110kV～500kV交联聚乙烯绝缘海底电缆系统预鉴定试验规范》、DL/T 2270—2021《高压电缆接地电流在线监测系统技术规范》、NB/T 10498—2021《水力发电厂交流110kV～500kV电力电缆工程设计规范》、NB/T 10667—2021《低风压架空导线》。

工业和信息化部发布了JB/T 14031—2021《额定电压450/750V及以下电梯用组合随行电缆》、YB/T 024—2021《铠装电缆用钢带》、YD/T 3832—2021《通信电缆光缆用阻燃聚乙烯材料》、QC/T 417—2021《摩托车和轻便摩托车用电线束总成》。

中国电力企业联合会发布了T/CEC 439—2021《35kV及以下交联聚乙烯电力电缆水树老化绝缘修复技术导则》、T/CEC 440—2021《110（66）kV～500kV交流电缆耐压试验同时分布式局部放电检测系统》、T/CEC 441—2021《110（66）kV～500kV交流电缆耐压试验同时分布式局部放电检测方法》、T/CEC 442—2021《直流电缆载流量计算公式》、T/CEC 443—2021《单芯交联聚乙烯电缆导体温度计算方法》、T/CEC 444—2021《额定电压60kV及以下直流电缆过渡接头试验方法》。

2021年7月8日，中国机械工业联合会团体标准《电线电缆生产企业质量信用评价规范》起草工作会议在上海举行。来自全国第三方检测机构、认证机构、地方线缆行业协会、用户单位和代表性线缆制造企业等近60位专家参会。

10月9日，由上海电缆研究所有限公司承办、黄山创想科技股份有限公司协办的全国裸电线标准化技术委员会2021年度标准化工作年会暨标准审查会在安徽省黄山市举行。会议审议了全国裸电线标准化技术委员会2021年工作报告及2022年工作计划，审查了国家标准制定项目，解读了4个标准宣贯文件，专题分享与讨论了裸电线领域"十四五"规划。

基本建设及技术改造 上海起帆电缆股份有限公司与上海张堰工业园区发展有限公司签署投资项目服务协议书，上海起帆电缆股份有限公司拟以不超过5亿元投资特缆生产及研发基地建设项目。该项目包括生产海工装备用特种电缆、机器人电缆、航空航天用线缆、机车和新能源领域用电缆等特种电缆生产车间、自动化仓库、研发中心及营销中心等办公楼。

江苏永鼎股份有限公司非公开发行股票募集资金总额不超过10.8亿元，用于年产20万km（芯）特种光纤项目和5G承载网核心光芯片、器件、模块研发及产业化项目，部分资金用于偿还银行借款。

2021年6月17日，东莞市民兴电缆有限公司的智能制造总部基地开工仪式在东莞市樟木头镇举行。该基地占地面积6.7万m²（100多亩），总建筑面积20多万m²，总投资额20多亿元。项目集总部办公大楼、智能制造车间、技术研发中心、国家级实验室等于一体，投产后预计年产能可达150亿元。

福建南平太阳电缆股份有限公司总部一厂加快推进2021年补短板扩产能技改项目"交联电缆水平生产车间悬链楼扩建工程"。该项目总投资2亿元多元，新建一栋悬链楼，同时对现有设备进行升级改造，新上生产线10多条，其中引进国外先进生产线5条。项目建成投产后，将新增产值20亿元。

合作发展 远东智慧能源股份有限公司与法电优能（中国）投资有限公司签署战略合作协议，基于双方各自的行业地位及资源进行全方位的资源共享，双方就整体方案达成一致后进行合作。远东智慧能源股份有限公司与常州创业投资集团有限公司签署战略合作协议，双方在供应链金融、产业融合等领域有较多契合点，将进行全面战略合作。

2021年3月，官林镇与普睿司曼（中国）投资有限公司举行中国区总部项目签约仪式，签订的合作协议主要包括在官林镇建设中国区总部、研发中心、高端线缆项目等。

6月4日，中国广电辽宁网络股份有限公司与亨通集团有限公司战略合作协议签约仪式在苏州举行。双方将基于5G基站、人工智能、大数据中心和智能互联网领域等方面开展合作。

中航宝胜海洋工程电缆有限公司与中国移动扬州分公司在扬州签署宝胜海缆"5G 数智工厂"战略合作框架协议。这有利于宝胜海缆进一步深化企业数智化战略布局，加速推进数字化工厂、智能制造、信息化战略的升级发展。

宝胜（宁夏）线缆科技有限公司与宁夏宝丰能源集团股份有限公司签署战略合作协议，在宝丰能源重大项目建设中开展多维度战略合作。

6 月 30 日，中天科技集团有限公司与吉林市政府签订战略合作协议，按照"战略协同、市场导向、创新驱动、优势互补、合作共赢"的原则，建立战略合作伙伴关系。双方拟围绕工业互联网、智慧城市、智慧园区、碳纤维材料、分布光伏电站、特高压系列电缆研发生产等方向，优化资源配置，促进转型升级，开展全面、深入、广泛的合作。

7 月 6 日，广州市新兴电缆实业有限公司与中国电信股份有限公司增城分公司签署战略合作协议，携手创建 5G 工业应用创新基地，打造线缆行业首家 5G 智能工厂示范区，推动产业转型升级，加速迈进"工业 4.0"。

7 月 13 日，宝胜集团有限公司与中铁建设集团有限公司在扬州签订战略合作协议。双方将围绕发挥各自的系统优势和集成优势，接长加粗产业链，在市场开拓、产业升级、项目建设等方面开展广泛联系和合作，共同构建能力互补、优势融合、资源协同的产业生态圈，不断创新商业模式，提升战略协同层次和水平，实现互利共赢、协同发展。

8 月 11 日，上海起帆电缆股份有限公司和上海电缆研究所有限公司签订战略合作协议。双方将集成有效资源，加强产研结合，深度合作，充分发挥各自在科研开发、产品检测、线缆制造和工程应用等方面的优势，提升双方技术创新力、核心竞争力，加快科研成果产业化进程，实现长期共赢。

9 月 7 日，浙江万马股份有限公司与中国联合网络通信有限公司浙江省分公司正式签署战略合作协议，在通信服务、产品提供以及资源共享等多个领域开展合作。

10 月 15 日，安徽天康（集团）股份有限公司与上海洛丁森工业自动化设备有限公司签订战略合作协议，以实现智能仪表产业战略转型，达成双方互利共赢目的。

11 月 2 日，长飞光纤光缆股份有限公司与中国铁塔股份有限公司湖北分公司签署战略合作协议。双方本着"资源共享、优势互补、合作共赢、共促发展"的原则，整合各自资源优势，致力于全面、长期和稳定的合作伙伴关系，在业务开拓、资源共享等多领域推进深层次合作。

11 月 25 日，江苏永鼎股份有限公司与华能能源交通产业控股有限公司在南京签订战略合作协议。双方决定建立战略合作关系，利用各自的管理优势及市场基础，共同在光通信、电力传输及新能源领域开展合作，包括但不限于光缆光纤、海缆特高压、电力传输及新能源开发等业务领域。

行业管理 2021 年 3 月 29 日，全国第四届电线电缆制造工（检验工）职业技能竞赛预选赛区工作会议在上海召开，标志着竞赛活动正式进入筹备阶段。会议讨论交流了大赛总体方案、竞赛工作思路及要求、竞赛宣传工作思路、竞赛技术委员会相关工作、预赛区划分及组委会工作情况，以及大赛各阶段工作要求和时间节点安排。10 月 22 日，2021 年"国缆检测杯"第四届电线电缆制造工（检验工）职业技能竞赛决赛阶段工作会议召开，主会场设在上海电缆研究所，来自全国各地 13 个赛区的 50 余位代表通过视频方式接入会议。竞赛办公室介绍了预赛阶段工作情况、决赛准备情况、决赛流程和注意事项、决赛奖项设置和评选条件说明等内容。

6 月 11 日，电线电缆行业质量信用评价和追溯体系建设研讨会在北京召开。全国电线电缆标委会、地方行业协会、检测机构、用户方以及线缆企业代表近 30 人参加了研讨会。会议重点研究了电线电缆行业质量信用评价体系及追溯体系的建设，讨论电线电缆行业分类监管、智慧监管、联合监管等相关工作。

6 月 28 日，中国电器工业协会电线电缆分会召开"十四五"指导意见编制工作推进会。电力电缆及附件、绕组线、电气装备用线缆、导体与线材、通信线缆与光纤光缆、线缆装备等各专业工作部秘书长分别就"十四五"行业指导意见的编撰工作进展，以及初稿的审查、征询意见等情况进行了详细说明。

7 月 9 日，《中国光电线缆及光器件行业"十四五"发展规划》发布会暨 2021 中国通信光电缆企业家峰会在上海召开，该活动由中国电子元件行业协会光电线缆及光器件分会和中国电器工业协会电线电缆分会联合主办。

12 月 20 日，2021 中国线缆行业（线上）活动周在线上和上海现场同步开始。活动周由中国电器工业协会电线电缆分会、上海电缆研究所有限公司联合主办，主题为"创新发展谋未来 线缆强国开新篇"，会上发布了《中国电线电缆行业"十四五"发展指导意见》。

〔撰稿人：上海电缆研究所陆成玉　审稿人：上海电缆研究所蒋强〕

绝 缘 材 料

生产发展情况 绝缘材料行业企业经过 60 多年的长足发展，产业结构、产品种类发展日渐完善，行业紧密结合新能源、特高压、5G 等新兴行业的发展，加大科研投入及技术改造力度，提升了高性能绝缘材料的质量水平，绝缘标准体系不断完善，有效支撑了行业的转型升级。2021

年行业统计企业完成工业总产值 3 721 770 万元，主营业务收入 3 431 720 万元，全员劳动生产率 332 341 元 / 人。2021 年绝缘材料行业统计企业工业总产值前 10 位企业见

表 1。2021 年绝缘材料行业统计企业主营业务收入前 10 位企业见表 2。2021 年绝缘材料行业统计企业工业增加值前 10 位企业见表 3。

表 1　2021 年绝缘材料行业统计企业工业总产值前 10 位企业

企业名称	2021 年 / 万元	2020 年 / 万元	比上年增长（%）
广东生益科技股份有限公司	2 009 393	1 459 966	37.63
浙江华正新材料股份有限公司	493 255	277 925	77.48
四川东材科技集团股份有限公司	354 714	254 513	39.37
湖北平安电工科技股份有限公司	110 715	91 988	20.36
苏州巨峰电气绝缘系统股份有限公司	87 939	68 538	28.31
苏州太湖电工新材料股份有限公司	53 458	52 155	2.50
浙江荣泰电工器材股份有限公司	47 852	28 258	69.34
固德电材系统（苏州）股份有限公司	40 439	34 406	17.53
浙江荣泰科技企业有限公司	37 475	34 671	8.09
华缘新材料股份有限公司	35 891	31 929	12.41

表 2　2021 年绝缘材料行业统计企业主营业务收入前 10 位企业

企业名称	2021 年 / 万元	2020 年 / 万元	比上年增长（%）
广东生益科技股份有限公司	1 463 341	1 070 912	36.64
浙江华正新材料股份有限公司	295 148	179 856	64.10
四川东材科技集团股份有限公司	240 000	151 965	57.93
苏州巨峰电气绝缘系统股份有限公司	76 033	41 991	81.07
湖北平安电工科技股份有限公司	59 259	43 506	36.21
苏州太湖电工新材料股份有限公司	41 362	41 301	0.15
浙江荣泰电工器材股份有限公司	31 179	18 146	71.82
浙江荣泰科技企业有限公司	30 438	26 492	14.90
固德电材系统（苏州）股份有限公司	30 412	25 461	19.45
永济优耐特绝缘材料有限责任公司	27 212	22 729	19.73

表 3　2021 年绝缘材料行业统计企业工业增加值前 10 位企业

企业名称	2021 年 / 万元	2020 年 / 万元	比上年增长（%）
广东生益科技股份有限公司	590 944	435 029	35.84
四川东材科技集团股份有限公司	100 793	63 627	58.41
长园电子（东莞）有限公司	82 589	13 206	525.39
湖北平安电工科技股份有限公司	67 657	60 715	11.43
浙江华正新材料股份有限公司	62 433	46 756	33.53
苏州巨峰电气绝缘系统股份有限公司	21 554	28 120	-23.35
西安西电电工材料有限责任公司	19 884	17 205	15.57
浙江荣泰电工器材股份有限公司	15 523	5 981	159.52
华缘新材料股份有限公司	11 679	11 540	1.20
固德电材系统（苏州）股份有限公司	11 414	14 106	-19.08

产品分类及产量 绝缘材料产品分为油漆树脂、浸渍纤维制品、电工塑料、层压制品、云母制品、薄膜及柔软复合材料、其他类材料。与 2020 年相比，除浸渍纤维制品外，2021 年绝缘材料产量呈上升态势，其中薄膜复合材料和电工塑料增幅明显，分别是 28.64% 和 19.29%；油漆树脂和云母制品产量也有所增加；层压制品和其他类材料由于统计产品的计量单位有所变化，数据未作比较。2021 年绝缘材料行业统计企业主要产品产量见表 4。

市场及销售 2021 年统计企业销售绝缘材料 436 587t/13 630 万 m/11 438 万 m² /2 031 万张 / 电磁线 3 405t/绝缘系统和线圈 2 608t/ 线圈 250 万只 / 定转子 1 219 套 / 定子绕组 1 048 台 / 线圈 345 台 /D8 线圈 108 支 / 辅材 1 940 台。销售收入比上年（2 013 467 万元）增长 42.11%。2021 年绝缘材料行业统计企业主要产品销售情况见表 5。

表 4　2021 年绝缘材料行业统计企业主要产品产量

产品名称	产量
油漆树脂	101 820t
浸渍纤维制品	29 894t/11 543 万 m² /2 031 万张
层压制品	152 835t
云母制品	78 589t
电工塑料	1 915t/13 630 万 m
薄膜及柔软复合材料	63 255t
其他类绝缘材料	34 300t/ 电磁线 3 405t/ 绝缘系统和线圈 2 608t/ 线圈 250 万只 / 定转子 1 219 套 / 定子绕组 1 048 台 / 线圈 345 台 /D8 线圈 108 支 / 辅材 1 940 台

表 5　2021 年绝缘材料行业统计企业主要产品销售情况

产品名称	销量	销售收入 / 万元
油漆树脂	101 276t	216 503
浸渍纤维制品	1 924t/13 630 万 m	14 938
层压制品	29 631t/11 438 万 m² /2 031 万张	1 851 875
云母制品	53 588t	168 711
电工塑料	63 371t	73 373
薄膜及柔软复合材料	153 056t	290 235
其他类绝缘材料	33 741t/ 电磁线 3 405t/ 绝缘系统和线圈 2 608t/ 线圈 250 万只 / 定转子 1 219 套 / 定子绕组 1 048 台 / 线圈 345 台 /D8 线圈 108 支 / 辅材 1 940 台	245 642

除浸渍纤维制品有小幅下降外，油漆树脂、层压制品、云母制品、电工塑料、薄膜及柔软复合材料等产品的销量与销售收入均同步上升，层压制品增幅尤其突出，销售收入增幅达到 49.74%，这得益于 2021 年 5G 基建对 PCB 的需求大幅提高，此外 PCIE 升级带动服务器主板向高速 PCB 升级，也在一定程度上拉动了对 PCB 的需求。而随着新能源汽车、光伏、新基建行业的发展，绝缘材料企业积极研发新型绝缘材料产品满足新的需求，产量明显上升，销售额也稳步提升。2021 年绝缘材料行业统计企业销售收入前 15 位见表 6。

表 6　2021 年绝缘材料行业统计企业销售收入前 15 位

序号	企业名称	销售收入			销量		
		2021 年 / 万元	2020 年 / 万元	比上年增长（%）	2021 年	2020 年	比上年增长（%）
1	广东生益科技股份有限公司	1 274 083	861 839	47.83	11 438 万 m²	10 254 万 m²	11.55
2	浙江华正新材料股份有限公司	493 255	253 037	94.93	2 031 万张	1 675 万张	21.25
3	四川东材科技集团股份有限公司	323 391	207 479	55.87	201 978t	146 415t	37.95
4	湖北平安电工科技股份公司	86 580	69 304	24.93	37 960t	29 706t	27.79
5	苏州巨峰电气绝缘系统股份有限公司	72 818	60 653	20.06	11 033t/ 电磁线 3 405t/ 绝缘系统和线圈 2 608t	14 117t/13 万台定子	—
6	苏州太湖电工新材料股份有限公司	50 770	50 695	0.15	12 120t/ 线圈 250 万只	10 356t/ 线圈 290 万只	—
7	浙江荣泰电工器材股份有限公司	46 598	26 513	75.76	14 564t	9 567t	52.23
8	固德电材系统（苏州）股份有限公司	38 735	32 437	19.42	9 972t	8 810t	13.19

（续）

序号	企业名称	销售收入			销量		
		2021 年 /万元	2020 年 /万元	比上年增长（%）	2021 年	2020 年	比上年增长（%）
9	浙江荣泰科技企业有限公司	37 219	38 000	-2.06	27 359t	27 601t	-0.88
10	长园电子（东莞）有限公司	32 638	27 661	17.99	2 100t	37 297 万 m	—
11	湖南恒缘新材料科技股份有限公司	31 619	30 862	2.45	7 850t	7 804t	0.59
12	超美斯新材料股份有限公司	31 000	30 795	0.67	800t	700t	14.29
13	上海同立电工材料有限公司	29 796	19 000	56.82	566t/ 定 转 子 1 219 套 /定子绕组 1 048 台 / 线圈 345 台 /D8 线圈 108 支 /辅材 1 940 台	533t/ 定 转 子 840 套 /定子绕组 465 台 / 线圈 307 台 / 辅材 2 000 台	—
14	华缘新材料股份有限公司	28 743	27 901	3.02	11 967t	12 343t	-3.05
15	永济优耐特绝缘材料有限责任公司	19 623	19 125	2.60	1 583t	3 147t	-49.70

2021 年绝缘材料产品出口 20 933t/1 473 万 m^2，完成出口交货值 223 175 万元，创汇 34 668 万美元，出口交货值比上年（168 601 万元）增长 32.37%。从产品分类来看，绝缘材料行业出口产品主要是层压制品中的覆铜箔板，出口 24 401 万美元，占出口总额的 70.39%。其他产品中，云母制品出口 4 626 万美元，薄膜及柔软复合材料出口 2 213 万美元，热缩管出口 1 611 万美元，云母制品和层压板出口创汇比上年有较大增长。2021 年绝缘材料行业出口额前 5 名企业见表 7。2021 年部分绝缘材料产品出口情况见表 8。

表 7　2021 年绝缘材料行业出口额前 5 名企业

企业名称	2021 年 / 万美元	2020 年 / 万美元	比上年增长（%）
广东生益科技股份有限公司	24 401	14 164	72.27
四川东材科技集团股份有限公司	2 815	1 562	80.22
湖北平安电工科技股份公司	2 385	808	195.17
浙江荣泰电工器材股份有限公司	2 241	1 011	121.66
长园电子（东莞）有限公司	1 010	889	13.61

表 8　2021 年部分绝缘材料产品出口情况

产品名称	2021 年 / 万美元	2020 年 / 万美元	比上年增长（%）
层压制品			
覆铜箔板	24 401	19 026	28.25
层压板材	1 461	105	1 291.43
热缩管	1 611	1 387	16.15
薄膜及柔软复合材料	2 213	1 833	20.73
云母制品	4 626	1 728	167.71

科技成果及新产品　2021 年，绝缘材料行业骨干企业不断增强创新能力，加大科研投入，取得了一系列令人瞩目的科研成果。

四川东材科技集团股份有限公司实现高端光学薄膜用聚酯树脂关键技术研究及产业化，通过减少原料杂质与改善聚合工艺的方式提高聚酯洁净度制备光学级聚酯基料，光学薄膜瑕疵点数量下降率≥ 50%。研究成果申请发明专利 2 件，发表论文 2 篇，开发 2 个新产品，制定企业标准 2 项。实现 5G 通信环氧基高速 PCB 基板用萘型活性酯树脂关键技术开发及产业化，针对环氧树脂在 5G 通信高速 PCB 基板应用中的难题，研发具备低介电常数和介质损耗、高玻璃化转变温度、低热膨胀系数等性能的萘型活性酯树脂固化剂，研究成果申请发明专利 3 件，制定企业技术标准 1 项，形成新产品 1 个。

苏州巨峰电气绝缘系统股份有限公司为适应绿色环保发展趋势，开发了一系列新型环保节能绝缘材料及绝缘系统。

（1）开发耐电晕电机绝缘结构。运用纳米技术提升传统绝缘材料的耐电晕性能，结合高性能基体树脂合成技术、漆包线薄层涂覆技术、绝缘系统集成技术等制备耐电晕电机绝缘结构，有效地提升高效变频电机耐高频脉冲电压的能力。

（2）开发海上风电高可靠性少胶真空压力浸渍（VPI）绝缘系统。该系统适用于 5MW、7MW、10MW 等大功率、技术要求苛刻的风力发电机绝缘处理。系统采用耐电晕聚酰亚胺薄膜烧结的扁铜线、高纯度的环氧酸酐树脂及含特种促进剂的云母带，实现与环氧酸酐 VPI 树脂中温固化，减少固化流失，提升绝缘整体性能；优化集成海上风力发电机高导热环氧酸酐少胶 VPI 绝缘系统，较常规海上风电绝缘系统运行寿命提升 20% 以上，满足海上风电 40 年免维护寿命，绝缘技术达国际先进水平。

（3）开发高压减薄绝缘系统。制备高击穿场强、长绝缘老化寿命绝缘材料并优化集成绝缘系统，实现高压电机绝缘减薄，大幅降低电机制造成本，提升功率密度。10kV 绝缘系统，双边匝间绝缘厚度减薄至 0.4mm，单边主绝缘厚度减薄至 1.82mm；6kV 绝缘系统，双边匝间绝缘厚度减薄至 0.35mm，单边主绝缘厚度减薄至 1.1mm，技术达国际先进水平。

（4）开发超低温电机绝缘材料及系统。运用特殊的柔性环氧树脂搭配潜伏性的固化剂，制备超低温 VPI 树脂；使用高柔软性的改性橡胶作为云母带胶黏剂；研发高柔软性、高黏接胶黏剂，制备耐超低温柔软复合材料。集成超低温绝缘系统，产品能够耐 -196℃低温环境，确保低温环境下电机正常运行，实现国产化。目前产品已在液化天然气输送泵电机、航空液氢液氧输送泵电机上批量使用，应用效果良好。开发水性底、面漆，使用水性基体树脂，搭配特殊的无机填料，使产品具有优异的附着力、耐腐蚀性能等。

（5）开发新能源电动汽车电机用关键绝缘材料及系统，新一代超高耐电晕寿命漆包线、绝缘浸渍树脂、柔软复合纸，优化集成新一代新能源汽车电机用绝缘系统，满足新能源汽车驱动电机使用技术要求。已在新能源电动汽车电机制造企业批量使用，应用效果良好。开发了高粘结力水性浸渍漆，合成高强度水性基体树脂，产品具有无毒环保、节能高效的特性，粘接强度高，大幅减少了有机溶剂的排放，符合绿色环保发展趋势。

广东生益科技股份有限公司为提高生产效率和产品质量，节约能耗，开发了一系列配套产品设备，改进了生产与质量控制工艺。开发了高温压机安全监控系统、压机三次蓄能技术、CCD 测量技术及多功能记录仪升级技术，以及一种狭窄空间的活动式密封方法、一种上下层交错吸吊结构装置、热油并网节能降耗系统、一种创新型水冷油浸式轴承座等，实现了 F3 机张力精确控制和预浸双辊小胶槽升降功能。

华缘新材料股份有限公司研究开发了一系列新产品。

（1）高绝缘强阻燃耐腐蚀 BMC 材料。采用自主配方，通过添加增强、增韧助剂等原料，使 BMC 复合材料的力学性能明显优越于传统绝缘产品，拉伸强度达到 80MPa，冲击强度达到 70kJ/mm^2，弯曲强度达到 270MPa；同时，具有优越的绝缘性和阻燃性，绝缘电阻常态 $2.5 \times 10^{15} \Omega$，浸水 24h 后 $1.2 \times 10^{14} \Omega$；电气强度达到 13.1MV/m；相对介电常数 3.99MHz；耐电弧 191s，在更多领域取代金属、水泥、塑料和木材等传统材料和制品。

（2）采用热固性材料高绝缘、强阻燃材料配方技术，增强材料的阻燃性、绝缘性、耐腐蚀性，提高其机械强度，使玻璃纤维复合材料在轨道交通领域得到广泛应用。

（3）高绝缘复合材料电气箱体。经过树脂糊制备、上糊操作、纤维切割及沉降、树脂稠化等过程，制作成具有新功能的 SMC 复合材料（玻璃钢）；再经过高温模压工艺后成型，采用组合式结构，制成不同形状的电力通信箱体。

（4）高绝缘强阻燃耐腐蚀地铁电缆支架。通过改进原料配方和工艺流程，采用强阻燃、高绝缘、耐腐蚀的材料自主配方，生产出强阻燃性、强绝缘性、强耐腐蚀性、抗老化、高强力学性能的 SMC 复合材料；再采用特定模压时间、模压温度的产品压制工艺，增强材料及其制品的性能指标，生产出应用于地铁、轻轨领域的电缆支架，增进其阻燃性、绝缘性、耐腐蚀性和机械强度，具有适应在特殊环境的使用安全性和耐久性。

西安西电电工材料有限责任公司开发了 128 中低压开关柜用环氧树脂胶，已经通过公司级鉴定。该项目主要是研究树脂配方设计、符合用户应用的工艺，产品综合性能达到国内同等产品水平。

苏州太湖电工新材料股份有限公司开发了 3 种新型绝缘材料产品。

（1）T1168-H 环保型浸渍树脂。该产品具有耐热性好，电气及机械性能优良，防潮、防盐雾、防霉"三防"性能优异等特点，技术达到国内领先水平。

（2）T-H1169 无溶剂高纯度环氧浸渍树脂。该产品采用低黏度高纯度环氧树脂以及自主开发的潜伏性复合固化体系，在单组分状态下具有优异的储存稳定性，克服了传统环氧酸酐 VPI 树脂储存稳定性差等缺点。

（3）ET-90X 改性耐热不饱和聚酯树脂。该产品采用微纳米改性技术及自由基共聚 - 环氧开环双交联固化技术，具有高温黏度保持性能良好、挂漆率高的特点。引入的无机微纳米粒子大幅提升了浸渍树脂的耐电晕能力。

长园电子（东莞）有限公司为提高生产效率和产品质量，节约能耗，开发了一系列配套产品设备及新产品。①开发半自动包装设备、主动放线架、小油扩皮带牵引机、自动上盘机、光纤熔接管外管切管设备、PVC 上盘设备等。②开发油管堆管视觉监测系统，降低员工劳动强度，提高生产效率。③实现 1kV、10kV 中小规格母排正压扩张，提升扩张效率。

许绝电工股份有限公司与中国科学院等离子所合作研

制的耐极低温绝缘材料产品通过科研成果鉴定。该绝缘材料产品不仅可用于氢能核聚变能源项目，而且可以覆盖多类工业生产领域所需的耐低温非金属材料的使用要求，在国防、医疗等领域也有广泛的应用需求。

大连联合高分子材料有限公司开发了3种新型热缩管产品。

（1）太空装备用聚烯烃双壁热缩管。经过近两年的研制，一年多的试验验证，产品通过某航天研究院的所有试验项目型式认可，满足航天装备的新要求。

（2）新能源高压线束用Y型模缩套项目。根据新能源汽车用线束客户的要求，开发Y型模缩套，初始规格YM383A101产品，以适应新能源车高压线束的新方向、新产品需求。

（3）华为ODN项目用热熔胶。配合华为的光纤入户ODN项目，设计开发对应的用于光纤外包覆的热熔胶，已满足客户目前要求，并随项目的推进继续改进。

福建腾博新材料科技有限公司研发了耐高温抗变形复合材料绝缘罩，采用耐高温无碱玻纤布和陶瓷化防火耐火硅橡胶复合，能够在超过350℃的条件下，形成坚硬的外壳，对电芯起到保护的作用。

质量及标准

1.检测及质量

2021年，桂林赛盟检测技术有限公司（机械工业电工材料产品质量监督检测中心）在绝缘及相关领域的供检测服务首次超过3 500批次，出具检测报告3 500余份，同比增长25%。主要原因是：受新冠疫情以及复杂多变的国际形势影响，我国迫切需要解决关键绝缘材料国产化替代以及关键技术的卡脖子问题，使得国内绝缘材料行业以及各材料生产、应用厂家加大新材料研发和国产化替代的投入。从全年检测任务分布来看，漆／树脂类、柔软复合材料类、层压、绝缘制件检测数量较多，树脂浸渍纤维制品、绝缘液体类、橡胶类批次较少。近年来绝缘材料在电机行业内的新应用以及新能源汽车对绝缘系统新要求成为

研究热点，与之相关的复合材料、浸渍漆、电磁线等绝缘材料检测批次和研究项目也明显增多。

2.标准化

2021年全国绝缘材料标准化技术委员会（简称绝缘材料标委会）组织开展了12项国家标准和5项机械行业标准的制修订。12项国家标准分别为：《电气绝缘用钢纸 第2部分：试验方法》《以云母为基的绝缘材料 第10部分：耐火安全电缆用云母带》《绝缘液体 酸值的测定 第3部分：非矿物绝缘油试验方法》《绝缘液体 酸值的测定 第2部分：比色滴定法》《绝缘液体 电气用未使用过的合成有机酯》《绝缘液体 以合成芳烃为基的未使用过的绝缘液体》《电气绝缘用钢纸 第3部分：平板钢纸》《电气绝缘用树脂基活性复合物 第9部分：电缆附件用树脂》《电气用热固性树脂工业硬质层压板 第12部分：典型值》《电气绝缘用薄膜 第5部分：双轴定向聚萘酯薄膜》《矿物绝缘油 2-糠醛和相关化合物的测定方法》《充油电缆用未使用过的矿物绝缘油》。5项机械行业标准分别为：《风力发电机绝缘用环氧-不饱和聚酯树脂基活性复合物》《轨道交通牵引电机用树脂基活性复合物》《电器用云母硅晶发热膜》《电气绝缘用聚酯薄膜低聚物含量测试方法》《电气绝缘用树脂浸渍玻璃纤维网格》。

根据国家标准化管理委员会《2021年国家标准立项指南》及满足行业技术发展和应用的变化需求，2021年绝缘材料标委会完成申报《以云母为基的绝缘材料 第13部分：高导热性玻璃布少胶云母带》等7项国家标准制修订计划。根据《2021年能源行业标准计划立项指南》要求并结合能源行业对绝缘材料标准的需要，经企业提出申请，2021年绝缘材料标委会申报了《电力变压器用绝缘材料介电谱试验方法》等2项能源行业标准制定计划。

基本建设及技术改造 2021年绝缘材料行业基本建设投资为243 845万元，更新改造资金为25 185万元。2021年绝缘材料行业部分企业基本建设、技改投资情况见表9。

表9 2021年绝缘材料行业部分企业基本建设、技改投资情况 （单位：万元）

企业名称	基本建设投资					更新改造资金	
	投资计划数	投资完成数	其中			计划数	实际完成数
			生产性	建安工程	设备工具购置		
广东生益科技股份有限公司	—	138 050	138 050	—	—	—	—
四川东材科技集团股份有限公司	76 000	75 792	30 317	15 158	30 317	11 400	11 098
东营欣邦电子科技有限公司	17 000	16 788	7 236	5 159	4 393	12 000	11 629
浙江荣泰电工器材股份有限公司	8 000	6 794	1 860	3 781	1 153	—	—
苏州太湖电工新材料股份有限公司	1 500	1 331	—	462	869	—	—
宝应县精工绝缘材料有限公司	1 000	1 000	300	500	200	300	300
固德电材系统（苏州）股份有限公司	1 350	980	976	—	—	367	134
株洲时代电气绝缘有限责任公司	800	779	—	708	71		

（续）

企业名称	基本建设投资					更新改造资金	
	投资计划数	投资完成数	其中			计划数	实际完成数
			生产性	建安工程	设备工具购置		
福建腾博新材料科技有限公司	756	720	—	266	454	645	637
江苏亚宝绝缘材料股份有限公司	500	509	—	—	509	—	—
湖南广信科技股份有限公司	400	325	325	—	282	—	—
华缘新材料股份有限公司	282	282	—	—	282	—	—
大连联合高分子材料有限公司	207	207	—	—	207	—	—
河南金质绝缘新材料有限公司	150	120	72	38	10	260	232
苏州苏绝电工材料股份有限公司	200	100	—	—	100	—	—
上海新芮绝缘材料股份有限公司	35	39	26	8	5	—	—
西安西电电工材料有限责任公司	29	29	22	7	—	1 144	1 144
上海金山前峰绝缘材料有限公司						11	11
天津市天缘电工材料股份有限公司	300	—	—	300	—	—	—

苏州巨峰电气绝缘系统股份有限公司的高速云母带生产线技术改造项目，实现智能化高速生产，月产能达260t，月产值约1 200万元。

广东生益科技股份有限公司完成13项技术改造项目。

（1）高温压机安全监控系统的开发。通过增加PLC程序控制和人机界面监控、传感器采集数据的方法，整合高温压机关键控制点，进行实时监控。

（2）压机三次蓄能的开发与应用。通过修改PLC程序，开发出层压热油系统三次蓄能的功能，有效节约层压气耗，改善压机冷却效果，降低热油平台环境温度。

（3）自主研发CCD测量技术及应用。通过自主研发CCD测量技术，使用工业相机对涂头涂胶幅宽拍照，开发软件对图像分析及处理，实现涂覆涂胶在线幅宽CCD检测并应用于IC载带分条产品偏移检测项目，解决了幅宽不足使操作人员难分辨，以及传感器无法达到微米级别的在线测量技术难题。

（4）一种多功能记录仪升级技术。通过PLC和触摸屏编程技术，增加上位机程序和通信转换控制，实现上胶机关键温度参数稳定记录，不再依赖进口仪器，在节省费用的同时，方便了生产人员调节上胶机、管控和追溯工艺过程。

（5）F3机张力精确控制。通过对上胶机张力控制系统的性能改善，以及粘结片左右张力调试装置、浮动辊灵活性改善等相关辅佐设备的安装使用，上胶机的张力控制精度和稳定性得以改善和提高，满足产品对张力控制精度要求。

（6）一种新型动态测厚仪结构应用报告。输送带采用负压吸附板材，将测厚仪检测装置嵌入输送带，使板材在输送测量时达到相对高的稳定状态，并采用了新的取点计算方法，提高了动态测厚仪的动态测量精度和取点位置的精准性。

（7）一种狭窄空间的活动式密封方法。通过对上胶机缓冲区狭窄间隙现有模式的研究，针对其带有活动性的特殊情况，采用两头进行固定、中间采用耐高温柔性材质密封件的方法，实现了狭窄空间的免维护断根式密封功能，解决了上胶机缓冲区存在多年的漏热风问题。

（8）一种上下层交错吸吊结构装置。对原有吸吊分发设备结构进行改造，使用逻辑阀功能解决尺寸切换问题，将机架升高预留足够安全高度，形成板可以从吸架内通过的上下层交错分发的输送结构，提高单幅双头吸吊分发效率。

（9）转仓木架切换不锈钢垫板辅助机构的设计与应用。通过模拟人工推板料动作，设计安装辅助推料机构，实现机械替代人工推板料来切换垫板的操作，解决人工推料换板操作的安全风险和效率问题。

（10）热油并网节能降耗系统。通过设计，将两个独立的热油系统合成一个可以分温控温的大系统，实现不新增设备的系统扩容，达到余温利用和节能降耗的目的，同时在不新增储油罐的情况下将搬迁设备并入系统，也为RTO整体供热提供平台。

（11）核心数据机房高可靠供电系统。通过为公司核心数据机房安装大功率高低压双电源供电系统及增加备用发电机系统、智能远程监控供电系统，实现了高可靠供电，保障了信息安全。

（12）预浸双辊小胶槽升降功能的设计与应用。采用带有导向结构的气缸设计、巧妙的胶水排空设计以及双胶槽升降的平衡设计，解决了薄厚料切换的停机问题和操作复杂、劳动强度大的清洁问题。

（13）高温压机安全监控系统的开发。自主开发设计风机轴承座，采用水冷和液态油的润滑方式，解决了风机轴承因温度高和润滑效果差导致的轴承损坏问题。

长园电子（东莞）有限公司完成3项技术改造项目。

（1）一部半自动包装设备。完成设备整机安装调试并交付生产使用，包装速度为65s/盘，效率提升60%以上，可减少员工1人。设备具有主动收线、计米、接头报警、主动缠薄膜等功能，使用频率24h/天，只需1人。

（2）新型双壁管端子自动成型设备改造。设备生产效率为每班每人15 000个，设备正常使用中，较原有手工作业效率提升3倍以上，使用频率24h/天，只需1人。

（3）油管堆管视觉监测系统。汽车管油扩车间现有扩张设备老旧，前后牵引速度很难达到匹配，导致堆管问题严重。现有解决堆管问题的方法是通过停机手动调节前后牵引速度及更换大口径扩张模具，工人劳动强度大，且调试完以后再调试间隔短，导致生产效率低。该设备通过视觉检测堆管情况反馈给PLC，通过PLC控制后牵引速度达到实时调节。

许绝电工材料股份有限公司层压板全自动化生产线技术改造项目，实现了产品质量的精确化控制，主要生产流程由程序控制与监控、记录，现场可实现无人化生产运行。

东莞欣邦电子科技有限公司PI薄膜生产线技术改造项目，实现车间数据互联互通，生产成本降低23%以上，产品下线一次交检合格率提高5%。

福建腾博新材料科技有限公司完成2项技术改造项目。

（1）PC绝缘罩自动贴胶及贴标工艺研发。自动化贴胶装置结构简单、紧凑、成本低廉，与现有贴胶机相比，能够实现对胶带进行自动放料、自动剥胶、自动贴胶和自动收料的功能。自动化贴标装置实现贴标作业自动化，解决传统人工贴标的精度问题，避免胶带无法准确附着在共件上的风险，实现高效精准的贴标；贴胶过程实现半自动化，提高加工精度和效率，仅需1人就可以完成5～6人的工作量，显著节省人工成本。设计投产能力7 253t/a，已投产能力473t/a，预计产值825t/a。

（2）高黏性绝缘罩装配缓冲保护层的研发。抗拉撕手胶带保证了双面胶层与电池模组紧密贴合，同时避免绝缘罩与串电模组的装配位移，也避免双面胶层的翘起，整体提高了绝缘罩与电池模组的装配良率；绝缘缓冲保护层的离型层不易因为其他外力因素等被撕落和破坏，同时离型层采用带有颜色的格拉辛底纸便于区分，方便使用时进行撕落，同时对各层的材质进行限定，进一步提高绝缘缓冲保护层的整体性能。设计投产能力6 653t/a，已投产能力3 733t/a，预计产值7 253t/a。

大连联合高分子材料有限公司完成2项技术改造项目。

（1）造粒设备技术改造项目。更替旧平行双螺杆（2016年）的上阶双螺杆挤出机部分，将原（40～57）：1的双螺杆挤出机更替为南京科亚的（48～53）：1双螺杆挤出机，增加长径比，选用强混炼塑化的螺杆，提高功能母粒的造粒质量及产量，并减少一定量的造粒遍数，有效降低造粒成本。

（2）热缩标识套管激光及喷码一体化项目。根据已有的热缩标识套管激光标识方式方法及喷码标识方式方法，设计制造一体化的，既可以激光标识，又可以喷码标识的自动化设备，实现双面标识效果，以适应客户更多样、更自动、更方便的标识要求。

杭州赛富特绝缘材料有限公司的无溶剂复合材料工艺技改项目，于2019年10月至2021年3月完成设备改造、设备调试，设计投产能力4 500t/a，已生产2 000t/a，已替代70%传统工艺。

〔撰稿人：桂林电器科学研究院有限公司祝晚华、龚桂胜〕

铅酸蓄电池

生产发展情况 2021年是"十四五"的开局之年，是为解决资源环境约束突出问题、构建人类命运共同体、全面启动"碳达峰碳中和"的工作元年，也是铅酸蓄电池行业在各种新政策、新业态、新格局、新模式下坚定行走的一年。

随着环保政策和相关法律法规的严格执行，铅酸蓄电池行业不断朝着产业集中化和规范化方向发展，业内规范型大企业不断通力合作，形成自有的"原料—生产—回收—再生产"闭环产业链，逐步与国家政策相吻合，不断促进行业的绿色可持续发展。在行业企业不断集中化的大背景下，各大型生产企业也在不断扩张自身锂电池及储能、氢电等的发展，但铅酸蓄电池仍作为企业的主要经济增长点保持正常的运营，主要原因还是铅酸蓄电池的可回收、可循环性和安全性使该行业仍具有发展空间。

随着国内及国际电力的发展，在"双碳"背景下，储能作为支撑新型电力系统的重要技术和基础装备，已成为行业企业追逐的重要产业板块。国家发展改革委和能源局已经印发《"十四五"新型储能发展实施方案》，明确说明新型储能已具备大规模商业化的应用条件，积极的产业政策为储能行业健康、可持续发展打下了坚实的基础。

产品产销 国家统计局数据显示，2021年我国铅酸蓄电池产量为25 187.4万kV·A·h，按协会可比口径，总产量同比增长约2.4%。

1.电动自行车用铅酸蓄电池

2021年我国电动自行车产量约为3 508万辆，其中锂离子电池新车配套量占比约15%。电动自行车用铅酸蓄电池产量约为13 241万kV·A·h，按可比口径较2020年小幅增长 6%，其中天能控股集团有限公司、超威电源集团有限公司及浙江南都电源动力股份有限公司产量较高。电动自行车新国标要求电动自行车电池电压不大于 48V，这意味着大电压电池将受到冲击，而 48V 电池会得到发展，电池将朝着小型化方向发展。此外，新国标还要求整车质量不大于 55kg，这会促使生产商选择质量更轻的锂电池或者小型号的电池，在很大程度上限制了铅酸蓄电池在电动自行车上的应用，企业也正在努力克服电池自重这个"门槛"。

2. 起动用铅酸蓄电池

受国家产业政策导向及新能源汽车产销形式的影响，蓄电池生产企业与传统汽车车企之间的深度合作及替换市场受影响较大，且 2020 年下半年新冠疫情持续发生，市场流通受阻，但在汽车低压电池领域，铅酸蓄电池仍将长期占据主导地位。截至 2021 年年末，中国汽车保有量突破 3 亿辆，全球新车销量仍保持在每年 7 000 万辆以上的水平，所以起动用铅酸蓄电池仍是电池市场的主基调。统计显示，起动用铅酸蓄电池的总体产量与 2020 年产量基本持平。产量较大的企业为骆驼集团有限公司、理士国际技术有限公司和风帆有限责任公司，产量同比分别增长 12%、13% 和 10%；该类型产品减产较多的企业为湖南丰日电源电气股份有限公司和巨江电源。

2021 年，国内起动用铅酸蓄电池出口量为 4 745 万只，较上年增加 1 100 万只，同比增长 30.18%；国内起动用铅酸蓄电池出口额为 8.77 亿美元，较上年增加 1.53 亿美元，同比增长 21.13%。其中，起动用铅酸蓄电池出口尼日利亚 5 294.6 万美元，出口美国 4 808.9 万美元，出口墨西哥 4 136 万美元，出口印度尼西亚 3 758.4 万美元，出口马来西亚 3 337.5 万美元，出口加纳 3 314.8 万美元，出口阿拉伯联合酋长国 3 297.1 万美元。

3. 固定型铅酸蓄电池

固定型铅酸蓄电池总体产量较 2020 年下降约 20%，主要原因是铁塔等基站主要采用锂离子电池。固定型铅酸蓄电池市场分布在电信、金融、政府、新能源以及工业制造等行业领域，细分行业集中度较低，山东圣阳电源股份有限公司和漳州市华威电源科技有限公司产量在同类产品生产企业中较为突出。

4. 摩托车用铅酸蓄电池

按可比口径比较，摩托车用铅酸蓄电池产量较 2020 年增长约 16%，理士国际技术有限公司和漳州市华威电源科技有限公司产量居前，约占该类型总产量的 64%。

5. 存在的问题

2021 年铅产量下跌至 595.6 万 t，同比下降 7.56%。从价格情况来看，产量下降带来市场价格上涨。据工业和信息化部数据，2021 年我国现货铅市场价格达到 15 278 元 /t，同比增长 3.4%。

从国内企业海外各分公司的情况看，表现较好的是越南市场。越南企业主要生产摩托车用铅酸蓄电池，客户以东南亚为主，2021 年已经基本恢复到疫情之前的产量。泰国、马来西亚、柬埔寨等地受疫情影响，当地招工较难，

不能 100% 开工，而且国内管理人员不能及时到现场处理问题，使企业受困。

重点企业 铅酸蓄电池行业在内地及香港共有 10 家上市公司，分别为浙江超威、理士国际、骆驼股份、圣阳股份、天能股份、万里股份、雄韬股份等。

2021 年，上榜中国企业 500 强的企业有 2 家（天能控股集团有限公司、超威电源集团有限公司）；上榜中国制造企业 500 强的企业有 3 家（天能控股集团有限公司、超威电源集团有限公司、河南豫光金铅集团有限责任公司）；上榜全球新能源企业 500 强的企业有 2 家（天能控股集团有限公司、超威电源集团有限公司）；上榜中国轻工业科技百强企业的有 6 家（天能控股集团有限公司、风帆有限责任公司、骆驼集团有限公司、理士国际技术有限公司、浙江南都电源动力股份有限公司、双登集团股份有限公司）；上榜中国轻工业新能源电池行业十强企业的有 2 家（超威电源集团有限公司、浙江南都电源动力股份有限公司）。

2021 年 1 月 18 日，国内铅酸蓄电池龙头企业天能股份在上海证交所科创板挂牌上市，成为行业内首家拥有"A、H"双上市品牌的公司。

标准化 2021 年铅酸蓄电池行业发布了 4 项标准，分别是：JB/T 11236—2021《铅酸蓄电池中镉元素测定方法》，2021 年 5 月 17 日发布，于 2021 年 10 月 1 日实施；GB/T 22473.1—2021《储能用蓄电池 第 1 部分：光伏离网应用技术条件》，2021 年 12 月 31 日发布，于 2022 年 7 月 1 日实施；NB/T 10689—2021《电动助力车用蓄电池充（换）电设备技术规范 第 1 部分：充电桩》、NB/T 10690—2021《电动助力车用蓄电池充（换）电设备技术规范 第 2 部分：充（换）电柜》，均于 2021 年 4 月 26 日发布，2021 年 7 月 26 日实施。

2021 年，全国铅酸蓄电池标准化技术委员会分别在贵州和东莞完成两次研讨会，标准化技术委员会完成了换届工作，并确定了第八届标委会的委员名单。10 月 15 日，在东莞茶山召开的标准研讨会针对《铅酸蓄电池用电解液》《铅酸蓄电池用水》《电动摩托车和电动轻便摩托车用铅酸蓄电池》3 项标准进行了研究讨论。

2021 年，铅酸蓄电池行业质检机构工作交流会在江苏镇江召开。会议就行业发展提出建立团标或联盟标准的相关事宜，为产品质量的提升提供依据，规范行业发展，稳固铅酸蓄电池现有的使用领域，争取更多的国家关注及发展政策。

行业管理 2021 年分会完成更名工作，将原"中国电器工业协会铅酸蓄电池分会"更名为"中国电器工业协会蓄电池分会"。分会秘书处在原有业务的基础上，将挑战新的工作领域，恪尽职守，以为行业服务为宗旨，本着精诚沟通、深化合作的目的，在各企业之间搭建一座合作共赢的桥梁，加强信息交流，研究市场动态，共谋发展，共同进步。

2021 年 5 月 11 日，中国电器工业协会铅酸蓄电池分

会第九届三次会员大会暨九届四次理事会在广东仁化召开。会议主题为"同心同行，共创未来"，200余名代表参会。随着新冠疫情的有效控制及国家产业政策的不断推出，上下游企业的各项经济指标都出现小幅回升并逐渐稳固，上级总会指示各企业重视"双碳行动"带来的机遇，抓紧转型升级，迎来更大的发展空间。会议顺利通过了分会新任秘书长的提名和现场表决，一致同意由梁晶晶任秘书长。会议邀请多位专家作专题报告。

东南大学化学化工学院教授、博导雷立旭作题为"铅酸电池绿色短流程循环生产技术"的专题报告。指出了一种新的回收方法，回收的废旧蓄电池不需要进行再冶炼，而是将铅膏进行除杂，用化学方法（碱性物质）将铅膏制成负极板用的硫酸铅和正极板用的4BS硫酸铅。该方法可行性已经在实验室验证完毕，需要小批次验证用该方法制得的硫酸铅和4BS硫酸铅的活性。

杰士汤浅国际部长黄修竹作题为"新形势下铅酸蓄电池行业的发展前景和趋势"的现场视频交流。他提出电动车目前的辅助系统仍然用的是铅酸蓄电池（如驱动用高压系统和辅助用12V系统），巨大的燃油车保有量使得修补用的铅酸蓄电池仍然会有较大的使用基数，国家大力推广储能也会带动铅酸蓄电池的大量应用，铅酸电池以低成本优势会与锂电有较长时间的共存。

浙江南都电源动力股份有限公司副总裁卢晓阳作题为"国内外数据中心建设发展趋势"的专题报告。他指出，我国的5G技术和迅速发展的智能制造催生了大量的数据中心建设，带动了蓄电池的应用，其中铅酸蓄电池占大部分。

漳州市华威电源科技有限公司副总经理王增科作题为"走进泰国——泰国投资经验分享"的专题报告。

武汉小微勇士智能技术有限公司总经理杨华作题为"中大密铸焊理论与技术研究"的专题报告。指出，通过控制铸焊模具材料、高温浮化铸焊剂、温度精度、保温剂等因素，实现高质量的铸焊。

广东志成冠军集团有限公司总工程师杨军作题为"正负活性物质比例对阀控式铅酸蓄电池深循环性能的影响"的专题报告。

政策 2021年年底，财政部税务总局发布了《关于完善资源综合利用增值税政策的公告》，从事再生资源回收的一般纳税人销售其收购的再生资源，可以选择适用简易计税方法，依照3%征收率计算增值税，其中废铅酸蓄电池属于再生资源之一。我国可再生资源利用行业发展多年，市场从早年的无序回收逐步转向正规标准化，但因废铅酸蓄电池回收多数来源于社会，回收从业者面临的难题就是废铅酸蓄电池在回收过程中的税务问题。

2021年11月，国务院促进中小企业发展工作领导小组印发《为"专精特新"中小企业办实事清单》，聚焦中小企业发展难点问题，针对性提出可落地可操作的解决举措，为"专精特新"中小企业发展排忧解难、保驾护航。据行业协会统计，仅在2021年，就有近十家铅酸蓄电池生产及相关配套企业获得不同层级的专精特新"小巨人"企业认定，为企业的健康发展注入动力。

〔撰稿人：中国电器工业协会蓄电池分会邬冬妮〕

电工合金

生产发展情况 从产值上看，自2020年下半年开始到2021年全年，电工合金行业的发展尤为迅速，2021年全行业完成工业总产值约197亿元，与2020年相比增长约30%。2021年电工合金行业工业总产值前10名企业见表1。

表1 2021年电工合金行业工业总产值前10名企业

序号	企业名称	工业总产值/万元	利润总额/万元
1	福达合金材料股份有限公司	286 581	6 020
2	温州宏丰电工合金股份有限公司	217 316	6 374
3	中希集团有限公司	150 724	6 212
4	桂林金格电工电子材料科技有限公司	102 792	2 766
5	陕西斯瑞新材料股份有限公司	90 007	6 703
6	佛山诺普材料科技有限公司	67 000	2 200
7	宁波汉博贵金属合金有限公司	63 559	861
8	温州聚星电接触科技有限公司	61 708	6 632
9	重庆川仪自动化股份有限公司金属功能材料分公司	60 470	—
10	佛山通宝精密合金股份有限公司	56 943	4 433

注：不含磁钢企业排名。

产品分类及产量 电工合金行业产品产量趋于稳定，银氧化镉在传统的银基电触头材料中的比重逐年下降，但下降幅度较小。据市场反馈，国内知名电器制造商在某些电器类型（如接触器、继电器等）中使用银氧化镉的比重仍超过 1/3。环保型触头材料并没有明显替代银氧化镉的趋势，而是开拓了新的领域，比如随着直流充电桩和新能源汽车的发展，银氧化锡产量急剧增加，这得

益于该产品在新能源领域使用拥有的独特性能优势，随着欧盟 RoHS 指令豁免到期和国家对环保要求的不断提高，银氧化镉被取代的趋势不可避免，银氧化锡（氧化铟）和银镍等银氧化镉主要替代品的产量逐年增加，但取代任务依然艰巨。2021 年电工合金行业主要产品产量见表 2。

表 2　2021 年电工合金行业主要产品产量

产品名称	线材产量 /kg	片材产量 /kg	总产量 /kg
银氧化镉	106 707	212 448	319 155
银氧化锡	315 119	108 128	423 247
银氧化锡氧化铟	187 123	23 076	210 199
纯银 / 细晶银	21 701	97 206	118 907
银镍（石墨）	291 886	149 220	441 106
银石墨		217 741	217 741
银碳化钨		300 883	300 883
铜钨		339.819 万片	339.819 万片
铜铬（碲）		7 042 471	7 042 471
银钨		206 372	206 372
银铜合金	77 730	8 099	85 829
金属基层状复合材料		547 830	547 830
银氧化锌	6 451	4 860	11 311
银氧化铜	634	18 267	18 901

出口情况 2021 年中高压触头产品销售收入约 158 327.4 万元，比上年增长约 35%；出口创汇约 25 931 万元，比上年增长约 28%。

2021 年行业主要企业的出口交货值实现较快增长。福达合金相比 2020 年出口规模增加约 1 亿元，温州宏丰、

美泰乐也增加约 7 000 万元，苏州希尔孚实现近 4 000 万元的增长，上海松发合金材料有限公司从 2020 年的 500 万元增长到 2021 年的 1 500 万元。2021 年电工合金产品主要出口创汇企业见表 3。

表 3　2021 年电工合金产品主要出口创汇企业

序号	企业名称	产品	出口目的地	创汇额 / 万元
1	福达合金材料股份有限公司	银基触头及其组件	欧洲、美洲等	24 418
2	温州宏丰电工合金股份有限公司	银基触头及其元件	欧洲、美国等	19 899
3	陕西斯瑞新材料股份有限公司	铜铬系列产品	欧洲、美洲等	17 476
4	美泰乐电工（苏州）有限公司	银基触头	欧洲、东南亚等	11 700
5	苏州市希尔孚新材料股份有限公司	银基触头、铜钨系列产品	欧洲	8 378
6	温州聚星电接触科技有限公司	银基触头及其元件	欧洲、东南亚等	5 188
7	沈阳金昌蓝宇新材料股份有限公司	铜钨系列产品	欧洲、亚洲、美洲	4 972
8	佛山诺普材料科技有限公司	银基丝材、片材、组件	印度	2 800
9	佛山通宝精密合金股份有限公司	热双金属、银铜带	印度、泰国和中国香港	2 170
10	上海松发合金材料有限公司	触头、其他金属此材料	欧洲、东南亚	1 500

科技成果及新产品 桂林金格电工电子材料科技有限公司的高可靠性银基电触头材料研究及产业化项目已经完成，获得2021年度中国机械工业科学技术奖科技进步类二等奖。该企业2021年度共1件专利获得授权。

中希集团有限公司2021年投资500万元的年增产50t触头元件技术改造项目，预计新增产值2000万元，新增利税180万元。该企业2021年申请专利6件，其中2件已在2021年获得授权。

沈阳金昌蓝宇新材料股份有限公司开展6个企业自筹研发项目，分别为铜钢异种材质触头的电子束焊接质量稳定性的研发、不同状态的铜铬锆材质焊接质量的研发、薄壁的结构件、导体加工方法的研发、铜合金精密铸造的研发、静弧触头抱紧力大小影响因素的研发、铝和铝电子束焊接的研发。该公司2021年获得授权专利1件。

天水西电长城合金有限公司自筹资金开展5个项目的研发，这5个项目为弹簧触指研发及生产应用、银氧化锡产品开发及应用、大铜钨合金与铬青铜的高强度连接技术、铜铁合金的制备工艺、梅花触头的改型降本增效，部分项目已投入生产应用。该公司2021年有7件专利获得授权。

宁波电工合金材料有限公司的5个项目——触点低压降后处理工艺技术研发、触点铆接过程中毛刺控制工艺技术研发、温控器用异形正负极弹片自动铆接工艺的研发、新能源汽车用银氧化铜弥散增强型材料（RCW-100）技术研发、自动电阻焊接及自动外观检查一体机工艺研发均已投入生产应用。该公司2021年共申请专利12件。

重庆川仪自动化股份有限公司金属功能材料分公司在承担科技部"十三五"重点研发计划课题"镍铬电阻合金箔材开发及产业化"中开发的镍铬改良型电阻合金箔材，被科技部高技术中心认定为国际先进，移动智能终端设备振动马达用超薄电刷材料项目获得中国仪器仪表学会科学技术进步奖二等奖。该公司2021年获得3件专利授权。

佛山通宝精密合金股份有限公司2021年研发的高可靠性超薄热双金属带材、冲/焊/铆一体组件专用金属复合材料、加工型银氧化锡触头材料、环保型银基触头材料、高性能银镍触头材料已投入生产。该公司2021年获专利授权4件。

佛山市诺普材料科技有限公司自主投入资金的4个项目——高速精密冲压、高性能接触器用银镍材料开发、新型多辊连续轧线工艺研究、材料电性能测试技术研究均已进入研制阶段。该公司2021年申请专利3件。

2021年，温州聚星科技股份有限公司获得授权专利3件，苏州市希尔孚新材料股份有限公司申请专利14件，福达合金材料科技有限公司获得授权专利25件，温州宏丰电工合金股份有限公司获得授权专利7件，吴江市东风电工器材有限公司获得授权专利5件。上海人民电器厂电器触头厂多项产品获得上海市优质产品称号。

行业活动 2021年4月26—27日，中国电器工业协会电工合金分会八届二次理事会在郴州召开。中国电器工业协会监事长董莎、秘书长白文波，郴州市工信局局长吴其龙以及20余家理事单位代表参加会议。会议由分会秘书长王冲主持。白文波传达了中国电器工业协会第六届理事会会议精神，王冲作"电工合金分会第八届理事会工作报告"。会议还审议通过了分会换届（第九届）计划、换届方案和第九届选举办法、中国电器工业协会电工合金分会轮值理事长产生办法（征求意见稿）和中国电器工业协会电工合金分会轮值理事长管理办法（征求意见稿）。会上，由中国电器工业协会监事长董莎以电工合金分会名义提出倡议，各理事单位共同签署发布了以依法、优质、高效、创新、协同为主题的《银都宣言》。

2021年7月29日，中国电器工业协会电工合金分会第九次会员大会暨2021年年会在浙江温州召开。中国电器工业协会监事长、桂林电器科学研究院有限公司董事长董莎，中国电器工业协会秘书长白文波，温州市瓯海区委常委、区政府党组成员林照光，电工合金分会名誉理事长陈仲，电工合金分会第八届理事会副理事长单位、理事单位、会员单位代表等行业内外130余人参加会议。会议由中国电器工业协会电工合金分会秘书长王冲主持并代表第八届理事会作四年工作报告，电工合金分会副秘书长崔得锋作"工作条例修改草案及工作条例修改说明的报告"及"中国电器工业协会电工合金分会2017—2020年财务收支情况报告"。大会对上述报告进行了审议并全部通过。会议介绍了第九届理事会组成方案及选举办法，通过无记名投票选举产生了26家第九届理事会单位。在新一届理事会会议上，投票选举产生10家副理事长单位。随后，投票选举产生4家轮值理事长单位，分别是：陕西斯瑞新材料股份有限公司、福达合金材料股份有限公司、桂林金格电工电子材料科技有限公司、温州宏丰电工合金股份有限公司。第一任轮值理事长由陕西斯瑞新材料股份有限公司李刚担任。会议期间还安排了4场专题报告，白文波作"电器工业发展现状及展望"专题报告，中国电器工业协会通用低压电器分会副秘书长周海麟作"低压电器行业现状及发展"的报告，全球能源互联网研究院有限公司丁一博士作"石墨烯改性技术在输变电领域的应用"的专题报告，深圳市正邦工业自动化有限公司总经理胡薄冰作"冷压焊复合触头机数字化应用与推广"的报告。

全国电工合金标准化技术委员会于2021年11月在太原召开全国电工合金标准化技术委员会2021年年会，线上线下会议共有50多位委员、起草人及特邀专家代表参加，同期还召开了"永磁体磁偏角的测量方法""永磁体表面磁场分布测试方法"两项标准的起草会议。

〔撰稿人：桂林电器科学研究院有限公司黄岚霞 审稿人：桂林电器科学研究院有限公司崔得锋〕

牵引电气设备

2018—2021年,国际形势深刻变化,全球经济增长放缓,贸易保护主义加剧,新冠疫情持续蔓延,同时科技与产业革命的蓬勃兴起,催生了新业态、新模式、新市场和新消费。面临新形势,牵引电气设备行业落实党中央的战略部署,围绕《牵引电气设备行业"十四五"发展指导意见》,根据产业自身特点,发挥产业链完善、创新诉求强烈的特点,按照高质量发展的要求,深入推动供给侧结构性改革,促进双循环,规划"双碳"目标,补齐短板弱项,加强基础能力提升,取得了显著成效。

生产发展情况 随着牵引电气设备行业产业链的不断延伸,牵引电气设备分会成员企业资产总量从2017年的600亿元增长至近千亿元,行业主营业务收入每年保持在300亿元左右,规模企业(年销售额超亿元)的占比由原来的10%提升到17%。行业实现稳中有升。

由于主要原材料市场价格上涨幅度大,企业制造成本一度持续上升、盈利空间被压缩,企业亏损面加大,经济下行压力加大,涉足发电设备领域的综合型企业尤为明显。

随着国内外能源和矿产资源市场供给的变化,"新基建"政策和内循环经济激励及国家支持实体经济配套政策的落地,新型城镇化建设的提速,资源开采智能化、绿色环保、安全性的普及,我国牵引电气设备行业,特别是工矿牵引电气设备行业的市场需求得到拓展,极大地促进了牵引电气设备制造业及相关产业链的多元式蓬勃发展,保证了行业的平稳运行。

市场及销售 牵引电气设备行业响应"一带一路"倡议,践行"走出去"战略。分会不少企业依托政府平台,积极开拓,经历了从产品配套输出、自主输出到服务输出,再到投资并购升级迭代,推进企业积极布局海外市场,不断提升全球竞争力。

作为国内工矿机车制造基地的湘潭牵引机车、韶力机车、双力机车、南电电气等公司,其产品已广泛出口至俄罗斯及独联体、印度、土耳其、乌克兰、格鲁吉亚、越南、厄瓜多尔、玻利维亚、赞比亚、秘鲁、阿尔巴尼亚等国家和地区,应用于煤炭、金属矿山、隧道工程和水利工程。湘电集团的电动自卸车已进驻澳大利亚和蒙古金属矿,大连日牵电机有限公司在美国和日本成立新公司,衡阳瑞达电源有限公司资本早已进入越南等东南亚地区。更为突出的是,中车永济电机有限公司不但实现累计100多种整机和配件出口至欧美等近50个国家和地区,而且实现了技术、资本、管理、服务的海外输出

和运作。

工矿牵引电气设备是牵引电气设备行业中的重要部分,其主体市场是矿山。矿山开采业的需求,就是工矿牵引电气设备制造业及产业链发展的风向标。

目前,全球矿业正经历一场新的革命。大数据、人工智能、互联网等技术和矿山装备的结合越来越密切,矿山生产模式不断更新,采矿业向规模化、集约化、协同化方向发展,开始迈入智能化新阶段。智能化作为绿色矿山建设的一个重要方向,已引起矿业界的高度关注。矿山开采业新的智能模式,是实现资源与开采环境数字化、技术装备智能化、生产过程可视化、信息传输网络化、生产管理与决策科学化,最终达到生产、装、运智能化的控制目标。"智慧矿山"是对矿山智能化进程的系统展示,是在互联网背景下,应用自动控制技术和智能控制技术对整个采矿过程进行智能化监控和遥控,使矿山达到最佳状态,保持最优水平。"智慧矿山"是工矿牵引电气设备多元化发展的重要创新性产品和服务。

工矿牵引电气设备制造及产业链的发展必须紧跟矿山智能化的要求,其主导产品无人驾驶电传动车辆(包括工矿电机车和电传动自卸车)应运而生。

产业升级 2018—2021年,四年间,牵引电气设备分会成员通过加大科技投入,走"产、学、研、用"相结合的道路,以智能制造为发展方向,以两化融合为手段,不断提升行业产业链主导产品的先进性。

1. 无人驾驶工矿车辆研发、制造技术日趋普及

湘电重装、湘潭牵引机车、韶力机车、山西同妙、南电电气、宇通电气等牵引电气设备分会整车制造商制造的多吨位、多类型的无人工矿电机车已在国内各大矿山有效运行,市场需求与产品技术创新同步发展。国家工矿电传动车辆检测中心(湖南)联合湘电重装等制造商制定并颁布了DB43/T 1568—2018《自动驾驶架线式工矿电机车》,这是国内第一个无人驾驶工矿电机车地方标准,为工矿无人驾驶电机车的制造提供了科学的规范。"自动驾驶工矿电机车通用技术条件"已被工业和信息化部列入《2021年第三批机械行业标准项目计划》,由湘潭牵引电气设备研究所技术归口。

2. 分会成员企业技术投入和创新成果斐然

近年来,湘电集团有限公司在高端装备制造项目上的投资超22亿元,打造了亚洲最大的线圈生产基地;矿车节能混合动力系统也取得了重大突破,系统的显著特点是智能化、节能环保;世界首台(套)120t级纯电动轮自卸车成功下线。中车永济电机有限公司为我国拥有完全自主设计和制造的"复兴号"动车组提供了先进的牵引动力,其牵引电传动系统自主创新性已成为我国高铁技术自主创新的重要一环。华夏天信智能物联股份有限公司矿用产品着重系列化,在1 140V变频产品系列化基础上的多组合化系列产品覆盖煤矿井下各个领域,具有国际领先水平的智慧矿山物联网操作系统平台得到国内大型矿业集团使用方的好评。大连日牵电机有限公司有效把握产业链资源整

合方式，将研制的新产品广泛应用于轨道交通、油田开采、煤矿、金属矿山、隧道工程等领域，科技投入效益明显。衡阳瑞达电源有限公司作为工矿车辆电源装置的重要供应商，以安全、环保、节能为理念，加强技改措施，全力提升煤矿用阀控型铝酸蓄电池的品质。湘潭如意电机电器有限公司紧跟行业技术需求，生产的高频逆变1 140V智能防爆充电机，多系列的永磁电机、变频牵引电机畅销工矿机车领域，还成功进入国内外地铁工程领域。湘潭新昕通用电气有限公司研究工矿车辆的控制调速技术，研制的斩波、变频调速动力系统具有模块化、智能化、网络化、系列化的"国产芯"，较好地满足国内工矿车辆智能化的先进要求。新誉集团作为国内城市轨道交通车辆电机及蓄电池牵引系统的重要供应商，以上海14号无人驾驶系统应急牵引系统为依托，研制出满足在列车无高压情况下，成功利用DC110V蓄电池牵引AW3列车，并满足在0.3%的坡道上运行1 000t及以上的能力要求，同时其牵引系统也满足蓄电池应急自牵引100m和对列车应急负载供电45min的需要。

需要注意的问题 根据工业和信息化部等六部委联合印发的《工业能效提升行动计划》要求，牵引电气设备行业制造业需要对产业链整体发展进行前瞻性、系统性思考研究，进一步加大创新思维，把握形势，科学系统谋划，不断推动牵引电气设备制造高质量发展。

1.能源结构调整，产业转型向纵深发展

在能源产业从以石化能源为中心的产业集群向以清洁能源为中心的产业集群转变过程中，新材料、新能源、储能设备、电动汽车、高效配电设备等绿色低碳产业比重将逐步增加，引领上下游产业转型升级。从市场需求来看，目前我国牵引电气设备总体供大于求；从生产方式看，制造业呈现出数字化、网络化、智能化、地域化、个性化的发展趋势，以市场为中心的商业模式已确定，两化融合的企业管理模式及优质服务必将成为企业核心竞争力。为此，牵引电气设备行业必须加快转型升级，结合产业需求和企业自身状况探索新的发展方向和方法。

2.产业短板亟须补齐

近年来，中美贸易摩擦不断升级，对装备制造业进出口贸易的影响已逐步显现。需要提出的是，虽然对牵引电气设备上主导产品（牵引机车等）冲击小大，但对产业链上的其他环节，如电动机、模块化智能电器元件及配套零部件仍有不小影响，特别是某些领域的具有知识产权的核心技术引进受到限制。行业还需关注牵引电气设备产业链中的"卡脖子"短板工程，对技术含量高、市场难度大、应用领域广的硬科技领域加大攻关力度。在密切关注局势变化的同时，着力提高行业贸易争端产品的竞争力，扩大对东南亚、北美市场的出口额，并加快严重依赖美方技术产品的核心技术攻关（如大功率柴油发动机），实现关键零部件国产化补齐短板，确保产业链安全。此外，行业企业

也要重视其他贸易国的局势变化，防患于未然。

3.产业核心单元发展不充分，基础共性技术主体缺位

牵引电气设备分会成员制造企业的主导产品，工矿牵引机车及其配套的牵引电机、牵引电器、多元化牵引电气设备系列产品，在产品数量和产业规模上居国内领先，市场占有率超60%，但产业普遍存在低端供给过剩、高端供给不足的问题。同时，行业创新能力整体偏弱，产业共性技术研发和产业化主体缺失，基础配套能力不足；关键材料、核心电气元件成为瓶颈；产品研发能力、基础共性技术缺乏等。这些已成为牵引电气设备制造业持续发展的主要矛盾。

牵引电气设备行业技术创新面临的最大问题在于，不少行业关键技术亟待研发，而单个企业或无力承担，或无心承担，多方面原因导致行业技术创新主体缺失，企业在前沿技术、跨行业技术研究和储备上难以适应市场快速发展的需要，阻碍了牵引电气设备制造向高端迈进的步伐。

标准 在标准主要起草单位长沙矿山研究院有限公司和大连日牵电机有限公司的大力支持下，牵引电气设备行业归口修订的JB/T 9697《挖掘机电控设备》等两项机械行业标准通过工业和信息化部、中国机械联标准主管部门的评审、验收，于2020年4月16日发布，2021年1月1日起实施。由湘电股份有限公司主持起草的团体标准T/CEEIA 499—2021《绿色设计产品评价技术规范 高功率密度高压三相笼型异步电动机》出版发行。由分会组织修订的GB 999—2021《直流电力牵引额定电压》、GB/T 16318—2021《旋转牵引电机基本试验方法》、GB/T 10762—2021《工矿电机车质量测量方法》3项国家标准，通过国家标准化管理委员会的审查验收，于2021年12月31日发布，2022年7月1日实施。

行业管理 牵引电气设备分会秘书处和理事会成员企业横向加强了与其他领域行业组织、地方协会、专业研究机构的联系和工作互动。理事单位长沙机电检验检测中心和国检中心凭借自身安标、防爆认证资质，在对牵引电气设备分会成员企业产品进行行业产品认证的同时，专注对分会企业进行防爆认证政策解读、宣贯、培训，对分会制造企业产品质量的提升起到了良好的促进作用。

分会理事会成员单位积极为分会专家库数据的建立和完善推荐各类人才，促进以会刊《电气牵引》为基础的行业专家组的定型，保障牵引电气设备分会产业链人才信息交流通道的畅通。大连日牵电机有限公司、新誉集团等会员单位的技术人员积极为《电气牵引》撰稿，使其成为会员单位了解产业政策、前沿技术、专利、标准化等信息的窗口。

〔撰稿人：中国电器工业协会牵引电气设备分会 吴曙映〕

电　焊　机

截至 2022 年 7 月 5 日，电焊机分会秘书处共收到 60 家电焊机行业制造企业的基本信息和产品信息数据。2020 年上报信息数据的企业有 61 家；2021 年上报信息数据的企业有 60 家，其中有 7 家企业不在 2020 年数据统计的样本中。

生产发展情况　2021 年，电焊机行业整体经济运行平稳增长。电焊机行业 60 家制造企业的工业总产值、工业销售产值和工业增加值比上年分别增长 12.09%、10.82% 和 6.37%，呈现出平稳增长态势。全年从业人员平均人数比上年增长 2.95%，技术人员比上年增长 3.56%，增幅不大。工业总产值增幅远高于从业人数，说明生产效率有所提高；在工业总产值增加的情况下，工厂占地面积和生产场地面积分别下降 3.78% 和 2.66%，说明土地利用率有所增加。2020—2021 年电焊机行业 60 家制造企业主要经济指标完成情况见表 1。

表 1　2020—2021 年电焊机行业 60 家制造企业主要经济指标完成情况

指标名称	单位	2021 年	2020 年	比上年增长（%）
工业总产值	万元	1 736 807.45	1 549 526.26	12.09
工业销售产值	万元	1 640 857.49	1 480 700.12	10.82
工业增加值	万元	463 571.13	435 809.68	6.37
全年从业人员平均人数	人	17 151	16 659	2.95
其中：技术人员	人	3 957	3 821	3.56
工厂占地面积	m²	1 922 845.83	1 998 363.83	-3.78
其中：生产场地面积	m²	1 099 101.91	1 129 178.91	-2.66

2021 年，电焊机行业总资产规模比上年增长 12.32%；主营业务收入比上年增长 17.86%，其中自主品牌营业收入比上年增长 14.71%，说明行业企业成长性较好；其他业务收入比上年增长 4.46%，但远小于主营业务收入和自主品牌营业收入的增幅，表明行业企业非常专注主业，主业的盈利能力和利润质量比较好；支付的各项税金比上年增长 18.05%，增幅较大，与主营业务收入的增幅相匹配；经营活动产生的现金流量净额比上年下降 32.19%，降幅较大，主要原因是 2021 年下半年整体市场紧缩，增大了企业的收款难度。2020—2021 年电焊机行业 60 家制造企业财务指标见表 2。

表 2　2020—2021 年电焊机行业 60 家制造企业财务指标

指标名称	2021 年 / 万元	2020 年 / 万元	比上年增长（%）
固定资产总计	262 696.31	264 247.84	-0.59
年末资产总额	2 263 332.52	2 015 129.86	12.32
主营业务收入	1 650 501.17	1 400 449.07	17.86
其中：自主品牌营业收入	1 457 909.97	1 270 985.38	14.71
其他业务收入	61 827.64	59 188.57	4.46
支付的各项税金	95 717.38	81 080.10	18.05
经营活动产生的现金流量净额	142 637.24	210 346.98	-32.19

2021 年，电焊机行业的流动资产周转率偏低，产品销售率基本正常，利润率平稳，人均产值偏低，人力成本相对偏高。

除流动资产周转率比上年下降外，其他指标都有所增加，利润率比上年增加 0.98 个百分点，人均产值率比上年增长 14.71%，但人力成本比上年增加 2.27 个百分点，增幅相对较大，说明电焊机行业企业的用工成本在增加，这可能与疫情防控、各种社会成本叠加有关。2020—2021 年电焊机行业 60 家制造企业运行指标见表 3。

表 3　2020—2021 年电焊机行业 60 家制造企业运行指标

指标名称	单位	2021 年平均值	2020 年平均值
流动资产周转率	次	1.82	1.86
产品销售率	%	93.62	89.92
利润率	%	10.17	9.19
人均产值	万元	89.91	78.38
人力成本率	%	15.00	12.73

行业发展特点 总体来看，2021年，电焊机行业的工业增加值占全年工业总产值的比例不足30%，技术人员占全年从业人员平均人数的比例不到1/4，表现出电焊机行业为非高科技产业的行业，具有中低端制造业所有的工业增加值和技术人员占比偏低的特点。固定资产占资产总额的比例低于15%，偏低，属于轻资产行业，企业投入和维护固定资产的成本比较低，企业风险比较小；自主品牌营业收入占主营业务收入的比例接近90%，企业的自主品牌收入占比较高，竞争力强；其他业务收入占主营业务收入的比例小于5%，企业的主业专注度很高，企业利润来自于主营业务，利润质量较好；支付各项税金占主营业务收入的比例近6%，上缴税金比例较适中。

从指标占比变化来看，技术人员占全年从业人员平均人数的比例略有上升，支付的各项税金占主营业务收入的比例基本不变，其余指标比例占比均有所下降，但下降幅度较小，整体变化不大，处于平稳状态。2020—2021年电焊机行业60家制造企业主要指标占比情况见表4。

表4 2020—2021年电焊机行业60家制造企业主要指标占比情况

项目名称	2021年（%）	2020年（%）	比上年增加百分点/个
工业增加值/全年工业总产值	26.69	28.13	-1.43
技术人员/全年从业人员平均人数	23.07	22.94	0.13
固定资产/资产总额	11.61	13.11	-1.51
自主品牌营业收入/主营业务收入	88.33	90.76	-2.42
其他业务收入/主营业务收入	3.75	4.23	-0.48
支付的各项税金/主营业务收入	5.80	5.79	0.01

从大于2020年和2021年的两年平均值的企业数量和占比看，电焊机行业中不足1/3的制造企业为行业做出了一半的贡献，行业企业规模比较集中，小企业生存空间狭小；2021年近一半的企业达到平均利润率水平，比2020年提高8.33个百分点，行业企业的盈利水平比较好。2020—2021年电焊机行业60家制造企业中各主要指标高于平均值的企业情况见表5。

表5 2020—2021年电焊机行业60家制造企业中各主要指标高于平均值的企业情况

指标名称	2020—2021年企业平均值	筛选条件	2020年		2021年		
			符合筛选条件的企业数/家	占比（%）	符合筛选条件的企业数/家	占比（%）	占比变化百分点/个
工业总产值	26937万元	>2.7亿元	17	28.33	17	28.33	0.00
年末资产总额	35654万元	>3.6亿元	14	23.33	18	30.00	6.67
主营业务收入	25425万元	>2.6亿元	17	28.33	16	26.67	-1.67
利润率	9.68%	>10%	23	38.33	28	46.67	8.33
人均产值	84.15万元	>85万元	18	30.00	23	38.33	8.33
企业人数	277万人	>280万人	18	30.00	19	31.67	1.67

产品产销存 焊接辅具是电焊机行业的非主导产品，从收到的产品信息数据来看，2021年部分企业开展的辅具管理（包括外留运输包装要求等），造成数量剧增，而价值变化很小。由此，辅具数量对产品单台价值影响很大，包含辅具与不包含辅具的单台产品价值差别也非常大。外贸价格远远低于内销价格，说明外贸的主导产品属于小容量且附加值较低的产品。2021年电焊机行业60家制造企业产销存情况见表6。

表6 2021年电焊机行业60家制造企业产销存情况

类别	单位	电焊机（包含辅具）	电焊机（不包含辅具）
生产			
数量	台/套	21 119 011	4 771 896
价值	万元	1 341 548.70	1 197 379.50
单价	元	635	2 509

（续）

类别	单位	电焊机（包含辅具）	电焊机（不包含辅具）
内销			
数量	台/套	11 460 992	2 045 077
价值	万元	967 325.54	851 202.37
单价	元	844	4 162
外贸			
数量	台/套	7 479 413	2 882 840
价值	万元	328 635.55	306 946.02
单价	元	439	1 065
库存			
数量	台/套	3 483 651	574 505
价值	万元	162 580.76	145 436.15
单价	元	467	2 532

对比 2020 和 2021 两年都有产品信息数据的 53 家企业的产销存数据，2021 年电焊机行业除外贸的数量和库存价值量增加以外，其他都有所下降。生产和库存实物数量减少幅度较大，生产、内销、外贸的价值量均变化不大，库存价值量增加相对较大。2020—2021 年电焊机行业 53 家企业产品产销存情况见表 7。

表 7　2020—2021 年电焊机行业 53 家企业产品产销存情况

类型	2021 年		2020 年		变化量	
	数量 /（台 / 套）	金额 / 万元	数量 /（台 / 套）	金额 / 万元	数量 /（台 / 套）	金额 / 万元
生产	16 732 650	1 221 099.70	40 845 842	1 229 592.21	-24 113 192	-8 492.51
内销	10 666 921	918 293.00	10 862 766	931 983.56	-195 845	-13 690.56
外贸	3 880 379	257 007.07	2 399 445	260 862.07	1 480 934	-3 855.00
库存	3 467 491	159 181.26	29 793 061	55 086.98	-26 325 570	104 094.28

对比电焊机行业 53 家企业 2020 年和 2021 年单位产品价值，可以看出：生产数量降幅较大，单台价值上升；内销数量受辅机的影响较大，包含辅具和不包含辅具的单台产品价值差别很大，但单台价值比较平稳，变化不大；外贸部分，部分企业 2021 年数量增幅较大，造成 2021 年单台价值下降；库存产品的单台价值增加，2021 年不包含辅机的单台产品价值增幅很大。2020—2021 年电焊机行业 53 家企业产品单位产品产销存价值及变化情况见表 8。

表 8　2020—2021 年电焊机行业 53 家企业产品单位产品产销存价值及变化情况　　（单位：元）

项目		生产	内销	外贸	库存
2021 年	电焊机（包含辅具）	730	861	662	459
	电焊机（不包含辅机）	2 841	4 370	1 133	2 531
2020 年	电焊机（包含辅具）	301	858	1 087	18
	电焊机（不包含辅具）	332	4 182	1 221	16
变化量	电焊机（包含辅具）	429	3	-425	441
	电焊机（不包含辅机）	2 509	188	-88	2 515

2021 年，53 家企业的国内外市场的比例相对稳定，内外贸占总销量的比例没有变化。2020—2021 年电焊机行业 53 家制造企业内外贸占比情况见表 9。

表 9　2020—2021 年电焊机行业 53 家制造企业内外贸占比情况　（%）

类型	2021 年		2020 年	
	数量	金额	数量	金额
内销	73	78	82	78
外贸	27	22	18	22

内销方面：数量占比最大的是焊接辅具，其次是电弧焊机，符合焊接辅具种类繁多、电弧焊机应用面广的特点。价值占比最大的仍然是电弧焊机，2020 年和 2021 年的占比基本相同，近 40%，符合电弧焊应用面很广的特点；其次是自动化焊接设备；第三是焊接机器人。由此可见，在国内对高品质焊接需求增加、降低劳动力成本等因素的作用下，焊接自动化设备和焊接机器人的应用开始增加。

外贸方面：价值占比最大的是电弧焊机，其他产品的占比都很小，说明电焊机产品的外贸还是以电弧焊机为主。

2020—2021 年电焊机行业 53 家制造企业各大类产品内外贸金额占比情况见表 10。

表 10　2020—2021 年电焊机行业 53 家制造企业各大类产品内外贸金额占比情况　　（%）

产品类别	2021 年				2020 年			
	内销		外贸		内销		外贸	
	数量	价值	数量	价值	数量	价值	数量	价值
电弧焊机	16.74	38.78	54.65	89.29	17.67	38.82	83.75	89.17
电阻焊设备	0.22	5.66	0.28	0.75	0.16	5.20	0.03	0.76

（续）

产品类别	2021 年				2020 年			
	内销		外贸		内销		外贸	
	数量	价值	数量	价值	数量	价值	数量	价值
自动化焊接设备	0.23	28.86	0.45	2.77	0.20	30.74	0.78	4.21
焊接机器人	0.29	15.41	0.01	1.91	0.20	14.09	0.03	0.84
焊接辅具	82.52	11.29	44.61	5.28	81.77	11.15	15.41	5.02

内销实物数量占比下降最大的是电弧焊机，减少 0.93 个百分点；占比上升最大的是焊接辅具，增加 0.75 个百分点。价值量占比下降最大的是自动化焊接设备，减少 1.88 个百分点；占比上升最大的是焊接机器人，增加 1.32 个百分点。数量和价值量占比整体变化不大。

外贸实物数量占比下降最大的是电弧焊机，减少 29.1 个百分点，下降幅度比较大，但是价值占比变化不大；上升最大的是焊接辅具，增加 29.2 个百分点，增幅比较大，但价值占比变化不大。价值量占比下降最大的是自动化焊接设备，减少 1.44 个百分点；上升最大的是焊接机器人，

增加 1.07 个百分点；外贸各大类焊机价值量占比变化较小，基本持平。

专利 2021 年，电焊机行业 60 家制造企业的专利总数增幅较大，发明专利和专利总数比 2020 年上升明显，说明企业的知识产权保护意识在提高。2021 年获政府补助中的国家级、省级补助和总补助金额比 2020 年均有所下降。2020—2021 年电焊机行业 60 家制造企业专利和政府补助情况见表 11。2020—2021 年电焊机行业 60 家制造企业专利和政府补助占比见图 1。

表 11 2020—2021 年电焊机行业 60 家制造企业专利和政府补助情况

指 标 名 称	单位	2021 年	2020 年	比上年增长（%）
专利	件	3 387	2 170	56.08
其中：发明专利	件	783	589	32.94
其他专利	件	2 014	1 333	51.09
获政府补助金额	万元	6 531.39	7 646.78	-14.59
其中：国家级	万元	483.41	767.30	-37.00
省级	万元	1 245.82	1 960.58	-36.46
市或县（区）级	万元	4 595.96	4 062.8	13.12

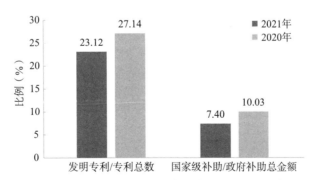

图 1 2020—2021 年电焊机行业 60 家制造企业专利和政府补助占比

（特别说明：上述信息是对电焊机分会秘书处收到的 60 家电焊机生产企业的信息数据进行分类汇总的结果，主要收集了电焊机分会的正副理事长单位、从事电焊机制造的理事单位和部分会员单位的信息和数据，汇总数据及分析仅供本行业企业参考。）

〔供稿单位：中国电器工业协会电焊机分会〕

智能电网用户端

GB/Z 35031.8—2021 标准发布实施 智能电网涉及的应用领域和利益群体非常广泛，传统的方法难以描述其相互关系。当前的用户端能源管理面临一系列新的需求，包括分布式可再生能源、电动汽车充电桩、储能等系统的接入，分时电价、需求侧管理、需求响应等管理和控制策略如何传递到末端用户等，这些都对标准化工作提出了新的要求。为应对这些挑战，全国电器设备网络通信接口标准化技术委员会（SAC/TC 411）经过多轮讨论和论证制定用户端能源管理标准体系，GB/Z 35031.8—2021 是体系中的重要组成部分。

GB/Z 35031.8—2021《用户端能源管理系统　第 8 部分：用例》是用户端能源管理标准体系中的一项国家标准指导性技术文件，于 2017 年正式立项，在完全没有类似相关国际标准参考的前提下，前后召开了 5 次工作组会议，有 100 余人次参加编写工作，在专家 4 年的努力下，最终形成了 300 余页的案例标准。该标准于 2021 年 3 月 9 日正式发布，2021 年 10 月 1 日正式实施。

用例方法是针对各种实际应用情况，对参与系统的各种角色，包括相关人员（供电者、用电者、经营者、操作者等）、相关设备（发电机、输电线路、开关、变压器、充电桩、用电设备等）、相关的信息数据（发电量、用电量、功率、负荷、电价、电费等）、相关的业务指标（电能质量、峰谷差比率、分布式能源利用率、需量控制、需求响应等）进行梳理，通过对各种实际应场景的详细描绘来辨析它们之间的交互关系，并在广泛征求意见和多方位讨论的基础上，将各方对实际应用情景、事物互动变化流程达成的共识用文字和图表形成文本，这就是"用例"规范。

智能电网和用户端能源管理系统是复杂系统，对于这样的复杂系统，用例方法能够为不同厂商、不同产品之间的互联、互通和互操作提供指导性规范，也为以后进一步制定系统主站与子系统信息交互规范、主站对外数据接口规范、系统能效指标与评估导则、系统检验规范等标准奠定基础。

该标准在分析现有各类用户端能源管理系统的基础上，归纳并定义了用户端能源管理系统的抄表计费服务、能效分析服务、事件警告服务、需量管理服务、直接负荷控制服务、需求响应服务和设备运维服务等 8 类能源服务能耗监测服务，整理出 30 多个用例，重点梳理了用户端能源管理系统服务运营模式，通过用例规范用户端能源管理的行为和流程，提炼出系统各参与者之间交互的信息，进行抽象、规范和统一，为后续制定通信协议奠定了基础。

2021 中国国际电动汽车充换电产业大会 2021 年 7 月 6—9 日，2021 中国国际电动汽车充换电产业大会（简称金砖充电论坛）在上海汽车会展中心举办。此次大会由上海充换电设施公共服务市级平台（联联充电）、中国充电桩网联合主办，以"助力碳中和"为主题，设置了闭门会议、论坛峰会及展会。

7 月 6 日下午举办的"闭门会议"是此次大会的特色板块之一，是集聚产业领袖面对面交流的重要平台，也是研讨产业政策、探究产业趋势、剖析产业症结、共谋产业策略的重要载体。闭门会议邀请 50 余位嘉宾参会，围绕"社区充电和智慧移动能源网络"的主题，共同探讨产业发展遇到的重要问题，为行业发展建言献策。

7 月 7—8 日举办的金砖充电论坛峰会分为 1 个主论坛、3 个专场，共 33 个演讲议题，有 2 000 余人次参加论坛。来自政府部门、主机厂、充电运营商、换电运营商、无线充电、动力电池、储能、方案商、院校专家、行业协会、技术提供商等多个领域的专家、CEO、总经理、总监等与会深入探讨了充换电技术产业发展趋势以及最新技术落地应用，聚焦行业热点，共同助力行业发展。

7 日上午主论坛上，上海市交通委科技信息处副处长王大军、中国电动汽车充电基础设施促进联盟理事长董扬、中国电力企业联合会电动汽车与储能分会秘书长刘永东、国网电动汽车服务有限公司副总经理王文发表讲话。王大军副处长指出，积极推广使用新能源汽车，持续提升交通能耗的电力占比，是推进交通碳达峰和碳中和的重要前提和基本路径。新能源汽车的迅猛发展是充换电行业的重要发展机遇，同时也对充电服务质量提出了更高要求。上海市政府正在大力支持充换电行业的发展，通过联联充电平台，对上海市充电桩进行全面统筹，给予相关的政策指导。

科技部战略规划司原副司长余健作题为"抢抓世界科技革命和产业变革机遇　加快电动汽车发展"的报告。他表示，我国新能源汽车发展态势良好，产业总体发展水平处于国际领先地位。截至 2021 年 5 月，全球新能源汽车累计销售超 1 160 万辆，中国占比达 50%，目前，中国成为全球新能源汽车产销最多的国家。

联联充电的鞠晨博士与会分享了《2020 年上海市充换电设施市级平台数据年度总结》。

7 日晚，2021 中国充换电行业十大品牌评选、2021 锂电行业十大品牌评选活动颁奖典礼举行。此次颁奖活动秉承"公平、公正、公开、公益"，致敬行业榜样，凝聚行业品牌，打造"中国充换电风向标"的原则，从"品牌实力、产品品质、经济贡献、创新活力、可持续性"五个方面对充换电企业及锂电企业进行全面考察评估，历经 5 个月的网络评选和专家委员会评估，评选出 2021 中国充换电行业十大品牌、2021 锂电行业十大品牌。

论坛同期举办的上海国际充电桩及换电技术设备展览会作为国内首创的行业盛会，总规模超 1.5 万 m²，展商超 300 家，现场设立换电站，智能充电解决方案车载电源、动力电池、车载充电机、电机、电控、电容器、光伏、储能电池及电池管理系统，充电桩及配套元器件，配套设施解决方案，充电设施建设运营解决方案等展位，面向超

1.5万名专业观众展示了行业新产品与技术。

〔撰稿人：中国电器工业协会设备网络通信及工业互联分会张琛〕

风力发电设备

整体发展情况

1.装机容量

截至2021年年底，我国累计风电装机容量超3.4亿kW。其中，陆上累计装机容量为3.2亿kW，占全部累计装机容量的92.7%；海上累计装机容量为2535万kW，占全部累计装机容量的7.3%。截至2021年年底，全国全口径非化石能源发电装机容量为111 845万kW，占全国发电总装机容量的47%，其中，风电装机容量占全国发电总容量的14.4%，占全国全口径非化石能源发电装机容量为30.6%。

2021年，我国风力发电新增装机容量5 592万kW。其中，陆上风电新增装机容量4 144万kW，占全年新增装机容量的74.1%；海上风电新增装机容量1 448万kW，占全年新增装机容量的25.9%。

2021年，我国风电行业新增装机的整机制造企业共计17家，排名前5位的整机制造企业市场份额合计达69.3%，排名前10位的整机制造企业市场份额合计达81.8%。2021年国内主要风电整机制造企业装机情况见表1。

表1 2021年国内主要风电整机制造企业装机情况

序号	企业名称	新增装机容量/万kW	新增市场份额（%）	累计装机容量/万kW	累计市场份额（%）
1	金风科技	1 138	20.4	8 109	23.4
2	远景能源	815	14.6	3 853	11.1
3	明阳智能	693	12.4	3 320	9.6
4	运达股份	677	12.1	1 857	5.4
5	电气风电	555	9.9	2 273	6.6
6	中国海装	353	6.3	1 688	4.8
7	中车风电	329	5.9	1 201	3.5
8	三一重能	321	5.7	1 044	3.0
9	东方电气	313	5.6	2 060	5.9
10	联合动力	126	2.2	2 322	6.7
11	哈电风能	68	1.2	1 180	3.4
12	许继电气	35	0.6	266	0.8
13	华锐风电	32	0.6	1 709	4.9

注：根据中国可再生能源学会风能专业委员会资料整理。

2.并网容量

2021年，我国新增并网风电装机容量4 757万kW，发电量为6 526亿kW·h，同比增长40.5%，风电发电量占全国发电量的7.8%，占全国全口径非化石能源发电量的28.2%；利用小时数达2 246h，全国风电平均利用率为96.9%，同比增长0.4%。

3.机组机型统计

2021年，我国新增风电装机共计15 911台，平均单机容量为3 514kW，同比增长31.7%。其中，陆上风力发电机组平均单机容量为3 114kW，同比增长20.7%；海上风力发电机组平均单机容量为5 563kW，同比增长13.9%。截至

2021年年底，全国共计风电机组超过17万台，累计装机的风力发电机组平均单机容量达2 025kW，同比增长8.1%。

陆上风电方面，截至2021年，1.5～2.0MW风力发电机组占全部陆上累计装机容量的28.2%；2.0～3.0MW风力发电机组占全部陆上累计装机容量的50.8%；3.0MW及以上风力发电机组的占比达到17.6%。

海上风电方面，截至2021年，4.0MW以下海上风力发电机组占全部海上累计装机容量的7.7%；4.0～5.0MW海上风力发电机组占全部海上累计装机容量的33.4%；5.0MW及以上风力发电机组的占比达到58.8%。

2021年，金风科技推出全新一代中速永磁平台，以及

GWH 171/191-4.0/4.5、GWH171-5.0/5.3/5.6 等全新机型，并针对风电大基地、分散式风电以及海上风电推出旗舰机型。

远景能源推出伽利略超感知风机，开启 AI 在能源领域的典型应用；推出 Model Y 平台两款代表性机型 EN-200/7.0、EN-190/8.0。

明阳智能推出 MySE7.×MW 陆上半直驱机组，MySE-11MW、MySE16MW 海上半直驱漂浮式风电机组，以及 MySE6.0MW、MySE5.5-155 漂浮式机组。

电气风电推出全新"POSEIDON"海神平台 EW8.0-208 机组、"Petrel"海燕平台 EW11.0-208，以及 WH4.65N-192、WH5.0N-192 机型。

其他较有代表性的新机型还包括运达股份的海上机型 WD22X-10.×-OS、WD24X-15.×-OS；三一重能的陆上 6.×MW 机组、7.×MW 陆上风力发电机；中国海装的 H256-16 机型、国内首台 5MW 国产化海上风电机组 H171-5MW。

发展特点

1. 行业发展特点

我国风电行业主要呈现大规模、高比例、市场化、高质量的发展趋势。

大规模：目前已建成内蒙古、山东海上、新疆哈密、甘肃酒泉、河北、江苏、黑龙江、南澳东半岛、达坂城、上海东海大桥共 10 个风电基地，以风资源为依托，以区域电网为载体，以输电通道为牵引，以高效消纳为目标，统筹优化风电和支撑性、调节性电源开发布局。

高比例：随着我国新能源消纳不断提高，弃风弃电问题得到了一定程度的解决，风电高比例入网情况得到明显好转。自 2016 年至今，风电年利用小时数分别为 1 742h、1 948h、2 095h、2 082h、2 097h、2 246h，呈现逐步上涨趋势。

市场化：风电行业已进入全面市场化发展阶段，2021 年陆上风电整机单位价格降到 1 560 元 /kW 左右，单位 EPC 造价降至 3 000 元 /kW 左右。未来，三北绝大多数地区风力发电绝对成本实现与燃煤标杆电价的平价，风电产业发展将进入跨越式发展阶段。

高质量：风电机组设备制造基本实现了系列化、标准化和型谱化，国内主要整机生产企业产能充足，构成了全球最大的风电装备制造生产基地。

2. 技术发展特点

我国风电技术主要呈现大容量、系列化、智能化的发展趋势。

大容量：我国陆上风机主流机型从 2015 年的 1.5MW 演进到 2020 年的 3.0MW 用了 5 年时间，而 2021 年陆上风机单机容量用一年的时间就完成了 3.0MW 向 6.0MW 的跃进，2021 年度新增装机平均单机容量已超过 3.5MW。

系列化：我国风力发电机组设备制造已基本实现系列化、标准化和型谱化。风力发电机组机型涵盖双馈式、直驱式、混合式，单机容量从几十千瓦发展到目前全球最大的 16MW 级别。

智能化：风电设备的技术水平和可靠性不断提高，数字化、智能化、定制化技术成效显著，通过高塔架、翼型优化、独立变桨、场群控制、新材料应用和精准测风等技术创新，风电设备的综合性能、产品质量、可靠性等方面得到进一步提升。

据预测，2025 年，我国将实现 6MW 级陆上机组和 10MW 级海上机组批量化应用和关键部件国产化，到 2030 年，突破 10MW 级陆上机组和 20MW 级海上机组批量化应用和关键部件国产化。风机最重要的是形成开发平台，目前各大整机厂均具备自主技术研发能力，具备向大兆瓦风机产品开发的基础。

整机情况 2021 年，电气风电实现营业收入 1 313.88 亿元。在此之后，"五大风电"的营业收入排名依次为金风科技、东方电气、明阳智能及运达风电，营业收入分别为 505.71 亿元、478.19 亿元、271.58 亿元、160.41 亿元。

金风科技销售风力发电机组 2 945 台，销售容量 10 683.22MW；明阳智能销售风力发电机组容量 6 030MW；运达股份销售风力发电机组 5 464.9MW；电气风电销售风力发电机组 4 656MW；东方电气生产风力发电机组 3 370MW，销售 3 362MW，库存 199MW。

2021 年，我国出口风力发电机组 886 台，容量为 3 268MW，同比增长 175.2%。7 家整机制造企业分别向 13 个国家出口了风力发电机组。其中，金风科技出口到 11 个国家，包括越南、巴基斯坦、乌克兰、智利、巴西、德国、希腊、哈萨克斯坦、澳大利亚、荷兰、白俄罗斯，合计出口 284 台，容量为 1 116.3MW；远景能源出口到越南和哈萨克斯坦，合计出口 326 台，容量为 1 081.7MW；运达股份出口到越南和塞尔维亚，合计出口 146 台，容量为 552.4MW。截至 2021 年年底，我国风电整机制造企业已出口风力发电机组 3 614 台，累计容量达到 9 642MW。在整机制造企业中，超过一半的出口来自金风科技，占全部出口容量的 51.8%，其次是远景能源（18.4%）、运达股份（6.5%）、东方电气（4.8%）、明阳智能（4.3%）。

2021 年，我国海上风力发电机组首次实现出口，共计 72 台，容量为 324.8MW，出口企业包括金风科技、明阳智能、东方电气，均出口到越南。

关键零部件情况 发电机、轮毂、机架等铸锻件，以及叶片、齿轮箱、轴承等关键零部件的产量也占到全球市场的 70% 以上。

1. 叶片

（1）技术特点。叶片制造商上游为叶片原材料供应商，包括环氧树脂、玻璃纤维、结构胶、芯材等。叶片产品下游客户为风电机组整机商，终端客户为风电场开发商。当前，风轮叶片呈现大型化、轻量化、高质量、可回收的发展趋势。

大型化趋势。2020 年，我国风电机组平均叶轮直径增长到 136m，2021 年新增装机项目中，叶轮直径 160m 以上已经成为主流；同年，按出货情况来看，叶片长度在 70 ～ 80m 之间的占比超过 53%。

轻量化发展。当前风电叶片主流的材料体系是玻纤和环氧树脂。碳纤维叶片较传统的玻纤复合材料更轻，且强度和模量更高，但由于碳纤维成本高且工艺难度较大，在叶片中广泛运用的还是玻纤复合材料。

高质量要求。叶片一直是风电产业关注的重点，风电叶片占风力发电机组总成本的 20%～25%，需要风电叶片在做到更长、更轻、性能更优的同时，做到成本价格的大幅降低。目前，我国叶片价格相对国际市场平均价格占据优势，已经具有较强的市场竞争力。

可回收属性。风电机组的可回收率为 85%～90%，无法回收的部分主要来自叶片中的热固性复合材料。复合材料叶片的制造商正在探讨热固性复合材料（如预浸料）分离处理技术的可行性，试图将未固化的复合材料进行热固性树脂与增强纤维分离，然后分别再利用。

（2）产业布局。据不完全统计，2021 年我国有风电叶片产出的企业 20 余家。国内有 18 家叶片企业有新增出货，出货量合计 1.7 万套。2021 年我国主要叶片制造企业生产及发运情况见表 2。

表 2 2021 年我国主要叶片制造企业生产及发运情况

序号	企业名称	生产量/套	发运量/套
1	中材科技	3 558	3 494
2	时代新材	2 630	2 587
3	艾郎科技	1 843	1 730
4	明阳叶片	1 744	1 624
5	中复连众	1 313	1 391
6	东方电气	1 261	1 250
7	三一叶片	928	950
8	天顺叶片	776	710
9	重通成飞	662	562
10	双瑞风电	523	531
11	中科宇能	547	551
12	TPI	491	491
13	艾尔姆	484	484
14	上玻院	242	252
15	联合动力	198	137

（续）

通过各主要叶片厂家生产基地、生产线布局、设计产能和 2021 年产出情况核算，截至 2021 年年底，我国兆瓦级风电叶片产能超过 4 万套。其中，中材科技、时代新材、艾郎科技、中复连众、东方电气、明阳叶片等企业年产能均超过 3 000 套。

2.发电机

（1）技术特点。风力发电机采用双馈式、低速永磁、中速永磁、笼式等技术路线，随着风力发电机组系列化、标准化和型谱化的发展需求，风力发电机重点开展高强度下的大容量轻量化、高可靠性绝缘、高效的经济性冷却设计等研究工作。

大容量轻量化。当前，5MW 直驱永磁风力发电机质量在 120t 左右，8MW 直驱永磁风力发电机质量在 150t 左右；7MW 中速永磁风力发电机质量在 50t 左右，12MW 中速永磁风力发电机质量在 85t 左右；5MW 双馈风力发电机质量在 12t 左右。

高可靠性绝缘。当前，我国风力发电机大都采用 F 级及以上绝缘等级设计，额定电压等级覆盖 690V/720V/1 140V 电压等级，广泛适用于平原、高原、高寒、海上等各类应用环境。分瓣柔性化设计成为大容量直驱永磁风力发电机主要技术路线。

高效冷却方案。永磁风力发电机大多采用多路并联的风路设计，降低风阻，提高发电机冷却效果。

（2）产业布局。2021 年部分发电机生产企业产销情况见表 3。

表 3 2021 年部分发电机生产企业产销情况

序号	企业名称	产量/台	销量/台	发货量/MW
1	永济电机	5 000	5 000	15 000
2	株洲电机	—	—	—
3	湘潭电机	1 712	1 596	5 585
4	辰安电机	1 011	916	3 800
5	南京汽轮电机	1 115	978	3 445

3.变流器

（1）技术特点。在风力发电设备中，风电变流器是风力发电机组不可缺少的能量变换单元，是风电机组的关键部件之一。当前风电变流器具备电网适应性、环境适应性等是发展趋势。

电网适应性。风电变流器均已具备低/零/高电压穿越能力，保障风力发电机组不会大规模脱网；通过集成快速功率控制模块，实现无功响应快速调度，具备无功能力，支持虚拟同步发电机技术（VSG），实现风力发电机组对电网的主动支撑。

环境适应性。变流器规格涵盖至 15MW 功率等级，电压等级 690V、900V、1 140V、3 300V，包括全功率风电变流器和双馈风电变流器，全面覆盖国内主流风机机型，适用于盐雾、高寒、高原、沿海、海上、高湿等各种风场环境。

核心技术方面。当前，变流器具备高可靠性、高性能、高质量的技术特点，但核心技术，特别是半导体器件（主要包括功率半导体器件和各类芯片）的主要生产商均为国外企业，国内生产商较少且性能指标尚有一定差距。

（2）产业布局。2021 年部分变流器生产企业风电变流器产销情况见表 4。

表 4　2021 年部分变流器生产企业风电变流器产销情况

序号	企业名称	生产量 / 台	销售量 / 台	发货量 /GW
1	阳光电源	—	—	15
2	禾望电气	3 567	3 484	14
3	维谛技术	近 1 000	近 1 000	4
4	浙江日风	922	895	4
5	瑞能电气	—	—	—
6	海得新能源	—	—	—

标准化　截至 2021 年年底，我国风电领域标准化技术委员会见表 5。

表 5　我国风电领域标准化技术委员会

序号	标委会名称	秘书处挂靠单位	负责领域
1	全国风力发电标准化技术委员会（SAC/TC50）	中国农业机械化科学研究院呼和浩特分院有限公司	风力机械（包括风力发电、风力提水等机械）等专业领域标准化工作
2	能源行业风电标准化技术委员会（NEA/TC1）	中国电力企业联合会	能源行业风电领域标准化工作
3	能源行业风电标准化技术委员会风电场规划设计分技术委员会（NEA/TC1/SC1）	水电水利规划设计总院	能源行业风电领域风电场规划设计标准化技术组织管理工作，其范围包括风电场工程建设条件、风电场工程规划、风电场工程可行性研究，风电场工程造价，风电场工程设计等专业的标准化工作
4	能源行业风电标准化技术委员会风电场施工安装分技术委员会（NEA/TC1/SC2）	水电水利规划设计总院	能源行业风电领域风电场施工安装标准化技术组织管理工作，其范围包括风电场工程施工安全与环境、材料与试验检测、工程施工与设备制造安装、工程管理与验收等专业的标准化工作
5	能源行业风电标准化技术委员会风电场运行维护分技术委员会（NEA/TC1/SC3）	中国电力企业联合会	风电场运行维护管理领域
6	能源行业风电标准化技术委员会风电场并网管理分技术委员会（NEA/TC1/SC4）	中国电力企业联合会	风电场并网管理领域
7	能源行业风电标准化技术委员会风电机械设备分技术委员会（NEA/TC1/SC5）	中国农业机械化科学研究院呼和浩特分院有限公司	能源行业风电机械设备专业领域的标准化工作
8	能源行业风电标准化技术委员会风电电器设备分技术委员会（NEA/TC1/SC6）	中国电器工业协会	风电电器设备基础、风力发电机组电气系统、风力发电机、风电变流系统、风电控制系统、风电输配电设备等专业领域标准化工作
9	能源行业风电标准化技术委员会风能资源监测评价和预报分技术委员会（NEA/TC1/SC7）	中国气象局公共气象服务中心	风能资源信息管理、风能资源观测技术、风能资源评估（模式）技术、风能预报和气象保障技术等专业的标准化工作

2021 年度，风电领域共有 8 项国家标准、80 项行业标准发布。2021 年度风电领域标准发布情况见表 6。

表6　2021年度风电领域标准发布情况

序号	标准号	标准名称	备注
1	GB/T 18451.2—2021	风力发电机组　功率特性测试	修订
2	GB/T 40082—2021	风力发电机组　传动链地面测试技术规范	制定
3	GB/T 25386.1—2021	风力发电机组　控制系统　第1部分：技术条件	修订
4	GB/T 25386.2—2021	风力发电机组　控制系统　第2部分：试验方法	修订
5	GB/T 25387.1—2021	风力发电机组　全功率变流器　第1部分：技术条件	修订
6	GB/T 25387.2—2021	风力发电机组　全功率变流器　第2部分：试验方法	修订
7	GB/T 25388.1—2021	风力发电机组　双馈式变流器　第1部分：技术条件	修订
8	GB/T 25388.2—2021	风力发电机组　双馈式变流器　第2部分：试验方法	修订
9	NB/T 10559—2021	风力发电场监控自动化技术监督规程	制定
10	NB/T 10560—2021	风力发电机组技术监督规程	制定
11	NB/T 10561—2021	风力发电机叶片检修规范	制定
12	NB/T 10562—2021	风力发电场化学技术监督规程	制定
13	NB/T 10563—2021	风力发电场继电保护技术监督规程	制定
14	NB/T 10564—2021	风力发电场金属技术监督规程	制定
15	NB/T 10565—2021	风力发电场绝缘技术监督规程	制定
16	NB/T 10567—2021	风电机组变桨系统检修规程	制定
17	NB/T 10568—2021	风电机组偏航系统检修技术规程	制定
18	NB/T 10569—2021	风电机组齿轮箱检修技术规程	制定
19	NB/T 10570—2021	风电机组发电机检修规程	制定
20	NB/T 10571—2021	风电机组联轴器检修技术规程	制定
21	NB/T 10572—2021	风电机组制动器检修技术规程	制定
22	NB/T 10573—2021	风力发电机组叶片改造技术规程	制定
23	NB/T 10574—2021	风力发电设备障碍评级标准	制定
24	NB/T 10575—2021	风电场重大危险源辨识规程	制定
25	NB/T 10576—2021	风力发电场升压站防雷系统运行维护规程	制定
26	NB/T 10577—2021	风力发电机组防雷系统运行维护规程	制定
27	NB/T 10578—2021	风力发电机组高处逃生应急演练规程	制定
28	NB/T 10579—2021	海上风电场运行安全规程	制定
29	NB/T 10580—2021	风力发电场风电机组故障编码规范	制定
30	NB/T 10581—2021	风力发电机组安全带/安全工器具应用技术规范	制定
31	NB/T 10582—2021	风力发电场电气设备监造技术规程	制定
32	NB/T 10583—2021	风力发电机组变流器检修技术规程	制定
33	NB/T 10584—2021	风力发电机组控制系统改造技术规程	制定
34	NB/T 10585—2021	风电场节能运行维护监督规程	制定
35	NB/T 10586—2021	风力发电场标准量利用率评价规程	制定
36	NB/T 10587—2021	风电场机组功率曲线验证技术规程	制定
37	NB/T 10588—2021	风力发电场集控中心运行管理规程	制定
38	NB/T 10590—2021	多雷区风电场集电线路防雷改造技术规范	制定
39	NB/T 10591—2021	风电场雷电预警系统技术规范	制定
40	NB/T 10592—2021	风电场无人机集电线路安全巡检技术规范	制定
41	NB/T 10593—2021	风电场无人机叶片检测技术规范	制定
42	NB/T 10594—2021	风电场无人机巡检作业技术规范	制定
43	NB/T 10595—2021	风电场智能检修技术导则	制定
44	NB/T 10596—2021	风电场智能巡检技术导则	制定
45	NB/T 10625—2021	风光储联合发电站运行导则	制定

（续）

序号	标准号	标准名称	备注
46	NB/T 10626—2021	海上风电场工程防腐蚀设计规范	制定
47	NB/T 10627—2021	风电场工程混凝土试验检测技术规范	制定
48	NB/T 10628—2021	风电场工程材料试验检测技术规范	制定
49	NB/T 10629—2021	陆上风电场覆冰环境评价技术规范	制定
50	NB/T 10630—2021	风光储联合发电站监控系统技术条件	制定
51	NB/T 10631—2021	风电场应急预案编制导则	制定
52	NB/T 10632—2021	海上风电场安全性评价技术规程	制定
53	NB/T 10633—2021	风电场工程节能验收报告编制规程	制定
54	NB/T 10639—2021	风电场工程场址选择技术规范	制定
55	NB/T 10640—2021	风电场运行风险管理规程	制定
56	NB/T 10643—2021	风电场用静止无功发生器技术要求与试验方法	制定
57	NB/T 10644—2021	风力发电机组 激光测风设备 应用导则	制定
58	NB/T 10646—2021	海上风电场 直流接入电力系统用换流器 技术规范	制定
59	NB/T 10647—2021	海上风电场 直流接入电力系统用直流断路器 技术规范	制定
60	NB/T 10648—2021	海上风电场 直流接入电力系统控制保护设备 技术规范	制定
61	NB/T 10649—2021	高原型风力发电机组 电气控制设备结构环境耐久性试验	制定
62	NB/T 10650—2021	风电场并网性能监测评估方法	制定
63	NB/T 10651—2021	风电场阻抗特性评估技术规范	制定
64	NB/T 10652—2021	风电资源与运行能效评价规范	制定
65	NB/T 10653—2021	风力发电机组 风轮叶片用结构胶黏剂试验方法	制定
66	NB/T 10655—2021	风力发电装备制造业绿色供应链管理评价规范	制定
67	NB/T 10656—2021	直驱永磁风力发电机组 振动稳定性仿真与验证	制定
68	NB/T 10657—2021	海上风力发电机组 运维舱技术规范	制定
69	NB/T 10658—2021	风力发电机组 变桨和偏航轴承设计要求	制定
70	NB/T 10659—2021	风力发电机组 视频监视系统	制定
71	NB/T 10660—2021	风力发电机组 工业以太网通信系统	制定
72	NB/T 10661—2021	风力发电机组 风轮锁定销	制定
73	NB/T 10662—2021	风力发电机组 电气系统电磁兼容技术规范	制定
74	NB/T 10663—2021	海上型风力发电机组 电气控制设备腐蚀防护结构设计规范	制定
75	NB/T 10684—2021	风电场工程质量管理规程	制定
76	NB/T 31023—2021	风力发电机组 主轴盘式制动器	修订
77	NB/T 31024—2021	风力发电机组 偏航盘式制动器	修订
78	NB/T 31040—2021	具有短路保护功能的电涌保护器	修订
79	NB/T 31049—2021	风力发电机绝缘规范	修订
80	NB/T 31050—2021	风力发电机绝缘系统的评定方法	修订
81	NB/T 31053—2021	风电机组电气仿真模型验证规程	修订
82	NB/T 10906—2021	陆上风电场工程风电机组基础施工规范	制定
83	NB/T 10907—2021	风电机组混凝土-钢混合塔筒设计规范	制定
84	NB/T 10908—2021	风电机组混凝土-钢混合塔筒施工规范	制定
85	NB/T 10909—2021	微观选址中风能资源分析及发电量计算方法	制定
86	NB/T 10910—2021	海上风电场工程安全标识设置设计规范	制定
87	NB/T 10911—2021	分散式风电接入配电网技术规定	制定
88	NB/T 10912—2021	海冰地区海上风电场工程设计导则	制定

〔撰稿人：中国电器工业协会果岩〕

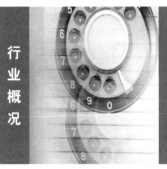

综述

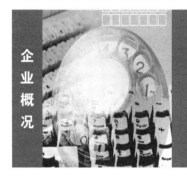

行业概况

企业概况

产业概况

产品与项目

标准化

中国电器工业年鉴
2022

企业概况

分析 2021 年电器工业上市公司及进入电气工业百强企业的情况

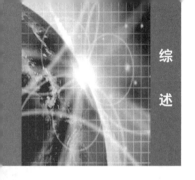
综述

行业概况

企业概况

2021 年电气设备上市公司分析
中国电气工业 100 强分析

产业概况

产品与项目

标准化

中国
电器
工业
年鉴
2022

企业概况

2021 年电气设备上市公司分析

电气设备是国民经济可持续发展，获得清洁能源的重要保障手段，对相关产业具有较强的辐射和带动能力作用。电气设备制造业肩负着为电能的生产、传输、交换、分配、使用等多个环节与多个领域提供各种装备的重任，是实现能源安全稳定供给和健康稳定发展的基础。

一、总体情况

1. 概况

2021 年纳入统计的电气设备上市公司有 235 家，比上年的 211 家增长 11.37%；完成营业收入 15 393.93 亿元，比

上年增长 26.14%；实现利润总额 1 033.64 亿元，比上年增长 13.35%；资产总计 28 888.21 亿元，比上年增长 19.58%；全行业流动资产合计 5 260.01 亿元，比上年增长 13.97%；在建工程 1 162.84 亿元，比上年增长 24.48%。职工人数 85 余万人，比上年增长 15.13%。从统计数据看，整个行业的营业收入及在建工程增幅较大。在建工程增量较大，主要源于国家电力投资的稳步增长，电力工程建设带动行业经济整体稳步提升。2018—2021 年电气设备上市公司概况见表 1。

表 1 2018—2021 年电气设备上市公司概况

指标名称	单位	2018 年	2019 年	2020 年	2021 年	2021 年同比增长（%）
营业收入	亿元	9 123.60	10 460.16	12 204.32	15 393.93	26.14
利润总额	亿元	427.44	589.74	911.87	1 033.64	13.35
资产总计	亿元	18 467.98	20 809.87	24 159.02	28 888.21	19.58
流动资产	亿元	3 532.90	4 130.28	4 615.26	5 260.01	13.97
固定资产	亿元	11 609.81	12 954.84	15 097.00	17 742.62	17.52
在建工程	亿元	634.45	764.38	934.18	1 162.84	24.48
员工总数	人	617 607	677 220	739 819	851 721	15.13

注：根据 2022 年发布的 235 家上市公司年报数据统计。

2. 板块分类

2021 年纳入统计的 235 家电气设备上市公司中，主板有 147 家，创业板有 67 家，科创板有 18 家，北京交易所有 3 家。

主板中深交所 73 家上市公司完成营业收入 3 861.62 亿元，上交所 74 家上市公司完成营业收入 7 494.49 亿元，共完成营业收入 11 356.11 亿元，占行业上市公司营业收入的 73.94%；实现利润总额 680.21 亿元，占全行业上市公司利润总额的 65.81%。

创业板 67 家上市公司完成营业收入 2 958.44 亿元，

占行业上市公司的 19.09%；实现利润总额 295.72 亿元，占全行业上市公司的 28.61%。科创板 18 家上市公司完成营业收入 1 048.17 亿元，实现利润总额 55.26 亿元。

235 家上市公司中有 37 家亏损企业，ST 股有 4 家，*ST 股有 6 家。37 家上市公司亏损金额总计 282.62 亿元，亏损金额达 20 亿元以上的有 2 家，10 亿元以上的有 3 家，6 亿～10 亿元的有 8 家。

2021 年电气设备上市公司按板块分类经营情况见表 2。

表 2 2021 年电气设备上市公司按板块分类经营情况

指标名称	单位	深交所主板	上交所主板	深交所创业板	上交所科创板	北京交易所
企业数	家	73	74	67	18	3
营业收入	亿元	3 861.62	7 494.49	2 958.44	1 048.17	31.20
利润总额	亿元	191.28	488.93	295.72	55.26	2.45
研发费用	亿元	142.19	247.57	156.15	34.39	1.15
员工总数	人	233 358	365 449	185 020	66 831	1 063

3. 行业分类

2021 年，纳入统计的 235 家电气设备上市公司包括电机、电气自控设备、电线电缆、电气仪表、太阳能、风能、核能、综合电力设备、储能设备、电源设备、输变电设备等企业，涵盖自动化保护设备行业及其上下游企业。

纳入统计的输变电设备行业企业有 124 家，占全部企业的 52.77%，完成营业收入 5 672.37 亿元，实现利润总额 402.42 亿元。从利润率分析，利润率最高的为电气仪表行业，利润率为 10.82%；其次是电气自控设备行业，利润率为 10.20%。

电源设备上市公司有 61 家，完成营业收入 6 417.14 亿元，实现利润总额 262.05 亿元。电机上市公司有 19 家，完成营业收入 546.28 亿元，实现利润总额 45.73 亿元。

按细分行业统计研发费用，研发投入强度最高的为储能设备，达到 6.45%。

从盈利能力分析看，2021 年盈利能力相对弱的为综合电力设备及储能设备行业。

2021 年电气设备上市公司按行业分类经营情况见表 3。

表 3 2021 年电气设备上市公司按行业分类经营情况

行业名称	企业数／家	营业收入／亿元	利润总额／亿元	研发费用／亿元	研发投入强度（%）	员工数／人
输变电设备	124	5 672.37	402.42	204.53	3.61	314 949
电气自控设备	29	1 235.27	125.97	72.26	5.85	80 725
电线电缆	32	2 154.48	24.07	53.55	2.49	66 240
电气仪表	16	286.54	31.00	15.69	5.48	27 406
其他输变电设备	47	1 996.09	221.38	63.02	3.16	140 578
电源设备	61	6 417.14	262.05	229.02	3.57	313 628
风能	7	746.77	81.39	22.15	2.97	19 423
太阳能	25	3 238.91	259.90	90.21	2.79	178 622
储能设备	18	471.47	-17.87	30.40	6.45	49 314
综合电力设备	4	1 797.71	-74.56	76.13	4.23	56 875
其他	7	162.28	13.19	10.12	6.24	9 394
电机	19	546.28	45.73	21.28	3.89	63 246
其他电气设备	31	2 758.14	323.44	126.62	4.59	159 898

4. 关键指标

2021 年纳入统计的 235 家电气设备上市公司中，营业收入最高的企业达到 1 306.81 亿元，较 2020 年的 1 503.69 亿元减少 196.88 亿元，最低 8 370 万元；行业平均营业收入是 65.51 亿元，行业中值为 20.38 亿元。利润总额最高的企业达到 198.87 亿元，最低的是 -102.90 亿元。

其中，营业收入高于 2020 年度的有 191 家，较上年总计增加 3 560.74 亿元，平均每家增加 18.64 亿元；营业收入较上年减少的有 44 家，较上年总计减少 166.41 亿元，平均每家减少 3.78 亿元。

利润总额高于 2020 年度的有 133 家，实现利润总额 1 101.42 亿元，比上年总计增加 503.02 元，平均每家增加 3.78 亿元；利润总额比上年减少的有 102 家，实现利润总额 -67.79 亿元，比上年总计减少 380.31 亿元，平均每家减少 3.73 亿元。亏损金额超过 10 亿元的企业分别亏损了 102.90 亿元、38.53 亿元、19.21 亿元、16.77 亿元和 11.18 亿元。2021 年电气设备上市公司关键指标分析见表 4。

表 4 2021 年电气设备上市公司关键指标分析

指标名称	单位	合计数	行业中值	行业均值	行业最高值	行业最低值
营业收入	亿元	15 393.93	20.38	65.51	1 306.81	0.84
利润总额	亿元	1 033.64	1.13	4.40	198.87	-102.90
资产总计	亿元	28 888.21	35.46	122.93	3 076.67	1.94
固定资产	亿元	17 742.62	23.72	75.50	2 097.76	1.21
流动资产	亿元	5 260.01	4.34	22.38	422.77	0.007 0
在建工程	亿元	1 162.84	0.67	5.54	309.98	0
无形资产	亿元	783.71	0.98	3.33	129.57	0.000 2
研发费用	亿元	581.45	0.80	2.50	76.91	0
员工总数	人	851 721	1 424	3 624	83 601	89

5.研发投入

2017—2021年，电气设备上市公司无形资产所占比重越来越大，全行业无形资产总计783.71亿元，占全部资产的3.01%；行业内无形资产最高的企业达到129.57亿元，最低约2万元。企业的研发费用也在逐年增加，2021年研发费用达到581.45亿元，占研发支出合计的77.81%。2021年研发支出747.22亿元，比2020年增加214.50亿元，增幅40.26%；研发投入强度为3.75%。2017—2021年电气设备上市公司研发投入情况见表5。2021年电气设备上市公司研发投入指标分析见表6。

表5　2017—2021年电气设备上市公司研发投入情况

时间	员工总数/人	研发人员/人	技术人员/人	无形资产/亿元	研发支出合计/亿元	研发费用/亿元	营业收入/亿元	研发投入强度（%）
2021年	851 721	114 660	172 077	783.71	747.22	581.45	15 393.93	3.78
2020年	739 819	100 427	147 966	674.75	532.72	431.98	12 204.32	3.54
2019年	677 220	92 928	133 014	627.45	457.98	372.66	10 460.16	3.56
2018年	617 607	84 828	124 511	577.71	390.28	315.58	9 123.60	3.46
2017年	595 388	71 127	113 445	500.19	342.88	18.82	8 257.79	0.23

注：2017年上市公司年报中企业研发费用的统计口径不同，企业的一些费用项目数据没有计入研发费用，数据仅供参考。

表6　2021年电气设备上市公司研发投入指标分析

指标名称	单位	合计数	行业最低值	行业最高值	行业均值	行业中值
员工总数	人	851 721	89	83 601	3 624	1 424
研发人员	人	114 660	9	10 079	505	230
研发人员占比	%	13.46	1.69	63.70	19.29	16.78
技术人员	人	172 077	15	12 596	745	251
无形资产	亿元	783.71	0.00	129.57	3.33	0.98
研发支出合计	亿元	747.22	0.02	76.91	3.22	0.82
研发费用	亿元	581.45	0.02	76.91	2.50	0.80
营业收入	亿元	15 393.93	0.81	1 306.81	65.51	20.38
研发投入强度	%	3.78	0.17	22.04	5.04	4.23

6.企业人员情况

2021年纳入统计的235家电气设备上市公司全部职工人数为851 721人，员工总数最少的企业有89人，最多的有83 601人。从事生产及技术的人员共计660 004人，占总人数的77.49%，其中，技术人员占20.20%，生产人员占57.29%。2021年电气设备上市公司员工分布情况见表7。

表7　2021年电气设备上市公司员工分布情况　（单位：人）

名称	合计	行业最低值	行业最高值	行业中值	行业均值
员工总数	851 721	89	83 601	1 424	3 624
高管人员	3 944	9	56	16	17
生产人员	487 927	2	65 364	701	2 085
财务人员	14 474	6	1 188	33	62
技术人员	172 077	15	12 596	251	745
销售人员	61 518	4	3 139	112	263
行政管理人员	94 084	12	6 597	165	400

7.境外营业收入情况

2021年纳入统计的235家电气设备上市公司完成境外营业收入3 052.41亿元，比2020年增加670.79亿元，增幅28.17%，占全行业营业收入的19.70%。2017—2021年电气设备上市公司境外营业收入统计见表8。

表 8   2017—2021 年电气设备上市公司境外营业收入统计

时间	境外营业收入 / 亿元				营业收入 / 亿元	境外营业收入占营业收入比例（%）
	总额	行业最高值	行业中值	行业均值		
2021 年	3 052.41	379.50	1.93	15.98	15 393.93	19.83
2020 年	2 381.62	273.85	1.44	12.60	12 204.32	19.51
2019 年	2 042.28	244.60	1.49	10.75	10 460.16	19.52
2018 年	1 505.77	185.57	1.24	7.93	9 123.60	16.50
2017 年	1 163.68	155.28	1.17	6.54	8 257.79	14.09

二、财务指标分析

1. 盈利能力及收益质量

企业盈利状况可以从盈利能力和收益质量两个方向来衡量，从数据看，行业最高值及最低值差距拉大。2021 年电气设备上市公司盈利能力分析见表 9。2021 年电气设备上市公司收益质量分析见表 10。

表 9   2021 年电气设备上市公司盈利能力分析   （%）

指标名称	行业中值	行业均值	行业最高值	行业最低值
净资产收益率 ROE	8.01	-30.41	515.58	-8 888.51
总资产报酬率 ROA	5.81	5.11	34.69	-47.57
销售毛利率	22.78	24.35	71.81	-16.70
销售成本率	77.22	75.65	116.70	28.19
成本费用利润率	7.81	8.01	95.43	-122.25
净利润 / 营业总收入	7.01	4.91	149.62	-225.97
营业利润 / 营业总收入	7.49	6.22	218.70	-223.62

表 10   2021 年电气设备上市公司收益质量分析

指标名称	单位	行业中值	行业均值	行业最高值	行业最低值
所得税 / 利润总额	%	10.48	7.14	161.24	-243.16
经营活动净收益 / 利润总额	%	-0.10	-1.86	216.48	-526.23
营业外收支净额 / 利润总额	%	90.93	66.21	1 826.85	-5 206.33
营业外收支净额	万元	-30.96	-955.33	54 882.50	-136 661.31

2. 现金能力

通常用经营现金净流入与投资资本的比值来反映企业获取现金的能力。从数据看，行业最低值和最高值差异巨大，但行业中值和均值数据相对接近，说明整个行业的现金流处于稳定的良好运营状态。2021 年电气设备上市公司现金能力分析见表 11。

表 11   2021 年电气设备上市公司现金能力分析   （%）

指标名称	行业中值	行业均值	行业最高值	行业最低值
销售商品提供劳务收到的现金 / 营业收入	91.62	90.10	228.98	32.37
经营活动产生的现金流量净额 / 营业收入	5.84	7.28	161.96	-35.75
资本支出 / 折旧摊销	195.68	301.11	2 475.67	0.97
经营活动产生的现金流量净额 / 净利润	60.02	359.65	52 641.42	-2 657.50

3. 资本结构与偿债能力

2021 年电气设备上市公司资本结构关键指标见表 12。

2021 年电气设备上市公司偿债能力关键指标见表 13。

表 12　2021 年电气设备上市公司资本结构关键指标

指标名称	单位	行业中值	行业均值	行业最高值	行业最低值
资产负债率	％	47.12	46.44	186.17	3.30
权益乘数		1.87	2.25	22.63	1.03
流动资产／总资产	％	69.31	67.40	97.11	13.06
非流动资产／总资产	％	30.69	32.60	86.94	2.89
有形资产／总资产	％	46.08	46.31	92.64	−93.36
流动负债／负债合计	％	90.33	85.51	100.00	23.70
非流动负债／负债合计	％	9.67	14.49	76.30	0.22

表 13　2021 年电气设备上市公司偿债能力关键指标

指标名称	行业中值	行业均值	行业最高值	行业最低值
流动比率	1.79	2.33	11.02	0.30
现金比率	0.46	0.85	9.58	0.00
速动比率	1.42	1.93	10.68	0.24
产权比率	0.84	1.29	30.85	0.07
已获利息倍数	4.81	45.61	1 632.98	−64.29

4. 营运能力

从行业统计数据看，电气设备上市公司的运营周期大多在一年左右。2021 年电气设备上市公司营运能力主要指标见表 14。

表 14　2021 年电气设备上市公司营运能力主要指标

指标名称	单位	行业中值	行业均值	行业最高值	行业最低值
营业周期	天	241.63	269.51	1 449.86	47.36
存货周转天数	天	93.76	115.80	548.43	1.41
存货周转率	次	3.84	5.67	255.95	0.66
应收账款周转率	次	2.76	3.58	39.56	0.33
应付账款周转率	次	2.39	4.18	61.10	0.19
总资产周转率	次	0.59	0.67	2.68	0.09

5. 成长能力

从统计数据指标看，行业均值和中值的差异明显，成长能力强的企业集中在少数企业。2021 年电气设备上市公司成长能力主要指标见表 15。

表 15　2021 年电气设备上市公司成长能力主要指标　　　　　　　　　　　　　　　　（％）

指标名称	行业中值	行业均值	行业最高值	行业最低值
营业总收入同比增长	22.51	28.48	447.79	−56.12
营业利润同比增长	8.27	11.09	5 042.17	−2 432.36
利润总额同比增长	6.01	87.45	23 888.14	−2 129.63
净资产同比增长	8.36	22.89	1 486.96	−1 423.60
总负债同比增长	17.60	26.58	338.53	−53.16
现金净流量同比增长	46.37	311.17	32 922.07	−37 695.17
总资产同比增长	13.60	25.50	835.07	−32.61
净利润同比增长	8.64	−3.37	2 858.99	−2 673.01
营业总成本同比增长	25.30	28.60	305.04	−44.30

6. 杜邦分析

杜邦分析法（DuPont Analysis）是利用几种主要财务比率之间的关系来综合分析企业的财务状况，是一种用来评价公司赢利能力和股东权益回报水平、从财务角度评价企业绩效的经典方法。2021 年电气设备上市公司杜邦分析主要指标见表 16。

表 16 2021 年电气设备上市公司杜邦分析主要指标

指标名称	单位	行业中值	行业均值	行业最高值	行业最低值
净资产收益率 ROE	%	8.01	-30.58	515.58	-8 888.51
权益乘数		1.89	3.48	274.06	-4.72
总资产周转率	次	0.59	0.67	2.68	0.09
归属母公司股东的净利润／净利润	%	99.97	135.12	9 323.02	-349.06
净利润／营业总收入	%	6.96	4.90	149.62	-225.97
净利润／利润总额	%	90.04	93.78	343.16	-61.24
利润总额／息税前利润	%	98.54	70.37	749.34	-4 586.88
息税前利润／营业总收入	%	7.97	7.79	207.16	-209.64

7. Z 值预警

Z-Score 模型是国外财务失败预警模型，通过五个变量（五种财务比率）将反映企业偿债能力、获利能力和营运能力的指标有机联系起来，综合分析预测企业财务失败或破产的可能性。一般情况下，Z 值越低，企业越有可能发生破产。从数据看，行业大多数企业的 Z 值大于 2.675，处于相对安全的经营状态。2021 年电气设备上市公司 Z 值预警见表 17。

表 17 2021 年电气设备上市公司 Z 值预警

指标名称	单位	行业中值	行业均值	行业最高值	行业最低值
营运资本／资产总计	%	29.67	28.62	92.34	-87.90
留存收益／资产总计	%	16.53	3.86	62.62	-1 014.46
息税前利润／资产总计	%	5.23	4.37	27.55	-52.91
当日总市值／负债总计	%	446.07	822.04	8 289.49	30.44
股东权益合计／负债总计	%	112.22	197.10	2 930.75	-46.29
营业收入／资产总计	%	54.39	61.26	256.42	8.53
Z 值		3.99	5.96	52.84	-10.81

注：$Z=0.012X1+0.014X2+0.033X3+0.006X4+0.999X5$。式中，X1＝（营运资金／资产总计）×100；X2＝（留存收益／资产总计）×100；X3＝（息税前利润／资产总计）×100；X4＝（普通股优先股市场价值总额／负债账面价值总额）×100；X5＝销售收入／资产总计。

三、企业经济指标排名

1. 营业收入

2021 年电气设备上市公司营业收入 30 强见表 18。

2. 利润总额

2021 年电气设备上市公司利润总额 30 强见表 19。

3. 境外营业收入

2021 年纳入统计的 235 家电气设备上市公司完成境外业务收入 3 052.41 亿元，比上年增加 670.79 亿元，同比增长 28.17%。其中，境外营业收入 30 亿元以上的企业有 169 家，主要是综合电力设备商，包含输配电设备、新能源设备、自动化设备、轨道交通等企业。2021 年电气设备上市公司境外营业收入前 30 位企业见表 20。

表 18 2021 年电气设备上市公司营业收入 30 强

序号	企业名称	营业收入／亿元
1	上海电气集团股份有限公司	1 306.81
2	宁德时代新能源科技股份有限公司	1 303.56
3	隆基绿能科技股份有限公司	809.32
4	特变电工股份有限公司	612.78
5	新疆金风科技股份有限公司	505.71
6	东方电气股份有限公司	467.56
7	天合光能股份有限公司	444.80
8	宝胜科技创新股份有限公司	428.78
9	国电南瑞科技股份有限公司	424.11
10	晶澳太阳能科技股份有限公司	413.02
11	天津中环半导体股份有限公司	411.05
12	晶科能源股份有限公司	405.70

（续）

序号	企业名称	营业收入 / 亿元
13	浙江正泰电器股份有限公司	388.65
14	明阳智慧能源集团股份公司	271.58
15	阳光电源股份有限公司	241.37
16	远东智慧能源股份有限公司	208.71
17	上海起帆电缆股份有限公司	188.78
18	东方日升新能源股份有限公司	188.31
19	浙江运达风电股份有限公司	160.41
20	上海爱旭新能源股份有限公司	154.71
21	中国西电电气股份有限公司	141.81
22	卧龙电气驱动集团股份有限公司	139.99
23	杭州福斯特应用材料股份有限公司	128.58
24	金杯电工股份有限公司	128.32
25	浙江万马股份有限公司	127.67
26	众业达电气股份有限公司	125.58
27	许继电气股份有限公司	119.91
28	浙江南都电源动力股份有限公司	118.48
29	福建南平太阳电缆股份有限公司	112.25
30	浙江长城电工科技股份有限公司	107.27

表 19　2021 年电气设备上市公司利润总额 30 强

序号	企业名称	利润总额 / 亿元
1	宁德时代新能源科技股份有限公司	198.87
2	特变电工股份有限公司	115.38
3	隆基绿能科技股份有限公司	102.32
4	国电南瑞科技股份有限公司	68.66
5	天津中环半导体股份有限公司	50.00
6	浙江正泰电器股份有限公司	44.90
7	新疆金风科技股份有限公司	43.39
8	明阳智慧能源集团股份公司	35.89
9	东方电气股份有限公司	26.67
10	杭州福斯特应用材料股份有限公司	24.69
11	晶澳太阳能科技股份有限公司	24.26
12	天合光能股份有限公司	22.74
13	国网英大股份有限公司	20.30
14	浙江晶盛机电股份有限公司	19.84
15	阳光电源股份有限公司	18.93
16	宏发科技股份有限公司	16.20
17	天顺风能（苏州）股份有限公司	14.89
18	思源电气股份有限公司	14.04
19	江苏海力风电设备科技股份有限公司	13.99
20	宁波东方电缆股份有限公司	13.70
21	晶科能源股份有限公司	13.60

（续）

序号	企业名称	利润总额 / 亿元
22	中节能太阳能股份有限公司	13.55
23	卧龙电气驱动集团股份有限公司	12.85
24	江苏林洋能源股份有限公司	11.15
25	许继电气股份有限公司	9.61
26	上海起帆电缆股份有限公司	9.12
27	青岛汉缆股份有限公司	8.84
28	宁波三星医疗电气股份有限公司	8.47
29	深圳市捷佳伟创新能源装备股份有限公司	8.16
30	上海晶丰明源半导体股份有限公司	7.60

表 20　2021 年电气设备上市公司境外营业收入前 30 位企业

序号	企业名称	境外营业收入 / 亿元
1	隆基绿能科技股份有限公司	379.50
2	宁德时代新能源科技股份有限公司	278.72
3	天合光能股份有限公司	267.84
4	晶澳太阳能科技股份有限公司	251.43
5	晶科能源股份有限公司	243.22
6	上海电气集团股份有限公司	238.01
7	东方日升新能源股份有限公司	108.82
8	阳光电源股份有限公司	91.77
9	浙江正泰电器股份有限公司	85.87
10	天津中环半导体股份有限公司	70.96
11	新疆金风科技股份有限公司	60.60
12	卧龙电气驱动集团股份有限公司	51.65
13	特变电工股份有限公司	48.87
14	中山大洋电机股份有限公司	41.84
15	东方电气股份有限公司	39.00
16	宏发科技股份有限公司	36.85
17	中国西电电气股份有限公司	36.71
18	上海航天汽车机电股份有限公司	32.46
19	协鑫集成科技股份有限公司	30.29
20	江苏中利集团股份有限公司	28.17
21	宁波德昌电机股份有限公司	27.00
22	杭州福斯特应用材料股份有限公司	22.95
23	上海爱旭新能源股份有限公司	21.99
24	深圳市雄韬电源科技股份有限公司	20.86
25	浙江捷昌线性驱动科技股份有限公司	20.45
26	锦浪科技股份有限公司	17.94
27	固德威技术股份有限公司	17.00
28	思源电气股份有限公司	13.72
29	江苏雷利电机股份有限公司	13.24
30	天顺风能（苏州）股份有限公司	12.21

四、行业结构分析

1. 经济成分构成情况

2021 年纳入统计的 235 家电气设备上市公司，按照经济成分区分，国有及国有控股企业有 28 家，民营企业有 196 家，合资及外资企业有 11 家。28 家国有及国有控股企业 2021 年完成营业收入 4 208.40 亿元，实现利润总额 115.10 亿元；民营企业完成营业收入 9 767.69 亿元，实现利润总额 851.58 亿元，盈利能力较强，利润总额占行业利润总额的 82.39%；合资及外资企业多是和国内巨头合作参与市场竞争，所占市场份额较小，完成营业收入 1 417.83 亿元，实现利润总额 66.95 亿元。2021 年电气设备上市公司不同经济类型企业主要经济指标及其行业占比见表 21。

表 21　2021 年电气设备上市公司不同经济类型企业主要经济指标及其行业占比

指标名称	单位	合计	国有及国有控股企业	民营企业	合资及外资企业
企业数	家	235	28	196	11
占比	%	100.00	11.91	83.40	4.68
营业收入	亿元	15 393.93	4 208.40	9 767.69	1 417.83
占比	%	100.00	27.34	63.45	9.21
利润总额	亿元	1 033.64	115.10	851.58	66.95
占比	%	100.00	11.14	82.39	6.48
资产总计	亿元	28 888.21	8 525.60	17 579.77	2 782.84
占比	%	100.00	29.51	60.85	9.63
全部职工人数	人	851 721	154 253	644 191	53 277
占比	%	100.00	18.11	75.63	6.26

注：因四舍五入，合计数与分项之和略有差异。

2. 企业规模构成情况

2021 年纳入统计的电气设备 235 家上市公司包含大、中、小型企业，无微型企业。大、中型企业占行业全部企业的 94.89%。营业收入 4 亿元以上的大型企业有 113 家，共完成营业收入 13 906.69 亿元，占总收入的 90.34%；实现利润总额 941.74 亿元，占全行业利润总额的 91.11%。大型企业中有 15 家亏损，占大型企业的 13.27%，总计亏损 226.45 亿元，削弱了大型企业的整体盈利能力，亏损较多的 5 家企业分别亏损 102.90 亿元、38.54 亿元、19.21 亿元、16.77 亿元、11.18 亿元，亏损和盈利企业都相对集中。

营业收入在 2 000 万元和 4 亿元之间的中型企业有 110 家，共完成营业收入 1 456.71 亿元，占总收入的 9.46%。中型企业中有 20 家亏损，占中型企业的 18.18%，总计亏损 55.72 亿元，亏损超过 5 亿元的 5 家企业分别亏损 9.33 亿元、8.94 亿元、8.36 亿元、7.95 亿元、6.39 亿元。

营业收入在 300 万元以上 2 000 万元以下的小型企业有 12 家，完成营业收入 30.53 亿元，占总收入的 0.20%。其中，亏损企业有 2 家，总计亏损 4 473 万元。

整体上看，盈利能力强的主要集中在大、中型企业，223 家大、中型企业实现行业利润总额的 99.23%。2021 年电气设备上市公司不同规模企业主要经济指标及其行业占比见表 22。

表 22　2021 年电气设备上市公司不同规模企业主要经济指标及其行业占比

指标名称	单位	合计	大型企业	中型企业	小型企业
企业数	家	235	113	110	12
占比	%	100.00	48.09	46.81	5.11
营业收入	亿元	15 393.93	13 906.69	1 456.71	30.53
占比	%	100.00	90.34	9.46	0.20
利润总额	亿元	1 033.64	941.74	83.95	7.94
占比	%	100.00	91.11	8.12	0.77
资产总计	亿元	28 888.21	25 918.46	2 853.52	116.22

（续）

指标名称	单位	合计	大型企业	中型企业	小型企业
占比	%	100.00	89.72	9.88	0.40
研发费用	亿元	581.45	519.63	60.53	1.29
占比	%	100.00	89.37	10.41	0.22
全部职工人数	人	851 721	736 988	111 491	3 242
占比	%	100.00	86.53	13.09	0.38

注：因四舍五入，合计数与分项之和略有差异。

2021 年纳入统计的 235 家电气设备上市公司中，大型企业平均营业收入 123.07 亿元，利润总额 8.33 亿元，研发费用 4.60 亿元。中型企业平均营业收入 13.24 亿元，利润总额 0.76 亿元，研发费用 0.56 亿元。小型企业平均营业收入 2.54 亿元，利润总额 0.66 亿元，研发费用 1272 万元。中型企业的研发投入强度为 5.49%，高于大型企业及

小型企业。通过对企业财务指标的行业中值及平均值的对比分析，行业中值大多低于行业平均值，说明企业经营业绩分化明显，部分企业的经济指标远远高于行业均值。2021 年电气设备上市公司不同规模企业主要经济指标及其行业占比见表 23。

表 23　2021 年电气设备上市公司不同规模企业主要经济指标及其行业占比

指标名称	单位	合计	行业最低值	行业最高值	行业中值	行业均值
大型企业						
营业收入	亿元	139 06.69	8.52	1 306.81	44.29	123.07
利润总额	亿元	941.74	−102.90	198.87	2.96	8.33
资产总计	亿元	25 918.46	19.25	3 076.67	83.84	229.37
研发费用	亿元	519.63	0.07	76.91	1.86	4.60
研发投入强度	%	3.74	0.19	22.04	3.93	3.74
员工总数	人	736 988	427	83 601	3 077	6 522
中型企业						
营业收入	亿元	1 456.71	1.57	105.34	10.21	13.24
利润总额	亿元	83.95	−9.33	13.99	0.81	0.76
资产总计	亿元	2 853.52	3.59	112.08	19.72	25.94
研发费用	亿元	60.53	0.02	1.88	0.47	0.56
研发投入强度	%	4.15	0.17	19.04	4.81	5.49
员工总数	人	111 491	304	3 639	876	1 014
小型企业						
营业收入	亿元	30.53	0.81	5.12	2.36	2.54
利润总额	亿元	7.94	−0.40	1.77	0.67	0.66
资产总计	亿元	116.22	1.94	31.40	8.80	9.69
研发费用	亿元	1.29	0.02	0.25	0.11	0.12
研发投入强度	%	4.24	2.63	11.69	3.62	5.01
员工总数	人	3 242	89	651	246	270

3. 主要区域分布情况

2021 年纳入统计的 235 家电气设备上市公司基本集中在华东、华南、华北地区，集中度较高。这三个地区共有

206 家企业，合计完成营业收入 12 263.52 亿元，占全行业营业收入的 79.66%；实现利润总额 716.01 亿元，占全行业利润总额的 69.27%。其中，华东地区共有 142 家企业，

集中了我国电气设备的大多数企业,营业收入和盈利能力总体高于其他区域;华北地区有 3 家企业分别亏损 8.11 亿元、9.49 亿元、8.41 亿元,降低了华北地区的利润总额。

2021 年电气设备上市公司不同区域企业主要经济指标及其行业占比见表 24。

表 24   2021 年电气设备上市公司不同区域企业主要经济指标及其行业占比

指标名称	单位	合计	华北地区	华东地区	华南地区	西南地区	西北地区	东北地区
企业数	家	235	24	142	40	13	8	8
占比	%	100.00	10.21	60.43	17.02	5.53	3.40	3.40
营业收入	亿元	15 393.93	1 377.88	9 477.02	1 408.62	706.19	2 293.46	130.75
占比	%	100.00	8.95	61.56	9.15	4.59	14.90	0.85
利润总额	亿元	1 033.64	98.01	522.81	95.19	36.97	272.41	8.25
占比	%	100.00	9.48	50.58	9.21	3.58	26.35	0.80
资产总额	亿元	28 888.21	2 353.33	17 985.62	2 377.15	1 830.73	4 064.39	276.99
占比	%	100.00	8.15	62.26	8.23	6.34	14.07	0.96
研发费用	亿元	581.45	54.67	383.29	58.68	30.28	49.32	5.21
占比	%	100.00	9.40	65.92	10.09	5.21	8.48	0.90
全部职工人数	人	851 721	95 310	493 637	113 952	33 321	105 183	10 318
占比	%	100.00	11.19	57.96	13.38	3.91	12.35	1.21

注:因四舍五入,合计数与分项之和略有差异。

4.地区分布情况

2021 年纳入统计的 235 家电气设备上市公司分布在全国 27 个省、自治区、直辖市。江苏、浙江、广东、上海、山东是企业最多的 5 个地区,集中了 155 家企业,占全行业上市公司的 65.96%。其中江苏有 49 家,浙江有 45 家,广东有 28 家,上海有 19 家,山东有 14 家。

营业收入排在前三位的分别为上海 19 家企业完成营业收入 2 139.77 亿元,江苏 49 家企业完成营业收入 2 240.24 亿元,浙江 45 家企业完成营业收入 2 232.54 亿元。

利润总额排在前五位的分别是:福建 7 家企业实现利润总额 202.13 亿元,新疆 2 家企业实现利润总额 158.77 亿元,浙江 45 家企业实现利润总额 158.04 亿元,江苏 49 家企业实现利润总额 139.98 亿元,陕西 4 家企业实现利润总额 108.20 亿元。盈利能力较强的企业集中在新能源、智能输配电设备、电源等大型成套设备领域。处于亏损状态的企业主要有:江苏 6 家企业亏损 53.17 亿元;广东 5 家企业亏损 12.95 亿元;浙江 5 家企业亏损 33.05 亿元;上海 3 家企业亏损 124.55 亿元,其中 1 家亏损 102.90 亿元,降低了整个上海地区的盈利能力;四川 3 家企业亏损 17.28 亿元。

研发费用,排在前三位的分别为:浙江 45 家企业研发费用达到 86.39 亿元,上海 19 家企业研发费用达到 83.94 亿元,福建 7 家企业研发费用达到 82.03 亿元。

员工人数最多的是浙江,45 家企业共计约 13.96 万人。

2021 年电气设备上市公司主要省、自治区、直辖市分布见表 25。

表 25   2021 年电气设备上市公司主要省、自治区、直辖市分布

省、自治区、直辖市	企业数 / 家	营业收入 / 亿元	利润总额 / 亿元	资产总计 / 亿元	研发费用 / 亿元	员工总数 / 人
江苏	49	2 240.24	139.98	3 383.75	75.26	93 257
浙江	45	2 232.54	158.04	3 717.71	86.39	139 635
广东	28	1 007.30	71.72	1 806.31	40.48	74 805
上海	19	2 139.77	-46.12	4 415.38	83.94	74 695
山东	14	462.19	33.93	850.44	19.97	30 176
北京	10	152.73	11.21	306.76	11.44	14 887
四川	7	546.26	12.48	1 308.82	24.68	23 138
湖南	7	255.69	12.94	346.84	10.26	18 262
福建	7	1 511.64	203.13	3 314.69	82.03	94 411

（续）

省、自治区、直辖市	企业数 / 家	营业收入 / 亿元	利润总额 / 亿元	资产总计 / 亿元	研发费用 / 亿元	员工总数 / 人
江西	5	544.58	13.86	1 427.64	17.17	42 840
河南	5	256.70	7.23	475.11	11.92	24 760
河北	5	518.92	27.75	721.86	10.65	38 581
重庆	4	149.35	21.61	494.18	5.09	8 429
陕西	4	956.13	108.20	1 384.30	16.37	63 985
辽宁	4	43.58	1.96	83.45	2.62	4 189
天津	3	447.23	52.22	844.76	20.58	16 844
吉林	3	56.71	3.93	138.80	2.32	4 299
安徽	3	346.07	20.00	876.01	18.53	18 623
新疆	2	1 109.18	158.77	2 457.18	26.88	29 400
湖北	2	100.53	17.11	150.87	5.75	16 260
海南	2	33.66	2.75	55.76	1.60	2 634
贵州	2	10.58	2.87	27.73	0.51	1 754
山西	1	2.30	-0.40	4.84	0.08	238
广西	1	11.44	-9.33	17.36	0.59	1 991
甘肃	1	20.30	-1.60	46.82	0.77	3 634
青海	1	207.86	7.03	176.10	5.30	8 164
黑龙江	1	30.46	2.37	54.74	0.27	1 830

五、小结

235 家上市公司中有 37 家亏损企业，其中亏损金额达 20 亿元以上的有 2 家，10 亿元以上的有 3 家，6 亿～10 亿元的有 8 家，亏损企业相对集中。处于亏损状态的主板上市公司有 22 家，创业板上市企业有 15 家。企业亏损严重主要是由于企业战略调整不及时，项目延期或终止，项目回款不及时，以及出现一些坏账。部分企业因缺少核心竞争力，研发和创新能力不足，受新冠疫情影响，市场开拓能力薄弱，营业收入锐减，盈利能力被削弱。

参加统计的企业中，营业收入较上年增加的企业有 191 家，占上市公司总数的 81.28%；利润总额较上年增加的企业有 133 家，占上市公司总数的 56.60%。大多数企业通过调整战略发展方向、拓宽业务领域、丰富产品种类等方式实现经济指标增长，保持稳步发展，其中营业收入增加额度比较大的企业多为大型企业，主要原因是中标国家电力投资工程项目。

2017—2021 年企业的研发投入强度逐年增加。2021 年电气设备上市公司平均研发投入强度为 3.75%；行业研发费用均值为 2.50 亿元，行业中值约为 8 000 万元，行业中值低于行业均值，研发费用投入整体情况较好，但主要集中在少数科技含量高的大中型企业。

2021 年行业境外营业收入较 2020 年增加 670.79 亿元，同比增长 28.17%，占全行业营业收入的 19.70%。2017—2021 年，电气设备上市公司的境外营业收入逐年上升，占营业收入的比重越来越大，电气设备产品逐渐向海外市场发展。这些企业多集中在大型企业，主要是电力工程总承包、综合电力设备商，产品包含输配电设备、新能源设备、自动化设备、轨道交通等。

财务指标的行业中值大多低于行业均值，说明企业经营业绩分化明显，部分企业的经济指标远远高于行业均值。行业龙头企业资金实力及研发能力出众，整体盈利能力比较强，随着行业转型整合，竞争力低的中小企业生存压力较大。

江苏、浙江、广东、上海、山东 5 个企业最多的地区集中了 155 家企业，占全行业上市公司的 65.96%，区域分布集中度较高。

数据口径：数据源于各上市公司年报数据及公司网站数据、中国证监会、东方财富信息有限公司（简称东财）发布的统计数据、继电保护及自动化设备分会征集的企业年报数据等，上市公司年报数据主要为东财网站公布的上市公司数据。

行业分类按照东财规则维护：

（1）当挂牌公司某类业务的营业收入占比大于或等于 50%，且营业利润不低于 30%，则将其划入与该业务相对应的行业。

（2）当挂牌公司某类业务的营业收入占比大于或等于 50%，但营业利润占比低于 30%，则参考公司自身描述的主营业务所属行业类别。

（3）若没有业务营业收入占比在50%及以上，而某类业务的营业收入和营业利润占比在所有业务中均最高，则将其划入与该业务相对应的行业。

（4）若没有业务营业收入占比在50%及以上，且营业收入占比最高与营业利润占比最高的业务不一致，则参考公司自身对主营业务的描述、发展规划等确认行业归属。

〔撰稿人：许昌开普电气研究院有限公司胡韵华、蒋冠前〕

中国电气工业 100 强分析

中国电气工业100强研究报告始创于2000年，由电气时代杂志社推出。第22届中国电气工业100强排名主要依据企业2021年营业收入数值，同时参考同期净利润等相关指标确定。

一、中国电气工业100强总体情况

1.营业收入总体情况

2021年虽然国内外环境复杂严峻，但在"双碳"国家战略推进、用电需求恢复、出口增速强势等有利因素促进下，电气企业整体仍保持强劲的发展势头。第22届中国电气工业100强企业2021年共完成营业收入4545.83亿元，同比增长16.16%，与上届相比增长23.58%。

第22届中国电气工业100强入围标准为14.43亿元，较上届的12.71亿元提升13.53%。营业收入超100亿元的企业有12家，比上届多5家。营业收入超50亿元的企业有23家，营业收入超30亿元的企业有46家。

前10名企业营业收入合计1542.60亿元，在百强中占比33.93%。阳光电源股份有限公司（简称阳光电源）营业收入241.37亿元排在榜首，大全集团有限公司（简称大全集团）营业收入236.3亿元排在次席，浙江运达风电股份有限公司（简称浙江运达）营业收入160.4亿元位居第三。

2021年，面对全球新冠疫情、供应链紧缺等挑战，阳光电源聚焦光伏、风电、储能、新能源电控、充电、氢能等领域，持续加大技术创新力度，深耕重点细分市场，充分发挥全球营销、服务及供应链优势，全球竞争力及影响力持续提升。光伏逆变器全球发货量47GW，其中国内18GW、海外29GW，出货量全球市场占有率30%以上。

2021年，浙江运达依托技术研发和品牌服务优势，深入市场整合资源，取得显著成效。一是大容量机组订单助力将风电市场重心北移至三北地区，新增订单量行业领先；二是全力推进大基地建设；三是持续提升客户黏合度并加强政企合作，通过区域低碳解决方案，推动地区绿色发展；四是海外市场开拓再上新台阶，新增海外订单超50万kW。

第22届中国电气工业100强营业收入前10位企业见表1。

表1 第22届中国电气工业100强营业收入前10位企业

序号	企业名称	2021年营业收入／万元
1	阳光电源股份有限公司	2 413 659
2	大全集团有限公司	2 363 005
3	浙江运达风电股份有限公司	1 604 065
4	许继集团有限公司	1 461 701
5	中国西电电气股份有限公司	1 418 066
6	浙江正泰电器股份有限公司	1 322 253
7	国电南瑞南京控制系统有限公司	1 289 036
8	苏州汇川技术有限公司	1 233 074
9	南京南瑞继保工程技术有限公司	1 180 668
10	上海ABB工程有限公司	1 140 012

第22届中国电气工业100强中有84家企业营业收入与上年相比实现增长。其中，4家企业营业收入增幅超50%，17家企业营业收入增幅超30%。此外，有26家企业营业收入增幅低于5%，其中16家企业营业收入出现负增长，有9家企业的营业收入出现两位数的负增长。

固德威技术股份有限公司（简称固德威）营业收入同比增长68.53%，高居榜首。2021年，固德威开始布局BIPV业务和分布式户用光伏发电系统，加大研发投入和技术创新，并积极拓展国内外市场，持续加速全球战略部署。深耕储能领域相关技术，针对不同国家需求开发匹配产品，推进储能技术在各种场景的应用。在2021年全球逆变器出货量排名中，固德威位居第六。

第22届中国电气工业100强营业收入同比增长前10位企业见表2。

表 2 第 22 届中国电气工业 100 强营业收入同比增长前 10 位企业

序号	企业名称	2021 年营业收入 / 万元	2020 年营业收入 / 万元	同比增长（%）
1	固德威技术股份有限公司	267 811	158 908	68.53
2	锦浪科技股份有限公司	331 241	208 437	58.92
3	伊戈尔电气股份有限公司	223 010	140 604	58.61
4	苏州汇川技术有限公司	1 233 074	804 628	53.25
5	SEW-电机（苏州）有限公司	194 187	130 586	48.70
6	施耐德电气设备工程（西安）有限公司	219 566	149 063	47.30
7	大全集团有限公司	2 363 005	1 620 703	45.80
8	浙江运达风电股份有限公司	1 604 065	1 147 785	39.75
9	史陶比尔（杭州）精密机械电子有限公司	303 743	217 775	39.48
10	海南金盘智能科技股份有限公司	330 257	242 265	36.32

2.净利润总体情况

第 22 届中国电气工业 100 强企业 2021 年实现净利润总额 434.64 亿元，比上届增长 27.14%，同比增长 13.11%，净利润总额明显增长。虽然 2021 年新冠疫情给全球经济带来阶段性持续影响，原材料涨价和芯片短缺带动成本上涨，但是大部分电气企业能够积极采取措施消除各类不利影响，持续开展技术创新，加大研发投入，积极拓展国内外市场，整体保持较好的盈利水平。

100 强企业的平均净利润率为 9.56%，较上届减少 1.08 个百分点，同比减少 0.26 个百分点，基本持平。

有 9 家企业的净利润超 10 亿元，26 家企业的净利润超 5 亿元，19 家企业的净利润未达到 1 亿元，5 家企业出现了亏损。

有 70 家企业实现净利润增长。排除 2020 年净利润在 1 亿元以下的企业（2020 年净利润过低，参考意义不大），5 家企业净利润增长超过 1 倍，10 家企业净利润增长超过 50%。26 家企业的净利润出现了负增长。

大全集团 2021 年净利润大幅增长得益于集团旗下大全能源的盈利大幅增长。大全能源长期专注于高纯度多晶硅产品的研发，积累了覆盖多晶硅生产全流程的核心技术，处于光伏产业链的上游。2021 年大全能源受益于下游需求的旺盛增长，硅料持续供不应求，带动净利润大幅增长。

第 22 届中国电气工业 100 强营业净利润增长率前 10 位企业见表 3。

表 3 第 22 届中国电气工业 100 强营业净利润增长率前 10 位企业

序号	企业名称	2021 年净利润同比增长（%）
1	大全集团有限公司	281.48
2	南京南瑞集团公司	207.75
3	浙江运达风电股份有限公司	183.12
4	南京南瑞继保工程技术有限公司	135.76
5	中国西电电气股份有限公司	123.11
6	特变电工股份有限公司	85.46
7	史陶比尔（杭州）精密机械电子有限公司	63.44
8	SEW-电机（苏州）有限公司	55.44
9	苏州汇川技术有限公司	53.96
10	特变电工衡阳变压器有限公司	53.62

注：排除 2020 年净利润在 1 亿元以下的企业。

有 4 家企业的净利润率超 30%，11 家企业的净利润率超 20%，38 家企业的净利润率超 10%，30 家企业的净利润率低于 5%，8 家企业的净利润率不足 1%。南京南瑞继保电气有限公司的净利润率排在榜首。

二、内外资企业情况

第 21 届中国电气工业 100 强中，有外资企业 34 家，比上届多 5 家。34 家外资企业 2021 年完成营业收入 1 056.32 亿元，占电气工业 100 强总营业收入的 23.24%。有内资企业 66 家，2021 年完成营业收入 3 489.52 亿元，占电气工业 100 强总营业收入的 76.76%。

第 22 届中国电气工业 100 强内外资企业情况见表 4。

表 4 第 22 届中国电气工业 100 强内外资企业情况

类型	企业数 / 家	2021 年营业收入 / 万元	营业收入同比增长（%）	2021 年净利润 / 万元	净利润同比增长（%）	净利润率（%）
外资	34	10 563 179	15.17	1 089 611	8.22	10.32
内资	66	34 895 154	16.46	3 256 770	17.05	9.43*

注：* 剔除缺少指标数据的企业。

外资企业的数量占比虽然达到 1/3，但营业收入占比不足 30%，整体营业收入整体增速也不如内资企业。在净利润增长方面，内资企业明显优于外资企业，尽管在净利润率方面仍不如外资企业，但差距已经非常小，几乎处于同等水平。而在前几届电气工业 100 强报告中，内资企业的净利润率与外资企业还有一定差距。

11 个品牌有 2 家及以上的企业入围，合计 44 家企业。ABB 有 8 家企业入围，西门子有 7 家企业入围，施耐德有 8 家企业入围，三大外资品牌合计有 23 家企业入围。国内南瑞有 6 家企业入围，特变电工各有 3 家企业入围，正泰、平高、卧龙、泰开、四方继保、西电各有 2 家入围。

第 22 届中国电气工业 100 强品牌企业分析见表 5。

表 5　第 22 届中国电气工业 100 强品牌企业分析

品牌	企业数 / 家	2021 年营业收入 / 万元	营业收入同比增长（%）	2021 年净利润 / 万元	净利润同比增长（%）
ABB	8	3 224 144	12.72	335 927	8.17
西门子	7	1 741 056	9.26	283 280	9.29
施耐德	8	1 685 139	10.48	255 869	-6.35
南瑞	6	4 222 880	8.07	601 372	7.74
正泰	2	2 024 477	11.29	178 961	-64.15
西电	2	1 602 150	-11.02	56 582	125.17
特变电工	3	1 427 666	7.66	171 202	8.04
平高	2	1 068 035	-2.02	30 206	110.64
四方继保	2	732 637	20.01	61 889	50.52
卧龙	2	645 075	10.90	107 305	3.01
泰开	2	540 155	7.21	68 585	27.25

分析 11 家品牌企业的营业收入情况，南瑞的 6 家企业以 422.28 亿元营业收入居首位；ABB 的 8 家企业主营业务收入为 322.41 亿元，排在第二；正泰的 2 家企业主营业务收入为 202.45 亿元，排在第三。

在营业收入增长方面，四方继保同比增长 20.01%，排在首位；ABB 同比增长 12.72%，排在第二；正泰同比增长 11.29%，排在第三。西电和平高的营业收入出现了负增长。

在净利润方面，西电同比增长 125.17%，排在首位；平高同比增长 110.64%，排在第二；四方继保同比增长 50.52%，排在第三。需要说明的是，上述三个品牌净利润增长较快的主要原因是 2020 年的基数较小，上述三个品牌的净利润率均未超过 10%。ABB 的净利润率为 17.36%，高居首位，西门子、卧龙、施耐德、南瑞、特变电工、泰开的净利润率均超过了 10%。

三、地域分布情况

1. 省、自治区、直辖市分布情况

第 22 届中国电气工业 100 强分布在 22 个省、自治区、直辖市。江苏有 21 家企业入围，位列榜首；上海有 13 家企业入围，排在第二；浙江有 10 家企业入围，排在第三；重庆、新疆、山西、黑龙江、甘肃、四川各有 1 家企业入围。江浙沪地区入围企业数量排在前三，共有 44 家企业，长江三角地区在未来很长一段时间依然会是我国电气工业发展重镇。

在营业收入方面，江苏 21 家企业以 1 133.50 亿元领跑全国；上海的 13 家企业以 525.88 亿元居次席；浙江的 10 家企业营业收入为 574.07 亿元，排在第三。

在净利润率方面，天津企业的净利润率为 21.15%，排在首位，新疆、江苏、福建、北京、湖南企业的净利润率均超过 10%。

第 22 届中国电气工业 100 强省、自治区、直辖市分布情况见表 6。

表 6　第 22 届中国电气工业 100 强省、自治区、直辖市分布情况

省、自治区、直辖市	企业数 / 家	2021 年营业收入 / 万元	2021 年净利润 / 万元	净利润率（%）
江苏	21	11 334 990	1 755 775	15.49
上海	13	5 258 791	312 830	7.88
浙江	10	5 740 671	481 164	8.38
广东	9	2 613 251	241 771	9.25

（续）

省、自治区、直辖市	企业数 / 家	2021 年营业收入 / 万元	2021 年净利润 / 万元	净利润率（%）
北京	8	3 489 302	447 463	12.82
山东	6	1 862 608	44 923	2.41
河南	5	3 040 805	138 807	4.56
福建	5	1 591 898	206 105	12.95
天津	3	578 917	122 418	21.15
安徽	2	2 636 823	172 734	6.55
陕西	2	1 637 632	66 364	4.05
河北	2	617 871	13 201	2.14
湖南	2	499 120	58 778	11.78
海南	2	482 619	26 372	5.46
辽宁	2	447 545	366	0.08
湖北	2	432 133	14 874	3.44
山西	1	1 046 697	14 470	1.38
新疆	1	786 845	140 351	17.84
重庆	1	548 660	53 866	9.82
甘肃	1	365 973	—	—
黑龙江	1	294 428	21 340	7.25
四川	1	150 754	12 409	8.23

2. 城市分布情况

第 22 届中国电气工业 100 强中有 9 个城市有 3 家及以上企业入围，共计 53 家企业。

上海入围 13 家企业，排在第一；南京和北京都有 8 家企业入围，并列第二。福建入围 100 强名单的 5 家企业全部集中在厦门。值得一提的是，乐清有 4 家企业入围。低压电器是乐清柳市的支柱产业，目前柳市拥有低压电器企业 1400 多家，低压电器占柳市工业经济的 90% 以上，已形成集团化、专业化、社会化的大生产格局。

在营业收入方面，上海的 13 家企业以 525.88 亿元排在榜首；南京虽然只入围 8 家企业，但营业收入为 508.02 亿元，与上海的差距并不大。

在净利润率方面，天津企业的净利润率为 21.15%，排在首位；厦门、北京、南京、苏州和乐清企业的净利润率均超过 10%。

第 22 届中国电气工业 100 强城市分布情况见表 7。

表 7　第 22 届中国电气工业 100 强城市分布情况

城市	企业数 / 家	2021 年营业收入 / 万元	2021 年净利润 / 万元	净利润率 * （%）
上海	13	5 258 791	312 830	7.88
南京	8	5 080 193	636 501	12.53
北京	8	3 489 302	447 463	12.82
苏州	6	2 279 456	263 558	11.56
厦门	5	1 591 898	206 105	12.95
乐清	4	2 754 185	297 854	10.81
深圳	3	1 143 039	84 849	7.42
济南	3	841 325	-26 569	-3.16
天津	3	578 917	122 418	21.15

注：* 剔除缺少指标数据的企业。

四、行业分布情况

第 22 届中国电气工业 100 强企业主要分布在六大行业，分别是：高压开关 9 家，变压器 12 家，继电保护 5 家，电机 10 家，低压电器 17 家，自动化 16 家，合计 69 家企业，占 100 强席位的 2/3 强。第 22 届中国电气工业 100 强行业分布情况见表 8。

表 8　第 22 届中国电气工业 100 强行业分布情况

行业类别	企业数 / 家	2021 年营业收入 / 万元	营业收入同比增长（%）	2021 年净利润 / 万元	净利润同比增长（%）	净利润率*（%）
高压开关	9	2 587 560	0.75	221 369	11.77	8.56
变压器	12	4 162 303	5.65	178 965	10.31	4.30
继电保护	5	2 468 705	8.74	322 413	15.00	13.06
电机	10	3 146 329	16.47	242 227	-3.20	7.70
低压电器	17	6 418 038	13.50	853 062	-28.38	13.29
自动化	16	8 866 438	22.50	578 129	41.98	7.48

注：1. 综合性的企业未统计在内。

2.* 剔除缺少指标数据的企业。

在营业收入增长方面，自动化行业的 16 家企业同比增长 22.50%，增长速度最快；电机和低压电器的增速也超过 10%。

自动化行业增速较高，超过 40%。《"十四五"智能制造发展规划》提出推动制造业数字化转型、网络化协同、智能化变革。到 2025 年，规模以上制造业企业大部分实现数字化网络化，重点行业骨干企业初步应用智能化；到 2035 年，规模以上制造业企业全面普及数字化网络化，重点行业骨干企业基本实现智能化。无论是政策引导，还是数字化 & 智能化转型等市场趋势驱动，都给自动化行业带来了广阔的发展空间。

与上届相比，低压电器的净利润下滑较多，主要是受原材料价格上涨、运输费用攀升、建筑市场低迷等不利因素影响，但在电网转型升级、新能源产业拉动的促进下，低压电器未来仍有不错的发展前景，目前净利润率还保持在较高水平。

附表：中国电气工业 100 强名单

序号	企业名称	2021 年营业收入 / 万元
1	阳光电源股份有限公司	2 413 659
2	大全集团有限公司	2 363 005
3	浙江运达风电股份有限公司	1 604 065
4	许继集团有限公司	1 461 701
5	中国西电电气股份有限公司	1 418 066
6	浙江正泰电器股份有限公司	1 322 253
7	国电南瑞南京控制系统有限公司	1 289 036
8	苏州汇川技术有限公司	1 233 074
9	南京南瑞继保工程技术有限公司	1 180 668
10	上海 ABB 工程有限公司	1 140 012
11	中车永济电机有限公司	1 046 697
12	三一重能股份有限公司	1 017 470
13	三菱电机自动化（中国）有限公司	971 336
14	德力西电气有限公司	923 721
15	河南平高电气股份有限公司	910 663
16	特变电工股份有限公司	786 845
17	正泰电气股份有限公司	702 224
18	国电南瑞科技股份有限公司	687 302

序号	企业名称	2021 年营业收入／万元
19	维谛技术有限公司	672 554
20	国电南京自动化股份有限公司	589 286
21	北京 ABB 电气传动系统有限公司	566 529
22	重庆川仪自动化股份有限公司	548 660
23	南瑞集团有限公司	514 287
24	科华数据股份有限公司	486 570
25	青岛特锐德电气股份有限公司	481 128
26	山东电力设备有限公司	462 130
27	江苏华鹏变压器有限公司	458 978
28	北京四方继保自动化股份有限公司	428 574
29	保定天威保变电气股份有限公司	413 950
30	上海良信电器股份有限公司	402 715
31	厦门 ABB 开关有限公司	378 992
32	甘肃电气装备集团有限公司	365 973
33	厦门 ABB 低压电器设备有限公司	352 499
34	广州白云电器设备股份有限公司	351 276
35	特变电工衡阳变压器有限公司	346 996
36	西门子工厂自动化工程有限公司	345 265
37	卧龙电气南阳防爆集团股份有限公司	340 250
38	西门子电机（中国）有限公司	334 216
39	山东泰开高压开关有限公司	332 802
40	锦浪科技股份有限公司	331 241
41	海南金盘智能科技股份有限公司	330 257
42	施耐德（北京）中低压电器有限公司	319 424
43	史陶比尔（杭州）精密机械电子有限公司	303 743
44	卧龙控股集团有限公司	304 825
45	北京四方继保工程技术有限公司	304 063
46	华荣科技股份有限公司	302 730
47	哈尔滨电气集团佳木斯电机股份有限公司	294 428
48	特变电工沈阳变压器集团有限公司	293 825
49	浙江天正电气股份有限公司	292 191
50	上海施耐德配电电器有限公司	286 710
51	艾默生过程控制有限公司	286 245
52	南京南瑞继保电气有限公司	278 316
53	常熟开关制造有限公司（原常熟开关厂）	277 368
54	长园深瑞继保自动化有限公司	277 084
55	苏州西门子电器有限公司	275 340
56	北京天诚同创电气有限公司	274 659
57	国网电力科学研究院武汉南瑞有限责任公司	273 271
58	南京菲尼克斯电气有限公司	273 122
59	南京国电南自电网自动化有限公司	268 176
60	易事特集团股份有限公司	268 072

（续）

序号	企业名称	2021 年营业收入／万元
61	固德威技术股份有限公司	267 811
62	宁波奥克斯高科技有限公司	254 864
63	上海海得控制系统股份有限公司	249 095
64	ABB 新会低压开关有限公司	242 398
65	ABB 高压电机有限公司	239 234
66	思源电气股份有限公司	233 391
67	北京科锐配电自动化股份有限公司	233 318
68	广州西门子变压器有限公司	232 353
69	安徽皖南电机股份有限公司	223 164
70	伊戈尔电气股份有限公司	223 010
71	施耐德电气设备工程（西安）有限公司	219 566
72	施耐德电气（厦门）开关设备有限公司	218 763
73	万控智造股份有限公司	216 020
74	山东泰开变压器有限公司	207 353
75	西门子电气传动有限公司	207 069
76	石家庄科林电气股份有限公司	203 921
77	积成电子股份有限公司	203 790
78	西门子中压开关技术（无锡）有限公司	202 483
79	霍尼韦尔（天津）有限公司	196 604
80	SEW- 电机 (苏州) 有限公司	194 187
81	山特电子 (深圳) 有限公司	193 401
82	浙江海利普电子科技有限公司	187 748
83	常州西电变压器有限责任公司	184 084
84	山东输变电设备有限公司	175 405
85	施耐德万高（天津）电气设备有限公司	175 244
86	河南森源电气股份有限公司	170 819
87	施耐德电气制造（武汉）有限公司	158 862
88	河南平芝高压开关有限公司	157 372
89	吴江变压器有限公司	156 272
90	施耐德（无锡）变频器有限公司	155 207
91	厦门 ABB 高压开关有限公司	155 074
92	新东北电气集团高压开关有限公司	153 720
93	珠海凯邦电机制造有限公司	153 103
94	伊顿电气有限公司	152 772
95	海南威特电气集团有限公司	152 362
96	湖南长高高压开关集团股份公司	152 124
97	上海施耐德工业控制有限公司	151 363
98	川开电气有限公司	150 754
99	上海 ABB 电机有限公司	149 406
100	上海西门子开关有限公司	144 330

〔本文摘自 2023 年第 4 期《电气时代》〕

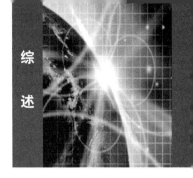

综述

行业概况

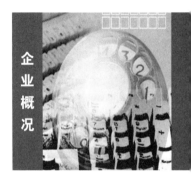

企业概况

中国电器工业年鉴 2022

产业概况

记录电器工业相关领域的发展状况及发展数据

产业概况

产品与项目

标准化

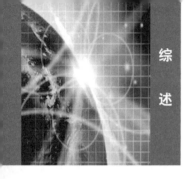

综述

行业概况

企业概况

产业概况

中国风电产业发展报告
储能产业研究白皮书 2022
2017—2021 年电力统计基本数据

产品与项目

标准化

中国电器工业年鉴 2022

产业概况

中国风电产业发展报告

一、业绩与突破

2022 年我国风电、光伏发电新增装机容量达到 1.25 亿 kW，累计装机容量超过 7.5 亿 kW，带动可再生能源装机容量超过 12 亿 kW，装机总容量历史性超过全国煤电装机容量，风电、光伏发电产业已经成为我国最具竞争力的产业之一。

2022 年，风电、光伏发电新增装机容量占全国新增装机容量的 78%，新增风电、光伏发电量占全国新增发电量的 55%，风电、光伏发电已成为我国新增装机容量和新增发电量的主体。全国大部分地区风电、光伏发电平均出力占平均用电负荷的 15% 左右，最高可达 40%，风电、光伏发电保供作用越来越明显。

随着能源革命深入推进，我国可再生能源发展实现新突破，进入大规模高质量跃升发展新阶段。

1. 风电并网装机情况

2022 年，我国风电新增并网装机容量 3763 万 kW，累计并网装机容量 3.65 亿 kW。2011—2022 年我国风电新增并网装机容量见图 1。2011—2022 年我国风电累计并网装机容量见图 2。

图 1　2011—2022 年我国风电新增并网装机容量

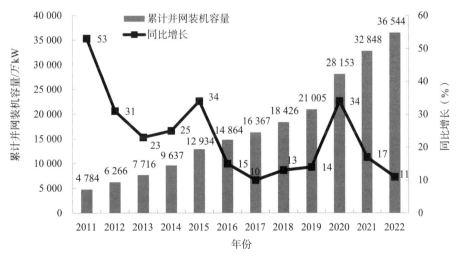

图 2　2011—2022 年我国风电累计并网装机容量

2. 我国风电规模领跑全球

经过 20 多年的发展,我国风电装机规模实现从跟跑到领跑。自 2009 年开始,我国风电新增装机规模稳居全球第一;自 2011 年开始,我国风电累计装机规模稳居全球第一。2011—2022 年我国新增并网装机容量及在全球的占比见图 3。2011—2022 年我国累计并网装机容量及在全球的占比见图 4。

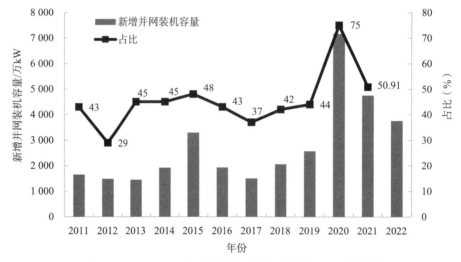

图 3　2011—2022 年我国新增并网装机容量及在全球的占比

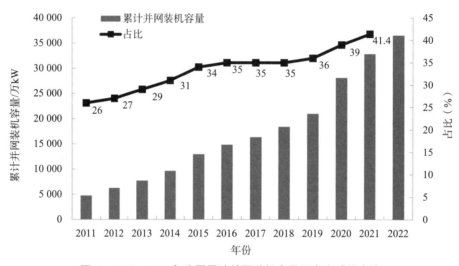

图 4　2011—2022 年我国累计并网装机容量及在全球的占比

3. 我国各类电源装机占比情况

近年来,在我国各类电源累计装机中风电累计装机占比按年均 1 个百分点左右的增速上升,至 2022 年达到 14.28%。2022 年我国各类电源累计装机占比见图 5。2016—2022 年我国风电累计装机容量占累计总装机容量的比例见图 6。

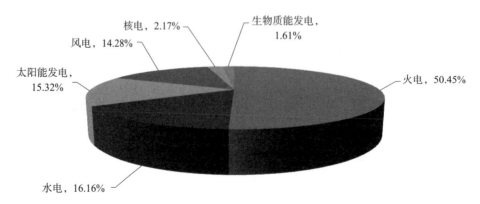

图 5　2022 年我国各类电源累计装机占比

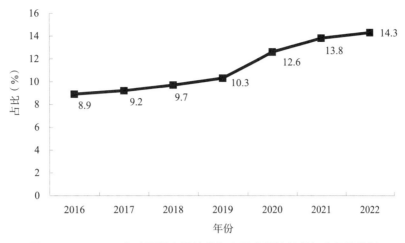

图 6 2016—2022 年我国风电累计装机容量占累计总装机容量的比例

4. 我国各类电源发电量占比

2022 年，在我国各类发电电源中风电发电量占比达到 8.8%，太阳能发电量占比达 4.9%。近年来，风电发电量占比年均增速约 0.8 个百分点，太阳能发电量占比年均增速约 0.6 个百分点。2022 年我国各类电源发电量占比见图 7。2016—2022 年我国风电发电量占总发电量的比例见图 8。

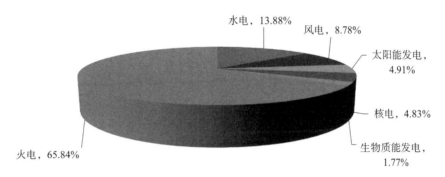

图 7 2022 年我国各类电源发电量占比

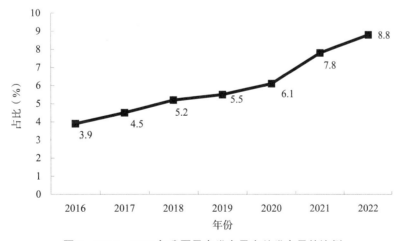

图 8 2016—2022 年我国风电发电量占总发电量的比例

5. 消纳形势持续好转

风电利用时间稳步增长，弃风率逐渐下降。2015 年，我国风电利用时间为 1 728h，风电弃风率为 15%。2016 年，我国风电利用时间增长至 1 742h，风电弃风率上升至 17%。2017 年，国家能源局发布风电消纳情况预警监测，

"三北"地区装机量受到限制，弃风情况开始明显好转。2022 年，我国风电利用时间增长至 2 221h（中电联数据），弃风率降低至约 3%。2011—2022 年我国风电平均利用时间见图 9。2011—2022 年我国弃风率变化情况见图 10。

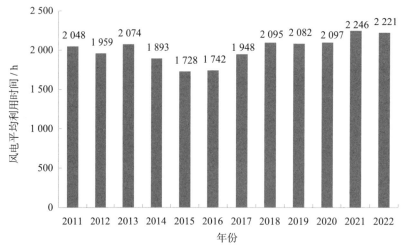

图 9　2011—2022 年我国风电平均利用时间

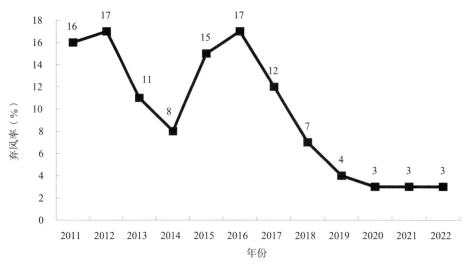

图 10　2011—2022 年我国弃风率变化情况

6. 海上风电发展态势良好

2021 年，我国海上风电新增并网装机 1 690 万 kW，累计达到 2 638 万 kW。

根据中电联的统计，2022 年我国海上风电并网容量达到 3 046 万 kW，新增超过 400 万 kW。自 2018 年开始，

我国海上风电新增装机容量超过英国排名第一；自 2021 年开始，我国海上风电累计装机容量跃居全球第一。

2010—2021 年我国海上风电新增装机容量占全球海上风电新增装机容量的比例见图 11。2010—2021 年我国海上风电累计装机容量占全球海上风电累计装机容量的比例见图 12。

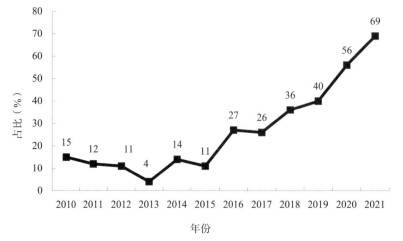

图 11　2010—2021 年我国海上风电新增装机容量占全球海上风电新增装机容量的比例

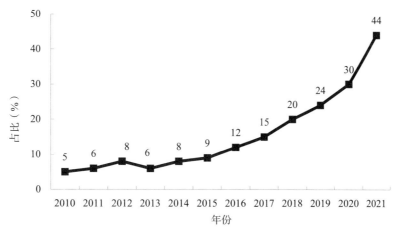

图 12　2010—2021 年我国海上风电累计装机容量占全球海上风电累计装机容量的比例

7.海上风电机型迭代速度加快，进入"超大"时代

目前 10MW 级风电机组已成为我国海上风电的主流机型，11MW、13MW、16MW 和 18MW 机型相继下线。

2019 年研发的机型以 10MW 风电机组为主，如东方风电的 DEW-D10000-185 直驱永磁海上抗台风型风电机组，明阳智能的半直驱抗台风型 MySE8-10MW 海上风电机组，以及中国海装的 H210-10MW 海上风电机组。

自 2020 年开始，11MW 风电机组陆续下线，如 2020年明阳智能发布了 MySE 11MW-203 半直驱海上风电机组，2021 年电气风电发布了最新机型 Petrel 平台 SEW11.0-208海上风电机组。

2022 年 13MW 机组陆续下线，如东方风电的 13MW抗台风型海上风电机组，金风科技的 13.6MW 大容量海上风电机组。

从 2021 年开始，16MW 海上风电机组走向市场，如2021 年明阳智能推出 MySE 16.0-242 混合驱动风电机组，2022 年中国海装发布了 H260-18.0MW 海上风电机组。2022 年 11 月 23 日，金风科技与三峡集团合作研发的16MW 海上风电机组在福建三峡海上风电国际产业园成功下线，成为当时全球叶轮直径最大、单机容量最大、单位功率重量最轻的机组。

2023 年年初，由中国船舶集团牵头，中国海装自主研制的 H260-18MW 海上风电机组在山东省东营经济开发区海上风电产业园研制成功，单机功率、风轮直径的全球纪录再次被刷新。中国海装后续将研制 25MW 以上机型，风轮直径达 300m 以上。2023 年 1 月 10 日，明阳智能正式发布 18MW 全球最大海上风电机组 MySE18.×-28×，搭载叶片长度超 140m，叶轮直径超 280m，并下线全球最大漂浮式海上风电机组 MySE16.×-260。

8.漂浮式风电扬帆起航

2021 年 12 月 7 日，全球首台抗台风漂浮式风电机组"三峡引领号"在阳江海域并网发电。2022 年 5 月，中国海装牵头研制的国内首台深远海漂浮式风电机组"扶摇号"进入示范阶段。2022 年 9 月，明阳智能发布蓝色能动号"OceanX"双转子漂浮式海上风电平台，总容量

16.6MW，搭载 2 台 MySE8.3-180 机组，计划在 2023 年择机安装于中国南海海域。我国首座水深超百米、离岸超百公里的漂浮式风电平台"海油观澜号"机组 2023 年年初下线，计划 2023 年 6 月全面投产。

9.陆上风电机组大型化引领全球

2022 年 12 月 29 日，明阳智能重磅发布了全新一代陆上大功率风电机组 MySE8.5-216 机型，并获得北京鉴衡认证中心颁发的机组认证证书。同日，中车株洲所面向"沙戈荒"大基地推出的最新旗舰机型 8MW+ 风电机组在河北张家口成功吊装。中车株洲所为"沙戈荒"大基地推出的专用机型最大功率突破 9MW。

2023 年 1 月，运达股份陆上 9MW 风电机组已斩获近2GW 订单。其中，WD200-8340 机组已交付 150 台，将陆续开展吊装工作，成为全球首批交付的陆上 9MW 风电机组；WD215-9100、WD215-10000 风电机组计划于 2023 年6 月在山东滨州进行交付、吊装。

2023 年 2 月 8 日，远景能源发布 EN-220/10MW 型风电机组，其单机容量和叶轮直径均是目前全球最大水平。该机型专为新疆及"三北"中高风速区域和"沙戈荒"场景设计，目前已获得北京鉴衡认证中心颁发的认证证书，预计 2023 年 8 月开始交付。

10.风电产业链配套齐全，技术基本成熟

目前，中国风电整机及零部件制造业逐步成熟，风电装备产业链不断完善，现代化制造水平不断提升，已形成涵盖叶片、齿轮箱、发电机、变流器、塔架及主轴等主要零部件的生产体系。风电行业企业已掌握了大功率风电机组叶片、齿轮箱、发电机、变流器、塔架、主轴及法兰等关键零部件制造技术，技术成熟度快速提高，并在叶片设计和塔筒结构等方面研发许多个性化技术。

二、问题与挑战

1.并网消纳面临挑战

随着新能源的快速发展，电力系统调节能力面临诸多掣肘，新能源消纳形势依然严峻。高比例可再生能源和高比例电力电子设备的"双高"特性日益凸显，使电力系统运行压力持续增加。传统电力调度方式难以完全适应新形

势新业态，调控技术手段、调度机制、信息安全防护等亟待升级。电力关键核心技术装备的自主化、国产化水平偏低，电力系统科技创新驱动效能需持续提升。电力系统转型发展过程中仍然面临诸多障碍和风险挑战，亟须完善适应新型电力系统的体制机制。

2.市场竞争激烈，内卷日趋严峻

风电面临平价上网压力，整机价格一路走低。风电机组大型化降本叠加竞争加剧，风电机组中标价持续下降。2022年，风电机组价格战持续，从1月到12月，陆上风电设备公开招标的中标价全年降幅达13%。海上风电更为严重，全年下降幅度23.5%。2011—2022年我国陆上及海上风电机组中标均价（含税）见图13。

图13　2011—2022年我国陆上及海上风电机组中标均价（含税）

我国风电价格战绵延，风电机组设备事故及批量质量缺陷增多。不断走低的风电机组价格侵蚀整机厂商的利润，扰乱了整个行业的健康发展。低价内卷埋下的隐患，影响我国风电行业创新能力的提升。

2023年，风电设备进入低价交付期，需警惕企业压缩成本埋下的安全隐患，以及风机机型、叶型快速迭代导致的供应链质量问题。风电企业应加大研发投入，以产品质量为驱动力，形成健康的市场氛围，为风电更大规模的制造、部署和高效稳定利用做好准备。

3.技术差距与技术壁垒

我国风电整机装备企业出口困难较大，整机装备在国外风电市场占有率较低。2021年我国风电整机制造企业出口风电机组3.3GW（约占国外市场的7%），2007—2021年累计出口风电机组9.6GW（占国外市场的比例不到2%）。

我国风电制造企业与国际巨头相比还存在技术差距。我国海上风电起步较晚，为适应平价上网，机组大型化升级迭代速度快，从设计到批量商业化应用速度更快，缺乏相关产品的验证数据与经验。

认证是我国风电机组出口的一大障碍。除经济壁垒之外，国外检测机构和检测标准也形成一定程度的壁垒，我国风电装备要获得国外检测机构的认证需要花费比国外整机厂商更长的时间和费用。

4.风电核心技术存在短板

风电机组属于高度机电一体化设备，核心部件的研发、设计、生产制造过程涉及多个工业基础领域。虽然我国风电机组制造技术发展迅速，但一些关键技术仍制约着风电机组国产化的发展。

大功率风电机组主轴轴承、齿轮箱、发电机轴承、主控系统中的PLC模块、变流器中的IGBT模块，以及风电行业使用的主流工业设计软件等，仍需实现技术突破。

除机组制造技术外，大功率风电机组以及关键零部件的检验试验技术和装置竞争力有待提升。

三、规划与未来

当今世界，全球气候变化触发新的临界条件屡创高温纪录，同时面临着能源短缺、气候危机、地缘政治等诸多问题。通过发展新能源、减少碳排放寻求人类可持续发展的未来解决方案，是各国政府、专业机构达成的普遍共识。在全球应对气候变化、推动能源转型等因素共同作用下，世界能源清洁低碳发展已成为大趋势。

1.风电的优势

（1）风电是碳排放最低的发电技术。研究表明，80%以上的大气污染物是由化石能源燃烧造成的。为避免全球升温超过2℃以上带来的灾难性后果，在今后的30年内，必须调整原有的发展模式，走绿色、可持续发展道路。大力发展可再生能源是实现能源转型的关键举措，也是近年来可再生能源在全球蓬勃发展的主要推动力。

联合国政府间气候变化专门委员会的报告显示，陆上风电和海上风电每千瓦时发电量CO_2排放中值分别为11g和12g，与核电持平，是水电的50%。

（2）风电成本最低。根据国际可再生能源署数据，2010—2020年陆上风电和海上风电的平准化度电成本（LCOE）分别下降56%和48%，陆上风电已成为最便宜的电力来源。2010—2021年全球海上风电平准化度电成本（LCOE）下降60%。

（3）风电占地最少。我国国土空间有限，国家严格控制"三条红线"，为支撑风电大规模快速发展，风电节地技术研究与应用成果不断涌现。一台 5～10MW 的风电机组，若采用圆锥塔筒，地下基础部分深埋至少 2m，不会影响耕种，且露出地面的承台部分占地面积不足 $100m^2$；若采用桁架式塔架基础，支撑塔架的四个角各占地 $1.5m^2$ 左右，总占地面积不到 $10m^2$。

2. 发展风电的重大意义

党的二十大报告强调：积极稳妥推进碳达峰碳中和，深入推进能源革命，加快规划建设新型能源体系。这为新时代我国能源电力高质量跃升式发展指明了前进方向，提出了更高要求。

我国新能源行业将进入高质量跃升发展新阶段，呈现以下新特征：

（1）大规模发展。在跨越式发展基础上，进一步加快提高发电装机占比。

（2）高比例发展。由能源电力消费增量补充转为增量主体，在能源电力消费中的占比快速提升。

（3）市场化发展。由补贴支撑发展转为平价低价发展，由政策驱动发展转为市场驱动发展。

（4）高质量发展。兼顾大规模开发、高水平消纳及保障电力稳定可靠供应。

对于我国而言，大力发展新能源不仅可以有效替代化石能源，减少我国能源对外依存度，逐步实现能源自足，同时也是促进战略性新兴产业加速技术进步的重要途径，对于调整产业结构、促进转型升级、拉动有效投资、稳经济增长和扩大就业都具有重要的意义。可再生能源已经成为新一轮能源革命和科技产业革命的主战场，发展可再生能源意义重大，是减排不减生产力的一个重要支柱。

3. 风电发展相关规划

（1）国家层面相关规划。《中华人民共和国国民经济和社会发展第十四个五年规划和2035年远景目标纲要》展开大型清洁能源基地战略布局，"十四五"期间将重点布局九大清洁能源基地、五大海上风电基地。

"十四五"及今后一段时期是我国确保实现2030年前碳达峰，为2060年前实现碳中和打好基础的关键阶段，统筹发展和安全对我国能源持续稳定供应提出更高要求，新能源即将由能源生产和消费增量的补充转为增量的主体，现代能源体系构建由起步蓄力期进入全面加速期，同时，国内各省竞相将新能源产业作为重点发展的战略性新兴产业，"十四五"新能源规划和建设方案全面铺开。

2021年11月24日，第一批大型风电、光伏发电基地项目清单公布，总规模为97.05GW，覆盖内蒙古、山西和青海等19个省（自治区、直辖市），其中内蒙古、陕西、青海、甘肃和吉林位居前五，建设规模分别为20.20GW、12.50GW、10.90GW、9.55GW 和 7.30GW。目前已全部开工，部分已建成投产，预计2023年全部完成并网。

2021年12月6日，国家能源局下发第二批风光大基地项目建设名单，重点布局沙漠、戈壁、荒漠地区，主要集中在内蒙古、宁夏、新疆、青海和甘肃，结合生态治理和资源综合利用模式，积极解决消纳问题，以外送电力

为主，到2030年，规划建设第二批风光大基地总装机容量约455GW。第二批的部分项目已经开工建设，预计到2025年完成并网装机容量200GW。第一批、第二批总规划装机容量超过5.5亿kW，"十四五"完成装机容量约3亿kW。

《"十四五"可再生能源发展规划》明确提出：坚持集中式与分布式并举，加快推进以沙漠、戈壁、荒漠地区为重点的大型风电太阳能发电基地，在中东南部地区重点推动风电和光伏发电就地就近开发，在东部沿海地区积极推进海上风电集群化发展。

2021年，国家能源局正式提出"千乡万村驭风行动"。提出积极推动风电分布式就近开发，规划以县域为单位推动乡村风电建设，推动100个左右的县、10 000个左右的行政村风电开发。发布了风电伙伴行动具体方案，明确"十四五"期间分散式风电总装机容量达到50GW。

（2）各省（自治区、直辖市）"十四五"风电、光伏发电规划。据不完全统计，截至2023年1月，西藏"十四五"风电、光伏发电规划尚未公布，云南省规划数据到2024年，其他省份的规划目标基本明朗。我国各省（自治区、直辖市）"十四五"时期风电、光伏发电规划装机容量合计达13.88亿kW，预计提前5年完成我国"2030年风电、太阳能发电装机容量达到12亿kW"的目标。

中国农业机械工业协会风力机械分会（CWEEA）统计测算，为完成各省（自治区、直辖市）的规划目标，按2022—2025年核算，我国风电、光伏发电年平均新增并网装机容量1.88亿kW，其中风电年均新增约6 600万kW，光伏发电年均新增约12 000万kW；按2023—2025年核算，我国风电、光伏平均新增并网装机容量2.1亿kW，其中风电年均新增约7 500万kW，光伏发电年均新增约13 500万kW。

到2025年，内蒙古风电、光伏发电装机容量仍处于领先地位，达到1.34亿kW；列第二位的是河北，装机容量达到9 700万kW；然后依次是云南、山东、甘肃、山西、新疆、江苏、青海、陕西、广东和宁夏，装机容量都将达到5 000万kW及以上。

各省（自治区、直辖市）2025年风电、光伏发电规划装机容量见表1。

表1　各省（自治区、直辖市）2025年风电、光伏发电规划装机容量　（单位：万kW）

省、自治区、直辖市	风电	光伏发电
内蒙古	8 900	4 500
河北	4 300	5 400
云南	1 774	6 810
山东	2 500	5 700
甘肃	3 853	4 169
山西	3 000	5 000

（续）

省、自治区、直辖市	风电	光伏发电
新疆	3 860	3 561
江苏	2 800	3 500
青海	1 650	4 580
陕西	1 999	3 789
广东	2 564	2 797
宁夏	1 750	3 250
河南	2 700	2 175
贵州	1 080	3 100
广西	2 450	1 500
辽宁	2 821	1 000
安徽	800	2 800
浙江	641	2 762
四川	1 003	2 200
湖北	1 002	2 198
江西	700	2 400
吉林	2 000	800
黑龙江	1 686	868
湖南	1 200	1 300
福建	900	500
西藏	—	1 000
海南	329	640
天津	200	560
上海	262	407
北京	30	350
重庆	220	150

（3）海上风电"十四五"规划。我国11个沿海省（市）中，天津、河北（除唐山外）尚未公开发布"十四五"海上风电并网规划目标。沿海各省（市）规划的"十四五"海上风电开发目标超过6 000万kW，其中广东、江苏、浙江、福建和山东的规划体量较大。全国海上风电每年平均新增约1 000万kW。中远期规划总量超过3.3亿kW，若在2035年基本落实，年均新增装机将不少于2 000万kW。

4.2023年风电发展预测

2022年12月30日，2023年全国能源工作会议在北京召开。会议提出要加强风电和太阳能发电建设，预计2023年风电累计装机容量达4.3亿kW、太阳能发电累计装机容量达4.9亿kW。两者累计装机容量达9.2亿kW，其中风电和太阳能发电新增装机容量合计将达1.6亿kW，同比增长超33%。

据各方机构不完全统计，2022年我国风电招标量超过100GW，远超2021年招标量（约60GW）。其中，陆上风电招标约85GW，主要集中于"三北"地区；海上风电招标约15GW，主要集中于粤鲁浙三省。

国际紧张局势使各国将能源安全提到了更高的层面，在碳中和目标和能源安全战略的持续激励下，预计海外风电将呈现高增长态势。经过多年的自身能力与海外配套体系建设，我国风电整机商已经拥有深度参与国际市场竞争的实力，各整机企业纷纷加快"出海"步伐。

（本文根据祁和生在第三十四届全国风能装备行业年会暨产业发展高峰论坛上的演讲整理。）

〔供稿单位：中国农业机械工业协会风力机械分会〕

储能产业研究白皮书 2022

一、全球储能市场规模

根据中国能源研究会储能专业委员会、中关村储能产业技术联盟（CNESA）全球储能数据库的不完全统计，截至2021年年底，全球已投运电力储能项目累计装机规模209.4GW，同比增长9%。其中，抽水蓄能的累计装机规模占比首次低于90%，比上年同期减少4.1个百分点；新型储能的累计装机规模紧随其后，为25.4GW，同比增长67.7%，其中，锂离子电池占据绝对主导地位，市场份额超过90%。截至2021年年底全球电力储能市场累计装机规模比例见图1。2011—2021年全球新型储能市场累计装机规模见图2。

二、全球主要储能市场分布

储能正在成为当今许多国家用于推进碳中和目标进程的关键技术之一，即使面临新冠疫情和供应链短缺的双重压力，2021年全球新型储能市场依然保持高速增长态势。2021年，全球新增投运电力储能项目装机规模18.3GW，同比增长185%，其中，新型储能的新增投运规模最大，并且首次突破10GW，达到10.2GW，是2020年新增投运规模的2.2倍，同比增长117%。美国、中国和欧洲依然引领全球储能市场的发展，三者合计占全球市场的80%。2021年全球新增投运新型储能项目地区分布见图3。

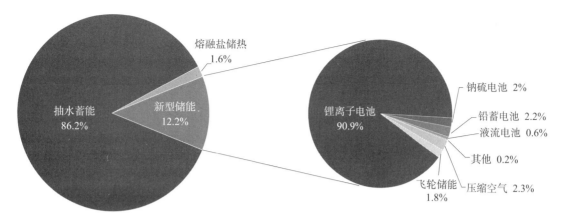

图1 截至2021年年底全球电力储能市场累计装机规模比例

注：数据来源于 CNESA DataLink 全球储能数据库。

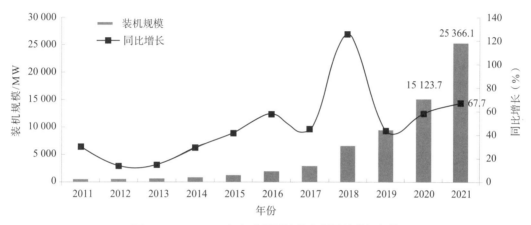

图2 2011—2021年全球新型储能市场累计装机规模

注：数据来源于 CNESA DataLink 全球储能数据库。

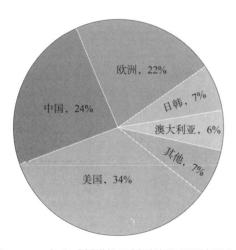

图3 2021年全球新增投运新型储能项目地区分布

注：数据来源于 CNESA DataLink 全球储能数据库。

1. 美国

在面临供应链电池采购短缺和涨价等问题造成部分项目建设延迟的压力下，2021年的美国储能市场发展仍然创造了历史纪录。一方面，新增储能项目规模首次突破3GW，是2020年同期的2.5倍，其中，88%的装机份额来

自表前应用，并且以源侧光储项目、独立储能电站为主；另一方面，单个项目装机规模也在不断刷新历史纪录，2021年完成的最大储能项目是佛罗里达电力和照明公司的409MW/900MW·h Manatee 储能中心项目，与此同时，美国即将进入从百兆瓦级开启吉瓦级项目的新时代。

2. 中国

2021年是中国储能从商业化初期到规模化发展的第一年，国家明确2030年30GW储能装机目标，14个省相继发布了储能规划，20多省明确了新能源配置储能的要求，项目装机规模也在大幅提升，2021年新增投运规模首次突破2GW，是2020年同期的1.6倍，以源侧新能源配置储能和独立储能应用为主。新增百兆瓦级项目（含规划、在建、投运）的数量再次刷新历年纪录，达到78个，超过2020年同期的9倍，规模共计26.2GW。技术应用上，除了锂电池外，压缩空气、液流电池、飞轮储能等技术也成为2021年国内新型储能装机的重要力量，特别是压缩空气，首次实现了全国乃至全球百兆瓦级规模项目的并网运行。

3. 欧洲

在欧洲各国可再生能源目标和承诺，以及各种电网服

务市场机遇开放的驱动下，欧洲储能市场自 2016 年以来装机规模持续增长，并且呈现快速增长态势。2021 年，欧洲新增投运规模达 2.2GW，户用储能市场表现强劲，规模突破 1GW。其中，德国依然占据该领域绝对主导地位，新增投运装机的 92% 来自于户用储能，累计安装量已经达到 43 万套。此外，意大利、奥地利、英国、瑞士等地区的户用储能市场正在起势中。表前市场主要集中在英国和爱尔兰，前者在英格兰和威尔士允许建设规模 50MW 和 350MW 以上的项目后，装机规模迅速攀升，单个项目平均规模升至 54MW；后者为储能资源开放辅助服务市场，正在规划的电网级电池储能项目规模已经超过 2.5GW，短期内市场规模将会不断攀升，保持高速增长。

三、我国储能市场规模

根据 CNESA DataLink 全球储能数据库的不完全统计，截至 2021 年年底，我国已投运电力储能项目累计装机规模 46.1GW，占全球市场总规模的 22%，同比增长 30%。其中，抽水蓄能的累计装机规模最大，为 39.8GW，同比增长 25%，所占比重与上年同期相比再次下降，减少 3 个百分点；市场增量主要来自新型储能，累计装机规模达到 5 729.7MW，同比增长 75%。

2021 年，我国新增投运电力储能项目装机规模首次突破 10GW，达到 10.5GW，其中，抽水蓄能新增规模 8GW，同比增长 437%；新型储能新增规模首次突破 2GW，达到 2.4GW，同比增长 54%；新型储能中，锂离子电池和压缩空气均有百兆瓦级项目并网运行，特别是后者，在 2021 年实现了跨越式增长，新增投运规模 170MW，接近 2020 年年底累计装机规模的 15 倍。截至 2021 年年底我国电力储能市场累计装机规模比例见图 4。截至 2021 年年底我国新型储能市场累计装机规模见图 5。

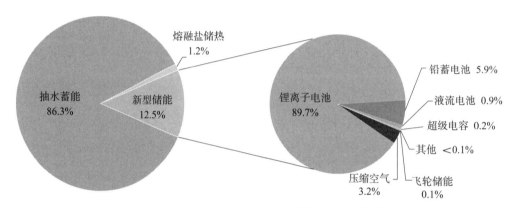

图 4　截至 2021 年年底我国电力储能市场累计装机规模比例

注：数据来源于 CNESA DataLink 全球储能数据库。

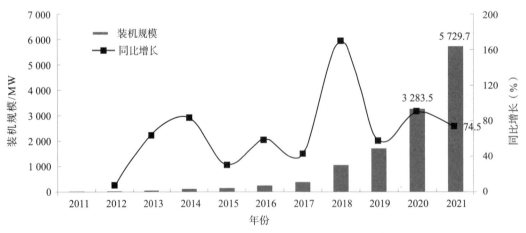

图 5　截至 2021 年年底我国新型储能市场累计装机规模

注：数据来源于 CNESA DataLink 全球储能数据库。

四、2021 年度我国储能企业排行榜

CNESA 研究部以"全球储能数据库"为基础，以储能企业自主提报的项目信息和公开渠道获取的项目信息为依据，分别按照国内储能技术提供商 ○、储能 PCS 提供商、储

○ CNESA 将储能技术提供商定义为具有储能技术本体生产能力且向客户提供储能技术本体的企业。

能系统集成商[○]2021 年国内市场新增投运项目的装机规模进行排名。

在此基础之上，《储能产业研究白皮书 2022》新增设了 2021 年度全球市场储能电池（不含基站、数据中心备电电池）出货量、2021 年度全球市场储能 PCS 出货量、2021 年度国内市场储能系统出货量、2021 年度海外市场储能系统出货量四个排行榜单。

1.储能技术提供商排名

2021 年，在我国新增投运的新型储能项目中，装机规模排名前十位的储能技术提供商依次为：宁德时代、中储国能、亿纬动力、鹏辉能源、南都电源、海基新能源、力神、远景动力、中创新航和中天科技。中国储能技术提供商 2021 年度国内新增投运装机量前十位见图 6。

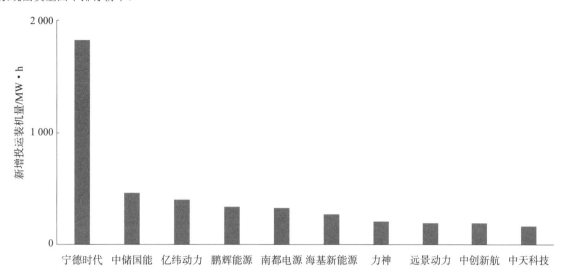

图 6　中国储能技术提供商 2021 年度国内新增投运装机量前十位

注：数据来源于 CNESA DataLink 全球储能数据库。

2021 年度，全球市场储能电池（不含基站、数据中心备电电池）出货量排名前十位的中国储能技术提供商依次为：宁德时代、鹏辉能源、比亚迪、亿纬动力、派能科技、国轩高科、海基新能源、中创新航、南都电源和中天科技。中国储能技术提供商 2021 年度全球市场储能电池出货量前十位见图 7。

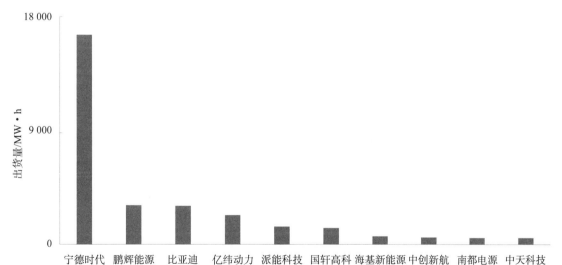

图 7　中国储能技术提供商 2021 年度全球市场储能电池出货量前十位

注：数据来源于 CNESA DataLink 全球储能数据库。

2.储能 PCS 提供商排名

2021 年，我国新增投运的新型储能项目中，装机规模排名前十位的储能 PCS 提供商依次为：上能电气、科华数能、索英电气、南瑞继保、阳光电源、盛弘股份、华自

○　CNESA 将储能系统集成商定义为开展储能系统集成业务，向客户提供成套储能系统产品的企业。这里的储能系统产品是指由储能技术本体、电池管理系统、储能变流器、能量管理系统及其他配件等组成的、满足客户实际需求的一整套储能系统设备。

科技、智光储能、汇川技术和许继。中国储能 PCS 提供商

2021 年度国内新增投运装机量前十位见图 8。

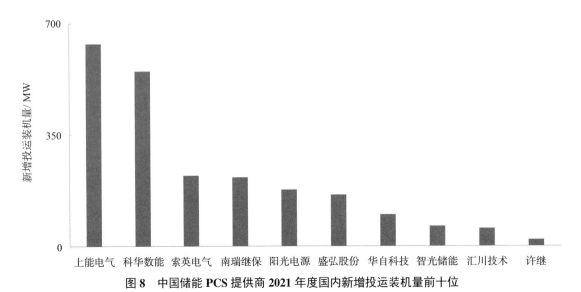

图 8   中国储能 PCS 提供商 2021 年度国内新增投运装机量前十位

注：数据来源于 CNESA DataLink 全球储能数据库。

2021 年度，全球市场储能 PCS 出货量排名前十位的中国储能 PCS 提供商依次为：阳光电源、科华数能、比亚迪、古瑞瓦特、上能电气、盛弘股份、南瑞继保、汇川技术、索英电气和科士达。中国储能 PCS 提供商 2021 年度全球市场储能 PCS 出货量前十位见图 9。

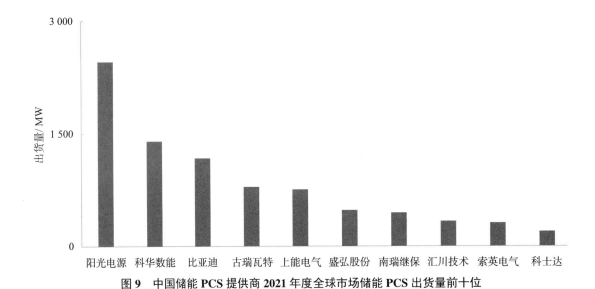

图 9   中国储能 PCS 提供商 2021 年度全球市场储能 PCS 出货量前十位

注：数据来源于 CNESA DataLink 全球储能数据库。

3. 储能系统集成商排名

2021 年，我国新增投运的新型储能项目中，装机规模排名前十位的储能系统集成商依次为：海博思创、电工时代、科华数能、阳光电源、新源智储、融和元储、远景能源、平高集团、库博能源和天合储能。我国储能系统集成商 2021 年度国内新增投运装机量前十位见图 10。

国内市场中，2021 年度储能系统出货量排名前十位的储能系统集成商依次为：海博思创、电工时代、新源智储、阳光电源、科华数能、林洋亿纬、中天科技、兴储世纪、平高集团和采日能源。我国储能系统集成商 2021 年度国内市场储能系统出货量前十位见图 11。

海外市场中，2021 年度储能系统出货量排名前十位的中国储能系统集成商依次为：阳光电源、比亚迪、沃太能源、科士达、库博能源、南瑞继保、南都电源、科陆、科华数能、双登集团。中国储能系统集成商 2021 年度海外市场储能系统出货量前十位见图 12。

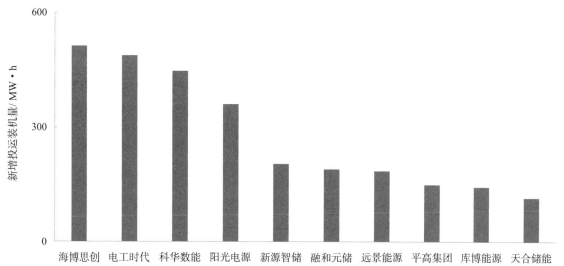

图 10　我国储能系统集成商 2021 年度国内新增投运装机量前十位

注：数据来源于 CNESA DataLink 全球储能数据库。

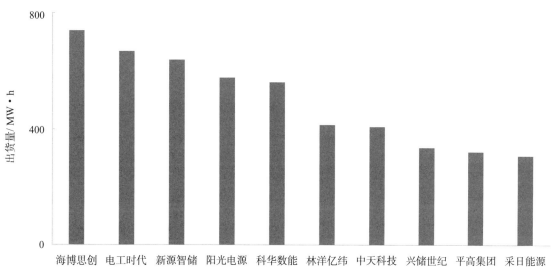

图 11　我国储能系统集成商 2021 年度国内市场储能系统出货量前十位

注：数据来源于 CNESA DataLink 全球储能数据库。

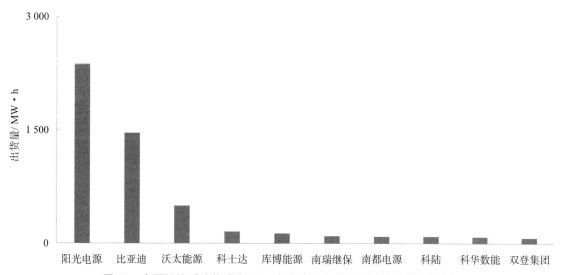

图 12　中国储能系统集成商 2021 年度海外市场储能系统出货量前十位

注：数据来源于 CNESA DataLink 全球储能数据库。

五、CNESA 储能指数运行分析

2021 年 10 月 10 日，中关村储能产业技术联盟（CNESA）正式发布储能行业景气度指数（简称 CNESA 储能指数）。联盟希望通过二级市场来观察与研究储能类企业的发展趋势，分析重要事件对行业的影响，提高储能企业对二级市场的敏感度，以期更多的储能企业能借力资本市场实现企业快速发展，加速储能产业发展。

CNESA 储能指数参照科创板指数编制方式，选取了在储能产业链上下游不同环节（包括系统集成商、PCS、BMS、热管理、电池、正极材料、负极材料、隔膜、电解液、电池外壳、锂及其他资源）中市值较大、流动性较好的企业作为成分股，并且进行年度调整和更新，以实现对市场的客观表征。CNESA 储能指数成分股构成见表 1。

表 1　CNESA 储能指数成分股构成

序号	公司名称	序号	公司名称
1	阳光电源	15	中鼎股份
2	国电南瑞	16	宁德时代
3	许继电气	17	国轩高科
4	比亚迪	18	亿纬锂能
5	亿华通	19	南都电源
6	智光电气	20	中天科技
7	上能电气	21	孚能科技
8	科华数据	22	派能科技
9	易事特	23	杉杉股份
10	禾望电气	24	容百科技
11	科士达	25	振华科技
12	华自科技	26	璞泰来
13	星云股份	27	宝泰隆
14	银轮股份	28	中科电气

（续）

序号	公司名称	序号	公司名称
29	方大碳素	42	天齐锂业
30	星源材质	43	赣锋锂业
31	上海恩捷	44	华友钴业
32	沧州明珠	45	雅化集团
33	中材科技	46	文山电力
34	江苏国泰	47	欣旺达
35	天赐材料	48	格林美
36	新宙邦	49	鹏辉能源
37	石大胜华	50	英维克
38	多氟多	51	盛弘股份
39	科达利	52	华阳股份
40	明冠新材	53	攀钢钒钛
41	西藏矿业	54	德方纳米

注：资料来源于 CNESA DataLink 全球储能数据库。

2021 年是市场结构化行情表现十分极致的一年。储能指数全年表现超过了 90% 公募和私募基金，2021 年 12 月 31 日指数值为 1 647.97，整体上涨 64.80%，同期创业板指数上涨 12.02%。2021 年 4 月之后，随着一系列储能相关政策的出台，行业发展预期提高，储能指数大幅提升，但到了 12 月，大部分行业股票处于来回震荡甚至下跌之中，储能指数的下跌加重了市场的观望情绪，对板块在 2022 年的预期也出现了一定的分歧。预期的分歧不在于行业的景气度，更多的在于估值的可持续性。

六、CNESA 储能标准更新

2018 年 3 月 30 日，国家标准化管理委员会正式授权 CNESA 开展团体标准试点工作。CNESA 发布的 12 项团体标准见表 2。

表 2　CNESA 发布的 12 项团体标准

标准号	标准中文名称	标准英文名称
T/CNESA 1000—2019	电化学储能系统评价规范	Evaluation specification for electrochemical energy storage systems
T/CNESA 1001—2019	电力储能用直流动力连接器通用技术要求	General specification for DC power connector of electrical energy storage
T/CNESA 1002—2019	电化学储能系统用电池管理系统技术规范	Technical specification for battery management system of electrochemical energy storage system
T/CNESA 1003—2020	电力储能系统用电池连接电缆	Battery cable for electrical energy storage systems
T/CNESA 1004—2021	锂离子电池火灾危险性通用试验方法	General test methods for lithium ion battery fire hazards
T/CNESA 1005—2021	电化学储能电站协调控制器技术规范	Technical specification for coordinated controller of electrochemical energy storage station

（续）

标准号	标准中文名称	标准英文名称
T/CNESA 1006—2021	钠离子蓄电池通用规范	General specification for sodium-ion secondary batteries
T/CNESA 1101—2022	电力储能项目经济评价导则	Guide for economic evaluation of electrical energy storage projects
T/CNESA 1201—2018	压缩空气储能系统集气装置工程设计规范	Design specification of gas-gathering pipeline for compressed air energy storage system
T/CNESA 1202—2020	飞轮储能系统通用技术条件	General technical requirements for flywheel energy storage systems
T/CNESA 1203—2021	压缩空气储能系统性能测试规范	Performance test specification for compressed air energy storage systems
T/CNESA 1301—2020	相变式储热装置储热性能衰减试验规程	Testing regulations of performance attenuation on phase-change thermal energy storage units

目前，面向电化学储能、压缩空气储能、飞轮储能以及储热（冷）等，CNESA 正在推进的标准项目见表 3。

表 3　CNESA 正在推进的标准项目

序号	立项编号	标准名称
1	CNESA2018003	电化学储能系统用火灾监测及预警系统技术要求
2	CNESA2019006	电网侧储能规划设计技术导则
3	CNESA2019007	电化学储能系统火灾抑制装置
4	CNESA2019009	电力储能用电池管理系统与外部设备通信
5	CNESA2020003	水蓄热装置技术规范
6	CNESA2020004	用户侧储能就地监控系统技术规范
7	CNESA2021001	锂离子电池储能系统状态在线监测与评价导则
8	CNESA2021002	面向电力储能梯次利用的动力蓄电池系统通用技术导则
9	CNESA2021003	压缩空气储能系统储气库选址技术规范
10	CNESA2021004	锂离子电池储能成套装置设计规范
11	CNESA2021005	电化学储能系统接入虚拟电厂技术规范
12	CNESA2021006	飞轮储能系统性能测试规范
13	CNESA2021007	热能储存通用技术规范
14	CNESA2022001	锂离子电池储能电站主动安全预警通用技术要求
15	CNESA2022002	储能用锂离子电池系统火蔓延测试方法
16	CNESA2022003	电化学储能电站热失控火灾致灾危害综合评价技术规范
17	CNESA2022004	锂离子电池储能系统安全性能评价标准
18	CNESA2022005	电化学储能系统评价规范
19	CNESA2022006	储能用锂离子电池健康状态在线估算方法

注：资料来源于 CNESA DataLink 全球储能数据库。

七、我国储能政策总结与建议

2021 年，在"双碳"目标的推动下，我国储能产业热度空前，政策力度持续加大，为实现储能规模化高质量发展奠定了坚实基础。但在产业蓬勃发展的美好愿景背后，依然存在不少亟待解决的行业难题，需要政策制定者与从业者共同谋划破局。当前，储能发挥的作用价值与获得的收益利润不相匹配，商业模式和市场机制还不健全。尤其在高比例可再生能源的场景下，电力市场机制难以适应以新能源为主体的新型电力系统。火电数量急剧下降，边际电价定价功能被削弱，造成现货市场价格信号缺失；而目前尚未对新能源消纳成本建立合理的分摊机制，缺乏对新能源固定成本的定价机制，导致灵活性资源的容量价值无法通过市场化的手段得到体现。

CNESA 根据不同应用场景提出几点建议：

1. 在可再生能源配置储能方面

应按照因地制宜原则，统筹规划可再生能源配置储能，避免无效投资；建立合理的成本疏导机制，场站内储能可作为独立主体参与市场；应细化考核要求，体现储能快速调节、平抑波动、容量备用等价值。

2. 在辅助服务储能应用方面

应继续推进按效果付费的市场建设思路；按照"谁产生、谁承担""谁获益，谁付费"的原则，完善各侧分担机制；建立适宜新型储能的调度运行机制，保障公平调用；研究辅助服务市场与现货市场的联动机制；研究新品种推出的时序及其市场规则。

3. 在用户侧储能方面

应完善分时电价机制与现货市场、中长期交易市场的协同，形成合理的峰谷价差；在"双控"背景下，应肯定用户侧储能对系统的优化、调节作用，建议用户侧储能用电不纳入考核；结合地方实际需求，继续加大对需求响应、虚拟电厂的支持，鼓励用户侧储能作为主体参与市场交易。

4. 在电网侧储能方面

应遵照"先市场，后计划"的原则，明确市场化网侧储能与非市场化网侧储能的定位，根据不同功能定位出台相应政策。市场化网侧储能，应开放参与各类市场交易，鼓励获取多重价值，发挥其系统调节作用；非市场化网侧储能，纳入输配电价回收，应清晰衡量其替代输配电资产投资及安全保障价值，合理评估发挥的系统调节作用，同时要确保市场公平竞争，严格接受政府监管与考核，体现"兜底"作用。

在建立全国统一电力市场体系的背景下，储能的价值和收益必将通过电力市场得到体现，如何建立充分反映各类灵活性调节资源价值的市场规则，是政策出台与市场机制建设的重点。

八、我国储能市场发展特点

2021年，是储能产业发展非常重要的一年，是实现跨越式发展的一年，在"十四五"开局之年，新冠疫情仍在延续，但储能产业仍然保持高速增长，走出了稳稳的一大步，交出了亮眼的成绩单。这一年，储能科学不断发展，储能技术迅猛进步，大规模储能项目快速部署，储能应用不断拓展，储能政策密集出台，产业发展超出业界预期。我国储能产业的发展呈现出六个特点：

◆ 单年新增电力储能装机规模首次突破10GW，同比增长231%；
◆ 各省发布储能规划目标，已超国家"十四五"目标；
◆ 政策体系初步建立，为储能规模化发展奠定实现基础；
◆ 百兆瓦级储能项目成主流，技术进步及安全保障是核心支撑；
◆ 市场刚性需求驱动，储能应用进一步细化；
◆ 金融资本加速融入，抢跑储能赛道高新技术企业。

2021年是国家"十四五"开局之年，储能产业正在蓄力加速，储能产业如何行稳至远，有效地支持以新能源为主体的新型电力系统的构建，在能源转型过程中发挥应有的市场价值，是时代赋予储能人的使命和担当。

九、我国储能市场发展预测

未来5年，"新能源＋储能"是新型储能的主要应用场景，政策推动是主要增长动力。CNESA研究部基于保守场景和理想场景分别对2022—2026年新型储能的市场规模进行预测。以CNESA持续建设12年的全球储能数据库为基础，结合储能设备商、集成商和运营商提报的项目规划信息，同时也参考各省"十四五"新型储能、新能源等发展规划，建立模型进行分析和预测。保守场景为政策执行、成本下降、技术改进等因素未达预期的情形，理想场景为储能规划目标顺利实现的情形。

1. 保守场景

预计2026年新型储能累计规模将达到48.5GW，2022—2026年复合年均增长率（CAGR）为53.3%，市场将呈现稳步、快速增长的趋势。2022—2026年我国新型储能累计投运规模预测（保守场景）见图14。

2. 理想场景

随着电力市场逐渐完善，储能供应链配套、商业模式的日臻成熟，新型储能凭借建设周期短、环境影响小、选址要求低等优势，有望在竞争中脱颖而出。预计2026年新型储能累计规模将达到79.5GW，2022—2026年复合年均增长率（CAGR）为69.2%。

2022—2026年我国新型储能累计投运规模预测（理想场景）见图15。

"十四五"是加快构建以新能源为主体的新型电力系统，推动实现碳达峰目标的关键时期，《关于完整准确全面贯彻新发展理念做好碳达峰碳中和工作的意见》提出了加快形成以储能和调峰能力为基础支撑的新增电力装机发展机制。新能源的大规模并网带来不同时间尺度的电力供需平衡问题，新型储能不仅可促进新能源大规模、高质量发展，助力实现"双碳"目标，作为能源革命核心技术和战略必争高地，有望形成一个技术含量高、增长潜力大的全新产业，成为新的经济增长点。

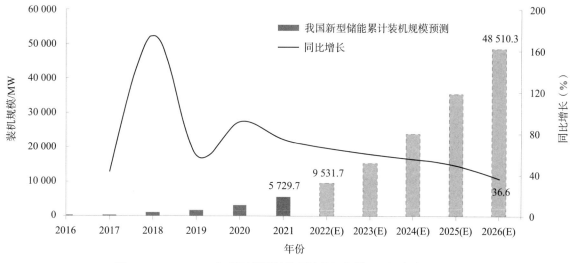

图 14　2022—2026 年我国新型储能累计投运规模预测（保守场景）

注：数据来源于 CNESA DataLink 全球储能数据库。

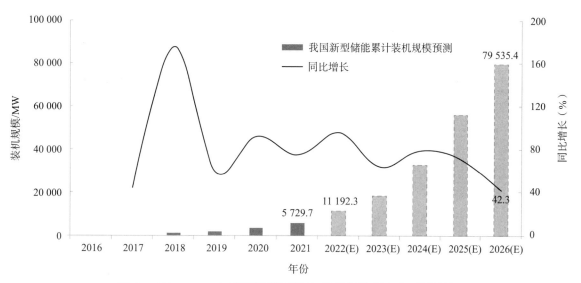

图 15　2022—2026 年我国新型储能累计投运规模预测（理想场景）

注：数据来源于 CNESA DataLink 全球储能数据库。

本文为《储能产业研究白皮书 2022》（摘要版）。

〔供稿单位：中国能源研究会储能专业委员会、中关村储能产业技术联盟〕

2017—2021 年电力统计基本数据

2017 年电力统计基本数据

项目名称	单　位	2017 年	2016 年	比上年增长（%）
一、发电量	亿 kW·h	64 171	60 228	6.55
水电	亿 kW·h	11 931	11 748	1.55
其中：抽水蓄能	亿 kW·h	328	308	6.41
火电	亿 kW·h	45 558	43 273	5.28
其中：燃煤	亿 kW·h	41 498	39 457	5.17
燃气	亿 kW·h	2 028	1 883	7.69
燃油	亿 kW·h	27	28	-2.12
核电	亿 kW·h	2 481	2 132	16.39
风电	亿 kW·h	3 034	2 409	25.97
太阳能发电	亿 kW·h	1 166	665	75.29
其他	亿 kW·h	1	1	0.66
6 000kW 及以上火电厂发电量	亿 kW·h	45 442	43 128	5.37
燃煤	亿 kW·h	41 485	39 441	5.18
其中：煤矸石发电	亿 kW·h	1 423	2 498	-43.05
燃气	亿 kW·h	2 011	1 866	7.79
其中：常规燃气发电	亿 kW·h	1 952	1 809	7.91
煤层气发电	亿 kW·h	52	44	18.20
燃油	亿 kW·h	27	27	-1.96
其他	亿 kW·h	1 920	1 797	6.85
其中：余温、余气、余压发电	亿 kW·h	1 129	1 138	-0.79
垃圾焚烧发电	亿 kW·h	376	309	21.66
秸秆、蔗渣、林木质发电	亿 kW·h	413	345	19.48
二、全社会用电量	亿 kW·h	63 625	59 710	6.56
1.全行业用电合计	亿 kW·h	54 923	51 633	6.37
第一产业	亿 kW·h	1 175	1 093	7.49
第二产业	亿 kW·h	44 922	42 567	5.53
其中：工业	亿 kW·h	44 133	41 840	5.48
其中：轻工业	亿 kW·h	7 526	7 046	6.82
重工业	亿 kW·h	36 607	34 794	5.21

（续）

项目名称	单 位	2017 年	2016 年	比上年增长（%）
第三产业	亿 kW·h	8 825	7 973	10.69
2.城乡居民生活用电合计	亿 kW·h	8 703	8 077	7.74
城镇居民	亿 kW·h	4 962	4 571	8.54
乡村居民	亿 kW·h	3 741	3 506	6.71
三、发电装机容量	万 kW	177 708	165 051	7.67
水电	万 kW	34 359	33 207	3.47
其中：抽水蓄能	万 kW	2 869	2 669	7.49
火电	万 kW	110 495	106 094	4.15
其中：燃煤	万 kW	98 130	94 624	3.70
燃气	万 kW	7 570	7 011	7.98
燃油	万 kW	197	209	-5.80
核电	万 kW	3 582	3 364	6.47
风电	万 kW	16 325	14 747	10.70
太阳能发电	万 kW	12 942	7 631	69.59
其他	万 kW	7	7	—
6 000kW 及以上火电厂装机容量	万 kW	109 992	105 580	4.18
燃煤	万 kW	98 078	94 562	3.72
其中：煤矸石发电	万 kW	3 518	5 435	-35.27
燃气	万 kW	7 522	6 968	7.95
其中：常规燃气发电	万 kW	7 390	6 784	8.93
煤层气发电	万 kW	113	163	-30.50
燃油	万 kW	193	206	-6.34
其他	万 kW	4 199	3 849	9.09
其中：余温、余气、余压发电	万 kW	2 626	2 492	5.37
垃圾焚烧发电	万 kW	722	565	27.95
秸秆、蔗渣、林木质发电	万 kW	850	748	13.71
四、35kV 及以上输电线路回路长度	km	1 825 611	1 756 141	3.96
1.交流	km	1 788 212	1 727 333	3.52
其中：1 000kV	km	10 073	7 245	39.04
750kV	km	18 830	17 968	4.80
500kV	km	173 772	165 875	4.76
330kV	km	30 183	28 366	6.41
220kV	km	415 311	397 050	4.60
110kV	km	631 361	611 431	3.26
35kV	km	508 682	499 400	1.86
2.直流	km	37 399	28 808	29.82
其中：±800kV	km	20 874	12 295	69.77
±660kV	km	1 334	1 334	—

（续）

项目名称	单　位	2017 年	2016 年	比上年增长（%）
±500kV	km	13 552	13 539	0.09
±400kV	km	1 640	1 640	—
五、35kV 及以上变电设备容量	万 kV·A	663 108	629 982	5.26
1. 交流	万 kV·A	630 065	606 236	3.93
其中：1 000kV	万 kV·A	13 800	9 900	39.39
750kV	万 kV·A	14 540	13 570	7.15
500kV	万 kV·A	125 508	117 128	7.16
330kV	万 kV·A	12 613	11 320	11.43
220kV	万 kV·A	203 159	193 599	4.94
110kV	万 kV·A	209 801	207 426	1.15
35kV	万 kV·A	50 643	53 294	-4.97
2. 直流	万 kV·A	33 043	23 746	39.15
其中：±800kV	万 kV·A	10 696	4 882	119.07
±660kV	万 kV·A	484	484	—
±500kV	万 kV·A	18 831	17 567	7.19
±400kV	万 kV·A	—	—	
六、新增发电装机容量	万 kW	13 019	12 143	7.21
水电	万 kW	1 287	1 179	9.20
其中：抽水蓄能	万 kW	200	366	-45.36
火电	万 kW	4 453	5 048	-11.78
其中：燃煤	万 kW	3 504	3 866	-9.35
燃气	万 kW	571	214	166.38
其中：常规燃气发电	万 kW	571	214	166.64
煤层气发电	万 kW	—	0.2	
燃油	万 kW	—	—	
其他	万 kW	379	836	-54.75
其中：余温、余气、余压发电	万 kW	175	747	-76.63
垃圾焚烧发电	万 kW	123	26	377.02
秸秆、蔗渣、林木质发电	万 kW	81	63	27.86
核电	万 kW	218	720	-69.81
风电	万 kW	1 720	2 024	-15.03
太阳能发电	万 kW	5 341	3 171	68.42
其他	万 kW	—	—	
七、火电机组退役和关停容量	万 kW	929	571	62.64
八、年底主要发电企业电源项目在建规模	万 kW	20 804	20 757	0.23
水电	万 kW	7 887	7 433	6.11
火电	万 kW	8 637	9 129	-5.39
核电	万 kW	2 289	2 447	-6.44

（续）

项目名称	单　位	2017 年	2016 年	比上年增长（%）
风电	万 kW	1 909	1 597	19.55
九、新增直流输电线路长度及换流容量				
1.线路长度	km	8 339	3 391	145.91
其中：±800kV	km	8 339	1 720	384.81
±660kV	km	—	—	
±500kV	km	—	1 671	
±400kV	km	—	—	
2.换流容量	万 kW	7 900	3 240	143.83
其中：±800kV	万 kW	7 700	1 600	381.25
±660kV	万 kW			
±500kV	万 kW	200	1 640	-87.80
±400kV	万 kW	—	—	
十、新增交流 110kV 及以上输电线路长度及变电设备容量				
1.线路长度	km	58 084	56 679	2.48
其中：1 000kV	km	2 846	4 252	-33.07
750kV	km	899	1 813	-50.42
500kV	km	7 999	6 931	15.42
330kV	km	2 521	1 525	65.26
220kV	km	18 810	17 088	10.08
110kV（含 66kV）	km	25 010	25 070	-0.24
2.变电设备容量	万 kV・A	32 595	34 585	-5.75
其中：1 000kV	万 kV・A	3 000	5 100	-41.18
750kV	万 kV・A	1 740	1 860	-6.45
500kV	万 kV・A	8 275	7 715	7.26
330kV	万 kV・A	783	480	63.13
220kV	万 kV・A	10 433	9 239	12.92
110kV（含 66kV）	万 kV・A	8 364	10 191	-17.93
十一、本年完成电力投资	亿元	8 239	8 840	-6.80
1.电源投资	亿元	2 900	3 408	-14.92
水电	亿元	622	617	0.73
火电	亿元	858	1 119	-23.37
核电	亿元	454	504	-9.89
风电	亿元	681	927	-26.50
太阳能发电	亿元	285	241	18.24
其他	亿元	—	—	
2.电网投资	亿元	5 339	5 431	-1.70
送变电	亿元	5 135	5 282	-2.77
其中：直流	亿元	859	495	73.61

（续）

项目名称	单　位	2017 年	2016 年	比上年增长（%）
交流	亿元	4 276	4 787	-10.67
其他	亿元	204	150	35.82
十二、单机 6 000kW 及以上机组平均单机容量				
水电：单机容量	万 kW/ 台	6.07	6.42	-0.34
机组数量	台	4 816	4 284	12.42
机组容量	万 kW	29 252	27 483	6.44
火电：单机容量	万 kW/ 台	13.15	13.19	-0.05
机组数量	台	7 796	7 646	1.96
机组容量	万 kW	102 501	100 885	1.60
十三、6 000kW 及以上电厂供热量	万 GJ	421 084	388 904	8.27
十四、6 000kW 及以上电厂发电标准煤耗	g/（kW·h）	291	294	-3g/（kW·h）
十五、6 000kW 及以上电厂供电标准煤耗	g/（kW·h）	309	312	-3g/（kW·h）
十六、6 000kW 及以上电厂厂用电率	%	4.80	4.77	0.03 个百分点
水电	%	0.27	0.29	-0.02 个百分点
火电	%	6.04	6.01	0.03 个百分点
十七、6 000kW 及以上电厂发电设备利用小时	h	3 790	3 797	-7h
水电	h	3 597	3 619	-22h
其中：抽水蓄能	h	1 176	1 266	-90h
火电	h	4 219	4 186	33h
核电	h	7 089	7 060	28h
风电	h	1 949	1 745	204h
太阳能发电	h	1 205	1 129	76h
十八、6 000kW 及以上电厂燃料消耗				
发电消耗标煤量	万 t	121 811	115 141	5.79
发电消耗原煤量	万 t	177 592	168 047	5.68
供热消耗标煤量	万 t	16 519	15 137	9.13
供热消耗原煤量	万 t	24 248	22 484	7.85
十九、供、售电量及线损				
供电量	亿 kW·h	54 357	50 742	7.12
售电量	亿 kW·h	50 835	47 451	7.13
线损电量	亿 kW·h	3 522	3 291	7.00
线损率	%	6.48	6.49	-0.01 个百分比
二十、发用电设备比				
发电装机容量：用电设备容量		1：4.07	1：3.84	
二十一、电力弹性系数				
电力生产弹性系数		0.95	0.74	28.97
电力消费弹性系数		0.95	0.74	28.81

注：1. 发电量口径为全口径。

2. 电源投资完成额口径为全国主要发电企业。

2018 年电力统计基本数据

项目名称	单　位	2018 年	2017 年	比上年增长（%）
一、发电量	亿 kW·h	69 947	64 529	8.40
水电	亿 kW·h	12 321	11 947	3.13
其中：抽水蓄能	亿 kW·h	329	328	0.44
火电	亿 kW·h	49 249	45 877	7.35
其中：燃煤	亿 kW·h	44 829	41 782	7.29
燃气	亿 kW·h	2 155	2 032	6.04
燃油	亿 kW·h	15	27	-42.53
生物质发电	亿 kW·h	936	813	15.23
核电	亿 kW·h	2 950	2 481	18.87
风电	亿 kW·h	3 658	3 046	20.09
太阳能发电	亿 kW·h	1 769	1 178	50.24
其他	亿 kW·h	1	1	-4.15
6 000kW 及以上火电厂发电量	亿 kW·h	49 167	45 762	7.44
燃煤	亿 kW·h	44 821	41 772	7.30
其中：煤矸石发电	亿 kW·h	1 286	1 423	-9.58
燃气	亿 kW·h	2 134	2 016	5.86
其中：常规燃气发电	亿 kW·h	2 053	1 957	4.93
煤层气发电	亿 kW·h	70	52	35.94
燃油	亿 kW·h	15	27	-42.45
其他	亿 kW·h	2 143	1 920	11.62
其中：余温、余气、余压发电	亿 kW·h	1 230	1 129	8.96
垃圾焚烧发电	亿 kW·h	481	376	28.08
秸秆、蔗渣、林木质发电	亿 kW·h	427	413	3.40
二、全社会用电量	亿 kW·h	69 002	63 636	8.43
1.全行业用电合计	亿 kW·h	59 310	54 849	8.13
第一产业	亿 kW·h	746	684	8.99
第二产业	亿 kW·h	47 733	44 571	7.09
其中：工业	亿 kW·h	46 954	43 874	7.02
第三产业	亿 kW·h	10 831	9 593	12.90
2.城乡居民生活用电合计	亿 kW·h	9 692	8 788	10.29
城镇居民	亿 kW·h	5 531	5 010	10.40
乡村居民	亿 kW·h	4 162	3 778	10.15
三、发电装机容量	万 kW	190 012	178 451	6.48
水电	万 kW	35 259	34 411	2.46
其中：抽水蓄能	万 kW	2 999	2 869	*4.52*

（续）

项目名称	单 位	2018 年	2017 年	比上年增长（%）
火电	万 kW	114 408	111 009	3.06
其中：燃煤	万 kW	100 835	98 562	2.31
燃气	万 kW	8 375	7 580	10.49
燃油	万 kW	173	197	−11.94
生物质发电	万 kW	1 947	1 651	17.93
核电	万 kW	4 466	3 582	24.68
风电	万 kW	18 427	16 400	12.35
太阳能发电	万 kW	17 433	13 042	33.66
其他	万 kW	20	7	200.35
6 000kW 及以上火电厂装机容量	万 kW	114 100	110 506	3.25
燃煤	万 kW	100 794	98 517	2.31
其中：煤矸石发电	万 kW	3 240	3 518	−7.90
燃气	万 kW	8 313	7 532	10.37
其中：常规燃气发电	万 kW	8 139	7 400	9.98
煤层气发电	万 kW	151	113	33.32
燃油	万 kW	170	193	−12.11
其他	万 kW	4 755	4 199	13.24
其中：余温、余气、余压发电	万 kW	2 854	2 626	8.68
垃圾焚烧发电	万 kW	889	722	23.08
秸秆、蔗渣、林木质发电	万 kW	969	850	13.97
四、35kV 及以上输电线路回路长度	km	1 892 018	1 825 611	3.64
1. 交流	km	1 850 631	1 788 212	3.49
其中：1 000kV	km	11 005	10 073	9.25
750kV	km	20 543	18 830	9.10
500kV	km	187 158	173 772	7.70
330kV	km	30 477	30 183	0.97
220kV	km	434 493	415 311	4.62
110kV	km	652 891	631 361	3.41
35kV	km	514 066	508 682	1.06
2. 直流	km	41 995	37 399	12.29
其中：±1 100kV	km	608	—	
±800kV	km	21 723	20 874	4.07
±660kV	km	2 091	1 334	56.75
±500kV	km	15 428	13 552	13.84
±400kV	km	1 640	1 640	—
五、35kV 及以上变电设备容量	万 kV·A	699 219	662 928	5.47
1. 交流	万 kV·A	666 622	630 730	5.69
其中：1 000kV	万 kV·A	14 700	13 800	6.52

（续）

项目名称	单　位	2018 年	2017 年	比上年增长（%）
750kV	万 kV・A	17 030	14 540	17.13
500kV	万 kV・A	136 494	125 508	8.75
330kV	万 kV・A	13 125	13 029	0.74
220kV	万 kV・A	213 127	203 352	4.81
110kV	万 kV・A	219 379	209 847	4.54
35kV	万 kV・A	52 767	50 654	4.17
2. 直流	万 kV・A	33 196	32 198	3.10
其中：±1 100kV	万 kV・A	600	—	
±800kV	万 kV・A	17 361	17 841	-2.69
±660kV	万 kV・A	947	947	
±500kV	万 kV・A	13 353	13 410	-0.43
±400kV	万 kV・A	141	—	
六、新增发电装机容量	万 kW	12 785	13 019	-1.80
水电	万 kW	859	1 287	-33.27
其中：抽水蓄能	万 kW	130	200	-35.00
火电	万 kW	4 380	4 453	-1.65
其中：燃煤	万 kW	3 056	3 504	-12.79
燃气	万 kW	884	571	54.87
其中：常规燃气发电	万 kW	881	571	54.42
煤层气发电	万 kW	2	—	
燃油	万 kW	—	—	
其他	万 kW	440	379	16.26
其中：余温、余气、余压发电	万 kW	198	175	13.13
垃圾焚烧发电	万 kW	148	123	20.53
秸秆、蔗渣、林木质发电	万 kW	94	81	16.51
核电	万 kW	884	218	306.44
风电	万 kW	2 127	1 720	23.64
太阳能发电	万 kW	4 525	5 341	-15.26
其他	万 kW	10	—	
七、火电机组退役和关停容量	万 kW	1 197	929	28.79
八、年底主要发电企业电源项目在建规模	万 kW	17 890	20 804	-14.01
水电	万 kW	7 940	7 887	0.68
火电	万 kW	6 936	8 637	-19.70
核电	万 kW	1 345	2 289	-41.23
风电	万 kW	1 564	1 909	-18.07
九、新增直流输电线路长度及换流容量				
1. 线路长度	km	3 325	8 339	-60.13
其中：±1 100kV	km	3 325	—	

（续）

项目名称	单　　位	2018 年	2017 年	比上年增长（%）
±800kV	km	—	8 339	
±660kV	km	—	—	
±500kV	km	—	—	
±400kV	km	—	—	
2. 换流容量	万 kW	3 200	7 900	−59.49
其中：±1 100kV	万 kW	1 200	—	
±800kV	万 kW	2 000	7 700	−74.03
±660kV	万 kW	—	—	
±500kV	万 kW	—	200	
±400kV	万 kW	—	—	
十、新增交流 110kV 及以上输电线路长度及变电设备容量				
1. 线路长度	km	56 973	58 084	−1.91
其中：1 000kV	km	129	2 846	−95.47
750kV	km	1 573	899	74.97
500kV	km	14 540	7 999	81.77
330kV	km	828	2 521	−67.16
220kV	km	20 697	18 810	10.03
110kV（含 66kV）	km	19 206	25 010	−23.21
2. 变电设备容量	万 kV・A	31 024	32 595	−4.82
其中：1 000kV	万 kV・A	900	3 000	−70.00
750kV	万 kV・A	1 140	1 740	−34.48
500kV	万 kV・A	11 160	8 275	34.86
330kV	万 kV・A	612	783	−21.84
220kV	万 kV・A	8 402	10 433	−19.47
110kV（含 66kV）	万 kV・A	8 810	8 364	5.33
十一、本年完成电力投资	亿元	8 161	8 239	−0.94
1. 电源投资	亿元	2 787	2 900	−3.89
水电	亿元	700	622	12.65
火电	亿元	786	858	−8.31
核电	亿元	447	454	−1.55
风电	亿元	646	681	−5.12
太阳能发电	亿元	207	285	−27.38
其他	亿元	—	—	
2. 电网投资	亿元	5 374	5 339	0.65
送变电	亿元	5 133	5 135	−0.04
其中：直流	亿元	520	859	−39.41
交流	亿元	4 613	4 276	7.87
其他	亿元	241	204	18.10

（续）

项目名称	单 位	2018 年	2017 年	比上年增长（%）
十二、单机 6 000kW 及以上机组平均单机容量				
水电：单机容量	万 kW/台	6.10	6.07	0.02
机组数量	台	4 894	4 816	1.62
机组容量	万 kW	29 830	29 252	1.98
火电：单机容量	万 kW/台	13.38	13.15	0.23
机组数量	台	8 070	7 796	3.51
机组容量	万 kW	107 969	102 501	5.33
十三、6 000kW 及以上电厂供热量	万 GJ	480 625	421 084	14.14
十四、6 000kW 及以上电厂发电标准煤耗	g/（kW·h）	289.9	291.3	-1.3g/（kW·h）
十五、6 000kW 及以上电厂供电标准煤耗	g/（kW·h）	307.6	309.4	-1.8g/（kW·h）
十六、6 000kW 及以上电厂厂用电率	%	4.69	4.80	-0.11 个百分点
水电	%	0.25	0.27	-0.02 个百分点
火电	%	5.95	6.04	-0.09 个百分点
十七、6 000kW 及以上电厂发电设备利用小时	h	3 880	3 790	90h
水电	h	3 607	3 597	10h
其中：抽水蓄能	h	1 102	1 176	-74h
火电	h	4 378	4 219	159h
核电	h	7 543	7 089	454h
风电	h	2 103	1 949	155h
太阳能发电	h	1 230	1 205	25h
十八、6 000kW 及以上电厂燃料消耗				
发电消耗标煤量	万 t	130 805	121 811	7.38
发电消耗原煤量	万 t	195 719	177 592	10.21
供热消耗标煤量	万 t	18 104	16 519	9.60
供热消耗原煤量	万 t	27 523	24 248	13.51
十九、供、售电量及线损				
供电量	亿 kW·h	59 508	54 357	9.48
售电量	亿 kW·h	55 777	50 835	9.72
线损电量	亿 kW·h	3 731	3 522	5.93
线损率	%	6.27	6.48	-0.21 个百分点
二十、发用电设备比				
发电装机容量：用电设备容量		1：3.96	1：4.05	
二十一、电力弹性系数				
电力生产弹性系数		1.27	0.95	34.07
电力消费弹性系数		1.28	0.95	34.41

注：1. 电源投资完成额口径为全国主要发电企业。

　　2. 从 2018 年 5 月份开始，三次产业划分按照《国家统计局关于修订〈三次产业划分规定（2012）〉的通知》（国统设管函〔2018〕74 号）调整，为保证数据可比，同期数据根据新标准重新进行了分类。

2019 年电力统计基本数据

项目名称	单　位	2019 年	2018 年	比上年增长（%）
一、发电量	亿 kW·h	73 269	69 947	4.75
水电	亿 kW·h	13 021	12 321	5.68
其中：抽水蓄能	亿 kW·h	319	329	−2.96
火电	亿 kW·h	50 465	49 249	2.47
其中：燃煤	亿 kW·h	45 538	44 829	1.58
燃气	亿 kW·h	2 325	2 155	7.89
燃油	亿 kW·h	13	15	−15.72
生物质发电	亿 kW·h	1 126	936	20.28
核电	亿 kW·h	3 487	2 950	18.23
风电	亿 kW·h	4 053	3 658	10.82
太阳能发电	亿 kW·h	2 240	1 769	26.60
其他	亿 kW·h	3	1	169.00
非化石能源发电量	亿 kW·h	23 930	21 634	10.61
6 000kW 及以上火电厂发电量	亿 kW·h	50 376	49 167	2.46
燃煤	亿 kW·h	45 530	44 821	1.58
其中：煤矸石发电	亿 kW·h	1 510	1 286	17.39
燃气	亿 kW·h	2 298	2 134	7.73
其中：常规燃气发电	亿 kW·h	2 214	2 053	7.82
煤层气发电	亿 kW·h	72	70	1.66
燃油	亿 kW·h	13	15	−15.81
其他	亿 kW·h	2 535	2 198	15.35
其中：余温、余气、余压发电	亿 kW·h	1 447	1 290	12.18
垃圾焚烧发电	亿 kW·h	607	481	26.15
秸秆、蔗渣、林木质发电	亿 kW·h	481	427	12.74
二、全社会用电量	亿 kW·h	72 486	69 404	4.44
1.全行业用电合计	亿 kW·h	62 236	59 708	4.23
第一产业	亿 kW·h	779	747	4.42
第二产业	亿 kW·h	49 595	48 123	3.06
其中：工业	亿 kW·h	48 705	47 343	2.88
第三产业	亿 kW·h	11 861	10 839	9.44
2.城乡居民生活用电合计	亿 kW·h	10 250	9 697	5.70
城镇居民	亿 kW·h	5 838	5 533	5.52
乡村居民	亿 kW·h	4 412	4 164	5.96
三、发电装机容量	万 kW	201 006	190 012	5.79
水电	万 kW	35 804	35 259	1.55

（续）

项目名称	单位	2019 年	2018 年	比上年增长（%）
其中：抽水蓄能	万 kW	3 029	2 999	1.00
火电	万 kW	118 957	114 408	3.98
其中：燃煤	万 kW	104 063	100 835	3.20
燃气	万 kW	9 024	8 375	7.74
燃油	万 kW	175	173	0.72
生物质发电	万 kW	2 361	1 947	21.27
核电	万 kW	4 874	4 466	9.15
风电	万 kW	20 915	18 427	13.51
太阳能发电	万 kW	20 418	17 433	17.12
其他	万 kW	37	20	84.21
非化石能源发电装机容量	万 kW	84 410	77 551	8.84
6 000kW 及以上火电厂装机容量	万 kW	118 642	114 100	3.98
燃煤	万 kW	104 028	100 794	3.21
其中：煤矸石发电	万 kW	3 595	3 240	10.95
燃气	万 kW	8 947	8 313	7.63
其中：常规燃气发电	万 kW	8 739	8 139	7.38
煤层气发电	万 kW	181	151	20.12
燃油	万 kW	171	170	0.35
其他	万 kW	5 497	4 823	13.97
其中：余温、余气、余压发电	万 kW	3 235	2 965	9.09
垃圾焚烧发电	万 kW	1 171	889	31.69
秸秆、蔗渣、林木质发电	万 kW	1 092	969	12.67
四、35kV 及以上输电线路回路长度	km	1 975 312	1 892 018	4.40
1.交流	km	1 932 947	1 850 631	4.45
其中：1 000kV	km	10 872	11 005	-1.21
750kV	km	23 256	20 543	13.20
500kV	km	195 636	187 158	4.53
330kV	km	32 314	30 477	6.03
220kV	km	454 585	434 493	4.62
110kV	km	684 406	652 891	4.83
35kV	km	531 880	514 066	3.47
2.直流	km	42 364	41 995	0.88
其中：±1 100kV	km	3 295	608	441.88
±800kV	km	21 907	21 723	0.85
±660kV	km	1 334	1 334	—
±500kV	km	13 733	15 428	-10.99
±400kV	km	1 639	1 640	-0.04

（续）

项目名称	单　位	2019 年	2018 年	比上年增长（%）
五、35kV 及以上变电设备容量	万 kV・A	747 833	699 219	6.95
1. 交流	万 kV・A	708 718	666 622	6.31
其中：1 000kV	万 kV・A	15 300	14 700	4.08
750kV	万 kV・A	18 515	17 030	8.72
500kV	万 kV・A	145 905	136 494	6.89
330kV	万 kV・A	14 062	13 125	7.14
220kV	万 kV・A	226 101	213 127	6.09
110kV	万 kV・A	235 077	219 379	7.16
35kV	万 kV・A	53 757	52 767	1.88
2. 直流	万 kV・A	37 706	33 196	13.59
其中：±1 100kV	万 kV・A	3 839	600	539.89
±800kV	万 kV・A	21 345	17 361	22.95
±660kV	万 kV・A	947	947	0.03
±500kV	万 kV・A	10 945	13 353	−18.03
±400kV	万 kV・A	1 245	141	783.11
六、新增发电装机容量	万 kW	10 500	12 785	−17.87
水电	万 kW	445	859	−48.25
其中：抽水蓄能	万 kW	30	130	−76.92
火电	万 kW	4 423	4 380	0.99
其中：燃煤	万 kW	3 236	3 056	5.90
燃气	万 kW	630	884	−28.67
其中：常规燃气发电	万 kW	629	881	−28.63
煤层气发电	万 kW	—	2	
燃油	万 kW	—	—	
其他	万 kW	557	440	26.47
其中：余温、余气、余压发电	万 kW	166	198	−16.08
垃圾焚烧发电	万 kW	273	148	84.50
秸秆、蔗渣、林木质发电	万 kW	118	94	24.54
核电	万 kW	409	884	−53.78
风电	万 kW	2 572	2 127	20.94
太阳能发电	万 kW	2 652	4 525	−41.40
其他	万 kW	—	10	
七、火电机组退役和关停容量	万 kW	1 024	1 197	−14.44
八、年底主要发电企业电源项目在建规模	万 kW	18 192	17 890	1.69
水电	万 kW	8 462	7 940	6.57
火电	万 kW	5 409	6 936	−22.01
核电	万 kW	1 420	1 345	5.51
风电	万 kW	2 736	1 564	74.99

（续）

项目名称	单 位	2019 年	2018 年	比上年增长（%）
九、新增直流输电线路长度及换流容量				
1.线路长度	km	—	3 325	
其中：±1 100kV	km	—	3 325	
±800kV	km	—	—	
±660kV	km	—	—	
±500kV	km	—	—	
±400kV	km	—	—	
2.换流容量	万 kW	2 200	3 200	-31.25
其中：±1 100kV	万 kW	1 200	1 200	
±800kV	万 kW	—	2 000	
±660kV	万 kW	—	—	
±500kV	万 kW	—	—	
±400kV	万 kW	1 000	—	
十、新增交流 110kV 及以上输电线路长度及变电设备容量				
1.线路长度	km	57 935	56 973	1.69
其中：1 000kV	km	2 100	129	1 528.27
750kV	km	4 406	1 573	180.10
500kV	km	5 595	14 540	-61.52
330kV	km	3 989	828	381.75
220kV	km	19 822	20 697	-4.23
110kV（含 66kV）	km	22 023	19 206	14.67
2.变电设备容量	万 kV·A	31 915	31 024	2.87
其中：1 000kV	万 kV·A	1 500	900	66.67
750kV	万 kV·A	3 245	1 140	184.65
500kV	万 kV·A	8 645	11 160	-22.54
330kV	万 kV·A	1 263	612	106.37
220kV	万 kV·A	9 161	8 402	9.04
110kV（含 66kV）	万 kV·A	8 100	8 810	-8.05
十一、本年完成电力投资	亿元	8 295	8 161	1.64
1.电源投资	亿元	3 283	2 787	17.80
水电	亿元	839	700	19.77
火电	亿元	634	786	-19.41
核电	亿元	382	447	-14.48
风电	亿元	1 244	646	92.57
太阳能发电	亿元	184	207	-11.15
其他	亿元	—	—	
2.电网投资	亿元	5 012	5 374	-6.74
送变电	亿元	4 779	5 133	-6.89
其中：直流	亿元	249	520	-52.06

（续）

项目名称	单 位	2019 年	2018 年	比上年增长（%）
交流	亿元	4 530	4 613	-1.80
其他	亿元	232	241	-3.40
十二、单机 6 000kW 及以上机组平均单机容量				
水电：单机容量	万 kW/ 台	6.04	6.10	-0.06
机组数量	台	5 099	4 894	4.19
机组容量	万 kW	30 788	29 830	3.21
火电：单机容量	万 kW/ 台	13.37	13.38	-0.01
机组数量	台	8 430	8 070	4.46
机组容量	万 kW	112 722	107 969	4.40
十三、6 000kW 及以上电厂供热量	万 GJ	492 492	480 625	2.47
十四、6 000kW 及以上电厂发电标准煤耗	g/（kW·h）	288.8	289.9	-1.15g/（kW·h）
十五、6 000kW 及以上电厂供电标准煤耗	g/（kW·h）	306.4	307.6	-1.21g/（kW·h）
十六、6 000kW 及以上电厂厂用电率	%	4.67	4.69	-0.02 个百分点
水电	%	0.24	0.25	-0.01 个百分点
火电	%	6.01	5.95	0.06 个百分点
十七、6 000kW 及以上电厂发电设备利用小时	h	3 828	3 880	-51h
水电	h	3 697	3 607	90h
其中：抽水蓄能	h	1 053	1 102	-49h
火电	h	4 307	4 378	-71h
核电	h	7 394	7 543	-149h
风电	h	2 083	2 103	-21h
太阳能发电	h	1 291	1 230	61h
十八、6 000kW 及以上电厂燃料消耗				
发电消耗标煤量	万 t	132 007	130 805	0.92
发电消耗原煤量	万 t	199 443	195 719	1.90
供热消耗标煤量	万 t	19 463	18 104	7.50
供热消耗原煤量	万 t	29 227	27 523	6.19
十九、供、售电量及线损				
供电量	亿 kW·h	62 835	59 508	5.59
售电量	亿 kW·h	59 111	55 777	5.98
线损电量	亿 kW·h	3 724	3 731	-0.19
线损率	%	5.93	6.27	-0.34 个百分点
二十、发用电设备比				
发电装机容量：用电设备容量		1：4.08	1：3.96	
二十一、电力弹性系数				
电力生产弹性系数		0.78	1.27	-38.84
电力消费弹性系数		0.73	1.28	-43.02

注：电源投资完成额口径为全国主要发电企业。

2020 年电力统计基本数据

项目名称	单　位	2020 年	2019 年	比上年增长（%）
一、发电量	亿 kW·h	76 264	73 269	4.09
水电	亿 kW·h	13 553	13 021	4.09
其中：抽水蓄能	亿 kW·h	335	319	4.99
火电	亿 kW·h	51 770	50 465	2.59
其中：燃煤	亿 kW·h	46 296	45 538	1.66
燃气	亿 kW·h	2 525	2 325	8.61
燃油	亿 kW·h	12	13	−5.08
生物质发电	亿 kW·h	1 355	1 126	20.35
核电	亿 kW·h	3 662	3 487	5.03
风电	亿 kW·h	4 665	4 053	15.08
太阳能发电	亿 kW·h	2 611	2 240	16.56
其他	亿 kW·h	3	2	12.40
非化石能源发电量	亿 kW·h	25 850	23 930	8.02
二、全社会用电量	亿 kW·h	75 214	72 852	3.24
1. 全行业用电合计	亿 kW·h	64 268	62 607	2.65
第一产业	亿 kW·h	859	779	10.15
第二产业	亿 kW·h	51 318	49 963	2.71
其中：工业	亿 kW·h	50 398	49 073	2.70
第三产业	亿 kW·h	12 091	11 865	1.91
2. 城乡居民生活用电合计	亿 kW·h	10 946	10 245	6.84
城镇居民	亿 kW·h	6 157	5 835	5.52
乡村居民	亿 kW·h	4 789	4 410	8.60
三、发电装机容量	万 kW	220 204	201 006	9.55
水电	万 kW	37 028	35 804	3.42
其中：抽水蓄能	万 kW	3 149	3 029	3.96
火电	万 kW	124 624	118 957	4.76
其中：燃煤	万 kW	107 912	104 063	3.70
燃气	万 kW	9 972	9 024	10.51
燃油	万 kW	147	175	−15.99
生物质发电	万 kW	2 987	2 361	26.51
核电	万 kW	4 989	4 874	2.36
风电	万 kW	28 165	20 915	34.66
太阳能发电	万 kW	25 356	20 429	24.12
其他	万 kW	41	26	58.02
非化石能源发电装机容量	万 kW	98 567	84 410	16.77

（续）

项目名称	单 位	2020 年	2019 年	比上年增长（%）
四、35kV 及以上输电线路回路长度	km	2 156 170	1 975 312	9.16
1. 交流	km	2 109 846	1 932 947	9.15
其中：1 000kV	km	13 361	10 872	22.89
750kV	km	25 046	23 256	7.70
500kV	km	203 058	195 636	3.79
330kV	km	36 597	32 314	13.25
220kV	km	488 543	454 585	7.47
110kV	km	752 563	684 406	9.96
35kV	km	590 678	531 880	11.05
2. 直流	km	46 324	42 364	9.35
其中：±1 100kV	km	3 295	3 295	—
±800kV	km	24 980	21 907	14.03
±660kV	km	1 334	1 334	
±500kV	km	14 783	13 733	7.64
±400kV	km	1 639	1 639	—
五、35kV 及以上变电设备容量	万 kV·A	812 893	747 833	8.70
1. 交流	万 kV·A	766 565	708 718	8.16
其中：1 000kV	万 kV·A	18 000	15 300	17.65
750kV	万 kV·A	19 785	18 515	6.86
500kV	万 kV·A	155 163	145 905	6.35
330kV	万 kV·A	15 771	14 062	12.16
220kV	万 kV·A	243 736	226 101	7.80
110kV	万 kV·A	250 286	235 077	6.47
35kV	万 kV·A	63 823	53 757	18.72
2. 直流	万 kV·A	46 328	37 706	22.87
其中：±1 100kV	万 kV·A	2 867	2 867	—
±800kV	万 kV·A	27 690	22 317	24.07
±660kV	万 kV·A	947	947	—
±500kV	万 kV·A	12 738	10 945	16.38
±400kV	万 kV·A	1 245	1 245	—
六、新增发电装机容量	万 kW	19 144	10 500	82.31
水电	万 kW	1 313	445	195.22
其中：抽水蓄能	万 kW	120	30	300.00
火电	万 kW	5 660	4 423	27.95
其中：燃煤	万 kW	4 030	3 236	24.52
燃气	万 kW	824	630	30.72
其中：常规燃气发电	万 kW	811	629	28.89
煤层气发电	万 kW	12	—	

（续）

项目名称	单　　位	2020 年	2019 年	比上年增长（%）
燃油	万 kW	—	—	
其他	万 kW	805	557	44.73
其中：余温、余气、余压发电	万 kW	283	166	70.89
垃圾焚烧发电	万 kW	300	273	9.91
秸秆、蔗渣、林木质发电	万 kW	222	118	88.76
核电	万 kW	112	409	-72.64
风电	万 kW	7 211	2 572	180.40
太阳能发电	万 kW	4 820	2 652	81.76
其他	万 kW	28	—	
七、火电机组退役和关停容量	万 kW	1 469	1 024	43.44
八、年底主要发电企业电源项目在建规模	万 kW	16 137	18 192	-11.29
水电	万 kW	8 186	8 462	-3.27
火电	万 kW	3 883	5 409	-28.22
核电	万 kW	1 547	1 420	9.00
风电	万 kW	1 996	2 736	-27.04
九、新增直流输电线路长度及换流容量				
1.线路长度	km	4 444	—	
其中：±1 100kV	km	—	—	
±800kV	km	3 389	—	
±660kV	km	—	—	
±500kV	km	1 055	—	
±400kV	km	—	—	
2.换流容量	万 kW	5 200	2 200	136.36
其中：±1 100kV	万 kW	—	1 200	
±800kV	万 kW	4 000	—	
±660kV	万 kW	—	—	
±500kV	万 kW	1 200	—	
±400kV	万 kW	—	1 000	
十、新增交流 110kV 及以上输电线路长度及变电设备容量				
1.线路长度	km	57 237	57 935	-1.20
其中：1 000kV	km	1 736	2 100	-17.35
750kV	km	1 090	4 406	-75.26
500kV	km	7 424	5 595	32.70
330kV	km	1 566	3 989	-60.73
220kV	km	18 768	19 822	-5.32
110kV（含 66kV）	km	26 653	22 023	21.02
2.变电设备容量	万 kV·A	31 292	31 915	-1.95
其中：1 000kV	万 kV·A	1 800	1 500	20.00

（续）

项目名称	单　位	2020 年	2019 年	比上年增长（%）
750kV	万 kV・A	1 860	3 245	-42.68
500kV	万 kV・A	8 255	8 645	-4.51
330kV	万 kV・A	1 098	1 263	-13.06
220kV	万 kV・A	9 275	9 161	1.24
110kV（含 66kV）	万 kV・A	9 004	8 100	11.15
十一、本年完成电力投资	亿元	10 189	9 097	12.00
1. 电源投资	亿元	5 292	4 085	29.55
水电	亿元	1 067	905	17.90
火电	亿元	568	780	-27.26
核电	亿元	379	463	-17.95
风电	亿元	2 653	1 552	70.96
太阳能发电	亿元	625	385	62.18
其他	亿元	—	—	
2. 电网投资	亿元	4 896	5 012	-2.30
输变电	亿元	4 721	4 779	-1.23
其中：直流	亿元	532	249	113.36
交流	亿元	4 188	4 530	-7.54
其他	亿元	176	232	-24.29
十二、单机 6 000kW 及以上机组平均单机容量				
水电：单机容量	万 kW/ 台	6.23	6.04	0.19
机组数量	台	5 158	5 099	1.16
机组容量	万 kW	32 137	30 788	4.38
火电：单机容量	万 kW/ 台	13.55	13.37	0.18
机组数量	台	8 776	8 430	4.10
机组容量	万 kW	118 890	112 722	5.47
十三、6 000kW 及以上电厂供热量	万 GJ	519 422	492 492	5.47
十四、6 000kW 及以上电厂发电标准煤耗	g/（kW・h）	287.2	288.8	-1.55g/（kW・h）
十五、6 000kW 及以上电厂供电标准煤耗	g/（kW・h）	304.9	306.4	-1.50g/（kW・h）
十六、6 000kW 及以上电厂厂用电率	%	4.65	4.67	-0.02 个百分点
水电	%	0.25	0.24	0.003 个百分点
火电	%	5.98	6.01	-0.03 个百分点
十七、6 000kW 及以上电厂发电设备利用小时	h	3 756	3 828	-72h
水电	h	3 825	3 697	128h
其中：抽水蓄能	h	1 094	1 053	40h
火电	h	4 211	4 307	-97h
其中：燃煤发电	h	4 323	4 429	-106h
燃气发电	h	2 610	2 646	-37h
核电	h	7 450	7 394	56h

（续）

项目名称	单　位	2020 年	2019 年	比上年增长（%）
风电	h	2 078	2 083	-5h
太阳能发电	h	1 281	1 291	-10h
十八、6 000kW 及以上电厂燃料消耗				
发电消耗标煤量	万 t	139 561	132 007	5.72
发电消耗原煤量	万 t	208 088	199 443	4.33
供热消耗标煤量	万 t	22 678	19 463	16.52
供热消耗原煤量	万 t	29 710	29 227	1.65
十九、供、售电量及线损				
供电量	亿 kW·h	65 232	62 835	3.81
售电量	亿 kW·h	61 581	59 111	4.18
线损电量	亿 kW·h	3 651	3 724	-1.97
线损率	%	5.60	5.93	-0.33 个百分比
二十、发用电设备比				
发电装机容量∶用电设备容量		1∶4.32	1∶4.08	
二十一、电力弹性系数				
电力生产弹性系数		1.78	0.78	
电力消费弹性系数		1.41	0.73	

注：1. 电源投资完成额口径为全国主要发电企业。

　　2. 陕西用电量不含陕西省地方电力（集团）有限公司经营区范围内的部分自备电厂用电量。

2021 年电力统计基本数据

项目名称	单位	2021 年	比上年增长（%）
一、发电量	亿 kW·h	83 959	10.09
水电	亿 kW·h	13 399	-1.14
其中：抽水蓄能	亿 kW·h	390	16.28
火电	亿 kW·h	56 655	9.44
其中：燃煤	亿 kW·h	50 426	8.91
燃气	亿 kW·h	2 871	13.67
生物质发电	亿 kW·h	1 658	22.61
核电	亿 kW·h	4 075	11.26
风电	亿 kW·h	6 558	40.57
太阳能发电	亿 kW·h	3 270	25.23
其他	亿 kW·h	2	-18.79
非化石能源发电量	亿 kW·h	28 962	12.05

（续）

项目名称	单位	2021 年	比上年增长（%）
二、全社会用电量	亿 kW·h	83 313	10.35
1. 全行业用电合计	亿 kW·h	71 519	10.83
第一产业	亿 kW·h	1 038	16.91
第二产业	亿 kW·h	56 255	9.11
其中：工业	亿 kW·h	55 220	9.05
第三产业	亿 kW·h	14 226	17.73
2. 城乡居民生活用电合计	亿 kW·h	11 794	7.52
城镇居民	亿 kW·h	6 654	7.63
乡村居民	亿 kW·h	5 140	7.36
三、发电装机容量	万 kW	237 777	7.82
水电	万 kW	39 094	5.58
其中：抽水蓄能	万 kW	3 639	15.56
火电	万 kW	129 739	3.82
其中：燃煤	万 kW	110 962	2.49
燃气	万 kW	10 894	9.24
生物质发电	万 kW	3 807	27.79
核电	万 kW	5 326	6.75
风电	万 kW	32 871	16.71
太阳能发电	万 kW	30 654	20.89
其他	万 kW	94	127.77
非化石能源发电装机容量	万 kW	111 845	13.48
四、35kV 及以上输电线路回路长度	km	2 227 423	3.33
1. 交流	km	2 179 595	3.29
其中：1 000kV	km	14 626	5.95
750kV	km	26 754	4.24
500kV	km	211 042	3.92
330kV	km	35 569	2.48
220kV	km	508 091	3.75
110kV	km	778 479	3.44
35kV	km	605 033	2.43
2. 直流	km	47 829	5.60
其中：±1 100kV	km	3 295	
±800kV	km	27 304	10.33
±660kV	km	1 334	

（续）

（续）

项目名称	单位	2021 年	比上年增长（%）
±500kV	km	14 590	
±400kV	km	1 031	
五、35kV 及以上变电设备容量	万 kV·A	862 767	9.85
1. 交流	万 kV·A	813 542	9.95
其中：1 000kV	万 kV·A	19 800	10.00
750kV	万 kV·A	21 175	8.12
500kV	万 kV·A	165 100	5.53
330kV	万 kV·A	16 209	20.46
220kV	万 kV·A	258 784	18.54
110kV	万 kV·A	265 295	6.00
35kV	万 kV·A	67 179	5.26
2. 直流	万 kV·A	49 225	8.22
其中：±1 100kV	万 kV·A	2 867	
±800kV	万 kV·A	30 558	13.47
±660kV	万 kV·A	884	
±500kV	万 kV·A	12 720	
±400kV	万 kV·A	1 245	
六、新增发电装机容量	万 kW	17 908	-6.46
水电	万 kW	2 349	78.94
其中：抽水蓄能	万 kW	520	333.33
火电	万 kW	4 939	-12.74
其中：燃煤	万 kW	2 937	-27.12
燃气	万 kW	771	-6.39
其他	万 kW	1 230	52.68
核电	万 kW	340	203.92
风电	万 kW	4 765	-33.92
太阳能发电	万 kW	5 454	13.14
其他	万 kW	62	120.21
七、火电机组退役和关停容量	万 kW	499	-66.05
八、年底主要发电企业电源项目在建规模	万 kW	18 307	13.45
水电	万 kW	7 454	-8.94
火电	万 kW	4 896	26.10
核电	万 kW	1 970	27.32
风电	万 kW	2 354	17.89

（续）

项目名称	单位	2021 年	比上年增长（%）
九、新增直流输电线路长度及换流容量			
1. 线路长度	km	2 840	-36.10
其中：±1 100kV	km	—	
±800kV	km	2 840	-16.21
±660kV	km	—	
±500kV	km	—	
±400kV	km	—	
2. 换流容量	万 kW	3 200	-38.46
其中：±1 100kV	万 kW	—	
±800kV	万 kW	3 200	-20.00
±660kV	万 kW	—	
±500kV	万 kW	—	
±400kV	万 kW	—	
十、新增交流 110kV 及以上输电线路长度及变电设备容量			
1. 线路长度	km	51 984	-9.18
其中：1 000kV	km	690	-60.23
750kV	km	2 235	105.05
500kV	km	8 144	9.70
330kV	km	823	-47.47
220kV	km	17 420	-7.18
110kV（含 66kV）	km	22 671	-14.94
2. 变电设备容量	万 kV·A	33 686	7.65
其中：1 000kV	万 kV·A	1 800	
750kV	万 kV·A	1 800	-3.23
500kV	万 kV·A	10 348	25.35
330kV	万 kV·A	576	-47.54
220kV	万 kV·A	9 774	5.38
110kV（含 66kV）	万 kV·A	9 388	4.26
十一、本年完成电力投资	亿元	10 786	5.87
1. 电源投资	亿元	5 870	10.91
水电	亿元	1 173	9.90
火电	亿元	708	24.66
核电	亿元	539	41.99
风电	亿元	2 589	-2.40

（续）

（续）

项目名称	单位	2021 年	比上年增长（%）
太阳能发电	亿元	861	37.68
其他	亿元	1	
2.电网投资	亿元	4 916	0.41
输变电	亿元	4 764	0.91
其中：直流	亿元	380	-28.58
交流	亿元	4 383	4.66
其他	亿元	153	-13.13
十二、单机 6 000kW 及以上机组平均单机容量			
水电：单机容量	万 kW/ 台	6.53	0.30
机组数量	台	5 269	2.15
机组容量	万 kW	34 431	7.14
火电：单机容量	万 kW/ 台	13.72	0.18
机组数量	台	9 079	3.45
机组容量	万 kW	124 597	4.80
十三、6 000kW 及以上电厂供热量	万 GJ	567 114	8.09
十四、6 000kW 及以上电厂发电标准煤耗	g/（kW·h）	284.8	-1.51g/（kW·h）
十五、6 000kW 及以上电厂供电标准煤耗	g/（kW·h）	301.5	-2.01g/（kW·h）
十六、6 000kW 及以上电厂厂用电率	%	4.36	-0.29 个百分点
水电	%	0.26	0.014 个百分点
火电	%	5.59	-0.39 个百分点
十七、6 000kW 及以上电厂发电设备利用小时	h	3 813	56h
水电	h	3 606	-219h
其中：抽水蓄能	h	1 162	68h
火电	h	4 444	234h
其中：燃煤发电	h	4 601	278h
燃气发电	h	2 688	78h
核电	h	7 802	352h
风电	h	2 231	153h
太阳能发电	h	1 282	1h
十八、6 000kW 及以上电厂燃料消耗			
发电消耗标煤量	万 t	148 207	9.13
发电消耗原煤量	万 t	225 019	10.34
供热消耗标煤量	万 t	22 132	6.90
供热消耗原煤量	万 t	33 336	10.64

（续）

项目名称	单位	2021 年	比上年增长（%）
十九、供、售电量及线损			
供电量	亿 kW·h	72 344	10.90
售电量	亿 kW·h	68 541	11.30
线损电量	亿 kW·h	3 803	4.18
线损率	%	5.26	-0.34 个百分点
二十、发用电设备比			
发电装机容量：用电设备容量		1：4.30	
二十一、电力弹性系数			
电力生产弹性系数		1.25	
电力消费弹性系数		1.28	

注：电源投资完成额口径为全国主要发电企业。

（续）

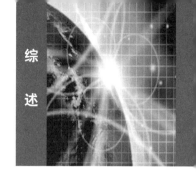

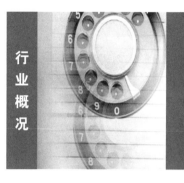

中国
电器
工业
年鉴
2022

产品与项目

介绍电器工业在 2021 年各类奖项中的获奖情况

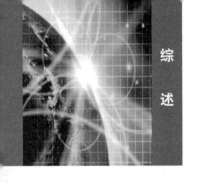

综述

行业概况

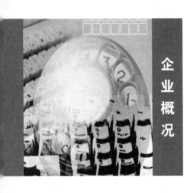

企业概况

产业概况

产品与项目

标准化

中国电器工业年鉴2022

产品与项目

获得2021年度中国机械工业科学技术奖的电器工业项目

2021年度中国电工技术学会科学技术奖奖励项目

2021年度能源领域首台（套）重大技术装备（项目）名单（节选）

获得2021年度中国机械工业科学技术奖的电器工业项目

项目编号	项目名称	完成单位	奖项及等级
2102067	1 100kV频繁投切滤波器组断路器	西安西电高压开关有限责任公司、平高集团有限公司、中国电力科学研究院有限公司、天水西电长城合金有限公司、沈阳工业大学、国网经济技术研究院有限公司、中国电力工程顾问集团华东电力设计院有限公司、中国地质大学(北京)、中国电力工程顾问集团中南电力设计院有限公司	技术发明类一等奖
2102076	永磁电机品质提升关键技术与设计方法研究和工程应用	沈阳工业大学、卧龙电气驱动集团股份有限公司、广州数控设备有限公司、沈阳蓝光驱动技术有限公司、江西工埠机械有限责任公司、安徽明腾永磁机电设备有限公司、抚顺煤矿电机制造有限责任公司	技术发明类一等奖
2115033	锂离子动力电池极片高性能制造技术与装备	华中科技大学、深圳市信宇人科技股份有限公司、深圳市浩能科技有限公司、上海交通大学、深圳市比亚迪锂电池有限公司、湖北亿纬动力有限公司、天津力神电池股份有限公司	技术发明类一等奖
2112013	汽轮机高温合金材质叶片的加工攻关	哈尔滨汽轮机厂有限责任公司	技术发明类三等奖
2102047	基于全生命周期管理的用户端电器数字化设计／制造关键技术研究及示范应用	上海电器科学研究所(集团)有限公司、浙江正泰电器股份有限公司、常熟开关制造有限公司(原常熟开关厂)、上海电器科学研究院、上海电科智能装备科技有限公司	科技进步类一等奖
2102075	电力变压器多场耦合机理及耐受短路能力关键技术与应用	沈阳工业大学、沈阳变压器研究院股份有限公司、机械工业北京电工技术经济研究所、特变电工沈阳变压器集团有限公司、云南电网有限责任公司电力科学研究院、明珠电气股份有限公司、山东电力设备有限公司	科技进步类一等奖
2102093	直流输电工程深井接地极技术及应用	南方电网科学研究院有限责任公司、武汉大学、中国能源建设集团广东省电力设计研究院有限公司、中国南方电网有限责任公司超高压输电公司、广东科诺勘测工程有限公司、武汉亿之烽科技有限公司、苏州南智传感科技有限公司	科技进步类一等奖
2102102	基于高效复合加载叶型的新型反动式汽轮机	东方电气集团东方汽轮机有限公司	科技进步类一等奖
2102006	全燃新疆高碱煤高效超超临界锅炉研制及应用	哈尔滨锅炉厂有限责任公司	科技进步类二等奖
2102008	大型燃煤机组耦合生物质气化发电技术创新及产业化	哈尔滨锅炉厂有限责任公司、大唐东北电力试验研究院有限公司、大唐长山热电厂	科技进步类二等奖
2102012	电力系统工控安全智能防护关键技术与装备及其应用	湖南大学、全球能源互联网研究院有限公司、国网湖南省电力有限公司、湖南匡安网络技术有限公司、北京智芯微电子科技有限公司、南京南瑞信息通信科技有限公司、南京理工大学	科技进步类二等奖
2102038	高可靠性银基电触头材料研究及产业化	桂林电器科学研究院有限公司、桂林金格电工电子材料科技有限公司	科技进步类二等奖

（续）

项目编号	项目名称	完成单位	奖项及等级
2102044	长寿命抗老化电缆基础理论、关键技术及装备	四川大学、尚纬股份有限公司、上海电缆研究所有限公司、中航宝胜（四川）电缆有限公司、四川新蓉电缆有限责任公司、成都金发科技新材料有限公司、国网四川省电力公司电力科学研究院	科技进步类二等奖
2102046	高压直流输电控制保护仿真测试关键技术及应用	许昌开普检测研究院股份有限公司、许昌开普电气研究院有限公司、许昌学院	科技进步类二等奖
2102058	ODFPS-1000000/1000 方便运输的现场组装式特高压变压器	保定天威保变电气股份有限公司	科技进步类二等奖
2102063	超大型城市内高可靠抽水蓄能机组关键技术研究与工程应用	深圳蓄能发电有限公司、哈尔滨电机厂有限责任公司、东方电气集团东方电机有限公司	科技进步类二等奖
2102066	GIS/GIL 紧凑化绝缘设计关键技术及应用	南方电网科学研究院有限责任公司、西安交通大学、华南理工大学、中国南方电网有限责任公司超高压输电公司、广东电网有限责任公司电力科学研究院、山东泰开高压开关有限公司	科技进步类二等奖
2102082	超宽幅铝板带轧机控制关键技术与应用	天津电气科学研究院有限公司、河南明泰铝业股份有限公司、燕山大学、天津天传电控设备检测有限公司	科技进步类二等奖
2102085	高转矩低脉动直驱永磁电机关键技术及应用	华中科技大学、武汉登奇机电技术有限公司、湘潭电机股份有限公司、卧龙电气（济南）电机有限公司、江苏亚威机床股份有限公司、襄阳中车电机技术有限公司、佛山登奇机电技术有限公司	科技进步类二等奖
2102088	电力变压器运行可靠性提升关键技术及应用	广东电网有限责任公司电力科学研究院、重庆大学、西安交通大学、沈阳变压器研究院股份有限公司、特变电工衡阳变压器有限公司	科技进步类二等奖
2102091	特高压换流站高海拔高地震烈度关键技术及装备研究应用	中国南方电网有限责任公司超高压输电公司、南方电网科学研究院有限责任公司、中国电力工程顾问集团西南电力设计院有限公司、西安西电电力系统有限公司、广州白云电器设备股份有限公司、桂林电力电容器有限责任公司、北京电力设备总厂有限公司	科技进步类二等奖
2102094	海洋工程与装备用复合缆测试服务平台	上海电缆研究所有限公司、上海国缆检测股份有限公司、江苏中天科技股份有限公司、中天科技海缆股份有限公司	科技进步类二等奖
2102111	亚临界 600MW 等级跨代升级改造高效高参数汽轮机研制	上海电气电站设备有限公司	科技进步类二等奖
2102112	全新配 BEST 双机回热百万等级超超临界汽轮机组研制	上海电气电站设备有限公司	科技进步类二等奖
2102121	特高压大容量320Mvar 1 100kV 并联电抗器关键技术研究及工程应用	特变电工沈阳变压器集团有限公司、沈阳工业大学、特变电工股份有限公司	科技进步类二等奖
2102123	大规模清洁能源友好并网及可靠传输关键技术与装备研发	南方电网科学研究院有限责任公司、广西电网有限责任公司电力科学研究院、清华大学、广西桂冠电力股份有限公司	科技进步类二等奖
2102127	城轨永磁同步牵引系统平台研制	株洲中车时代电气股份有限公司、徐州地铁集团有限公司、佛山市铁路投资建设集团有限公司、宁波市轨道交通集团有限公司运营分公司	科技进步类二等奖
2113055	《中低压直流配电电压导则》（GB/T 35727—2017）	中国科学院电工研究所、中机生产力促进中心、中国电力科学研究院有限公司、国网经济技术研究院有限公司、许继集团有限公司、华北电力大学、北京北变微电网技术有限公司	科技进步类二等奖

（续）

项目编号	项目名称	完成单位	奖项及等级
2113063	《交流电弧炉供电技术导则》系列标准（标准号：NB/T 41007、NB/T 41008、NB/T 41010）	中机生产力促进中心、安徽大学、中冶京诚工程技术有限公司、西安博宇电气有限公司、国网河北省电力有限公司电力科学研究院、中冶赛迪工程技术股份有限公司、国网江苏省电力有限公司电力科学研究院	科技进步类二等奖
2102001	大型发电机转子线圈自动成形关键技术及装备	中国电子科技集团公司第十四研究所、南京工程学院、山东齐鲁电机制造有限公司	科技进步类三等奖
2102003	基于多源海量数据的变电设备智能评估技术研究与应用	南方电网科学研究院有限责任公司、中国南方电网有限责任公司	科技进步类三等奖
2102010	126kV 及以下系列真空灭弧室关键技术	天津平高智能电气有限公司、平高集团有限公司	科技进步类三等奖
2102015	252kV 百千安级大容量短路电流开断装置研发及工程应用	广东电网有限责任公司广州供电局、华中科技大学、西安西电电气研究院有限责任公司、西安西电变压器有限责任公司、西安高压电器研究院有限责任公司	科技进步类三等奖
2102019	高比例新能源接入交直流混合电网运行控制关键技术及规模化应用	许继集团有限公司、国网浙江省电力有限公司电力科学研究院、国网河南省电力公司电力科学研究院、国网湖南省电力有限公司电力科学研究院、国网宁夏电力有限公司电力科学研究院	科技进步类三等奖
2102023	YFD 系列扶梯用三相异步电机关键技术研究	上海电机学院、无锡天宝电机有限公司	科技进步类三等奖
2102026	大型接地网阻抗精确测试、缺陷检测定位与评价关键技术及应用	国网上海市电力公司、华东电力试验研究院有限公司、国网陕西省电力公司电力科学研究院、国网河南省电力公司电力科学研究院、国网重庆市电力公司电力科学研究院	科技进步类三等奖
2102028	复杂海域大型风电场施工关键技术与装备研发及应用	南通大学、江苏韩通船舶重工有限公司、南通理工学院	科技进步类三等奖
2102029	超大型海上风电机组用高压耐扭电缆与材料国产化关键技术及应用研究	远东电缆有限公司、上海国缆检测股份有限公司	科技进步类三等奖
2102033	三相无电解电容变频技术在商用空调中的应用研究	青岛海尔空调电子有限公司	科技进步类三等奖
2102049	城市集约型智能配用电与高效节能关键技术及装备研制	华翔翔能科技股份有限公司、湖南大学、湘潭大学、国网湖南省电力有限公司经济技术研究院、湖南大云信息科技有限公司	科技进步类三等奖
2102052	特高压 GIS 电磁式电压互感器关键技术及推广应用	江苏思源赫兹互感器有限公司、南通大学、思源电气股份有限公司	科技进步类三等奖
2102065	特高压大容量电气设备现场整体绝缘试验关键技术及应用	国网江苏省电力有限公司电力科学研究院、西安交通大学、中国电力科学研究院有限公司、华北电力大学、哈尔滨工业大学	科技进步类三等奖
2102074	煤矿配电设备智能动力系统及短路电流开断能力试验技术	沈阳工业大学、中煤科工集团沈阳研究院有限公司、国网辽宁省电力有限公司电力科学研究院、沈阳昊诚电气有限公司、淮南万泰电子股份有限公司	科技进步类三等奖
2102080	超高压油浸式变压器减振降噪关键技术及工程应用	中国电力科学研究院有限公司、北京绿创声学工程股份有限公司、常州东芝变压器有限公司、中国科学院上海高等研究院、山东电力设备有限公司	科技进步类三等奖

（续）

项目编号	项目名称	完成单位	奖项及等级
2102083	分散式储能高效聚合关键技术及工程化应用	北方工业大学、南京工程学院、中国电力科学研究院有限公司、国网江苏省电力有限公司电力科学研究院、沃太能源南通有限公司	科技进步类三等奖
2102084	非晶配电变压器铁心国产化替代及综合环保再利用关键技术与应用	上海置信电气非晶有限公司、国网上海市电力公司、青岛云路先进材料技术股份有限公司、上海大学、上海置信智能电气有限公司	科技进步类三等奖
2102086	高压超高速开关关键技术及装备	南京南瑞继保电气有限公司、国网浙江省电力有限公司、常州博瑞电力自动化设备有限公司	科技进步类三等奖
2102095	应用光纤传感技术的电力电缆状态监测技术研究及装备研制	上海电缆研究所有限公司、上海理工大学、上海森首科技股份有限公司、浙江大有实业有限公司电缆工程分公司	科技进步类三等奖
2102096	通信系统高效高质供电关键技术及应用	杭州电子科技大学、深圳市英威腾电源有限公司、浙江大学、杭州中恒电气股份有限公司、深圳市英威腾网能技术有限公司	科技进步类三等奖
2102098	燃用高硫煤的高效超超临界煤粉锅炉关键技术及应用	东方电气集团东方锅炉股份有限公司	科技进步类三等奖
2102100	大型贯流式水轮发电机阻尼系统故障抑制关键技术及其应用	西华大学、东方电气集团东方电机有限公司、重庆大学	科技进步类三等奖
2102103	65～100MW冶金低热值煤气高参数再热工业汽轮发电机组及产业化	东方电气集团东方汽轮机有限公司	科技进步类三等奖
2102113	高效灵活660MW等级超超临界二次再热汽轮机研制	上海电气电站设备有限公司	科技进步类三等奖
2102115	智能外转子直驱传动技术及工程应用	上海电机系统节能工程技术研究中心有限公司、江苏嘉轩智能工业科技股份有限公司、苏州通润驱动设备股份有限公司、上海电科电机科技有限公司、淅川中联水泥有限公司	科技进步类三等奖
2102120	先进智能锂电工具的关键技术研究与产业化	上海电动工具研究所（集团）有限公司、上海大学、广东赛微微电子股份有限公司、浙江三锋实业股份有限公司、浙江明磊锂能源科技股份有限公司	科技进步类三等奖
2102126	新能源公交客车电动门系统关键技术研发及应用	南京康尼机电股份有限公司、南京工程学院	科技进步类三等奖
2112001	风力发电机新型多丝埋弧焊焊接工艺方法研究及应用	湘电集团有限公司	科技进步类三等奖
2113003	城市配电自动化终端智能运维关键技术研究与应用	广东电网有限责任公司广州供电局、华侨大学、武汉理工大学、广州昂立新普电气自动化有限公司	科技进步类三等奖
2113052	风力发电设备特殊环境条件及耐久性评价系列标准	中国电器科学研究院股份有限公司、机械工业北京电工技术经济研究所、北京科技大学	科技进步类三等奖
2114030	《高压电器》	西安高压电器研究院有限责任公司	科技进步类三等奖

2021 年度中国电工技术学会
科学技术奖奖励项目

序号	项目名称	完成单位	奖项及等级
1	磁约束核聚变超导磁体关键技术及应用	中国科学院合肥物质科学研究院	科技进步奖一等奖
2	大容量海上永磁直驱风力发电机系统关键技术及产业化应用	浙江大学、上海电气风电集团股份有限公司、中车株洲电机有限公司、株洲变流技术国家工程研究中心有限公司、河北工业大学	科技进步奖一等奖
3	智能用电大数据集成分析平台研发及其工程应用	广东电网有限责任公司、清华大学、深圳市科陆电子科技股份有限公司、威胜信息技术股份有限公司、珠海派诺科技股份有限公司	科技进步奖一等奖
4	风电快速调频控制理论与关键技术及规模化应用	华中科技大学、中国电力科学研究院有限公司、深圳市禾望电气股份有限公司、浙江运达风电股份有限公司、新疆金风科技股份有限公司、明阳智慧能源集团股份公司、河北建投新能源有限公司、武汉大学、华北电力大学	科技进步奖一等奖
5	提升新能源消纳能力的交直流混联电网安全稳定控制关键技术及应用	中国电力科学研究院有限公司、国家电网有限公司华北分部、国网新疆电力有限公司、清华大学、南京南瑞继保工程技术有限公司、国家电网有限公司西北分部、国网山西省电力公司电力科学研究院	科技进步奖一等奖
6	电力变压器内置光纤多参量监测关键技术及应用	国网河北省电力有限公司电力科学研究院、华北电力大学、保定天威保变电气股份有限公司、西安和其光电科技股份有限公司、南京航空航天大学	科技进步奖一等奖
7	新能源汽车动力电池系统主动管理关键技术及全气候应用	北京理工大学、宇通客车股份有限公司、北京新能源汽车股份有限公司	技术发明奖一等奖
8	基于可信计算的电力关键信息基础设施安全免疫及应用	全球能源互联网研究院有限公司、中国电力科学研究院有限公司、国网冀北电力有限公司、国网浙江省电力有限公司、国网天津市电力有限公司、国家电网有限公司客户服务中心、国网新疆电力有限公司、国网江苏省电力有限公司南通供电分公司、北京可信华泰信息技术有限公司	科技进步奖一等奖
9	电力电子装备用高频低损纳米晶合金研制及应用	全球能源互联网研究院有限公司、安泰科技股份有限公司、中国科学院宁波材料技术与工程研究所、河北工业大学、青岛云路先进材料技术股份有限公司、国网冀北电力有限公司、北京电力设备总厂有限公司	科技进步奖一等奖
10	基于直流母线电压信息的规模化光伏储能变换器控制关键技术及应用	清华大学、河海大学、特变电工新疆新能源股份有限公司、爱士惟新能源技术（江苏）有限公司	科技进步奖一等奖
11	高比例新能源电力系统多能协同调控技术及应用	清华大学、国网吉林省电力有限公司、北京清大高科系统控制有限公司、长春市热力（集团）有限责任公司、国网辽宁省电力有限公司	技术发明奖一等奖
12	面向5G的电力杆塔与移动通信共享共生系统关键技术及应用	国网江苏省电力有限公司南京供电分公司、中国联合网络通信有限公司江苏省分公司、北京邮电大学、国网信息通信产业集团有限公司、南京南瑞信息通信科技有限公司、中通服咨询设计研究院有限公司、中兴通讯股份有限公司	科技进步奖一等奖
13	分布式新能源交直流柔性互联关键技术、装备及应用	国电南瑞科技股份有限公司、中国科学院电工研究所、山东大学、国网浙江省电力有限公司、国网浙江诸暨市供电有限公司、国网河北省电力有限公司雄安新区供电公司	科技进步奖二等奖
14	基于多元物联感知的农业电—水资源协同管控技术与数据服务平台	国网河北省电力有限公司营销服务中心、中国科学院遗传与发育生物学研究所农业资源研究中心、华北电力大学、河南许继仪表有限公司、石家庄科林电气股份有限公司、国网河北省电力有限公司电力科学研究院	科技进步奖二等奖

（续）

序号	项目名称	完成单位	奖项及等级
15	面向绿色电力的区块链交易平台关键技术与应用	北京电力交易中心有限公司、国网电子商务有限公司、四川中电启明星信息技术有限公司、北京科东电力控制系统有限责任公司、华北电力大学	科技进步奖二等奖
16	大容量气体绝缘输变电设备突发性失效防御关键技术及工程应用	中国南方电网有限责任公司超高压输电公司检修试验中心、南方电网科学研究院有限责任公司、西安西电开关电气有限公司、西安交通大学、华南理工大学、华北电力大学、山东泰开高压开关有限公司	科技进步奖二等奖
17	分布式电源与柔性负荷多时间尺度协同消纳关键技术及应用	国网河北省电力有限公司经济技术研究院、国网河北省电力有限公司邢台供电分公司、燕山大学、国电南瑞科技股份有限公司、南京邮电大学、国网河北省电力有限公司石家庄供电分公司	科技进步奖二等奖
18	高压大容量静止变频启动系统（SFC）关键技术及应用	国电南瑞科技股份有限公司	科技进步奖二等奖
19	大频差扰动下频率安全稳定分析及紧急控制关键技术与应用	国电南瑞科技股份有限公司、国家电网有限公司华东分部、国网江苏省电力有限公司、国网甘肃省电力公司、国网青海省电力公司	科技进步奖二等奖
20	提升大电网运行安全性的安全域关键技术及应用	东北电力大学、国网吉林省电力有限公司、天津大学	科技进步奖二等奖
21	基于宽频段阻抗重塑的高比例新能源并网运行控制技术及应用	浙江大学、国网浙江省电力有限公司电力科学研究院、南京南瑞继保工程技术有限公司、国网浙江省电力有限公司湖州供电公司、国网浙江杭州市余杭区供电有限公司	科技进步奖二等奖
22	基于数据驱动的电动汽车充电网络规划与服务关键技术及应用	国网北京市电力公司、中国电力科学研究院有限公司、武汉大学、北京理工大学、南瑞集团有限公司、国网电动汽车服务有限公司、北京华商三优新能源科技有限公司	科技进步奖二等奖
23	大规模新能源送出直流短时扰动冲击运行控制关键技术及应用	中国电力科学研究院有限公司、国家电网有限公司西北分部、国家电网有限公司华北分部、国网甘肃省电力公司、国网吉林省电力有限公司、国网山西省电力公司电力科学研究院	科技进步奖二等奖
24	能源互联网末端大规模全景感知与监测技术及应用	中国电力科学研究院有限公司、北京智芯微电子科技有限公司、国网湖北省电力有限公司营销服务中心（计量中心）、青岛鼎信通讯股份有限公司、国网冀北电力有限公司计量中心	科技进步奖二等奖
25	分布式电化学储能规模化应用关键技术及工程示范	中国电力科学研究院有限公司、国网河南省电力公司电力科学研究院、宁德时代新能源科技股份有限公司、清华大学、平高集团储能科技有限公司、国网青海省电力公司清洁能源发展研究院、河北雄安许继电科综合能源技术有限公司	科技进步奖二等奖
26	磷酸铁锂电池储能电站安全防控关键技术与应用	国网江苏省电力有限公司、清华大学、应急管理部天津消防研究所、上海玫克生储能科技有限公司、南京消防器材股份有限公司、南瑞集团有限公司、阳光电源股份有限公司	科技进步奖二等奖
27	电力系统智能网源协调和优化控制技术及应用	清华大学、国家电网有限公司国家电力调度控制中心、国家电网公司西南分部、四川电力调度控制中心、国网重庆市电力公司电力科学研究院、国家电网公司华中分部、国网湖北省电力有限公司电力调度控制中心	科技进步奖二等奖
28	实用化高温超导磁体研制的关键技术及应用	清华大学、中国科学院近代物理研究所、中国电力科学研究院有限公司、清华大学深圳国际研究生院、中国科学院合肥物质科学研究院	科技进步奖二等奖
29	大容量全空冷新型调相机组研制和工程应用	哈尔滨电机厂有限责任公司、中国电力科学研究院有限公司、华北电力大学	科技进步奖二等奖
30	大容量柔性直流输电系统用 XLPE 绝缘高压直流电缆研制与产业化	中天科技海缆股份有限公司	科技进步奖二等奖

（续）

序号	项目名称	完成单位	奖项及等级
31	昌吉—古泉 ±1 100kV 特高压直流工程古泉站高端换流变压器	西安西电变压器有限责任公司	科技进步奖二等奖
32	特高压 GIS 设备关键状态感知、评估技术及工程应用	中国电力科学研究院有限公司、国网宁夏电力有限公司电力科学研究院、国网山东省电力公司电力科学研究院、上海交通大学、国网青海省电力公司电力科学研究院、国网河北省电力有限公司电力科学研究院、国网山西省电力公司电力科学研究院	科技进步奖二等奖
33	电压源换流器电磁－热动态过程实时仿真技术及应用	全球能源互联网研究院有限公司、华北电力大学、山东大学、国网冀北电力有限公司检修分公司、思源清能电气电子有限公司	科技进步奖二等奖
34	高压大功率压接型 IGBT 测试评估关键技术与应用	全球能源互联网研究院有限公司、华北电力大学、重庆大学、杭州中安电子有限公司、西安精华伟业电气科技有限公司	技术发明奖二等奖
35	配电一次设备规模化自组织高效检测关键技术及应用	国网江苏省电力有限公司电力科学研究院、国网电力科学研究院武汉南瑞有限责任公司、南京航空航天大学、南京和瑞供应链管理有限公司、上海思创电器设备有限公司	科技进步奖二等奖
36	海上风电电气设备南海环境适应性关键技术研究及应用	中国电器科学研究院股份有限公司、明阳智慧能源集团股份公司、机械工业北京电工技术经济研究所、广东能源集团科学技术研究院有限公司	科技进步奖二等奖
37	城市高压电缆局部放电监测关键技术、装备及应用	国网北京市电力公司电力科学研究院、中国电力科学研究院有限公司、西安交通大学、国网北京市电力公司电缆分公司、国网江苏省电力有限公司电力科学研究院	科技进步奖三等奖
38	电力通信实时业务跨区安全交互关键技术与应用	国网江苏省电力有限公司信息通信分公司、国网江苏省电力有限公司连云港供电分公司、全球能源互联网研究院有限公司、南京南瑞信息通信科技有限公司	科技进步奖三等奖
39	特高压换流站高海拔高地震烈度关键技术研究及应用	中国南方电网有限责任公司超高压输电公司大理局、中国南方电网有限责任公司超高压输电公司检修试验中心、南方电网科学研究院有限责任公司、同济大学、桂林电力电容器有限责任公司	科技进步奖三等奖
40	±1 100kV 直流输电工程用超大容量、高可靠性换流变压器研制	山东电力设备有限公司、山东输变电设备有限公司、山东电工电气集团有限公司	科技进步奖三等奖
41	大型城市智能化供电服务指挥系统关键技术及应用	国网北京市电力公司、中国电力科学研究院有限公司、泰豪软件股份有限公司、华北电力大学、北京林业大学	科技进步奖三等奖
42	252kV 63kA GIS 关键技术研究及设备研制	平高集团有限公司	科技进步奖三等奖
43	能源转型背景下电力系统绿色调控若干技术及应用	华北电力大学、国网天津市电力公司、天津大学、国网冀北电力有限公司唐山供电公司、天津英利光伏电站技术开发有限公司	科技进步奖三等奖
44	大电流紧凑型绝缘管型母线性能提升及运维关键技术及应用	国网湖北省电力有限公司电力科学研究院、西安交通大学、上海国缆检测股份有限公司、大连第一互感器有限责任公司、山东泰开电缆有限公司	科技进步奖三等奖
45	面向公共安全的交直流输电工程对油气管道影响及防护措施研究	深圳供电局有限公司、南方电网科学研究院有限责任公司、清华大学、山东理工大学、广州大学	科技进步奖三等奖
46	配电网防雷综合治理新技术研究与应用	南方电网科学研究院有限责任公司、中国南方电网有限公司、广州中光电气科技有限公司、广州大学、湖南大学	科技进步奖三等奖
47	变电站复杂电磁环境模拟关键技术与成套装备	中国电力科学研究院有限公司武汉分院、国网陕西省电力公司电力科学研究院、国网黑龙江省电力有限公司电力科学研究院、武汉大学、山东泰开互感器有限公司	科技进步奖三等奖
48	智能变电站二次系统防误及运维管控关键技术与应用	国网辽宁省电力有限公司电力科学研究院、中国电力科学研究院有限公司、许昌许继软件技术有限公司、国网黑龙江省电力有限公司电力科学研究院、大连云行科技有限责任公司	科技进步奖三等奖

2021 年度能源领域首台（套）重大技术装备（项目）名单（节选）

编号	技术装备（项目）名称	研制单位	依托工程或意向工程
1	300MW 级变速抽水蓄能机组成套设备	国网新源控股有限公司、哈尔滨电机厂有限责任公司、东方电气集团东方电机有限公司、南京南瑞继保电气有限公司、国电南瑞科技股份有限公司、南方电网调峰调频发电有限公司	辽宁庄河抽水蓄能电站、山东泰安二期抽水蓄能电站、广东肇庆浪江抽水蓄能电站
2	500MW 冲击式水轮发电机组	大唐西藏能源开发有限公司、北京中水科水电科技开发有限公司、东方电气集团东方电机有限公司、哈尔滨电机厂有限责任公司、长江勘测规划设计研究有限责任公司、大唐集团科学技术研究总院有限公司、西藏大唐扎拉水电开发有限公司	西藏玉曲河扎拉水电站
3	1 000MW 混流式水轮发电机组	中国三峡建工（集团）有限公司、哈尔滨电机厂有限责任公司、东方电气集团东方电机有限公司	金沙江白鹤滩水电站
4	700m 级 350MW 抽水蓄能机组成套设备	国网新源控股有限公司、东方电气集团东方电机有限公司、哈尔滨电机厂有限责任公司	吉林敦化抽水蓄能电站
5	10MW 海上风力发电机组	中国三峡建工（集团）有限公司、长江三峡集团福建能源投资有限公司、东方电气风电股份有限公司	福清兴化湾海上风电场二期项目、长乐外海海上风电场 A 区项目、长乐外海海上风电场 C 区项目
6	国产抗台风半潜浮动式海上风力发电系统成套装备	三峡珠江发电有限公司、明阳智慧能源集团股份公司、上海勘测设计研究院有限公司、华南理工大学、广州打捞局、惠生（南通）重工有限公司、巨力索具股份有限公司、宁波东方电缆股份有限公司	三峡新能源阳西沙扒三期（400MW）海上风电场工程、三峡广东浮式风电试验样机工程
7	国产化 5MW 海上风力发电机组及其核心部件	中国华能集团清洁能源技术研究院有限公司、中国船舶集团海装风电股份有限公司	华能江苏如东 H3 海上风电场
8	10～12MW 级海上风机专用大兆瓦级齿轮箱	德力佳传动科技（江苏）有限公司	—
9	预应力构架式钢管风电塔	青岛中天斯壮科技有限公司	青岛金胶州资产经营有限公司分散式风场工程
10	大规模塔式太阳能热发电聚光镜场成套装备	浙江可胜技术股份有限公司	青海中控太阳能德令哈 50MW 塔式熔盐储能光热项目、中电建青海共和 50MW 光热发电项目
11	100MW 熔盐塔式光热电站吸热器	首航高科能源技术股份有限公司	敦煌首航节能新能源有限公司敦煌 100MW 熔盐塔式光热发电项目
12	HJT2.0 异质结电池 PECVD 量产设备	苏州迈为科技股份有限公司	
13	大开口槽式集热器	中国电力工程顾问集团西北电力设计院有限公司	世界银行槽式太阳能热发电大开口集热器研发项目

编号	技术装备（项目）名称	研制单位	依托工程或意向工程
14	35MPa 快速加氢机	北京低碳清洁能源研究院	国家能源集团张家口万全油氢站、佛山市南海区岭南车天地加油加氢站、佛山市南海区狮山镇桃园加氢站
15	兆瓦级 PEM 电解水制氢设备	中国船舶集团有限公司第七一八研究所	——
16	质子交换膜燃料电池供能装备	上海重塑能源科技有限公司	上海中石化园区 300kW 燃料电池综合能源系统示范工程
17	70MPa 集装箱式高压智能加氢成套装置	江苏国富氢能技术装备股份有限公司	北京中石化公交王泉营加氢站工程建设项目
18	1MW·h 钠离子储能电池系统	北京中科海钠科技有限责任公司	山西太原 1MW·h 钠离子电池光储充智能微网系统
19	先进压缩空气储能系统	中国科学院工程热物理研究所、中储国能（北京）技术有限公司	山东肥城先进压缩空气储能调峰电站、基于百兆瓦压缩空气储能系统的综合能源应用示范项目
20	适用于新能源电站惯量和调频支撑的兆瓦级飞轮储能系统	沈阳微控新能源技术有限公司、中国长江三峡集团有限公司、中核汇能有限公司、核工业理化工程研究院	山西右玉老千山风电场一次调频示范项目、三峡新能源乌兰察布新型储能技术验证平台
21	适用于光热与储热系统的大功率熔盐吸热器与熔盐蒸汽发生系统	杭州锅炉集团有限公司	青海中控太阳能发电有限公司德令哈熔盐塔式 50MW 光热发电项目
22	大规模储能液流电池用高性能全氟离子膜	江苏科润膜材料有限公司	上海电气汕头智慧能源系统项目配套 1MW/1MW·h 液流电池储能系统
23	高成组效率长寿命户外液冷一体化储能电柜	宁德时代新能源科技股份有限公司	——
24	三代压水堆核电站燃料组件		
	华龙一号 CF3 燃料组件	中核建中核燃料元件有限公司、中国核动力研究设计院	漳州核电 1、2 号机组
	华龙一号燃料组件用 N36 锆合金材料	西部新锆核材料科技有限公司、中国核动力研究设计院	漳州核电 1、2 号机组
	AP1000 核燃料组件	中核包头核燃料元件股份有限公司	海阳核电 1、2 号机组，三门核电 1、2 号机组
25	高温气冷堆蒸汽发生器	哈电集团（秦皇岛）重型装备有限公司	高温气冷堆示范工程
26	三代压水堆核电厂堆芯测量技术与成套装备		
	CAP1400 堆芯仪表系统成套设备（堆芯仪表信号处理机柜）	上海昱章电气成套设备有限公司、上海核工程研究设计院有限公司	国和一号示范工程
	CAP1400 堆芯仪表系统成套设备（堆芯仪表套管组件和矿物绝缘电缆组件）	浙江伦特机电有限公司、上海核工程研究设计院有限公司	国和一号示范工程
	华龙一号先进堆芯测量系统	中国核动力研究设计院	福清核电 5、6 号机组
27	CAP1400 核电湿绕组电机主泵	上海电气凯士比核电泵阀有限公司	国和一号示范工程

（续）

编号	技术装备（项目）名称		研制单位	依托工程或意向工程
28	核电站用关键安全阀、控制阀	华龙一号主蒸汽安全阀	上海阀门厂股份有限公司	华龙一号 K2 机组，漳州核电 1、2 号机组
		VDA 主蒸汽释放控制阀	浙江三方控制阀股份有限公司、中广核工程有限公司	三澳核电 1、2 号机组
		华龙一号等百万千瓦核电机组 MSR 安全阀	哈电集团哈尔滨电站阀门有限公司、中广核工程有限公司	太平岭核电 1、2 号机组
29	核主泵流体静压轴封及配套件		中广核工程有限公司、中广核研究院有限公司、中密控股股份有限公司、清华大学、沈阳鼓风机集团核电泵业有限公司、中国工程物理研究院材料研究所、陕西特种橡胶制品有限公司、中国科学院兰州化学物理研究所、山东浩然特塑股份有限公司	红沿河核电 6 号机组
30	核电站 ML-C 型控制棒驱动机构（含高精度驱动杆管材）		四川华都核设备制造有限公司、中国核动力研究设计院	海南昌江核电小堆示范工程
31	高温气冷堆主氦风机		佳木斯电机股份有限公司	高温气冷堆示范工程
32	1E 级热扩散式质量流量计		中广核工程有限公司、美核电气（济南）股份有限公司	太平岭核电 1、2 号机组
33	核级温度传感器		重庆材料研究院有限公司、中广核工程有限公司	漳州核电 1、2 号机组，太平岭核电 1、2 号机组
34	G50 重型燃气轮机（50MW）		中国东方电气集团有限公司、中国华电集团有限公司	广东华电清远华侨工业园天然气分布式能源站项目
35	HGT260 重型燃气轮机（260MW）		哈尔滨汽轮机厂有限责任公司	广东沙角 B 电厂燃机示范项目
36	M701F5 重型燃气轮机（360MW）		中国东方电气集团有限公司	华电香河燃气能源站项目二期工程
37	NPG4000 燃气内燃机（4 000kW）		江苏盛源燃气动力机械有限公司	—
38	1 000MW 级 1Mn18Cr18N 钢汽轮发电机护环锻件		德阳万鑫电站产品开发有限公司	江苏华电句容电厂
39	1 000MW 等级超超临界火电机组 100% 容量锅炉给水泵		中国电建集团上海能源装备有限公司	国能重庆万州电力有限责任公司、华能陇东能源有限责任公司、北方联合电力有限责任公司达拉特旗发电分公司
40	现役机组延寿升级综合改造技术		哈尔滨电气股份有限公司	天津国华盘山发电有限责任公司创新升级及延寿改造项目
41	百万吨级电厂二氧化碳捕集系统		中国华能集团清洁能源技术研究院有限公司	华能甘肃正宁新建工程
42	世界首台大型电站自然通风直接空冷（NDC）系统		上海电气斯必克工程技术有限公司、中国电力工程顾问集团西北电力设计院有限公司	陕西榆能杨伙盘 2×660MW 超超临界煤电一体化项目
43	生物质循环流化床气化耦合燃煤发电技术装备		合肥德博生物能源科技有限公司、华电襄阳发电有限公司、浙江大学	华电襄阳发电有限公司 10.8MW 生物质气化耦合 6 号燃煤机组发电项目
44	重型燃气轮机国产化控制系统（maxCHD-GT100）		国电南京自动化股份有限公司、华电电力科学研究院有限公司	华电浙江龙游热电有限公司 2×20 万 kW 级（9E）燃气 - 蒸汽联合循环热电联产机组
45	并网友好型风光储场站群智慧集控与运维系统		中国长江三峡集团有限公司、华北电力大学、北京四方继保自动化股份有限公司	三峡集团乌兰察布新一代电网友好绿色电站示范项目

编号	技术装备（项目）名称		研制单位	依托工程或意向工程
46	水电站自主可控计算机监控系统		国电南京自动化股份有限公司、华能澜沧江水电股份有限公司、西安热工研究院有限公司、南京南瑞继保工程技术有限公司、北京中水科技水电科技开发有限公司	贵州乌江水电开发有限责任公司洪家渡发电厂、贵州乌江水电开发有限责任公司构皮滩发电厂、华能澜沧江水电股份有限公司小湾水电厂
47	超、特高压直流工程关键部件	换流变阀侧套管：额定电压 ±1 100kV、±800kV、±400kV、±200kV 换流变网侧套管：AC 550kV/5 000A 直流穿墙套管：额定电压 ±800kV、±400kV、±150kV	中国电力科学研究院有限公司、西安西电高压套管有限公司、沈阳和新套管有限公司、河南平高电气股份有限公司	±800kV 青海—河南特高压直流输电工程、陕北—湖北特高压直流输电工程
		柔性直流穿墙套管：额定电压 ±800kV	西安西电高压套管有限公司、中国南方电网有限责任公司超高压输电公司	乌东德—两广特高压多端柔性直流示范工程
		1 000m 深井接地极装置	南方电网科学研究院有限责任公司、中国南方电网有限责任公司超高压输电公司	±800kV 新松—东方特高压直流工程
48	超、特高压交流工程关键部件	1 000kV 特高压变压器用无励磁分接开关、1 000kV 特高压变压器用内油式金属波纹储油柜	中国电力科学研究院有限公司、上海华明电力设备制造有限公司、沈阳海为电力装备股份有限公司	晋北—晋中 1 000kV 变电站主变扩建工程
		550kV/5 000A 交流套管	西安西电高压套管有限公司	芜湖 1 000kV 变电站主变扩建工程
49	海上风电柔性直流输电成套装备	联接变压器：额定容量 / 额定电压 850MV·A/220kV 柔直变压器：额定容量 / 额定电压 410MV·A/500kV	特变电工沈阳变压器集团有限公司、西安西电变压器有限责任公司、中国三峡建工（集团）有限公司、三峡新能源南通有限公司、三峡新能源如东有限公司	三峡如东海上风电柔性直流输电示范工程
		IGBT 换流阀：最高电压 / 功率 ±400kV/1 100MW，IGBT 额定电压 / 电流 4.5kV/2kA	荣信汇科电气股份有限公司、许继集团有限公司、中国三峡建工（集团）有限公司、三峡新能源南通有限公司、三峡新能源如东有限公司	
		换流变阀侧套管：额定电压 ±550kV，额定电流 2 500A 直流穿墙套管：额定电压 ±404kV，额定电流 479A/DC+884A/50Hz+265A/100Hz	西安西电高压套管有限公司、中国三峡建工（集团）有限公司、三峡新能源南通有限公司、三峡新能源如东有限公司	
50	全国产芯片替代变电站自主可控成套保护装置	全类型全国产芯片替代保护监控系统成套二次装备	北京四方继保工程技术有限公司、国电南瑞南京控制系统有限公司、南京南瑞继保电气有限公司、许继电气股份有限公司	国网江苏电力公司 1 000kV 特高压东吴站、泰州站，500kV 茅山站、武南站；国网浙江电力公司 1 000kV 特高压莲都站、兰江站
		变电站自主可控成套保护装置	南京南瑞继保电气有限公司、北京四方继保工程技术有限公司、国电南京自动化股份有限公司、长园深瑞继保自动化有限公司、许继电气股份有限公司、国电南瑞南京控制系统有限公司	南方电网广州 500kV 科北站、佛山 500kV 凤城站、东莞 500kV 水乡站

（续）

编号	技术装备（项目）名称		研制单位	依托工程或意向工程
51	自主可控电缆及电缆料	基于自主绝缘和屏蔽材料的500kV直流陆缆系统	全球能源互联网研究院有限公司、长缆电工科技股份有限公司、中天科技海缆股份有限公司、宁波东方电缆股份有限公司	张北±500kV柔性直流输电示范工程
		交流500kV交联聚乙烯海缆	宁波东方电缆股份有限公司	舟山500kV联网输变电工程、舟山500kV联网北通道第二回输电线路工程
		220kV、110kV自主可控高压电缆可交联聚乙烯绝缘材料	浙江万马高分子材料集团有限公司、青岛汉缆股份有限公司、南方电网科学研究院有限责任公司	深圳220kV经贸至水贝输电工程、东莞220kV冠和输变电工程、贵阳220kV赵凤I线输电工程
52	500kV、220kV、110kV架空输电线路用复合横担塔		江苏神马电力股份有限公司	江苏东三线500kV技改工程、南通兆群—嘉通能源220kV线路工程、新疆昌吉农业园区110kV输变电工程
53	1 200MV·A/500kV三相一体自耦变压器		西安西电变压器有限责任公司	福建集美500kV变电站新建工程
54	220kV、110kV蒸发冷却电力变压器		深圳市奥电高压电气有限公司	南方电网深圳供电局深圳大鹏110kV变电站
55	126kV无氟环保型气体绝缘金属封闭开关设备（GIS）		平高集团有限公司	国网河南电网110kV思德变

注：仅摘取电器工业相关部分。

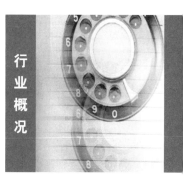

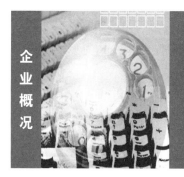

中国电器工业年鉴

2022

标准化

从国际标准化、标准研究、标准制修订等方面，全面展示电器工业标准化工作状况

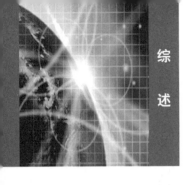

综述

行业概况

企业概况

产业概况

产品与项目

标准化

中国电器工业年鉴2022

标准化

第一部分：国际标准化

国际电工委员会标准数字化的路径分析和建议

随着数字化技术的快速发展，数字化技术的赋能使"传统"领域焕发新的活力，甚至发生颠覆性发展。相应地，在标准化领域，数字化与标准化工作相结合已成为未来发展的重要议题之一。为此，IEC 正在研究、布置数字化转型的战略和方案。

一、IEC 数字化转型的概念

从严格意义上说，标准从纸质载体到电子载体，已经可以视为是一个数字化过程。本文所说的标准数字化，是指将数字化技术应用于标准化工作从标准立项、制定、发布到应用的整个生命周期。与"传统"的标准相比，二者间的显著区别在于不仅是"人员可读标准"或"人员可执行标准"，未来将发展成为"机器可读标准"，甚至是"机器可执行标准"。

根据 IEC 的研究成果，标准数字化可以分为 5 个阶段或层级，分别是：0 级——书面文件（标准不适于机器处理）；1 级——机器可以显示文件；2 级——机器可以识别结构并对文件做出基础处理；3 级——机器可以划分文件具体类型或内容示例（部件）并对文件内容做出更加复杂的处理；4 级——机器可以执行部件或以采取复杂行动的方式对文件做出解读。

从上述分级可以看出，当前标准数字化正处于从 1 级向 2 级过渡的阶段。要想将标准数字化推进到更高的层级，需要多方面资源的协同配合，甚至可能改变标准制定的流程和方式。

二、IEC 数字化转型战略

2017 年，IEC 发布发展规划。在第 4 章"灵活运行"的章节中提出："鉴于当今世界不断变化及产业数字化变革，IEC 群体应对新的想法、技术和工作实践保持开放，包括制定、传播及销售标准的创新方法。IEC 将继续对影响其核心运营的根本变革做出准备，如开源和开放数据趋势，以及直接通过机器处理的新型数字标准。在合格评定方面，继续扩大探索超出 IEC 标准范围的新机会。"

可见，IEC 预见到标准数字化未来可能给业务、法律、信息技术基础条件、工具、数据共享、数字处理、标准发布、客户需求反馈等多方面带来变化，将标准数字化视为

可能对组织运行产生重要影响的发展方向，在战略层面给予高度重视。

为此，作为 IEC 标准化管理的高层机构，IEC/SMB（标准化管理局）成立 SG12（数字转型战略组）并开展一系列标准数字化的战略研究工作。IEC/SMB/SG12 认为，标准数字化将对 IEC 的业务和组织活动、过程、能力、模式产生重要影响。鉴于 IEC 急需明确 IEC 标准数字化战略定位，IEC/SMB/SG12 提出《IEC 数字化转型的愿景与战略》。

愿景：IEC 是一个以知识为基础的国际组织，为全球相关标准和合格评定服务提供数字化平台、数字化产品、服务和过程。

原则：

（1）人员优先，保证所有人（专家和用户）都能积极参与 IEC 工作并从中获益。

（2）所有人公平参与，吸引国际、地区、国家层面的所有利益相关方参与。

（3）关注客户，需要与客户加强联系和协作。

（4）持续改进 / 开发，数字化转型是一个涉及多方面的项目。

（5）保持 IEC 关键要素，例如与国家委员会开展工作的流程、协作等。

关键目标：

（1）加速 IEC 及其成员的数字化转型。

（2）通过数字化提升人员能力。

（3）通过数字化为 IEC 及其成员创造价值和增长。

（4）保持 IEC 相关性。

战略：IEC 数字化转型的战略目的是在正确速度下，向其工作过程、产品和服务推进并应用数字化技术，从而保证、扩展 IEC 国际标准和合格评定的全球相关性。

优先行动领域：

（1）促进协作。

（2）提前实施。

（3）加强治理。

（4）推动文化变革，增强人们的能力。

三、IEC 数字化转型实施

（一）IEC 数字化转型技术工作

IEC 数字化转型的技术工作，主要指 IEC/TC/SC（技术委员会 / 分技术委员会）未来针对标准数字化需要执行的工作。

从标准数字化内容的角度看，标准技术内容需要结构化并赋予语义。目前，IEC 国际标准均处于 2 级数字标准阶段，即 IEC 已经完成了标准文件从 PDF 格式向 XML 格式的转换。在此基础上，从 2 级数字标准转向 3 级甚至 4 级数字标准，不仅需要将现有标准进行结构化，还需要向标准中的范围、术语和定义、具体技术要求赋予明确的语义。所谓语义，就是语言的含义，是数据所对应的现实世界中的事物所代表的概念的含义。也就是，通过赋予语义，将标准内容与现实世界做出联系。

从标准制定过程的角度看，标准数字化需要技术专家与数字化专家协同工作。技术专家并不掌握数字化技术；在执行标准数字化的过程中，数字化专家需要技术专家对标准内容做出解读，从而对标准内容进行结构化、模型化，并赋予适当的语义。因此，在开展标准数字化或制定数字标准的过程中，需要技术专家与数字化专家协同开展工作。

从数字标准应用的角度，标准数字化需要统一的管理壳 / 接口。"传统"的标准，可以视为针对某个特定对象的技术要求合集。标准与标准之间存在相互的交叉、引用关系，在执行某一项标准时，还可能需要连带执行其规范性引用标准（标准中要求执行的其他标准）。在数字标准应用的背景下，需要把每一项标准的技术要求通过管理壳进行管理，通过统一的对外接口使机械根据应用对象读懂并执行数字化的标准技术内容。

（二）IEC 数字化转型技术支持

IEC 标准数字化未来可能涉及所有制定、发布 IEC 标准出版物的机构，包括技术委员会（TC）甚至是系统委员会（SyC）、项目委员会（PC）、顾问委员会（AC）。这需要 IEC 成立或指定常设的标准数字化协调、指导机构，以便于 IEC 在处理跨专业领域的标准数字化要素方面采取协调一致的方案。

第一，标准数字化必定需要依靠信息技术工具的支持，因此需要 IEC 标准数字化协调机构收集、汇总并协调各个 IEC 数字化协调机构对信息技术工具的需求，统一与信息技术部门沟通，不断优化信息技术工具。第二，标准数字化需要统一标准编写、信息结构要求，以便标准与标准之间的数字化内容交互，需要通过 IEC 标准数字化协调机构（或 IEC 导则维护组）明确数字标准的编写要求。第三，跨专业领域的标准数字化可能涉及技术内容语义的交叉协调，需要 IEC 标准数字化协调机构制定并执行语义协调工作流程。

（三）IEC 数字化转型管理支持

除了技术层面的数字化转型，行政管理层面的数字化转型同样重要，是成功数字转型的保证。

第一，IEC 标准数字化工作离不开持续稳定的政策和财务支持。数字化转型涉及整个国际组织的各个层面，需要 IEC 从战略政策角度给予重视，提出整体数字化转型工作计划，以保证整个组织内部各层级机构的工作协调。在此基础上，IEC 将每年划拨一定经费投入数字转型专项研究、信息技术工具升级等。

第二，IEC 标准数字化需要整合新老信息技术工具。此前，IEC 已有 IEC 标准化工作协作平台、IEC 术语和词汇数据库、IEC 电气图形符号数字库等，正在开发并试用 IEC 标准在线编写工具、IEC 标准映射工具（可用于构建 IEC 系统标准化参考架构）。进一步加强各个信息技术工具之间的联系、互动（例如，在标准在线编写工具中加入对 IEC 术语和词汇数据库的实时引用），将有利于提高 IEC 标准数字化的工作效率。

第三，IEC 标准数字化将给 IEC 标准出版物分销政策带来变化。显然，现有的 IEC 标准出版物分销政策已经无法满足分销数字标准的需要。数字标准分销不只是涉及标准内容的阅读、传播，还可能涉及标准的应用（将标准导入机器处理）。因此需要结合国际数字出版物法律、法规重新研究 IEC 数字标准出版物分销政策。

四、我国标准数字化转型的建议

数字化转型已经成为 IEC 和其他国际、区域、国家标准化组织的重点议题之一。在全球一体化的大背景下，我国也急需开展国内标准数字化转型的研究。根据我国现有的标准化软件、硬件基础，提出我国标准数字化转型的路径方案，研究标准数字化工作配套政策和管理办法。在此研究过程中，可以适时在我国部分标准化技术委员会开展数字标准化的试点，及时总结试点工作经验教训。此外，考虑到我国国家标准涉及采用转化 IEC、ISO 国际标准的事宜，标准数字化转型可能涉及数字标准格式、标准编写工具等协调，建议借鉴 IEC、ISO 在标准数字化转型过程中的适用研究成果，做好国家标准与国际标准数字化转型的对接。

〔撰稿人：机械工业北京电工技术经济研究所张亮〕

全球各地区和国家碳达峰、碳中和实现路径
及其对标准的需求分析

我国在 2020 年第 75 届联合国大会提出 2030 年前碳达峰、2060 年前碳中和目标。实现碳达峰、碳中和将涉及

产业结构转型、经济增长方式转变，需要开展顶层设计。作为规范产业行为的技术手段，标准化工作可以在实现碳达峰、碳中和的过程中起到助力作用。

一、各国碳达峰、碳中和的目标设立

根据经济合作与发展组织的数据，目前全球已经有54个国家的碳排放实现达峰，占全球碳排放总量的40%。2020年，排名前15位的碳排放国家中，美国、加拿大、俄罗斯、日本、韩国、德国、英国和法国已经实现碳排放达峰。中国、新加坡等国家承诺在2030年以前实现达峰。届时全球将有58个国家实现碳排放达峰，占全球碳排放量的60%。全球部分主要地区和国家碳达峰、碳中和的目标日期和内容见表1。

表1 全球部分主要地区和国家碳达峰、碳中和的目标日期和内容

国家或地区	碳达峰目标日期	碳中和目标日期	承诺性质
美国	2007年	2050年	政策宣示
加拿大	2007年	2050年	法律规定
欧盟	—	2050年	提交联合国
法国	1991年	2050年	法律规定
德国	1990年	2050年	法律规定
英国	1991年	2050年	法律规定
日本	2012年	2050年	政策宣示
韩国	2013年	2050年	政策宣示
中国	2030年	2060年	政策宣示
新加坡	2030年	21世纪后半叶	提交联合国

注：数据来源于国际能源网，有修改。

从表1还可以看出，第一，美国、德国、法国、日本、韩国等工业发达国家早已达到碳达峰，甚至美国等国家于2008年碳达峰波动后已经开始出现碳排放下行趋势，因此其承诺目标内容只针对碳中和。第二，尽管中国承诺在2060年实现碳中和，晚于发达国家承诺的碳中和时间，头际中国从碳达峰到碳中和需要花30年的时间，而那些已经实现碳达峰的发达国家达到碳中和则需要花40年的时间。第三，各国采取的承诺性质不同，可分为提交联合国、法律规定、政策宣示三类，碳达峰、碳中和不仅是环保议题，更是政治议题，与各国的产业结构、经济发展方式紧密相关。

二、各国碳达峰、碳中和的实现路径

（一）欧盟

2019年12月，欧盟委员会发布《欧洲绿色协议》。其中描绘了欧洲绿色发展战略的总体框架，并提出了落实该协议的关键政策和措施的初步路线图，包括三大领域：一是促进欧盟经济向可持续发展转型，二是欧盟作为全球领导者推动全球绿色发展，三是出台《欧洲气候公约》以推动公众参与绿色转型发展。

《欧洲绿色协议》分别在八大领域提出了一系列转型政策与措施，分别是：①提高欧盟2030年和2050年的气候目标；②提供清洁、可负担的、安全的能源；③推动工业向清洁循环经济转型；④高能效和高资源效率建造和翻新建筑；⑤加快向可持续与智慧出行转变；⑥"从农场到餐桌"：设计公平、健康、环保的食品体系；⑦保护与修复生态系统和生物多样性；⑧提高无毒环境的零污染目标。

此外，在《欧洲绿色协议》中还对标准的作用给予肯定：欧盟可以制定标准，应用于全球价值链。欧盟委员会将继续制定支持可持续增长的新标准，通过经济体量影响国际标准，使其符合欧盟环境和气候目标。为此，欧洲标准化委员会（CEN）和欧洲电工标准化委员会（CENELEC）将加强合作，为《欧洲绿色协议》提供标准支持。

（二）德国

2019年9月，德国联邦政府内阁通过了《气候保护计划2030》。2019年11月，德国联邦议院通过了《德国联邦气候保护法》，通过立法确定了德国到2030年温室气体排放比1990年减少55%，到2050年实现净零排放的中长期减排目标。而欧盟范围内的统一政策目标又进一步刺激德国考虑将到2030年的减排目标提高到65%。

《气候保护计划2030》在建筑和住房、能源、工业、建筑、交通、农林六大领域进行了减排目标分解，规定了部门减排措施、减排目标调整、减排效果定期评估的法律机制。

在能源领域，随着《2050年能源效率战略》于2019年年底通过，德国联邦政府设定了在所有经济领域提高能源效率的目标，制定了到2030年减少一次能源使用的第一个目标。2020年通过的《煤炭逐步淘汰法案》明确了分阶段逐步淘汰燃煤电站并从总量上大幅减少二氧化碳排放量的目标。2020年9月通过的《可再生能源法修正案草案》明确了到2030年可再生能源发电占总电力消耗的65%。

在工业领域，德国联邦政府的政策主要是鼓励工业企业开发气候保护的创新技术，采用气候友好的生产技术降低能源和资源消耗如出台高技术气候保护战略、投入70亿欧元的国家氢能源战略，通过技术创新打造德国在世界范围内有竞争力的可持续性。在碳捕集使用与封存技术、移动和固定式储能系统电池技术、材料节约型和资源节约型的循环经济技术等领域，德国联邦政府通过设立数十亿欧元产业基金的方式，进一步拉动工业部门投入研发资金。

在建筑领域，德国于2020年11月生效的《建筑物能源法》明确了用基于可再生能源有效运行的新供暖系统代替旧供暖系统的要求。此外，德国联邦政府非常注重能效改善和对可再生能源的投资，出台了一系列税收减免措施，如德国的一些政策性银行和联邦政府通过设立联邦节能建筑基金为节能建筑和节能改造提供免税与信贷支持。

在交通领域，德国联邦政府设计了一系列的政策降低运输行业温室气体的排放，从鼓励电动汽车、自行车和铁路出行到发展替代燃料技术和应用碳定价的激励约束机制。例如，从 2019 年 11 月起对购买电动汽车的消费者给予最高 6 000 欧元的补贴，到 2030 年建设 100 万个充电站；对 2021 年以后新购买的燃油车征收基于公里碳排放的车辆税，从 2021 年起以每年 10 亿欧元的投入加快地区公交电动化的更替，以及到 2030 年投入 860 亿欧元进行全国铁路网电气化和智能化改造升级。

（三）英国

2008 年，英国正式颁布《气候变化法案》，成为世界上首个以法律形式明确中长期减排目标的国家。2019 年 6 月，英国新修订的《气候变化法案》生效，正式确立到 2050 年实现温室气体"净零排放"，即碳中和。

2020 年 11 月，英国政府宣布一项涵盖 10 个方面的"绿色工业革命"计划：

海上风能：通过海上风力发电为每家每户供电，到 2030 年实现海上风电装机容量翻两番，达到 40GW，支持 6 万个就业机会。

氢能：到 2030 年实现 5GW 的低碳氢能产能，供给产业、交通、电力和住宅；在 10 年内建设首个完全由氢能供能的城镇。

核能：将核能发展成为清洁能源来源，包括大型核电站及开发下一代小型先进的核反应堆，可支持 1 万个就业机会。

电动汽车：支持包括英格兰西中部地区、东北地区及北威尔士在内的世界领先的汽车制造基地，加速向电动汽车转型，并改进国家基础设施，以更好地为电动汽车提供支持。

公共交通、骑行和步行：将骑行和步行打造成更受欢迎的出行方式，并投资适用于未来的零排放公共交通方式。

Jet Zero 理事会和绿色航运：通过飞机和船只零排放研究项目，帮助脱碳困难的行业变得更加绿色清洁。

住宅和公共建筑：让住宅、学校和医院变得更加绿色清洁、保暖和节能，同时在 2030 年前创造 5 万个就业机会，到 2028 年安装 60 万个热泵。

碳捕集：成为环境中有害气体捕集与封存技术的世界领导者，并计划到 2030 年清除 1000 t 二氧化碳。

自然：保护并恢复自然环境，每年种植 3 万 hm^2 树林，同时创造并保留数千个工作岗位。

创新和金融：为实现上述新能源目标开发更多的尖端技术，将伦敦金融城发展为全球绿色金融中心。

（四）日本

2020 年 10 月 26 日，日本首相菅义伟在向国会发表首次施政讲话时宣布，日本将在 2050 年实现温室气体净零排放，完全实现碳中和。

2021 年 1 月，日本经济产业省发布《绿色增长战略》，确定日本到 2050 年实现碳中和目标。为促进绿色增长，

日本政府制定了跨领域的政策工具。一是增加财政预算，10 年内成立一个 2 万亿日元规模的绿色创新基金。二是改革税收制度，设立碳中和投资促进税制，扩大研究开发税制。三是加强金融融资，设立长期资金支持机制和成果联动型利息优惠制度，吸引民间资本。四是完善规章制度和标准，修改完善加氢站、海上风电、蓄电池相关规章制度和标准，制定运用信用交易、碳税、边境调整措施等市场机制。五是开展国际合作，全面推进与欧美之间重点领域要素技术的标准化、消除贸易壁垒，通过"东京净零排放周"在国际发声，寻求国际合作。

（五）中国

我国碳达峰碳中和工作领导小组第一次全体会议于 2021 年 5 月 26 日在北京召开。中共中央政治局常委、国务院副总理韩正主持会议并讲话。韩正指出，当前要围绕推动产业结构优化、推进能源结构调整、支持绿色低碳技术研发推广、完善绿色低碳政策体系、健全法律法规和标准体系等，研究提出有针对性和可操作性的政策举措。

2021 年 5 月，在中国科学院学部第七届学术年会上，中科院院士丁仲礼作题为"中国'碳中和'框架路线图研究"的专题报告，提出"三端发力"体系。第一端是能源供应端，尽可能用非碳能源替代化石能源发电、制氢，构建新型电力系统或能源供应系统；第二端是能源消费端，力争在居民生活、交通、工业、农业、建筑等绝大多数领域中，实现电力、氢能、地热、太阳能等非碳能源对化石能源消费的替代；第三端是人为固碳端，通过生态建设、土壤固碳、碳捕集封存等组合工程去除不得不排放的二氧化碳。简言之，就是选择合适的技术手段实现减碳、固碳，逐步达到碳中和。

三、碳达峰、碳中和对标准的需求分析

从上述相关地区和国家落实碳达峰、碳中和的路径中可以看出：

第一，各地区和国家均把标准视为支持政策落实、支持产业转型、支持技术推广的有效手段。中国、日本均提出完善法律法规和标准；欧盟《欧洲绿色协议》中除了提及地区标准，还提到对国际标准的影响；日本也提出"开展国际合作，全面推进与欧美之间重点领域要素技术的标准化"。

第二，整体上，相关地区和国家均在能源生产侧、能源消费侧重点发力。在能源生产侧，欧盟提出"清洁、可负担的、安全的能源"；德国要求淘汰煤电，提升可再生能源发电比例；英国、日本主打海上风电和氢能替代；中国推动能源结构转型。在能源消费侧，欧盟、德国、英国均将建筑能效和交通领域电能替代作为重点。可以预见，这些技术领域将是相关地区和国家未来标准化工作的重点。

第三，相关地区和国家的产业发展进程不同，采取实现碳达峰、碳中和的技术路径有所区别。欧盟将"公平、健康、环保的食品体系"及"保护与修复生态系统和生物多样性"作为重点，德国、英国、中国均重视发展碳捕

集技术，英国仍然发展核能产业。这些特色之处，可以作为我国实现碳达峰、碳中和路径过程中的参考。在标准层面，可以考虑与这些重点地区和国家开展合作。

综上，标准将在我国甚至全球碳达峰、碳中和的进程中发挥重要作用，建议相关主管部门结合我国产业现状和特点提出碳达峰、碳中和实现路径和标准工作行动方案；针对一些与其他地区和国家共同相关的领域，考虑相互借鉴、开展国际标准合作，甚至是共同推进国际标准。

〔撰稿人：机械工业北京电工技术经济研究所张亮〕

在 IEC 制定适用于电子电气产品生命周期评价的产品种类规则国际标准的可行性研究

一、背景情况

随着全球不可再生资源消费的不断增长和环境问题的日益严重，世界各国逐渐将生命周期评价（Life Cycle Assessment，LCA）和Ⅲ型环境声明（Type Ⅲ Environmental Declaration）作为重要的环境管理工具，开展广泛的研究和应用。LCA 是对一个产品系统生命周期中输入、输出及其潜在环境影响的汇编和评价；Ⅲ型环境声明是提供基于预设参数的量化环境数据的环境声明，必要时包括附加环境信息。两者均为有效的环境管理工具，是推动循环经济和可持续发展的重要的市场化手段之一。

在国际标准领域，ISO/TC207（环境管理）在其环境管理系列标准中对 LCA 进行了定义并规定了方法，继 1997 年发布了第一个 LCA 国际标准 ISO 14040《环境管理 生命周期评价 原则与框架》后，先后发布了 ISO 14041《环境管理 生命周期评价 目的与范围的确定、清单分析》、ISO 14042《环境管理 生命周期评价 生命周期影响评价》、ISO 14044《环境管理 生命周期评价 要求与指南》和 ISO/TR 14047《环境管理 生命周期评价 如何应用 ISO 14044 标准进行影响评价状况的应用示例》等标准。对于Ⅲ型环境声明，ISO/TC 207 发布了 ISO 14025《环境标志和声明 Ⅲ型环境声明 原则和程序》、ISO/TS 14027《环境标志和声明 产品种类规则的制定》等标准。上述国际标准系统性地在 LCA、Ⅲ型环境声明、产品种类规则（Product Category Rules，PCR）之间建立了联系，并提供了适用于所有产品和服务的基础通用的标准化信息。

我国在 LCA 标准化领域紧跟国际步伐，已将 ISO/TC 207 发布的多数 ISO 14040 系列标准转化为国家标准，并遵循 GB/T 24040—2008《环境管理 生命周期评价 原则与框架》和 GB/T 24044—2008《环境管理 生命周期评价 要求与指南》等国家标准的基本要求，制定了板材、玻璃、钢铁等产品的 LCA 技术规范。目前我国电子电气行业的产品大量出口，在国际产品供应链中具有重要地位，但是我国生产企业在绿色制造和环境认证等方面容易受到国外绿色贸易壁垒阻碍，在此背景下，如果存在国际通用的电子电气产品的 LCA 标准，并应用于指导我国电子电气产品开展 LCA 工作，将有效地帮助我国企业满足国外客户提出的环境声明及认证要求。

二、Ⅲ型环境声明对 LCA 和 PCR/ 具体产品规则的规定

1. Ⅲ型环境声明对 LCA 的规定

在 ISO 14025 中对Ⅲ型环境声明做出了如下定义和规定：

引言

在编制Ⅲ型环境声明的过程中，可能赋予计划或其声明以各种名称，例如：生态绿叶、生态概貌、产品环境声明、环境产品声明（EPD）和环境概貌。

第 3 章 术语和定义

3.2

Ⅲ型环境声明 Type Ⅲ environmental declaration

提供基于预设参数的量化环境数据的环境声明，必要时包括附加环境信息。

注 1：预设参数基于 ISO 14040 系列标准，包括 ISO 14040 和 ISO 14044。

注 2：附加环境信息可以是定性的也可以是定量的。

从上述规定可以得知，Ⅲ型环境声明通过使用预设参数来提供量化的环境数据，而预设参数基于 ISO 14040 和 ISO 14044。

2. Ⅲ型环境声明对 PCR 的规定

在 ISO 14025 中对 PCR 中做出了下列定义和规定：

第 3 章　术语和定义

3.5

产品种类规则 product category rules

PCR

　　对一个或多个产品种类进行Ⅲ型环境声明所必须满足的一套具体的规则、要求和指南。

6.7.1　PCR 文件内容的制定

PCR 文件应包括以下内容：

a）产品种类的定义及其描述（如：功能、技术性能和用途）。

b）根据 ISO 14040 系列标准的产品的 LCA 的目的与范围的确定，包括：

　－功能单位；

　－系统边界；

　－数据的描述；

　－输入和输出的选择准则；

　－数据质量要求，包括覆盖范围、准确性、完整性、代表性、一致性、可再现性、来源和不确定性；

　－单位。

c）清单分析，包括：

　－数据收集；

　－计算程序；

　－材料、能流和释放的分配。

d）如适用，影响种类选择和计算的准则。

e）报告 LCA 数据的预设参数（清单数据种类和影响种类参数）（详见注）。

f）提供附加环境信息的要求，包括任何方法学的要求（例如：危害和风险评价的规定），见 7.2.3。

g）需声明的材料和物质（例如：有关产品成分的信息，包括生命周期各阶段对人类健康或环境产生负面影响的材料和物质的规定）。

h）声明所需数据的产生指令（LCA、LCI、信息模块和附加环境信息）。

i）Ⅲ型环境声明内容和格式的指令（见 7.2）。

j）如果声明基于的 LCA 未覆盖所有生命周期阶段，则应包括未被考虑的生命周期阶段的信息。

k）有效期。

注：预设参数是 PCR 中确定的参数，产品的环境信息依据这些参数提供。

除此以外，ISO/TS 14027 为制定、复审、注册和更新 PCR 提供了原则、要求和指南。

ISO 14025 对Ⅲ型环境声明的可比性做出了下列规定：

6.7.2　可比性要求

当满足以下条件时，不同的Ⅲ型环境声明应被视为具有可比性：

a）产品种类的定义和描述（例如：功能、技术性能和用途）是相同的。

b）根据 ISO 14040 系列标准的要求，产品 LCA 的目的与范围的确定具有以下特点：

　－功能单位是相同的；

　－系统边界是等同的；

　－数据的描述是等同的；

　－输入和输出的选择准则是相同的；

　－数据质量要求是等同的；

　－单位是相同的。

c）对于清单分析：

　－数据收集方法是等同的；

　－计算程序是相同的；

　－材料、能流和释放的分配是等同的。

d）影响种类选择和计算准则是相同的。

从上述规定可以得知，PCR 适用于对一个或多个产品　　种类进行Ⅲ型环境声明。通过对比 PCR 的内容要求和Ⅲ型环境声明的可比性要求可以得知，PCR 可以促进Ⅲ型环境声明的可比性。

3.PCR 与具体产品规则的关系

IEC 在 IEC TR 62839-1《环境声明 第 1 部分：电线电缆和附件产品 具体规则》中规定了具体产品规则（Product Specific Rules，PSR）的定义，如下：

第 3 章 术语和定义

3.2

具体产品规则

PSR

用于对一个产品种类进行Ⅲ型环境声明的一套具体的规则、要求和指南。

PSR 可以在某种意义上作为 PCR 的补充内容，为某一具体产品种类提供更多的具体要求。IEC 的产品标委会已经开展了若干 PSR 标准的研制。另外，欧盟的 PEP

Ecopassport 项目发布了 1 项 PCR 标准和 17 项 PSR 标准[⊖]。

ISO/TS 14027:2017 规定了 PCR 与 PSR 之间的关系规则，具体如下：

6.5.5 核心规则与产品种类规则

如果制定产品种类规则时使用了一个或多个核心规则，产品种类规则应：

a）满足核心规则的全部要求。

b）确定它与同一项目中基于相同核心规则制定的其他产品种类规则之间的分级位置。

基于相同核心规则制定的产品种类规则的分级规则见图 1。该分级规则宜与项目执行者采用的分级体系相一致，但在有需要时也可包括更多细节。

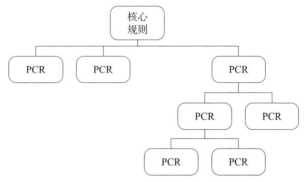

图1 基于相同核心规则制定的产品种类规则的分级规则

在此框架中，产品种类规则的层级位置应表现出与层次结构中所有上级文件的一致性。

产品种类规则宜与同一层级的其他产品种类规则保持一致。

通常而言，为了避免过度制定产品种类规则，制定产品种类规则的方法宜尽量减少产生下一级产品种类规则的需求。

注 1：例如羊毛织物地板的产品种类规则需要包括与实木地板的产品种类规则相同的规则，以应对具体的环境影响（如生物碳）。

注 2：在任一层级上的产品种类都可以被视为上层种类的"下属种类"，即使它们没有使用相同的功能单位。

在上述的层级结构中，处在底层位置、适用于某一具体产品种类的 PCR 实际上是 PSR。

PCR 与 PSR 可以被理解为是相互关联的概念，类似于系统相对于产品，或产品相对于零件。处于上层（例如电子电气产品）的 PCR 可以为制定具体产品种类（例如电机）的 PSR 提供便利和一致性。

三、地区／国家层面的 PCR/PSR 标准

目前世界上部分地区／国家已经开展了若干项目以鼓励行业对产品实施 LCA 以及提供Ⅲ型环境声明。此工作中的一个关键因素是制定 PCR/PSR，以确保 LCA 结论和环境声明的一致性。

1.欧盟

2013 年，欧盟"建立统一绿色产品市场"（COM/2013/196）

⊖ 详见http://www.pep-ecopassport.org/fr/creer-un-pep/faire-une-acv。

发起了产品环境足迹（Product Environmental Footprint，PEF）和组织环境足迹（Organization Environmental Footprint，OEF）项目，在欧盟指令 2013/179/EU 中最早规定了用于衡量 PEF 和 OEF 项目生命周期环境绩效的通用方法。

基于上述通用方法，欧盟于 2013—2018 年实施了环境足迹试点项目，验证并改进了 PEF 和 OEF 指南[⊖]，随后自 2019 年开始了转型阶段[⊖]。

转型阶段的主要目标是为下列工作建立总体规划：对现有的 PEF 种类规则（PEFCRs）和 OEF 行业规则（OEFSRs）的实施进行监管，制定新的 PEFCR/OEFSR，制定新的方法学。

欧盟于 2019 年发布了欧盟标准 EN 50693《适用于电子电气产品与系统生命周期评价的产品种类规则》，即电子电气产品的 PCR 标准。该标准的目的是通过采用电子电气产品与系统评价环境绩效和提供环境声明的通用方法，确保评价工作的协调性和一致性。该标准基于 PEF/OEF 项目的核心方法因素（例如纳入了 PEF 指南中推荐的生命末期情景），目标用户包括有意向在自身领域内制定 PSR 标准的产品标委会，以及开展产品 LCA 的专业人员（没有现成的 PSR 标准时）。

该欧盟标准最终草案（FDIS）中对范围的规定是：

范围：本文件定义了适用于电子电气产品与系统（EEPS）的产品种类规则（PCR）。本文件规定了在环境声明范围内实施 LCA 的程序和要求。

额外的具体产品规则（PSR）是对 PCR 的补充。PSR 做出了进一步的规定，例如在具体产品范围内的功能单位和默认情景。因此，PCR 也提供了如何在相应的技术委员会中制定 PSR 的指导。

本文件为下列内容提供了通用准则：

a）LCA，包括建立默认情景的要求。

b）LCA 报告。

c）制定 PSR。

本文件为开展环境声明提供了进一步的指南。

基础的 LCA 原则和框架基于 EN ISO 14040 系列标准（例如 EN ISO 14040 和 ISO 14044），因而不包含在本文件的范围之内。

该欧盟标准的主要内容包括：

第 4 章　产品生命周期评价

4.2　PCR

4.2.2　对功能单位和基准流的描述

4.2.3　系统边界（包括从系统边界中的排除情况及取舍准则）

4.2.4　生命周期清单（应在 LCA 中予以考虑的对应于每个生命周期阶段环境因素的输入和输出）

4.2.5　分配原则

4.2.6　单位

4.2.7　数据质量（初级数据来源、次级数据来源、数据质量要求等）

4.3　建立情景

4.4　生命周期影响评价（在附录 B 中给出了推荐的环境影响类别和指标）

4.5　LCA 报告

4.5.1　概述

4.5.2　LCA 的范围

4.5.3　生命周期清单

4.5.4　环境影响评价

4.5.5　附加环境信息

---

2. 中国

工业和信息化部于 2016 年发布了《绿色制造工程实施指南（2016—2020 年）》，其中一项重要组成部分是"开发绿色产品"。在开展绿色设计产品评价时，要求申报单位对产品开展 LCA 并提交 LCA 报告，作为必要的支持文件。中国于 2019 年发布了国家标准 GB/T 37552—2019《电子电气产品的生命周期评价导则》，即电子电气产品的产品种类规则。该国家标准的范围为：

⊖ 见 http://ec.europa.eu/environment/eussd/smgp/ef_pilots.htm。

⊖ 见 http://ec.europa.eu/environment/eussd/smgp/ef_transition.htm。

范围：

本标准规定了电子电气产品生命周期评价的术语和定义、生命周期评价和生命周期报告。

本标准适用于指导制定用于具体电子电气产品生命周期评价的产品种类规则。

注：没有具体产品种类规则时，也可参照使用本标准开展生命周期评价并依据 GB/T 24025 做出Ⅲ型环境声明。

该国家标准的目的是：帮助、指导和协调对绿色制造工程范围内各种类型的电子电气产品开展 LCA 并提供报告，简化电子电气产品 PSR 标准的制定工作并保证其统一性。

该国家标准的目标用户为 PSR 标准的制定者、从事 LCA 的专业人员（无产品 PSR 时）。

国家标准在第 4 章规定了 LCA 的框架，主要基于 ISO 14025 规定的 PCR 文件内容，并增加了预设参数和对实施及报告 LCA 的具体步骤的要求。因为这些预设参数和要求对所有电子电气产品都是通用的，国家标准建议对具体种类的产品开展 PSR 标准的制定，以提供更为详细的参数（例如默认情景以及产品生产工艺等）。

第 4 章　生命周期评价框

4.1　概述

对如何描述产品功能单位和基准流的要求（在描述中应包含哪些信息）。

4.2　系统边界

生命周期评价中应考虑哪些生命周期阶段以及每个生命周期阶段相应的输入和输出；

对于"摇篮到坟墓"还是"摇篮到大门"的选择；

系统边界中排除的内容。

4.3　数据收集

默认情景，例如电力消费、运输、产品使用、生命末期处理等；

数据单位；

对于原始数据和次级数据的收集要求，包括输入和输出、数据来源等。

4.4　数据质量评估

4.5　取舍准则

4.6　环境影响指标

对电子电气产品推荐的环境影响指标。

4.7　同质环境家族推断准则

判断基准产品的同质家族产品的具体步骤。

第 5 章　生命周期报告

5.1　概述

生命周期报告应包含的基本信息。

5.2　通用信息

5.3　基准流和功能单位

5.4　生命周期清单

5.5　环境指标

---

3. 日本

日本工业环境管理协会（JEMAI）负责实施和管理 JEMAI 环境标志项目，该项目包括 Ecoleaf 项目○和碳足迹沟通项目（CFP 项目）。

EcoLeaf 项目遵守 ISO 14025 和 ISO 14040 系列标准中的规定，并开始于 PCR 的制定和基于 PCR 的量化。鉴于该项目将 PCR 作为每个产品种类设定生命周期计算方法原则及开展环境声明的具体准则，PCR 实际上是作为 PSR 使用。

在 EcoLeaf 项目中，制定 PCR 的目的是确保下列定义的一致性：LCA 计算的要求和规则，产品使用和处置的情景，数据收集、处理和使用的方法，可以披露的数据。

电子电气产品在 Ecoleaf 项目的产品类别中占有很大比重，如消费类产品、IT 设备和办公设备等。

4. 美国

电子产品环境影响评估工具（EPEAT）项目采用 IEEE 1680.1-2018 评价电脑和显示器的环境绩效，该标准将 LCA 和产品碳足迹作为评价指标中的可选项。

IEEE 1680.1-2018 对 LCA 仅要求制造商使用 ISO 14044 和 ISO 14040 对其任一产品实施 LCA，并未针对产品种类规定具体的 PSR。对于产品碳足迹，该标准要求制造商对产品的生命周期温室气体排放进行评估。例如，使用国际认可的出版物（如 PAS 2050、WRI 温室气体公约产品生命

○ 见http://www.ecoleaf-jemai.jp/eng/index.html。

周期核算和报告标准等）评价产品碳足迹（Product Carbon Footprint，PCF）。

四、现有地区/国家 PCR 标准的对比

欧盟 PCR 标准和中国 PCR 标准虽然在关注的要求和对要求的规定程度上存在若干差异，但是两者在技术内容中有更多的相同点。

范围：两个标准均为电子电气产品 LCA 的实施和报告规定了通用规则。

目标用户：产品标准化技术委员会和 LCA 专业人员。

对于 PCR 本身规定了：对功能单位和基准流的描述；系统边界；生命周期清单；数据质量；默认情景；环境影响评价和指标；生命周期报告。

两个标准具有共同点的原因可能为：

（1）两者均基于 ISO 14025:2006 对 PCR 内容的规定。

（2）两者在编制过程中均采用 PEP Ecopassport PCR 第三版作为重要的参考文献。

（3）电子电气产品的设计功能或服务可以用类似的方式予以描述。

（4）电子电气产品的物质流和价值流在生命周期中的转移方式是相似的。

（5）电子电气产品的主要生命周期阶段（系统边界）以及每个生命周期阶段相应的环境影响（例如材料消耗、能源消耗、温室气体排放等）是相似的。

（6）电子电气产品的数据收集、数据质量和取舍准则的要求是相似的。

电子电气产品的欧盟 PCR 标准与中国 PCR 标准的对比见图 2。

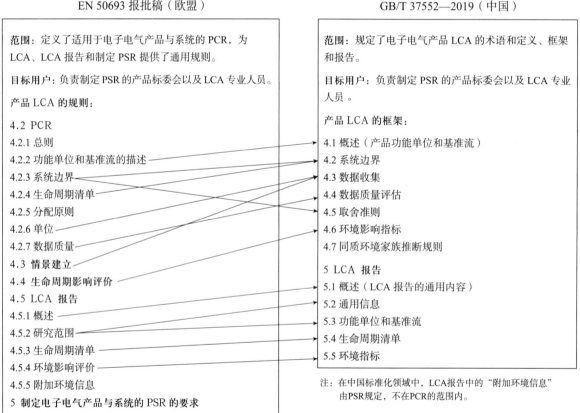

图 2　电子电气产品的欧盟 PCR 标准与中国 PCR 标准的对比

五、对 IEC 现有 PSR 标准的比对分析

IEC/TC46（电缆）已经以技术报告（Technical Report，TR）的形式发布了两项 PSR 标准：IEC/TR 62839-1:2014《环境声明　第 1 部分：电线电缆及附件产品　具体规则》以及 IEC TR 62839-2:2019《环境声明　第 2 部分：光学／铜质通信附件产品　具体规则》。两个标准具有一致的结构，而且规定的内容相对简单，主要注重于功能单位、基准流、系统边界和默认情景。IEC/TC46 的两项 PSR 标准的对比见图 3。

TC105（燃料电池技术）也正在以技术规范（Technical Specification，TS）的形式制定 PSR 标准，但是结构比 TC46 复杂得多，将在标准中为特定产品种类提供更为详细的说明并细化对每个生命周期阶段的要求。这些细化的要求有助于提升 PSR 标准的可实施性和可操作性，但是在制定标准时需要投入大量的专家资源，提高了工作强度，延长了工作时间，并且会降低 IEC 各标委会标准之间的一致性。IEC/TC46 与 IEC/TC105 的 PSR 标准对比见图 4。

IEC TR 62839-1:2014（IEC/TC46）

范围：规定了用于通信、数据、控制和指令的电线电缆的具体产品规则。

目标用户：环境／产品经理；企业中负责制定产品环境足迹／产品种类规则的 LCA 专家；负责根据规则开展产品环境足迹／产品种类规则合格评定的验证人员。

具体产品规则：

4 通信及数据用电线电缆

4.1 功能单位和基准流描述

4.2 系统边界

4.2.1 概述

4.2.2 安装阶段

4.2.3 使用阶段

4.2.4 工作寿命和使用率

4.2.5 生命末期阶段

5 控制和指令用电线电缆

5.1 功能单位和基准流描述

5.2 系统边界

5.2.1 概述

5.2.2 安装阶段

5.2.3 使用阶段

5.2.4 生命末期阶段

6 附件 FFS

IEC TR 62839-2:2019（IEC/TC46）

范围：规定了用于光学／铜质的电信附件产品的具体产品规则。

目标用户：环境／产品经理；企业中负责制定产品环境足迹／产品种类规则的 LCA 专家；负责根据规则开展产品环境足迹／产品种类规则合格评定的验证人员。

具体产品规则：

4 光学／铜质的电信附件产品

5 系统边界

5.1 总则

5.2 安装阶段

5.3 计算得出的使用阶段损耗

5.3.1 光学连接

5.3.2 平衡连接器

5.3.3 同轴连接器

5.3.4 金属波导

5.4 生命末期阶段

图 3　IEC/TC46 的两项 PSR 标准的对比

IEC TR 62839-2:2019（IEC/TC46）

范围：规定了用于光学／铜质的电信附件产品的具体产品规则。

目标用户：环境／产品经理；企业中负责制定产品环境足迹／产品种类规则的 LCA 专家；负责根据规则开展产品环境足迹／产品种类规则合格评定的验证人员。

具体产品规则：

4 光学／铜质的电信附件产品

5 系统边界

5.1 总则

5.2 安装阶段

5.3 计算得出的使用阶段损耗

5.3.1 光学连接

5.3.2 平衡连接器

5.3.3 同轴连接器

5.3.4 金属波导

5.4 生命末期阶段

IEC TS 62282-9-102 CD2（IEC/TC105）

范围：基于生命周期思想、为用户信息交流而提供的产品种类规则，适用于描述住宅用固定燃料电池动力系统和替代热（动力）系统的环境绩效。

目标用户：供热相关设备（包括热电联产发电机）的制造商。

具体产品规则：

4 原则

5 产品族

6 评价

6.1 评价目标

6.2 边界

6.2.1 功能单位和基准流

6.2.2 基本系统边界和生命周期阶段

6.2.3 纳入输入和输出的规则

6.2.4 数据质量原则

7 生命周期清单

7.1 数据收集

7.2 清单和计算原则

7.3 分配原则和多功能化

8 生命周期影响评价

8.1 总则

8.2 影响类型

8.3 影响评价方法

9 环境绩效声明

10 环境绩效声明的验证和有效性

图 4　IEC/TC46 与 IEC/TC105 的 PSR 标准对比

六、制定适用于电子电气产品的 PCR 国际标准的可行性分析

鉴于目前世界各国家／地区已经实施了鼓励和推广 LCA 及 Ⅲ 型环境声明的项目／措施，同时也在国际／区域层面制定发布了若干适用于电子电气产品的 PCR/PSR 标准，为了保证环境声明的一致性和可比较性，应在国际层面统一电子电气产品的 PCR 标准。LCA/PCR 相关标准／项目见表 1。

表 1 LCA/PCR 相关标准／项目

标准化组织	标准／项目名称
1. LCA 和环境声明	
ISO/TC207	ISO 14040:2006《环境管理 生命周期评价 原则与框架》 ISO 14044:2006《环境管理 生命周期评价 要求与指南》 ISO 14025:2006《环境标志和声明 Ⅲ 型环境声明 原则和程序》
IEC/TC111	IEC TR 62725:2013《电子电气产品与系统的温室气体排放量化分析方法》 欧盟产品环境足迹试点指南 PEP ecopassport 项目，电子电气产品和暖通空调制冷产品的产品种类规则 JEMAI 环境标志项目／Ecoleaf 项目 EPEAT
2. PCR 标准	
ISO/TC207	ISO/TS 14027:2017《环境标志和声明 制定产品种类规则》
CLC/TC111X	EN 50693:2019《适用于电子电气产品与系统生命周期评价的产品种类规则》
PEP Ecopassport	PCR-ed3-EN-2015 04 02 电子电气产品和暖通空调制冷产品的产品种类规则
SAC/TC297	GB/T 37552—2019《电子电气产品的生命周期评价导则》
3.PSR 标准	
IEC/TC46	IEC/TR 62839-1:2014《环境声明 第 1 部分：电线电缆和附件产品 具体规则》 IEC/TR 62839-2:2019《环境声明 第 2 部分：光学／铜质通信附件产品 具体规则》
IEC/TC105	IEC TS 62282-9-101 ED1（DTS 阶段）《燃料电池技术 第 9-101 部分：基于生命周期思想的燃料电池动力系统环境绩效评价方法 住宅用固定燃料电池动力系统的考虑简化生命周期的环境绩效表征》 IEC TS 62282-9-102 ED1（DTS 阶段）《燃料电池技术 第 9-102 部分：基于生命周期思想的燃料电池动力系统环境绩效评价方法 住宅用固定燃料电池动力系统及替代系统的产品种类规则》
PEP Ecopassport	EN 50598-3《电力驱动系统、电动机起动器、电力电子及其驱动应用的生态设计 基于生命周期评价的定量化生态设计方法（包括产品种类规则及环境声明内容）》 PSR-0001 电线电缆及附件 PSR-0002 直接、可视化、固定的电热器具 PSR-0003 电缆管理 PSR-0004 独立式家用储水式热水器 PSR-0005 电气开关及控制设备解决方案 PSR-0006 建筑物中安装的窗帘和封闭装置的驱动装置 PSR-0007 自备应急电气设备 PSR-0008 通风空气处理过滤及机械排烟设备 PSR-0009 舒适设备终端装置 PSR-0010 不间断电源 (UPS) PSR-0011 热水散热器或毛巾散热器 PSR-0012 燃气、燃油或生物质锅炉 PSR-0013 用于房屋供暖和／或制冷和／或生产生活热水的电压缩热力发电机 PSR-0014 灯具 PSR-0015 独立住宅用木制供暖系统设备 PSR-0016 储水罐 PSR-0017 太阳能集热器

根据对欧盟 PCR 标准和中国 PCR 标准的对比，看出电子电气产品的 PCR 标准的使用范围和技术内容结构基本固定，可以作为制定通用国际标准的基础。根据对 IEC 内部不同产品标委会制定的 PSR 标准的对比，为了避免在 IEC 的同类标准之间产生过多分歧，需要一项横向的 PCR 国际标准来统一 PSR 标准的形式、结构和内容。综上，目前有必要、也有条件在国际层面制定一项协调统一的电子电气产品 PCR 国际标准。

具体到 IEC 工作领域，则应由 IEC/TC111（环境标准化技术委员会）制定电子电气产品 PCR 标准作为横向标准，由各产品标委会制定针对具体产品种类的 PSR 标准。该 PCR 国际标准将主要应用于指导具体电子电气产品 PSR 标准的编写。实施 PCR 国际标准可以在 IEC 内部产生下列收益：

（1）有助于产品标委会理解 LCA 的概念、内容以及如何实施 LCA。

（2）通过在 PCR 标准中提供的通用指标，有助于简化制定 PSR 标准的工作。

（3）有助于确保和提升 IEC 领域内 PSR 标准的一致性。

除了 IEC 标准化领域，在世界市场上实施 IEC 制定的 PCR 国际标准将产生的积极影响包括：

（1）PCR 国际标准中规定的通用要求可以在不同产品的供应链中简化信息 / 数据收集工作并保持一致性，因为就电子电气产品而言，同一中间产品可以被分配至各种各样最终产品的供应链中。

（2）PCR 国际标准中规定的通用要求可以简化回收处理服务中的信息 / 数据收集工作并保持一致性，因为多数电子电气产品可以应用类似的回收处理技术和工艺。

（3）通过促进 PSR 标准的制定，推广 LCA 在电子电气产品领域的实施。

除此以外，未来的 IEC PCR 标准还可以确保在 IEC/TC111 的循环经济工作组中规定的循环经济标准在各产品 PSR 标准中得到充分应用，从而使 LCA 为循环经济的建设和提质做出持续贡献。

〔撰稿人：机械工业北京电工技术经济研究所张亮〕

第二部分：标准研究

燃料电池标准发展状况及建议

一、概述

由于能源需求的日益增长，化石燃料的消耗与二氧化碳排放总量快速上升，"清洁、低碳、安全、高效"的能源变革已是大势所趋。习近平主席在第七十五届联合国大会一般性辩论上的讲话中表示："中国将提高国家自主贡献力度，采取更加有力的政策和措施，二氧化碳排放力争于 2030 年前达到峰值，努力争取 2060 年前实现碳中和"。为实现这一目标，大力发展燃料电池技术将是重要的措施之一。

作为替代能源，可再生能源大规模使用受限于地域分布不均及固有的间歇性、波动性与随机性等不足。氢能是一种洁净的二次能源载体，可通过燃料电池产生电能和热能，具有能量转化效率较高、获取来源途径多等优点。通过可再生能源大规模制备"可再生氢"，再通过氢气的桥接作用，能够实现由化石能源顺利过渡到可再生能源的持续循环，从而催生可持续发展的氢能经济。因此，燃料电池产业化发展将是未来能源变革的重要工作任务。

产业发展，标准先行。我国燃料电池技术水平与先进国家相比还存在一定的差距。在燃料电池产业发展初期，及时开展燃料电池标准推进工作，有利于引领全行业统一，为产业发展宏观布局、避免产业发展失衡，从而为燃料电池技术进步和产业发展提供强有力的技术支撑。

二、标准现状

我国于 2008 年经国家标准化管理委员会正式批复成立全国燃料电池及液流电池标准化技术委员会（编号 SAC/TC342，简称标委会），由机械工业北京电工技术经济研究所作为秘书处承担单位，负责开展国内燃料电池及液流电池领域的标准化工作。标准架构包含燃料电池发电系统、燃料电池模块、电池堆、单电池及其关键零部件，以及保障燃料电池发电系统正常运行的辅助系统。燃料电池发电系统框图见图 1。截至 2021 年 12 月，标委会归口国家标准共计 45 项，其中燃料电池领域国家标准 41 项、液流电池领域国家标准 4 项。

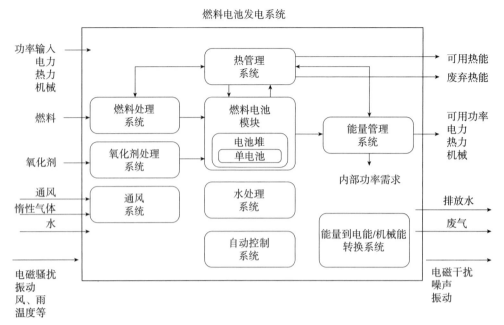

图1 燃料电池发电系统框图

根据燃料电池应用领域分类，标准体系可以分为：

基础通用标准，包括术语、模块等标准；

能源应用标准，分为电力应用、通信应用、工业应用、物流应用；

交通应用标准，分为车辆应用、船舶应用、火车应用、飞行器应用；

便携式应用 / 微型应用标准。

根据燃料电池应用场景的不同，按照产品属性分类在国家标准或行业标准层级制定的标准包括：

产品安全性标准；

产品性能要求标准；

产品耐久性 / 寿命标准；

电池堆标准；

催化剂标准；

膜电极标准；

双极板标准；

其他关键部件或材料标准。

燃料电池标准体系框图见图2。

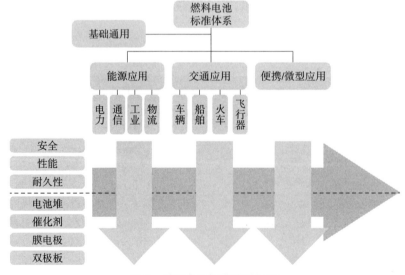

图2 燃料电池标准体系框图

随着燃料电池产业的快速发展，标准制定逐渐开始服务产业的发展。交通领域中，为配套燃料电池汽车的发展，标委会完成 GB/T 33979—2017《质子交换膜燃料电池发电系统低温特性测试方法》、GB/T 38914—2020《车用质子交换膜燃料电池堆使用寿命测试评价方法》等低温、车用模块、车用电堆标准的制定。能源领域中，结合燃料电池在通信基站中的应用，组织完成 GB/T 31036—2014《质子交换膜燃料电池备用电源系统 安全》的制定；为推动质子交换膜燃料电池在电力系统变电站领域的应用，完成 GB/T 36544—2018《变电站用质子交换膜燃料电池供电系统》的制定。便携式及微型燃料电池领域中，标委会紧跟市场发展，针对已有少量市场规模但缺少标准指导的领域（如无人机领域），及时组织开展 GB/T 38954—2020《无人机用氢燃料电池发电系统》的制定。

在国际上，负责燃料电池领域标准研制的是 IEC/TC105（国际电工委燃料电池技术委员会）。IEC/TC105 由

法国的 Laurent Antoni 担任主席，德国的 David Urmann 作为秘书，现有 P 成员国 19 个，O 成员国 13 个。截至 2021 年年底，IEC/TC105 下设 39 个 WG/AG/JWG/AHG 及 MT，当前燃料电池在研国际标准 16 项。截至 2021 年 12 月，TC105 发布现行燃料电池国际标准 22 项，我国已转化 16 项，占总数的 73%。SAC/TC342 国家标准领域分布见图 3。IEC/TC105 国际标准领域分布见图 4。

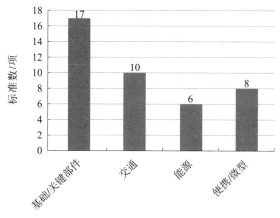

图 3 SAC/TC342 国家标准领域分布

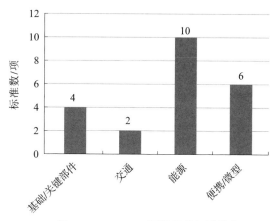

图 4 IEC/TC105 国际标准领域分布

与 IEC/TC105 相比，基础、关键零部件标准在 SAC/TC342 现有标准制定中的占比较大，这和我国燃料电池标委会成立前期，燃料电池处于实验室研究阶段，标准的制定主要集中在基础、关键材料和零部件等因素有关。而 IEC/TC105 国际标准从燃料电池发电系统应用出发，基础通用标准仅制定 4 项。

三、问题分析

1. 标准体系待优化

我国燃料电池技术起步较晚，与美国、日本、欧洲等先进国家和地区相关技术相比仍有一段差距。标委会前期的工作着重在电堆、关键零部件和材料方面，而国际标准则着重于不用应用的燃料电池系统方面。伴随我国标准化改革深化及产业技术进步，燃料电池标准体系仍需要进一步优化调整，应将国内技术研发与国际标准采用相结合互补推动。

2. 重点标准待制定补缺

车用燃料电池产业是一个快速发展的新兴行业，燃料电池车的发展丰富了新能源汽车市场。财政部等五部委联合发布的《关于开展燃料电池汽车示范应用的通知》（财建〔2020〕394 号）提出，"示范期暂定为四年。示范期间，五部门将采取'以奖代补'方式，对入围示范的城市群按照其目标完成情况给予奖励。奖励资金由地方和企业统筹用于燃料电池汽车关键核心技术产业化、人才引进及团队建设，以及新车型、新技术的示范应用……"。质子交换膜等关键零部件作为燃料电池"核芯"将直接影响燃料电池整体性能，《通知》明确提出燃料电池发电系统中质子交换膜等八大关键零部件的示范目标。现行质子交换膜系列国家标准包含 GB/T 20042.3—2021《质子

交换膜燃料电池 第 3 部分：质子交换膜测试方法》等 7 部分，膜电极、双极板等国家标准均已开展修订工作。这对燃料电池行业技术起到规范作用，给相关示范应用提供了统一的测试方法，为燃料电池制造商的内部生产、经营和质量检验提供依据和评价，也将为燃料电池制造商、燃料电池用户、相关检验部门和消费者提供良好的质量依据，对推动国内燃料电池技术的发展起到重要的引导作用，对提高国家的核心竞争力及新能源产业的发展具有推动作用。

3. 标准化横向合作需加强

燃料电池作为新型清洁能源之一，属于发电装置，具有安全、高效率、无污染等特点，近年来广泛应用于车辆、通信基站等示范项目，其中车用燃料电池的推广加速了燃料电池的发展。目前在汽车整车领域，燃料电池主要集中在公交车和物流车开展示范运营，未来还将拓展到冷链车、环卫车、混凝土搅拌车、工程车、应急电源车及特种车等车辆，船舶、轨道车辆也将成为燃料电池技术应用重要场景，具有广阔的市场前景。随着燃料电池技术的发展，各技术领域标委会均已开始布局涉及燃料电池的国家标准计划研制，不可避免地造成标准内容的交叉。各领域对产品在术语、技术指标等方面均会有不同的要求，可能造成用户使用标准时的混乱。组织标准的横向合作与技术协调、融合将是标准工作的任务之一。

四、发展建议

随着近两年燃料电池产业的快速发展，标准制定紧密围绕产业的发展，为燃料电池在各领域标准中技术要求协调统一。

1. 完善标准体系建设

顺应我国国家深化标准化改革进程，建立国家标准、行业标准、团体标准相协调的燃料电池新型标准体系。以国家新能源、新能源汽车发展政策以及地区政府对氢能及燃料电池的产业政策为导向，结合燃料电池及上下游产业发展进程和技术特点，重点补充制定重点领域燃料电池系统标准，修订燃料电池关键零部件及材料的标准，并在开展标准体系建设过程中培养一支优秀的标准化人才队伍。

2. 加快新兴领域标准制修订

（1）重型载货汽车应用领域。《关于开展燃料电池汽车示范应用的通知》中强调，重点推动燃料电池汽车在中远途、中重型商用车领域的产业化应用。近些年燃料电池研究表明，重型载货汽车将会是燃料电池在车用领域实现产业化的突破点，配套燃料电池重型载货汽车的大功率燃料电池发电系统、车用模块、车用电堆等将会是未来标准制定的发展方向。建议对与之相配套的质子交换膜系列标准加快制修订步伐。

（2）能源应用领域。2021 年国家能源局发布的《2021年能源行业标准计划立项指南》，科技部发布的《关于对"十四五"国家重点研发计划"氢能技术"等 18 个重点专项 2021 年度项目申报指南征求意见的通知》，均提及了能源领域燃料电池技术及标准化的研制。而伴随我国"双碳"任务的开展，可再生能源利用与固定式燃料电池的标准化将会迎来新的发展。建议对涉及固定式发电、燃料电池备用电源等的国家标准进行复审修订。

（3）轨道车辆应用领域。燃料电池已经在轨道交通领域实现了商业落地，西门子等公司已经预研了多款有轨车辆，阿尔斯通研制的时速 140km 燃料电池动力列车已在德国运行，国内的主要示范线路包含中车四方佛山高明氢能源有轨电车线路、中车唐山燃料电池／超级电容混合动力 100% 低地板有轨电车项目、中车大同锦白铁路燃料电池混合动力机车线路等。国际上，IEC 中 TC105 与 T9 已建立联合工作组开展铁路车辆燃料电池发电系统相关的三项国际标准研制，其中性能试验方法标准由中国牵头研制。国内也将随着产业的快速发展，逐步开展相关国家标准的预研工作。建议组织燃料电池领域专家成立特别工作组，

适时开展新兴领域标准研究工作。

（4）船舶应用标准。船舶用燃料电池技术目前还处于研发阶段，美国、日本、欧盟等国家和地区多个大型船运或者商用企业在氢燃料电池船舶上进行了研发投入，启动了多个运营良好的案例。国内对燃料电池船舶的研究起步较晚，大连海事大学建造的"蠡湖"号及中国科学院大连化学物理研究所研制的"嘉鸿 01"燃料电池船均已试航成功。未来在政策的扶持下，船用燃料电池系统走向大规模商业化的技术与成本问题将随着技术的革新进步逐步得到解决，船舶用燃料电池市场将迎来新风向，船舶用燃料电池也将会是未来的重点发展方向。建议组织燃料电池领域专家成立特别工作组，适时开展新兴领域标准研究。

3. 加强标准横向合作

燃料电池产业链长，复杂度高，涉及的标准化技术委员会比较多。其中燃料电池标委会作为与燃料电池产业直接相关的标准化技术委员会，主要负责燃料电池发电系统范围内的标准制定，但仅靠燃料电池标委会制定出的标准是远远满足不了燃料电池产业发展需求的。燃料电池产业还涉及上游燃料如氢气、天然气等，下游应用如汽车、备用电源、轨道车辆、船舶等，配套设施如输氢管道、加氢站等，尤其是在氢气、气瓶等方面，从单个标委会的角度出发，协调难度大。建议参考国际电工委员会（IEC）的工作模式，多 TC 通过双归口的形式同时主导参与同一项标准的制修订。通过建立多行业标准化机构协调、顶层设计、广泛参与、协同攻关、标准成套的综合标准化模式，统一规范技术标准，充分发挥标准引领产业发展的作用。

4. 加快国际标准化转化及中国标准国际化

2021 年年末，中共中央、国务院发布《国家标准化发展纲要》，要求大力实施标准国际化战略，助力提升我国标准的整体质量。建立国际与国内标准项目同步发展的工作机制，提升国际国内标准一致性水平，积极推动国内专家参与国际标准化活动。对已有成熟的国际标准，应积极采标。借鉴国际成熟经验，提高产品的整体水平。建立政府引导、企业主体、产学研联动的国际标准化工作机制，推进中国标准与国际标准体系兼容。

〔撰稿人：机械工业北京电工技术经济研究所刁力鹏〕

液流电池标准化体系建设现状

一、液流电池产业发展进程

新型储能是构建新型电力系统的重要技术和基础装备，是实现碳达峰碳中和目标的重要支撑。近年来，我国新型储能技术创新和产业应用取得长足进步，2021 年年年底新型储能累计装机超过 500 万 kW，新能源＋储能、常规火电配置储能、智能微电网等应用场景不断涌现，商业模式逐步拓展，国家和地方层面政策机制不断完善，对能源转型的支撑

作用初步显现。以电化学储能为重点方向的新型储能技术包括锂电池、液流电池、钠离子电池、铅炭电池等，其中锂离子电池技术引进时间较早，商业化应用较为成熟，市场规模占电化学储能的 80% 以上。液流电池因具备容量大、安全性高、环保可靠、循环寿命长、能量转换效率高等技术优势，能够满足新型储能对于安全可靠、长时储能、长生命周期等方面的要求，正逐步受到市场关注。

液流电池作为新型储能技术在近几年技术进步,产业升级,产业链进一步完善,产业竞争力逐渐增强。2022年,国家发展改革委、国家能源局印发了《"十四五"新型储能发展实施方案》,积极试点示范,稳妥推进新型储能产业化进程,"十四五"新型储能技术试点示范中包括了钒液流电池、铁铬液流电池、锌溴液流电池等产业化应用。

液流电池作为固定式大规模储能(蓄电)装置,与铅酸蓄电池、镍镉电池等通常以固体作电极的普通蓄电池不同,其活性物质以液体形态储存在两个分离的储液罐中,由泵驱动电解质溶液在独立存在的电池堆中反应,电池堆与储液罐分离,在常温常压运行,因此安全性高,没有潜在爆炸风险。液流电池容易实现规模化(兆瓦级)、灵活配置、组装方便、选址自由、循环寿命长、响应速度快、自放电率低、深度放电性能良好,还具有环境友好、无污染排放、运行与维护费用低等特点。液流电池适用于调峰电源系统、大规模光伏电源系统、风能发电系统的储能以及不间断电源或应急电源系统。

随着技术的不断深入研究,我国液流电池的产业供应链不断完善。近年来,越来越多的企业进入液流电池领域并引入更多的技术发展路线,如中国科学院大连化学物理研究所投产锌镍、锌铁和锌溴等锌基液流电池,上海电气投资成立的上海电气(安徽)储能科技有限公司投产全钒液流电池、国家电投集团投资的北京和瑞储能科技有限公司投产铁-铬液流电池。从已经落地的项目来看,各大企业纷纷跨入液流电池领域,液流电池已经步入产业化、商业化和市场化阶段。据统计,2020年科技创新(储能)试点示范项目申报中,液流电池在以锂离子电池为主的电化学储能项目中占据一席之地,包括华银工业园"风/光/储/配/充"液流储能系统集成项目、青海黄河上游水电开发有限责任公司国家光伏发电试验测试基地配套20MW储能电站项目、湖北枣阳10MW光伏+10MW 40MW·h全钒液流储能光储用一体化示范项目等。

二、液流电池标准化体系建设进程

液流电池技术发展推动了标准化工作和标准体系建设。目前我国液流电池相关的标准化机构有全国燃料电池及液流电池标准化技术委员会(SAC/TC342)、能源行业液流电池标准化技术委员会(NEA/TC23)和IEC/TC21/JWG7国际电工委员会液流电池联合工作组。全国燃料电池及液流电池标准化技术委员会(SAC/TC342)于2008年由国家标准化管理委员会批准成立,秘书处设在机械工业北京电工技术经济研究所,其中有关液流电池的术语、性能、通用要求及试验方法等国家标准的制修订工作于2012年开始起步。能源行业液流电池标准化技术委员会(NEA/TC23)于2012年由国家能源局批准成立,与国家标准化技术委员会秘书处一体运作,秘书处设在中国电器工业协会,负责液流电池及储能技术领域相关行业标准的制修订工作。液流电池国际标准化工作由IEC/TC21/JWG7国际电工委员会液流电池联合工作组负责,国内对口单位是全国铅酸蓄电池标准化技术委员会(SAC/TC69),中国电器工业协会进行业务指导。在这些液流电池标准化机构服务平台的建设和运行过程中,积累汇聚了一批行业技术专家,通过长期开展基础共性技术和标准化研究,建立了有序协调的标准化工作组织体系和管理工作机制,并在基础共性和通用技术方面制定了一批标准。

截至目前液流电池领域已发布国家标准4项、行业标准15项、团体标准3项,在研国家标准计划项目2项、行业标准计划项目15项。按照《"十四五"新型储能发展实施方案》中"专栏5 新型储能标准体系重点方向"的有关内容,结合液流电池标准化发展现状,在原有液流电池标准体系重视产品及上游零部件的基础上,目前的标准体系进一步扩大了液流电池的产业链范围。

液流电池标准体系框架包括:

—基础标准,包括术语定义、环境条件等;

—通用标准,包括设计要求等;

—设备、材料与部件,覆盖了全钒液流电池系统、铁铬液流电池系统、锌基液流电池系统和其他液流电池系统;

—安装调试及运行维护,包括安装要求、调试要求、运行要求和维护要求;

—回收利用,包括回收、再利用和再制造等。

液流电池标准体系构架见图1。

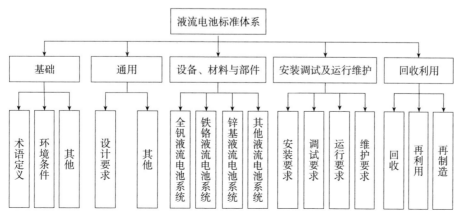

图1 液流电池标准体系构架

GB/T 29840—2013《全钒液流电池 术语》、NB/T 42006—2013《全钒液流电池用电解液 测试方法》和NB/T 42007—2013《全钒液流电池用双极板 测试方法》属于全钒液流电池关键零部件的测试方法，是较早发布的液流电池基础标准。随着全钒液流电池系统标准体系建设进入完善期，GB/T 32509—2016《全钒液流电池通用技术条件》、NB/T 42132—2017《全钒液流电池 电堆测试方法》、NB/T 42145—2018《全钒液流电池 安装技术规范》和NB/T 42144—2018《全钒液流电池 维护要求》等标准的制定，反映出我国对全钒液流电池体系从系统到部件，从技术要求、测试方法到安装、维护进行了全方位的建设。近年来，伴随液流电池技术的不断创新和产业发展，NB/T 10459—2020《锌镍液流电池 通用技术条件》和NB/T 42146—2018《锌溴液流电池 电极、隔膜、电解液测试方法》等标准陆续发布，锌基液流电池标准体系不断完善。目前，液流电池标准建设重点关注设计和可靠性等，铁铬液流电池开始技术创新，相关标准也在加紧制定。标准体系建设协同发展下，液流电池行业呈现出更广阔的发展前景。

三、液流电池标准化工作建议

1. 调动各方参与标准化工作

随着液流电池技术发展和产业化进程，建议充分集中利用液流领域专家资源。标准化组织增强服务意识，提高行业标准化管理水平。产业链企业通过多种途径更加主动、深入、广泛地参与标准化工作。各方积极紧密配合，充分发挥整体功能，进一步推动液流电池行业产业发展。

2. 进一步完善标准化体系建设

进一步完善液流电池标准化体系建设，各级标准协调发展，提升标准质量。建议及时采用国际标准，促进中国标准与国际标准同步接轨；关注科技研发成果，推进标准技术创新，加快我国自主创新的标准制定；注重标准化人才建设，提高标准化工作水平。

3. 推动标准在产业中应用实践

建议各方积极搭建标准化工作平台，进一步加强技术研讨、标准宣贯和应用实践，保持标准先进性和创新性，助力产业再升级。

〔撰稿人：机械工业北京电工技术经济研究所刘亚楠〕

第三部分：标准制修订

2021—2022 年能源领域行业标准制定计划项目

序号	项目编号	标准项目名称	标准类别	完成年限	标准化管理机构	技术委员会或技术归口单位	主要起草单位	适用范围和主要技术内容
1	能源20210222	小水电机组监控保护直流系统运行及检修规程	方法	2023	中国电器工业协会	能源行业小水电机组标准化技术委员会	湖南紫光测控技术有限公司、天津电气科学研究院有限公司	适用于机组额定功率为0.5～10MW，且转轮直径小于3.3m，额定频率为50Hz的水轮发电机组及进水阀门。功率在0.1～0.5MW之间的小水电机组或频率为60Hz的水轮发电机组的运行及检修可参照执行 规定了监控、保护和直流电源系统的运行及检修的基本原则、操作流程及故障处理等，与其他部分的标准共同组成体系，是小型水电机组运行及检修的依据

序号	项目编号	标准项目名称	标准类别	完成年限	标准化管理机构	技术委员会或技术归口单位	主要起草单位	适用范围和主要技术内容
2	能源20210223	小型灯泡贯流式发电机基本技术条件	产品	2023	中国电器工业协会	能源行业小水电机组标准化技术委员会	杭州杭发发电设备有限公司等	适用于功率小于10MW的小型灯泡贯流式发电机。主要技术内容包括小型灯泡贯流式发电机功率、电压等级、功率因数、通风系统、灭火系统配置、自动化及测温电阻配置等
3	能源20210224	小型灯泡贯流式水轮机基本技术条件	产品	2023	中国电器工业协会	能源行业小水电机组标准化技术委员会	杭州杭发发电设备有限公司等	适用于功率小于10MW的小型灯泡贯流式水轮机。主要技术内容包括灯泡贯流式水轮机基本技术要求、性能要求、检验要求、供货要求等
4	能源20210225	铁-铬液流电池通用技术条件	产品	2023	中国电器工业协会	能源行业液流电池标准化技术委员会	北京和瑞储能科技有限公司	适用于各种规模和应用的铁-铬液流电池系统。规定了铁-铬液流电池系统的技术要求、试验方法、检验规则、标志、使用说明书、包装、运输和贮存
5	能源20210226	低压户用直流电能变换器技术规范	产品	2023	中国电器工业协会	能源行业低压直流设备与系统标准化技术委员会	国网江苏省电力有限公司电力科学研究院	适用于直流1 500V及以下的低压户用直流电能变换器。规定了低压户用直流电能变换器技术规范的环境及使用要求、安全要求、功能要求、性能要求、电磁兼容要求、保护要求等
6	能源20210227	特定环境条件电气设备制造安全评价 环境条件分类与严酷等级导则	基础	2023	中国电器工业协会	能源行业特定环境电气设备制造安全评价标准化技术委员会	苏州电器科学研究院股份有限公司、机械工业北京电工技术经济研究所、西安高压电器研究院股份有限公司、中国电器科学研究院有限公司、昆明电器科学研究所等	适用于确定特定环境条件电气设备安全评价的环境条件分类与严酷等级。包括特定环境条件分类原则、单个/组合环境因素参数、环境因素的顺序、特定环境条件分类示例、严酷等级的确定原则，以及特定环境条件的类别及描述等主要技术内容。规定了特定环境条件分类原则、确定特定环境参数的一般原则、环境因素的顺序、特定环境条件分类示例和严酷等级的确定原则等
7	能源20210228	特定环境条件电气设备制造安全评价 名词术语	基础	2023	中国电器工业协会	能源行业特定环境电气设备制造安全评价标准化技术委员会	苏州电器科学研究院股份有限公司、机械工业北京电工技术经济研究所、西安高压电器研究院股份有限公司、中国电器科学研究院有限公司、昆明电器科学研究所等	给出了特定环境条件电气设备制造安全评价中使用的术语及其定义。包括环境条件术语（3个词条）、电气设备安全术语（52个词条）、电气安全风险评估术语（46个词条）、安全措施（49个词条）等主要技术内容

（续）

序号	项目编号	标准项目名称	标准类别	完成年限	标准化管理机构	技术委员会或技术归口单位	主要起草单位	适用范围和主要技术内容
8	能源20210229	生物质气化多联产固定床气化炉技术条件	产品	2023	中国电器工业协会	能源行业生物质能发电设备标准化技术委员会	合肥德博生物能源科技有限公司	适用于单机生物质原料处理量不小于0.5t/h的生物质气化多联产固定床气化炉 主要技术内容包括适用范围、术语、一般规定、材料、结构、检验、出厂资料、包装运输等部分
9	能源20210230	生物质气化多联产流化床气化炉技术条件	产品	2023	中国电器工业协会	能源行业生物质能发电设备标准化技术委员会	合肥德博生物能源科技有限公司	适用于单机生物质原料处理量不小于0.5t/h的生物质气化多联产流化床气化炉 主要技术内容包括适用范围、术语、一般规定、材料、结构、检验、出厂资料、包装运输等部分
10	能源20210231	低压配电网共直流母线型统一电能质量控制器	产品	2023	中国电器工业协会	能源行业无功补偿和谐波治理装置标准化技术委员会	国网浙江省电力有限公司绍兴供电公司、西安高压电器研究院有限责任公司、中电普瑞科技有限公司等	适用于额定电压为1000V（含1140V）及以下，将并联APF和串联DVR通过公共的直流母线组合到一起的统一电能质量控制器。正常运行条件下，APF用于补偿无功功率、谐波电流、三相不平衡电流；当电网发生电压暂降、短时中断等故障时，DVR快速起动以支撑系统电压，达到提高功率因数和改善电能质量的目的 主要技术内容：低压配电网共直流母线型统一电能质量控制器的范围、规范性引用文件、术语和定义、型号命名、原理结构、功能和性能要求、试验方法、检验规则、标志、包装、运输及贮存等
11	能源20210232	直接串入式线路静止同步补偿装置	产品	2023	中国电器工业协会	能源行业无功补偿和谐波治理装置标准化技术委员会	国网浙江省电力有限公司电力科学研究院、西安高压电器研究院有限责任公司	额定电压为220kV及以下电压等级的可用于电网中线路分布式潮流控制的直接串入式线路静止同步补偿装置 根据电网潮流调节需要，可采取集中式、分散式及混合式三种系统结构，配置多个标准化直接串入式线路静止同步补偿装置，控制终端能够聚合电网区域潮流信息，判别通道或者线路走廊的动态输送能力，并根据需要向线路注入串联补偿电压来增加或减少线路的电抗，从而实现线路潮流的柔性控制 主要技术内容包括：直接串入式线路静止同步补偿装置的术语和定义、型号命名与产品分类、基本电路及配置要求、使用条件、技术要求、试验方法、检验规则以及标志、包装、运输、贮存等要求

（续）

序号	项目编号	标准项目名称	标准类别	完成年限	标准化管理机构	技术委员会或技术归口单位	主要起草单位	适用范围和主要技术内容
12	能源20210233	岸基供电系统第4部分：工频电源	产品	2023	中国电器工业协会	能源行业岸电设施标准化技术委员会岸电电气设备分技术委员会	上海电动工具研究所（集团）有限公司、上海宝准电源科技有限公司、南瑞集团有限公司、江苏健龙电器有限公司、凯伏特（上海）动力技术有限公司等	适用于岸基供电系统中的工频电源。规定了岸基供电系统工频电源的技术要求、试验方法、检验规则、标志、包装、运输及贮存等。其中技术要求主要包括通用技术要求（主要参数和性能、电磁兼容性能、保护功能、基本功能、设备安全和温升）和设备技术要求（变压器、高压开关柜、低压开关柜、计量和测量、控制系统）
13	能源20210234	电力变压器用绝缘材料介电谱试验方法	方法	2023	中国电器工业协会	全国绝缘材料标准化技术委员会	桂林赛盟检测技术有限公司、中国南方电网有限责任公司超高压输电公司、广东电网有限责任公司电力科学研究院、国网山东省电力公司电力科学研究院、桂林电器科学研究院有限公司、中国电力科学研究院有限公司、国网河南省电力公司电力科学研究院、广西大学、国网天津市电力公司电力科学研究院等	适用于新生产以及运行中电力变压器的绝缘材料介电谱性能试验。包括范围、规范性引用文件、术语和定义、技术要求、取样要求、测试设备、测试步骤、测试结果分析等内容 规定了用于油浸式电力变压器的绝缘纸（板）、绝缘件的频域介电谱以及含水量的试验测定，包括绝缘纸（板）、绝缘件的取样要求和频域介电谱试验要求
14	能源20210235	电力变压器油中邻苯二甲酸酯类塑化剂的定量检测方法	方法	2023	中国电器工业协会	全国绝缘材料标准化技术委员会	桂林赛盟检测技术有限公司、广东电网有限责任公司电力科学研究院、国网山东省电力公司电力科学研究院、桂林电器科学研究院有限公司、中国石油天然气股份有限公司兰州润滑油研究开发中心、中国电力科学研究院有限公司、国网河南省电力公司电力科学研究院、广西大学、国网天津市电力公司电力科学研究院、中国电力科学研究院有限公司等	适用于矿物变压器油中邻苯二甲酸酯类物质含量的测定。其他电力用油可参照使用。包括范围、规范性引用文件、术语和定义、方法概要、仪器、试剂、标定、试验步骤、结果计算、精密度、试验报告等内容 规定了变压器油中邻苯二甲酸酯类物质含量的气相色谱质谱测定方法
15	能源20210236	变压器储油柜用金属波纹管	产品	2023	中国电器工业协会	全国变压器标准化技术委员会	沈阳海为电力装备股份有限公司、沈阳变压器研究院股份有限公司、国家仪器仪表元器件质量监督检验中心、特变电工沈阳变压器集团有限公司等	适用于液浸式变压器金属波纹密封式储油柜用作容积补偿的金属波纹管和其他类似工况用金属波纹管 规定了液浸式变压器金属波纹密封式储油柜用金属波纹管的产品结构、产品分类和产品型号、材料、设计和制造、技术要求、试验方法、检验规则及标志、包装和贮存

（续）

序号	项目编号	标准项目名称	标准类别	完成年限	标准化管理机构	技术委员会或技术归口单位	主要起草单位	适用范围和主要技术内容
16	能源20210237	换流变压器快速排油装置技术规范	产品	2023	中国电器工业协会	全国变压器标准化技术委员会	中国南方电网有限责任公司超高压输电公司检修试验中心、沈阳变压器研究院股份有限公司等	适用于在火灾或其他情况下，将换流变压器本体及储油柜内中的变压器油排出至集油坑的快速排油装置 主要技术内容包括命名和分类、技术要求、检测方法、检验规则及标志、包装、运输和贮存等
17	能源20210238	换流变压器阀侧套管孔洞封堵装置技术规范	产品	2023	中国电器工业协会	全国变压器标准化技术委员会	中国南方电网有限责任公司超高压输电公司检修试验中心、沈阳变压器研究院股份有限公司等	适用于±350 kV及以上电压等级直流输电工程的换流站阀厅内换流变压器阀侧套管孔洞封堵装置 主要技术内容包括：封堵装置的结构、材料、技术要求、检验方法、检验规则、标志、包装、运输、贮存等
18	能源20210239	电气绝缘系统电、湿热综合应力耐久性多因子评定方法	方法	2023	中国电器工业协会	全国电气绝缘材料与绝缘系统评定标准化技术委员会	中车永济电机公司、西安交通大学、机械工业北京电工技术经济研究所	规定了电气绝缘系统同时经受电、湿热应力耐久性试验时的评定规程，适用于交流电机用或拟用的成型绕组绝缘结构 主要技术内容包括：范围，规范性引用文件，试验规程，试品，老化分周期，诊断分周期，终点准则，分析数据、报告和评定
19	能源20210240	电力设备与材料着火危险评定导则 第1部分：总则	方法	2023	中国电器工业协会	全国电工电子产品着火危险试验标准化技术委员会	中国南方电网有限责任公司超高压输电公司检修试验中心、中国电器科学研究院股份有限公司等	适用范围：电力设备用绝缘纸板、环氧树脂、玻璃钢、硅橡胶、矿物质油等材料的着火危险试验方法和着火危险等级评定 主要技术内容： 1）电力设备用固体材料、液体材料 2）电力设备用固体材料着火危险试验方法：试验原理，装置要求，试样要求，实施方法 3）电力设备用固体材料的燃烧等级的评定 4）电力设备用液体材料闪点和燃点测定方法：试验原理，试剂与材料，仪器，试样要求，实施方法 5）电力设备用材料的着火危险等级评定
20	能源20210241	变电站继电保护综合记录与智能运维装置检测规范	方法	2023	中国电器工业协会	全国量度继电器和保护设备标准化技术委员会	广东电网有限责任公司电力调度控制中心、中国南方电网有限公司电力调度控制中心、许昌开普检测研究院股份有限公司、武汉中元华电电力设备有限公司等	适用于变电站继电保护综合记录与智能运维装置，作为该类装置检验测试的依据 主要技术内容：规定变电站继电保护综合记录与智能运维装置检验测试的条件、项目、方法及结果的判定方法，涉及的产品为变电站继电保护综合记录与智能运维装置，提出了针对变电站继电保护综合记录与智能运维装置检测的测试系统构成、环境条件、检测项目、检验方法、技术要求等，为该类装置的检验测试提供技术支撑

（续）

序号	项目编号	标准项目名称	标准类别	完成年限	标准化管理机构	技术委员会或技术归口单位	主要起草单位	适用范围和主要技术内容
21	能源20210242	变电站二次设备调试信息安全防护装置技术规范	产品	2023	中国电器工业协会	全国量度继电器和保护设备标准化技术委员会	国网河南省电力公司电力科学研究院	适用于各电压等级的变电站二次设备调试信息安全防护装置，作为变电站二次设备调试信息安全防护装置设计、制造、试验和应用的依据，其他厂站二次设备可参照执行 主要技术内容：标准草案主要包括变电站二次设备调试信息安全防护装置技术规范的规范性引用文件、相关术语和定义、总则、技术要求、功能要求、检验要求、标志、包装、运输和存贮、质量保证等内容
22	能源20210243	智能变电站数字信号试验装置校准规范	方法	2023	中国电器工业协会	全国量度继电器和保护设备标准化技术委员会	许昌开普电气研究院有限公司、许昌开普检测研究院股份有限公司	适用于采用 GB/T 20840.7、GB/T 20840.8、DL/T 860.92、DL/T 860.81 所规定的数字报文收发的智能变电站数字信号试验装置的校准 规定了智能变电站数字信号试验装置的术语定义、校准条件、校准模式、校准项目、校准方法、校准结果的表达、复校时间间隔等要求
23	能源20210244	高压直流输电系统滤波器用电抗器	产品	2023	中国电器工业协会	全国高压直流输电设备标准化技术委员会	国网经济技术研究院有限公司、西安高压电器研究院有限责任公司、沈阳变压器研究院股份有限公司、中国电力科学研究院有限责任公司等	适用于高压直流输电系统中的交流滤波器用电抗器和直流滤波器用电抗器 规定了高压直流输电系统中滤波器用电抗器的使用条件、技术性能、试验要求、安装运行等，作为产品设计、制造、试验和订货的依据
24	能源20210245	高压直流输电换流阀用饱和电抗器	产品	2023	中国电器工业协会	全国高压直流输电设备标准化技术委员会	西安西电电力系统有限公司、南方电网科学研究院有限责任公司、西安高压电器研究院有限责任公司、沈阳变压器研究院股份有限公司、中国南方电网有限责任公司超高压输电公司、南京南瑞继保电气有限公司、全球能源互联网研究院有限公司、济南西电特种变压器有限公司、武汉大学、国网经济技术研究院有限公司、国网安徽省电力公司电力科学研究院	适用于高压直流输电晶闸管阀上安装的饱和电抗器 规定了适用于高压直流输电用饱和电抗器的术语和定义、使用条件、额定值及结构要求，规定了饱和电抗器试验项目、试验方法和损耗确定的统一，以及包装、运输和贮存

（续）

序号	项目编号	标准项目名称	标准类别	完成年限	标准化管理机构	技术委员会或技术归口单位	主要起草单位	适用范围和主要技术内容
25	能源 20210246	电气设备 热带海岛环境耐久性评价：配电自动化终端	方法	2023	中国电器工业协会	全国电工电子产品环境条件与环境试验标准化技术委员会	海南电网有限责任公司、中国电器科学研究院股份有限公司	适用于我国电力行业热带海岛环境下配电自动化终端设备的环境耐久性检测和评价 规定了配电自动化终端的环境条件、试验项目、试验方法、严酷等级、试验合格判据等。其中试验方法涉及耐多因素耦合环境试验、耐恒定湿热试验、耐交变湿热试验、耐太阳辐射试验、耐盐雾试验、耐交变盐雾试验等
26	能源 20210247	电气设备 热带海岛环境耐久性评价：智能传感器	方法	2023	中国电器工业协会	全国电工电子产品环境条件与环境试验标准化技术委员会	海南电网有限责任公司、中国电器科学研究院股份有限公司	适用于在热带海岛环境下应用的电气设备智能传感器的环境耐久性试验和评价 规定了电气设备智能传感器的热带海岛环境耐久性试验评价，包括技术要求、基本规定、试验项目、试验方法、严酷等级与试验合格判据等。其中试验方法涉及耐高温试验、耐恒定湿热试验、耐交变湿热试验、耐盐雾试验、耐交变盐雾试验、霉菌试验等
27	能源 20210248	电气设备 热带海岛环境耐久性评价：电动汽车充电设施	方法	2023	中国电器工业协会	全国电工电子产品环境条件与环境试验标准化技术委员会	海南电网有限责任公司、中国电器科学研究院股份有限公司	适用于我国电动汽车充电设施在热带海岛环境下的推广应用，规范充电设施的环境耐久性检测和评价方法 规定了电动汽车充电设施的环境条件、试验项目、试验方法、严酷等级、试验合格判据等。其中试验方法涉及耐多因素耦合环境试验、耐恒定湿热试验、耐交变湿热试验、耐太阳辐射试验、耐盐雾试验、耐交变盐雾试验等
28	能源 20210249	电气设备 热带海岛 综合环境试验方法	方法	2023	中国电器工业协会	全国电工电子产品环境条件与环境试验标准化技术委员会	中国电器科学研究院股份有限公司、海南电网有限责任公司	适用于我国热带海岛环境下电气设备的综合环境试验方法 规定了热带海岛气候下的环境条件、试验项目、试验方法、严酷等级判据等。其中试验方法主要涉及变交温湿、盐雾、辐照等多环境因素耦合环境试验，同时考虑电气设备工况状态，对试验设备提出了相关规范要求
29	能源 20210250	漂浮式波浪能发电装置环境条件	方法	2023	中国电器工业协会	全国电工电子产品环境条件与环境试验标准化技术委员会	海南电网有限责任公司、中国电器科学研究院股份有限公司、中国科学院广州能源研究所	规定了波浪能发电装置服役过程中所处的环境参数及严酷度分类等级 主要技术内容：波浪能发电装置外部环境条件和内部环境条件，其中外部环境涉及气候条件、海水条件、化学活性物质条件、电磁条件、机械条件和海洋生物条件等。内部环境涉及波浪能发电装置关键设备的服役环境温湿度、化学活性物质、机械及电磁环境等

（续）

序号	项目编号	标准项目名称	标准类别	完成年限	标准化管理机构	技术委员会或技术归口单位	主要起草单位	适用范围和主要技术内容
30	能源20210251	高原环境27.5kV系统污秽绝缘爬电距离配置	基础	2023	中国电器工业协会	全国高原电工产品环境技术标准化技术委员会	中铁第一勘察设计院集团有限公司、重庆大学、昆明电器科学研究所、中国铁路青藏集团有限公司、中铁二院工程集团有限责任公司	用于海拔1 000m以上高原环境下电气化铁路27.5kV系统高压绝缘子污秽分级及绝缘爬电距离计算方法
31	能源20210252	高原环境27.5kV系统空气间隙海拔修正	基础	2023	中国电器工业协会	全国高原电工产品环境技术标准化技术委员会	重庆大学、中铁第一勘察设计院集团有限公司、昆明电器科学研究所、中铁二院工程集团有限责任公司、天津中铁电气化设计研究院有限公司	用于海拔1 000m以上高原环境下电气化铁路27.5kV系统空气间隙的海拔修正
32	能源20210253	高原环境27.5kV系统绝缘配合方法	方法	2023	中国电器工业协会	全国高原电工产品环境技术标准化技术委员会	中铁第一勘察设计院集团有限公司、重庆大学、中铁二院工程集团有限责任公司、昆明电器科学研究所	用于海拔1 000m以上高原环境下电气化铁路27.5kV系统绝缘配合
33	能源20210254	柔性直流输电换流阀用直流支撑电容器	NB	2023	中国电器工业协会	全国电力电容器标准化技术委员会	南方电网超高压输电公司检修试验中心、西安高压电器研究院有限责任公司、西安华智电气有限公司、无锡电力滤波有限公司、桂林电力电容器有限公司	适用于柔性直流输电工程换流阀用直流支撑电容器 规定了柔性直流输电换流阀用直流支撑电容器的使用条件和安装条件、技术参数、设计和结构、型式试验、出厂试验、现场试验、包装、贮运、安装及维修和技术资料
34	能源20210255	螺杆膨胀机承压件水压试验技术规范	方法	2022	中国电器工业协会	全国螺杆膨胀机标准化技术委员会	合肥通用机电产品检测院等	规定了螺杆膨胀机需要进行水压试验的主要承压件、水压试验要求、试验方法和试验结果的判定 主要技术内容：螺杆膨胀机承压件水压试验的范围、强度试验方法、密封性试验方法、合格标准的评定以及返修要求等
35	能源20210256	电池储能系统储能协调控制器技术规范	产品	2023	中国电力企业联合会	全国电力储能标委会	许继集团有限公司等	适用于应用在参与电网运行和辅助服务的电池储能系统中的储能协调控制器 主要技术内容：储能协调控制器的通用技术条件、功能参数、性能指标、电磁兼容要求、检验方法、质量保证等
36	能源20210257	光伏电站频率监测与控制装置技术规范	产品	2023	中国电器工业协会	中国电器工业协会标准化专家组	云南电网有限责任公司电力科学研究院等	适用于参与调频辅助服务光伏电站频率监测与控制装置设计、生产、使用、试验等环节 规定了光伏电站频率监测与控制装置的使用环境、主要功能要求、性能要求、试验方法、检验规则、标志、运输、包装及贮存要求等相关内容

（续）

序号	项目编号	标准项目名称	标准类别	完成年限	标准化管理机构	技术委员会或技术归口单位	主要起草单位	适用范围和主要技术内容
37	能源20210258	电力储能用直流动力连接器通用技术要求	产品	2023	中国电力企业联合会	全国电力储能标委会	中关村储能产业技术联盟、南德认证检测（中国）有限公司、江苏连动电力有限公司、苏州快可光伏电子股份有限公司、史陶比尔（杭州）精密机械电子有限公司等	主要适用于储能电池模块和电池簇之间传导式连接的专用连接器，以及储能系统中用于大电流连接的专用连接器 主要规定了连接器的额定值、结构和性能要求、试验方法、检验规则以及标识、包装、运输和贮存要求
38	能源20210259	直驱透平有机朗肯循环低温余热发电机组技术规范	产品	2023	中国电器工业协会	中国电器工业协会标准化专家组	亚之捷智能装备（江苏）有限公司、机械工业北京电工技术经济研究所等	适用于热源温度不超过250℃的直驱透平有机朗肯循环低温余热发电机组 规定了直驱透平有机朗肯循环低温余热发电机组技术规范的结构形式、使用条件、关键性能指标、试验检测方法以及验收规则等
39	能源20210260	光储系统直流电弧检测及关断评价技术规范	方法	2023	中国电器工业协会	中国电器工业协会标准化专家组	北京鉴衡认证中心有限公司等	主要适用于光伏与储能系统用直流电弧检测及关断技术的评价 主要技术内容涵盖电弧检测与关断的基本要求、评价内容、测试方法、技术指标的评价等相关要求
40	能源20210261	光伏并网逆变器组串IV检测及诊断技术规范	方法	2023	中国电器工业协会	中国电器工业协会标准化专家组	北京鉴衡认证中心有限公司等	适用于对光伏组串I-V在线扫描诊断技术性能的验证及评定。规定了光伏组串I-V扫描与智能诊断的评价指标体系、评价要求、指标计算、验证方法和等级评定准则，主要含适用范围、符号及缩略语、评价指标及要求 主要评价指标：1）是否可有效准确地检测出I-V曲线；2）是否可对扫描出的故障曲线做故障的识别；3）对所发现的故障进行故障类别或故障原因的诊断。将围绕上述三个指标对I-V扫描及诊断功能进行技术性能的评价
41	能源20210262	试验电压测量系统应用导则	方法	2023	中国电器工业协会	能源行业短路试验技术标委会	西安高压电器研究院有限责任公司	规定了在实验室和工厂试验中用于测量 GB/T 16927.1 规定的直流电压、交流电压、雷电和操作冲击电压的测量系统及其组件。本部分规定的测量不确定度的限值适用于 GB/T 311.1 规定的试验电压，但其原则也适用于更高试验电压 主要技术内容：明确下列认可测量系统应该在它们的使用现场进行校准（完全相同的实验室）；线性度试验中，依据标定刻度因数的确定中获得的标准偏差，独立读数个数可减少；明确最长及最短波前时间实验标准偏差的计算方法

序号	项目编号	标准项目名称	标准类别	完成年限	标准化管理机构	技术委员会或技术归口单位	主要起草单位	适用范围和主要技术内容
42	能源20210263	低压直流配电保护设备通用要求	基础	2022	中国电器工业协会	能源行业低压直流设备与系统标准化技术委员会	上海电器科学研究院	规定了低压直流配电保护通用技术条件，主要包括术语、分类、特性及技术要求等，明确了配电系统的分类并且规定了各类直流配电接地系统，明确配电线缆及配电系统的安全要求。按照直流系统特有的需求，规定了保护要求 适用于各用电行业领域低压直流配电设备及系统，其他行业可参照 主要技术内容：系统应用分类、电能要求、线缆要求、保护要求、接地要求及可靠性要求等
43	能源20210264	直流系统用剩余电流动作继电器（DC-RCR）	产品	2022	中国电器工业协会	能源行业低压直流设备与系统标准化技术委员会	上海电器科学研究院、深圳供电局有限公司电力科学研究院	规定了直流系统用剩余电流动作继电器（简称DC-RCR）的术语、定义、分类、特性、标志、其他产品资料、使用的标准工作条件、结构、动作要求和试验 适用于额定电压不超过直流750V的直流配电线路中进行直流剩余电流检测的DC-RCR。DC-RCR用于低压直流设备（系统）中剩余电流监测，当带电部件与外露导电部件或地之间的剩余电流超过预定值时发出报警信号输出。DC-RCR通常不与被监视回路直接相连接，但用于额定电流不超过250A的直流系统的剩余电流监视
44	能源20220169	移动式真空绝热液氢压力容器	产品	2024	全国锅炉压力容器标准化技术委员会	全国锅炉压力容器标准化技术委员会	南通中集能源装备有限公司、上海市气体工业协会、空气化工产品（中国）投资有限公司等	适用于液氢汽车罐、液氢罐式集装箱等移动式真空绝热液氢压力容器的建造 主要技术内容：规定了移动式真空绝热液氢压力容器的材料、设计、制造、检验与试验等方面的技术要求
45	能源20220170	压缩氢气铝内胆碳纤维全缠绕瓶式集装箱	产品	2024	全国锅炉压力容器标准化技术委员会	全国锅炉压力容器标准化技术委员会	石家庄安瑞科气体机械有限公司、上海市气体工业协会、空气化工产品（中国）投资有限公司等	适用于压缩氢气铝内胆碳纤维全缠绕气瓶、公称压力大于30MPa的气瓶集装箱的建造 规定了压缩氢气铝内胆碳纤维全缠绕气瓶集装箱的材料、设计、制造、安全附件、检验与试验等方面的技术要求
46	能源20220171	板式空冷器	产品	2024	全国锅炉压力容器标准化技术委员会	全国锅炉压力容器标准化技术委员会	上海蓝滨石化设备有限责任公司等	适用于设计压力不大于3.5MPa的板式空冷器 规定了板式空冷器的设计、材料、制造、检验和验收要求及其能效评价方法

（续）

序号	项目编号	标准项目名称	标准类别	完成年限	标准化管理机构	技术委员会或技术归口单位	主要起草单位	适用范围和主要技术内容
47	能源20220172	储气井	产品	2024	全国锅炉压力容器标准化技术委员会	全国锅炉压力容器标准化技术委员会	中国特种设备检测研究院等	适用范围： 1）适用的储气井的通用参数为：设计压力：≤45MPa；设计温度：-40～60℃；竖埋深度：≤300m 2）适用于工作介质为天然气、氢气、氮气或惰性气体、空气的储气井 规定储气井的材料、设计、制造、检验检测及验收等方面的要求
48	能源20220173	有机硅热载体及其安全技术条件	安全	2024	全国锅炉压力容器标准化技术委员会	全国锅炉压力容器标准化技术委员会	中国特种设备检测研究院等	适用于以 Si-O 为主链，并应用于传热系统的聚有机硅传热介质 拟对有机硅类传热介质的术语和定义、质量指标和要求、检测方法、检验周期和取样、判定与处置、混用、报废等进行规定 主要性能指标包括理化及传热性能指标、安全性能指标、腐蚀性评价指标等。同时规定了有机硅类传热介质的热稳定性实验方法
49	能源20220174	在役常压储罐检验与适用性评价	方法	2024	全国锅炉压力容器标准化技术委员会	全国锅炉压力容器标准化技术委员会	中国特种设备检测研究院	适用于公称容积不大于150 000m³，储存液体化学品的地上在役立式圆筒形钢制焊接常压储罐的检验和适用性评价。其他类似工况的常压或低压储罐可参照执行 规定了在役钢制立式圆筒形焊接常压储罐检验的基本要求，包括检验机构、检验人员的要求，年度检查、常规检验和基于风险检验的不同类型检验的项目、时机、方法的选择，适用性评价的内容，以及检验准备、检验方案的制定、检验报告的编制要求等
50	能源20220193	直流配电系统用直流变压器技术规范	产品	2024	中国电器工业协会	全国电力电子系统和设备标准化技术委员会	清华大学、国网经济技术研究院有限公司、南方电网科学研究院有限责任公司、中国长江三峡集团有限公司、全球能源互联网研究院有限公司、深圳供电局有限公司、国网山东省电力公司电力科学研究院、西安西电电力系统有限公司、南京南瑞继保电气有限公司、西安许继电力电子技术有限公司、荣信电力电子股份有限公司、平高集团有限公司、特变电工股份有限公司、北京四方继保自动化股份有限公司、广东明阳电气股份有限公司等	适用于与100kV 及以下直流配电系统连接的直流变压器 规定了柔性直流配电系统使用的直流变压器的使用条件、参数及额定值、技术要求、试验、文件和资料、包装、贮存、运输和标识等

（续）

序号	项目编号	标准项目名称	标准类别	完成年限	标准化管理机构	技术委员会或技术归口单位	主要起草单位	适用范围和主要技术内容
51	能源20220194	柔性直流换流阀子模块损耗测试方法	方法	2024	中国电器工业协会	全国高压直流输电设备标准化技术委员会	南方电网科学研究院有限责任公司、西安西电电力系统有限公司、西安高压电器研究院有限责任公司、国网经济技术研究院有限公司、荣信汇科电气股份有限公司、南京南瑞继保电气有限公司、许继集团有限公司、国家电网有限公司直流建设分公司、全球能源互联网研究院有限公司、北京四方继保自动化股份有限公司、特变电工西安柔性输配电有限公司、中国南方电网有限责任公司超高压输电公司等	适用于基于绝缘栅双极晶体管（IGBT）的电压源换流器（VSC）柔性直流换流阀子模块，包括半桥子模块、全桥子模块、双箝位子模块，基于其他类型半导体器件的电压源换流器（VSC）阀子模块也可参考 规定了柔性直流换流阀子模块损耗测试方法，为基于双脉冲法、电测法、量热法的测试方法，每种测试方法具体包括测试原理、方法、环境、要求、过程和结果确认。通过测试子模块的损耗，从而估算和／或验证换流阀整体损耗，可用于指导换流阀的效率优化、元器件选型及散热器设计和换流站的经济运行
52	能源20220195	换流站用有功功率动态平衡装置技术规范	产品	2024	中国电器工业协会	全国高压直流输电设备标准化技术委员会	国网经济技术研究院有限公司、西安高压电器研究院有限责任公司、西安西电电力系统有限公司、国网冀北电力有限公司、三峡机电工程技术有限公司、南方电网科学研究院有限责任公司、清华大学、北京电力设备总厂有限公司、特变电工西安柔性输配电有限公司、许继集团有限公司、全球能源互联网研究院有限公司、中电普瑞电力工程有限公司、荣信汇科电气技术有限责任公司、南京南瑞继保电气有限公司	适用于有功功率动态平衡装置，包括交流侧有功功率动态平衡装置和直流侧有功功率动态平衡装置。解决功率盈余问题的其他类型能量耗散装置也可参照使用 规定了有功功率动态平衡装置的术语和定义、使用条件、电气结构、技术参数、试验以及包装、运输和贮存
53	能源20220196	热氧化条件下矿物绝缘油产气特性的测定方法	方法	2024	中国电器工业协会	全国绝缘材料标准化技术委员会	桂林赛盟检测技术有限公司、中国石油兰州润滑油研究开发中心、广东电网有限责任公司电力科学研究院、国网福建省电力有限公司电力科学研究院、国网河南省电力公司电力科学研究院、国网浙江省电力公司电力科学研究院、中国电力科学研究院有限公司等	规定了矿物绝缘油在热氧化条件下（105℃）的产气特性试验方法 适用于矿物绝缘油，其他需要测试油中溶解气体组分的绝缘液体可参考本方法

（续）

序号	项目编号	标准项目名称	标准类别	完成年限	标准化管理机构	技术委员会或技术归口单位	主要起草单位	适用范围和主要技术内容
54	能源20220197	绝缘液体 测定绝缘液体界面张力的试验方法 圆环法	方法	2024	中国电器工业协会	全国绝缘材料标准化技术委员会	桂林赛盟检测技术有限公司、中国石油兰州润滑油研究开发中心、广东电网有限责任公司电力科学研究院、国网福建省电力有限公司电力科学研究院、国网河南省电力公司电力科学研究院、国网浙江省电力公司电力科学研究院、中国电力科学研究院有限公司等	适用于矿物绝缘油和酯类绝缘油 规定了在接近平衡条件下，使用杜努环法测定绝缘液体界面张力的方法。为了获得真实值，测定界面形成180s后的界面张力值 标准修改采用 IEC 62961：2008
55	能源20220198	电力设备与材料着火危险评定导则 第2部分：油浸式变压器	产品	2024	中国电器工业协会	全国电工电子产品着火危险试验标准化技术委员会	中国南方电网有限责任公司超高压输电公司检修试验中心、中国电器科学研究院股份有限公司等	适用范围：（特）高压交直流工程油浸式电力变压器用绝缘纸板、环氧树脂、硅橡胶、导线绝缘、矿物质油等材料的着火危险试验方法、着火危险等级评定和等级要求 主要技术内容：1）油浸式电力变压器用材料。2）油浸式电力变压器用固体材料着火危险试验方法：主要试样要求，实施方法。3）油浸式电力变压器用液体材料闪点和燃点测定方法。4）油浸式电力变压器用材料的着火危险等级评定。5）油浸式电力变压器用材料的着火危险等级要求
56	能源20220199	电力设备与材料着火危险评定导则 第3部分：干式电抗器	产品	2024	中国电器工业协会	全国电工电子产品着火危险试验标准化技术委员会	中国南方电网有限责任公司超高压输电公司检修试验中心、中国电器科学研究院股份有限公司等	适用范围：（特）高压交直流工程干式电抗器用环氧树脂隔板、环氧树脂包封、导线绝缘、玻璃纤维等材料的着火危险试验方法、着火危险等级评定和等级要求 主要技术内容：1）干式电抗器用材料。2）干式电抗器用材料着火危险试验方法：主要试样要求，实施方法。3）干式电抗器用材料的着火危险等级评定。4）干式电抗器用材料的着火危险等级要求
57	能源20220200	电力设备与材料着火危险评定导则 第4部分：换流阀并联电抗器	产品	2024	中国电器工业协会	全国电工电子产品着火危险试验标准化技术委员会	中国南方电网有限责任公司超高压输电公司检修试验中心、中国电器科学研究院股份有限公司等	适用范围：（特）高压直流工程换流阀并联电抗器用环氧树脂、导线绝缘等材料的着火危险试验方法、着火危险等级评定和等级要求 主要技术内容：1）油浸式电力变压器用材料。2）换流阀并联电抗器用材料着火危险试验方法：主要试样要求，实施方法。3）换流阀并联电抗器用材料的着火危险等级评定。4）换流阀并联电抗器用材料的着火危险等级要求

（续）

序号	项目编号	标准项目名称	标准类别	完成年限	标准化管理机构	技术委员会或技术归口单位	主要起草单位	适用范围和主要技术内容
58	能源20220201	智能变电站继电保护网络动态性能试验规范	方法	2024	中国电器工业协会	全国量度继电器和保护设备标准化技术委员会	中国南方电网电力调度控制中心、许昌开普检测研究院股份有限公司、中国电力科学研究院有限公司等	规定了基于整站仿真环境下的智能变电站继电保护产品网络性能动态模拟试验模型、测试项目、方法及结果的判定方法等，适用于35kV及以上电压等级变电站继电保护及相关设备网络性能的检验检测 主要技术内容包括网络环境建模、保护装置网络性能测试、交换机网络性能测试、录波器网络性能测试、网络安全测试以及远方操作测试
59	能源20220202	城市轨道交通交流供电系统继电保护技术规范	方法	2024	中国电器工业协会	全国量度继电器和保护设备标准化技术委员会	许继集团有限公司等	适用于城市轨道交通交流供电系统，规定了系统内的继电保护技术原则、技术要求及功能配置，包括各间隔的主保护、快速后备保护、普通后备保护、馈出线保护、母联备自投、失灵保护等功能，同时明确各保护之间的配合关系以及保护装置的主要性能参数、技术指标 主要技术内容：1）根据工程需求，制定整体保护系统的技术原则及要求。2）提出系统中各间隔的保护功能配置方案，明确间隔之间的保护功能配合关系。3）规定各个保护功能的具体性能指标。4）规范保护装置的主要性能参数及技术指标，并提出保护装置的试验检验规则、试验内容及试验方法
60	能源20220203	智能变电站户外控制柜环境控制系统技术规范	产品	2024	中国电器工业协会	全国量度继电器和保护设备标准化技术委员会	浙江华云清洁能源有限公司、国网浙江省电力有限公司金华供电公司、杭州中电天恒电力科技有限公司、国网浙江省电力有限公司台州供电公司、云南电网有限责任公司等	适用于电力系统内智能变电站的新建工程，其他扩建、改建工程可参照执行 规定了智能变电站中户外控制柜环境控制系统的通用、性能及可靠性要求，试验的条件、要求及方法，校验的要求、判定及验收等内容
61	能源20220204	发电厂直流事故油泵控制保护装置技术要求	产品	2024	中国电器工业协会	全国量度继电器和保护设备标准化技术委员会	陕西金源自动化科技有限公司、西安交通大学、西北电力勘测设计院、西安热工研究院等	规定发电厂直流事故油泵控制保护装置的技术要求、试验方法、检验规则及标志、包装、运输和贮存等要求，适用于发电厂主机轴承润滑油循环系统的直流事故油泵控制和保护，作为该类型装置设计、制造、试验和验收的依据 主要技术内容：通过串联电阻或电力电子设备实现降压起动的直流事故油泵控制保护装置，当主油泵和交流油泵无法满足油压要求时，该装置需快速起动，用于保障润滑油的持续供给。要求具有直流电动机软起动功能、测量与保护功能、显示和操作功能，并能实时传输运行状态信号到DCS设备

（续）

序号	项目编号	标准项目名称	标准类别	完成年限	标准化管理机构	技术委员会或技术归口单位	主要起草单位	适用范围和主要技术内容
62	能源20220205	直流输电换流阀冷却设备控制保护系统技术要求	产品	2024	中国电器工业协会	全国量度继电器和保护设备标准化技术委员会	河南晶锐冷却技术股份有限公司、国家电网有限公司直流技术中心、中国南方电网有限责任公司超高压输电公司、云南电网有限责任公司电力科学研究院、南瑞集团有限公司、广州高澜节能技术股份有限公司等	适用于直流输电换流阀冷却控制保护系统，作为该类型设备设计、制造、试验和验收的依据。其他大型冷却设备控制保护系统可参照执行 规定了直流输电换流阀冷却设备控制保护系统的技术要求、试验方法、检验规则及标志、包装、运输、贮存和质量保证
63	能源20220206	高原用变压器现场绝缘干燥方法 第1部分：低频短路加热法	方法	2024	中国电器工业协会	全国高原电工产品环境技术标准化技术委员会	中国南方电网有限责任公司超高压输电公司检修试验中心、昆明电器科学研究所、沈阳变压器研究院股份有限公司、中国电力科学研究院有限公司、苏州工业园区海沃科技有限公司、沈阳诚桥真空设备有限公司、国网四川省电力公司电力科学研究院、特变电工沈阳变压器集团有限公司、特变电工衡阳变压器有限公司、保定天威集团特变电气有限公司、山东电工电气集团有限公司、西安西电变压器有限责任公司、重庆大学、南方电网科学研究院有限责任公司、国网电力科学研究院武汉南瑞有限责任公司、国网湖北省电力有限公司电力科学研究院等	适用范围：高原地区变压器等大型电力设备采用低频短路电流加热法进行干燥处理的现场实施。规定低频加热干燥的工作条件、实施步骤、效果判定以及低频加热干燥装置的功能要求
64	能源20220207	电力设施环境腐蚀分布图绘制方法	产品	2024	中国电器工业协会	全国电工电子产品环境条件与环境试验标准化技术委员会	中国电器科学研究院股份有限公司等	适用于应用于户外无遮蔽场所的电力设施环境腐蚀分布图的绘制，包括户外发电设施、架空输电线路、变电站户外设施、架空配电线路等 规定了电力设施环境腐蚀分布图绘制方法，包括环境基础资料、环境金属腐蚀等级划分、电力设施环境腐蚀分布图绘制与修订等
65	能源20220208	箱式液流电池储能系统通用技术要求	产品	2024	中国电器工业协会	能源行业液流电池标准化技术委员会	中国科学院大连化学物理研究所等	适用于全钒液流电池、锌基液流电池、铁铬液流电池等不同液流电池通用的箱式储能系统 规定了箱式液流电池储能系统的系统结构和基本要求、安全要求、功能要求及性能要求

（续）

序号	项目编号	标准项目名称	标准类别	完成年限	标准化管理机构	技术委员会或技术归口单位	主要起草单位	适用范围和主要技术内容
66	能源20220209	液流电池储能系统变流器通用技术条件	产品	2024	中国电器工业协会	能源行业液流电池标准化技术委员会	国网电力科学研究院武汉南瑞有限责任公司等	适用于液流电池储能系统的安装、调试和检测 规定了液流电池用储能双向变流器（简称PCS）的使用条件、技术要求、检验试验项目及要求、标志、包装和贮运
67	能源20220210	小型水电站变速恒频机组及其系统选型规范	方法	2024	中国电器工业协会	能源行业小水电机组标准化技术委员会	中国水利水电科学研究院、水利部机电研究所、天津电气科学研究院有限公司、河北工业大学、湖南紫光测控有限公司、杭州杭发发电设备有限公司、西华大学、华自科技股份有限公司等	适用范围：新建水光风蓄多能互补电站，把常规小水电站改造成水光风蓄多能互补电站，新建变速恒频水电机组的小水电站，改造成变速恒频水电机组的小水电站 主要技术内容：变速水轮机的选型、变速发电机的选型、变流器的选型、过速保护装置的选型、稀油站的选型、监控与保护系统选型、调速器的选型
68	能源20220211	小型混合式抽水蓄能电站可逆式水电机组选型规范	方法	2024	中国电器工业协会	能源行业小水电机组标准化技术委员会	中国水利水电科学研究院、水利部机电研究所、天津电气科学研究院有限公司、河北工业大学、湖南紫光测控有限公司、杭州杭发发电设备有限公司、西华大学、华自科技股份有限公司等	适用范围：新建小型混合式抽水蓄能电站，把常规小水电站改造小型混合式抽水蓄能电站，把梯级小水电站改造成小型混合式抽水蓄能电站，结合矿坑治理的小型混合式抽水蓄能电站 主要技术内容：可逆式水泵水轮机的选型、可逆式发电电动机的选型、水泵的选型、变流器的选型、励磁的选型、阀门的选型、监控与保护系统选型、调速器的选型
69	能源20220212	小水电机组油气水系统设计技术规范	产品	2024	中国电器工业协会	能源行业小水电机组标准化技术委员会	天津电气科学研究院有限公司等	适用于额定功率为0.5～10MW，额定频率为50Hz的小水电机组及其辅助系统的油气水设计。功率小于0.5MW的小水电机组或频率为60Hz的小水电机组的设计可参照执行 规定了小水电机组及其辅助系统的油气水系统设计的基本要求
70	能源20220213	管道一体式水轮发电机组技术规范	产品	2024	中国电器工业协会	能源行业小水电机组标准化技术委员会	哈尔滨大电机发电新技术有限公司等	适用于机组额定功率为0.5～3MW的管道一体式水轮发电机组 主要技术内容：明确和规范管道一体式水轮发电机组基本结构形式、水轮机通流部件和发电机基本特点，规定了管道一体式水轮发电机组设计、制造、安装和检验验收等的技术要求

（续）

序号	项目编号	标准项目名称	标准类别	完成年限	标准化管理机构	技术委员会或技术归口单位	主要起草单位	适用范围和主要技术内容
71	能源20220214	光伏逆变器高加速寿命试验技术规范	方法	2024	中国电器工业协会	中国电器工业协会标准化专家组	许昌开普检测研究院股份有限公司等	适用于光伏逆变器产品及其功率部件、印制电路板组件等。还适用于光伏逆变器产品的研发、设计和（或）试产阶段，也可适用于批量生产阶段 规定的高加速寿命试验，施加的试验应力主要包括高温步进、低温步进、快速温度变化循环、六自由度非高斯宽带随机振动等应力
72	能源20220215	混合式高压有源滤波器设计规范	方法	2024	中国电器工业协会	能源行业无功补偿和谐波治理装置标准化技术委员会	国网经济技术研究院有限公司、西安高压电器研究院有限责任公司、荣信汇科电气股份有限公司、中电普瑞科技有限公司、思源清能电气电子有限公司、国网福建省电力有限公司、国网浙江省电力有限公司等	对35kV及以上电压等级交流输电网及直流换流站交流侧的混合式高压有源滤波器的设计原则、设计依据、通用设计要求、设计方法做出规定。高压大容量有源滤波器具备了工程应用的成熟条件。特别是和无源滤波器结合的混合式有源滤波器，滤波频带覆盖全频带，滤波性能更优，控制更灵活。相关的示范工程有正在建设的闽粤联网背靠背直流工程。为了对混合式高压有源滤波器的设备制造和工程建设提供技术依据并进行规范指导，计划后期将继续申报《混合式高压有源滤波器技术规范》《混合式高压有源滤波器试验导则》《直流换流站用混合式高压滤波器运行规范》系列标准
73	能源20220216	固体氧化物燃料电池热电联供系统性能测试方法	方法	2024	中国电器工业协会	能源行业高温燃料电池标准委员会	徐州华清京昆能源有限公司等	适用于固体氧化物燃料电池热电联供系统，其他类型的固体氧化物燃料电池系统可参考 规定了固体氧化物燃料电池热电联供系统的基本组成和相关测试方法，用于测试固体氧化物燃料电池热电联供系统数据以评估其性能与稳定性
74	能源20220217	固体氧化物燃料电池 便携式发电系统 安全要求	产品	2024	中国电器工业协会	能源行业高温燃料电池标准委员会	清华大学等	适用于室内或户外使用，额定输出电压不超过600V（交流）或850V（直流）的交流型和直流型固体氧化物燃料电池便携式发电系统 规定了固体氧化物燃料电池便携式发电系统的构造、标志和试验要求
75	能源20220218	脱硝喷氨智能控制系统技术要求	环保	2024	中国电器工业协会	中国电器工业协会标准化专家组	山东创宇环保科技有限公司等	适用于电力、化工、钢铁等各行业脱硝SCR入口及出口NO_x值的检测及控制。使用其他技术的脱硝喷氨系统可参照使用 规定了SCR脱硝喷氨智能控制系统的技术要求，包括性能指标、检验规则和试验方法等。其中性能指标主要包括系统控制要求，测量仪表的量程范围、分辨率、最大允许误差、响应时间要求等

（续）

序号	项目编号	标准项目名称	标准类别	完成年限	标准化管理机构	技术委员会或技术归口单位	主要起草单位	适用范围和主要技术内容
76	能源20220219	用户端能源管理系统 第9部分：用户端可调控资源对象模型	基础	2024	中国电器工业协会	全国电器设备网络通信接口标准化技术委员会	上海电器科学研究所（集团）有限公司等	适用于指导用户端能源管理系统面向虚拟电厂、需求响应等应用的设计、研发与升级完善。规定了用户端能源管理系统（CEMS）可调控资源对象模型，包括信息模型和信息交换服务 主要技术内容：1）信息模型。信息模型为 CEMS 和主站系统之间进行实际交换的主体，主要包含五个包，分别为通用包、架构包、计量包、计划包和事件包。2）信息交换服务。信息交换服务是用户端与主站信息交换所采用的数据封装格式，所交换的内容参考第五章的信息模型。3）信息交换机制。支持基于 HTTP 的信息交换机制和基于 WebSocket 的信息交换机制
77	能源20220220	特定环境条件电气设备制造安全评价 共性风险因子	基础	2024	中国电器工业协会	能源行业特定环境电气设备制造安全评价标准化技术委员会	苏州电器科学研究院股份有限公司、机械工业北京电工技术经济研究所、西安高压电器研究院股份有限公司、中国电器科学研究院有限公司、昆明电器科学研究所等	规定了特定环境条件共性风险因子分类、风险来源、风险识别、风险控制。主要包括特定环境条件中电气设备静态状况下的共性因子、正常工况下的共性因子、对特定环境试验条件的持续时间有关联的因子、对特定环境试验条件的冲击有关联的因子等主要技术内容
78	能源20220221	特定环境条件电气设备制造安全评价总则	基础	2024	中国电器工业协会	能源行业特定环境电气设备制造安全评价标准化技术委员会	苏州电器科学研究院股份有限公司、机械工业北京电工技术经济研究所、西安高压电器研究院股份有限公司、中国电器科学研究院有限公司、昆明电器科学研究所等	规定了特定环境条件电气设备制造安全评价基本要求。主要包括特定环境条件中确立评价对象个性因子的基本原则，确定可接受、不可接受风险的原则，确定严酷程度、作用时间对风险因子的影响等主要技术内容

2021—2022 年能源领域

序号	项目编号	标准项目名称	标准类别	完成年限	标准化管理机构	技术委员会或技术归口单位	主要起草单位
1	能源20210692	磁控电抗器型高压静止无功补偿装置（MSVC）	产品	2023	中国电器工业协会	能源行业无功补偿和谐波治理装置标准化技术委员会	国网浙江省电力有限公司电力科学研究院、西安高压电器研究院有限责任公司
2	能源20210693	低压静止无功发生器	产品	2023	中国电器工业协会	能源行业无功补偿和谐波治理装置标准化技术委员会	西安高压电器研究院有限责任公司
3	能源20210694	高压电机铁心（冲片）绝缘试验方法	方法	2023	中国电器工业协会	全国电气绝缘材料与绝缘系统评定标准化技术委员会	东方电气集团东方电机有限公司、哈尔滨电机厂有限责任公司、上海电气电站设备有限公司上海发电机厂、山东齐鲁电机制造有限公司、机械工业北京电工技术经济研究所
4	能源20210695	电工用铜包铝母线	产品	2023	中国电器工业协会	全国裸电线标准化技术委员会	上海电缆研究所有限公司、上海国缆检测中心有限公司、全球能源互联网研究院有限公司等
5	能源20210696	3.6 kV～40.5 kV 交流金属封闭开关设备和控制设备试验导则	方法	2023	中国电器工业协会	能源行业短路试验技术标委会	西安高压电器研究院有限责任公司
6	能源20210697	高压交流断路器合成试验导则	方法	2023	中国电器工业协会	能源行业短路试验技术标委会	西安高压电器研究院有限责任公司

行业标准修订计划项目

适用范围和主要技术内容	代替标准
适用于标称电压 1 000V 及以上至 110kV 及以下交流电力系统中，主要由并联使用的磁控电抗器（MCR）支路和电容器支路组成，通过 MCR 连续调节无功功率输出的静止无功补偿装置（简称 MSVC 装置） 主要技术内容：磁控电抗器型高压静止无功补偿装置的术语与定义、型号命名、使用条件、技术性能要求、试验以及标志、包装、运输、贮存等要求	NB/T 42028—2014
适用于频率 50Hz、标称电压 1 000V（1 140V）及以下的交流电力系统中，用于改善电力功率因数及电能质量的低压静止无功发生器 主要技术内容：低压静止无功发生器的相关术语和定义、型号命名与产品分类、使用条件、基本电路及构成、技术要求、试验方法、检验规则以及标志、铭牌、包装、运输与贮存等要求	NB/T 42057—2015
适用范围：额定电压为 4kV 及以上的高压交流电机定子铁心（冲片）绝缘性能试验方法 主要技术内容包括：范围、规范性引用文件、术语和定义、漆膜性能试验（外观、厚度、附着性、柔韧性、固化度、绝缘电阻）、试验报告等 拟修订主要内容：1) 修改规范性引用文件。将 GB/T 2522—2007 修改为 GB/T 2522—2017，同时对正文中所引用的该标准一并进行修改，例如 9.1.1 条款所引用标准。2) 修改第 6 章的标题名称。由"漆膜附着性"修改为"漆膜附着性（划格试验）"，避免与 GB/T 2522—2017 国标中附着性试验定义冲突。3) 考虑将第 6.2 中的粘着力由 10N±1N 修改为 6～10N，删除"推荐使用 3M 粘带的牌号要求"。4) 将第 7.3 中的"使用直径为 30mm 的铁心杆"修改为"推荐使用直径为 30mm 表面光滑的金属材质圆柱形芯杆"。5) 考虑修改第 7.4 节中的判定标准。6) 补充绝缘涂层温度特性相关要求，作为型式试验，具体方法建议引用 GB/T 20831。7) 将 9.1.5 中的注由"试样测试温度推荐为室温或 150℃"修改为"推荐试样测试温度为室温或 150℃ ±2℃"。8) 其他细节性修改	NB/T 42003—2013
适用于电工用铜包铝母线（俗称铜包铝排、铜铝复合排） 规定了铜包铝母线的型号、规格、技术要求、试验方法、检验规则和交货要求等	NB/T 42002—2012
规定了实验室依据 GB/T 3906—2020 对 3.6～40.5kV 交流金属封闭开关设备和控制设备进行型式试验的程序。目的是确保在依据 GB/T 3906—2020 标准对 3.6～40.5kV 交流金属封闭开关设备和控制设备实施试验时有相同的解释、统一的试验和测量方法 主要技术内容：规定了按照 GB/T 3906—2020 对金属封闭开关设备进行型式试验时可出具的型式试验报告的类别和具体要求，规定了型式试验报告中应反映的额定参数信息。对 GB/T 3906—2020 规定的型式试验部分内容做了技术要求的补充和明确	NB/T 42064—2015
适用于高压交流断路器在短路和开合条件下按照 GB/T 4473—2018 中给出的试验方法进行合成试验，并出具型式试验报告。是对 GB/T 4473—2008 中技术要求的解释，以确保在同时使用 GB/T 4473—2018 与 GB/T 1984—2014 时有一致的解释，并统一试验方法和测量方法 主要技术内容：对于短路开断试验合成试验过程中不同阶段所涉及的试验施加的电压电流负荷的要求，短路关合试验的试验回路示例，单元试验中对于辅助断路器对试验结果的影响的解释，GIS 或罐式断路器的单元试验中对于对地绝缘考核的补充要求及试验回路示例，多部试验的恢复电压的要求的解释，替代操作机构试验中的补充要求，断路器在中长燃弧为开断的附加试验的解释，试验方式 T100a 中最后电流半波参数的要求值，近区故障试验 TRV 测量的方法，失步试验的技术要求的解释和试验回路示例，容性电流开合的合成试验回路示例，用于金属封闭和落地罐式断路器的典型试验回路示例	NB/T 42099—2016

序号	项目编号	标准项目名称	标准类别	完成年限	标准化管理机构	技术委员会或技术归口单位	主要起草单位
7	能源20220496	电站锅炉可靠性评定规范	方法	2023	全国锅炉压力容器标准化技术委员会	全国锅炉压力容器标准化技术委员会	上海发电设备成套设计研究院有限责任公司等
8	能源20220497	减温减压装置	产品	2023	全国锅炉压力容器标准化技术委员会	全国锅炉压力容器标准化技术委员会	杭州华惠阀门有限公司等
9	能源20220498	钎焊板式热交换器	产品	2023	全国锅炉压力容器标准化技术委员会	全国锅炉压力容器标准化技术委员会	上海蓝滨石化设备有限责任公司等
10	能源20220499	承压设备无损检测　第1部分：通用要求	方法	2023	全国锅炉压力容器标准化技术委员会	全国锅炉压力容器标准化技术委员会	中国特种设备检测研究院等
11	能源20220519	多端线路保护技术要求	产品	2024	中国电器工业协会	全国量度继电器和保护设备标准化技术委员会	国电南京自动化股份有限公司、北京四方继保工程技术有限公司等
12	能源20220520	水轮机调压阀及其控制系统基本技术条件	产品	2024	中国电器工业协会	能源行业小水机组标准化技术委员会	天津电气科学研究院有限公司等
13	能源20220521	地面用晶体硅光伏组件环境适应性测试要求　第1部分：一般气候条件	产品	2024	中国电器工业协会	中国电器工业协会标准化专家工作组	中国质量认证中心等
14	能源20220522	地面用晶体硅光伏组件环境适应性测试要求　第2部分：干热气候条件	产品	2024	中国电器工业协会	中国电器工业协会标准化专家工作组	中国质量认证中心等
15	能源20220523	地面用晶体硅光伏组件环境适应性测试要求　第3部分：湿热气候条件	产品	2024	中国电器工业协会	中国电器工业协会标准化专家工作组	中国质量认证中心等
16	能源20220524	地面用晶体硅光伏组件环境适应性测试要求　第4部分：高原气候条件	产品	2024	中国电器工业协会	中国电器工业协会标准化专家工作组	中国质量认证中心等
17	能源20220525	矿热炉供电系统用无功补偿装置设计与应用导则	方法	2024	中国电器工业协会	能源行业无功补偿和谐波治理装置标准化技术委员会	深圳市恒力电源设备有限公司、西安高压电器研究所有限责任公司等

适用范围和主要技术内容	代替标准
适用于电站锅炉固有可靠性的评定 规定了电站锅炉固有可靠性的评定方法、评定指标值等	JB/T 50078—1997
适用于工作介质为蒸汽的减温减压装置、减温装置和减上装置，进口蒸汽的参数为工作压力不大于 32MPa 且工作温度不大于 625℃ 规定了减温减压装置的订货、型号、性能、技术、检验与试验、油漆、标志、包装和出厂文件及安装等技术要求	NB/T 47033—2013
适用于工作温度为 -196 ～ 225℃，工作压力为 -0.1 ～ 14MPa 的钎焊板式热交换器 规定了钎焊板式热交换器的设计、材料、制造、检验、验收、标志和包装等技术要求	NB/T 47045—2015
适用于在制和在用承压设备的无损检测 规定了射线检测、超声检测、磁粉检测、渗透检测、涡流检测、泄漏检测、目视检测、声发射检测、衍射时差法超声检测、X 射线数字成像检测、漏磁检测、脉冲涡流检测、X 射线计算机辅助成像检测、相控阵超声检测、红外热成像检测、磁记忆检测、阵列涡流检测、电磁超声检测、超声导波检测等无损检测方法的一般要求和使用原则	NB/T 47013.1—2015
适用范围：220kV 及以下电压等级多端线路继电保护装置，可作为该类保护装置研制、设计、制造、试验、检验和应用的依据 主要技术内容：规定了 220kV 及以下电压等级多端线路继电保护装置的技术要求、试验方法、检验规则及对标志、包装、运输、贮存等要求	NB/T 42165—2018
增加内容：调压阀选型校核和开关阀时间的要求；调压阀在不同工况下的运行模式；对影响电站安全的重要设备进水阀门的技术要求	NB/T 42035—2014
适用于地面用晶体硅光伏组件 规定了在一般气候条件下安装、使用光伏组件的测试要求	NB/T 42104.1—2016
适用于安装和使用在干热气候条件下的地面用晶体硅光伏组件 规定了在干热气候条件下安装、使用光伏组件的测试要求	NB/T 42104.2—2016
适用于安装和使用在湿热气候条件下的地面用晶体硅光伏组件 规定了在湿热气候条件下安装、使用光伏组件的测试要求	NB/T 42104.3—2016
适用于安装和使用在高原气候条件下的地面用晶体硅光伏组件 规定了在高原气候条件下安装、使用光伏组件的测试要求	NB/T 42104.4—2016
适用于工频为 50Hz、额定电压为 110kV 及以下矿热炉供电系统用无功补偿装置（简称装置）。装置的设计与应用，除应符合本标准的规定外，还应符合国家现行的有关标准、规范的规定 规定了矿热炉供电系统用无功补偿装置的术语和定义、设计原则、设计依据、通用设计要求、设计方法、布置和安装等要求	NB/T 42141—2017

2021—2022 年能源领

序号	项目编号	标准项目名称（外文）	标准项目名称（中文）	标准编号	标准类别	完成年限	标准化管理机构
1	能源 W2021043	Specification for multi-terminal line protection	多端线路保护技术要求	NB/T 42165—2018	产品	2023	中国电器工业协会
2	能源 W2021044	Technical requirements of uninterruptible power supply equipment for nuclear power plants	核电厂用 UPS 设备技术要求	NB/T 42158—2018	产品	2023	中国电器工业协会
3	能源 W2022042	Specification for small hydropower unit installation	小水电机组安装技术规范	NB/T 42041—2014	产品	2024	中国电器工业协会
4	能源 W2022043	Fundamental technical specifications for turbine pressure relief valve and its control system	水轮机调压阀及其控制系统基本技术条件	NB/T 42035	产品	2024	中国电器工业协会
5	能源 W2022044	Selection standard of reversible hydropower units for small mixed pumped-storage power stations	小型混合式抽水蓄能电站可逆式水电机组选型规范	同步立项中	方法	2024	中国电器工业协会
6	能源 W2022045	Selection standard of variable speed constant frequency hydropower units and systems in small power stations	小型水电站变速恒频机组及其系统选型规范	同步立项中	方法	2024	中国电器工业协会

域外文版翻译计划项目

技术委员会或技术归口单位	起草单位	适用范围和主要技术内容
全国量度继电器和保护设备标准化技术委员会	国电南京自动化股份有限公司、国网雄安新区供电公司	适用于110kV及以下多端线路保护装置功能配置原则、基本技术要求、试验方法及检验规则 通过规范多端线路保护不同电压等级、不同应用场合的多端线路保护装置保护功能配置原则、保护性能技术指标、运行方式切换原则、试验方法及检验规则等，为多端线路保护的科研、设计、制造、施工和运行等提供指导，实现多端线路故障的可靠、快速切除
全国电力电子系统和设备标准化技术委员会	科华恒盛股份有限公司、中广核工程有限公司	适用于核电厂内使用的核安全级和非核安全级的低压交流UPS，其他类似设备可参照使用 主要技术内容：核电厂用UPS设备的术语和定义，产品分类，技术要求，试验方法，质量鉴定，检验规则，标识、包装、运输和贮存
能源行业小水电机组标准化技术委员会	中国水利水电科学研究院、水利部机电研究所、天津电气科学研究院有限公司等	适用于单机容量0.5～15MW，转轮直径小于3.3m的水轮机、发电机及其附属设备。主要是对设备的安装进行规定
能源行业小水电机组标准化技术委员会	天津电气科学研究院有限公司等	适用于水电站用调压阀及其控制系统，规定了设备的型式及参数、技术要求、试验及验收，以及标志包装与质保等
能源行业小水电机组标准化技术委员会	中国水利水电科学研究院、水利部机电研究所、天津电气科学研究院有限公司等	适用范围：新建小型混合式抽水蓄能电站，把常规小水电站改造小型混合式抽水蓄能电站，把梯级小水电站改造成小型混合式抽水蓄能电站，结合矿坑治理的小型混合式抽水蓄能电站 主要技术内容：可逆式水泵水轮机的选型、可逆式发电电动机的选型、水泵的选型、变流器的选型、励磁的选型、阀门的选型、监控与保护系统选型、调速器的选型
能源行业小水电机组标准化技术委员会	中国水利水电科学研究院、水利部机电研究所、天津电气科学研究院有限公司等	适用范围：新建水光风蓄多能互补电站，把常规小水电站改造成水光风蓄多能互补电站，新建变速恒频水电机组的小水电站，改造成变速恒频水电机组的小水电站 主要技术内容：变速水轮机的选型、变速发电机的选型、变流器的选型、过速保护装置的选型、稀油站的选型，监控与保护系统选型，调速器的选型

2021—2022 年中国电器工业协会发布的团体标准

序号	标准号	标准名称	实施日期
1	T/CMIF 129—2021 T/CEEIA 492—2021	电机试验用静止变频电源技术条件	2021-06-07
2	T/CMIF 130—2021 T/CEEIA 493—2021	笼型交流电动机铜端环技术条件	2021-06-07
3	T/CMIF 131—2021 T/CEEIA 494—2021	绕组式永磁调速器技术条件（机座号 355～1 000）	2021-06-07
4	T/CMIF 132—2021 T/CEEIA 495—2021	TYDS 系列带式输送机用直驱式永磁同步电动机技术条件	2021-06-07
5	T/CMIF 133—2021 T/CEEIA 496—2021	TYSP 系列压缩机用变频调速三相永磁同步电动机技术条件	2021-06-07
6	T/CMIF 134—2021 T/CEEIA 497—2021	YDTXF 系列消防风机用变极多速三相异步电动机技术条件	2021-06-07
7	T/CMIF 135—2021 T/CEEIA 498—2021	YXF 系列消防风机用三相异步电动机技术条件	2021-06-07
8	T/CEEIA 499—2021	绿色设计产品评价技术规范 高功率密度高压三相笼型异步电动机	2021-06-07
9	T/CAMIE 03—2021 T/CEEIA 500—2021	曝气风机用磁悬浮高速三相永磁同步电动机	2021-06-07
10	T/CEEIA 501—2021	陆上风力发电机组基础及塔架结构监测系统技术规范	2021-06-07
11	T/CEEIA 502—2021	直接甲醇燃料电池特定环境条件下性能试验方法	2021-06-07
12	T/CEEIA 503—2021	自固化绝缘防护包材	2021-06-07
13	T/CEEIA 504—2021	六相脉冲同步发电机试验导则	2021-06-07
14	T/CEEIA 505—2021	绿色设计产品评价技术规范 变压器用硅钢片横剪专用设备	2021-06-07
15	T/CEEIA 506—2021	锂离子电池正极材料绿色工厂评价要求	2021-06-07
16	T/CWAN 0026—2021 T/CEEIA 507—2021	MIG/MAG 焊枪电缆技术要求	2021-06-07
17	T/CEEIA 508—2021	电动工具领跑者技术要求 电钻	2021-06-07
18	T/CEEIA 509—2021	智能低压断路器	2021-06-07
19	T/CEEIA 510—2021	变速抽水蓄能发电电动机转子绕组交流耐电压试验导则	2021-08-30
20	T/CEEIA 511—2021	海上风电用海缆保护装置 第 1 部分：弯曲限制器	2021-08-30
21	T/CEEIA 512—2021	海上风电用海缆保护装置 第 2 部分：穿孔式保护装置	2021-08-30
22	T/CEEIA 513—2021	海上风电用海缆保护装置 第 3 部分：柔性保护管	2021-08-30
23	T/CEEIA 514—2021	66kV～220kV 交流电力电缆用可交联聚乙烯绝缘料和半导电屏蔽料 第 1 部分：66kV～220kV 交流电力电缆用可交联聚乙烯绝缘料	2021-08-30
24	T/CEEIA 515—2021	特殊工况下塑料外壳式断路器抗电流波形畸变能力测试技术规范	2021-08-30
25	T/CEEIA 516—2021	塑料外壳式断路器飞弧安全距离测试技术规范	2021-08-30
26	T/CEEIA 517—2021	嵌入式插座	2021-08-30
27	T/CEEIA 518—2021	YBX5 系列高效率隔爆型三相异步电动机技术条件（机座号 80～355）	2021-08-30
28	T/CEEIA 519—2021	YFBX5 系列高效率粉尘防爆型三相异步电动机技术条件（机座号 80～355）	2021-08-30
29	T/CEEIA 520—2021	YE5 系列高效率三相异步电动机技术条件（机座号 80～355）	2021-08-30

（续）

序号	标准号	标准名称	实施日期
30	T/CEEIA 521—2021	核电厂安全级 K3 类低压 H 级电动机样机鉴定大纲	2021-08-30
31	T/CEEIA 522—2021	煤矿用浆液搅拌机通用技术条件	2021-08-30
32	T/CEEIA 523—2021	煤矿用气动注浆泵通用技术条件	2021-08-30
33	T/CEEIA 524—2021	光纤传感器电气设备局部放电检测　第 1 部分：通则	2021-08-30
34	T/CEEIA 525—2021	光纤传感器电气设备局部放电检测　第 2 部分：气体绝缘金属封闭开关设备（GIS）	2021-08-30
35	T/CEEIA 526—2021	光纤传感器电气设备局部放电检测　第 3 部分：变压器	2021-08-30
36	T/CEEIA 527—2021	光纤传感器电气设备振动检测　第 1 部分：通则	2021-08-30
37	T/CEEIA 528—2021	光纤传感器电气设备振动检测　第 2 部分：气体绝缘金属封闭开关设备（GIS）	2021-08-30
38	T/CEEIA 529—2021	光纤传感器电气设备振动检测　第 3 部分：变压器	2021-08-30
39	T/CEEIA 530—2021	无人区高海拔输电线路状态监测装置供电电源选型及检验规范	2021-08-30
40	T/CEEIA 531—2021	无人区高海拔输电线路状态监测装置信号传输技术	2021-08-30
41	T/CEEIA 532—2021	高海拔地区架空输电线路状态监测装置供电电源选型及检验技术规范	2021-08-30
42	T/CEEIA 533—2021	高海拔地区架空输电线路状态监测装置数据传输技术规范	2021-08-30
43	T/CEEIA 534—2021	高原山地型风电机组低电压穿越能力现场复核及评估	2021-08-30
44	T/CEEIA 535—2021	SF₆ 断路器灭弧特性辐射电磁波现场带电检测与评估方法	2021-08-30
45	T/CEEIA 536—2021	绿色设计产品评价技术规范 工业锅炉	2021-08-30
46	T/CEEIA 537—2021	绿色工厂评价导则 工业锅炉制造工厂	2021-08-30
47	T/CEEIA 538—2021	（工业）锅炉用燃气全预混燃烧器	2021-08-30
48	T/CEEIA 539—2021	燃气锅炉低氮燃烧技术应用导则	2021-08-30
49	T/CEEIA 540—2021	风力发电机组偏航储能后备电源技术规范	2021-12-20
50	T/CEEIA 541—2021	风力发电机组线束技术规范	2021-12-20
51	T/CEEIA 542—2021	电气绝缘用高导热云母带	2021-12-20
52	T/CEEIA 543—2021	使用中的合成有机酯类变压器油溶解气体的检测与判断导则	2021-12-20
53	T/CEEIA 544—2021	封闭式制冷压缩机用低压三相异步电动机绝缘规范	2021-12-20
54	T/CEEIA 545—2021	封闭式制冷压缩机用高压三相异步电动机绝缘规范	2021-12-20
55	T/CEEIA 546—2021	直流建筑用低压配电设备安全检验技术规范	2021-12-20
56	T/CEEIA 547—2021	低压直流配电保护装置技术要求	2021-12-20
57	T/CEEIA 548—2021	低压断路器应用指南　第 1 部分：温度降容系数	2021-12-20
58	T/CEEIA 549—2021	低压断路器应用指南　第 2 部分：功耗等级及评价方法	2021-12-20
59	T/CEEIA 550—2021	低压断路器应用指南　第 3 部分：寿命等级及评价方法	2021-12-20
60	T/CEEIA 551—2021	用户端电器设备供应链企业协同制造　通用技术要求	2021-12-20
61	T/CEEIA 552—2021	用户端电器设备供应链企业协同制造　信息集成技术要求	2021-12-20
62	T/CEEIA 553—2021	用户端电器设备供应链企业协同制造　优化运行导则	2021-12-20
63	T/CEEIA 554—2021	绿色设计产品评价技术规范　电磁式交流接触器	2021-12-20
64	T/CEEIA 555—2021	移动机器人振动与冲击试验条件确定方法	2021-12-20
65	T/CEEIA 556—2021	机器人控制部件可靠性强化试验方法	2021-12-20
66	T/CEEIA 557—2021	食品领域机器人系统安全要求及测试方法	2021-12-20
67	T/CEEIA 558—2021	工业机器人可靠性测试与评定	2021-12-20
68	T/CEEIA 559—2021	空气源热泵用变频控制器评价技术规范	2021-12-20

（续）

序号	标准号	标准名称	实施日期
69	T/CEEIA 560—2021	油冷伺服永磁同步电动机	2021-12-20
70	T/CEEIA 561—2021	海上风电场微观选址阶段发电量计算技术规范	2021-12-20
71	T/CEEIA 562—2021	风力发电机组延寿评估指南	2021-12-20
72	T/CEEIA 563—2022	带电弧故障及过电流保护的剩余电流动作断路器	2022-04-11
73	T/CEEIA 564—2022	机器人移动算法性能测评要求	2022-04-11
74	T/CEEIA 565—2022	机器人目标检测算法测评要求	2022-04-11
75	T/CEEIA 566—2022	机器人安全系统编码规则（C++）	2022-04-11
76	T/CEEIA 567—2022	电气用低压固化纤维增强不饱和聚酯模塑料	2022-04-11
77	T/CEEIA 568—2022	电气用环保型玻璃纤维增强酚醛模塑料	2022-04-11
78	T/CEEIA 569—2022	电气用纳米粒子改性不饱和聚酯模塑料	2022-04-11
79	T/CEEIA 570—2022	电动汽车充电站石墨基柔性接地装置使用导则	2022-04-11
80	T/CEEIA 571—2022	电气装置接地用缓释型膏状石墨降阻材料技术条件	2022-04-11
81	T/CEEIA 572—2022	配电电缆局部放电定位及故障预警系统技术规范	2022-04-11
82	T/CEEIA 573—2022	电机冲片和铁心技术规范	2022-04-11
83	T/CEEIA 574—2022	电动机在线运行智能监测系统（IMS）	2022-04-11
84	T/CEEIA 575—2022	中小型电机用水性浸渍漆工艺规范及质量要求	2022-04-11
85	T/CEEIA 576—2022	光伏储能充电桩一体化系统评估技术规范	2022-04-11
86	T/CEEIA 577—2022	铁‐铬液流电池用电极材料技术要求及测试方法	2022-04-11
87	T/CEEIA 578—2022	铁‐铬液流电池用离子传导膜技术要求及测试方法	2022-04-11
88	T/CEEIA 579—2022	铁‐铬液流电池用双极板技术要求及测试方法	2022-04-11
89	T/CEEIA 580—2022	电力电缆用型线绞合导体	2022-04-11
90	T/CEEIA 581—2022	耐火电线电缆用可陶瓷化电缆料	2022-04-11
91	T/CEEIA 582—2022	零碳高能效区域能源规划指南	2022-04-11
92	T/CEEIA 583—2022	零碳高能效区域能源系统 术语	2022-04-11
93	T/CWAN 0027—2022 T/CEEIA 584—2022	新能源汽车铝合金电池托盘焊接制造规范	2022-06-24
94	T/CWAN 0064—2022 T/CEEIA 585—2022	手持激光焊机	2022-06-24
95	T/CEEIA 586—2022	风力发电机组 运行及并网性能检验检测评价方法	2022-06-24
96	T/CMIF 167—2022 T/CEEIA 587—2022	工业互联网标识解析 电机 标识编码规范	2022-08-01
97	T/CMIF 168—2022 T/CEEIA 588—2022	无刷双馈高压调速电动机	2022-08-01
98	T/CEEIA 589—2022	3.6kV～40.5kV 中压熔断器供货技术规范	2022-08-01
99	T/CEEIA 590—2022	混流式、轴流式水轮发电机组 剩余寿命评估导则	2022-08-01
100	T/CEEIA 591—2022	额定电压 6kV（U_m = 7.2kV）到 35kV（U_m = 40.5kV）热塑性聚丙烯绝缘电力电缆	2022-08-01
101	T/CEEIA 592.1—2022	餐娱行业用智能递送服务机器人　第1部分：通用条件	2022-08-01
102	T/CEEIA 592.2—2022	餐娱行业用智能递送服务机器人　第2部分：KTV递送机器人（轮式）特殊要求	2022-08-01
103	T/CEEIA 592.3—2022	餐娱行业用智能递送服务机器人　第3部分：酒店递送机器人（轮式）特殊要求	2022-08-01
104	T/CEEIA 593—2022	工业机器人耐久性测试方法	2022-08-01
105	T/CEEIA 594—2022	工业环境用巡检复合操作机器人（轮式）系统技术规范	2022-08-01

（续）

序号	标准号	标准名称	实施日期
106	T/CEEIA 595—2022	机器人精密减速器温度适应性要求和测试方法	2022-08-01
107	T/CEEIA 596—2022	商业环境地面清洁服务机器人技术规范	2022-08-01
108	T/CEEIA 597—2022	智能化无人载物设备通用技术条件	2022-08-01
109	T/CEEIA 598—2022	10kV 三相油浸式铝锆合金绕组 配电变压器技术要求	2022-08-01
110	T/CEEIA 599—2022	高温钠电池性能要求和试验方法	2022-08-01
111	T/CEEIA 600—2022	教育机器人技术规范	2022-08-01
112	T/CEEIA 601—2022	智能中餐机器人系统通用技术条件	2022-08-01
113	T/CEEIA 602.1—2022	机器人智能化评价 第 1 部分：智能化信息模型和等级评价程序	2022-08-01
114	T/CEEIA 602.2—2022	机器人智能化评价 第 2 部分：操作交互性	2022-08-01
115	T/CEEIA 602.3—2022	机器人智能化评价 第 3 部分：视觉	2022-08-01
116	T/CEEIA 602.4—2022	机器人智能化评价 第 4 部分：听觉	2022-08-01
117	T/CEEIA 602.5—2022	机器人智能化评价 第 5 部分：轨迹自适应	2022-08-01
118	T/CEEIA 602.6—2022	机器人智能化评价 第 6 部分：运动性能	2022-08-01
119	T/CMIF 171—2022 T/CEEIA 603—2022	船用低压固态断路器	2022-09-01
120	T/CEEIA 604—2022	石油天然气增压站大功率逆变电源	2022-10-27
121	T/CSEE 0283—2022 T/CEEIA 605—2022	氢冷发电机氢气提纯净化装置技术条件	2022-10-27
122	T/CSEE 0284—2022 T/CEEIA 606—2022	氢冷发电机吸附再生式气体干燥器技术条件	2022-10-27
123	T/CEEIA 607—2022	66kV ～ 500kV 交联聚乙烯绝缘平铝套电力电缆	2022-10-27
124	T/CEEIA 608—2022	额定电压 0.6/1kV 及以下飞机电源用柔性电缆	2022-10-27
125	T/CEEIA 609—2022	额定电压 3kV 及以下硅橡胶绝缘纤维编织风力发电电机引接电缆	2022-10-27
126	T/CEEIA 610—2022	额定电压 110kV 及以上电力电缆缓冲层用半导电包带	2022-10-27
127	T/CEEIA 611—2022	港机及起重设备用防水防腐防尘分线盒、穿线盒	2022-10-27
128	T/CEEIA 612—2022	YBX4 系列高效率高压隔爆型三相异步电动机技术条件（机座号 355—630）	2022-10-27
129	T/CEEIA 613—2022	YFDB 系列高压隔爆型三相异步发电机技术条件（机座号 355—630）	2022-10-27
130	T/CEEIA 614—2022	YFDB 系列高压隔爆型三相异步发电机技术条件（机座号 500—800）	2022-10-27
131	T/CEEIA 615—2022	YFDB 系列隔爆型三相异步发电机技术条件（机座号 80—355）	2022-10-27
132	T/CEEIA 616—2022	YFDB 系列隔爆型三相异步发电机技术条件（机座号 355—450）	2022-10-27
133	T/CEEIA 617—2022	YQE3 系列（IP55）三相异步电动机（机座号 80 ～ 450）	2022-10-27
134	T/CEEIA 618—2022	YQE4 系列（IP55）三相异步电动机（机座号 80 ～ 450）	2022-10-27
135	T/CEEIA 619—2022	YQE5 系列（IP55）三相异步电动机（机座号 132 ～ 450）	2022-10-27
136	T/CEEIA 620—2022	风力发电机组铝合金管型母线系统	2022-10-27
137	T/CEEIA 621—2022	低压动力配电及控箱设计导则	2022-10-27
138	T/CEEIA 622—2022	110 kV 级三相环氧树脂浇注绝缘干式电力变压器技术参数和要求	2022-10-27
139	T/CMIF 176—2022 T/CEEIA 623—2022	RMG 系列辊压机用高压变频调速永磁同步电动机	2022-12-01
140	T/CMIF 177—2022 T/CEEIA 624—2022	RMQ（RMF）系列低速泵用低压变频调速永磁同步电动机	2022-12-01

（续）

序号	标准号	标准名称	实施日期
141	T/CMIF 178—2022 T/CEEIA 625—2022	RMS（RMSL）系列低速泵用高压变频调速永磁同步电动机	2022-12-01
142	T/CMIF 179—2022 T/CEEIA 626—2022	RMY 系列低压集成型变频调速永磁同步电动机	2022-12-01
143	T/CMIF 180—2022 T/CEEIA 627—2022	TBVF 系列低压集成型变频调速永磁同步电动机	2022-12-01
144	T/CMIF 181—2022 T/CEEIA 628—2022	TBVF 系列高压（6kV、10kV）集成型变频调速永磁同步电动机	2022-12-01
145	T/CEEIA 629.1—2022	大中型发电机定子线圈／绕组绝缘介电响应测量 第1部分：总则	2022-12-30
146	T/CEEIA 630—2022	隐极发电机内冷水系统技术要求	2022-12-30
147	T/CEEIA 631—2022	风电装备制造业 绿色供应链建设指南	2022-12-30
148	T/CEEIA 632—2022	风电装备制造业 绿色供应链管理规范	2022-12-30
149	T/CEEIA 633—2022	风电装备制造业 绿色工厂建设规范	2022-12-30
150	T/CEEIA 634—2022	风电装备制造业 绿色工厂评价规范	2022-12-30
151	T/CEEIA 635—2022	额定电压 35kV（U_m=40.5kV）海上风力发电机用电力电缆组件	2022-12-30
152	T/CEEIA 636—2022	紧凑型压控调容集合式高压并联电容器装置	2022-12-30
153	T/CEEIA 637.1—2022	额定电压 0.6/1kV 陶瓷化硅橡胶矿物绝缘耐火电缆及预分支耐火电缆 第1部分：额定电压 0.6/1kV 陶瓷化硅橡胶矿物绝缘耐火电缆	2022-12-30
154	T/CEEIA 637.2—2022	额定电压 0.6/1kV 陶瓷化硅橡胶矿物绝缘耐火电缆及预分支耐火电缆 第2部分：额定电压 0.6/1kV 陶瓷化硅橡胶矿物绝缘预分支耐火电缆	2022-12-30
155	T/CEEIA 638—2022	额定电压 1.8/3kV 及以下 105℃风力发电用耐扭曲软电缆	2022-12-30
156	T/CEEIA 639—2022	额定电压 1.8/3kV 及以下风力发电用无卤低烟耐扭曲软电缆	2022-12-30
157	T/CEEIA 640—2022	光伏系统用直流侧铜铝连接器	2022-12-30
158	T/CEEIA 641—2022	基于高耦合分裂电抗器的高压交流故障电流限制器专用断路器技术规范	2022-12-30
159	T/CEEIA 642—2022	基于限流电抗器的高压交流故障电流限制器专用断路器技术规范	2022-12-30
160	T/CEEIA 643—2022	智能防爆电机基本技术规范	2022-12-30
161	T/CEEIA 644—2022	YBFBX4 系列高效率复合型防爆三相异步电动机技术条件（机座号 80～355）	2022-12-30
162	T/CEEIA 645—2022	YBFBX5 系列高效率复合型防爆三相异步电动机技术条件（机座号 80～355）	2022-12-30
163	T/CEEIA 646—2022	化工用屏蔽电动机技术条件	2022-12-30
164	T/CEEIA 647—2022	高压窄尺寸机柜及辅件	2022-12-30
165	T/CEEIA 648.1—2022	可组态编程网络控制器技术规范 第1部分：通用要求	2022-12-30
166	T/CEEIA 648.2—2022	可组态编程网络控制器技术规范 第2部分：局域网扩展总线 CAN—EB 通讯协议	2022-12-30
167	T/CEEIA 649—2022	移动机器人寿命测试与评定	2022-12-30
168	T/CEEIA 650—2022	自动导引车可靠性测试与评定	2022-12-30
169	T/CEEIA 651—2022	工业机器人控制器技术规范	2022-12-30
170	T/CEEIA 652—2022	零碳高能效区域能源系统 碳核算管理导则	2022-12-30
171	T/CEEIA 653—2022	零碳高能效区域能源系统 园区碳足迹评价导则	2022-12-30
172	T/CEEIA 654—2022	零碳高能效区域能源系统 设备碳足迹评价导则	2022-12-30
173	T/CEEIA 655—2022	电工产品碳足迹评价导则	2022-12-30